새범죄심리학

조철옥 저

머리말

    사회에 다양한 신종범죄가 출현하고 특히 범죄원인을 정확하게 분석하기 어려운 범죄행위가 발생되면서 범죄심리학에 관한 심층적인 연구 필요성을 더욱 느끼기 시작했다. 범죄심리학에 대한 학문적인 연구가 일천한 만큼 제대로 된 책을 쓰는데 심혈을 기울였다. 그러나 다행스러운 일은 범죄심리학에 관한 외국 전문학술지와 단행본이 범죄수사 분야와는 달리 상당히 다양화되어 있다는 점이다. 아무래도 현재 우리나라의 범죄심리학 발전 수준으로 보아 외국 선진 범죄심리학의 이론을 통하여 연구하고 또한 발전시키는 것이 첩경인 것으로 보인다.

    본서는 제1편 범죄심리학의 개관, 제2편 범죄원인론, 제3편 범좌유형과 대책론으로 구성되어 있다. 특히 본서의 핵심부분인 범죄원인론에서는 사이코패스(psychopath), 해리성장애, 반사회적 성격 장애 등을 심층적으로 다루면서 프로이드의 정신분석이론도 범죄심리학적으로 심도있게 다루어졌다. 또한 인간의 공격성, 사회학습이론과 인지심리학, 귀인이론 등도 본서의 내용을 더욱 풍요하게 만들었다.

    제3편 범죄유형과 대책론에서는 연쇄살인, 성폭력 범죄, 증오범죄와 스토킹, 보이스피싱, 약물남용 등과 같은 새로운 형태의 폭력범죄, 그리고 동성애, 성매매 등의 피해자 없는 범죄를 중점적으로 다루었다. 또한 양형정책과 교정정책에 관해서는 유죄협상이나 재판전 갈등해결 등과 같은 논쟁의 대상이 되고 있는 분야를 중심으로 논의를 전개하였다.

    최근에 발생하는 다양한 형태의 성폭력범죄 등이 대부분 범죄자의 복잡한 심리가 원인이라는 점에서 미래에도 범죄심리학은 범죄예방과 수사에 중요한 분야로 부각될 것으로 예측된다. 범죄수사에 범죄자의 수법과 동기를 핵심으로 하는 성격 프로파일링이 크게 기여하고 있고, 범죄심리 프로파일러가 범죄원인 분석관으로서 활동하고 있다는 점에서 범죄심리학 연구는 더욱 중요해 질 것으로 보인다.

본서는 범죄심리학이 종합학문이듯이, 범죄행동은 인간의 심리적 특성이나 생물학적 특성, 또는 사회구조나 환경 등 어느 하나만으로는 설명이 불가능하다는 측면에서 심리학적 접근을 중심으로 그 상호작용 부분을 체계적으로 설명하려고 시도하였다. 따라서 본서가 독자들의 범죄심리학 연구나 이해에 조금이나마 도움이 되기를 기대한다. 특히 범죄심리학을 공부하는 학부 학생들이나 범죄예방과 수사실무를 담당하는 경찰공무원들에게도 도움이 되기를 기대한다. 이 책을 쓰면서 내용은 알차게, 그리고 쉽게 쓰려고 노력하였다. 이 두 가지 가치 모두를 갖추기는 쉽지 않은 것 같다. 독자 여러분들의 적극적인 피드백을 기대한다. 책을 쓰고 나면 무엇인가 허전하고 부족한 것 같은 느낌을 받는 것은 모든 저자들의 공통된 마음이리라 믿어진다.

항상 옆에서 같이 고생을 한 신선희 권사, 아들 수현과 딸 수정에게 이 책이 좋은 선물이 되었으면 한다. 끝으로 어려운 여건 속에서도 흔쾌히 본서의 출판을 맡아주신 21세기사 이범만 사장님께도 진심으로 감사의 말씀을 드린다.

2010. 5. 푸른 바다가 보이는 언덕에서

조철옥 씀

이 책의 차례

제2편 범죄원인론

제3장 범죄생물학 / 38

제4장 범죄심리학 / 113

제3편　범죄유형과 대책론

제7장 살인범죄 / 274

제8장 새로운 형태의 범죄 / 327

제12장 범죄 대책론 / 468

제13장 교정심리학 / 498

제1편

범죄심리학의 개관

제1장 범죄와 범죄심리학

제1절 범죄행동에 대한 개관

1. 범죄의 개념

(1) 법적인 개념

일반적으로 범죄란 「형법」을 위반하는 고의적인 행동을 말한다.[1] 그러나 「형법」에 고의 없는 과실에 의한 행동도 처벌하는 경우에는 범죄가 된다. 따라서 고의·과실을 불문하고 「형법」에 처벌규정이 있는 행동은 범죄가 된다.

서덜랜드와 크레시(Edwin Sutherand & Donald Cressy) 역시 범죄를 「형법」과 연결시켜 다음과 정의하고 있다.

"범죄행동은 「형법」을 위반한 행동이다. 인간행동에 관한 구체적인 법체계로서 전통적으로 정의된 「형법」에 의해서 금지되지 않는 한, 어떤 행동도 범죄가 아니다. 「형법」은 국회에서 제정되고 모든 계층의 사람들에게 동일하게 적용되며, 범죄행동은 국가의 법 집행기관에 의해서 처벌된다".[2]

(2) 갈등론적 범죄 개념

갈등론적 범죄 개념은 형법을 다양한 세력 간의 갈등의 산물로 보는 급진적인 범죄학자들의 관점에 입각하고 있다. 사회는 다양한 집단의 집합체로서, 그들 사이에는 계속해서 일정한 갈등상태가 존재할 수밖에 없으며, 정치적 권력을 배경으로 하는 집단

---

1) Curt R. Bartol & Anne M. Bartol, Criminal Behavior, A Psychosocial Approach, Pearson Education, Inc., 2008, p.10.
2) Edward Sutherland and Donald Cressy, *Criminology*, 8th ed.(Philadelphia: J.B. Lippincott, 1960), p.8.

들은 그들의 사회적·경제적 지위를 향상시키기 위해 법과 형사법체계를 이용한다. 갈등주의 범죄학자들은 형법이란 가진 자를 못 가진 자로부터 보호하기 위해 창조되는 것에 지나지 않는 것으로 본다.[3]

갈등주의 범죄 개념은 부와 권력, 그리고 지위를 소유한 사람들에 의해 모든 범죄가 정의된다는 주장을 핵심으로 전개된다. 다시 말해, 범죄는 모든 사람들의 욕구를 반영하는 합의의 산물이 아니라 지배계층의 권력과 가치에 의해 결정된다는 것이다. 심지어 무장 강도, 강간, 그리고 살인 같은 범죄들도 가진 자들의 이익을 위해 정치적으로 규정된다는 것이다. 법집행기관의 폭력범죄에 대한 강력한 통제는 자본가들의 착취에 저항하려는 빈곤층과 최소수혜자들의 분노를 억압하는 안전장치 역할을 한다.

갈등주의 범죄학자들은 다음과 같은 행위들을 범죄에 포함시킨다. 즉, 인종차별, 성차별, 인권침해, 불안전한 노동조건, 부적절한 어린이 보호, 고용과 교육 및 주거와 의료보호에 대한 부적절한 기회, 정치적·경제적 지배세력의 범죄, 환경오염, 가격독점, 경찰폭력, 암살과 전쟁, 인권 침해, 물리적 욕구와 필수품에 대한 접근 거절, 민족자결권 침해, 적절한 식량과 정치적 의사결정에 대한 참여 기회 차단 등이다. 그들이 내세우는 범죄 행위는 비합리적인 것 같기도 하지만 한편으로는 재미있는 발상이기도 하다.

(3) 상호작용론적 범죄개념

상호작용론적 범죄 개념은 상징적 상호작용 학파의 사상에 뿌리를 두고 있다. 상징적 상호작용 주의가 강조하는 전제는 다음과 같다.[4]

① 사람은 현실에 대한 자신의 해석에 따라서 행동한다.

② 사람은 자신의 행동에 대해 다른 사람들이 어떻게 반응하는가를 관찰한다.

③ 사람은 타인의 행동으로부터 학습한 상징과 의미에 의해 자신의 행동을 재평가하고 해석한다.

따라서 범죄 개념은 특별한 법적 영역에서 사회적 권력을 유지하고 있는 사람들의 선호와 의견을 반영하는 것이다. 범죄는 범죄자들이 본래적으로 악하거나 비도덕적이

---

3) Michael Lynch, Raymond Michalowski, and W. Byron Gloves, *The new primer in radical criminology: Critical perspectives on crime, power and identity*, 3rd ed.(Monsey, N.Y.: Criminal Justice Press, 2000), p.59.

4) Herbert Blumer, Symbolic interactionism (Englewood Cliffs, N.J.:Prentice Hall, 1969), p.35.

기 때문이 아니라 사회적 권력계층이 범죄라고 정의했기 때문에 범죄행동이 되는 것이다.

상호작용론적 범죄 개념은 사회적·경제적·정치적 권력을 소유한 사람들에 의해 범죄가 규정된다고 보는 점에서 갈등주의 범죄 관점과 유사하다. 그러나 범죄 개념이 경제적·정치적 지배계층인 자본가에 의해 결정되기 보다는 형사법 제정과정에 영향력을 행사하는 도덕적 개혁가들의 신념에 동조한다는 점에서 갈등주의와는 다르다. 즉, 포르노 영화·성매매, 그리고 마약금지법은 자본가들의 관점에 의한 것이 아니라 도덕적 개혁가들의 가치에 의해 제정되는 것이다. 결과적으로 상호작용 주의자들은 도덕적·법적 기준을 강조한다.

2. 범죄개념에 대한 평가

합의론적 범죄 개념이 1960년대 말까지 범죄사상을 지배했다. 범죄학자들은 범죄자들이 왜 사회규칙을 위반하는가 하는 이유를 연구하려고 했다. 범죄자는 바람직한 사회적 행동 규칙을 위반하는 범법자들로 간주되었다. 그러나 1960년대에 이르러 많은 범죄학자들은 갈등론적 이데올로기에 따라 범죄를 보게 되었으며, 범죄의 사회적 해악에 대한 견해를 달리하기 시작했다.

이처럼 범죄개념에 대한 견해 차이가 존재하지만, 범죄는 「형법」규정을 개인이 준수해야 한다는 사실을 떠나서 논의되기는 어렵다. 물론 갈등론이나 급진주의 범죄학은 성적·인종적 차별, 인간의 존엄성이나 인간의 욕구와 필요성을 침해하는 행위를 강·절도와 동일한 수준의 범죄로 다루거나 형법상의 범죄자를 혁명투사나 가진 자에 대한 저항으로 규정하는 것과 같이 형법상의 규정을 위반하는 행위를 범죄로 인정하지 않으려 한다.

그러나 자유법치주의 국가 시스템을 인정하는 한 범죄는 「형법」상의 규정에 따라서 정의될 수밖에 없다. 실제로 범죄는 「형법」이 범죄라고 규정하여 기소하고 처벌하는 행위라든지,[5] 범죄행동은 「형법」을 위반한 고의적 행동이라고 정의될 수 있다.[6] 따라서 범죄는 법적인 개념의 범주에서 벗어날 수 없다.

---

5) Katherine S. Williams, Textbook on Criminology, Oxford University Press Inc., New York, 2004, p.12.
6) Bartol & Bartol, *op.cit.*, p.10.

3. 소년 비행

(1) 법적인 개념정의

비행은 광의로는 범죄행위를 포함하는 모든 반사회적 행위를 의미하지만, 일반적으로 소년비행을 의미하는 협의의 개념으로 사용된다. 사실 사회의 규범을 위반하는 행위를 의미하는 반사회적 행위는 비행과 범죄행위를 포괄하는 개념이다. 그러나 비행이라는 용어는 이러한 단일의 개념을 뛰어 넘는 수많은 의미를 담고 있다. 어떤 국가의 법적인 비행개념은 형법위반 행동이 아니라 소년에게만 금지되는 행동이라는 신분(지위)비행(status offences)을 포함시키고 있다. 지위비행이란 소년들의 통행금지 시간이나 장소위반, 가출, 무단결석 등이 대표적인 행위이다.[7]

소년비행에서 중요한 것은 나이에 의해서 누가 소년인가를 결정하는 것이다.[8] 이것을 가장 정확하게 규정하는 방법은 법률에 규정된 소년의 연령이다. 즉, 법률에 성년에 도달하지 않은 연령에 있을 경우 소년이라고 규정하는 것이 가장 정확하고 타당할 것으로 보인다. 미성년에 해당하는 청소년은 법적으로 여러 가지 보호가 인정되기 때문이다. 우리나라의 경우에 청소년은 만 19세 미만을 말한다.

따라서 소년비행(juvenile delinquency)은 법적으로 성년에 도달하지 않은 소년들의 반사회적 행위 또는 소년들의 「형법」을 포함한 법률과 규범위반행위를 의미한다.

(2) 소년법에 의한 소년비행의 형태

범죄학의 측면에서 범죄개념과 아울러 소년비행의 개념정의는 소년법에 규정된 정의를 따르는 것이 타당할 것으로 보인다. 「소년법」 제4조의 규정에 의하면, 소년비행이란 형법을 위반한 행위에서부터 사회규범에서 벗어나는 행위를 말한다. 「소년법」은 다음과 같이 비행행위에 따라서 비행소년을 구분하고 있다.

1) 범죄소년

범죄소년은 14이상 19세 미만의 자로서 죄를 범한 자를 말한다.[9] 소년사건에 대한

---

7) *Ibid.*, p.26,
8) *Ibid.*, p.26.
9) 소년법 제4조, 법률 제8722호, 2007.12.21.

수사결과 비행소년이 범죄소년으로 판명되었을 때에는 당해 범법소년의 범행동기 및 수단, 범행전후의 상황, 기타 범죄사실 및 범죄의 정황을 입증하는 제반조서를 작성하고 올바른 길로 인도하기 위해 필요한 경우 그 이외의 사항에 대하여도 조사한다.

부득이한 경우를 제외하고는 체포, 구금, 기타 강제처분을 하여서는 아니 되고 강제처분에 의한 집행을 하려고 할 때에는 첫째, 범죄소년의 연령, 성격, 비행경력, 범죄의 내용, 구금장소의 상황, 구금시간, 기타 소년에게 미치는 사회적 영향 등을 신중히 고려하여야 한다. 둘째, 구금 시 원칙적으로 성인과 분리해야 하며, 강제처분 시 지체없이 그 보호자 또는 대리인에게 연락하여야 한다. 한편, 범죄소년이 금고 이상의 범죄를 범한 경우에는 수사기능에 인계해야 한다.

2) 촉법소년

촉법소년은 형사 미성년자로서 만 10세에서 14세 미만에 해당하는 소년으로서 법에 저촉되는 행위를 한 소년을 말하며,[10) 이를 송치할 경우에 요 보호대상(부랑아, 우범소년)에 준하는 관계서류를 작성·비치하고, 송치서류는 소년보호사건 송치서 및 진술조서 기타 참고자료를 첨부한다.

촉법소년이 소지한 물건에 대한 조치는 범죄소년의 경우를 준용하며, 지문채취는 신원확인, 지문대조 등 채취의 필요성이 있는 특별한 경우에만 채취한다. 일시보호를 할 때에는 보호실을 사용하고, 부득이한 경우에도 경찰서내의 숙직실·휴게실 등 당해 소년을 수용하는데 적당하다고 인정되는 시설을 이용해야 한다. 일시보호를 결정하였을 때에는 지체없이 보호자에게 그 사유를 통지해야 한다.

촉법소년을 조사한 결과 송치할 필요가 있는 소년은 신속히 관할 가정법원 또는 지방법원 소년부에 송치하여야 한다. 사안이 경미한 경우에는 부모에게 인계하고 송치서와 참고자료만 소년부에 송치한다. 촉법소년의 보호자가 없거나 보호자에게 감호하는 것이 부적당하다고 인정될 때에는 「아동복지법」에 의한 보호조치를 강구하거나 신속히 소년부에 송치한다. 단, 촉법소년의 행위가 금고 이상의 형에 해당할 때에는 다른 보호조치를 하지 않고 소년부에 직접 송치해야 한다.

---

10) 소년법 제4조, 법률 제8722호, 2007.12.21.

3) 우범소년

우범소년은 10세 이상의 소년으로서 ① 집단적으로 몰려다니며 주위사람들에게 불안감을 조성하는 성벽이 있거나, ② 정당한 이유없이 가정에서 이탈하거나, ③ 술을 마시고 소란을 피우거나 유해환경에 접하는 성격이 있는 등 그의 성격 또는 환경에 비추어장래 형벌법령에 저촉되는 행위를 할 우려가 있는 자를 말한다.[11) 우범소년에 대한 보호사건으로의 송치서류작성과 소지물건의 조치는 범죄소년의 경우를 준용한다.

(3) 비행에 대한 사회학적 정의

비행에 대한 사회학적 정의와 심리학적 정의는 서로 상당히 중첩적이다. 사회학적비행은 공격적인 행동, 무단결석, 경미절도, 공공시설파괴, 또는 약물남용과 같은 소년들의 부적절한 행동 등으로 구성된다. 사회학적 비행은 경찰의 관심을 받을 수도, 받지않을 수도 있다.[12)

(4) 비행에 대한 심리학적 정의

비행에 대한 심리학적 정의는 품행장애(conduct disorder)와 반사회적 행위를 포함하는 개념이다.

1) 품행장애

품행장애란 훔치기, 불지르기, 가출하기, 결석하기, 물건파괴하기, 싸움질, 사람과 동물에 대한 학대, 빈번한 거짓말하기 등과 같은 습관성 비행을 말한다. 사회적 비행과 마찬가지로 심리학적 비행 역시 비행으로 인해 경찰에 의해 체포될 수도 있고 체포되지 않을수도 있다. 사실 심리학적 비행 중의 어떤 행위는 형법 위반과는 무관하다.

품행장애라는 용어는 미국의 "정신의학협회의 진단과 통계지침서인 DSM-IV"에 구체적으로 기술되어 있다. 또한 2000년도에 발행된 DSM-IV 개정판은 품행장애를 범행 연령을 기준으로 10세 이전의 아동기 초범형(childhood-onset type)과 10세 이후의 청소년기 초범형(adolescent-onset type)으로 구분하고 있다.[13)

---

11) 소년법 제4조, 법률 제8722호, 2007.12.21.

12) Bartol & Bartol, *op.cit.*, p.28.

13) *Ibid.*, p.28.

2) 반사회적 행동

반사회적 행동이란 타인에 대하여 직접적으로 해로운 행위를 하는 행동유형과 같은 보다 심각한 습관적인 비행을 말한다. 그러나 반사회적 성격장애(antisocial personality disorder)라는 용어와는 구별되어야 한다. 반사회적 성격장애는 아동이나 청소년으로서 품행장애를 경험하고 성인이 된 후에도 계속 심각한 범법행위를 하는 성인을 대상으로 사용된다.[14]

(5) 지위비행(status offences)

소년비행은 ① 사람에 대한 불법행위, ② 재물에 대한 불법행위, ③ 약물비행, ④ 공공질서 위반행위, ⑤ 지위비행과 같은 다섯 가지 유형으로 분류할 수 있다. 앞의 네 가지 유형은 성인범죄와 유사하므로 쉽게 이해될 수 있다. 따라서 지위비행에 관해서 구체적으로 살펴볼 필요가 있다.

지위비행이란 소년들만이 범할 수 있는 비행으로서 소년법원에서만 재판을 할 수 있는 행위를 말한다. 전형적인 지위비행은 통행금지위반, 가출, 무단결석, 통제불가능성, 관리불가능성 또는 교정불가능성 등과 같은 아주 주관적으로 해석되는 비행 등을 포함한다. 그러나 지위비행은 주관적으로 해석되는 경우가 많다는 점에서 소년비행에서 제외되어야 한다는 비판을 받는다.[15]

제2절 범죄와 반사회적 행위

1. 범죄와 범죄자

(1) 법적인 개념

법적으로 범죄는 「형법」을 위반하여 수사기관의 수사대상이 되는 행위를 말한다. 따라서 범죄자는 「형법」을 위반한 범죄행위로 인하여 수사대상이 되어 체포되고 기소된 사람을 말한다.

---

14) *Ibid.,* p.28.
15) *Ibid.,* pp.29-30.

(2) 법적인 개념의 한계

심리학적인 관점에서 보면, 법적인 정의는 법적으로 규정된 범죄자 또는 법적으로 규정된 범죄행동만을 연구대상으로 만든다는 점에서 다음과 같은 문제에 직면한다.

① 법적인 범죄개념은 사회적으로 해악이 되는 범죄행동이 시대상황에 따라서 변한다는 점이다. 예를 들자면, 국가에 따라서 혼인빙자간음죄가 형법에서 제외된다든지, 간음죄가 법적으로 범죄가 되지 않는다든지 하는 경우이다.

② 형법위반행위로 체포와 기소, 그리고 처벌되는 사람들은 범죄자로 인정되고, 불법행위를 했으나 수사, 기소 또는 처벌을 면하는 사람들은 범죄자에서 제외된다.

③ 많은 범죄자들이 수사되지 않거나 처벌을 받지 않기 때문에 재판과정에서 유죄판결을 받은 사람들이 범죄자 인구를 대표하는 것은 아니다. DNA지문이 과학적인 증거로 인정됨에 따라 목격자 증언 등으로 유죄판결을 받은 사람들이 무죄로 입증되는 사례가 증가하고 있다. 그러나 거의 예외없이 범죄자 마음(criminal mind)을 연구하는 연구자들은 교정시설의 수형자들을 연구대상으로 하고 있다. 따라서 법적으로 정의된 범죄자들만을 범죄자로 인정한다면, 실제로 형법을 위반한 상당수의 사람들이 제외되는 결과를 초래한다.

④ 법적인 정의에 따라 범죄를 받아들이는 경우에 상당한 행동영역이 범죄연구에서 제외된다는 문제가 발생한다. 사실 범죄심리학적 연구는 공격성, 반사회적 행동, 도덕성 발달 등과 같은 주제를 연구대상으로 하고 있다.

⑤ 범죄심리학은 범죄자가 형사사법체계에 의한 수사대상이 되거나 대상이 되지 않는 것과는 관계없이 지속적이고 반복적인 상습범죄자 또는 지속적이고 반복적인 반사회적 행동에 관심을 집중한다. 그러나 법적인 범죄정의에 따르면 범죄심리학의 연구범위는 제한적일 수밖에 없다.[16]

2. 반사회적 행동과 비행

대부분의 심리학자들과 정신보건 분야 전문가들은 법위반행위로서의 범죄나 범죄행동보다 반사회적 행동이라는 용어를 선호한다. 반사회적 행동은 법적인 비행개념과 범

---

16) *Ibid.*, pp33-35.

죄행동, 사회의 규범을 위반했으나 법집행기관에 의해서 수사를 받지 않는 행위를 포함한다. 법집행기관에 의한 체포는 반사회적 행동의 타당한 지표이지만, 그것만으로는 충분하지 않다. 많은 반사회적 행동은 아마 대개는 수사대상이 되지 않거나 법집행기관의 관심을 피할 수 있다.[17]

제3절 범죄학과 범죄심리학

1. 범죄학

(1) 범죄학의 성격

범죄학은 범죄라는 사회문제 해결을 위한 학문이다. 범죄학은 범죄의 원인규명과 예방대책의 제시 및 범죄수사를 위한 지식체계를 포함한다. 즉, 범죄학은 심리학, 사회학, 정신의학, 인류학, 생물학, 신경생리학, 정치학, 그리고 경제학을 포함하는 범죄행위를 설명하기 위한 지식체계이다.[18] 따라서 범죄학은 필연적으로 종합학문적일 수밖에 없다. 어느 특정 학문의 이론이나 지식체계만으로는 다양한 범죄의 원인을 설명할 수가 없고, 또한 그 통제대책이나 범죄수사를 위한 지식을 제공하기 어렵기 때문이다. 범죄학은 때때로 형사법 및 일탈행동과 관련된 영역과 혼동되기도 하지만, 이들과는 구분되는 독립된 학문연구 분야의 정체성을 유지하고 있다.

(2) 범죄학의 개념

범죄학은 범죄행동을 연구하기 위한 과학적 접근을 의미한다. 범죄학에 대한 개념은 서덜랜드와 크레시(Edwin Sutherland & Donald Cressy)의 고전적 개념이 가장 대표적이다.

"범죄학이란 사회현상으로서의 범죄에 관한 지식의 체계이다. 그것은 그 범위 안에 법제정과정, 법 위반 과정, 그리고 법 위반에 반응하는 과정을 포함한다. 범죄학은 법, 범죄,

---

17) *Ibid.*, p.35.
18) Bartol & Bartol, *op.cit.*, p.5.

그리고 처리과정에 대한 일반적이고 검증된 원칙 및 기타 지식의 유형을 개발하는 것을 목적으로 한다".[19]

이러한 개념 정의는 범죄학자들의 가장 중요한 관심영역을 포함하고 있다. 즉, ① 형사법의 개발과 형사법에 의한 범죄정의, ② 범죄행동의 원인, ③ 범죄행동 통제를 위한 처방책, 즉 범죄예방과 범죄수사 대책 등을 포함하고 있다. 이 정의는 또한 검증된 원칙을 강조함으로써 범죄학 연구에 과학적인 방법이 사용되어야 한다는 점을 분명히 하고 있다.

(3) 범죄학의 연구 범위

범죄학자들은 그 연구 분야나 배경에 관계없이 주요 범죄와 범죄행동의 원인을 연구하는데 관심이 있다. 그러나 범죄학의 영역은 아주 광범위하지만, 몇 개의 하위영역으로 나누어 볼 수 있다. 이 하위 영역들은 모두 범죄학의 연구 범위에 해당한다. 볼프강(Marvin Wolfgang)과 페라크티(Franco Ferracuti)는 이러한 범죄학의 연구 영역을 모두 포함하여 범죄학적 기업(criminological enterprise)이라고 표현하기도 한다.[20]

범죄학의 하위분과 영역은 대체로 다음과 같이 나누어 볼 수 있다.[21]

① 범죄통계학은 유효한 범죄자료를 수집하고, 새로운 조사방법을 개발함으로써 범죄유형과 경향을 측정하는 전문연구 분야이다.

② 법사회학은 법의 기원을 탐색하고, 법과 사회를 변화시킬 수 있는 요인들을 측정하는 하위 분과학문이다.

③ 범죄이론 분야는 범죄의 원인을 분석하는 영역이다.

④ 범죄행동 시스템 분야는 개별 범죄유형의 성질과 원인 및 대책을 결정하기 위해 다양한 유형의 개별범죄를 연구한다.

⑤ 교정학(penology)은 범죄행동의 교정과 통제에 관한 연구를 하는 분야이다.

⑥ 피해자학(victimology)은 피해자화의 성질과 원인을 연구하고 범죄피해자에 대한 지원에 관한 연구를 한다.

---

19) Edwin Sutherland and Donald Cressy, Principles of Criminology, 6th ed.(Philadelphia: J.B. Lippincott, 1960), p.3.

20) Marvin Wolfgang and Franco Ferracuti, The Subculture of Violence(London: Social Science Paperbacks, 1967), p.20.

21) Siegel, *op.cit.*, pp.11-14.

2. 범죄심리학

(1) 개 념

심리학은 인간의 행동과 정신과정에 관한 과학이다. 심리학은 다른 학문에 비해 대부분 실험의 과정을 거쳐 이론이 정립되기 때문에 과학으로 인정받는다. 따라서 범죄심리학은 범죄자의 행동과 정신과정에 관한 과학이다. 범죄사회학은 주로 집단과 전체 사회를 연구대상으로 하면서 집단과 사회가 범죄행동에 어떻게 영향을 미치는 가에 초점을 둔다. 반면에 범죄심리학은 개인의 범죄행동을 연구대상으로 하면서 그 범죄행동이 어떻게 습득되고 발생되며 유지되고 수정되는가에 초점을 둔다.[22]

(2) 법의심리학과 범죄심리학

법의심리학(Forensic psychology)은 법의학의 한 분야이며, 범죄심리학은 법의심리학의 하위분야이다. 법의심리학이란 범죄의 입증과 같은 법적인 문제를 심리학적 지식을 적용하여 해결하는 분야를 말한다. 광의의 법의심리학은 민사법체계와 형사법체계에 심리학적 지식의 생산 및 적용을 통하여 문제를 해결하는 분야이다. 즉, 민사문제와 형사문제 모두에 심리학적 지식을 적용하여 해결하는 분야가 바로 광의의 법의심리학이다.

범죄심리학의 경우에 범죄행동에 관련된 사회적 요인과 성격요인은 물론 정신적 과정까지 고려한다. 성격(personality)은 모든 생물학적 요인, 심리학적 특질, 심리학자들이 행동의 조정과 통제에 중요한 것으로 인정한 인간의 인지적 특징까지 포함하는 개념이다. 최근에 범죄심리학은 범죄행동에 대한 연구에 인지적·발달적 접근(developmental approach)에 보다 중점을 두는 방향으로 이동하고 있다. 인지(cognitions)란 인간의 환경, 상호관계, 인간성, 자기자신에 대하여 취하는 태도, 신념, 가치와 사고를 말한다. 아동은 엄격하게 훈육되어야 한다든지 피해자는 주거침입 절도범에 의한 상해를 입어서는 안 된다든지 하는 신념은 범죄와 관련된 인지의 좋은 예이다.[23]

---

22) Bartol & Bartol, *op.cit.*, p.6.
23) *Ibid.*, p.6.

(3) 특질심리학

심리학자들은 인간의 안정적이고 일관적인 성격성향(personality)과 특질(traits)을 발견하려는데 연구를 집중했다. 이러한 성격성향과 특질이 인간행동에 광범하고 일반적인 영향을 미친다고 믿었기 때문이다. 특질이나 성격, 성향은 인간이 특별한 방법으로 행동하게 하는 비교적 안정적이고 지속적인 경향을 말하고, 사람과 사람을 구분하게 하는 기능을 한다.

특질심리학은 범죄자들의 행동을 결정하는 인간 내부적인 특질이나 성격이 존재하고 이러한 특질을 발견하기 위해 집중적인 연구를 한다. 특질은 범죄형인간의 발견과 범죄행동의 예측을 가능하게 하고, 범죄행동을 예방하기 위한 전략이나 대책을 마련할 수 있게 한다. 따라서 특질심리학에 의하면, 인간의 환경이나 상황은 범죄와는 무관하다는 것이다.[24]

(4) 범죄자 프로파일링과 범죄심리학

오늘날 현대심리학은 특질심리학 보다는 인지심리학과 발달적 접근방법으로 연구방향을 이동하고 있다. 사실 특질이나 성격만으로 살인범, 강간범, 강도범 등을 특정하는 것은 불가능하다. 따라서 범죄에 대한 다양한 자료를 기초로 정립되는 범죄자에 대한 인구통계학적·행동적 유형은 범죄자를 특정하고 체포하는데 기여할 수 있다. 특히 범죄자 프로파일링은 범죄자의 동기가 무엇이었는지에 대한 정보를 제공한다는 것이 특징이다.

범죄자 프로파일링은 범죄의 특징을 기초로 ① 범죄자의 성격특징, ② 범죄장소의 지리적 위치, ④ 인구통계학적 변수를 확인하는 과정이다. 프로파일링 과정은 상당부분 유사한 범죄를 범한 이전의 범죄자에 관하여 수집된 데이터베이스의 도움을 받는다.

현재 프로파일링은 적어도 90%가 논리적 분석에 기초한 기술에 의존하고 단지 10%만이 과학적으로 접근하고 있다. 말하자면 90%는 사고과정에 의존하고 10%만이 사실과 증거에 근거한 과학이다. 범죄자 프로파일링은 연쇄살인이나 연쇄강간범에게만 적용되는 것이 아니라 방화, 침입절도, 상품들치기, 강도 같은 재산범죄에도 적용할만한 상당한 가치가 있다.[25]

---

24) *Ibid.*, 7.
25) *Ibid.*, pp.7-8.

(5) 정신병리학적 범죄학

흔히 심리학자들과 마찬가지로 많은 정신병리학자들은 법정에서의 증언, 교정시설과 법집행기관에 정신병리학적 서비스 제공 등과 같이 다양한 법의학 분야에서 활동한다. 정신병리학적 개념과 이론은 심리학 분야에서 개발한 개념을 받아들이는 것으로 알려져 있다. 그러나 두 전문분야는 사물을 아주 다르게 보고 범죄행동 설명의 과정 역시 접근방법이 다르다. 정신병리학자들은 범죄로 기소된 정신장애를 가진 피고인들을 위한 정신병원같은 법의분야에서 개인들을 진단하고 치료하는 역할을 한다. 그러나 심리학자들은 정신병 환자들을 치료하지는 않는다.

정신병리학적 범죄학(psychiatric criminology) 또는 법의 정신병리학(forensic psychiatry)은 전통적으로 프로이드의 정신분석이론을 추종한다. 프로이드 추종자들과 아들러(Alfred Adler)와 융(Carl Jung)의 이론을 추종하는 모든 정신분석학자들은 동기와 추동(drives)에 의해서 인간행동을 설명한다. 이러한 관점은 인간성을 그 성향에 있어서 정도의 차이가 있지만 본래 반사회적이라고 본다. 규칙과 법률로 확립된 사회가 없다면, 인간은 서로 공격, 약탈, 절도를 하고 심지어 살인을 일삼을 것이다.

정신분석 이론은 범죄행동을 포함하는 인간행동의 무의식적 결정요인의 발견에 중점을 둔다. 범죄자는 자신의 행동이유를 거의 모른다. 모든 범죄자들은 자신의 내부에 존재하는 무의식적 요인의 작용에 의해 범행을 한다. 범죄행동은 무의식이라는 인간 내부 요인에 의해 유발된다. 환경, 문화 또는 사회는 범죄율에 별로 영향을 미치지 못한다.

그러나 현대의 정신병리학적 범죄학이나 법의 정신병리학은 프로디안의 정신분석적 관점과는 다르다. 현대 정신병리 범죄학은 아주 다양하고 실증적인 조사에 기초하고 있다. 따라서 범죄자들이 그들의 통제되지 않는 동물적, 무의식적, 또는 생물학적인 충동에 따라서 행동한다는 전통적인 정신분석적 입장에 매달리지 않는다. 전통적인 정신분석적 관점은 인간행동을 촉발하는 생물학적인 무의식 요소를 강조하지만, 현대의 정신병리학적 범죄학은 연구와 임상경험을 통하여 확보한 다양하고 풍부한 지식을 통하여 범죄행동을 설명한다.[26]

---

26) *Ibid.*, pp.9-10.

(6) 심리학적 결정주의

1) 의 의

범죄심리학은 심리학적 결정주의를 지향한다. 즉, 인간의 행위, 특히 범죄행위 같은 반사회적 행위가 인간의 마음속에 있는 특이한 심리적 요인에 의해 결정된다는 것이다. 심리학적 결정주의 학자들은 인간이 범죄자가 될 수밖에 없는 심리적 특질 또는 속성(traits)을 가지고 있다는 점을 강조한다.

2) 특 징

❶ 결정론적 인간관과 특별예방

생물학적·심리학적 범죄이론에 의한 치료 및 갱생이론은 기본적으로 범죄자는 생물학적·심리학적으로 결함이 있는 인간으로 보고 있다. 범죄자는 정상인과 다른 어떤 특성을 지니고 있다는 것이 이 이론의 핵심이다. 따라서 범죄행위 보다는 범죄자의 속성을 중시하며, 결정론적 인간관에 입각한 특별예방효과에 중점을 둔다.

특질이론은 범죄자란 내재적인 결함이 있는 인간이기 때문에 처벌받아야 하는 것이 아니라 치료받아야 한다고 주장한다. 따라서 범죄행위보다는 범죄자에 관심을 집중하여 범죄자의 속성에 대한 연구에 집중한다. 억제이론과는 달리 치료·갱생이론에서는 범죄를 개인의 책임이 아니라 사회의 책임으로 인식하고 있으며, 사회가 범죄문제를 적극적으로 해결하여야 한다는 점을 강조한다. 범죄예방 프로그램이 중요시되고 그 내용은 병리현상의 치료와 도덕교육, 직업교육 등 사회에 적응할 수 있게 하는 치료와 갱생교육으로 등이 제시되었다.

❷ 한 계

범죄자에 대한 치료와 교화를 통한 범죄의 특별예방은 ⓐ 비교적 비용이 많이 들고 관련 프로그램은 대부분 범죄행위에 대한 간접적 통제활동이기 때문에 적극적인 범죄예방에는 한계가 있다. ⓑ 수형자는 자유인의 환경에 적응하는 것이 아니라 수형자의 환경에 더욱 잘 적응하고 교도소는 아직도 치료와 갱생보다는 응보와 처벌 기능이 더 강하여 갱생에 반대되는 기능을 한다는 문제점이 한계이다.

제2장 발달적 접근과 범죄심리학

제1절 발달경로 요인

1. 위험요인과 보호요인

발달적 접근법이란 반사회적 행동과 범죄행동에 관련된 인간의 일생에 걸친 변화와 영향요인을 연구하는 분야이다. 인간은 일생동안 범죄를 초래할 수 있는 '위험요인(risk factors)', 즉 영양결핍, 부모의 죽음이나 이혼, 표준양육이나 교육의 결여 등과 같은 요인에 의해 영향을 받는다.

그러나 발달적 접근법은 위험요인을 극복할 수 있는 '보호요인(protective factors)'에 관한 연구도 포함한다. 보호요인의 예로는 사회복지관련 지도자와 좋은 사회기술 등이 있다. 연구자가 일탈적 행동과 범죄행동에서 벗어나 친사회적인 행동을 하게 하는 보호요인을 발견한다면, 일탈행동과 범죄행동을 변화시키고 예방할 수 있는 방법에 대한 가치있는 정보를 획득하게 되는 것이다. 결과적으로 범죄심리학은 잠재적 범죄자들의 범죄행동을 예방하거나 감소시킬 수 있는 전략을 개발하고 평가할 수 있다.[27]

2. 위험요인의 중요성

최근의 몇 년 동안에 소년과 성인 비행에 관한 심리학적 연구는 발달적 위험요인 (developmental risk factors)에 집중되고 있다. 발달적 관점은 모든 사람의 인생경로를 위험요인이 산재한 경로를 걷고 있는 것으로 본다. 사람마다 발달경로는 특이하고, 그

---

27) *Ibid.*, p.7.

러한 특징은 아주 어린 나이에 확인될 수 있다. 어떤 아동들은 심각한 비행과 범죄를 범하는 인생경로를 따른다. 하지만 대다수의 아동들은 소년비행과 별로 관련없는 경로를 따른다. 어떤 아동은 전혀 비행을 범하지 않는다.

아동은 개별적인 발달경로에 따라서 다양한 위험요인에 노출되고, 어떤 아동들은 다른 아동들보다 더 많은 위험요인에 노출된다. 더 많은 위험요인에 노출되는 아동들은 그 만큼 일생을 통하여 더 많은 반사회적 행위에 관여할 개연성이 커진다. 또한 아동들은 심각한 반사회적 행동에 빠지지 못하게 방지하는 보호적 요인(protective factors)에 노출된다. 따뜻하고 다정한 부모와 양질의 교육경험은 전형적인 보호적 요인이다. 범죄심리학은 비행과 범죄행동의 원인을 밝히는 것이 핵심이므로 사람을 비행에 빠지게 하는 위험요인을 분석하는 것이 중요하다.

제2절 발달적 위험요인의 유형

아동이나 성인의 비행이나 범죄행동에 영향을 미치는 발달적 위험요인은 크게 ① 사회적 위험요인, ② 부모와 가정 위험요인, ③ 심리적인 위험요인의 세 가지로 분류할 수 있다.

1. 사회적 위험요인

(1) 빈 곤

형사사법기관의 통계자료와 피해자화 자료 및 자기보고자료에 의하면, 빈곤은 지속적인 폭력범죄와 강력한 상관계가 있는 것으로 입증된다. 빈곤은 남녀를 불문하고 청소년 폭력범죄의 가장 강력한 예측지표이다. 그러나 이러한 자료를 해석하고 미래의 범죄를 어떻게 예방할 것인가에 대해서는 극히 조심스러워야 한다. 더 나아가 빈곤과 폭력과의 관련성에 대해서 피해자나 가해자의 이름을 밝히는 것을 삼가야 한다. 비참한 경제적 여건 속에서 살고 있는 아동이나 청소년들은 가해자뿐만 아니라 피해자가 될 가능성도 아주 높기 때문이다. 특히 가난과 실직으로 인한 저소득 가정의 아동들은

비행소년이나 피해자화될 고도의 위험상태에 있다.[28]

빈곤과 폭력 사이의 관계에 대한 정확한 성질은 이해되기 어려운 부분이 있다. 빈곤은 자원의 불평등뿐만 아니라 차별, 인종주의, 가정붕괴, 불안전한 생활조건, 실직, 사회적 소외, 한정된 사회지원 시스템의 결과이다. 빈곤속에 살고 있는 청소년은 결석, 중퇴, 실직, 총기휴대, 피해자화, 다양한 폭력사건의 목격자 등의 고위험군에 빠진다.[29]

빈곤에 의한 스트레스는 부모로 하여금 아동에게 지원적이고 보호적인 양육보다는 강압적이고 공격적인 양육행동을 하게 만든다. 아동에 대한 회초리나 폭력은 아동의 부정적인 자아개념(negative self-concept)을 각인시키는 결과를 초래한다. 공격적이고 폭력적인 양육은 다음세대로 이어질 수 있는 폭력모델과 맥락을 제공한다. 말하자면, 아버지의 아들에 대한 폭력은 손자에게도 영향을 미친다는 것이다. 체벌이 수반된 빈곤가정의 아동들은 경제적 생존과 사회적 지위가 크게 타인에 대한 공격과 폭력에 의존한다는 신념을 심어줄 수 있다.[30]

그러나 우리는 다음과 같은 현상에 대해 주목할 필요가 있다.

① 빈곤한 가정의 아동들이 필연적으로 심각하고 만성적인 범죄자가 되는 것은 아니다. 대다수의 저소득층의 아동들은 법 준수적이고, 고소득층의 아동들도 심각한 비행과 범죄를 범한다. 성폭력, 마약남용, 절도, 사기 등은 모든 계층의 청소년과 성인들에 걸쳐서 범행된다.

② 많은 국가에서 저소득층의 아동들은 중상류층보다 법집행기관의 단속 표적이 된다. 그들은 경찰에 의해 구금되기 쉽고, 소년법원에 소환되고 비행청소년으로 낙인되기 쉽다. 따라서 정부 통계는 빈곤층의 아동들이 범법자로 기록된다.

(2) 동료 따돌림과 반사회적 동료와의 어울림

아동의 동료관계는 개별 아동의 사회적·정서적 발달에 특이하고 필수적인 기여를 한다. 청소년기 동안 동료 영향의 민감성은 증가하고, 부모영향의 민감성은 감소한다. 동료 영향은 청소년의 약물사용과 비행에 대한 강력한 예측지표이다.[31]

---

28) *Ibid.*, p.38.

29) G. W. Evans, The environment of childhood poverty, American Psychologist, 59, 2004, pp.77-92.

30) Bartol & Bartol, *op.cit.*, p.39.

31) N. S. Mounts, Parental management of adolescent peer relationships in context: The role of parenting style, Journal of Family Psychology, 16, 2002, pp.58-69.

동료의 따돌림은 반사회적 행동에 관여하는 가장 강력한 예측지표 중의 하나이다. 초등학교에서 동료와의 좋은 관계는 건전한 심리적·사회적 발달을 가져온다는 점에서 중요하다. 초등학교에서 동료의 따돌림은 청소년기의 비행과 일생을 통한 반사회적 행동에 대한 아주 강력한 위험요인이다.

(3) 초등학교 이전의 경험

직장이나 외부에서 일하는 6세 이하의 어린이를 가진 어머니들의 비율은 1997년도에 64%에 도달했으며, 2003년도에 한 살 이하의 유아를 가진 어머니들의 반 이상이 직장에서 일하는 것으로 확인되었다. 아주 최근의 자료에 의하면, 5세 이하의 아동의 63%가 어린이집이나 탁아소에 맡겨지고 있다.[32]

많은 형태의 탁아소나 어린이집은 아기보호의 질에 있어서 상당한 차이를 보이고 있다. 보호의 질이 떨어지는 곳에 맡겨진 어린이는 언어와 인지 발달장애, 사회적·정서적 적응능력의 저하 등의 위험상태에 빠진다. 불행하게도. 홀어머니와 저소득층 가정의 아이들은 보다 저질의 탁아소에 맡겨질 가능성이 높다.

어린이집의 선생님들은 아이들 간의 폭력같은 행동 문제보다는 어린이집의 장난감 파손에 더 신경을 쓰고, 어린이집의 애로사항은 아이들이 어린이집을 어지럽히는 것이라고 보고한다. 이러한 관심은 아이들의 성장에 따라 발생하는 공격성과 관련하여 중요하다. 어린이집이나 유치원에서 공격적인 동료를 접촉한 아이들은 아마 모방효과 때문에 훗날 공격적인 행동을 할 가능성이 높은 위험을 안고 있다.[33]

(4) 학교 실패

어릴 때 학교 성적부진이나 결석, 처벌이나 중퇴 등의 학교실패는 반사회적 행동발달과 비행에 연결된다. 유치원에서의 유급과 어릴 때 학교 성적은 아동의 발달에 장기적인 유해요인으로 작용한다.[34] 유치원에서 유급된 아동은 동료들에게 부정적으로 보

---

32) H. Tran & M. Weinlaub, Child care effects in context, Quality, stability, and multiplicity in nonmaternal child care arrngements during the first 15 months of life, Developmental)Psychology, 42, 2006, pp.566-582.
33) K. A. Dodge, & G. S. Pettit, A biopsychological model of the development of chronic conduct problems in adolescence, Developmental Psychology, 39, 2003, pp.349-371.
34) *Ibid.*, pp.355-356.

이고, 사회적으로 거절되며, 비웃음을 사는 유급자 낙인 효과가 발생한다.

사실 어릴 때 학교실패는 저지능보다 더 비행에 강력한 영향을 미친다. 학교에서 실패한 8살 남아가 보다 심각한 비행을 범할 가능성은 다른 남자아이들의 거의 두 배에 가깝다.

인종이나 민족에 관계없이, 학습능력이 학교실패에 현저한 영향을 미친다. 빈약한 학습능력은 학교실패의 주된 원인이기도 하지만, 훗날에 소년들이 범죄행위로 인한 체포될 가능성을 예측할 수 있게 한다. 반대로 상급의 학습수준을 가진 학생들은 동료들로부터 인정받고 학교에 대한 애착이 더 커지게 된다. 또한 미래의 성공 전망을 밝게 하고 범죄행동의 부정적인 결과를 예측할 수 있는 더 나은 인지적 자원을 제공한다.[35]

2. 부모와 가정 위험요인

(1) 결손가정(single-parents houshold)

미국의 경우에 결손가정은 1천 이백만 이상이다. 한국은 아동의 13.7%가 결손가정에 속한다. 결손가정, 즉 이혼이나 별거 상태에 있는 가정의 아이들이 비행을 저지르는 일이 더 많은 것으로 보고되고 있다. 따라서 결손가정은 아동의 비행과 관련하여 비난의 대상이 되고 위험요인으로 고려될 수 있다.

그러나 오늘날 연구자들은 결손가정이 비행을 유발하는 위험요인이라고 보기 보다는 부모 아동관계의 질, 가정의 경제상태, 다른 성인 가족에 의해 제공되는 경제적 지원 정도 등과 같은 요인들의 상호작용 결과라는 점에 초점을 맞추고 있다. 결손가정과 비행사이의 관계가 계속 보고되고 있지만, 그것에 대한 설명은 결코 불가능하며, 끝없이 연구되어야 할 과제이다. 안정적이고 확실하고 상호 지원적인 가정은 비행예방에 극히 중요하다.[36]

(2) 부모 스타일과 실천

부모의 어떤 스타일과 실천은 다른 요인들보다 아이의 비행에 가장 큰 영향을 미치

---

35) Bartol & Bartol, *op.cit.*, p.45.

36) E. E. Flynn, Crime as a major social issue, American Behavior Scientist, 27, 1983, pp.7-42.

는 요인이다. 부모 실천은 다양한 상황과 맥락에서 특별한 학구적, 사회적, 또는 체육 목표를 달성하기 위한 부모의 전략이다. 부모실천의 핵심은 아이의 어떤 특별한 측면에 영향을 미치는데 있다.[37] 아이에게 돈을 관리하는 것을 가르치기 위해서 주 단위로 용돈을 주는 것은 실천의 좋은 예이다. 아이와 같이 책을 읽고, 게임을 같이 하고, 학교에서 학급부모로서 봉사하는 것은 또 다른 실천의 좋은 예이다. 부모의 실천은 식탁 매너에서 공부는 물론이고 특별한 가치관이나 자존감의 정립에 이르기 까지 아이의 발달에 직접적인 영향을 미친다.

부모의 스타일은 아이에 대한 부모의 태도와 부모 아이관계의 정서적 환경으로 특징지어지는 부모 아이 상호작용을 언급한다.[38] 몸짓, 어조의 변화, 또는 우연한 정서 표현과 같은 비목적 지향적인 부모행동은 전형적인 부모 스타일이다. 반응적인 부모-자식 상호작용은 따뜻하고, 활기있고, 받아들여지고 효과적이다. 자식에 대한 반응적인 부모 스타일은 사회적 능력, 동료 승인, 그리고 덜 반사회적인 행동을 유발한다.

(3) 부모 스타일의 세 가지 유형

바움린드(Diana Baumrind)는 부모 스타일에 관한 세 가지 유형을 개발했다.[39]

1) 권위주의적 스타일(authoritarian style)

권위주의적 스타일은 어떤 사전적으로 확립된 절대적인 기준에 따라서 아동의 행동을 형성, 통제, 평가하려고 한다. 권위주의적 부모들은 자식들이 부모의 권위에 무조건 복종하고 존경하기를 기대한다. 권위에 대한 불복과 이탈은 물리적 처벌을 포함하는 처벌을 받게 된다.

2) 관대한 스타일(permission style)

부모들은 공격적, 성적 충동을 표현하는 것을 포함하여 아동의 행동과 태도를 받아들이고 관용적·비처벌적이다. 관대한 부모들은 일반적으로 아동들에 대해 비권위적이고 사회적 통제나 제약을 가하지 않는다. 이러한 스타일의 부모들은 자식에 대해 비감

---

37) Mounts, *op.cit.*, pp.58-69.
38) *Ibid.*, pp.58-69.
39) Bartol & Bartol, *op.cit.*, pp.47-48.

시적이고 모든 행동에 자유를 부여한다.

3) 권위적 스타일(authoritative style)

권위적 스타일은 합리적, 쟁점지향적인 방법으로 아동들의 행동을 이끌려고 한다. 권위적 스타일의 권위는 아동들이 인정하는 권위를 말한다. 따라서 이 스타일의 경우에 부모와 아동사이에는 빈번한 의사결정 교환과 개방적인 의사소통의 정신이 존재한다. 권위적 부모는 아이들이 나이에 맞는 성숙된 행동을 기대하고, 가정규칙과 기준의 확실하고 일관성 있는 준수를 기대한다. 동시에 아동의 독립성과 개별성을 인정한다.

(4) 그물형과 방임형(enmeshed and lax parental styles)

스니더와 패터슨(James Snyder & Gerald Patterson)은 두 가지 부모 유형이 비행에 직·간접적으로 기여한다고 주장한다. 두 가지 유형은 그물형과 방임형으로서 바움린드의 권주의형과 관대형에 아주 유사하다.

1) 그물형

그물형 부모들은 아주 사소한 대다수의 행동들을 문제있는 것으로 보고, 그러한 문제를 처리하기 위해 비효과적이지만 권위주의적인 전략을 사용한다. 그들은 많은 조잡한 명령을 연발하고 구두 경고를 하지만, 구두경고를 지원하는 처벌을 일관성 있게 효과적으로 활용하지 못한다. 강제적인 처벌의 비효과적인 사용은 모든 가정구성원들의 공격적인 행동을 유발하고 격화시키는 반복적인 상호작용 유형을 정착시킨다.[40] 동생이 음악을 크게 틀면 언니는 음악을 끄라고 고함을 지르고, 동생은 문을 꽝하고 닫아버린다. 그리고 아버지는 두 사람에게 닥쳐하고 고함을 치는 형태와 같은 상호작용이 발생하는 것과 같다.

2) 방임형

방임형 부모들은 아동들의 문제적 또는 반사회적 행동을 구성하는 것에 대해 충분히 조절하지 못한다. 결과적으로 그들은 많은 문제행동을 아무런 규제행동 없이 내버려

---

40) J. Snyder & G. Patterson, Family interaction and delinquent behavior, In H. C. Quay(Ed.), Handbook of Juvinile Delinquency, New York:Wiley, 1987, pp.221-222.

둔다. 다양한 이유로 그들은 아이들이 비행이나 반사회적 행동, 또는 심지어 폭력행동에 관련된 사실을 인정하지 못하거나 받아들이지 못한다.[41]

(5) 부모의 스타일과 비행

그물형은 권위주의 유형과 함께 아동과 청소년의 공격적, 반사회적 행동의 발달과 밀접한 관련이 있다. 대조적으로, 권위형은 그 반대의 효과가 있다. 특히 권위형은 소녀들의 폭력행동과 반사회적 행동에 효과적이다. 따뜻하고 반응적이고 권위적인 어머니는 소녀들의 비행을 완화시키는 효과가 있다.[42]

비행에 가장 강력하게 연결된 부모 스타일은 바움린드의 관대형과 스니더와 패터슨의 방임형이다. 이러한 부모 스타일 밑에서 자란 아이들은 자기신뢰 수준이 아주 낮고, 충동억제를 제대로 하지 못한다. 관대형 부모들은 오랫동안 규율과 감독의 부재라는 오류를 범한다. 그들은 아이들이 준비도 되기 전에 성인으로서 필요한 지침도 없이 성인 행동 또는 책임을 요구하는 것과 같이 아이들을 성인으로 취급한다.[43]

(6) 부모 감독(parental monitoring)

부모의 자식감독은 부모 스타일 및 반사회적 행동과 밀접한 관련이 있다. 부모 감독은 아이의 동료관계, 자유시간 활동, 외출시의 소재 등에 관한 부모의 확인과 추적을 말한다.[44] 부모의 감독의 량과 질은 이혼, 심각한 재정적 빈곤, 실직, 부모의 심리적 장애, 약물남용, 또는 죽음 등과 같은 많은 요인들에 의해 달라진다. 부모 감독은 약 9세부터 청소년기에 까지 특히 중요하다.

부모 감독의 질과 량은 아동과 청소년기 동안 반사회적 행동에 대한 강력한 지표이다. 부모의 감독과 추적의 소홀, 무관심은 강력하고 지속적인 감독과 추적을 받는 아이들에 비해 2.5배 이상의 비행위험을 증가시킨다.[45]

---

41) *Ibid.*, pp.222-223.
42) J. I. Blitstein et.al, Predictors of violent behavior in an early adolescent cohort: Similarities and differences across genders, Health Education and Behavior, 32, 2005, pp.175-194.
43) Bartol & Bartol, *op.cit.*, p.49.
44) Snyder & Patterson, *op.cit.*, pp.225-226.
45) Bartol & Bartol, *op.cit.*, p.50.

(7) 형제 영향

형제는 서로 모방한다. 그 모방은 대부분 동생이 형을 모방하는 형태이다. 형제는 함께 보내는 시간이 많기 때문에 공격과 반사회적 행동의 발달에 형제효과는 중요한 역할을 한다. 형제가 친하고 따뜻한 관계일 경우에 형의 일탈행동과 반사회적 행동은 동생도 그러한 행동을 모방한다. 형제가 친하지 않을 경우에 그 반대 현상이 발생할 수 있다. 또한 형제간의 나이 차이가 적을수록 비행 모방 위험은 더 높고 나이 차이가 많으면 그 위험은 낮다.[46]

(8) 부모의 정신병리현상(parental psychopathology)

우울증을 앓고 있는 부모, 특히 우울증 어머니를 가진 아이들은 반사회적 행동, 정서통제불능, 인지적 저발달을 포함하는 광범한 사회정서적, 행동적 문제에 빠질 고위험군에 있다. 유아기 동안 우울증을 앓고 있는 아이들은 나이가 들면서 행동문제를 노출하기 시작하고, 심할 경우에 다양한 범죄행동을 범하게 된다. 부모가 모두 자식의 아동기 동안 우울증에 빠져 있다면, 아이의 문제행동 발달 위험은 더 확대된다.[47]

부모의 알코올 중독증은 아동의 행동문제, 반사회적 행동, 알코올 중독을 포함하여 다양한 부정적인 발달 위험요인이다. 특히 아버지의 알코올 중독은 어머니의 그것보다 아들의 반사회적 행동과 부적응을 야기하는데 더 중요한 요인이다. 또한 가정폭력에서 나타나는 공격적인 행동 역시 분명히 아버지의 정신병리 현상이다.

3. 심리적인 위험요인

(1) 인지적 · 언어적 결핍

인지적 · 언어적 장애는 적어도 소년의 경우에 반사회적 행동의 위험을 증가시키는 요인이다. 반사회적 행동과 품행장애로 진단되고 치료받은 어린이들과 청소년들의 대

---

46) *Ibid.*, p.50.

47) A. H. Mazulis et al., Father involvement moderates the effect of maternal depression durimg a child's infancy on child behavior problems in kindergarten, Journal of Family Psychology, 18, 2004, pp.575-588.

다수는 언어장애 상태에 있다.[48]

언어장애는 언어를 표현하고 이해하는 것과 관련된 문제를 말한다. 두 살된 아동의 언어발달 장애는 성인의 범죄행동의 유의한 지표라는 연구도 있다. 브라운리 등(Brownlie et al)에 의하면, 5살에 언어장애로 진단받은 소년들은 그렇지 않은 소년들보다 19살에 비행을 할 가능성이 훨씬 높다. 언어장애를 가진 아동들은 학교 성적도 좋지 않고, 동료들로부터 따돌림을 당하고, 흔히 선생들로부터 부정적인 평가를 받는다.[49] 언어장애는 대상아동으로 하여금 학교를 고통스럽고 재미없는 곳으로 여기게 만든다.

언어장애는 자신의 관점을 표현하는 데 어려움을 겪는 아동들의 좌절수준을 증가시키고 갈등을 합리적으로 해결하지 못하게 한다. 이러한 좌절은 자기절제가 잘되지 않는다면 집이나 학교에서 공격적이고 파괴적인 행동을 유발하기 쉽다.

(2) 지능과 비행

한 동안 범죄학자들은 지능과 비행 및 범죄사이의 관계를 오도되고 실체가 없는 것으로 낙인찍는데 열심이었다. 심지어 그 관계를 말하는 것 자체도 조소의 대상이 될 지경이었다. 범죄와 비행에 관한 교과서들은 지능을 무시하거나 지능은 비행이나 범죄와 관련하여 고려할만한 어떤 가치도 없기 때문에 결코 진지하게 다루어야 할 주제가 되지 못한다고 함부로 설명한다. 그러나 허쉬와 힌델랑(Hirschi & Hindelang)은 비행자들이 일반지능검사에서 다른 사람들보다 계속 낮은 점수를 받기 때문에 지능과 범죄의 무관성을 주장하는 문헌들은 오도된 것이라고 주장한다.

지능과 범죄와의 관계에 대해서 풀어야 할 오해가 존재한다. 일반지능검사에서 얻은 지능지수와 지능은 혼동되어서는 안 된다. 지능지수는 개인의 언어습득과 언어발달능력, 수리능력 등 어떤 문화속에서 학교에서의 학습능력과 학교에서 성공능력을 검사하는 내용으로 구성되어 있다. 간단히 말해, 모든 지능검사는 문화적으로 편향된 것이다.

지능지수는 지능검사의 결과이고, 지능은 그 보다 광범위한 요소에 의해 결정된다. 지능은 어떤 간단하고 단순한 정의를 무시하는 광범하고 모든 것을 포함하는 능력을

---

48) Bartol & Bartol, *op.cit.*, p.51.

49) E. B. Brownlie et al., Early language impairment and young adult delinquent and aggressive behavior, Journal of Abnormal Child Psychology, 32, 2004, pp.453-467.

의미한다. 말하자면, 지능은 음악적 능력으로부터 논리적 수학능력에 까지 미치는 광범위한 능력을 포함한다. 지능은 지혜(wisdom), 직관, 판단, 심지어 유머까지 포함한다. 비행자들이 지능검사에서 낮은 점수를 얻는다고 해서 이들이 다른 사람들보다 저지능이라는 사실을 입증하는 것으로 이해되어서는 안 된다. 브라질 출신의 거리소년들은 학교 수학시험에서는 실패할지라도 길거리 장사의 생존에 필요한 수학에는 능숙하다. 마찬가지로, 시설에 수용중인 재소자들은 전통적인 지능지수에 의해 포착될 수 없는 예술적, 언어적 기술과 유머감을 표출한다.[50]

그럼에도 불구하고, 지능지수와 학교성적 사이의 관계는 강력하고 일관적이다. 학교는 어떤 지능적 기술과 태도를 발달시키는데 도움을 준다. 학교공부는 일반적으로 지능지수에 긍정적인 작용을 한다. 유치원 같은 정규학교 이전의 프로그램이 지능지수에 유의수준의 긍정적인 작용을 한다는 것은 잘 알려진 사실이다.

(3) 지능과 성인범죄자

정신적인 무능력을 의미하는 대단히 낮은 지능지수는 범죄와 관련성이 있는가의 여부가 중요한 과제이다. 2001년도의 연구에 의하면, 미국 교도소 재소자의 4%가 정신적 무능력 상태이다.

크로커와 핫진스(Crocker & Hodgins)는 스웨덴에서 출생한 1천 5백명 이상의 정신지체 범죄자를 대상으로 태어나서 30년 동안의 행동을 추적하는 조사를 실시했다. 연구결과 정신지체로 고려되는 대상들은 그렇지 않은 대상들보다 폭력범죄를 포함한 범죄행동으로 기소되기 쉽다는 것으로 밝혀졌다.[51]

그러나 비행자들이 주된 사회경험의 제한, 잘못된 양육, 제한된 인지적·언어적 발달, 학교 실패의 문제가 있지만, 그렇다고 해서 그들이 반드시 저지능이라는 사실을 의미하는 것은 아니다. 아동의 학습무능력은 역시 저지능과 동의어는 아니다. 지능과 비행의 관계는 불명확하고 학습능력과 비행의 관계도 역시 불명확하다.[52]

---

50) Bartol & Bartol, *op.cit.*, pp.51-53.

51) A. G. Crocker & S. Hodgins, The criminality of non institutionalized mentally retarded person: Evidence from a birth cohort followed to age 30, Criminal Justice and Behavior, 24, 1997, pp.432-454.

52) Bartol & Bartol, *op.cit.*, p.53.

(4) 주의력결핍 과잉행동 장애(ADHD)

주의력결핍 과잉행동장애는 아동의 ⓐ 부주의, ⓑ 충동성, ⓒ 과잉행동의 세 가지 특징을 보여주는 현상을 말한다. 이러한 아동들은 남의 말을 들으려 하지 않고 쉽게 싫증내며, 생각하기 전에 행동하고 쉽게 행동을 바꾸고 조용히 있지 못하고 시끄럽고 요란하고 이리저리 정신없이 돌아다니는 행동을 한다. ADHD는 미국 어린이의 제일 많은 심리적 진단 대상이다.[53]

연구에 의하면, ADHD 상태의 어린이의 25%가 아동과 청소년기에 심각한 반사회적 행동을 하고 성인이 되어 범죄행동을 하게 된다. 모피트(Terri Moffit)는 ADHD 상태의 아동 대다수가 청소년 초기까지 비행을 한 일이 있다는 자기보고식 자료를 제시한다. 모피트는 ADHD와 비행의 특징을 보여주는 5세에서 7세사이의 아동들이 사회관계에 특별한 어려움을 가지고 있으며, 비행과 그 이상의 일관성 있는 심각한 반사회적 행동에 대한 높은 확률을 가지고 있다고 주장한다.[54]

전문가들은 일반적으로 ADHD와 결합된 공통적인 문제는 비행과 약물남용이다. 자료에 의하면, ADHD 증후군과 반사회적 행동 증후군을 가지 청소년들은 장기간의 심각한 범죄경력으로 발달할 높은 위험상태에 있다. 폭력범죄자들은 ADHD증후군의 역사를 가지고 있다.[55]

(5) 품행장애(conduct disorder)

ADHD는 흔히 품행장애와 동시에 발생한다. 하지만, 두 가지는 성격상 분리되어 다루어진다. 품행장애란 지속적인 나쁜 행동의 특징을 가진 행동의 집합을 표상한다. 예를 들자면, 품행장애에 해당하는 행동은 훔치기, 불 지르기, 가출, 학교 땡땡이 치기, 재물손괴, 싸움질, 거짓말하기, 동물이나 사람 학대 등이 포함된다. DSM-IV는 품행장애를 타인의 기본적인 권리를 침해하는 반복적이고 지속적인 유형이라고 정의한다.[56]

품행장애의 행동 지표는 학교에 입학하기 전에 부모와의 상호작용의 맥락에서 관찰

---

53) J. A. Staller, Diagnostic profiles in outprint child psychiatry, American Journal of Orthopsychiatry, 76, 2006, pp.98-102.

54) T. E. Moffitt, Juvinile delinquency and attention deficit disorder: Boy's developmental trajectories from age 13 to age 15, Chgild Development, 61, 1990b, pp.674-701.

55) Bartol & Basrtol. *op.cit.*, p.57.

56) *Ibid.*, p.57.

될 수 있다. 공격적이고, 관리하기 어렵고, 집에서 복종하지 않는 세 살 짜리 어린이들은 학교에 입학한 후에도 계속해서 유사한 행동을 한다. 더 나아가 이러한 품행장애 행동은 청소년기와 성인이 되어도 현저한 일관성을 보여준다. 품행장애 어린이들은 학습무능력이라고 잘못 붙여진 행동패턴, 즉 학교숙제를 하지 않는 등의 유의한 문제를 야기한다. 그러나 학습무능력 아동이 반드시 품행장애자는 아니라는 사실에 주목해야 한다. 두 가지 장애는 중첩될 수도 있지만, 각각 다른 범주에 속하는 장애형태이다. 공격적인 품행장애는 동료의 따돌림 대상이 될 고위험군에 속한다. 이러한 따돌림은 학교생활 동안 지속되고 변화되기 어렵다. 열 살 이전에 나타나는 품행장애 징후는 그 이후에 나타나는 것에 비해서 좋지 않다. 어릴 때의 징후가 더 오래 지속된다.[57]

---

57) *Ibid.*, p.57.

제2편

범죄원인론

제3장 범죄생물학

제1절 초기 범죄생물학

1. 롬브로조의 생래적 범죄이론

현대 범죄학의 아버지로 불리는 롬브로조(Cesare Lombroso)는 이탈리아의 범죄인류학파를 대표하는 학자이다. 1876년에 「범죄인(Criminal Man)」이라는 저서를 출판한 후 1897년에 최종 5판을 출간한 롬브로조(Lombroso)는 당시 범죄학 연구의 지배적인 접근방법이 되고 있던 추상적·종교적 또는 철학적 연구 정향을 경험적인 증거와 객관적인 분석을 요구하는 보다 과학적인 접근방법으로 대체하는 선구자적 기여를 한 학자이다.[1]

자유의지를 지닌 개인들이 합리적으로 계산하여 범죄행위를 저지른다는 고전학파를 범죄학 연구영역에서 밀어낸 범죄에 관한 롬브로조(Lombroso)의 실증적인 연구는 범죄요인보다는 범죄자의 신체적 특질을 밝히는 것으로부터 출발한다. 고전학파는 인도주의적이며 범죄행위 자체에 초점을 맞추는 데 비하여, 롬브로조의 이론은 과학적이며, 개별 범죄자에 초점을 맞추었다는 점에서 분명한 차이가 있다. 그는 범죄자에 대한 광범위한 인류학적인 연구를 통하여 범죄자의 일정한 신체적 특질을 제시한다. 그가 말하는 범죄자의 신체적 특징은 이른바 격세유전(atavism)이라고 하는 생물학적인 퇴행성을 말한다. 생물학적 퇴행성, 즉, 격세유전은 인간의 진화과정에서 이미 없어진 고대인류의 원시성이나 야만성과 관련된 특징이 근대인류에 나타나는 현상을 말한다. 현대인류에서 나타나지 말아야 한다고 다윈이 말한 격세유전적 특징에 대한 원인은 알 수 없지만, 롬브로조는 진화가 진행된 이후에도 고대인류의 특징을 가진 사람이 출생할

---

1) Katherine S. Williams, Criminology, 5th edition, Published in the United States by Oxford University Press Inc., New York, 2004. p.129.

수 있다고 주장한다.[2]

롬브로조의 생래적 범죄인 이론(born criminal theory)은 그가 이탈리아의 육군병원의 내과의사로 오랫동안 근무하면서 유죄판결을 받아 처형된 병사들의 시신을 해부한 결과에 의해 발견한 실증적인 이론이라는 점에서 범죄생물학의 출현과 발전을 위한 결정적인 기여이다.[3] 그는 당시 이탈리아 감옥에 수용된 죄수들을 육군에 근무하고 있는 군인들의 신체특징(머리, 체형, 팔, 피부)과 비교 연구한 결과 이들 중 43%는 ① 얼굴이나 머리의 비대칭, ② 원숭이 같이 큰 귀, ③ 두꺼운 입술, ④ 들어간 턱, ⑤ 구부러진 코(매부리코), ⑥ 돌출된 광대뼈, ⑦ 긴 팔, ⑧ 많은 주름살, ⑨ 정상인보다 많은 수의 손가락이나 발가락 중에서 5가지 이상 생물학적 퇴행성의 특징을 가진 것으로 밝혀낸다. 이렇게 비교한 결과 범죄자는 신체적으로 일반시민들과 구별된다는 사실을 발견하였고, 이러한 차이점을 근거로 범죄의 원인이 생물학적 특징에 의한 것이라고 결론지었다. 그는 이들을 생래적 범죄자로 지칭하고. 이들이 범죄자가 된 것은 태어날 때부터 생물학적으로 원시적인 신체특징을 가지고 있었기 때문이라고 본 것이다.[4] 이러한 해부학적 특징은 1870년대에 시작하여 지문에 의해 대체되는 시기인 1920년대 까지 경찰과 교정기관에 의해 범죄자 확인을 위한 공통적인 척도로 사용된다.[5]

롬브로즈의 연구는 과학적인 관찰과 분석에 기초하고 있다는 점에서 높은 평가를 받지만, 방법론적인 결점과 분석의 전제가 된 가정의 모호성 때문에 과학성을 인정받지 못한다. 우선 재소자들을 대상으로 한 실험집단과 비교가능한 인종적·사회적 배경을 가진 통제집단을 설정하지 않았기 때문에 방법론적인 신뢰성에 문제가 있다. 또한 범죄인이 될 수밖에 없는 생물학적 특질의 존재에 대한 가정은 모호하여 과학적인 근거가 부족하다.[6]

롬브로조는 1906년의 연구에서 범죄와 관련된 변수를 인간의 신체적 특질 외에 기후, 강우, 곡물가격, 성과 결혼풍습, 교육, 종교와 정부구조 등으로 확대했다. 범죄원인에 대한 이러한 다변수화는 신체적 특질이 범죄의 유일한 원인이라는 초기의 연구에 대한 위험을 감수해야 하지만, 현대범죄학 연구의 영역을 생물학, 심리학, 그리고 환경

---

2) 조철옥, 현대범죄학, 대영문화사, 2008, pp.47-48.

3) Siegel, *op.cit.*, p.139.

4) Donald J. Shoemaker, Theories of Delinquency, *An Explanation of Explanations of Delinquent Behavior*, Fifth Edition, New York, Oxford University Press, 2005, p.23

5) Ronald L. Akers and Christine S. Sellers, Criminological Theories, Introduction, Evaluation, and Application(4th edition), Roxbury Publishing Company, 2004, pp.46-47.

6) Williams, *op.cit.*, p.130.

분야로 넓혔다는 점에서 평가를 받는다.[7]

그러나 롬브로조의 생래적 범죄자 이론은 범죄생물학 연구에 많은 영향을 미친 것이 사실이다. 범죄의 원인으로서 어떤 인종이나 집단에 내재된 특질, 신체적 비정상성, 생물학적 열등성, 신체유형, 저능성, 생화학적 불균형, 생물학적 결점과 역기능성을 다루는 이론들은 생래적 범죄이론의 가설에 근거한 것이라고 볼 수 있다.[8]

2. 고링의 생물학적 열등범죄자

영국 교도소에서 의사로 근무한 고링(Charles B. Goring)은 수년에 걸친 연구를 통해 1913년 「영국의 죄수(The English Convict)」라는 저서를 출판한다. 고링(Goring)은 그 당시 가장 정교한 신체측정 방법과 통계적 기법을 동원하여 범죄자의 신체적 특징과 범죄행위와의 관계를 경험적으로 분석한 결과, 신체적 특징과 범죄행위 사이에는 통계적으로 유의미한 관계가 없다고 주장한다. 신체적 특징에 따른 범죄자 유형은 존재하지 않는다는 것이 고링의 입장으로서 롬브로조와는 견해를 달리한다. 교도소의 재소자를 대학생, 군인, 교수, 병원환자 등과 비교하여 연구한 결과, 연구 대상의 머리 크기, 눈 색깔, 얼굴모양 등을 포함한 37개의 신체적 특징과 행위 사이에는 통계학적으로 유의한 관계가 없다는 것이다.[9]

그러나 고링은 격세유전적인 퇴행성 특징을 가진 사람이 범죄자 유형이라는 입장에는 부정적이었지만, 범죄자는 신체적으로 범죄자적 특질을 가지고 태어난다는 견해를 받아들인다. 범죄에 대한 사회적 요인의 영향은 부정되고, 범죄자는 준법 시민보다 신체적으로 열등하다는 것이 고링의 견해이다. 다시 말해, 재소자들은 신장과 체중에서 열등하며, 이러한 신체적 열등은 생존경쟁에서 뒤 처지게 하고 이로 인해 범죄를 쉽게 받아들이게 된다.[10] 또한 그들은 낮은 지능의 소유자들이며, 내재적인 도덕적 결여상태에 있다. 고링은 범죄자란 작은 키와 가벼운 몸무게, 저지능, 도덕적 결여 등으로 법을 지키는 시민보다 본래적으로 열등하다고 주장했다.

---

7) *Ibid.*, p.130.
8) *Ibid.*, p.47.
9) *Ibid.*, pp.47-48.
10) 조철옥, 앞의 책, pp.49-50.

3. 인간의 체형과 범죄

(1) 셸던의 체형론

　체형(somatotype)이란 사람 신체의 전체적인 모양을 의미한다. 체형에 의한 범죄의 설명은 인간의 특성과 행동이 사람의 신체구조와 모양에 밀접한 관계가 있다는 점에서 출발한다. 체형과 범죄의 유관성에 관한 연구는 셸던(William Sheldon)에 의해 체계적으로 연구되었다. 체형을 포함하는 인간의 신체적 특징이 인간의 행동과 성격 또는 특성과 관계가 있다는 주장은 약 2,500년 전 히포크라테스(Hippocrates)의 작품에서 찾아볼 수 있다. 체형학파(somatotype school)를 출현케 한 셸던은 기본적인 체형을 세 가지로 분류하고, 그에 상응하는 기질적 특징을 제시한다.

　셸던의 세 가지 체형은 첫째, 비만형이라고도 하는 내배엽형(*Endomorphs*), 둘째, 근육형이라고 불리는 중배엽형(Mesomorphs) 셋째, 세장형이라고도 하는 외배엽형(Ectomorphs)으로 나누어진다. 인간의 체형이란 생래적, 즉 타고나는 것이며, 체형의 중요성은 그것과 인간의 기질 또는 성격 사이에 강력한 상관성이 있기 때문이다. 즉, 내배엽형은 부드럽고 둥글고 느긋하며 외향적이어서 폭력범죄보다는 장물범죄를 범할 가능성이 크고, 중배엽형은 건장하고 근육형으로서 공격적이고 폭력적이어서 폭력 범죄자가 될 가능성이 크다. 외배엽형은 마르고 예민하고 수줍어하며 내향적인 성격의 소유자로서 다른 체형에 비해 지적인 소유자라고 가정한다.[11]

　정도이 차이는 있지만, 모든 사람은 이상의 세 가지 체형 중의 어느 하나에 속한다. 물론 극소수의 사람들은 지배적인 체형에 해당하지 않고 중간 형태의 체형을 소유할 수 있다. 셸던은 미국 보스톤의 청소년 갱생원에 수용된 200명의 남자 원생들을 대상으로 조사한 결과, 중배엽형의 소년들이 가장 많고, 외배엽형의 소년들의 숫자가 제일 적다는 사실을 발견한다. 이는 4천명의 대학생들을 대상으로 한 조사에서 그들의 체형이 골고루 분포되었다는 결과와 아주 대조적이다.[12]

---

11) Siegel, *op.cit.*, p.139.
12) Shoemaker, *op.cit.*, pp.23-24.

(2) 글룩 부부의 연구

체형과 범죄에 관한 연구는 1956년에 글룩 부부(Sheldon Glueck & Eleanor Gluek)에 의해 계승된다. 그들은 500명의 상습적인 비행청소년들과 역시 500명의 일반 청소년들을 대상으로 비교 조사를 수행한다. 비행청소년들은 60%가 근육형이었고, 일반 청소년들은 31%가 근육형이었다. 한편, 비행청소년들의 14%가 외배엽에 해당했으며, 일반 청소년들의 경우에는 거의 40%가 외배엽이었다.[13]

근육형은 고도의 부적응, 주의력 결여, 그리고 정서적 불안증세 같은 특징을 지니고 있다는 사실이 연구에 의해 밝혀졌다. 근육형 소년들은 신체적으로 강인하여 공격적인 성향을 지니고 있으며, 비행을 단념시키는 각종 권위에 대한 복종심은 상대적으로 낮다. 그러나 근육형이 이러한 특징들을 결정하는지, 환경적 요인의 영향결과인지 또는 환경적 요인과 신체적 요인의 결합결과인지 분명하지 않다.

따라서 글룩 부부는 인간의 체형과 행동성향의 관계에 대한 심층적인 연구를 통해 체형이 인간의 성격이나 행동에 영향을 미치는 유일한 결정적인 요인은 아니라는 결론을 내린다. 다시 말해, 글룩 부부는 일탈행동이란 환경적 요인과 생물학적 요인, 그리고 심리학적 요인들의 결합에 의해서 유발된다는 것이다. 그들은 근육형 체형이나 어떤 특정 체형의 소유자가 일탈적 성격의 소유자라고 단언할만한 근거는 없다고 주장한다. 근육형의 일탈행동은 비우호적인 사회문화적 상황의 압력 하에서 신체적으로 강인하고 성격적으로 공격적인 특질을 소유하고 있기 때문에 그들이 그 압력에 즉각적으로 반응하기 때문이다.[14] 다시 말해, 사회문화적인 압력이 없다면 근육형의 일탈행동도 없을 것이라는 관점이다.

근육형과 비행 사이의 관계에 관한 사회적 맥락은 발달적 관점에서 설명될 수 있다. 신체적으로 크고 강인한 남자 아이들은 운동장을 마음대로 휘젓고 다니면서 때때로 싸움질을 할 수 있다. 그러나 이러한 육체적인 공격행동 유형은 청소년기 후반이 되면 끝이 난다. 그 이유는 이러한 청소년들이 다른 방법으로 자신의 욕망을 채우는 것을 학습했기 때문이거나 근육형과 약자 모두 무기를 도구로 사용하여 공격하고 저항할 나이가 되었기 때문이다.

---

13) Siegel, *op.cit.*, p.25.
14) *Ibid.*, p.25.

(3) 코르테스와 가티의 연구

체형과 범죄의 관계에 대한 코르테스와 가티(Juan B. Cortes & Florence M. Gatti)의 연구는 셀던과 엘레나 글룩 부부의 약점을 보완하려 했다는 점에서 주목을 받을 만하다. 그들은 글룩부부가 대상들의 사진을 관찰하여 체형을 판단한 것과는 달리 얼굴주름, 골격구조, 근육발달, 그리고 체중과 키 등에 대한 실질적인 비교 측정에 기초하고 있다는 점에서 더 정확한 실증적인 연구라고 볼 수 있다. 아울러 개인의 기질에 대한 평가는 관찰자의 주관적인 관찰에 의존한 것이 아니라 자기 보고식 응답항목을 기초로 했다.[15] 그러나 그들의 일탈행동에 대한 정의는 제도적인 공식통계나 법정 출두 기록을 기초로 하고 있다는 점에서 연구결과의 적용에는 한계가 있다.

그들은 이러한 일탈행위에 대한 정의와 측정방법에 의해 100명을 대상으로 하여 체형과 일탈행위와의 관계를 연구한 결과, 그 중 50% 이상이 근육형 체형이라는 사실을 발견한 반면에 이와는 대조적으로 100명의 준법 청소년들은 19%만이 근육형이었다. 한편, 일탈자들의 14%가 내배엽형 체형이었으며, 준법 청소년들은 37%가 내배엽형이었다.

그들은 일탈행위자들 중에 근육형이 많은 이유를 다음과 같이 밝히고 있다. 즉, 중배엽 체형의 소유자들이 통계적으로 높은 성취동기를 가지고 있으며, 같은 중배엽 체형이지만 하나의 집단으로서 일탈행위자들은 일반 행위자들보다 더 높은 성취동기를 가지고 있다. 그러나 성취동기와 중배엽 체형과의 결합관계는 일탈자들 보다 비 일탈자들에게서 더 강하게 나타난다. 이는 체형과 다른 생물학적 요인 및 환경적 요인이 일탈행위에 관련된 성취동기에 영향을 미친다는 증거이다. 그러므로 체형이 일탈행위의 원인이라는 인과관계는 분명하지 않다.[16]

4. 초기 생물학적 범죄이론에 대한 비판

개인의 생물학적인 신체적 특징이 범죄성을 결정한다는 롬브로조의 주장을 오늘날 받아들이는 사람은 찾아보기 힘들다. 그러나 객관적인 관찰과 증거의 발견에 의해 범

---

15) *Ibid.*, p. 25.
16) *Ibid.*, p.25.

죄원인을 규명하려고 시도한 롬브로조의 실증적인 연구방법은 이후 범죄학 연구의 새로운 지평을 열었다.[17]

범죄에 대한 생물학적 결정주의는 20세기 중반에 미국의 사회학자들로부터 배척을 받았으며, 오늘날도 사회학적 접근이 지배적이다. 제프리(C. Ray Jeffery) 등 생물학적 범죄이론을 옹호하는 학자들은 사회학자들의 학문적 편협성에 의해 생물학적 이론이 무시당하고 억압되었다고 주장한다. 그러나 초기의 생물학적 이론들을 거부하는 실제적인 이유는 학문영역이나 정책상의 쟁점과는 관련이 없다. 그것은 단지 생물학적 이론들이 논리성을 결여하고 경험적으로 검증이 불가능한 것으로 밝혀졌기 때문이다. 현대생물학적 범죄학자들조차 롬브로조의 실증주의가 실패한 이유는 방법론적 결함과 논리적 부적절성, 그리고 사회학적 요인을 고려하지 못했기 때문이라는 점을 인정한다.[18]

또한 체형과 범죄와의 관계에 대한 연구도 논리적 부적절성과 경험적 타당성의 결여, 그리고 사회적 요인의 결합작용을 무시했다는 비판을 받는다. 즉, 비행청소년들을 대상으로 한 체형과 범죄의 연구는 건장한 청소년들이 동년배 중에서 선택되어 비행을 범하는 경우가 많고, 건장한 청소년들은 근육노동이나 보디빌딩과 같은 체계적 단련의 결과인 경우가 많아 이는 사회문화적인 요인의 영향으로서 선천적으로 건장한 체형을 말하는 생물학적인 요인의 결과는 아니다.

제2절 현대 생물학적 범죄이론

1. 배 경

생물학적으로 범죄형 인간이 따로 있다는 생물학적 결정주의는 학자들이나 실무자들에게 아주 매력적인 연구 분야라고 볼 수 있다. 롬브로조의 생래적 범죄인 이론으로부터 시작된 범죄생물학은 20세기 초에 사회학적 범죄이론가들로부터 방법론적으로 완전하지 못하고 범죄원인을 제대로 설명해주지도 못하는 무용한 이론이라는 비판을 받기 시작한다. 이 시기에 범죄학자들은 범죄생물학적 연구를 기피하기 시작했으며, 범죄에

---

17) 조철옥, 앞의 책., pp.52-53.
18) Akers and Sellers, *op.cit.*, pp.50-51.

대한 사회학적 영향요인들에 대한 연구에 집중하는 범죄사회학이 범죄학 연구의 주류를 이룬다. 심지어 연구자들은 범죄와 관련된 인간성을 이해하려고 할 때 생물학적 요인에 대해서는 일부러 회피하는 생물학 혐오증(biophobia)이 팽배했다.[19] 따라서 현대 범죄생물학은 대부분 생물학적 결정주의를 부정한다.

범죄학 연구에서 뒤로 밀려나 있던 범죄생물학은 1975년 윌슨(Edmund O. Wilson)이 「사회생물학」(Socialbiology)이라는 저서를 출판하면서 새로운 전기를 맞이하게 된다. 사회생물학 역시 본질적으로 생물학적으로 선천적인 범죄형 인간의 특질(traits)이 존재한다는 점에 초점을 맞추고 있지만, 생물학적 특질이 범죄형 인간을 결정한다는 초기의 범죄생물학의 관점과는 달리 생물학적·유전학적 특질들이 사회환경적 요인과의 상호작용의 결과 범죄행동을 유발한다는 전제에 입각하고 있다. 사회생물학적 시각은 생물학적 요인과 환경적 요인을 연결시켜 범죄현상을 설명하는 범죄생물학 연구의 새로운 지평을 열게 된다.[20]

여기에서 주목해야할 점은 사회생물학이 범죄의 원인을 유전자 등 생물학적 요인과 환경적 요인의 결합으로 파악하면서도, 그들의 주요 전제는 대부분의 행위가 인간의 생물학적 특질, 특히 유전자에 의한 영향의 결과라는 가정에 기초하고 있다는 점이다. 그러나 사회생물학은 인간 행동이 유전자의 영향의 가능성, 즉, 유전자가 원인일 수 있다는 점을 강조하는 하나의 관점이며, 유전자가 유일한 원인이라고 하는 결정론적 시각은 아니다.

사회생물학의 이러한 관점은 현대 생물학적 범죄학자들의 연구에 결정적인 영향을 미친다. 인간의 행동이 대부분 인간 유기체의 생물학적인 구성요인과 물리적이고 사회적인 환경과의 상호작용의 결과라는 관점을 받아들이기 시작한다. 인간행동은 순응적이든 일탈적이든 인간유기체의 생물학적 특질과 물리적·사회적 환경과의 상호작용의 결과이다. 따라서 특정한 범죄형 인간이 유전되거나 생물학적으로 결정되는 일은 없고, 범죄행위를 유발하는 유일한 유전자도 없다는 것이다.[21] 이들은 행위의 가능성과 감수성이 생물학적 요인에 의해서 유발될 수 있다고 주장하면서도, 이러한 행위가 발생할 가능성은 개인의 생활환경에 따라 차이가 난다고 주장한다.[22] 오늘날 생물학적인 요인

---

19) Siegel, *op.cit.*, pp.139-140.

20) *Ibid.*,

21) David C. Rowe, Biology and Crime, Los Angeles: Roxbury Publishing, 2002, p.105.

22) Akers and Sellers, *op.cit.*, p.52.

만으로 범죄를 설명하는 경우는 아주 드문 현상이다. 이러한 견해는 다음과 같은 엘리스와 월쉬(Lee Ellis & Anthony Walsh)의 주장에서 찾아볼 수 있다.

> "현대의 범죄생물학 이론은 사회학적 및 심리학적 이론들과 양립할 수 있다. 범죄행위는 복잡한 사회체계 속에서 작동하는 학습적·유전적·호르몬 및 신경화학 요인들간의 복잡한 상호작용의 결과이다."[23]

2. 생물사회학적 범죄 특질이론

(1) 현대의 범죄생물학의 연구경향

오늘날 특질이론(traits theory)은 단일의 생물학적 또는 심리학적 특질이 모든 개인의 범죄성(criminality)을 결정한다고 주장하지는 않는다. 모든 범죄자는 생물학적·심리학적으로 동일한 특질을 소유한 경우가 거의 없다는 것이 범죄학 연구의 결과에서 대부분 입증되었기 때문이다. 따라서 범죄행위는 개별 행위자의 행위에 따라서 다르게 설명될 수밖에 없다. 어떤 사람은 생물학적이든 심리·정신분석적이든 선천적인 범죄성향이 원인일 수 있고, 다른 사람은 신경시스템이 문제일 수 있으며, 또 다른 사람은 생화학적 이상이 범죄행위의 원인일 수 있다.[24]

사회생물학의 영향을 받은 범죄 특질이론은 인간의 생물학적 특질만이 범죄원인이라고 보지 않고, 지능·성격·생화학적 요인, 그리고 유전적 특질 등과 같은 인간적 특질과 가족, 교육, 경제적 요인, 그리고 지역사회 등과 같은 환경적 요인의 상호작용에 의해 범죄가 발생한다는 관점에 따라 연구를 전개한다. 그러므로 생리적 또는 정신적 특질은 범죄 설명을 위한 환경적·사회적 그리고 인간적 요인이 담겨진 거대한 연못 속에 있는 한 부분에 지나지 않는다. 사람은 타고난 공격적 성향을 가지고 있을 수 있지만, 인간이 반드시 그러한 공격성향에 의해 지배되는 것이 아니라 환경적 자극들이 반사회적인 공격행동을 억압할 수도 있고 또한 촉진할 수도 있다.

심지어 가장 특질이론에 심취한 이론가들도 열악한 도심지역의 환경적 조건이 반사회적 행동을 유발하는 강력한 영향요인이 될 수 있다는 점을 인정한다.[25] 이러한 지역

---

23) Lee Ellis and Anthony Walsh, "Gene based evolutionary theories in criminology", Criminology 35, 1997, pp.229-275.
24) Siegel, *op.cit.*, p.140.

에 거주하는 주민들은 빈곤과 사회적 차별, 좌절과 분노를 경험하지만, 그들 중에 일탈행위자로 되는 사람은 그렇게 많지 않고, 성인 범죄자로 발전하는 경우는 더 적다.

특질이론가들은 상습적 범죄자들이 생물학적이나 심리학적 특질로 인해 사회적 환경과 관계없이 범죄행동을 하는 것이 아니라 사회적 압력·문제의 성격이나 정도에 따라서 영향을 받는다고 주장한다. 즉, 공격적인 성격의 소유자는 사회적 차별이나 부당한 대우를 참지 못하고 폭력을 행사하지만, 관용적인 성격의 소유자는 그러한 차별과 부당성에 대해 폭력적인 행동을 보이지 않는다. 아울러 공격적인 성향의 소유자도 사회적 제도나 구조의 편향성이나 부정의의 정도에 따라서 인내할 수도 있다.

특질이론은 최근에 만성적 상습범(재범자)에 대한 관심이 고조되면서, 왜 어떤 사람은 유사한 범죄를 계속 범하는 가에 대한 설명을 위해 관심을 받기 시작한다. 특히 극소수의 사람들이 계속 범죄를 되풀이한다면, 그들의 생물학적 특질이 행동에 영향을 미치는 것이라고 가정할 수 있다. 사람들은 모두 반사회적 행동에 대한 법적 제재를 두려워 하지만, 그래도 그 중에 어떤 사람들은 일상생활 속에서 반복해서 범죄를 범한다는 사실, 특히 연쇄살인범이나 강간범, 상습적인 수법범죄자들의 존재는 범죄의 원인을 개인의 생물학적·심리학적 특질에서 찾으려는 연구자들을 고무하는 요인이 되고 있다.

(2) 특 징

생물 사회적 특질이론(Biosocial trait theory)은 근본적으로 사회생물학의 주장에 입각하여 범죄자의 행위가 생물학직 특질에 의해 통제된나고 생각하는 섯이 아니라 생물학적·환경적 그리고 사회적 요인들이 상호작용한 결과라는 견해에서 출발한다. 따라서 생물 사회적 이론은 다음과 같은 몇 가지 원칙에 따라서 연구를 전개한다.[26] ① 유전적 특질이 주로 인간행동에 영향을 미치는 것이라고 가정한다. ② 모든 인간이 동등한 수준의 잠재적 학습능력과 성취능력(equipotentiality)을 가지고 태어나는 것은 아니라고 가정한다.

어떤 두 사람도 똑 같이 닮은 경우(물론 일란성 쌍생아는 제외하고)는 없다. 개인의 행동은 인간의 유전적 특질과 환경적 요인의 결합 결과이다. 이와는 반대로 사회학자

---

25) Anthony Walsh, "Behavior Genetics and Anomie/Strain Theory," Criminology 38, 2000, pp.1075-1108.
26) *Ibid.,*. pp.1075-1108.

들에 의하면, 인간은 유사하게 태어났고 따라서 인간행동은 사회적 요인에 의해 통제되다고 주장한다.

생물사회적 특질이론은 크게 네 가지 관점과 관련된 요인들이 범죄의 원인으로 작용한다고 본다. ① 생화학적 관점으로서 음식, 호르몬, 환경오염물질이 범죄성에 영향을 미친다. ② 신경생리학적 관점으로서 뇌의 구조, 뇌의 손상, 뇌의 화학성분이 범죄성에 영향을 미친다. ③ 유전적 관점으로서 유전적인 공격성향, 유전적인 충동적 성격이 범죄행위의 원인이 된다. ④ 진화적인 관점으로서 공격성은 진화하고, 공격적인 남성은 더 많은 후손에게 공격성을 유전시킴으로써 범죄성에 영향을 미친다. 그러면 이 네 가지 관점에 따라 범죄특질과 관련된 요인들을 살펴보기로 한다.

3. 생물사회학적 관점에서 본 범죄요인

(1) 생화학적 관점

범죄가 인체 내의 호르몬이나 영양소 등과 같은 생화학적 요소의 결핍이나 불균형으로 인한 정서적 장애에 의한 것이라는 주장은 소위 신 범죄학에서 강조하는 이론이다. 범죄에 대한 생화학적 접근은 인체 내의 화학적 결핍이나 불균형이 사람들의 사고형태와 동작을 통제하고, 이러한 불균형이 직접적으로 비행 또는 범죄와 연결되기도 하며, 간접적으로는 사회규율을 지키고 학습하는 것에 영향을 미친다는 가정을 기초로 연구하는 접근방법이다. 생화학적 불균형은 비타민과 미네랄 같은 영양소의 결핍, 남성호르몬과 같은 내분비 장애, 또는 환경오염에 의한 장애 등에 의해 발생하는 것으로 알려져 있다.

1) 호르몬과 범죄

❶ 남성호르몬과 범죄의 관계

엘리스와 쿤츠(Ellis & Coonts)는 테스토스테론과 범죄의 관계에 대한 부분적인 설명을 제공한다. 범죄에 대한 나이와 성 비율은 테스토스테론의 수준 차이에 의해 결정되고, 테스토스테론 수준은 재산범죄와 폭력범죄 모두에 인과적으로 연결된다. 테스토스테론은 태어나기 전의 남성태아에게 강력하게 존재하고, 태아의 성적 능력 형성에 중심적인 기능을 한다. 그 효과는 테스토스테론 수준이 아주 높은 남성태아에게 강력하게 작용한다. 이 단계에서 테스토스테론은 태아의 발달에 영향을 미치는 뇌 속을 통과한다. 여아에게도 남성호르몬은 유사한 작용을 할 수 있지만, 뇌 속을 통과하지 않기 때문에 남성 호르몬의 성적 능력 향상 효과는 발생하지 않는다. 태아기의 뇌 속의 테스토스테론은 출생 후에도 뇌의 망상조직의 각성능력 통제, 변연계의 감정통제, 이성, 논리, 언어표현과는 무관한 뇌반구에 과다의존 등을 초래함으로써 범죄를 발생시킨다.[27]

남성호로몬인 테스토스테론(testosteron)은 강간과 살인같은 가장 공격적이고 반사회적인 범죄를 촉진하는 요인으로 알려져 있다.[28] 올웬스(Dan Olwens)는 테스토스테론과 언어적 및 물리적 공격 사이의 분명한 관계를 발견했다. 테스토스테론에 의해 야기되는 공격행동은 도발된 공격행동(provoked aggressive behavior)과 비도발된 공격행동(unprovoked aggressive behavior)으로 구분된다. 도발된 공격행동은 흔히 물리적이기 보다는 언어적이며, 다른 사람에 의한 부당하거나 위협적인 행동에 대한 반응이다. 도발된 공격은 테스토스테론 수준과 직접 관계가 있지만, 환경적 상황에 대한 반응으로 생산되는 테스토스테론 분비량의 결과이다. 한편, 테스토스테론과 비도발된 폭력 및 반사회적 행동 사이의 관계는 간접적이고 복합적이며, 관용수준에 따라서 행동하는 경향이 있다. 결론적으로 남성의 높은 테스토스테론 수준은 관용수준을 낮추고 쉽게 화나게 하고 더 공격적으로 반응하게 만든다. 어떤 연구도 테스토스테론과 공격행동 사이에 직접적인 관계가 있다고 주장하지 않는다. 하지만 도발된 화나는 상황이 발생한다면, 높은 수준의 테스토스테론을 분비할 수 있는 능력을 가진 사람은 폭력이나 공격적 행동에 의존하게 된다. 높은 수준의 테스토스테론 분비능력은 생물학적인 특징이다.[29]

윌슨(Wilson)은 그의 저서 「도덕감(The More Sense)」에서 호르몬과 효소 그리고 신경전달물질이 인간행동을 이해하기 위한 주요한 요인이라는 결론을 내리고, 이러한 요인들이 범죄율의 성 차이를 설명하는데 도움이 된다는 견해를 제시한다.[30] 즉, 남성은 호르몬과 생화학적 요인의 작용으로 생물학적으로 여성보다 더 공격적이고 따라서 범죄율도 높다. 주요한 남성 스테로이드 호르몬인 테스토스테론 수치는 나이가 들면서 떨어지는데 이로 인해 점점 폭력범죄율이 감소한다.[31]

---

27) Williams, *op.cit.*, pp.150-151.
28) Williams, *op.cit.*, p.148.
29) *Ibid.*, p.149.
30) James Q. Wilson, The Moral Sense, New York:Free Press, 1993, pp.25-35
31) Walter Gove, "The Effect of Age and Gender on Deviant Behavior:A Bipopsycosocial

호르몬과 폭력행동 사이의 관계에 대한 연구는 많은 생물사회학자들에 의해 이루어졌으며 그 연구로 발견한 결과는 남성 성호르몬인 앤드로전(androgens)의 이상수치가 사실상 폭력행동을 유발한다는 결론에 도달한다. 기타 앤드로전과 관련된 남성특징은 스릴 추구, 충동성, 힘의 과시, 그리고 언어기술의 부족 등으로서 대체로 이러한 특징들이 남성의 반사회적 행동과 깊은 관련이 있다 .[32] 남성의 공격성과 관련있는 성호르몬인 앤드로전을 가장 많이 포함하고 있는 남성호르몬 테스토스테론(testosterone) 수준은 성적으로 최고로 각성되어 있는 대략 15~25세 사이에 가장 높다. 이 시기는 남성의 일생에서 가장 공격적인 시기와 일치하며, 이때는 특히 같은 또래에게 공격적인 행동을 보이는 것이 특징이다. 실제로 호르몬과 반사회적 행동 사이의 결합은 남성호르몬의 절정기인 청소년기에 가장 강력하다.

그러나 호르몬과 범죄행동과의 상관성에 대해서 부정적인 견해를 밝히는 학자들도 적지 않다. 우드리(Richard J. Udry)에 의하면, 남성호르몬이 성적 활동의 증가에는 영향을 미치지만, 다른 행위 유형에는 큰 영향을 미치지 않는다.[33] 월시(Anthony Walsh)는, 남성 호르몬과 범죄행동의 관계는 테스토스테론 수치와는 무관한 폭력하위문화와의 접촉과 같은 사회환경적 요소들의 영향에 의한 결과일 수 있다는 견해를 표명한다.[34]

아직 남성 호르몬에 근거하여 일반 범죄이론을 제시한 학자는 없다. 왈시(Walsh)는 훌륭한 연구자라면, 테스토스테론의 높은 수치가 공격적 또는 성적 행동을 야기한다고 주장하기보다는 단지 그러한 행동을 촉진시킬 뿐이라고 주장해야 한다는 말로 호르몬과 범죄행동의 상관성에 대해 부정적인 견해를 분명히 한다. 남성호르몬 테스토스테론의 높은 수치는 남성의 인내수준을 저하시키고, 쉽게 자극을 받아 공격적으로 반응하게 만든다. 어떤 연구도 테스토스테론과 공격성 사이에 직접적인 관계가 있다고 주장하지는 않지만, 자극적인 상황하에서 다량의 테스토스테론이 분비되는 남성들은 폭력이나 공격에 의존하기 쉽다.[35]

Perspectives," in *Gender and Life Course*, ed., A.S. Rossi(New York:Aldine, 1985), pp.115-144.

32) Alan Booth and D. Wayne Osgood, "The influence of Testosterone on Deviance in Adulthood: Assessing and Explaining the Relationship," Criminology 31, 1993, pp.93-118.

33) Richard J. Udry, "Biological predisposition and social control in adolescent sexual behavior," American Sociological Review 53, 1988, pp.709-722.

34) Anthony Walsh, "Bisocial Criminology: Introduction and Integration, Cincinatti, OH: Anderson, Publishing, 2002, p.192.

35) Williams, *op.cit.*, p.149.

실제로 남성호르몬에 대한 초기의 연구결과에서 테스토스테론과 성인 일탈의 관계에 대한 설명력은 매우 약하다. 하지만, 교도소에 수용중인 재소자 가운데 폭력범죄자가 기타 범죄자에 비해서 남성 호르몬 수치가 매우 높은 것으로 밝혀진 경우도 있고, 남성 범죄자들을 관리하기 위해 남성 호르몬의 수치를 낮추는 약물을 이용하는 사례가 발견되고,[36] 남성 성범죄자들에게 여성호르몬인 에스트로전(estrogen)과 프로제스테론(pro-gesteron)을 성범죄자의 성욕을 감소시키기 위해 사용하는 이른 바 화학적 거세를 한다는 사실을 고려할 때, 남성 호르몬과 범죄가 전혀 무관하지만은 않다.[37]

고도의 테스토스테론은 일반적으로 범죄와 성폭력과 관계가 있는 것으로 인정되어 왔다. 이러한 관계에 대한 가정은 20세기에 성범죄자에 대한 합법적인 거세(castration)를 정당화하기 위한 근거로 사용되었다. 거세정책은 덴마크(1920), 독일(1930), 노르웨이(1934), 에스토니아(1937), 스웨덴(1944) 등에서 채택되었으나 성범죄 감소에는 별다른 효과가 없었다. 보다 최근에 시프로테론 아세테이트, 메드록시 프로제스테론 아세테이트 같은 남성호르몬 억제제가 거세에 대한 대안으로서 성범죄자들에게 제공한 결과 테스토스테론 효과의 감소를 가져왔고, 어떤 경우에는 상당히 효과적인 것으로 증명되었다. 화학적 거세는 처방에 대한 개인적 희망, 약물남용의 부재, 성적 배우자의 승낙 등의 조건 아래 현실적인 사용이 가능하고, 이러한 화학적 거세사용은 어느정도 테스토스테론과 성범죄 사이에 관계가 있다는 사실을 의미한다.

❷ 여성호르몬과 범죄

범죄와 호르몬의 관계는 여성을 대상으로 하여 이루어진 연구도 있다. 여성은 생리시에 여성호르몬인 에스트로전의 과도한 분비로 인해 반사회적 행동이나 공격적 행동을 하게 된다는 견해가 오래 동안 제기되어 왔다. 이러한 조건은 생리 전 증후군(premenstrual syndrome 또는 PMS)과 연결되어 논의가 전개된다.[38]

생리 전 증후군과 여성의 일탈행위의 관련성에 대한 최초의 연구자는 달튼(Katharina

---

36) Robert Rubin, "The Neuroendocrinology and Neuro-Chemistry of Antisocial Behavior," in The Causes of Crime, New Biological Approaches, ed., Sarnoff Mednick, Terri Moffitt, and Susan Stack(Cambridge: Cambridge University Press, 1987), pp.239-262.

37) J. Mooney, "Influence of Hormones on Psychosexual Differentiation," *Medical Aspects of Nutrition 30*, 1976, p.165.

38) Anne E. Figert, "The three faces of PMS: The Professional, Gendered, and Scientific Structuring of a Psychiatric Disorder," Social Problems 42, 1995, pp.56-72.

Dalton)이다. 그녀는 영국 여성들을 대상으로 연구한 결과, 영국 여성들이 생리기간 또는 생리 바로 직전에 자살이나 공격적 행위 그리고 기타 반사회적 행위를 하는 경향이 있다고 지적한다.[39]

달튼(Dalton)의 연구는 PMS와 범죄와의 관계를 입증하는 증거로서 인용되기도 하나 방법론적 결함으로 인해 결과 그 자체를 액면 그대로 받아들이기는 어렵다. 어떤 사람들은, PMS와 범죄의 관계는 우연적이거나 공격행위에 대한 심리적, 생리적 스트레스가 생리를 초래하고, 생리가 범죄를 초래하는 것은 아니라는 주장을 펴기도 한다.

저명한 생물사회학자인 피시바인(Diana Fishbein)은 사실상 여성 생리와 공격성 사이에 관련성이 있다는 주장을 편다. 조사 결과에 의하면, ① 범죄행위로 구속되는 여성 상당수가 PMS 기간 동안에 범행을 한다는 것이며, ② 적어도 일부의 여성들이 호르몬의 주기적 변화시기에 분노와 적의와 같은 감정에 쉽게 빠지는 것 같다는 응답을 한다.[40] 그러나 PMS의 타당성에 대한 논쟁은 계속되고 있다. 중요한 것은 대다수의 여성들이 PMS기간 동안에 비록 반사회적 행동으로 발전하지는 않을지라도 불안감에 휩싸인다는 사실이다. 따라서 PMS와 범죄와의 관계는 그렇게 밀접한 것 같지는 않다.

2) 미네랄과 범죄

미네랄도 사람에게 중요한 영양소로서 특정 미네랄의 부족이나 과다에 의한 중독증은 범죄와 많은 관련성이 있다고 한다. 일반적으로 납 함량수준이 학습수준을 저하시키는 것으로 인정되고 있다. 또한 인체 내의 높은 납수치는 독립성, 인내성, 그리고 집중도의 저하를 가져오고, 충동성, 공상과 좌절의 늪에 쉽게 빠지게 한다.[41]

최근 들어 납의 체내 함유량과 범죄성의 관련성이 지적되고 있는 가운데, 납 중독증은 거시와 미시수준 모두에 걸쳐서 인간의 공격적 행동을 유발하는 요인이 되고 있다는 실증적 연구가 있다. 미국의 여러 주에 걸친 공기 납 오염과 관련된 거시수준의 연구 결과, 공기 납 오염 정도가 가장 높은 지역은 살인범죄율이 가장 높다.[42]개인의 범

---

39) Khatarina Dalton, *The Premenstrual Syndrome*(Springfield, Ill.: Chares C. Thomas, 1971, pp.12-150.

40) Diana Fishbein, "Selected Studies on the Biology of Antisocial Behavior," in *New Perspectives in Criminology*, ed. John Conklin(Needham Heights, Mass.:Allyn and Bacon, 1996), pp.26-38.

41) D. Bryce-Smith, Nutrition and Health, vol.1, 1983, p.179.

42) Paul Stretesky and Michael Lynch, "The Relationship between Lead Exposure and Homicide," *Archives of Pediatric Adolescent Medicine 155*, 2001, PP.579-582,

죄행동과 관련된 미시수준의 연구에서 데노(Deborah Denno)는 900명 이상의 흑인 청년들을 대상으로 조사한 결과, 납중독 수준이 남성 일탈행동과 성인들의 상습적 범행의 아주 유의미한 예측치라는 사실을 입증한다.[43] 또한 과다한 납 섭취는 지능지수를 떨어뜨리고 공격적 행동의 요인이라는 연구결과도 있다.[44]

최근의 연구에서 코발트의 부족이 난폭한 행동을 유발한다는 결과도 있다. 필(Pihl)은 코발트 수치가 낮을수록 폭력적 행동 유형이 나타난다고 주장한다.[45] 그러나 코발트가 인체 내에서 어떠한 역할을 하는지 또한 행위의 폭력성에 어느 정도 작용하는지에 대해서는 충분히 검증된 것은 아니다. 마그네슘 부족도 사람의 폭력성을 유발한다는 주장이 있으며, 특히 인체내의 인산이 마그네슘의 농도를 저하시키므로 인산이 포함된 탄산음료의 과다섭취는 결국 마그네슘 농도를 저하시켜 사람을 난폭하게 만들 수 있다는 주장이 있다.

체내의 구리와 아연의 비율이 무너지면, 즉 구리가 과잉되고 아연이 적어져 균형이 무너지면 결국 뇌 기능이 저하되고 공격성이 고조된다고 한다. 또는 공격성이 높은 사람의 체내에서는 카드뮴, 알미늄, 수은등이 많이 검출된다고 주장하는 연구도 있다.

그러나 인체내의 미네랄 농도는 음식물 섭취에 의해서만 영향을 받는 것뿐만 아니라 환경오염에 의해 영향을 받는다는 연구결과도 있다. 즉, 환경오염에 의해 다양한 유해 중금속들이 농작물과 음료수, 공기와 물에 포함되어 인체 속으로 들어오게 됨으로써 환경오염이 간접적으로 인간의 범죄행위의 원인이 된다는 것이다.[46] 쇼스(Alexander Schauss)는 20세기 초에 이루어진 음식물과 인간행동과의 관계에 대한 연구에서 음식물 섭취와 정서적 혼란, 학습의 어려움, 역기능적 행동간에 연관이 있다는 결과를 발견한다.[47] 한 경찰관은 음식물 섭취가 행동에 미치는 영향에 대하여 문제의식을 가지고 다른 기관의 동료들과 협력하여 청소년 비행이 정크식품의 섭취와 관련이 있다는 사실을 규명한다.

---

43) Deborah Denno, "Considering Lead Poisoning as a Criminal Defense," *Fondham Urban Law Journal 20,* 1993, PP.377-400.

44) Uric Neisser et al., "Intelligence: Knows and Unknowns," *American Psychologist 51*, 1996, PP.77-101.

45) R. O. Phil, Hair element levels of violent criminals, Canadian Journal of Psychiatry, vol.27, p.533.

46) C. Hawley and R.E. Buckley, "Food Dyes and Hyperkinetic Children," Academy Therapy 10, 1974, pp27-32.

47) Alexander Schauss, *Diet, Crime and Delinquency*(Berkeley, Calif.: Parker House, 1980, pp. 150-170.

3) 비타민과 범죄

사회생물학자들에 의해 수행된 비타민 결핍 및 의존과 범죄의 관계에 대한 연구는 비타민 B(B3와 B6)와 C의 결핍이 반사회적 행동의 요인이라는 사실을 발견한다. 이 연구는 나아가 정신분열증 환자 및 학습과 행동장애를 겪고 있는 어린이들의 대부분이 비타민 B3와 B6의 결핍 상태에 있다는 것이다.[48]

그런데 이러한 영양소 결핍의 원인은 대체로 크게 두 가지로 나누어진다. ① 필요한 영양소를 함유한 음식물을 충분히 소비하지 못하는 경우로서 이를 비타민 결핍(deficiency)이라고 하고, ② 유전적 조건으로 인하여 정상적인 최소 요구치 이상으로 이들 영양소를 필요로 하는 경우로서 이를 비타민 의존(dependency)이라고 한다. 이들 비타민결핍이나 비타민 의존과 범죄와의 관계는 주로 비타민 B(B3와 B6)와 C 그리고 반사회적 행위와의 밀접한 관련성에서 찾아 볼 수 있다.

또한 학습 장애나 행동장애가 있는 어린이들은 대개 비타민 B(B3와 B6)에 지나치게 의존한다는 데 주목하고 있다. 쉔텔러(Stephen Schoenthaler)는 뉴욕의 803개의 공립학교를 대상으로 비타민과 미네랄을 많이 함유하고 있는 식사개선을 통한 연구 결과, 학생들의 성적이 16% 향상된 사실을 발견한다. 또한 교정기관의 수형자들을 대상으로 한 유사한 실험에서 식사개선 이후 폭력행동이 48% 감소한다는 결과를 얻는다.[49] 1,753명의 어린이들을 대상으로 한 식사와 지능지수와의 관계에 대한 연구는 식사개선이후 지능지수가 16점 향상된다. 결국 이들 연구 결과는 우리 사회의 반사회적 행위가 사람들의 부적절한 음식섭취나 미네랄, 비타민 흡수에 어느 정도 그 책임이 있다는 사실을 보여 주고 있다.

화학적 불균형의 원인은 유전적일 수도 있고 음식물 섭취일 수도 있다. 범죄가 영양소의 결핍이나 과잉이 직접적인 증거라고 볼 수는 없다. 영양소나 음식물에 의한 생화학적 불균형이 범죄나 비행에 직접적인 영향을 미치기보다는 학업장애나 대인관계 장애 등으로 인하여 비행이나 범죄로 발전할 수 있는 다른 요인과 결합될 수 있다는 것으로 이해하는 것이 타당할 것으로 보인다.

---

48) Siegel, *op.cit.*, p.142.

49) Stephen Schenthaler, Intelligence, Academic Performance, and Brain Function(California State University, Stanislaus, 2000), pp.170-188.

4) 저혈당과 범죄

혈당 수치는 흔히 반사회적 행동 및 범죄행동과 관계가 있다고 주장되어 왔다. 특히 저혈당은 범죄유발의 위험요인으로 알려져 있다. 저혈당과 반사회적 행동과의 관계를 연구하기 전에 저 혈당과 깊은 관계가 있는 설탕과 범죄성 유발 관계를 먼저 검토할 필요가 있다. 저 혈당의 원인은 과잉 섭취된 포도당과 설탕이라는 지적이 많다. 또한 설탕과 탄수화물의 과잉 섭취는 폭력과 공격성에 관계가 있다는 연구 결과가 있다. 즉, 실험에 의하면, 설탕이 포함된 음료수를 비롯한 모든 음식에서 설탕을 빼고 설탕대체물을 넣었을 경우에 어린이의 공격성이 감소되었다는 연구 결과가 있다.[50] 그러나 설탕 과잉 섭취와 공격성의 상관성은 아직 확실하게 경험적인 검증과정을 거쳐 입증된 것은 아니다. 일부의 연구에서는 설탕의 공격성 촉진관계는 그 상관성이 부정되었기 때문이다.[51]

저혈당증(hypoglycemia)은 혈당치가 기준치 이하로 저하하는 병으로써 당분의 과잉 섭취나 비타민과 미네랄 등과 같은 영양소의 부족의 결과라고 한다. 저혈당증이란 혈액중의 포도당 량이 통상 뇌가 기능하기 위해 필요로 하는 량보다 적은 증상을 말한다. 이는 인슐린의 과잉분비로 인해 포도당이 빨리 소모되는 결과이다. 저혈당증이 발생하면, 과민, 불안, 우울, 착란 등의 정신상태에 빠지거나 발작, 두통의 증상이 생기기도 하며, 공격적, 폭력적 행동을 유발하기도 하는 것으로 알려져 있다.[52] 그리고 심각한 저혈당증은 기억상실이나 의식 상실과 같은 결과를 초래하거나 뇌 기능의 작동 중단으로 사망에까지 이르기도 한다.

저혈당증 중에서도 특히 반응성 저혈당증(reactive hypoglycemia: 포도당 섭취가 많으면 혈당치가 즉시 대폭으로 저하하는 현상)은 상습적인 폭력성 · 충동성 범죄자들 집단에서 발견됨으로써 저혈당과 폭력성 범죄와의 관련성이 높은 것으로 지적되고 있다.[53] 교도소의 수감자들을 대상으로 한 연구는 재소자들 대부분이 정상수치를 벗어난

---

50) Stephen Schoenthaler and Walter Doraz, "Types of Offences Which Can Be Reduced in an institutional Setting Using Nutritional intervention," *International Journal of Biosocial Research 4,* 1983, pp.74-84.

51) Gregory Gray, "Diet, Crime and Delinquency: Diet, Crime and Delinquency:A Critique," *Nutrition Review Supplement 44,* 1986, pp.89-94.

52) E. Podolsky, "The Chemistry of Murder," *Pakistan Medical Journal 15,* 1964, pp.9-14.

53) Matti Virkkunen, "Reactive Hypoglycemic Tendency among Habitually Violence Offenders," *Nutrition Review Supplement 44,* 1986, pp.94-103.

저혈당 상태에 있다는 사실을 발견했으며,[54] 오하이오 주의 보호관찰중인 범죄자 100명 이상에 대해 혈당검사를 한 결과 그 대부분이 저혈당증이었다.

저혈당증의 범죄 유관성에 대한 흥미있는 사례는 트윈키 항변(Twinky defence)이라는 사건이다. 1978년 미국 캘리포니아주의 화이트 케이스에서 피고인이 당분이 많은 음식을 과잉 섭취하여 심신쇠약 상태에 빠졌다고 하여 재판시에 이러한 환자의 상태가 고려되어 형량이 감경된 사건이다. 사건은 경찰관 출신인 전 샌프란시스코 평의원 화이트가 시장과 평의원을 살해한 혐의로 제1급 모살죄로 기소된 사건이다. 이 사건에서 변호인측은 피고인이 스넥 과자를 비롯하여 케이크와 사탕을 과잉 섭취하여 뇌의 화학적 균형이 무너지고, 정신적 장애를 초래했다고 주장하였고, 심신쇠약에 의한 책임감경을 요구했다. 배심원 측은 변호인측의 주장을 받아들여 중벌을 내리지 않고 7년 8개월의 구금형을을 선고함으로써 이 항변은 당시 미국 과자의 이름을 따 트윈키 항변으로 지칭되었다.

5) 알러지와 범죄

알러지(allergy)는 체내에 들어온 이물질에 대해 신체가 나타내는 이상 혹은 과도한 면역반응을 말한다. 알러지와 범죄의 관련성에 대해 주목을 받고 있는 것은 뇌 알러지와 신경 알러지이다. 이 중 뇌 알러지는 뇌의 과잉반응을 초래하는 데 비해 신경 알러지는 신경계에 강한 영향을 주는 것을 의미한다.

이들 알러지는 인간의 뇌를 팽창시키거나 공격성과 정서를 고조시켜 폭력을 행사케 하는 등 정신, 정서 및 행동의 다양한 측면에서 문제를 야기한다. 또한 뇌 알러지와 신경 알러지는 비행의 전조라고 일컬어지는 어린이의 과잉행동(hyper-activity)과 관련이 있다는 지적도 나오고 있다.[55] 미국에서는 뇌 알러지의 원인이라고 생각되는 옥수수의 소비량 증가와 전국의 살인사건 건수의 관련성을 지적하는 연구도 나왔다.[56]

---

54) J. A. Yaruyama-Tobbis and F. Negiruglu, "Violence Behavior, Brain Dyshythmia and Glucose Dysfunction: A New Syndrome," *Journal of Orthopsychiatry 4*, 1975, pp.182-188.

55) Paul Marshall, "Alergy and Depression: A Neurochemical Threshold Model of the Relation between the illness," *Psychological Bulletin 113*, 1993, pp.23-39.

56) A. R. Mawson and K.J. Jacobs, "Corn Consumption, Tryptophan, and Cross National Homicides Rates", *Journal of Orthomolecular Psychiatry 7*, 1978, pp.227-230.

(2) 신경생리학과 범죄

1) 발전 배경과 개념

신경생리학(Neurophysiology)은 뇌의 기능과 인간행위와의 관계를 연구하는 분야이다. 즉, 뇌와 관련된 신경시스템과 중추신경계가 인간행동에 어떻게 영향을 미치는가를 연구하는 분야이다. 신경생리학자들의 주장에 의하면, 태아기 또는 그 이전 단계에 형성된 신경생리적 이상상태가 인간의 행동, 특히 반사회적 행동에 영향을 미친다는 것이다.[57]

신경생리학과 범죄에 관한 연구에 관심을 기울이기 시작한 것은 1968년 텍사스에서 자신의 아내와 모친, 그리고 14명의 다른 사람들을 살해하고 24명에게 부상을 입힌 히트만(Charles Whitman)의 엽기적인 살인 사건이 계기가 되었다. 히트만은 경찰에 의해 사살되었고, 그의 시신을 부검한 의사에 의해 그의 뇌 속에서 악성종양이 발견되었다는 것이 알려 졌으며, 과거에 히트만은 사람을 죽이고 싶은 통제하기 어려운 격정상태를 경험하고, 이 문제를 해결하기 위해 정신과 의사를 찾아가서 자문을 구하기도 했다는 것이다.[58]

히트만 사건은 그의 뇌 손상이 살인행위를 초래한 것이라는 가정 아래 이 사건이후 신경생리적 손상과 인간행동의 관계에 대한 연구가 부각되기 시작한다. 미국을 비롯한 몇몇 국가에서 수행된 연구에서 뇌기능의 손상과 공격적 행동 사이에 유의미한 관계가 있다는 것을 입증한 바 있다. 연구결과는 뇌의 손상과 공격적 행동의 관계는 아주 어릴 때 형성되고, 태어나면서 중증의 신경생리적 결함에 의해 고통을 받는 어린이는 나중에 커서 범죄자가 될 가능성이 아주 높다고 지적한다.[59]

2) 뇌의 기능장애와 반사회적 행동

뇌는 인간의 정보처리, 기억, 감정과 의지, 그리고 판단과 같은 정신활동은 물론이고 근육운동과 몸의 균형, 다양한 자극에 대한 반사작용의 중추가 되고 있다. 인간의 행동

---

57) Terri Moffitt, Donald Lyman, and Phil Silva, "Neuropsychological Tests Predicting Persistent Male Delinquency," *Criminology 32,* 1994, pp.227-300.

58) R. Jhonson, *Aggression in Man and Animals* (Philadelphia:Saunders, 1972), p.79.

59) Adrian Raine, Patricia Brennan, Brigitte Mednick, and Sarnoff Mednick, "High Rates of Violence, Crime, Academic Problems, and Behavioral Problems in Males with Neuromotor Deficits and Unstable Family Environments", *Archives of General Psychiatry 53,* 1966, 5544-549.

에 가장 중요한 기능을 하고 있는 이러한 뇌 기능이 손상되거나 장애가 발생하면 반사회적인 행동이 발생할 가능성이 높다는 추론을 할 수 있다.

경험적인 여러 연구에 의하면, 대뇌를 구성하고 있는 각 부분의 기능적 장애나 손상은 다양한 병적 증상이나 공격적인 행동을 유발한다는 증거가 발견되고 있다. 전두엽과 측두엽의 기능장애가 우울증이나 공격적인 행동과 같은 정신병리적 현상을 초래한다는 유력한 증거가 발견되고 있다. 뇌기능 장애가 폭력범죄와 관계가 있다는 주장이 제기되고 있으며, 뇌의 전두엽과 측두엽의 기능장애는 지속적인 범죄성을 초래한다는 연구 결과도 있다.

가벼운 뇌기능 장애(MBD: minimal brain dysfunction), 즉, 뇌 구조의 경미한 이상상태와 관련된 증상도 인간의 생활유형과 흐름을 방해하는 돌연적인 부적응 행동을 초래한다는 경험적인 연구결과도 발견되고 있다. 경미한 뇌기능 장애는 반사회적 행동, 분노 통제메카니즘의 불균형, 그리고 뇌의 화학적 이상상태를 유발하는 것과 같은 심각한 현상을 초래할 수 있다.

MBD의 범주에는 몇 가지 형태의 이상행동 유형이 있다. 즉, 난독증(難讀症), 시각적 지각문제, 과잉행동증, 주의력의 저하, 괴팍한 성격, 공격성 등이다. MBD는 순간적으로 폭발하는 분노, 격정성을 유발함으로써 배우자 구타, 어린이 학대, 자살, 공격성 그리고 동기없는 살인 등의 행동을 초래한다는 연구결과도 있다. 그러한 행동으로 인해 고민하는 당사자들은 평소에는 따뜻하고 쾌활한 성격을 보여주는 당혹스러운 현상이 MBD 증후군의 또 하나의 특징이다. MBD를 측정하는 어떤 연구에서 범법자의 60% 이상이 심리검사에서 뇌의 기능장애를 보여주었다.[60] 범죄자들은 뇌의 주요 반구체에서 기능장애가 발견되었으며, 뇌파자료를 이용한 연구는 폭력범의 상습성을 95%의 정확성을 가지고 예측했다.

뇌종양(brain tumor)은 환자의 성격변화, 망상증, 그리고 다양한 정신병적인 행동을 초래한다. 뇌종양에 걸린 사람들은 우울증, 격분성, 분노의 폭발, 그리고 심지어 살인행위에 빠지는 경향이 강하다는 증거가 있다.[61] 뇌종양 환자에 대한 임상적인 연구결과는 과거에 유순한 사람들도 뇌종양에 걸리면 그들의 가족이나 친구들에게 심각한 피해

---

60) D. R. Robin, R. M. Stales, T. J. Kenny, B. J. Reynolds, and F. P. Heald, "Adolescents who Attempt Suicide", *Jornal of Pediatrics 90,* 1977, pp.636-638.

61) Rita Shaushnessy, "Psychopharmacotherapy of Neuropsychiatric Disorders," *Psychiatric Annals 25,* 1995, pp.634-640.

를 입힐 정도로 행동변화를 일으킨다는 것을 보여준다. 뇌종양이 제거되면, 그들의 행동은 정상으로 돌아온다. 또한 추락이나 교통사고에 의해 뇌에 손상을 입은 사람들도 반사회적 행동과 폭력적 행동을 하는 것 같은 행동의 변화가 발생한다.

중추신경계의 질병은 성격변화를 야기한다. 중추신경계의 손상은 뇌경색, 간질, 치매, 코르사코프(Korsakoff) 언어장애 증후군 등과 같은 질병을 유발한다. 이러한 질병과 결합된 증후군은 기억장애, 방향감각 상실, 분노 울분, 그리고 격정적 행동 같은 정서 혼란을 초래한다.[62]

그러나 우리가 뇌에 대해서 아는 것 보다 모르는 것이 더 많듯이 뇌는 아직 온통 수수께끼투성이다. 현재 뇌에 대해서 알고 있는 지식의 90%는 최근 15년 동안에 발견된 것들이다. 이는 그만큼 뇌의 기능을 파악하는 것이 기술적으로 대단히 어려운 작업이고, 고도의 기술을 필요로 한다는 사실을 반증하는 것이다. 뇌는 미지의 세계를 개척하고자 하는 탐험가에게는 아주 매력 있는 정글이요 오지인 셈이다.

3) 뇌파의 변화와 범죄

심장의 박동이나 맥박이 심장의 활동상태를 나타내듯이 인간의 뇌에도 그 활동상태를 측정할 수 있는 뇌파가 존재한다. 뇌파는 뇌 속에 존재하는 백 수십억 개나 된다고 하는 신경세포(neuron)상호의 결합형태나 활동을 의미한다. 이러한 활동을 외부에서 기록하는 것이 뇌파인데 일반적으로 두피 상에 전극을 접착하여 어느 정도 넓은 부분의 활동을 살피고자 하는 것이다. 일반적으로 뇌파라 하면 두피전극에서 포착된 두피 뇌파(Scalp EEG)를 말한다.

뇌파는 1875년 영국의 생리학자 캐이튼(R. Caton)이 처음으로 토끼와 원숭이의 대뇌피질에서 나온 미약한 전기활동을 검류계로 기록하면서 관심의 대상이 된다. 사람의 뇌파는 1929년 독일의 정신과 의사 베르거(Hans Berger) 에 의해서 처음으로 발견된다. 그는 머리에 외상을 입은 환자의 두개골 결손부의 피하에 2개의 백금전극을 삽입하여 뇌파를 기록하였으며, 나중에 두피에 전극을 얹기만 하여도 기록될 수 있다는 것을 관찰하였다. 이러한 뇌파 기록장치를 심전도(ECG: Electrocardiogram)나 근전도(EMG: Electromyogram)와 같이 뇌전도라고 하였다. 이와 같은 그의 공적을 기려 뇌파를 ‘베르거 리듬’이라고도 한다. 그는 수면 시의 뇌 전위 기록, 저산소증에 의한 효과,

---

62) Siegel, *op.cit.*, p.146.

뇌 장애의 부분과 전체 효과, 간질 발작에 의한 효과 등을 측정할 수 있게 뇌전도 장치를 개발하였다. 이것들은 현재 병원에서 필수 진단 방법으로 사용되고 있다.

뇌파는 뇌 전체의 활동상태, 예를 들면 눈을 뜨고 있는가, 잠자고 있는가 하는 의식수준 정도를 상당히 정확하게 나타낸다. 그밖에 뇌의 기능에 이상이 생기면 그것에 대응하여 이상뇌파가 나타나는 일이 있고, 특히 극파(棘波: 스파이크)라고 하는 이상파형은 전간(癲癇)의 진단이나 치료에 불가결하다. 뇌파에는 정상인에서 볼 수 있는 정상뇌파와 병적 상태에서 나타나는 이상뇌파가 있다. 정상뇌파 이외의 것은 어떤 의미에서볼 때 이상뇌파라고 할 수 있으나 정상뇌파도 개인차가 있고 지문(指紋)과 비교할 수있을 만큼 다종다양하다. 그러나 결국은 어느 범위 내로 한정된다.

뇌파는 뇌의 기능적 손상과 범죄행위와의 관계를 측정하는 물리적 단위가 될 수 있다는 점에서 중요한 의미를 가진다. 즉, 뇌의 기능적 손상이 범죄에 영향을 미칠 수 있다는 가정은 뇌의 손상에 대한 물리적 측정에 의해 정상적 기능과 손상과의 차이를 밝혀야 하는데 그 차이는 바로 뇌파에 의해 측정될 수 있다. 아울러 뇌의 기능에 손상이있는 사람들의 행동이 정상적인 사람들과는 다른 특징을 가지고 있다는 사실을 경험적으로 측정하여 입증해야 한다.[63]

뇌의 기능을 측정하는 다양한 방법이 있지만, 전통적으로 가장 강력한 뇌기능 측정장치는 뇌파 전위(電位) 기록장치(electroencephalograph: EEG)이다. EEG는 뇌에서 방출되는 전파를 기록한다. 그것은 인간의 두피에 연결된 전극봉에 의해 기록되는 뇌파를 측정한다. 여기에서 정상인의 뇌파는 0.5에서 30헤르츠(hertz)이다. 따라서 정상적인 뇌파를 벗어나는 사람의 행동 특성을 측정하면, 뇌의 손상과 행동의 관련성을 측정할 수 있다. 경험적인 연구결과에 의하면, 폭력범죄자(실제 폭력범죄자를 측정)의 EEG뇌파기록은 정상인에 비해 훨씬 비정상적인 범위에 위치한다. 일반사람들 중에는 약5%만이 비정상적인 뇌파기록에 해당하고, 폭력행위자들에 대한 측정에서는 약 50~60%가 비정상적인 뇌파기록의 범위에 해당한다.

EEG 측정에서 비정상 기록과 행동사이의 높은 상관관계를 보이는 사람들은 충동통

---

63) 뇌파파장 측정은 1970년대 중반 CT스캔이 등장하기 전까지는 뇌파를 알파파, 베타파, 세타파로 나누어 이루어졌다. 알파파(α)는 평균 30-50마이크로 볼트의 뇌파로서 통상 눈을 감고 안정을 취했을 때 발생하는 뇌파이며, 베타파(β)는 30마이크로 볼트이하의 뇌파로서 긴장하거나 몸을 움직였을 때 발생하는 뇌파이고, 세타파(θ)는 알파보다 약간 느린 4-7사이클의 뇌파로서 심호흡 시에 가끔 발생한다.

제의 불능, 사회부적응, 적의감, 파괴적 성격, 신경질적 짜증 등을 보여준다. 성인들에 대한 측정에서 느리고 좌우 양측의 뇌파를 기록한 사람은 적의감, 충동적인 행동, 비동조성, 혹평하고 화를 잘 내는 행동 등을 보여준다.[64]

보다 새로운 측정장치는 전자이미지를 사용하는 양전자 방사 X선 단층촬영기법(Positron Emission Tomography: PET)이다. 사우스 캘리포니아(Southern California) 대학의 심리학 교수 래인(Adrian Raine)과 그 연구팀은 '양전자 방사 X선 단층촬영법(positron emission tomography: PET)'을 이용하여 살인죄를 지은 남녀 38명의 뇌를 정밀히 검사한 결과, 좋은 가정 출신의 범죄자들이 가정에서 학대받은 범죄자들에 비해 두 가지 주요 두뇌 영역의 활동이 더 적다는 것이다.[65]

PET 검사는 단순하고 반복적인 일을 하는 동안 다양한 뇌 영역의 혈당치를 측정한다. 혈당은 대부분의 세포기능에 에너지를 공급하기 때문에 혈당 사용량은 세포 활동량과 관계가 있다. 그 외에 '뇌 활동 전자지도 장치(BEAM: brain electrical activity mapping)'와 '초전도체 간섭 장치(SQUID: superconducting interference device)' 등이 있는데, 이러한 기법들은 뇌의 기능영역과 반사회적 행동을 직접 연결시켜 평가할 수 있다.

폭력적인 범법자들은 전두엽과 간뇌에 손상이 있다는 것이다. 팔론과 헤네시(Nathaniel Parlone & James Hennessy)의 기존연구에 대한 재분석에 따르면, 상습적인 폭력사범은 뇌의 이상기록 수준이 정상인보다 훨씬 높고, 살인자의 뇌의 이상상태 기록은 정상인보다 32배나 높다.[66]

4) 범죄와 뇌지문 탐지

거짓말 탐지기와 뇌지문 측정장치는 뇌 기능의 손상이나 이상상태와는 관계없는 범죄감식에 이용되는 장치이다. 거짓말 탐지기(polygraph)는 사람의 혈압, 땀, 호흡 따위의 생리적 변화를 측정해 거짓말 여부를 가려내는 장치이다. 1895년 이탈리아에서 최

---

64) Z. A. Zayard, S. A. Lewis, and R. P. Britain, An Encephagraphic and Psychiatric Study of 32 Insane Mudrers, *British Journal of Psychiatry 10*, 1969, pp. 1115-1124.

65) Adrian Raine, Monte Buchsbaum, and Lori LaCasse, "Brain Abnomalities in Murders Indicated by Positron Emission Tomography," *Biological Psychiatry 42*, 1997, pp.495-508

66) Nathaniel Pallone and James Hennessy, "Brain Dysfunction and Criminal Violence", *Society 35*, 1998, p.25.

초로 개발된 거짓말 탐지기는 제2차 세계대전 당시 첩보의 진위를 가리는 수단으로 널리 쓰였다. 웬만한 거짓말쟁이가 아니고서는 거짓말할 때 긴장하게 마련이고 긴장하면 맥박이 빨라지고, 혈압이 오르고, 식은땀이 흐르는 등을 관찰하는 원리다. 미국 법원에서는 폴리그래프 조사 결과를 피고측의 증거로 제시할 수 있으며 범죄 수사는 물론 직원 채용에도 활용되고 있다.

미국 정부는 국립연구소의 과학자들에게 폴리그래프 조사를 받도록 요구하고 있다. 미국 이스라엘 일본의 정보기관에서 오래 전부터 직원을 선발할 때 폴리그래프를 사용한 것으로 알려진다. 그러나 거짓말 탐지기는 1920년대부터 거의 유일무이한 거짓말 탐지기술로 사용됐지만, 신뢰성에 대한 시비가 끊이지 않았다. 냉정한 거짓말쟁이가 무죄로, 신경이 예민한 결백한 사람이 유죄로 뒤바뀔 가능성이 많기 때문이다. 그래서 과학자들은 아예 사람의 뇌 속을 들여다 볼 수 있는 거짓말 탐지기를 개발하려고 노력하고 있다.

폴리그래프는 정서반응에 기초한 생리적 변화에 의존하므로 엉뚱한 결과가 나올 개연성이 높다. 또한 거짓말 탐지기는 뇌의 기능손상이나 이상상태와는 관계없는 측정 기법이다. 따라서 정서 대신에 인지과정을 이용하는 방법이 모색되었다. 대표적인 것은 1999년 미국의 심리학자 라이큰(David Lykken)이 제안한 유죄 지식 검사(guilty knowledge test) 기법이다.[67] 이는 범죄를 저지른 사람은 그의 뇌 안에 범행에 관련된 정보가 저장돼 있으므로 뇌의 변화를 측정하여 유죄의 단서를 찾아내야 한다는 생각이다. 말하자면, 범죄를 계획, 실행, 기억하는 것은 뇌이기 때문에 뇌 안에 유죄의 증거가 있을 수밖에 없다는 뜻이다. 문제는 뇌 안에 숨겨진 유죄 지식의 흔적을 추적하는 방법이다. 현재로서는 세 가지 기술이 주목을 받고 있다.

가장 앞서 있는 방식은 '뇌 지문감식(brain fingerprinting)' 방식이다. 1991년 파웰(Lawrence Farwell)이 학술지에 발표한 이 방식은 사람의 머리 위에 10여 개의 미세 전극이 내장된 장치를 씌우고 범죄 장면을 컴퓨터 화면으로 보여주면서 뇌의 반응을 검사하는 형식이다. 피검사자가 범죄를 부인하려 들고 심지어 범죄를 기억조차 하기 싫어할지라도 뇌가 주인을 배반해 범행을 자백하게 되고, 이때 뇌는 뇌파로 진실을 말한다. 좀 더 쉽게 설명하면, 뇌는 익숙한 그림이나 글자를 지각할 때 P300이라는 뇌파

---

67) David Lykken, "For Distinguished Contributions to Psychophysiology," *Psychophysiology, vol.36, no5,* 1999, pp.537-542.

를 발생시킨다.[68] 요컨대, 이 뇌파의 존재 여부로 범인 여부를 가려낸다. 파웰의 뇌지문 감식은 1991년 학술지에 발표됐으나 별다른 주목을 받지 못했는데, 2001년 들어 미국언론이 선정한 5대 발명품이 될 정도로 갑자기 국제적인 관심사가 되었다.

1978년 당시 17세의 흑인 해링턴(Terry Harrington)이 살인죄로 종신형을 살게 된 사건에 대해 20여 년이 지난 시점에서 P300 증거를 제시하였기 때문이다. 파웰은 이 흑인의 뇌가 범죄장면에 대해서는 반응을 하지 않았지만 그가 알리바이로 내세우는 음악회 관람과 관련된 문장에 강력히 반응하는 것을 보여주었다. 그 후 유일한 목격자는 해링턴이 범인이라는 증언을 취소했고 고소인도 거짓말임을 인정했다.

일반적으로 뇌지문 탐지기는 맥박과 혈압의 변화를 측정하는 거짓말 탐지기에 비해 뇌파 반응이나 변화를 세밀히 분석해 내기 때문에 정확도가 훨씬 높아(90% 이상) FBI, CIA, 미국 해군(US Navy)에서 이를 사용하고 있다. 2003년 2월 한국 경찰도 뇌지문탐지기를 도입하기로 결정하였으므로 이러한 뇌지문 분석결과가 조만간 우리의 법원에서 증거능력으로 인정될 수 있는지 그 가능성이 신중하게 검토되어야 할 것 같다.

뇌에 저장된 유죄지식 탐지(guilty knowledge test)를 위한 두 번째 방법은 미 국방부의 자금으로 하버드대 심리학자 코슬린(Stephen Kosslyn)이 개발하고 있는 뇌영상기술이다. 기능성 자기공명영상(FMRI: Functional Magnetic Resonance Iimaging)은 뇌에 자기 이미지를 쏘면 거짓말을 할 때 혈액의 흐름이 보다 증가한다는 점을 이용하여 뇌의 여러 부위에서 일어나는 활동에 따라 참말과 거짓말을 구별하는 기술이다.[69] 아직 괄목할만한 성과를 내지는 못했지만 거짓말 탐지기술을 획기적으로 발전시킬 접근방법으로 기대를 모으고 있다.

나머지 한 방식은 아주 간단하지만 효과적이다. 미국의 세이머(Travis Seymour)교수에 의하면, 거짓말하는 사람은 여러 차례 연습을 시켰음에도 불구하고 진실을 말하는 사람보다 2배 가까이 늦게 반응을 나타낸다는 것이다. 2001년 2월 발표된 이 방법은 퍼스널 컴퓨터만 있으면 가능한 유죄지식 검사기법이므로 높은 평가를 받고 있다.

국내에서도 표준과학연구원이 '뇌자도(腦磁度) 측정장치'를 개발한 바 있다. 뇌자도 측정장치는 MRI가 몸에 고주파를 쏘고 양성자 단층 촬영장치(PET)가 방사성 물질을

---

68) Lawrence Farwell and E. Donchin, "The Truth will out: Interrogative Polygraphy(Lie Detection) with Event-Related Brain Potentials," *Psychophysiology 28,* pp.531-547.

69) Stephen Kosslyn, "Image and Brain:The Resolution of the Imagery Debate", *Contemporary Psychology 41, no.3,* 1996, pp.213-214.

몸에 주사해 신체에 이상이 있는지 분석하는 것과 달리, 이 장치는 머리에서 나오는 자기신호를 잡아 분석하기 때문에 인체에 전혀 해를 주지 않는다는 것이 특징이며 거짓말 탐지기로 유용하게 사용할 수 있다고 한다.[70]

5) 주의력 결핍 과잉행동 장애

어린이들이 부모들에게도 관심을 보이지 않고 안정성이 없이 분주하게 돌아다니면서 자기가 하고 싶은 대로 아무것이나 닥치는 대로 행동하는 경우가 있다. 이러한 행동을 보이는 것은 나이 때문일 수도 있으나 아이들이 성장하면서 주의력의 결핍, 충동성, 그리고 과잉행동을 보여주는 주의력 결핍 과잉행동장애(attention deficit hyperactivity disorder: ADHD) 증후군 때문이다.

미국 어린이들의 약 3%가 이 주의력 결핍 과잉행동 장애에 시달리고 있는 것으로 알려져 있으며, 이들은 대부분 남자애들로서 정신건강 치료를 받고 있는 가장 공통적인 이유가 되고 있다. 이 과잉행동 장애를 겪고 있는 아이들은 학교성적 불량, 승급유급, 약자 괴롭히기, 고집불통, 그리고 훈육에 대한 반응결여 등과 같은 행동을 보인다. ADHD의 원인이 무엇인지 아직 정확하게 밝혀진 바는 없지만, 신경학적 손상, 태아기의 긴장, 그리고 음식 중독증과 화학적 앨러지에 대한 반응까지도 원인으로 추정되고 있다.

최근의 연구는 ADHD의 원인을 역시 유전적인 관련성에 초점을 맞추고 있다. 우선 가족관계의 불안정이 원인으로 추론된다. 과잉행동장애 어린이의 어머니들은 이혼하거나 별거중인 사람들이 많아 다른 아이들보다 새로운 지역으로 이사하는 일이 훨씬 많은 것으로 알려져 있다. 결과적인 정서불안은 대상 어린이들의 주의결핍 과잉행동장애를 초래하거나 이미 과잉행동 장애 증후군을 보이고 있는 아이들의 경우에는 그 증상을 더 악화시킬 수 있다.

일련의 경험적인 연구는 ADHD를 일탈행동의 시작과 유지에 관계가 있다는 관점에서 접근한다.[71] 많은 ADHD 어린이들은 행동장애에 시달리고 있으며, 계속해서 어린 시기에 공격적이고 반사회적인 행동에 빠져든다. 주의력 결핍 과잉행동 장애는 일생

---

70) 중앙일보 2002.4.11.

71) Terrie Moffitt and Phil Silva, "Self-Reported Delinquency, Neuropsychological Deficit, and History of Attention Deficit Disorder", *Journal of Abnormal Child Psychology 16*, 1988, pp.553-569.

동안 안정적으로 유지된다는 주장이 유력하다.[72] 즉, 과잉행동 장애 어린이는 학교를 그만두는 사례가 비번하고, 성인이 되어도 범죄행동을 계속하기 쉽다. 주의력 결핍 과잉행동장애와 범죄의 결합은 과잉행동 장애 증후군이 청소년을 걸쳐서 성인에까지 안정적인 상태를 유지하기 때문에 아주 중요한 문제이다.

6) 뇌의 생화학과 범죄

뇌의 신경전달물질(neurotransmitters)은 뇌 기능에 영향을 미치거나 활성화시키는 화학물질로 구성되어 있다. 인간의 공격성에 관련된 연구는 부신수질 호르몬, 세로토닌, 모노아미노산, 감마아미노산(GABA) 등 신경화학물질의 영향을 측정하는 것으로 이루어진다. 연구에 의하면, 이 화학물질들이 필요한 량보다 과잉 또는 결핍되는 이상 상태에 있으면, 인간의 공격성을 유발하게 된다.[73]

태아기에 안드로전이 뇌에 과다 공급되면, 환경적 투입에 적절한 반응을 하지 못하는 뇌 구조를 초래한다. 태아기의 이러한 영향을 받은 뇌구조를 가진 사람은 더 강렬하고 다양한 자극을 찾게 되고, 격정적이고 부정적인 반응을 선호하게 된다. 결과적으로 뇌의 반구체 기능은 우뇌로 이동하고, 인지적이고 정서적인 성향의 감소를 초래한다.

대뇌는 우뇌와 좌뇌로 구성되어 있다. 우반구는 비언어적, 공간적, 감성적인 기능을 하고, 좌반구는 논리적 사고 기능과 언어능력을 통제하는 기능을 한다. 따라서 우반구에 기능장애가 발생하면, 환경적인 자극에 대한 세밀한 대응이 곤란하게 되어 범죄 등의 반사회적 행동을 하게 되며, 좌반구에는 공격행동을 제어하는 논리적 사고 기능이 있기 때문에 장애가 발생하면 폭력행위를 용이하게 만든다는 지적도 있다. 범죄자에게 언어장애가 높은 비율로 나타난다는 사실에 비추어 보더라도 범죄와 좌반구 장애의 관련성은 명백하다는 주장도 있다. 왼손잡이 중에 범법자가 많다는 논리는 인간의 손이 반대편에 있는 뇌에 의해 통제되기 때문이다.

뇌의 화학성분이 인간행동에 영향을 미친다는 증거는 뇌의 신경전달물질인 세로토닌(serotonin), 도파민(dopamine), 그리고 부신수질 호르몬(norepinephrine)의 인간 공격

---

72) Elizabeth Hart et al., "Criterion Validity of Information in the Diagnosis of Disruptive Behavior Disorders in Children: A Preliminary Study," *Journal of Consulting and Clinical Psychology* *62*, 1994, pp.410-414.

73) Albert Reiss and Jefferey Roth, *Understanding and Preventing Violence*, (Washington D.C.: National Academy Press, ed., 1993), p.118.

성에 대한 영향과 관련된 연구결과에서 찾는다. 어떤 연구에 의하면, 살인과 자살을 포함하는 폭력적 행동 전력을 가진 사람은 세로토닌 수치가 낮다는 증거로 보아 세로토닌은 공격성을 억제하는 기능을 하는 것으로 보인다. 아동의 경우에도 세로토닌 수치가 낮으면 미래에 다른 또래보다 문제시되는 공격성 행동을 할 가능성이 높다.[74] 도파민과 부신수질호르몬은 그 수치가 높으면 폭력행위를 유발할 정도로 공격성을 촉진하는 기능을 하는 것으로 추정된다. 그러나 도파민은 범죄와 같은 반사회적인 공격행동에 연결되는 것이 아니라 위험한 스포츠나 작업과 결합될 수 있는 위험감수 활동과 더 관련이 있는 것으로 알려져 있다.[75]

몇몇 연구는 혈액속의 세로토닌 농도의 증가와 충격적 행동 또는 자살사이의 관계가 역관계에 있다고 발표한다. 상습폭력범에 대한 연구는 세로토닌 농도가 낮으면, 충격적 행동에 대한 통제력이 떨어지고, 과잉행동(hyperactivity)을 초래한다고 주장한다. 세로토닌 농도가 비교적 낮은 수준이 되면, 행동은 격정적이고 감정적이며, 충격통제가 잘 되지 않는다는 연구 결과도 있다.[76]

또한 뇌에 모노아민 산화효소(MAO)의 공급이 결핍된 사람들이 폭력과 재산범죄에 연결된 행동을 한다는 주장이 제기된다. 그들은 처벌의 무시, 충동성, 과잉행동, 불량한 학교성적, 자극추구(sensation seeking), 위험감수, 그리고 기분전환을 위한 약물사용과 같은 행동을 하는 것으로 알려져 있다.[77] MAO 수준의 이상상태는 개인과 집단의 범죄율 차이를 초래한다. 즉, 여성들은 남성보다 높은 모노아민 산화효소 수준을 유지하고 있기 때문에 범죄율이 낮다는 것이다.

한편, 뇌와 신경시스템은 화학적으로 양귀비와 모르핀에 아주 유사한 성분을 가진 자연적 또는 외생적 마약성분을 생산할 수 있다. 범죄에 의해 느끼는 위험과 스릴이 신경시스템에 자연적 마약성분의 량을 증가시키게 된다는 주장이 오래 전부터 제기되어 온 것이 사실이다. 사람이 체포나 처벌의 위험을 감수하고 범행을 한다는 것은 인간의 뇌 신경세포로 하여금 흥미지진하고 보상받는 기분을 느끼게 한다. 이때 위험감수 행

---

74) M. Virkkunen, M.J. Dejong, J. Bartco, and M. Lnnolia, "Psychobiological Concomitants of History of Suicide Attempts among Violent Offenders and Impulsive Fire Starters," *Archives of General Psychiatry 46(1989)*, pp.604-606.

75) Williams, *op.cit.*, p.153.

76) Siegel, *op.cit.*, p.146.

77) Lee Ellis, "Monoamine Oxidise and Criminality: Identifying an apparent Biological Marker for Antisocial Behavior," *Journal of Research in Crime and Delinquency 28,* 1991, pp.227-251.

동에 대한 보상으로 뇌 그 자체에서 자연적인 마약성분의 량을 증가시키는 작용을 한다는 것이다. 어떤 사람들은 암벽타기와 스카이 다이빙 등을 통해서 그러한 기분을 느끼고, 다른 사람들은 범죄행위를 통해서 그렇게 한다. 따라서 폭력성향을 가진 사람에게 세로토닌과 도파민 같은 신경전달물질의 수준을 통제하는 데 도움이 되는 할돌(haldol)과 프롤릭신(prolixin), 그리고 스텔자민(stelzamine)과 같은 약을 복용하게 하는 화학물질 제한(chemical restraints) 또는 화학물질 구속복(chemical straitjackets)이라고 하는 치료행위를 하는 것은 별로 특이한 일이 아니다.[78]

이처럼 인체속의 신경전달 물질의 수준은 약물에 의해 통제될 수 있을지라도, 사회적 상황이나 환경의 변화없이 이러한 약물통제가 범죄나 반사회적 행동에 유익한 영향을 미칠 수 있을지는 불확실하다. 따라서 모든 경우에 신경전달 물질이 인체에 미치는 효과는 환경과의 상호작용 결과로 보는 것이 타당하다.[79]

4. 유전과 범죄성

(1) 유전과 범죄에 대한 관점

1) 유전적 요인과 환경적 요인의 상호작용

많은 현대의 범죄학자들은 유전이 인간의 범죄성향에 영향을 미치지만, 단지 사소한 정도에 지나지 않는다는 데에 의견을 같이한다. 개인이나 집단뿐만 아니라 환경 역시 범죄행동의 중요한 결정요인이자 원인이라는 사실은 의심의 여지가 없다. 유전에 기초한 생리학적 구성요소들은 전통적으로 비난의 대상이 되어 왔으며, 범죄성향의 원인 대상에서 제외되었다.

그 이유는 아마 유전성이나 생물학적 요인들을 범죄의 원인요인으로 받아들이는 것이 범죄란 나쁜 가계, 나쁜 혈통, 또는 살인자의 낙인(mark of Cain) 등에 의한 피할 수 없는 운명적인 결과라는 것을 의미하기 때문인 것으로 보인다. 나쁜 운명을 타고난 사람이 범죄자가 되지 못하게 하는 방법은 거의 없다.

---

78) Walter Gove and Charles Wilmoth, Risk, "Crime, and Neurophisiologic Highs: A Consideration of Brain Processes That May Reinforce Delinquent and Criminal Behavior," in *Crime in Biological Contexts,* pp. 261-293.

79) Williams, *op.cit.,* p.153.

그러나 오늘날 대부분의 행동과학자들과 사회과학자들은 인간의 행동특징이 유전적 요인과 환경적 요인의 상호작용 결과라는 점을 인정한다. 인간 행동이 결코 유전 또는 환경 중 어느 하나에 기인한 것이 아니라는 데 의문을 제기하는 사람은 없다. 그러나 연구자들은 유전적인 요인이나 환경적인 요인을 분리하여 집중적으로 연구하는 경향을 보이고 있다.

2) 생물심리학(Biopsychology)의 관점

생물심리학자들은 유전적 변수와 신경생리적 변수들이 범죄행동에 영향을 미치는 지를 규명하고, 그러한 변수들이 어느 정도 중요한지 그리고 그러한 변수들을 치료할 수 있는 방법을 찾고자 한다. 최근에 분자생물학은 인간행동을 결정하는 특별한 유전자의 발견에 연구를 집중하고 있다.

생물심리학자들은 유전적 요인이나 신경생리적 요인들이 인간행동의 유일한 또는 심지어 주된 원인이라는 사실을 믿지는 않는다. 범죄원인요인과 관련하여 생물적 요인만큼 사회환경적 요인을 이해하는 것이 중요하다는 것이다. 뇌의 조직과 작용뿐만 아니라 사회세계는 유전적·생물적 과정을 형성하고 조절한다. 따라서 생물적·사회적 영역에 관한 지식은 포괄적인 이론을 개발하기 위해 필요하다.[80]

범죄행동에 관한 연구는 범죄행동과 생물적 요인과의 관계를 연구하는 것도 중요하지만, 신경생리적·생물적 과정에 대한 사회환경적 요인의 엄청난 영향을 인식하는 것도 중요하다. 따라서 범죄와 유전적 요인과의 관계는 가계연구, 쌍둥이·입양아 연구, 체형이나 매력과 같은 신체적 측면, 기질과 같은 심리생리적 요인 등을 중점적으로 다룬다. 아울러 인간발달에 영향을 미치는 환경적 위험요인, 성격과 생물학적요인 및 사회환경적 요인의 결합에 관한 연구인 아이젱크(Eysenck)의 이론도 이 분야에 포함된다.

(2) 범죄성향의 유전과 가계연구

초기 생물학적 범죄이론학자들은 범죄성이 가계에 의해 유전된다고 믿었다. 다시 말해, 조상의 유전적 범죄소인이 자손에게 전달되어 그 가계만이 자손 대대로 많은 범죄

---

80) J.T. Caccipio, G.G. Berntson, J.F. Sheridan, & M. K. McClintock, Multilevel integrative analyses of human behavior: Social neuroscience and complementing nature of social and biological approaches, Psychological Bulletin, 6, 2000, pp.829-843.

자가 나온다는 믿음이 있었다. 이러한 믿음은 범죄인 가계연구의 확산을 가져왔다. 범죄인 가계연구는 대체로 열등한 특정 개인의 자손 가운데 범죄인·정신이상자 등을 조사하거나 교도소 또는 정신박약자 수용소에 있는 범죄자의 가계를 소급하여 연구하는 방법을 선택했다. 이러한 연구를 통하여 그들의 반사회적 행동이 혈통에 기인하여 어떤 문제를 야기하는가, 또는 그 가계 내에 범죄성의 유전여부가 있는지를 분석·평가하려고 했다. 가계연구의 대표적인 사례는 덕데일과 이스타브룩(Richard Dugdale & Arthur Estabrook)의 쥬크가계(The Jukes), 고다드(Henry Goddard)의 칼리크 가계(KalliKaK Family) 그리고 고링(Goring)의 연구 등이 있다.

1) 덕데일의 쥬크 가계 연구

가계연구 중에서 가장 유명한 연구는 1877년 덕데일의 쥬크 가계연구이다. 쥬크가계는 뉴욕에서 범죄, 성매매, 그리고 빈곤으로 악명높은 가계였다. 그는 이러한 세 가지 요인이 상호관련되고 고착되어 가계를 통해서 유전된다고 보았다.[81]

쥬크가계의 경우에 범죄자 비율이 아주 높은 것은 사실이었으나 범죄성향과 유전적 요인사이의 관계는 입증되지 않았다. 이러한 가족사이의 유사한 범죄행동은 모든 가족에게 작용하는 유사한 환경적 요인의 영향 때문이라고 설명될 수 있으며, 가족 서로가 범죄행동이나 수법을 학습한 결과라고 분석할 수 있다.

2) 고링의 가계연구

1913년 고링(Charles Butchman Goring)은 범죄성향이란 기본적으로 유전되는 것이지 물리적·환경적 요인들과는 무관하다고 주장하면서 가계연구를 전개했다. 그는 범죄자들에 대한 연구를 통해 아버지와 아들, 그리고 형제들 사이에 눈 색깔과 신장이 비슷하듯이 범죄성향도 유사하다는 사실을 발견했다.

고링이 주장하는 핵심은 범죄성향과 관련되어 신체적 특징이 중요한 것이 아니라 부모로부터 전해지는 유전적 물질의 내용이 중요하다는 점이다. 부모가 범죄자라면, 자손에게 어떤 다른 특질을 물려주는 것과 마찬가지로 범죄성향 역시 그대로 유전된다는 것이다.[82] 그는 어릴 때 아버지와 이별한 자식과 그 보다 훨씬 뒤에 이별한 자식들 사

---

81) Williams, *op.cit.*, pp131-132.
82) *Ibid.*, p.132.

이의 범죄성향에 별다른 차이가 없었다는 연구결과를 내세워 범죄성향은 유전되는 것이라고 주장했다.

그러나 고링의 연구는 통제집단 없이 범죄자 집단만을 대상으로 하였으며, 환경의 영향을 측정하기 위한 어떤 시도도 하지 않았다는 것이 문제점으로 지적된다.

3) 케임브릿지 연구소의 최근 연구

최근에 케임브릿지 일탈행동 연구팀(Cambridge Study in Delinquent Development)은 1960년대부터 시작된 지속적인 종단연구에서 범죄는 가계를 통하여 유전된다는 주장에 무게를 실어주는 예상치 못한 결과를 발견한다. 이 연구는 397가계를 대상으로 연구한 결과 범죄자의 반이 23가계에만 소속되었으며, 범죄경력을 가진 아버지와 어머니의 75%가 역시 자식들도 범죄자라는 사실을 보고한다.[83]

유전과 범죄는 밀접한 관계가 있다는 이 연구의 결과에도 불구하고, 가족 구성원들은 사회적·환경적 유사성속에서 생활한다는 사실을 인정해야 하고, 그러므로 가족 간의 행동일치성은 이러한 환경적 요인에 의해 설명될 수 있다는 점을 인정해야 한다. 이러한 연구에서 분명한 것은 가족 구성원 사이의 생활습관의 유사성으로 인해 그들 사이에 밀접한 행동유사성이 존재한다는 사실이다. 따라서 범죄원인에 관한 강력한 결론을 도출하기는 더욱 어렵다. 범죄성향은 유전인가, 환경적 영향의 결과인가는 분명치 않다.

(3) 부모의 범죄성과 유전

1) 유전과 범죄의 관계에 대한 긍정적 입장

인간의 범죄성향이 유전된다면, 부모가 일탈행위의 경력이 많을수록, 자식들도 그렇지 않은 부모들의 자식들보다 더 반사회적 행동을 할 가능성이 높다는 가정을 할 수가 있다.

사실 많은 경험적 연구들은 부모의 범죄성향과 일탈이 자식들의 일탈행동에 강력한 영향을 미친다는 증거를 제시한 바 있다. 저명한 생물심리학자인 래인(Adrian Raine)은 유전과 반사회적 행동사이에는 상관관계가 있다는 입장을 취한다. 즉, 유전은 반사회적 행동의 원인이라는 것이다. 래인은 "쌍둥이 연구, 분리 양육된 쌍둥이 연구, 입양아 연

---

83) *Ibid.*, p.132.

구, 분자적 유전자 연구로부터 유전적 요인이 반사회적·공격적 행동에 영향을 미친다는 관점을 지지하는 명백한 증거가 있다"고 강조한다. 래인에 의하면, 유전적 요인과 환경적 요인이 개인의 반사회적·공격적 행동성향에 상호작용하는 지 여부와 어떻게 상호작용하는지를 결정하는 것은 보다 도전적인 과제라는 것이다.[84] 지금까지 쌍둥이 연구는 입양아 연구보다 유전과 범죄행동의 관계를 지지하는 증거를 제시하고 있다. 그렇지만, 쌍둥이와 입양아 연구는 모두 반사회적 행동에 대한 유전적요인과 환경적 요인의 상대적 영향정도를 규명할 수 있는 보다 신뢰할만한 잠재력을 가지고 있다.

웨스트(Donald J. West)와 패링턴(Dr. Farrington)의 실태연구 역시 부모의 범죄성과 자식들의 일탈행위 사이의 관계를 증거에 의해 입증하고 있다. 이 실태연구는 캐임브릿지 지역의 청소년들을 대상으로 장기간에 걸쳐 이루어졌고, 연구대상은 8살짜리 소년 1천명을 조사집단으로 선택하여 30살이 될 때까지 지속적으로 수행되었다. 연구방법은 반복적으로 소년들을 대상으로 인터뷰를 실시하고, 그들에 대한 학교와 경찰 기록을 평가하는 것으로 이루어졌다. 조사집단에 대한 조사자료는 유의한 수의 일탈 청소년들이 범죄경력이 있는 아버지를 두고 있는 것으로 확인되었다. 즉, 범죄경력이 없는 아버지를 둔 8.4%의 소년들이 상습범으로 확인된 반면에, 범죄경력이 있는 아버지를 둔 37%의 소년들은 다발성 범죄자가 된 것으로 확인되었다.[85]

패링턴(Farrington)은 또 하나의 다른 중요한 분석에서 학교주변의 폭력행동이나 괴롭히기도 부모와 자식의 세대 간에 걸쳐서 일어난다는 사실을 발견했다. 즉, 부모가 학교에서 다른 학생들에게 폭력을 행사하고 괴롭힌 경우에 그 자식들도 마찬가지라는 것이다.

2) 유전과 범죄에 관한 부정적 입장

세대 간에 걸친 비행의 원인은 아직도 불확실하다. 아마 유전적·심리적 또는 아동교육 요인들이 그 원인으로 거론될 수 있으며, 어떤 생물학적 요인들도 원인이 될 수 있을 것이다. 또한 부모의 알코올 중독이나 약물남용은 아이들의 성장과정상의 장애를 초래할 수 있는 유전적인 문제들을 야기하고 양육과정에서 상습적인 폭력 등으로 아이

---

84) A. Raine, Biosocial studies of antisocial and violent behavior in children and adults : A review, Journal of Abnormal Child Psychology, 30, 2002, pp.311-326.

85) Donald J. West, *Delinquency, Its Roots, Careers, and Prospects*(Cambridge: Harvard University Press, 1982, p.114.

들을 비행에 빠지게 할 수 있다.[86]

따라서 부모의 비행과 자식들의 비행간의 인과관계에 대한 확실한 증거는 없다. 그럼에도 불구하고, 최근의 증거는 적어도 부분적으로는 성질상 유전적인 요인이 작용한다는 증거가 제시되고 있다.[87]부모의 범죄성과 자식들의 일탈행동과의 관계는 가족의 이름으로 낙인찍히기 쉬운 것도 사실이다. 사회통제 기관들은 부모가 비행 경력자이면 그 자식들의 법 위반행동들에 대해서는 즉시 일탈행위자라고 낙인찍는다. 도토리는 나무에서 멀리 떨어지지 않는다는 말로 부모의 범죄성이 자식들에게 유전될 수 있다는 가능성을 암시한다.

(4) 쌍생아 연구

1) 일란성의 범죄성과 유전적 영향

쌍생아 연구는 실제로 유전이 범죄에 영향을 미치는가를 검증하고자 하는 실증적 연구이다. 발생학적으로 일란성 쌍생아(monozygotic twins)와 이란성 쌍생아(dizygotic twins)는 명백한 차이가 있다. 일란성 쌍생아는 하나의 수정란에서 두 명의 태아가 탄생하며, 그들은 유전적으로 동일하다. 한편, 이란성 쌍생아는 동시에 두 개의 수정란이 생겨 그들은 유전적으로 동일하지도 않고, 보통 형제처럼 따로따로 임신하여 태어난 것과 같다.

일란성 쌍생아의 행동 일치여부는 유전자가 인간행동을 결정하는 요인이라는 주장을 검증하는 증거가 된다. 즉, 일란성 쌍생아 형제가 동일한 방법으로 행동한다면, 그들의 행동은 동일한 유전자의 작용 결과이며, 그들의 행동차이는 환경적 요인의 영향 결과이다. 그러나 이란성 쌍생아의 행동일치여부는 유전자와 아무런 상관성이 없다. 따라서 유전과 범죄행동의 상관성에 대한 주장은 일란성 쌍생아의 행동일치성이 이란성 쌍생아나 보통의 형제들보다 더 높아야 한다.

쌍생아의 행동에 관하여 수행된 초기의 연구는 일란성 쌍생아 사이에는 범죄행동이 유의할 정도로 일치한다는 결과를 발견했으나 이란성 쌍생아 사이에서는 범죄행동의

---

86) Phillip Harden and Robert Pihl, "Cognitive Function, Cardiovascular Reactivity, and Behavior in Boys at High Risk for Alcholism," *Journal of Abnormal Psychology 104,* 1995, pp.94-103.

87) David Rowe and David Farrington, "The Familial Trasmissidn of Criminal Convictions," *Criminology 35,* 1997, pp.177-201

일치관계가 아주 낮다는 사실을 발견했다. 1929년과 1961년 사이에 수행된 연구는 일란성 쌍생아의 60%가 범죄행동 유형의 일치를 보였으나 이란성 쌍생아는 30%만이 유사한 행동유형을 보이는 결과를 발견했다.[88] 이러한 발견은 범죄성향과 유전요인의 상관성을 검증하는 결과를 보여준다.

쌍생아 연구는 스칸디나비아 범죄학자들에 의해 심층적으로 연구되었다. 크리스티안센(Karl Christiansen)은 덴마크에서 1881년과 1910년 사이에 태어난 남자 쌍생아 3,586쌍을 대상으로 연구한 결과, 일란성 쌍둥이 52%가 행동의 일치를 보였으나 이란성 쌍둥이는 단지 22%만이 행동의 일치를 보여준다. 이러한 결과는 일란성 쌍생아가 범죄행동의 위험성을 증가시키는 유전적 요인을 공유하고 있다는 사실을 제시하는 것으로 볼 수 있다.[89]

쌍생아를 대상으로 한 연구는 로위(David Rowe)와 오스굿(D. Wayne Osgood)에 의해서도 이루어졌다. 그들은 쌍생아들을 표본으로 일탈행동에 영향을 미치는 요인들을 자기보고식 방법으로 분석한 결과, 유전적 요인이 인간행동에 유의한 영향을 미친다는 사실을 발견했다.[90]

쌍생아에 대한 유명한 연구는 따로 양육된 쌍생아에 대한 미네소타 연구이다. 이 연구는 태어나면서 서로 떨어져서 따로 양육된 일란성 쌍생아와 이란성 쌍생아들의 행동을 비교하는 것으로 수행된다. 어떤 경우에는 쌍생아들은 서로 잘 모르는 사이도 있었다. 이 연구결과는 따로 양육된 쌍생아들 사이에 행동과 능력의 유사성이 놀라울 정도로 존재한다는 것을 보여준다. 특히 따로 양육된 일란성 쌍생아들은 마치 같이 성장한 사람들처럼 성격, 관심, 그리고 태도의 유사성을 보여준다. 결론적으로 쌍생아 사이의 행동 유사성은 유전적 요인에 기인하며, 환경과는 아무런 관계가 없다는 것이다.

로위(Rowe)를 포함한 전문가들도 유전자를 공유하는 개인들은 그들이 어떻게 양육되든 성격의 유사성을 보이고, 환경은 쌍생아들의 성격 유사성에 거의 영향을 미치지 못한다는 결론에 도달한다.[91] 보다 최근에 래인(Raine)은 13쌍의 쌍둥이를 대상으로 한

---

88) D. P. Farrington, Gwen Gundry, and D. J. West, *The Family Transmission of Criminality*, in the family eds. Alan Lincoln and Murray Straus(Springfield, Ill.: Charles C, Thomas, 1985, p.195.

89) Siegel, *op.cit.*, p.148.

90) David Rowe and D. Wayne Osgood, "Heredity and Sociological Theories of Delinquency: A Reconsideration," *American Sociological Review 49,* 1984, pp.526-540.

91) David Rowe, *The Limits of Family Influence: Genes, Experiences and Behavior*(New York: Guilford Press, 1995), p.64.

연구를 통하여 일란성 쌍둥이의 51.5%가 범죄행동의 일치성을 보인 반면, 이란성 쌍둥이는 그 일치성이 20.6%에 지나지 않아 유전적 요인이 범죄에 영향을 미친다는 실질적인 증거를 제시한다.[92] 또 다른 연구 역시 유전적 요인이 범죄행동의 주된 영향요인이라는 증거를 제시한다. 이 연구는 8~9살 짜리 일란성 쌍둥이와 이란성 쌍둥이 1,226쌍을 대상으로 이루어졌다.[93] 이 연구의 결과는 어린 시기의 조기 범법행위에 유전적 요인이 강력하게 영향을 미치고 이는 평생 동안 지속되는 범법자가 된다는 사실을 제시했다. 한편, 어느 정도 성장한 청소년기의 비행에는 사회환경적 요인이 더 크게 영향을 미치고 이 경우에는 청소년기 한정 범법자(adolescent-limited offenders)가 된다는 것이다.

2) 공유된 환경과 비공유된 환경

쌍둥이 연구는 쌍둥이의 공유된 환경과 비공유된 환경에 대한 이해가 필요하다. 공유된 환경 또는 공통환경은 쌍둥이에게 동일한 방법으로 영향을 미치는 태아기와 출생 후의 생활경험을 포함하는 환경을 의미한다. 말하자면, 생물적 부모들 밑에서 자라는 쌍둥이들은 공통의 유전성과 가정환경을 공유한다. 따라서 공유된 환경은 쌍둥이, 특히 일란성 쌍둥이의 경우에 고도의 행동 유사성을 촉진하기 쉽다.

반대로 비공유된 환경은 서로 다른 가정환경에서 양육되는 것과 같이 쌍둥이들은 각각 다른 생활경험을 갖게 되는 상황을 의미한다. 따로 떨어져서 양육된 일란성 쌍둥이들은 비공유된 환경속에서 생활하기 때문에 반사회적 행동에 대한 유전자의 영향정도는 약해진다. 따라서 유전자가 범죄행동에 미치는 상대적 영향을 결정하기 위해서는 공유된 환경과 비공유된 환경적 측면이 고려되어야 한다.

쌍둥이에 관한 연구는 환경요인과 유전자의 행동영향이 아동의 나이에 따라서 달라진다는 점을 강조한다. 즉, 유전적 요인과 비공유된 환경요인의 쌍둥이 행동에 대한 영향정도는 나이가 많아지면서 증가하고, 공유된 환경요인의 영향정도는 나이가 많아지면서 감소한다는 것이다. 그 이유는 다음과 같다. 아동은 나이가 들면서, 특히 청소년기에 접어들면서 가정 외부에서 보내는 시간이 더 많아지고 따라서 공유된 환경의 영향은 사라지게 된다. 반면에 비공유된 환경의 영향은 더 현저하게 나타난다.

---

92) Adrian Raine, The psychology of crime:Criminal behavior as a clinical disorder, Sandiago, CA:Academic Press, 1993, p.79.

93) Bartol & Bartol, pp.79-80.

3) 상동성(concordance)

상동성은 쌍둥이 연구의 핵심 개념이며 연구대상으로서의 쌍둥이가 특별한 행동을 보여주는 정도를 의미하는 용어이다. 20쌍의 일란성 쌍둥이 간 및 20쌍의 이란성 쌍둥이 간의 지능의 상동성을 결정하는 경우를 가정하자. 이 경우에 일란성 쌍둥이의 10쌍의 지능지수가 거의 동일하고, 이란성 쌍둥이의 단지 다섯 쌍만이 동일한 지능지수를 가진 것으로 확인되었다면, 일란성의 상동성은 50%이고, 이란성의 상동성은 25%에 지나지 않는다. 결과적으로 일란성의 상동성은 이란성의 두 배에 해당됨으로써 유전적 요인이 지능에 중요한 역할을 한다는 것을 의미한다. 그러나 일란성과 이란성의 상동성이 거의 비슷하다면, 유전적 요인은 지능과는 무관하다는 결론에 도달한다.

상동성 방법을 사용하여 쌍둥이를 대상으로 한 수많은 연구는 유전적 요인이 지능, 정신분열증, 우울증, 신경장애, 알코올중독, 그리고 범죄행동의 강력한 결정인자라는 점을 지적하고 있다.

쌍둥이의 상동성에 관한 연구는 절차적·정의상의 문제가 있지만, 전반적으로 일란성 쌍둥이의 높은 상동성을 일관성 있게 확인해 주고 있다. 하지만, 최근의 연구는 이러한 높은 상동성은 비폭력적인 성인범행에만 나타나고 청소년 비행에는 나타나지 않는다고 지적한다. 래인(Adrian Raine)은 문헌에 대한 주의깊은 분석을 통하여 "13쌍의 쌍둥이 분석 통계는 일란성의 51.5%가 범죄에 대한 상동성을 보여주었으며 이에 비해 이란성은 20.6%에 지나지 않는다. 이 결과는 범죄에 대한 유전적 영향의 실체적인 증거가 된다"라는 결론을 내렸다.[94]

4) 쌍둥이 연구와 범죄행동

❶ 유전적 요인과 환경적 요인의 상호작용

유전성은 범죄성의 유의한 구성요소이다. 다양한 연구결과는 비폭력 범죄의 유전성향에 대해서 지원하지만, 폭력범죄에 대해서는 지원하지 않는다. 초기의 상동성 연구의 대부분은 범죄행동을 명확하게 정의하지 않거나 대체로 폭력적인 범죄행동을 배제하고 비폭력적인 범죄행동만을 연구대상으로 활용했다. 또한 특별한 유전자가 품행문제의 형성에 특이한 형태로 관련성이 있는 경우에도, 대부분의 문제행동에 대한 유전적 기

---

94) Adrian Raine, The psychopathology of crime: Criminal behavior as a clinical disorder, Sandiego, CA:Academic Press, 1993, p.79.

초는 인생의 다른 시점에 다른 형태로 표현된 유전자와 환경적 요인이 결합한 결과이다.[95] 따라서 유전자의 어떤 결합은 어떤 아동에게는 비행이나 반사회적 행동의 위험요인으로 작용하지만, 환경적 요인 또한 현저한 영향을 미친다.

아주 최근이라고 할 수 있는 2005년에 제이피(Jafee) 등은 1000쌍 이상의 다섯 살짜리 쌍둥이와 그 부모들을 표본으로 일란성과 이란성의 반사회적 행동의 발달에 미치는 유전적 요인과 환경적 요인의 상호작용 현상을 연구했다. 이 연구는 유전적으로 비행이나 반사회적 위험인자를 가지고 있는 아동들이 환경적 위험요인인 부모의 학대(maltreatment)가 심할 경우에 비행이나 반사회적 행동 발달현상을 보여준다는 결과를 확인했다. 말하자면, 반사회적 행동을 할 유전적 위험요인을 가지고 있는 쌍둥이가 가정에서 부모의 사랑을 받을 경우에는 반사회적 행동을 하지 않고, 사랑받지 못하고 학대를 받는 경우에는 반사회적 행동을 하게 된다는 것이다. 래인(Raine) 역시 반사회적 행동발달에 생물적 요인과 환경적 요인의 상호작용을 강조하였고,[96] 2005년에 모피트(T. E. Moffitt)는 사회환경적 요인인 부모의 사랑여부가 유전적 위험요인을 가진 사람에게 더 강력하게 영향을 미칠 수 있다는 증거를 제시한 바 있다.[97]

❷ 성인과 성별 특징

환경적 위험요인의 영향은 성인이 되면 약간은 약화되는 것 같다. 증거에 의하면, 공격적 행동에 대한 가정이나 부모영향의 강도는 나이가 많아지면서 감소하고, 그 반대로 유전적 요인은 남은 일생동안 반사회적 행동에 더욱 더 현저한 영향을 미친다. 이러한 현상은 남성에게 특히 강력하고 반대로 여성은 가정환경에 의해 더 강력한 영향을 받는 것 같다.[98] 말하자면, 남성은 성인기에도 유전적 영향요인이 반사회적 행동에 더 큰 영향을 미치고, 청소년과 성인기 여성의 반사회적 행동은 가정환경적 요인에 의해 더 영향을 받는다는 것이다.

---

95) K.A. Dodge & G.S. Prttit, A biopsychological model of the development of chronic conduct problems in adolescece, Developmental Psychology, 39, 2003, pp.347-371.

96) Adrian Raine, Biosocial studies of antisocial and violent behavior in children and adults:A review, Journal of Abnormal child Psychology, 30, 2002, pp.311-326.

97) T.E. Moffitt, The new look of behavioral genetics in developmental psychopathology: Gene-environment interplay in antisocial behaviors, Psychological Bulletin, 131, 2005, pp.533-534.

98) S.H. Rhee & I.D. Waldman, Genetic and environmental influences on antisocial behavior: A Meta-analysis of twin and adoption studies, Psychological Bulletin, 128, 2002, pp.490-529.

한편, 유전적 요인은 아동기에 초범인 비행 아동에게 더 강력한 영향을 미치고 청소년기에 초범비행의 경우에는 그 영향력이 크지 않다는 연구결과도 있다.[99] 또한 아동기의 어린 나이에 처음으로 비행을 범하고 생애지속 범죄자가 되는 남아는 유전적 요인의 강력한 영향을 받지만, 청소년기에 처음으로 비행을 범하고 청소년 비행자에 한정되는 소년은 사회환경적 요인의 영향을 더 크게 받는다는 연구결과도 있다.[100]

5) 쌍둥이 연구의 문제점

쌍둥이와 범죄의 관계에 대한 연구는 결과의 해석을 어렵게 하는 많은 결점을 가지고 있다. 그러한 결점은 ① 쌍둥이와 범죄의 상관성에 사용된 표본이 너무 적어 적절한 통계적 비교 곤란성, ② 쌍둥이가 일란성인지 이란성인지 정확한 확인 곤란성, ③ 범죄와 비행에 관한 공식적인 정의의 배타적 사용, ④ 특히 동성 쌍둥이와 분리 양육된 쌍둥이에게 영향을 미칠 수 있는 환경적 요인에 대한 부적합한 통제, 그리고 연구된 쌍둥이들의 대표성에 관한 의문 등으로 요약된다.[101]

그러나 쌍둥이 연구의 가장 큰 문제는 범죄의 유전성을 증명할만한 결정적인 증거를 발견하지 못했다는 점이다. 어떤 연구는 일란성 쌍둥이들보다 이란성 쌍둥이나 보통의 형제들이 범죄행동의 상동성(일치성)을 보여주는가 하면, 그 관계는 기껏해야 비슷한 수준에 지나지 않는다는 연구 결과도 있다.

쌍둥이의 범죄일치성은 반사회적 행동의 전염성으로 해석하는 학자들도 있다. 그것은 전염효과(contagion effect)리 불리는 범죄성에 관한 형세영향의 효과에 지나지 않는다는 주장이다. 존스와 존스(Marshall Jones & Donald R. Jones)에 의하면, 형제자매의 반사회적 행동이 높은 상관성을 보이고, 일란성 쌍둥이가 이란성 쌍둥이 보다 반사회적 행동에 있어 보다 일치하는 경향을 보인다는 조사결과는 유전에 의한 설명만큼 전염성에 의해서도 설명될 수 있다.[102] 일란성 쌍둥이는 이란성 쌍둥이나 보통의 형제

---

99) C. Tuvblad, T.C. Eley & P. Lichtenstein, The development of antisocial behavior from childhood to adolescence:A longitudinal twin study, European Child and Adolescent Psychology, 14, 2005, pp.216-225.

100) J. Taylor, W.G. Iacono & M. McGue, Evidence for a genetic etiology of early-onset delinquency , Journal of Abnormal Psychology, 109, 2000, pp.634-643.

101) Shoemaker, *op.cit.*, p.29.

102) Marshall Jones and Donald R. Jones, "The contagious nature of antisocial behavior," *Criminology 38,* 2000, pp.25-46.

들 사이보다 더 가깝고 우호적이기 때문에 전염효과나 비유전적인 요인들에 의해 그들 행동의 유사성을 설명할 수 있게 한다. 유사한 결과는 오하이오 지역의 학교에서 동성 쌍둥이 265쌍과 이성 쌍둥이 43쌍 등 총 308쌍을 대상으로 연구한 로위와 로저(Rowe & Rodger)의 연구에서도 확인된다. 즉, 유전적인 요인은 동일한 성의 일란성 쌍둥이들의 행동 유사성을 부분적으로 결정할 뿐이며, 형제사이의 상호작용이 형제사이의 행동 일치성의 원인이 될 수 있다는 것이다.[103]

또한 쌍둥이 연구는 개인의 범죄행위가 유전의 영향인지 환경의 영향인지 정확하게 비교·평가할 수 없다는 비판을 받는다. 쌍둥이들은 보통 일반 형제에 비해서 가정과 친구관계에 있어서 아주 유사한 경험을 공유한다. 그러한 유사성은 일란성 쌍둥이의 경우에 더 클 수 있다.

(5) 입양아 연구(Adoption Studies)

1) 개념적 특징

유전적 요인이 범죄성에 영향을 미치는 가를 알기 위해서 이용되는 또 다른 접근방법은 입양된 어린이의 행동에 초점을 맞추는 입양아 연구이다. 입양아 연구는 쌍둥이 연구의 결점을 피할 수 있는 방법으로서 관심을 받게 되었다. 입양아는 아주 어릴 때 생부모를 떠나 양부모 밑에서 성장하기 때문에 그들은 생부모의 행동유형을 잘 모르고 영향을 받지 않는다. 따라서 입양아들이 양부모와는 다른 생부모의 행동유형을 규칙적으로 강도 있게 나타낸다면, 그 행동 결과는 유전적인 요인들의 영향이라는 결론을 내릴 수 있다.

2) 연구 결과

대부분의 입양아가 그들의 출생 초기에 입양되기 때문에 자신의 생부모를 알지 못함에도 불구하고 적지 않은 연구의 결과는 입양아가 생부모의 행동과 더 유사한 행동을 하여 유전적 요인을 무시할 수가 없다는 사실을 보여 주고 있다.

크로위(R. R. Crowe) 등은 생부모가 범죄경력이 있는 52명의 입양아를 연구하였다. 그는 입양 당시 입양아의 인종, 성별, 연령과 동일하게 일치시킨 52명의 아동을 통제집

---

103) Williams, *op.cit.*, p.134.

단으로 설정하여 비교 연구를 하였다. 연구 결과 생모가 범죄경력이 있는 아동 52명 중에서 8명이 체포경험이 있고, 그 중 7명은 유죄판결을 받은 것으로 확인되었다. 그러나 통제 집단에서는 2명만이 체포경험이 있고, 그 중 1명이 유죄판결을 받은 것으로 나타났다.[104]

1977년 허칭스와 메드닉(Barry Hutchings & Sarnoff Mednick)은 코펜하겐에서 태어난 남자 입양아에 대한 연구에서 흥미로운 결과를 얻었다. 1927년부터 1941년 사이에 태어난 남자 입양아들 1,145명 중에서 범죄 전과가 있는 185명을 실험집단으로 선택하고, 143명의 범죄 전과가 없는 입양아들을 통제집단으로 설정하여 비교 분석하였다. 분석결과, 그들은 생부모의 범죄성향이 입양아들의 범죄행동의 강력한 예측요인이라는 사실을 발견했다. 또한 양부모와 생부모가 모두 전과자인 경우에 입양아의 범죄행동이 크게 증가한다는 사실을 확인했다.[105] 즉, 생부모와 양부모 모두가 전과경력이 있는 입양들의 24.5%가 범죄행동을 한 반면에 생부모와 양부모 모두 선량한 시민일 경우에 단지 13.5%만이 유사한 범죄행동을 한 것으로 확인되었다. 이러한 덴마크 학자들의 연구는 유전과 범죄성의 상관성을 지지하는 가장 유명한 연구이다. 결론적으로 입양아 연구는 인간의 유전적 요인과 범죄성 사이에는 상당한 관계가 있다는 점을 강조한다.

1984년 또 다른 연구에서 메드닉(Mednick) 등은 14,427명의 형사기소된 입양아들을 그들의 생부모 및 양부모의 형사기소 기록과 비교분석한 결과 입양아들의 기소기록과 그들 생부모의 기록 사이에 유의한 관계가 있다는 사실을 확인했다.[106] 생부모 중의 어느 한편이 범죄로 기소된 경우에 입양아가 범죄를 범할 위험은 유의하게 증가했으며, 특히 만성적이거나 지속적인 범죄행위를 하는 남성 입양아의 경우에 생부모의 범죄성향이 강력하게 영향을 미치는 것으로 밝혀졌다. 물론 생부모의 범죄유형과 입양아의 범죄유형은 상관관계가 없지만, 생부모와 입양아 사이의 범죄성향은 유의한 관계를 보여준다.

그러나 메드닉(Mednick)의 주장은 1990년 갓프레드슨과 허쉬(Gottfredson & Hirsch)

---

104) R. J. Cadoret, C. Caine, and R .R. Crowe, "Evidence for a Gene-Environment Interaction in the Development of Adolescent Antisocial Behavior", *Behavior Genetics 13*, 1983, pp.301-310.

105) Barry Hutchings and Saranoff A. Mednick, *Criminology in adoptees and their adoptive and biological parents: A pilot study,* in Saranoff A. Mednick and Karl O. Christensen, (ed.), Biosocial Bases of Criminal Behavior, New York:Gardner, 1977, pp.127-142.

106) S.A. Mednick, W.F. Galbrielli, & B. Hutchings, Genetic influences in criminal convictions: Evidence from an adoption cohort, Science, 234, 1984, 891-894.

의 연구에서 지지를 받지 못했다. 갓프레드슨과 허쉬는 스웨덴과 미국의 입양아를 대상으로 한 연구에서 생부의 범죄성과 입양아의 범죄성 사이에는 통계학적으로 유의한 관계가 성립되지 않는다는 결론을 내렸다.[107] 다시 말해, 생물학적 아버지가 전과자라고 해서 입양아가 범죄를 많이 범하게 되는 것은 아니라는 것이다. 또한 입양아 연구는 유전과 환경적 영향 사이의 관계를 분명히 규명하지 못한다는 문제를 항상 안고 있다.

3) 유전적 요인과 범죄의 관계

쌍둥이 연구와 마찬가지로 입양아 연구 역시 유전적인 요인이 개인의 범죄성향, 특히 비폭력적인 범죄행동을 결정하는데 어느 정도 작용하지만, 사회환경적인 요인이 범죄행동에 아주 중요하다는 사실을 발견했다. 생물심리학자들에 의하면, 어떤 사람들은 반사회적 행동을 할 생물학적 성향을 가지고 태어나지만, 환경적 요인이 그러한 범죄성향을 억제하거나 촉진시킬 수 있다는 것이다. 유전자는 범죄행동에 직접적인 영향을 미칠 수는 없지만, 환경적 위험요인에 감염되기 쉬운 감수성이나 감염되지 않는 저항성에 영향을 미친다.[108]

(6) 심리생리적 요인

심리생리학(Psychophysiology)이란 인간행동과 자율신경 시스템사이의 역동적인 상호작용에 관한 연구를 하는 분야이다. 자율신경 시스템이란 심장박동, 혈압, 호흡, 음식소화 등과 같은 무의식적인 기능을 규제하는 말초신경 시스템의 하위단위를 말한다. 자율신경 시스템은 개인의 유전적 구조와 밀접하게 연결되어 있다.

심장박동률과 피부 전기전도계수는 반사회적 행동과 자율신경계의 활동 사이의 관계를 확인하는 심리생리적 조사의 일반적인 척도이다. 범죄에 관한 자율신경계의 각성이론에 의하면, 지속적이고 만성적인 범죄자들은 비범죄자들과 비교하여 다양한 상황과 조건 하에서 자율신경계의 각성수준이 낮게 기록된다.

자율신경계의 낮은 각성수준은 반사회적 자극추구, 두려움의 제거, 범죄에 대한 흥미와 도전 등과 같은 작용을 하기 때문에 범죄행동을 유발하는 성향을 갖게 한다.[109] 다

---

107) Michael Gottfredson and Travis Hirschi, *A General Theory of Crime,* Palo Alto, CA: Stanford University Press, 1990, pp.47-63.
108) Bartol & Bartol, *op.cit.,* p.82.

시 말해, 지속적인 범죄자들은 걱정, 두려움, 체포와 처벌에 대한 무관심 상태에 빠져 있기 때문에 범죄행동을 하게 된다는 것이다. 한편 자율신경계의 높은 각성수준은 어린 시절에 범죄행동으로부터 멀어지게 하고 합법적인 사회화를 촉진한다. 비행소년과 범죄적 사이코패스는 친사회적인 사람들보다 생리적 각성수준이 더 낮다는 연구 결과도 있다.[110]

(7) 기질(Temperament)

1) 기질과 범죄행동과의 관계

기질이란 대체로 유전적 요인과 생물학적 영향요인에 의해 결정되는 자연적인 심리상태를 말한다. 기질은 범죄행동에 대한 중요한 단서를 제공할 수 있다. 기질은 주로 유아기에 형성되는데 유전적 요인과 부모와의 상호작용과정에서 형성된다.

기질은 개인의 반사회적 행동 여부를 직접 결정하는 것이 아니라 반사회적 행동의 확률을 증가시키거나 감소시키는 작용을 한다. 즉, 개인의 기질과 어떤 종류의 가정환경이 일치하게 되면, 비행이나 범죄행동이 발생하게 된다. 많은 연구는 아이들의 다루기 힘든 기질과 지속적인 반사회적인 행동결과 사이에 유의한 관계가 있다는 사실을 지적한다.[111]

2) 기질을 결정하는 세 가지 변수

기질은 ① 체질적 또는 생물적 기초를 가지고 있으며, ② 유아기에 나타나서 일생을 통하여 계속되며, ③ 환경에 의해서 영향을 받는다. 대부분의 발달이론가들은 기질이란 타고나는 것으로 생물학적인 요인에 의해 결정되는 것이라고 믿는다. 2006년 엘스-퀘스트 등(Else-Quest et.al)은 기질을 다음과 같이 정의한다. "기질이란 생물학적인 기초 아래 어릴 때 나타나고 정신장애(병리)와 성격과 같은 많은 분야에서의 유형과 결과를 예측할 수 있는 정서적·행동적 일관성을 가진다".[112]

---

109) A. Raine, Biosocial studies of antisocial and violent behavior in children and adults: A review, Journal of Abnormal Child Psychology, 30, 2002, pp.311-326.

110) *Ibid.*, pp.311-326.

111) K.H. Rubin, K.B. Burgess, K.M. Dwyer, & P.D. Hastings, Predicting preschoolers' externalizing behaviors from toddler temperament, conflict, and maternal negativity, Developmental Psychology, 39, 2003, pp.164-176.

기질에 관한 연구는 대부분 유아들을 대상으로 한다. 유아기에 기질과 행동사이의 관계는 덜 복잡하고, 아동이 성장하면 심리사회적 환경과 상호작용함으로써 더 복잡해지기 때문이다.

기질의 강력한 지표는 ① 활동, ② 정서라는 두 가지 행동요인이다. 활동은 사람이 걷고 움직이고 하는 것과 같은 다양한 상황과 시점에 걸친 총체적인 신체적 움직임을 말한다. 정서는 격분, 기쁨, 감수성, 정서반응의 강도 같은 특징을 말한다. ③ 자기규제는 흔히 기질을 기술하는데 포함되는 또 다른 행동요인이다. 자기규제는 아이가 타인과 사회환경의 통제와는 독립적으로 자신을 통제하는 정도를 의미한다. 최근의 연구는 자기통제력의 결여와 반사회적 행동사이에는 강력한 상관관계가 있다는 것을 보여준다. 즉, 자기통제력이 부족한 아이는 반사회적 행동을 범하게 된다는 것이다.

지속적인 폭력범죄나 심각한 범죄유형의 발달과정은 기질적 변수에 대한 지식이 중요하다. 기질은 타고나는 것이지만 그것의 표출은 부모와 보호자와 같은 사회환경에 의해 수정될 수 있다. 다루기 힘든 기질은 도발적인 특징을 가지지만, 엄격한 규칙과 적절한 자기규제에 의해서 조성되는 따뜻한 보호환경은 아동의 반사회적 행동을 예방하고, 변화시키고, 제거할 수 있다.

부모의 기질 또한 범죄행동의 발달에 가능한 구성요소이다. 모피트(Moffitt)는 부모와 그 자손이 기질과 성격에 있어서 서로 유사하다는 점을 강조한다. 성급한 기질을 가진 아이는 그 부모 또한 성급한 기질을 가지고 있다.

(8) 환경적 위험요인

1) 개 념

유전적 요인에 추가하여 자궁속의 경험 역시 범죄행동의 성향형성에 영향을 미칠 수 있다. 임신동안 태아는 태어난 후의 인생에 심각한 반사회적 행동을 유발하는 잠재적 위험요인에 노출된다. 약물중독이나 태아의 질병환경은 반사회적 행동을 초래할 잠재적 위험요인이다. 태아가 양귀비와 메사돈, 알코올, 마리화나, 흡연에 노출되면 10-13년 후에 품행문제를 일으킬 고도의 위험상태에 빠진다. 출생 전후의 납중독 역시 청소년기에 장기간의 품행문제를 유발할 수 있다.

---

112) N.M. Else, Quest, J.S. Hyde, H.H. Goldsmith, & C.A. Van Hulle, Gender differces in temperament: A meta-analysis, Psychological Bulletin, 132, 2006, pp.33-72.

2) 출산 합병증(Birth complications)

출산 합병증은 폭력적·지속적 범죄행동의 요인이 된다. 그것이 다른 심리사회적 요인과 결합될 경우에 아주 심각한 범죄행동 요인으로 작용한다. 가장 공통적인 심리사회적 위험요인은 어머니와 이별, 어머니의 버림, 부모의 불화, 부모의 정신건강문제, 부모의 부재 등이다. 출산 합병증은 절도, 들치기 같은 비폭력범죄의 유발과는 관계가 없었다. 또한 임신동안 산모의 영양부실 역시 자식의 폭력행동 유발과 밀접한 관련이 있는 것으로 밝혀졌다.

그러나 출산이나 임신합병증 그 자체만으로는 폭력범죄와 심각한 반사회적 행동을 유발하기에는 충분치 않고, 부정적인 환경 요인과 고조된 심리사회적 위험요인의 존재를 요구한다.

3) 니코틴, 알코올, 마약에 대한 노출

반사회적 행동발달에 대한 약물과 알코올 남용의 태아기 영향은 비교적 거의 관심을 받지 못했다. 그러나 래인(Raine)에 의하면, 알코올에 태아노출은 품행장애를 증가시키고, 임신동안 흡연과 아이의 품행장애 및 폭력범죄 사이에는 유의한 관계가 있다는 것이다. 임신부의 흡연과 아동의 반사회적 행동사이의 관계에 대한 증거는 소년의 경우에는 아주 강력하고 소녀의 경우에는 미약하다. 흡연의 반사회적 행동 유발 효과는 태아가 니코틴과 출산 합병증 모두에 노출되었을 때 특히 강력하다. 임산부가 흡연을 한 경우에 흡연을 하지 않은 임산부에 비해 아이가 폭력범죄 또는 반복적인 범행을 할 위험이 두 배 이상이라는 연구 결과도 있다. 또한 임신동안 임산부의 흡연은 태아의 뇌손상을 초래할 수 있다.

임산부의 약물남용은 아동의 청소년기 약물남용을 유발하는 요인이 된다. 하지만 이러한 관계가 부모와 자식사이의 공유된 유전적 성향에 기인하는 것인지, 자식의 부모의 행동 모방이나 약물 그 자체의 자궁 내에서의 효과인지를 결정하기는 어렵다. 임산부의 코카인 섭취는 유아 및 유치원 나이에 있는 아동의 정서와 행동규제에 해로운 영향을 미친다.

4) 뇌의 발달

뇌의 불완전한 발달에 기인한 신경장애와 뇌장애는 심각하고 폭력적인 반사회적 행동과 명백한 관련이 있다. 그 관계는 뇌장애가 인간 뇌의 약 3분의 1을 차지하고 있는 전두엽에서 발생한다면 특히 강력하다. 전두엽은 조직적인 사고, 기획, 자기규제 기능을 한다.

임신환경의 질은 태아의 뇌발달에 아주 중요하다. 뇌는 잘못된 세포발달 같은 내적 위험과 바이러스성 감염, 약물이나 알코올 노출, 영양부실, 또는 기타 기형발생물질로부터 야기되는 외적 상해에 아주 취약하다. 영양의 부적합성은 임신 중은 물론이고 출산후에도 태아의 뇌발달에 중요하다. 뇌의 발달은 엽산, 철, 비타민, 기타 영양물질에 의존하기 때문이다.

5) 신경심리적 요인

래인(Raine)에 의하면, 신경심리적 결함(Neuropsychological deficits)은 자기규제와 기획과 같은 수행기능과 관련된 결함으로서 아동, 청소년, 그리고 성인에 이르기 까지 반사회적 행동의 확실한 위험요인이다.[113] 모피트 역시 어떤 가정적 위험요인과 결합된 신경심리적 결함은 지속적이고 심각한 폭력범죄자에게서 발견된다고 주장한다.[114]

류(Liu) 등은 3살때에 영양불량이 아동의 신경인지적 결함을 초래하고 아동기와 청소년기 전체를 통하여 지속적인 반사회적 행동을 하게 하는 요인이 된다고 보고한다.[115] 어릴때의 영양불량은 뇌의 성장과 발달에 부정적으로 작용하고 뇌의 손상은 인지적 수행기능에 영향을 미침으로써 반사회적·폭력적 행동을 촉진할 수 있다는 것이다. 그러나 신경심리적 결함과 수행기능 사이의 관계는 명백하지 않으며, 확실한 결론을 얻기 위해서는 더 많은 연구가 요구된다.

(9) 염색체(chromosome)의 이상과 범죄

1) XYY 염색체의 범죄성

여자의 성 염색체는 XX이고, 남자의 경우는 XY이며, 그 표기는 염색체의 모양을 본

---

113) A. Raine, Biosocial studies of antisocial and violent behavior in children and adults:A review, Journal of Abnormal Child Psychology, 30, 2002, pp.311-326.

114) T.E. Moffitt, The neuropsychology of conduct disorder, Developmental and Psychopathology, 5, 1993b, pp.135-151.

115) J. Liu, A. RaineP.H. Venables & S.A. Mednick, Malnutrition at age 3 years and externalizing behavior at age 8, 11, and 17 years, American Journal of Psychiatry, 161, 2004, pp.2005-2013.

뜬 것이다. 그러나 세포분열 이상으로 인하여 남자의 성 염색체가 XXY 또는 XYY로 나타나는 경우가 발생한다.

염색체 이상에 대한 관심은 여성 성염색체가 하나 더 있는 XXY라고 하는 클라인펠터 증후군(Klinefelter Syndrome) 조사가 그 시초가 되었다. 클라인펠터 증후군에 속하는 XXY 염색체를 가진 남자는 신체적으로 고환의 왜소, 무정자증, 여성형 유방, 장신 등의 특징이 나타난다. 또한 인격적으로는 지능이 낮고, 반사회적 행동 경향이 나타나며, 정신적으로 미숙하고 자신감의 결여 현상이 특징이다. 이러한 남성은 강한 동성애 성향을 보이며, 일반적으로 성범죄, 절도 등을 저지르는 경향을 보인다고 한다.

남성 성염색체가 하나 더 있는 XYY형 성염색체는 1961년 샌드버그(Sandberg)가 처음 발견하였으며, 1962년 영국의 에딘버러 대학의 브라운 박사는 한 의학지에서 XYY 성염색체를 가진 남성은 절도, 방화, 노출증의 경향이 있다고 주장한 바 있다. 1966년 시카고 병원에서 9명을 감금하고 그 중 8명을 살해한 스펙(Richard Speck)의 사건은 그가 아마 XYY 소유자일 것이라는 주장이 제기되면서 1970년대의 유전과 범죄사이의 관계에 대한 연구에 불을 붙이는 계기가 되었다.[116] 이 사건으로 인해 XYY 염색체를 가진 모든 사람들은 잠재적인 살인자들이기 때문에 엄격하게 통제되어야 한다는 주장이 일반화되었으며, 시민 자유의지론자들은 XYY 소유자들이 폭력활동에 관여하는 것과는 관계없이 위험하고 폭력적인 사람들로 인식된다는 두려움을 호소했다. 그러나 스펙 또는 대부분의 폭력 범죄자들이 XYY 염색체 소유자가 아니라는 사실이 밝혀지면서 XYY이론에 대한 관심은 사라지기 시작했다.[117]

XYY염색체를 가지고 있는 남성은 외형적으로는 정상인들과 차이가 없지만, 추가된 Y염색체의 작용으로 과도한 남성화를 초래하고 그로 인해 공격적이고 폭력적인 행동을 할 위험성이 높다는 것이다. 그래서 남성 성염색체 Y를 더 가지고 있는 남자는 '초남성'이라고 명명되었다. 초남성들은 신체적 특징으로는 신장이 크고 지능이 낮으며 성적으로 조숙하고 정신분열적인 범죄를 저지르는 경향이 강한 것으로 가정된다.[118]

이러한 주장은 스코틀랜드의 정신병원에서 수행된 조사를 증거로 제시했다. 저능자 병동에 수용된 196명 중에서 XYY형 남성이 7명 발견되었고, 정신병자 병동에서는 2명

---

116) Siegel, *op.cit.*, p.147.

117) *Ibid.*,

118) P. A. Jacobs, M.Brunton, and M. M. Melvile, "Aggressive behavior, Mental subnormality and the XYY male," *Nature 208:* 1965, pp.1351-1352.

이 발견되었다. 일반인들 가운데에서는 XYY형이 기껏해야 1,000명당 1.5명 정도라는 점에서 보면, 그 결과는 통계적으로 의미가 있다. 이러한 연구결과를 기초로 XYY형은 위험성이 크고 폭력적이며 범죄자가 될 가능성이 크다는 결론을 내렸다.[119]

현대의 범죄연구자들은 XYY 염색체가 인간의 폭력에 대한 설명 요인이 되지 못한다고 생각하기 때문에 XYY 염색체에 관한 연구를 거의 하지 않는 경향을 보이고 있다. 그러나 인간의 염색체내에 포함된 수 많은 유전자들이 인간의 신체적 특징뿐만 아니라 개인의 행동에도 영향을 미친다는 인식이 광범하게 확산되어 있다. 따라서 다양한 범죄와 관련성이 있다고 인정되는 심각한 우울증, 정신분열증, 기타 정신장애를 포함하는 정서장애 등이 유전적 요인의 영향에 민감한 결과일 수 있다. 2000년에 인간육체의 모든 유전자 지도를 만들기 위해 설계된 인간 게놈 프로젝트(Genom Project)는 인간의 의학적, 또는 심리학적 장애를 이해하는데 크게 기여할 것으로 기대된다.[120]

2) 비 판

비록 XYY증후군이 범죄를 야기하는 작용을 한다고 하더라도, 그 영향력의 정도는 아주 약하다는 것이다. 지금까지 XYY 염색체와 폭력이 직접 관계가 있다는 증거는 거의 없다. XYY 염색체 소유자는 전체인구 중에 평균 0.11~0.14%를 차지하여 그 수가 많지 않지만,. 정신질환자 중에는 평균 0.13~0.20%를 차지하여 유의할 정도로 높은 수준이다. 그러나 전체 범죄인구중에 XYY 염색체 소유자는 1.9%를 차지하고 있어서 아주 미미한 수준에 지나지 않는다.[121] 따라서 XYY 염색체 소유자가 범죄형 인간이라는 대표성이 없다. 실제 스코틀랜드의 정신병동 연구결과를 재검토한 프라이스(W .H. Price)에 의하면, XYY형 재소자 9명의 범죄기록과 정상염색체를 가진 재소자 18명의 범죄기록을 비교한 결과, 정상염색체를 가진 수용자들의 과거 범죄 평균치가 더 높은 것으로 나타났다. 또한 XYY형은 과거 범죄에서 대인범죄가 9% 미만이지만, XY집단에서는 대인범죄의 비율이 22%에 달하는 것으로 나타났다. 다른 재소자들을 조사한 결과에 의하면, XYY의 염색체를 가진 남성이 정상적인 남성보다 폭력범죄로 수감되는 정도가 더 적은 것으로 나타나기도 하였다.[122]

---

119) M. Casey, "Sex chromosomal abnormalities in two state hospitals for patients requiring special security," *Nature 5,* February, 1966, pp.152-153.

120) Bartol & Bartol, *op.cit.,* pp.182-183.

121) *Ibid.,* p.182.

실제로 클라인 펠터 증후군(XXY)을 가진 남성수감자의 비율이 XYY형 남성 수감자 비율과 같거나 오히려 더 많은 것으로 조사되었다. XYY형 염색체 연구는 유전 소질이 범죄에 대한 중요한 영향요인이라는 사실을 밝혀냈으나 XYY형 성염색체 보유자라고 하여 모두 범죄자가 되는 것도 아니기 때문에 단지 XYY형이라는 사실 하나만으로 장차 범죄자가 될 것이라고 단정하는 것은 위험하다. XYY형 남성 가운데 극히 일부만이 특정유형의 범죄를 더 저지르는 것으로 나타났지만, XYY형 형 염색체가 범죄행위의 직접 원인이라는 증거는 찾아 볼 수 없다.[123]

현대의 범죄생물학자들 조차도 XYY이론의 과학적 타당성을 인정하지 않는다. 실제 테일러(Ian Taylor) 등에 의한 신 범죄학에서는 XYY형 성염색체의 범죄자 중 대부분이 키가 크고, 이상 성격을 가진 신체적 특징으로 인해 XYY형의 범죄자가 많다는 오해를 불러일으킬 수 있다는 지적을 무시할 수는 없다. 또한 낮은 지능으로 인하여 범죄를 저지를 경우 체포나 유죄판결을 피할 능력이 없기 때문에 XYY형에 범죄자가 많다는 생각을 하는 것이라고 지적하고 있음도 가볍게 보아 넘길 것은 아니다.[124]

⑽ 인간 특질과 진화론적 설명

1) 진화론적 인간 특질

진화론은 인간의 폭력성과 공격성이 오랜 세월동안 형성된 진화과정의 산물이라는 주장을 편다. 진화론적 관점에 의하면, 생존을 위한 희소자원의 경쟁 속에서 인류의 변화와 발전이 필연적인 과정이라고 보는 것이다. 진화론은 다음과 같은 전제를 본질로 하고 있다. 즉, 모든 생명체는 환경적으로 가장 적합한 생존능력을 가진 개체만이 살아남고 그렇지 못한 개체들은 도태될 수밖에 없으며, 따라서 모든 개체들은 살아남기 위하여 환경에 가장 적합한 개체의 형태로 변화해간다.

이러한 경쟁에서 승리하는 자들만이 살아남고 실패하는 개체들은 사라진다. 생존 경쟁의 과정 속에서 다른 사람들보다 더 많은 생존능력을 축적할 수 있는 인간 특질을

---

122) W. H. Price and P. B. Whatmore, "Behaviour disorders and pattern of crime among XYY males identified at a maximum security hospital," *British Medical Journal 1,* 1967, p.500.

123) W. H. Price and P. B. Whatmore, "Behaviour disorders and pattern of crime among XYY males identified at a maximum security hospital," *British Medical Journal 1,* 1967, p.500.

124) Ian Taylor, Paul Walton and Jock Young, *The New Criminology*, New York: Harper and Row, 1973, pp.45-46.

가진 사람들은 자손을 번창시키고 다른 사람들을 지배하는 위치에 서게 된다.[125) 번식의 우위를 차지하기 위한 투쟁과정 속에서 공격성과 폭력성이 자연적으로 나타날 수밖에 없다.[126)

이러한 맥락에서 강간범죄는 인간의 진화과정에서 형성된 공격성의 유전 결과이다. 진화론적 이론에 의하면, 인간의 이러한 행동유형이 유전된다면, 충동적인 행동은 세대 간에 계승되고, 아버지로부터 아들에게 유전될 것이라고 가정된다. 따라서 인간의 공격성과 충동성은 상당히 진화론적이며 유전적인 결과이다.

2) 성과 범죄의 진화

범죄에 대한 진화론적 개념에 의하면, 성에 따른 폭력 범죄율 차이는 포유류 동물의 결혼패턴과 관계가 있다는 점을 전제로 한다. 인간을 비롯한 모든 개체들은 유전 인자 풀의 생존을 확보하기 위해, 남성은 가능한 한 많은 여성들을 상대로 짝을 짓는 것이 유리하다. 그래야 자신의 유전인자를 가진 후손이 많이 태어날 수 있게 되는 것이다. 여성은 오랜 임신기간 때문에 안정된 가정과 생존을 지켜줄 한 사람의 안정적인 보호자를 필요로 한다. 이러한 남녀 간의 결혼 패턴의 차이 때문에 가장 공격적인 남자는 많은 후손을 보게 되는 것이다. 그러므로 인류의 역사흐름 속에서, 공격적인 남성들은 유전인자 풀에 크나 큰 영향을 미쳐왔다.

공격적인 남성들의 유전인자를 가지고 태어난 후손들이 바로 오늘날 남성의 공격성과 폭력성의 높은 비율을 설명하고 있다는 것이 진화론적 가정이다.[127) 다시 말해, 남성과 여성 사이의 범죄율 차이는 사회화의 결과가 아니라 오랜 역사의 흐름 속에서 발전해온 결혼 패턴에 내재하는 차이 때문이라고 보는 것이다.[128) 젊은 사람들 사이에는 자신의 대담성과 용기를 재생산하기 위해 적합한 짝을 찾으려는 문화 속에서 무모하고 생명에 위협적인 공격성향을 나타내는 경향이 있다. 이러한 공격성과 폭력성이 전통적인 문화에 적합한 형태로 표출된다면, 성공적인 인간이 되지만 반사회적인 행동으로

---

125) Lawrence Cohen and Richard Machalek, "A Genwral Theory of Expropriative Crime : An Evolutionary Echological Approach," *American Journal of Sociology 94,* 1988, pp.465-501

126) Siegel, *op.cit.,* P.150.

127) Lee Ellis, "The Evolution of Violent Criminal Behavior and Its Nonlegal Equivalent," *Personal Differences 23,* 1997, PP.105-115.

128) David Rowe, Alexander Vazsonyi, and Aurelio Jose Figueerdo, "Mating Effort Strategy, A Conditional of Alternative Strategy," *Personal Individual Differences 23,* 1997, PP.105-115.

나타난다면 범죄자가 된다.[129]

진화적 요인들은 여성의 범죄성에도 영향을 미칠 수 있다. 선사시대에 농업과 무역이 출현하면서 여성들은 남성에게 고도로 의존적이고 권력은 아주 제한적이었다고 여성주의자들은 주장해 왔다. 여성들은 그들에게 필요한 자원을 공급할 수 있는 남성을 확보하기 위해 그들 사이에 경쟁을 하기 시작했다. 이러한 진화의 발전과정속에서, 여성들은 남성에게 가장 크게 의존하는 시기에 보호자인 남성을 확보하기 위한 경쟁은 아주 심했다.

이러한 맥락에서 본다면, 오늘날 여성 실업률이 높은 시기에 여성이 여성을 공격하는 사건이 빈발하는 현상에서 찾을 수 있다. 그 이유는 실업자인 여성 자신을 지원해 줄 남성을 서로 차지하기 위한 경쟁에서 비롯된다는 사실에서 찾는다. 반대로 경기 향상으로 사회후생이 좋아지면, 여성들은 자신들에게 빵을 제공하는 남자 대체수단을 쉽게 이용할 수 있기 때문에 여성간의 공격은 감소한다.[130]

3) 폭력과 진화

댈리와 윌슨(Martin Daly & Margo Wilson)은 폭력범죄란 유전적, 재생산적 요인에 의해 영향을 받아 발생하는 것이라고 주장한다. 현대 사회에서 높은 비율의 배우자 학대는 남편이 아내를 통제하고 소유하려는 공격적인 행동과 함수관계에 있다. 다시 말해, 배우자 폭행은 남성의 공격적인 성향이 원인이라는 것이다. 남성은 주로 배우자의 부정을 발견하면 살인과 같은 행위를 할 징도로 폭력적이 된나. 남사가 여자의 부정을 미리 발견하고 보복적인 살인을 할 경우에 법적으로 그 정당성을 인정하는 문화가 있는 나라도 있다. 남자에게 있어 여자가 부정을 하는 것은 남성지배에 대한 도전이고 미래의 재생산권에 대한 도전이다.[131]

잠재적인 경쟁자에게 여자를 뺏길 위협을 느끼는 남자는 성폭행을 감행할 가능성이 높아진다. 연구결과에 의하면, 남편보다 나이 차이가 많이 나는 결혼 여성은 그렇지 않은 결혼 여성보다 폭력에 시달릴 위험이 높다는 사실이 밝혀졌다. 나이 많은 남편은 젊은 아내를 잠재적인 경쟁자에게 뺏길 것을 두려워하고, 특히 여자가 결혼계약을 지키

---

129) *Ibid.*, P.112.

130) Anne Campbell, Steven Muncer, and Daniel Bibel, "Female-Female Criminal Assault: An Evolutinary Perspective," *Jornal of Reaserch in Crime and Delinquency 35,* 1998, PP.413-429.

131) Martin Daly and Margo Wilson, *Homicide* (New York: Aldine de Gruyter, 1988), P.194.

지 않는다면, 통제와 소유를 위해 폭력을 행사한다는 것이다.[132] 실직자나 홀아비가 폭력범죄를 범하기 쉽다는 것은 진화론에 의해 간단하게 설명될 수 있다. 여성에게 그들의 매력을 과시하고 싶은 욕망은 있지만, 직업도 돈도 없는 위치에서 마지막 수단은 폭력에 의존하는 것뿐이다.[133]

(11) 지능과 범죄

한 동안 범죄학자들과 심리학자들은 지능과 비행 및 범죄와의 관계는 오도되고 실증되지 않은 것이라는 꼬리표를 붙이기에 열심이었다. 그러한 관계를 언급하는 것 까지도 조소의 대상이 되었다.[134] 그러나 1977년에 허쉬와 힌델랑(Travis Hirschi & Michael Hindelang)이 지능과 비행사이의 관계는 간접적인 관계가 존재하며, 지능이 비행이나 범죄와는 아무런 관계가 없다고 주장하는 것은 오류라고 강조하면서 다시 지능과 범죄의 관계에 대한 연구가 관심을 끌기 시작했다.

1) 지능과 범죄의 관계

저지능과 범죄성의 관계는 법 집행기관이 잠재적인 범죄자들을 쉽게 확인할 수 있게 하며 범죄예방을 용이하게 할 수 있다는 측면에서 의미가 있다. 비넷과 터먼(Alfred Binet & Theodore S. Terman)이 오늘날 대부분의 지능검사에 사용되고 있는 지능지수 검사방법을 고안했다.[135] 그러나 지능이 범죄행동에 관련이 있고, 또한 선천적으로 타고난 유전적 능력을 의미하는 것이라면, 과연 지능지수에 의한 지능의 측정이 가능하고 신뢰할만한 것인지에 대한 문제가 제기될 수 있다. 여기에서 지능에 대한 개념은 순수하게 유전적이고 생물학적인 결과라는 자연이론(nature theory)과 생물학적인 요인 및 사회학적인 요인의 결합결과라는 양육이론(nuture theory)으로 나누어진다.

지능과 범죄에 관한 초기의 연구들은 대부분 지능지수(IQ)를 지능의 척도로서 사용했다. 지능지수를 이용한 연구에 의하면, 일탈자들과 범죄자들이 평균이하의 지능지수를 가지고 있으며, 낮은 지능지수는 범죄성의 원인이라는 것이다[136]. 1969년 영국의 캐

---

132) Margo Wilson, Holly Johnson, and Martin Daly, "Lethal and Nonlethal Violence against Wives," *Canadian Jprnal of Criminology 37,* 1995, PP.331-361.
133) Daly and Wilson, *Homicide,* PP.172-173.
134) Bartol & Bartol, *op.cit.,* p.51.
135) Shoemaker, *op.cit.,* p.51

임브릿지 대학 범죄학 연구소에서 웨스트(Donald J. West) 교수에 의해 주도되고 1982년 결과를 발표한 종단연구는 저지능이 부모갈등, 별거 또는 가정 불안, 불만족스러운 자녀양육, 초등학교에서의 학교부적응, 저 수입 가정, 대가족, 그리고 범죄전력 부모 등과 같은 광범한 요인들과 마찬가지로 범죄와 밀접한 관련이 있는 것으로 결론지었다. 이 연구에 의하면, 미래의 잠재적인 청소년 일탈자의 평균 지능지수는 95였으며, 비일탈자의 평균 지능지수는 101이었다. 지능지수가 110이상의 경우에 청소년 일탈자는 거의 없었으며, 90이하의 청소년 들이 대부분의 일탈소년 집단을 구성했다. 특히 저지능 청소년들은 청소년 범죄와 재범률에 밀접한 관련이 있는 것으로 밝혀졌다.

1992년 케임브릿지 대학 범죄학연구소의 자료를 활용하여 연구한 패링턴(Farrington) 역시 저지능과 범죄의 상관성을 긍정하는 결과를 발견했다. 이 연구는 8-10세를 대상으로 한 지능검사에서 90 이하의 점수를 얻은 어린이들의 30%가 훗날 청소년 범죄자로 기소되었으나 90이상의 점수를 어린이들은 그 반에 지나지 않는다는 사실을 발견했다.[137] 또 다른 연구는 지능지수와 일탈행동사이의 관계가 반비례관계라고 일관되게 보고한다. 즉, 지능지수가 낮아지면 일탈행동 확률은 그 만큼 증가한다는 것이다.[138] 크로커와 핫진스(Crocker & Hodgins)는 그들이 아는 바로는 지능지수와 일탈행동의 역관계는 모든 연구에서 검증되었다고 주장했다.[139] 최근의 연구에 의하면, 적어도 미국 수형자의 4%가 정신적인 무능력상태를 의미하는 아주 낮은 지능지수를 가지고 있는 것으로 확인되었다.[140] 정신적으로 지체상태에 있는 대상들은 정상적인 사람들에 비하여 폭력범죄를 포함한 범죄행동으로 더 많이 기소되는 것으로 밝혀졌다.

2) 자연이론(nature theory)

자연이론은 지능이 대체로 유전적으로 결정되고, 낮은 지능지수를 가진 사람들은 높

---

136) Siegel, *op.cit.*, p. 163.

137) Williams, *op.cit.*, pp.240-241.

138) J.L. White, T.E. Moffit, & P.A. Silva, A prospective replication of the protective effecs of IQ in subjects at high risk for juvinile delinquency, Journal of Consulting and Clinical Psychology, 57, 1989, 719-724.

139) A.G. Crocker & S. Hodgins, The criminality of noninstitutionalized mentally retarded person: Evidence from a birth cohort followed to age 30, Climinal Justice and Behavior, 24, 1997, 432-454.

140) Bartol & Bartol, opcit., p.54.

은 범죄성향을 소유하고 있다는 명제에 근거하고 있다. 지능과 범죄사이의 관계에 대한 최초의 연구는 1912년 고다드(Henry H. Goddard)의 정신박약(feeble mindedness)이라는 주관적인 평가를 통해 칼리크카크 가계에 대한 비과학적인 연구에서 시작되었다. 뒤이어 그는 정신박약을 측정하기 위한 객관적인 지능검사를 통하여 보다 과학적인 연구를 수행하였다. 연구대상은 16개 소년원의 재소자들로서 이들 중에 정신박약 재소자들의 비율은 28%에서 89%의 범위에 해당하였고 전체 평균은 50%로 나타났다. 이 연구결과를 토대로 1914년 「정신박약(Feeble-Mindedness)」이라는 저서에서 범죄인들은 정신박약(저지능)이라고 결론지었다. 고다드는 더 나아가 지능은 기본적으로 유전되며 모든 저능한 사람들은 잠재적인 범죄자라고 주장했다.[141]

20세기 초에 이루어진 대부분의 연구는 낮은 지능이 범죄와 일탈행위, 그리고 다양한 종류의 사회악을 유발하는 요인이라고 확신함으로써 고다드와 견해를 같이했다. 학자들의 이러한 경향은 두 가지 가정에 기초하고 있었다. 첫째, 저 지능의 소유자들은 자신의 행동에 대한 비도덕성이나 특별한 상황의 복잡성을 인식할 수 있는 능력이 떨어짐으로써 직접 범죄행동을 유발한다. 둘째, 저 지능의 소유자들은 그들의 정서와 충동을 통제할 수 있는 능력이 부족하고, 따라서 범죄행동을 할 가능성이 높다[142]. 이러한 행동은 그들이 그렇게 하고 싶기 때문이 아니라 그들의 행동을 통제할 능력이 거의 없기 때문이다.

그러나 제1차 세계대전 동안 미 육군은 저지능자를 군대부적격자로 규정할 의도를 가지고 징집된 군인들을 대상으로 지능검사를 실시한 결과, 징집된 군인 중에서 백인 37%, 흑인 89%가 저지능자였으며, 전체적으로는 50%가 저지능자라는 결과가 나옴으로써 지능이 유전된다는 견해에 의문이 제기되기 시작했다. 흑인 지원자의 거의 90%가 저지능이라는 사실은 그들이 교육을 받지 못한 결과라는 점에서 교육이 저지능에 영향을 미칠 수 있다는 생각을 가지게 되었다. 따라서 고다드는 그의 초기 연구 결과의 부정확성을 시인하고 지능이 완전히 유전적인 것이 아니라 적어도 주의 깊은 교육과정에 의해 수정될 수 있다는 점을 받아들였다.[143] 그리고 저지능과 범죄의 관계에 대한 의문이 제기되기 시작했다.

---

141) Williams, *op.cit.*, p.239.

142) Shoemaker, *op.cit.*, p.51.

143) Williams, *op.cit.*, p.239.

3) 양육이론(nurture theory)

고다드(Goddad) 이후의 지능과 범죄의 관계에 대한 연구는 어떤 명백하고 일관성 있는 결과를 발견하지 못하는 가운데 1930년대에 학문적 연구의 대세를 이룬 인간행동에 대한 문화적 설명경향은 지능에 대한 양육이론 학파를 출현하게 했다.[144] 양육이론은 지능이 부분적으로는 생물학적 요인에 의해 영향을 받지만, 주로 사회학적 요인에 의해 결정된다는 관점이다. 낮은 지능의 부모들이 반드시 저지능의 아이들을 생산하는 것은 아니므로 지능이 유전된다는 주장은 오류라고 보는 것이다.

양육 이론지지자들은 사람들의 지능지수가 낮기 때문에 범죄를 범한다는 견해에 반대의사를 분명히 했다. 대신에 그들은 부모, 사회적 접촉, 학교, 동료집단, 그리고 많은 다른 요인들로부터 받는 환경적 자극에 의해 아이들의 지능지수가 달라지고, 낮은 지능지수는 일탈과 범죄행동을 고무하는 환경으로부터 유발되는 것이라고 주장했다. 따라서 범죄자들의 지능지수가 낮다면, 그것은 정신능력이 아니라 범죄자들의 문화적 배경을 반영하는데 지나지 않는다.

사람이 평균이하의 지능지수를 가지고 있기 때문에 자연적으로 범죄행동을 하게 된다는 가정에 도전하는 연구들이 1920년대 초기에 나타나기 시작했다. 슬로슨(John Slawson)은 뉴욕 소년원의 원생 1,543명을 대상으로 연구를 하여 뉴욕의 일반 소년들로 구성된 통제집단과 비교했다. 연구 결과, 일탈자들의 80%가 추상적인 어휘검사에서는 점수가 낮았지만, 수리부문 등 비어휘 부문에서는 정상수준이라는 사실이 밝혀졌다.[145] 이러한 결과는 지능지수 검사에 문화적 편견이 작용하여 지능측정 자체의 신뢰도에 문제가 있다는 사실을 지적하고 있다. 또한 슬로슨은 검거된 피의자들의 수는 물론이고 범죄유형과 지능지수 사이에는 아무런 관계가 없다는 사실을 발견함으로써 저지능이 범죄의 원인이라는 가정을 부정했다. 범죄자들의 지능지수가 미 육군 징집자들보다 더 높다는 연구 결과도 발표되어 범죄자는 저지능이라는 견해는 힘을 잃기 시작했다.[146]

1931년에 서덜랜드(Edwin Sutherland)는 고다드의 범죄자와 저지능의 관련성에 관한 연구 결과를 재평가하고 연구 자체의 편차를 발견함으로써 범죄자들은 저능자들

---

144) Siegel, *op.cit.*, p. 163.
145) Siegel, *op.cit.*, p. 163.
146) Shoemaker, *op.cit.*, p.53.

(feebleminded)이라는 고다드의 견해를 부정했다.[147] 도다드는 검사방법과 점수계산 방법에서 생긴 오차를 오히려 범죄자들의 지적 능력의 차이로 돌리는 오류를 범한 것으로 평가됐다. 서덜랜드의 연구는 저 지능이 범죄의 원인이라는 신념에 거의 종지부를 찍었고, 지능과 범죄의 관련성에 대한 연구는 범죄학 문헌에서 거의 사라지게 되었다.

표본설계와 범죄정의와 같은 많은 방법론적 문제를 제쳐두고라도, 이처럼 고다드 이후의 비일관적인 연구 결과는 연구의 초점을 지능보다는 인과적인 요인들을 분석하는 방향으로 향하게 만들었으며, 1970년대 중반 에 고든(Robert Gordon)의 특정집단의 지능지수 분포와 비행률의 관계에 대한 연구, 그리고 허쉬와 힌델랑(Travis Hirschi & Michael Hindelang)의 지능지수와 일탈행동의 관계에 대한 연구 등으로 지능과 범죄에 대한 새로운 관심이 부각될 때까지 몇 십년 동안 지능과 범죄의 관계에 대한 연구는 거의 사라지게 되었다.[148]

4) 지능지수와 범죄의 관계에 대한 재조명

지능과 범죄의 연관성에 대한 가정은 주류 범죄학자들에 의해 밀려났지만, 존경받는 두 명의 저명한 범죄학자 허쉬와 힌델랑(Travish Hirschi & Michael Hindelang)이 1977년에 「지능과 범죄의 관계」에 대한 논문을 발표함으로써 다시 중요한 연구 영역으로 부각되기 시작했다. 그 논문은 기존의 연구 자료들을 재분석한 결과를 주된 내용으로 하고 있다. 이 논문에서 그들은 지능지수와 범죄 및 일탈행동의 관계를 지원하는 증거를 제시하고, 지능지수라는 변수가 범죄예측에 있어 인종과 사회경제적 계층과 같은 사회환경적인 변수들보다 더 중요한 요인이라는 결론을 내렸다.[149] 이 연구에서 강조하는 내용은 사람들이 인종적·계층적으로 유사한 환경 속에 살고 있을지라도, 범죄자와 비 범죄자 사이에는 지능지수의 주요한 차이가 존재하고, 지능지수가 범죄행동과 관련이 있다는 것이다. 낮은 지능지수를 가진 청소년들은 학교 성적의 불량으로 학업에서 실패하게 되고, 이는 일탈행동을 초래하는 강력한 요인으로 작용하며, 또한 후에 성인 범죄성과도 깊은 관계가 있다는 것이다.

허쉬와 힌델랑의 주장은 국제적으로 많은 학자들에 의해 수행된 연구에 의해서 지원

---

147) Siegel, *op.cit.*, p. 164.

148) Shoemaker, *op.cit.*, pp.53-54.

149) Travis Hirschi and Michael J. Hindelang, "Intelligence and delinquency: A revisionist review, American Sociological Review42, 1977, pp.571-587.

을 받았다. 피퀘로(Alex Piquero)는 필라델피아의 아동 집단들의 폭력행동에 대한 조사를 통하여, 지능지수가 폭력행동을 예측할 수 있는 가장 정확한 예측치라고 주장했으며,[150] 윌슨과 헌스타인(James Q. Wilson & Richard Herrnstein)은 「범죄와 인간성」(Crime and Human Nature)이라는 책에서 지능과 범죄의 관계는 간접적이지만 관계가 있다는 견해를 제시했다.[151] 즉, 낮은 지능은 불량한 학교성적을 초래하고, 이는 범죄행동을 할 기회요인으로 작용한다는 것이다. 학교 성적이 계속 나쁜 학생들은 폭력, 절도, 그리고 다른 형태의 일탈행동을 함으로써 학교 성적 불량을 외부에서 해결하는 식으로 행동하게 된다는 것이다.

고든(Gordon) 역시 지능과 비행간의 관계를 긍정한다. 즉. 흑인과 백인 소년의 비행률 차이는 백인 소년들에 비해서 흑인의 지능이 낮기 때문이라는 것이다.[152] 고든은 특정 나이에 일탈행위를 범하는 동일연령집단의 비율을 의미하는 일탈행위 확산률(delinquency prevalence rates)'이라는 개념을 이용하여 연구한 결과 흑인과 백인 사이의 저지능 확산률 차이는 흑인과 백인사이의 일탈행위 확산률 차이와 동일하다고 주장했다. 더 나아가 흑인과 유사한 경제적 지위에 있는 중국인과 유태인 같은 소수민족들이 더 부유한 백인들보다 범죄율이 낮을 정도로 범죄율이 매우 낮다는 사실을 증거로 내세워 범죄율은 빈곤과 환경과는 무관하다는 주장을 전개했다. 결론적으로 고든은 지능지수란 환경적으로 결정되는 것이 아니라 유전적이라는 것이 분명하며, 저지능은 범죄성향과 분명히 관계가 있다고 단언했다.[153]

위스트와 패닝턴(Donald J. West & David P. Farrington)은 400명의 런던 소년들을 대상으로 한 연구를 통하여 다른 수많은 사회적 요인들보다는 낮은 지능지수가 비행의 주된 요인이라는 것을 발견했다.[154] 연구 결과에 의하면, 성인이 되어 범죄기록을 갖게 된 소년들의 평균 지능지수는 91이었고, 범죄소년이 되지 않는 소년들의 평균지능지수

---

150) Alex Piquero, Frequency, Specialization, and Violence in Offending Careers, Journal of Research in Crime and Delinquency 37, 2000, pp.392-418.

151) James Q. Wilson and Richard Herrnstein, Crime and Human nature(New York:Simon and Schuster, 1985, p.148.

152) Robert A. Gordon, "SES versus IQ in the race IQ delinquency model," International Journal of Sociology and Social Policy 7, 1987, pp.29-96.

153) Williams, *op.cit.*, p.242.

154) Donald J. West and David P. Farrington, Who Becomes Delinquency, London: Heinemann, 1973, pp.85-86.

는 101이었다. 이러한 차이는 통계적으로 유의미한 수치이다. 또한 조사 대상 중에 단 한 번의 범죄기록을 가진 소년들의 평균 지능지수는 100으로서 범죄소년이 되지 않는 소년과 1점 차이 밖에 없었으나 상습적인 범죄소년들의 지능지수는 89인 것으로 나타났다. 이 연구 결과는 지능지수가 낮을수록 범죄소년이 될 가능성이 높고 아울러 상습적인 범죄자가 되기 쉽다는 것이다.

1994년 헌스타인과 머래이(Richard Herrnstein & Charles Murray)는 「종모양 곡선(Bell Curve)」이라는 저서에서 낮은 지능을 가진 사람들이 범죄나 다른 유형의 바람직하지 못한 행동에 빠지게 하는 "인지적 약점(80%는 유전)"을 가지고 있다는 점에서 지능과 범죄의 관계를 긍정했다.[155] 즉, 지능이 낮은 사람들이 범죄도 잘 범하고, 잘 붙잡히고, 교도소에 보내어질 가능성도 아주 높은 반면, 높은 지능을 가진 위험한 청소년들은 학교와 사회적 관계에서 성공할 수 있는 뛰어난 능력으로 인해 범죄자가 되지 않는다는 것이다. 그들에 의하면, 과학적인 문헌 전체를 종합해 볼 때, 범죄자들의 평균 지능지수는 92이며, 만성적인 범죄자들의 지능은 그것보다 더 낮다고 주장했다.

또한 자기보고 범죄자들과 공식적인 범죄자들 사이에 지능지수의 차이가 없었다는 사실을 들어 지능과 범죄의 관계가 지능이 높은 범죄자들은 도망가고 지능이 낮은 재치 없는 범죄자들만이 체포된 결과에 지나지 않는다는 주장을 반박했다.[156] 지능지수의 점수는 몇 점정도 변할 수는 있지만 이것이 일생동안 개인의 행동에 영향을 미치게 되고, 영양섭취, 교육, 사회경제적 지위, 가족, 기타 환경적 요소들은 개인의 행동에 거의 영향을 미치지 못한다는 것이다. 다시 말해, 저 지능이라는 인지적 약점이 범죄에 있어서 사회계층이나 가족과 같은 다른 요소들보다 직접적이고 강하며 중요하다는 것이다.

5) 지능과 범죄의 관련성에 대한 평가

지능과 범죄의 관계에 관한 최근의 많은 연구에 의하면, 지능지수 수준이 범죄행동에 미치는 영향은 무시해도 좋을 정도에 지나지 않는다. 미국의 심리협회 역시 지능지수와 범죄와의 연결 강도는 아주 낮다는 결론을 내렸다.[157] 또한 영국 케임브릿지 대학

---

155) Akers and Sellers, *op.cit.*, p.54.
156) Siegel, *op.cit.*, p.166
157) Siegel, *op.cit.*, p.166.

의 범죄연구소는 지능과 범죄 사이에는 확실히 무언가 관계가 있기는 하지만, 그 정도가 어느 정도 직접적인지 평가하기 어렵다고 결론을 내린다. 어떤 경우에 저지능과 범죄와의 관계는 어떤 제3의 요인들에 의해 유발될 가능성이 있을 정도로 지능은 범죄에 간접적인 영향을 미치는 요인에 지나지 않는다.

그리고 지능과 범죄의 관계에 대한 주장은 여러 가지 반론에 직면한다. 저 지능과 범죄의 관계를 주장한 위스트와 패링턴은 범죄기록이 없는 소년들 가운데에서 많은 소년들이 얼마간의 비행을 저지르지만 체포되지 않으며, 체포된 소년들 모두가 유죄판결을 받는 것도 아니라는 사실은 주목받을만하다. 이러한 결과는 지능이 낮은 소년들이 정상 수준의 지능을 가진 소년들 보다 더 많은 비행을 저지르는 것은 아니라는 사실을 지적하고 있는 것이다.[158] 다만, 지능이 낮은 소년들은 체포되기 쉬우며 자신에게 불리한 증거를 경찰에 제공할 가능성이 크기 때문일 수 있다. 영리한 비행소년은 경찰에게 잘 발각되지 않는다.

지능 검사를 이용하여 지능과 범죄성간의 관계를 주장하는 것을 반대하는 또 다른 이유는 지능검사가 선천적인 지능을 측정하는 것이 아니라는 사실이다. 지능검사의 결과는 피검자의 가정과 사회, 교육적·문화적 배경의 영향을 받기 마련이다. 미국 흑인의 경우에 지능검사는 문화적 편향의 산물이라는 주장으로 혼란을 겪고 있다. 흑인들의 지능이 낮게 나오는 것은 교육적·사회문화적 혜택을 받지 못하기 때문이라는 것이다. 실제로 미국에서 흑인은 저지능이고 따라서 범죄성향과 연관된다는 연구 결과도 있다. 젠슨(A. R. Jensen)에 의하면, 지능검사결과 흑인은 백인보다 평균 15점정도 낮은 점수를 기록하며, 이러한 차이는 적어도 80%가 환경적 요인보다는 유전에 의해 결정된다는 것이다.[159] 유사한 연구 결과는 이미 앞에서 살펴본 바와 같이 고든의 일탈행위 확산률 연구에서도 도출되었다. 그러나 인종에 따른 지능차이에 관한 문제는 많은 논쟁을 불러일으키고 있으며, 흑인청소년과 백인청소년 간 비행행위의 차이가 일관적으로 유의미하게 나타나는 것도 아니다. 비행에 대한 지능의 영향이 인종차별주의나 비민주적 정책을 내포하고 있다는 비판이 제기되고 있다.

범죄자들의 지능이 일반 시민들보다 낮다는 사실이 밝혀지고 있을지라도, 그것이 많은 유형의 범죄율 차이를 설명해주지는 못한다. 일반적으로 여성들보다 남성범죄자가

---

158) West and Farrington, *op.cit.*, pp.85-86.
159) Williams, *op.cit.*, p.242.

더 많다. 그러면 남성이 여성보다 지능이 더 낮다는 주장이 되는데, 남성이 여성보다 지능이 열등하다는 근거는 어디에도 없다. 또한 지능은 범죄율이 지역과 시기, 그리고 기후에 따라 차이가 생기는 이유를 설명해줄 수는 없으며, 지능은 나이가 들수록 높아지는 것이 아닌데도 노인들의 범죄율이 낮은 이유를 설명하지 못한다.

⑿ **각성이론**(arousal theory)

각성이론은 범죄의 동기부여 요인으로 스릴 추구와 연결시켜 연구하는 생물사회학적 이론이다. 이 이론의 본질은 환경적 자극에 대해서 다양한 유전적·환경적 이유로 인해 인간의 뇌는 사람에 따라서 다르게 반응한다는 것이다. 인간은 최적의 각성수준 또는 선호수준을 유지하려고 한다. 과도한 자극은 인간을 고통과 긴장으로 몰아넣고, 자극의 결핍은 인간을 지루하고 지치게 만들기 때문이다. 물론 인간의 뇌는 감각적인 투입을 처리하는 방식에 차이가 있다. 어떤 사람들은 환경의 무 자극에 대해서 거의 항상 편안하게 느끼고, 다른 사람들은 강도 높은 환경적 투입에 대해 쾌감을 느낀다. 후자는 공격적·폭력적 행동유형을 추구하는 자극 추구자(sensation seekers)이다.

인간의 각성수준을 결정하는 요인이 무엇인가에 대해서 의견이 일치하지는 않지만, 대체로 세로토닌 수준 같은 뇌화학과 뇌구조를 포함하는 것으로 추정되고 있다. 환경적 자극에 대해 많은 신경세포를 포함하는 뇌구조를 가진 사람은 웬만한 자극에도 민감하지만, 적은 뇌세포 구조를 가진 사람들은 정상적인 수준보다는 더 강도 높은 자극을 추구하는 감각 추구자들로서 대체로 범죄를 범할 가능성이 아주 높다.[160]

아이센크(Hans J. Eysenck)는 타고난 개인의 각성수준 차이가 환경적 자극에 대한 반응양상에 영향을 미친다는 생물학적 각성이론을 제시했다. 이 이론에 의하면, 각성수준이 낮은 외향성의 사람들은 항상 우울하고 세상이 무미건조하다고 생각하기 때문에 그들은 친사회적인 행동을 학습하기보다는 자극적이고 충동적인 범죄나 일탈행위 양상을 학습할 가능성이 높다는 것이다.[161] 엘리스(Lee Ellis)에 의하면, 각성수준이 낮은 사람들 중에 어떤 사람들은 범죄, 약물사용, 기타 일탈행위를 일삼는 경향이 높으며, 그들은 적정수준 이하의 각성수준을 보충하기 위해 모험적·자극적·충동적 행동에 빠지는 일반적 경향을 보인다.[162]

---

160) Siegel. *op.cit.*, p. 147.
161) Akers and Sellers, *op.cit.*, p.58.

5. 아이셍크의 성격 모형과 범죄

(1) 범죄행동에 대한 견해

1) 생물적 요인과 환경적 요인의 상호작용

범죄에 관한 아이셍크(Eysenck)의 이론은 오늘날 가장 영향력 있는 심리학적 관점 중의 하나이다. 특히 유전적 요인과 생물적 요인이 어떻게 범죄행동에 중요한 역할을 하는가를 설명한다는 점에서 관심이 집중되는 이론이다.

아이셍크는 범죄행동이란 어떤 환경적 조건과 신경 시스템의 특징사이의 상호작용의 결과라고 주장한다.[163] 따라서 포괄적인 범죄이론은 개인의 신경생리적인 특징과 특이한 사회화 과정의 역사를 조사해야 한다는 것이다. 아이셍크에 의하면, 빈곤, 불충분한 교육, 또는 실업과 같은 사회적 요인이 범죄의 원인이라고 주장하는 이론은 유전적 요인과 생물적 요인이 배타적으로 범죄의 유일한 원인이라고 주장하는 이론들과 마찬가지로 오류를 범하고 있다는 것이다. 범죄는 유전적 요인만으로 설명될 수 없듯이 환경적 요인만으로도 설명될 수 없다.[164] 환경적·신경생물학적 요인과 성격요인의 결합차이는 범죄유형의 차이를 초래한다. 이러한 주장은 성격차이가 다른 요인들보다 범죄에 더 민감하다는 점을 의미한다.

2) 신경시스템의 특이성과 범죄

오늘날의 다른 범죄이론과는 달리 아이셍크의 이론은 반사회적 행동과 범죄행동에 대한 유전적 성향을 강조한다.[165] 유전적 요인이 반사회적 행동과 범죄행동의 중요한 부분을 차지한다는 것이다. 범죄성 그 자체는 선천적인 것이 아니다. 범죄자는 타고나는 것이 아니라 일반사람들과는 유의하게 다르고 사회적 기대와 규칙에 순응하는 능력에 영향을 미치는 특이한 신경시스템을 가지고 타고난다. 범죄성향은 선천적이 아니라 어떤 범죄행동을 증가시키는 환경이나 많은 다른 환경적 요인에 반응하는 중추적이고 자율적인 신경시스템의 어떤 특성 때문이라는 것이다. 말하자면, 부모로부터 유전되는

---

162) *Ibid.*, p.58.

163) H. J. Eysenck, Personality and crime: Where do we stand? Psychology, Crime & Law, 2, 1996, 143-152.

164) H. J. Eysenck, The inequality of man, San Diego, CA:EDTTS Publishers, 1973, p.176.

165) *Ibid.*, p.146.

신경시스템의 특징이 범죄행동의 원인이 된다는 것이다. 개인의 신경시스템의 작동양상은 개인의 성격 특징만큼 특이하고, 어떤 신경시스템은 그 민감성, 반응성, 그리고 흥분성 때문에 범죄행동을 유발할 가능성이 더 높다.

아이셍크는 일련의 경험적 연구와 통계적 분석을 통하여 성격을 결정하는 네 가지 중요한 요인, 즉 일반지능(g: general intelligence)과 외향성(Extraversion), 신경증성향(Neutroticism), 정신병적 성향(Psychoticism)을 제시했다. 그러나 지능은 범죄원인 요인이지만, 우리가 생각하는 것보다는 그 영향이 그렇게 크지 않다.[166) 따라서 범죄와 성격에 관한 연구는 아이셍크 이론의 핵심개념인 외향성과 신경증성향에 초점이 맞추어지고 후에 정신병적 성향이 두 성격요인에 의해 설명할 수 없는 부분을 설명하기 위해 도입되었다.

(2) 아이셍크의 성격척도

1) 외향성(E 척도)

❶ 특 징

내향성/외향성 개념은 아이셍크에 의해 과학적인 심리측정 및 경험적 조사를 거쳐 하나의 성격모형으로 정립되었다. 외향인들은 사회적이고 충동적이며 낙천적이고 고도의 흥분추구와 다양하고 변화무쌍한 환경을 추구한다. 그들은 쉽게 화를 내고 공격적이며 신뢰성이 없다. 또한 사람사귀기를 좋아하고 파티를 즐기고 말이 많다.

외향인은 일상의 지루함에서 벗어나기 위한 흥분과 자극을 추구하는 높은 욕구를 가지고 있기 때문에 범법행위를 하기 아주 쉽다. 또한 충동적이고 쾌락 추구적이며, 스릴 추구적이므로 위험을 자초하는 일을 마다하지 않는다. 따라서 반사회적 행동을 할 기회에 과감히 도전한다. 브라질에서 범죄자를 대상으로 연구한 결과에 의하면, 외향인은 범죄를 범할 때 극적이고 강력한 총기를 사용하고 내향인은 칼과 같은 덜 극적인 무기를 사용하는 경향이 있는 것으로 밝혀졌다.[167)

한편, 내향성은 수줍어하고 조용하고 조심성이 많다. 감정을 엄격하게 통제하고 흥분, 변화 그리고 사회활동을 회피한다. 또한 신뢰성이 높고, 비공격적이며 윤리적 기준에 높은 가치를 둔다.

---

166) Bartol & Bartol, *op.cit.*, p.97.
167) Bartol & Bartol, *op.cit.*, p.99.

❷ 외향성-내향성의 생리학적 기초

외향성과 내향성의 차이는 중추신경시스템 속에 자리 잡고 있는 어떤 메카니즘의 유전적 차이 때문에 발생한다. 즉, 망상형 활동 시스템(reticular activating system:RAS)이라고 하는 뇌간의 중심부에 자리 잡고 있는 작지만 복잡한 신경세포망의 차이가 외향성과 내향성을 결정한다. RAS는 대뇌피질이라고 하는 뇌의 부분을 자각하게 하고 기민하게 하는 감시자로서 작동한다.

아이센크(Eysenck)에 의하면, 외향인과 내향인은 모두 일반사람들의 RAS와는 달리 특이한 방법으로 대뇌피질의 각성을 조절하는 RAS 유전인자를 소유하고 있다는 것이다. 외향인의 RAS는 대뇌피질의 각성상태를 효과적으로 조절하지 못하는 특성을 가지고 있다. 사실 외향인의 RAS는 자극이 대뇌피질에 도달하기 전에 자극의 각성특성과 외부자극의 충격을 감소시킨다.

한편, 내향인은 대뇌피질의 각성수준을 비교적 높게 유지함으로써 자극투입의 각성수준을 증폭시키는 RAS 유전인자를 소유하고 있다. 따라서 대뇌피질 각성수준이 저하된 외향인은 대뇌피질을 적절하게 각성시키기 위하여 추가적인 자극을 추구해야 하고, 반대로 내향인은 자극을 피하려고 한다. 외향인의 자극추구 욕구는 범법행위를 유발하기 쉽다. 아이센크는 범죄행동을 하는 대부분의 사람들이 대뇌피질의 저 각성상태에 있고 그들의 환경으로부터 자극이나 짜릿함을 얻으려는 강력한 추동을 가지고 있다. 그들은 고도의 자극을 수반하는 위험감수, 쾌락추구, 그리고 불법적 행동을 추구한다.

외향성/내향성 성격 개념은 범죄학에서 재범률 설명에 유용하다. 아주 세심하고 주의 깊은 성격을 의미하는 내향성은 사회규범의 학습능력이 뛰어나고 더 쉽게 적응하기 때문에 재범자가 되는 경우는 적다. 그러나 내향성은 사법기관에서 요구하는 법 준수 행동을 재빨리 배우지만, 마찬가지로 석방된 후에 반사회적 행동을 재학습하는 능력을 가지고 있다는 것이 문제로 지적된다.[168]

2) 신경증 척도(N척도)

❶ 특 징

신경증은 성격과 범죄사이의 관계를 분석하기 위한 유의한 변수이다. 정서성(emotionality)이라고 하는 신경증적 성격은 긴장에 대해 생리적으로 반응하는 선천적

---

168) Williams, *op.cit.*, p.175.

인 생물학적인 성향을 말한다.

신경증적 성격은 기본적으로 환경에 대한 정서적 반응의 강도를 처리하는 것과 관계가 있다. 신경증 척도에 있어서 고수준에 있는 사람은 긴장에 대해 강력하고 지속적으로 반응한다. 사실 고 수준의 신경증적 성격은 가벼운 자극에도 침울하고 과민하게 반응하며 두통, 요통, 그리고 위장장애 문제와 같은 다양한 육체적 고통을 호소하는 경우가 많다. 또한 긴장에 과잉반응하고 정상적이고 평상적인 상태로 돌아오기가 쉽지 않다. 아울러 공포증과 강박관념과 같은 신경과민적인 증상으로 발전하는 경향이 강하다.

신경증성 성향은 신경증성과 안정성(stability)을 양 극단으로 하는 연속선 상에 존재하고 양향성격(ambivert)이 존재하는 외향성 성향과는 달리 신경증 성향에는 양향성격이 존재하지 않는다.

❷ E척도와 N척도의 결합 성격유형

신경증성과 외향성 성격요인은 각각 연속선 상에 표시되어 직각으로 교차하게 만들고, 정신병증 성향은 독립된 연속선 상에 표시된다. 이러한 형태는 E척도와 N척도가 서로 교차하는 하나의 그림으로 나타내어진다. 따라서 아이센크의 성격유형은 E척도와 N척도의 결합으로 구성된다. 이러한 두 가지 차원의 결합에 의해 사회적 규칙에 대한 적응(조건화)과 관련된 계층구조를 제시한다.[169] ① 안정적·내향적 성격(N낮음, E낮음) : 사회적 규칙에 쉽게 적응한다. ② 안정적·외향성 성격(N낮음, E높음)과 신경성적·내향적 성격(N높음, E낮음) : 사회적 학습에 순응적이지는 않지만, 큰 어려움을 겪지는 않는다. ③ 신경증적·외향성 성격(N높음, E높음) : 사회학습에 큰 어려움을 경험한다. 그러나 대부분의 사람들은 성격 연속선의 양극단에 떨어지지 않고 중간영역에 해당된다.

한 개인의 성격 차원의 조합은 범죄행위를 하지 않는 학습능력에 영향을 미치며, 따라서 범죄행위의 정도에 영향을 미친다. 신경질적이고 외향적인 사람(신경성과 외향성의 결합)은 자극에 대한 불안감으로 인해 범죄행위를 할 가능성이 높고 반대로 내향적이고 신경질의 정도가 낮은 사람은 자극에 대한 반응이 안정적이어서 범죄행위를 범할 가능성은 극히 낮다.

---

169) Eysenck(a), *op.cit.*, pp.80-100.

3) 정신병적 성향(Psychoticism: P)

아이젱크는 외향성/신경증적 성격차원을 제시한 이후 정신병적 성향이라고 하는 제 3의 성격차원을 제시했다. 정신병적 성향은 강인한 마음(tough-mindedness)과 허약하고 상처받기 쉬운 마음(tender-mindedness)을 양극단으로 하는 연속선 상에 존재하고, 중간영역인 양향성향은 존재하지 않는다. 정신병적 성향은 유전적으로 공격적이고, 냉담하며, 비인간적 성격을 가지고 태어나는 것으로 밝혀져 정신병질적 차원으로 언급된다.[170] 이상심리학에서 말하는 정신병과 어느 정도는 유사하지만, 정상적인 성격에서 벗어난 다양한 성격형태로 보기 때문에 우리가 일반적으로 생각하는 정신병과는 차이가 있다. 즉, 정신병적 성격은 현실과 괴리되어 있다는 임상의학적 의미의 정신이상자와는 명백히 구분된다.[171]

아이젱크에 의하면, 신경전달 물질인 저 수준의 세로토닌 및 모노아민과 결합된 고 수준의 테스토스테론은 정신병적 성격 형성에 유의한 영향을 미친다는 것이다. 신경전달물질인 세로토닌은 하나의 신경세포로부터 다른 신경세포에 정보를 전달하는 화학물질이다.[172]

정신병증은 제1차적 사이코패스에 아주 유사하다. 아이젱크의 정신병적 성향에서 높은 점수를 받은 사람들은 11가지의 성향을 가진다. 그들은 고독, 주의력 결핍, 냉혹성, 비인간성, 현실 둔감성, 비사회성, 선정성 추구(sensation seeking), 타인에 대한 적대감과 공격성, 사회적 관습에 대한 저항, 괴팍하고 기묘한 성격, 위험에 대한 무감각성 등의 성향을 가진다.[173]또한 다른 사람들에 대해 적대적이고 속이고 비웃는 것을 즐긴다.[174]

정신병증 차원은 외향성/신경성 차원만큼 연구자들의 관심을 받지 못했지만, 정신병증 성격은 범죄자들의 현저한 특징을 증명하는 성격차원이다. 정신병증 성격은 특히 폭력범죄로 기소된 치유불가능하고 상습적인 범죄자에 나타나는 현저한 특징이다.[175] 특히 신경증적 성격과는 달리 정신병증 성격은 아동으로부터 청소년 그리고 성인에 이

---

170) Eysenck(b), Personality theory and the Problem of Criminality, in B.J. McGurk, D.M. Thonton and M. Williams(eds), Applying Psychology to Impersonment, London: HMSO, 1987, pp. 50-70.
171) Bartol & Bartol, *op.cit.*, p.104.
172) Eysenck, *op.cit.*, 1996, p.147-148.
173) 조현춘 외 공역, 앞의 책, pp.235-236.
174) Bartol & Bartol, *op.cit.*, p.104.
175) *Ibid.*, p.105.

르기 까지 모든 연령대에 나타는 성격유형이라는 점에서 중요한 의미를 가진다.

정신병증 성향은 일반적으로 여자보다는 남자에게서 많이 나타나며, 유전적이라는 주장이 많고, 범죄자들에게서, 특히 성범죄나 폭력적인 범죄로 수감된 사람들에게서 더 현저하다. 정신병증 성향이 높으면 높을수록 권위에 대한 태도와 행동은 더 부정적이다. 아이셍크는 정신병증 척도상의 점수가 높을수록 범죄성향이 높다고 주장한다. 이러한 주장은 다른 연구에서도 지지를 받는다.

경험적 연구는 정신병증 성향을 가진 사람들의 공격적 성향을 입증한다. 600명 이상의 남녀를 대상으로 EPQ(Eysenck Personality Questionaire)와 TV리모콘을 사용하는 방식으로 측정한 결과, 정신병증 성향이 높은 사람들은 이러한 장치에 대해 타인을 조종하는 능력으로서 지각하고 있었다. 즉, 그들은 이러한 장치를 타인의 의지를 제압하는 공격적인 도구로 사용하는 도발적인 행동양상을 보여주었다. 정신병증 성향은 정맥주사에 의한 약물투여, 무방비의 항문성교, 양성애자와 난잡한 성적 접촉, 그리고 여러 파트너와의 난잡한 성관계를 포함하는 위험한 성 경험에 몰두하는 것과 상관관계가 있었다.[176]

정신병증 성향은 불법약물남용 경력과도 관련이 많다는 연구결과가 있다. ① 아이슬란드의 약물 의존 범죄자와 약물의존이 아닌 범죄자를 대상으로 한 연구에서, 약물의존성이 있는 범죄자들이 EPQ 정신병증 성향척도에서 더 높은 점수를 나타냈다. ② 사우디아라비아의 한 연구에서 약물 중독자 중 자발적인 환자나 자발적이지 않은 환자들을 비교한 바, 자발적이지 않은 환자가 정신병증 성향이 강한 것으로 나타났다.[177]따라서 경험적인 연구에 의하면, 정신병증 성향에서 높은 점수는 많은 비정상적인 행동 및 심리적인 장애와 명백하게 관련되어 있는 것으로 입증되었다.

(3) 아이셍크 이론의 검증

아이셍크의 범죄이론은 하나의 집단으로서의 범죄자들이 낮은 대뇌피질 각성수준(높은 외향성), 높은 자율신경 각성수준(높은 신경성)증상을 보이고, 또한 높은 정신병증 성격 상태에 있을 것이라고 예측한다. 간단히 말해, 범죄자들은 아이셍크의 성격측정표 (EPQ-R)상의 척도와 관련 E척도와 N척도 그리고 P척도 모두에 걸쳐 높은 점수를 받게

---

176) 조현춘외 공역, 앞의 책., p.236.
177) 앞의 책., p.236.

된다. 그리고 이러한 차원은 범죄와 인과적으로 관련될 정도로 단순 상관관계 그 이상이다.[178]

EPQ-R은 아주 좋게 보이려고 하는 것을 측정하는 위선이라고 부르는 거짓말 척도(L)를 포함하는 데 이 척도는 사회적 기대에 대해 반응하는 안정적인 성격 차원에 해당된다. 낮은 L점수는 행위자가 사회적 기대에 냉담하고 사회화되지 못한다는 것을 의미한다. 따라서 범죄성향을 가지 사람은 E · N · P척도 상의 높은 점수를 기록하고 또한 L척도상의 낮은 점수를 보여준다.

전반적으로 최근의 연구에 의하면, 일탈행동과 범죄행동을 범하기 쉬운 사람은 P척도상의 높은 점수를 기록하는 것으로 밝혀졌다.[179] 또한 높은 점수를 기록한 사람들은 냉혹성, 적대감, 공격성, 그리고 타인에 대한 비인간성을 가진 것으로 특징지어진다. 헤븐(Heaven) 등에 의하면, P척도는 모든 종류의 일탈행동을 범하기 쉬운 청소년들의 확인에 효과적이며, 성인들의 심각한 범죄행동을 확인하는데도 효과적이다.[180] 특히 P척도는 성 범죄와 폭력범죄를 범하는 사람들을 예측하는 데 효과적이지만, 절도, 기물손괴 또는 여타 재산범죄와 같은 비폭력적인 범죄의 예측에는 효과적이지 못하다.

신경증적 성향은 P척도만큼 강력하지는 않지만, 일반적으로 범죄행동과 유의한 관계를 보여준다. 특히 심각한 범죄의 예측에 효과적이며 재범률의 예측에도 어느 정도 효과적이다.[181]

그러나 E척도는 몇몇 연구에서 범죄와의 약한 상관성을 발견하는 정도에 지나지 않아 그 효과성이 상당히 의심스럽다. 그러나 아이젱크는 수형자들이 E척노의 부분을 구성하고 있는 사회활동 질문에 제대로 답변할 수 없다는 점을 지적한다. 그는 역시 자신의 이론을 발표하면서 외향성 성격이 모든 범죄에 똑같이 상관관계를 보여주지 않을 가능성이 있다는 점을 인정하고, 상습범 같은 범죄자들은 수형생활의 영향으로 내향성

---

178) Bartol & Bartol, *op.cit.*, p.108.

179) J. s. Walker & G. H. Gudjonsson, The Maudsley Violence Questionnaire: Relationship to personality and self-reported offending, Personality and Individual Differences, 40, 2006, 795-806.

180) P. C. L. Heaven, K. Newbury & V. Wilson, The Eysenck psychoticism dimension and delinquent behaviors among non-criminals: Changes across the lifespan? Personality and Individual Differences, 36, 2004, 1817-1825.

181) E. M. Cale, A quantitative review of the relational between the "Big 3" higher order personality dimensions and antisocial behavior, Journal of Research in Personality, 40, 2006, 250-284.

경향을 보여줄 가능성이 높다고 주장한 바 있다.[182] 특히 많은 살인범과 성 범죄자들은 수형생활의 학습효과로 인해 강력한 내향성 성향을 보여준다. 따라서 연구자들이 외향성 척도를 사용할 경우에 범죄자 유형을 구분하여 연구할 필요가 있다. 또한 P와 N척도에 비교할 때, E척도는 응답자의 나이와 성과 같은 요인에 의해 더 강하게 영향을 받는다.

L척도상의 낮은 점수는 특히 여성의 경우에 일탈행동과 범죄를 범하기 쉬운 응답자를 확인할 수 있는 지표가 된다. 그러나 대부분의 연구는 L척도를 변수로 포함시키는데 성공하지 못하여 그 범죄예측 능력을 평가하기는 어렵다.

6. 현대 생물학적 범죄이론의 한계

현대의 신 생물학적 이론은 경험적으로 거의 지지를 받지 못한다. 생물학적 이론이 강도, 살인, 또는 강간과 같은 폭력범죄를 설명한다면, 공식적인 통계치가 보여주듯이 빈곤층과 소수집단의 사람들이 폭력 범죄자의 대부분을 차지한다는 사실로 인해, 이 집단들의 사람들은 생물학적으로 다르고 결점이 있거나 열등한 때문이라고 분석될 수 밖에 없다.[183]

범죄율의 지리적, 사회적, 시간적 패턴에 대한 범죄생물학적 설명 역시 문제가 많다. 특정지역에 범죄가 많이 발생한다면, 그 지역의 사람들이 생물학적으로 문제가 많은 사람들의 소질을 가지고 있기 때문이라는 설명이 가능하다. 이에 대해 그 지역의 사람들은 즉시 반발하고 또한 다른 학자들 역시 설명이 편견의 소산이라고 비판한다.

생물사회적 이론에 대한 가장 유의한 비판은 경험적 검증의 적절성이 결여되어 있다는 점이다. 대부분의 생물사회적 연구는 표본 크기가 작고 대표성이 적은 재소자들을 표본으로 실증적 연구를 했기 때문에 유죄판결을 받은 범죄자들에게만 적용 가능한 이론인지 전체적인 모든 범죄자들에게 적용 가능한 이론인지 명백한 구분을 어렵게 한다.[184] 표본은 주로 재소자나 수용된 비행소년, 또는 전과자들을 대상으로 하기 때문에

---

182) H. J. Eysenck, Readings in extroversion-introversion, vol.2, Fields of application, New York: Wieley-Interscience, 1971, p.289.

183) Siegel, *op.cit.*, P.151.

184) Glenn Walters and Thomas White, Heredity and Crime: Bad Genes or Bad Research, Criminology 27, 1989, p.478.

개인의 사생활이나 인권침해 문제로 접근이 어려우며, 또한 대상들이 조사에 대한 응답을 회피하거나 거부할 경우에 표본의 신뢰성을 확보하기조차 어렵다는 문제가 있다.

월터스와 화이트(Glenn Walters & Thomas W. White)는 범죄행위의 유전성에 관한 연구들을 검토한 결과, 가족연구, 쌍둥이 연구, 입양아 연구, 유전-환경의 상호작용 연구 모두 범죄성의 측정, 표본크기, 표집편향, 통계적 분석방법, 일반화 등에 있어서 심각한 방법론적 결함을 보이고 있다고 지적하고 있다. 그들은 유전적 요인과 일부 범죄행위 간에는 연관이 있다고 믿었으나 경험적 연구들의 방법론적 한계로 인해 생물학적 요인과 범죄성의 인과적 추론은 신중하게 이루어져야 한다는 것이다.[185]

범죄생물학은 인간의 범죄성이 타고난 운명적 특질이라는 전제에 의해 형사정책적으로 비인간적인 정책제안을 함으로써 비인간적이고 비윤리적이라는 비판을 면치 못한다. 인간의 생물적 특질 결정론은 형벌 정책이나 심리적 상담 또는 사회교화 프로그램에 의해 범죄를 예방하거나 억제하기 어렵다는 정책적인 문제를 제기한다. 결과적으로 뇌나 호르몬, 또는 생화학적 기능을 수정하는 아주 특별한 의료적, 화학적, 또는 외과적 치료 프로그램이나 범죄 소질자를 사회와 아주 격리하거나 거세하는 정책을 검토하게 만들었다.

후튼(Earnest Hooten)은 생물학적으로 열등한 범죄인들을 사회의 나머지로부터 격리시키는 선택적 번식과 대규모의 자치적인 범죄자 거주지를 제안하였다.[186]후튼과 유사한 정책적 제안은 보다 최근에 테일러(Terence Taylor)에 의하여 제기되었다. 그는 유전학적으로 범죄성향이 있다고 진단된 사람늘에 대한 격리, 화학약품의 복용, 뇌수술 및 새 유전자 삽입을 통하여 그들의 생활에 관여하는 프로그램이 필요하다고 주장하고, 또한 열등 유전자의 번식을 막기 위해 불임과 낙태를 통하여 번식과정에 개입하는 정책의 필요성을 제안했다.[187] 사실 1950년대부터 1970년대 후반까지 소수의 폭력범들에게 뇌수술, 물리적·화학적 거세와 같은 다양한 의료적 처리가 이루어지기도 했다. 또한 형사법체계는 식이요법, 조명의 변화, 학습무능력의 보완, 알러지 치료, 그리고 기분전환 화학약품의 사용과 같은 프로그램도 운영했다.[188] 그러나 그 효과는 소수의 개인들에게만 효과가 있었고, 전체적 효과성은 입증되지 않았다.

---

185) *Ibid.,*
186) Akers & Sellers, *op.cit.*, p.65.
187) *Ibid.*, p.65.
188) Siegel, *op.cit.*, p.166.

　이처럼 생물학적 범죄이론은 형사정책적인 측면에서 한계에 직면할 수 있다. 모이어 (Kenneth Moyer)를 비롯한 범죄학자들은 범죄행동이 유전자를 통해 직접적으로 유전되거나 유전적 이상에 의해 야기된다고 가정하지 않는다.[189] 최근의 범죄생물학 이론가들은 식이요법, 유전학적 상담 및 약물요법 그리고 학교 또는 지역사회 프로그램에 찬성하는 반면 후튼 등에 의하여 제안된 공격적인 정책에 반대한다.

---

189) Akers & Sellers, *op.cit.*, pp.65-66.

제4장 범죄심리학

제1절 정신분석학적 접근

1. 프로이드의 정신분석학

(1) 기본가설

정신분석학 이론들이 기초하고 있는 가설은 심적 결정론 혹은 인과론이다. 인간의 행위는 어떤 원인이 없이는 발생하지 않는다. 인간은 비록 의식하지 못할지라도 이미 마음속에 행위에 대한 원인이 자리 잡고 있기 때문에 발생한다. 또 하나의 가설은 인간의 행위가 정상적이든 비정상적이든 무의식에 의해 지배되는 경우가 더 빈번하고 유의미하다는 주장이다.[190] 인간 행위의 무의식적 결정론은 프로이드(Sigmund Freud)가 발견한 인간 정신구조 분석의 핵심이다.

1) 심적 결정론

심적 결정론은 마음에서도 물리적 세계와 마찬가지로 모든 현상이 우연하게 발생하는 것이 아니고 선행하는 일이나 생각이라는 원인요인에 의해 결정된다는 것이다. 인간의 행동은 단지 외형상 구체적인 원인을 바로 확인하거나 기억하지 못할 뿐 원인이 되는 선행사상은 반드시 존재한다. 심적 결정론은 인간의 심리를 연구하기 위한 하나의 기초이고 대 전제이다.

프로이드 이전에 많은 정신장애에 대한 해명이 불가능하거나 초자연적인 힘의 작용으로 간주되어 과학적인 접근과 치료를 포기했던 것을 생각하면 그의 심적 결정론은

---

190) 민경환, 성격심리학, 법문사, 2005, 77쪽.

정신분석학의 중요한 태도의 전환을 의미한다. 그가 특히 관심을 갖고 인과론적으로 해명하려고 노력했던 우발적이거나 불가사의하게 보이는 심적 현상들 중에는 말실수, 꿈, 신경증상 등이 있다.

2) 무의식적 결정론

무의식이 행위를 결정한다는 무의식 결정론은 프로이드 정신분석학의 핵심이다. 인간은 행위를 하면서 심리적으로 정확하게 그 원인을 인식하지 못하면서 행동하는 경우가 많다. 그러나 그 원인은 심리적인 무의식 세계 속에 자리 잡고 있기 때문에 행동의 선행원인이 없는 비연속성을 경험하게 된다. 그러나 무의식 속에 자리 잡고 있는 그 원인이 확인되면 심리적인 불연속 현상은 해소된다. 정신장애나 정신병의 치료는 이러한 무의식적 원인을 찾는 정신분석에 의존한다.

(2) 마음의 모형

1) 에너지 모형

프로이드 이론은 인간이 에너지 체계로 구성되어 있다는 것을 기초로 한다. 이 에너지는 신경생리적 흥분상태에서 비롯되는 추동(drives)을 의미한다. 추동은 이러한 신경생리적 흥분이 소망의 형태로 마음속에 표상된 것으로서 충족되어야 할 절박한 기본적인 욕구를 의미한다. 프로이드는 처음에 추동을 성적추동과 자기보존적 추동으로 구분하였으나 곧 모든 본능적 에너지는 성적 추동의 일부이거나 이로부터 파생된다고 규정했다.[191] 그 후 1차 세계대전을 거치면서 인간의 잔인성과 파괴적 행위를 목격한 후 공격적 추동을 추가한다. 따라서 인간의 정신적 에너지는 성적 추동과 공격적 추동으로 이루어진다. 프로이드는 성적 추동을 삶의 추동으로, 공격적 추동을 죽음의 추동이라고 부르기도 했는데 대체로 경험적 증거는 불확실하다.

프로이드가 말하는 추동은 흔히 본능으로 잘못 이해되기도 하나 하등동물에서 말하는 본능과는 구별되어야 한다. 본능은 특정한 자극에 대해 일정한 방식으로 반응하는 생득적 능력 또는 생득적 필요성을 의미한다. 중추신경계를 가진 동물의 본능은 자극, 일종의 중추흥분, 그리고 미리 정해진 방식을 따르는 운동반응으로 이루어져 있다. 반

---

191) 앞의 책, pp.78-79.

면에 추동은 운동반응이 아니고 자극에 대한 반응으로서의 중추신경계의 흥분상태를 말한다. 이 흥분상태에 의해서 일어나는 운동은 정신분석학에서 에고(ego)로 알려진 마음의 부분에 의해서 통제된다. 그러므로 정해진 패턴을 따르는 행동을 산출하는 본능과 달리 추동은 경험과 반성에 의해서 행동이 수정될 수 있음을 내포하고 있다.

프로이드는 정상적이건 비정상적이건 우리가 관찰할 수 있는 모든 본능적 표현에 성적·공격적 추동이 함께 포함되어 있다고 본다. 공격적인 추동에 의한 잔혹한 범죄행위도 어느 정도의 무의식적인 성적 의미가 포함되어 있으며, 아무리 부드러운 애정행위에도 무의식적이지만 공격적인 추동이 내포되어 있다.

이 두 가지 추동에는 모두 심적 에너지가 따르는데, 성적 추동에 따르는 에너지는 리비도(*Libido*)이며, 공격적 추동에 따르는 심적 에너지는 이름이 없으며 필요할 때 공격적 에너지로 불릴 따름이다. 프로이드는 심적 에너지가 어떤 대상에 부착된다는 표현을 쓰곤 하는데, 이것은 심적 에너지가 외부로 나와서 상대방에게 영향을 미치는 것이 아니라 상대방에 대한 여러 가지 기억이나 사고, 공상들로 존재하는 것을 의미한다.[192] 즉, 남자가 남몰래 미치도록 짝사랑하는 여자로 인해 상사병에 빠진다든지, 죽이고 싶도록 미운 놈에 대해 상상적인 살인이나 폭행을 하는 공상에 빠지는 것이 바로 심적 에너지의 부착에 해당한다. 또는 우연한 인연으로 만난 자가 가면을 쓰고 계속 음해하고 방해하는 경우에 그와 그 가족에 대한 저주를 하는 것 역시 심적 에너지의 부착 현상이다. 그러나 그러한 부착은 그의 행동에 의해서 현실화된다면 범죄행위가 되지만, 그의 행동이 아니라 벼락을 맞는다든지, 병들어 죽는다든지, 다른 사람에 의해 살해되는 것과 같이 다른 사건으로 인해서 현실화된다면 범죄행위는 아니다. 물론 종교적인 차원에서는 죄악이 될 수 있을 것이다.

심적 에너지를 본래의 대상에게 방출할 수 없는 경우, 그 대안으로서 다른 대상을 찾아 에너지를 방출하는 전위(displacement)가 일어난다. 프로이드는 수많은 사회심리적 현상들을 성적 추동과 공격적 추동의 전위로 설명할 수 있다고 주장한다. 즉, 인종편견이나 전쟁은 공격적 추동의 전위이며, 폭력이나 선정적 예술은 성적·공격적 추동의 전위에 해당한다. 사람들은 추동이 직접적이고 즉각적인 충족을 얻지 못할 때 이러한 본능적 에너지를 다른 가능한 사람, 사물, 행동에 전위시켜서 방출하는 것을 배우게 되며, 그 결과로 예술, 종교, 정치, 경제, 스포츠 등이 생겨난다.

---

192) 앞의 책., p.80.

2) 무의식의 특징

프로이드는 초기에 인간의 마음이 의식, 전의식, 무의식으로 이루어져 있다고 생각하고 특히 인간행위에 있어서 무의식의 작용을 강조하였다.

프로이드는 인간의 마음을 일종의 지도의 형태로 개념화하였다. 의식영역은 개인이 어느 한 순간에 마음에 떠오르는 감각, 지각, 경험, 기억 등으로 구성되어 있으며, 무의식 영역은 과거의 경험이나 기억 등과는 무관하지 않지만 그것보다는 인간의 욕구나 충동들이 숨어있는 깊고 접근 불가능한 하나의 창고와 같은 곳으로 규정한다.[193] 인간은 그것들의 존재를 의식하지 못하지만, 이 충동들은 표출되려하며, 행동을 결정하는 능동적 요인이 된다. 대체로 다른 사람들에게 공개적으로 표출할 수 없는 좌절감이나 분노, 그로 인한 공격적 충동은 무의식 속에 내재하고 있다 우연한 계기로 인해 폭발한다면, 이는 대부분 무의식의 작용이다.

프로이드는 의식의 영역이란 정신생활의 작은 부분에 지나지 않고 거의 대부분의 영역이 무의식의 영역이라고 보았다. 아울러 전의식 영역이 존재하는데 이는 인간의 마음속에 기억된 자료들이 즉시 의식적으로 떠오르지는 않지만, 무슨 단서나 조금만 집중하고 노력하면 의식영역으로 끄집어낼 수 있는 영역을 의미한다. 무의식의 세계에는 윤리적으로 또는 현실적인 인간관계의 역학으로 인해 표출하지 못하는 충동, 격정, 억압된 사상 및 감정이 자리잡고 있어서 어떤 보복의 기회나 막다른 궁지에 몰렸을 때에는 언제든지 행동으로 나타날 수 있다. 주로 복수심에 의한 폭력성 범죄나 폭력행위는 과거에 억압된 감정이나 충동의 폭발 결과이다. 조직의 냉담한 상사에 대한 복수나 힘 있는 동료나 친구에 대한 복수는 즉시 행동으로 나타나지 못하고 억압상태에 있다 어느 날 우연한 일로 폭발하게 되는데 이는 전형적인 무의식의 작용이다.

의식은 현재 느끼고 인식하는 정신내용으로서 다른 영역보다 비교적 좁다. 의식은 외부의 자극에 의해서 생겨나고 변하기도 하지만, 때로는 무의식이나 전의식 속에 잠재해 있던 내용들이 어떤 자극으로 인해 의식의 세계로 들어오게 되기도 한다. 정신내용의 대부분을 차지하고 있는 무의식은 통일성이 적고 유치하며 원시적이어서 지적인 면이 없고 너무나 정서적·본능적인 경향이 강하다. 그것은 의식속에 있다가 억압당해서 무의식화한 것도 있고, 또 하나는 절대로 의식될 수 없고 또 되지 않았던 무의식의

---

193) Jerry Phares, Introduction to Personality, 홍숙기 역, 박영사, 2003, pp.58-59.

저변에 존재하는 것이다. 비정상적인 행위를 하는 사람들은 의식적으로 그 행위의 원인을 인지하지 못하지만, 그들의 성장과정속에서 각자에게 영향을 미친 충격이나 억압과 좌절, 공포와 관련된 무의식에 의해 그러한 행위를 하게 된다.

그러나 프로이드는 의식과 무의식의 관념들이 히스테리 환자들에게는 잘 들어맞지만, 망상증이나 죄책감에 짓눌리는 환자들은 설명해 주지 못한다는 것이다. 그는 인간의 정신구조를 더욱 발전시켜 이드, 자아, 초자아의 세 가지 구조로 나눈다.

(3) 인간의 성격구조

1) 원 본능(Id)

이드는 가장 기본적이며 태어날 때부터 존재하는 성격 구조로서 심적 에너지인 리비도의 저장고이기도 하다. 그것은 원시적이고 억제되지 않고 합리적 통제가 결여되어 있으므로 모든 충동의 즉각적인 만족과 긴장의 즉각적인 표출을 추구한다. 또한 인간의 마음속 깊이 존재하는 접근이 불가능한 하나의 정신 창고이다. 이드 안에는 본능적 충동들, 특히 성적·공격적 본능들이 그 중심을 이룬다. 이드에는 가치, 윤리, 논리가 없다. 그것의 존재이유는 본능들의 즉각적이고 방해없는 충족이다[194].

이드는 쾌락만이 좋은 것이고, 다른 아무 것도 상관없다는 쾌락원칙에 의해 지배된다. 이드를 지배하는 목표는 분기(憤氣)가 없는 상태, 즉 그것이 불가능하다면 분기의 수준을 최저화하는 것이다. 분기는 욕망의 좌절로 인한 불쾌를 말하는 것으로 욕망을 성취하고 쾌락을 얻기 위해서는 어린이가 배뇨를 함으로써 긴장을 해소하는 것과 같은 1차과정을 거쳐야 한다.

1차과정은 이드가 과거에 기본적인 욕구의 충족과 연합되었던 대상의 심상을 형성함으로써 긴장을 감소시키는 방책이다.[195] 1차과정은 욕망이 발동하면 그 즉시 욕망이 충족되어야 쾌락의 상태에 도달하고 긴장이 해소된다는 것을 의미한다. 어린이가 어른의 말보다는 자신의 요구사항이 즉시 충족되어야 쾌락을 느끼고, 성인의 성욕은 성행위에 의해서 쾌락을 가져오고, 긴장이 해소되는 것과 같다. 인간은 욕망적 충동을 만족시킬 대상을 얻지 못하면 일종의 환각상태에 빠지게 되는데, 그러한 환각은 꿈으로 나

---

194) Lawrence A. Pervin, Personality: Theory, Assessment, and Research, John Wiley & Sons, Inc. 1975, p. 158.

195) 홍숙기 역, 앞의 책, p.61.

타난다.

꿈과 정신병자의 환각은 욕구충족을 위한 1차과정 에 대한 좋은 실례이다. 꿈에서는 현실과 논리가 사라지고 기상천외의 모순된 사건들이 일어난다. 미워하는 사람을 주먹으로 시원하게 두들겨 주거나 좋아하는 연인과 달콤한 사랑을 나누는 것 등이 꿈의 1차과정이다. 그러나 꿈과 환각이 욕구를 완전히 충족시켜주지는 못한다.[196]

1차과정은 충동을 통제하지 못하고 현실과 비현실을 구별하지 못하는 비논리적이고 비합리적이며 공상적인 사고의 형태이다. 1차과정에만 의존하고 외부의 현실을 무시하면 인간은 죽음에 이를 수밖에 없다. 그러므로 즉각적인 욕구충족을 요구하는 유아에게 가장 중요한 과제는 기본적 욕구의 충족을 지연시키는 것을 배우게 하는 것이다. 이러한 능력은 유아가 자신의 욕구나 충동과는 별개로 외부 세계가 존재한다는 인식을 갖게 될 때 나타나며, 이러한 인식이 발달함에 따라서 마음의 두 번째 구조인 자아가 출현한다.

2) 자아(Ego)

자아는 이드의 욕구를 외부세계의 제약을 고려하면서 표현하고 충족시키려는 마음의 조직적 · 합리적 · 현실지향적인 구조이다.[197]그러므로 자아는 성격의 집행기관 혹은 경영자에 해당한다. 그러나 자아는 이드로부터 분화되어 형성되었으며 이드로부터 에너지를 빌어서 기능을 수행한다. 그러므로 자아는 이드 위에 군림하면서 통제하는 상급구조가 아니라 이드의 요구가 현실속에서 실현되도록 열심히 일하는 봉사자에 해당한다. 프로이드에 의하면, 자아의 분화는 생후 6~8개월 이내에 시작되며 그 후에도 성장과 변화가 이루어지기는 하나 대략 2~3세 까지는 어느 정도 확립된다.[198]

자아는 적당한 대상과 방법이 발견될 때까지 본능적 충동들의 충족을 지연시킨다는 점에서 현실원칙에 따라 작용한다. 현실원칙은 이드의 원시적인 에너지를 사회적 제약과 양심의 한계 내에서 억제하고 다시 방향 짓고 서서히 방출하는 것을 가능하게 해준다. 성적 추동의 표현은 적절한 대상과 환경상황이 가능할 때까지 연기된다.

자아는 현실과 환상을 구분하고, 어느 정도의 긴장을 허용하고, 새로운 경험에 의해

---

196) 위의 책.,
197) Pervin, *Ibid.,*
198) 민경환, 앞의 책, p.84.

변화하며, 합리적인 인지적 활동에 종사한다. 프로이드는 자아의 합리적인 사고과정을 2차과정이라고 불렀는데, 2차과정의 결과로서 자아는 자신이나 타인의 안전을 위험에 빠뜨림 없이 본능적 욕구를 충족시키는 적절한 경로의 행동을 수립할 수 있다. 정신분석 치료의 주요 목표는 자아의 에너지의 일부를 해방시켜 보다 높은 수준의 문제해결에 활용할 수 있도록 하는 것이다.

3) 초자아

성격의 세 번째 구조는 초자아로서 인간의 도덕성, 윤리성, 이상, 양심. 규범성과 관련있는 정신기능의 하나이다. 초자아는 태어날 때부터 존재하는 것이 아니라 자아로부터 분화되고 이드로부터 에너지를 제공받는다. 프로이드에 따르면, 초자아의 분화는 5~6세까지는 별다른 변화가 없으나 10~11세에 이르러서야 확립이 된다고 한다. 초자아는 부모에 대한 긴 의존시기의 결과로서 형성되는데 처음에는 옳고 그른 것에 대한 부모의 기대만을 반영하지만, 아이의 사회적 세계가 학교, 종교 및 또래 집단 등으로 확대됨에 따라 이들 집단의 가치관을 흡수하며 확대된다.[199]

초자아는 양심과 자아이상(ego-ideal)의 두 하위체제로 나누어진다. 양심은 잘못된 행동에 대한 처벌을 통하여 형성된 것으로 초자아의 처벌적 측면, 즉 죄책감이나 도덕적 금지 등을 의미한다. 반대로 자아이상은 잘한 행동에 대한 칭찬이나 수용을 통하여 형성되며 초자아의 보상적 측면, 즉 자존감과 자부심을 의미한다. 초자아가 형성됨으로써 자아의 임무는 더욱 복잡해진다. 자아는 이제 이드의 욕구를 충족시키는데 외적 현실뿐만 아니라 초자아의 도덕적 감시까지 고려해야 한다.

다음과 같은 회화적 표현은 원본능, 자아, 그리고 초자아의 기능과 관계를 잘 표현해 주고 있다는 측면에서 음미할만한 가치가 있다.

> "성에 주린 쾌락주의자(이드), 검은 정장의 청교도 목사(초자아), 유머감각이라고는 전혀 없는 컴퓨터 과학자(자아)를 쇠사슬로 서로 연결하여 세상에 풀어 놓았다. 이는 프로이드가 성격에 관하여 우리에게 보여 주고자 한 바를 대략 그려볼 수 있다. 서로 사슬로 연결되어 있으므로 이드, 자아, 초자아는 서로 독자적인 길을 가려고 할 수 없다. 서로 서로에게 적응하는 길밖에 없다. 그리고 좋든 나쁘든 그 결과가 성인의 성격이다".[200]

---

199) 위의 책, p.85.

200) J. Geiwitz and J. Moursund, Approsches to Personality: An introduction to people, Monterey, Calif: Brooks/Cole, 1979. p.27.

(4) 정신분석과 범죄성

정신분석학적 이론가들은 범죄행동을 범죄자가 실제로 자각하지 못하는 어떤 정신적 갈등, 즉 무의식속에 잠재하는 갈등의 결과라고 주장한다. 더욱이 이러한 갈등은 이성(ego)과 양심(super ego)의 요구와 본능(id)의 요구 사이의 내부갈등상태로서 항상 인간의 마음속에 존재한다는 것이다. 모든 사람은 이러한 갈등을 경험하지만, 본능을 제대로 통제하는 사람도 있고 본능에 따라 행동하는 사람도 있다. 본능에 따른 행동은 사회적으로 허용되지 않는 사고를 하고 행동을 야기할 수 있다. 범죄는 인간의 내부갈등을 사회적으로 허용되지 않는 방법으로 해소하려고 할 경우에 발생한다. 범죄는 질병의 외적 표출신호이거나 정신적 갈등에 대한 문제성 있는 해소 결과중의 어느 하나에 해당한다.

범죄에 대한 현대 정신분석적 접근은 프로이드의 정신분석학 이론으로부터 시작한다. 프로이드는 범죄에 대해 구체적으로 연구하지 않았지만, 그의 정신분석학 이론은 범죄행동 설명에 기초가 될 정도로 많은 학자들의 관심을 받았다.[201]

(5) 이드, 자아, 초자아의 불균형과 범죄

범죄는 이드의 추동(drives)이 초자아에 수용되지 못하는 불균형 상태에서 발생한다. 이드는 쾌락을 추구하고, 초자아는 이드의 쾌락추동을 통제하고 억제할 것을 요구한다. 결과는 결코 해결될 수 없는 내적 갈등을 초래한다. 자아는 이드와 초자아의 균형을 유지하는 기능을 하는데, 초자아의 명령에 복종해야 하고 이드를 다른 방향으로 이끌어야 하는 위치에 있다. 자아의 노력에도 불구하고, 이드의 추동과 초자아의 통제가 균형을 이루지 못하는 갈등상태가 지속될 경우에, 그 갈등상태는 일탈행동이나 범죄의 원인이 된다. 범죄자들은 이드의 추동을 유용한 행동이나 적어도 유해하지 않은 행동으로 전환하지 못한 사람들이다.[202]

초자아에 의해 통제되지 못하거나 때때로 과잉 통제된 이드의 추동은 범죄행동을 야기한다. 통제되지 않는 이드는 욕구추동이 사회적으로 허용되지 않는 행동을 야기하거

Jerry Phrase, 홍숙기 역, 앞의 책, p.62에서 재인용.

201) Katherine S. Williams, Textbook on Criminology, 5th edition, Published in the United States by Oxford University Press Inc., New yok, 2004, p.171.

202) Williams, *op.cit.*, p.174.

나 심지어 범죄행동을 야기할 수 있다. 때때로 범죄자는 이러한 이드의 욕구추동을 과 잉통제받거나 억압받는 사람들이다. 부모의 자식에 대한 과잉통제나 훈육은 일탈행동 이나 범죄행동의 원인이 된다.

프로이드의 성격구조 중 범죄행동의 원인과 밀접한 관련이 있는 것은 초자아다. 에 이크혼(Aichhorn)은 어린이의 일탈행동이 초자아의 저 발달과 관련이 있다는 연구 결 과를 발표했다.[203] 부모의 사랑없는 양육은 어린이들의 초자아의 저 발달을 초래함으 로써 일탈자가 되게 하고 반사회적인 상태를 강화하여 더 많은 범죄행동을 하게 만든 다. 물론 에이크혼은 모든 일탈자들이 초자아의 저 발달 상태에 있는 것이 아니라는 사 실을 인정했으며, 초자아의 발달실패가 모든 범죄성향을 설명할 수 있다고 주장하지는 않았다. 하지만 초자아의 저발달과 범죄성향의 관계가 있다는 점을 강조했다. 바울비 (Bowlby)는 유아의 어머니 상실, 즉 5세 이전에 어린이를 어머니와 분리시켜 양육하는 것이 범죄성향의 원인이 된다는 사실을 발견함으로써 부모의 사랑 결여가 초자아의 저 발달을 초래하고 범죄의 원인이 된다는 에이크혼과 유사한 결과를 제시했다.

범죄에 대한 정신분석적 설명은 인간의 내적 과정과 갈등이 행동을 결정한다는 개념 에 기초하고 있다. 해결되지 않는 내부갈등과 정서적 불안정상태는 수용불가능한 행동 의 주된 원인으로 여겨진다. 환경은 단지 보조적인 역할을 할 뿐이다.

(6) 정상성격 범죄자(normal criminals)

프로이드의 성격구조와 범죄의 관계에 대한 설명은 대체로 인간의 범죄성향과 관련 하여 개인의 행동문제가 이드와 초자아(자아)의 내적 갈등상태에서 생긴다는 것으로서 이상성격 범죄자에 초점을 맞추었다.

그러나 정신분석은 정상성격 범죄자를 설명할 수 있다. 정상성격 범죄자의 주된 특 징은 초자아를 포함하는 전체 성격이 범죄성향을 띠고 있다는 점이다. 초자아와 나머 지 성격기능 사이에 아무런 갈등상태가 존재하지 않음에도 불구하고, 범죄행위가 발생 할 경우에 이를 정상성격 범죄자라 한다. 이러한 주장은 개인들이 처한 환경과 교육으 로 인해 범죄를 정상적이고 수용가능한 행동으로 인정한다는 것을 의미한다. 정상성격 범죄자들은 범죄행동에 대해 전혀 양심의 가책을 느끼지 않는다.[204]

---

203) *Ibid.*, p.173.
204) Williams, *op.cit*, P.175.

물론 정상성격 범죄자들이 기꺼이 범죄를 범하려 한다는 것을 의미하지는 않지만, 사회환경이 그들로 하여금 그 사회의 나머지 사람들에 의해 비난받는 행동을 하게 만들고, 이 중에 많은 사람들이 범죄행동을 저지르게 된다. 이러한 현상은 아마 그 사회가 동질적이지 못하고 많은 하위문화로 구성되어 있는 결과인 것으로 분석된다.

(7) 범죄와 자기방어기제

마음을 구성하는 세 체계는 복잡한 상호관계를 이룬다. 이드는 충동에 의해서 움직이는 에너지의 원천이고, 초자아는 죄책감을 유발하는 도덕적 심판관이며, 자아는 외부세계의 현실을 평가하고 그에 맞추어 이드의 요구와 초자아의 명령을 조정하는 과제를 담당하는 집행관이다. 이들 강력한 힘들의 상호작용이 효과적으로 기능하기 위해서는 적절한 균형이 이루어져야 한다. 만약 이드의 충동이나 초자아의 엄격성 또는 외부세계의 스트레스가 자아의 능력을 압도하여 합리적으로 판단하고 문제를 해결하는 기능을 방해한다면, 그 사람은 제대로 삶을 향유하지 못할 것이다. 프로이드에 의하면, 신경증이나 정신병과 같은 심리장애는 이러한 마음의 세 체계간의 균형이 무너졌다는 징후이다. 마음의 균형을 유지하고 정상적으로 기능하기 위해서 자아는 경고장치와 방어기제라 불리는 다수의 방어책략을 갖추고 있다.

마음의 세 체계간의 균형이 붕괴될 위험이 있을 때, 그리고 자아가 통합과 조정의 기능을 못하고 통제를 상실할 위험이 발생할 때마다 자아는 불안을 경험한다. 불안은 위협의 출처가 외적 환경, 이드, 초자아의 어느 것인가에 따라 현실불안, 신경증적 불안, 도덕적 불안으로 분류되지만, 정신분석에서 가장 중요하게 인식되는 불안은 이드의 충동을 자아가 통제할 수 없을 것이라는 두려움으로 인한 신경증적 불안이다. 신경증적 불안으로부터 개인을 보호하기 위하여 발달된 것이 자기방어기제이다. 모든 방어기제는 두 가지 특징이 있다. ① 무의식 수준에서 작용하므로 자기기만적이며, ② 현실의 지각을 왜곡하거나 부정하거나 거짓으로 만듦으로써 불안을 감소시킨다.

프로이드는 인간이 불안으로부터 자신을 보호하기 위하여 여러 가지 방어기제를 사용하는 경향이 있다고 한다. 방어기제의 사용에는 심적 에너지가 소모되면, 그 결과 자아의 유연성과 힘을 약화시킨다. 더불어 방어기제들은 인간의 충동, 공포, 원망에 대한 왜곡된 그림을 만들어낸다. 그러나 프로이드는 사람들이 모두 어느 정도 방어기제를 사용하고 있으며, 오직 과도하게 의존할 때만 문제가 된다고 한다. 다시 말해, 정신병적 현상이나 범죄와 같은 일탈행위는 방어기제들이 현실을 크게 왜곡할 경우에 발생한다는 것이다.

(8) 방어기제의 종류

1) 억압(Repression)

억압은 가장 기본적인 자기방어기제이다. 억압은 용납될 수 없는 충동과 불유쾌한 기억을 의식으로부터 배제하는 과정으로서 가장 직접적인 방법이다. 그 결과 개인은 불안을 유발하는 갈등을 의식하지 못하거나 정서적으로 고통스러운 과거의 사건들을 기억하지 못하게 된다. 그러나 억압된 기억과 충동들은 무의식속에서 활동상태로 남아있기 때문에 이들이 의식 속으로 들어오는 것을 막기 위해서는 끊임없이 심적 에너지가 소요된다.[205]

이처럼 자아의 에너지를 계속 소모하면 보다 적응적이고 건설적이며 창조적인 행동에 사용할 에너지의 량이 심각하게 제약을 받게 된다. 자아의 에너지의 고갈로 더 이상 충동이나 과거의 아픈 기억을 억압하지 못하면 일탈행위나 범죄행위, 또는 정신병리적인 현상이 나타난다. 또는 무의식속에 잠재하는 기억들은 자신이나 타인에게 피해를 주지 않는 꿈이나 농담, 또는 말 실수를 통하여 표출된다. 프로이드 심리학에서 억압은 모든 신경증적 행동, 정신신체적 질병 및 심리-성적 장애들과 연결되는 기제이다. 현대 사회에서 자살이나 다양한 범죄의 원인이 되는 우울증이나 노이로제 등은 억압된 기억을 제대로 해소하지 못하는 경우에 발생하는 정신 신체적 질병이다.[206]

2) 투사(projection)

투사는 개인이 용납할 수 없는 사고, 감정, 행동들을 다른 사람에게 돌리는 현상을 말한다. 투사는 자신의 잘못을 다른 사람이나 사물에 전가할 수 있게 한다. 자신이 실제로 적의감을 가지고 있었지만 이것을 인정하기보다는 다른 사람이 자신에게 적의감을 가지고 있는 것으로 생각하는 일종의 망상증 증세를 보이는 것이 특징이다.[207] 이러한 방어 기제를 즐겨 사용하는 사람들은 경험적 연구를 통하여 성격적으로 인색하고 고집스러우며, 혼란스럽고 수줍어하는 특질을 소유하고 있는 것으로 밝혀졌다. 일상생활에서 다른 사람에게 폭행을 한 사람이 과음 때문이라고 한다든지, 테니스에서 공을

---

205) Pervin, *op.cit.*, pp.164-166.

206) 민경환, 앞의 책, p.87.

207) Pervin, *op.cit.*, p.162.

잘못 치고는 라켓이 잘못된 것처럼 만지작거리는 것과 같은 것이 투사이다.

투사를 사용하는 사람들은 종종 자기 자신의 충동을 다른 사람에게 투사하면서 그 투사 대상을 박해하는데 많은 에너지를 소모한다. 그래서 투사는 가장 원초적인 방어기제에 해당한다. 평소에 자신이 미워하는 사람에게 오히려 자신을 미워한다는 식으로 잘못을 전가한 후에 그를 따돌리는 것과 같은 청소년들의 따돌림도 투사의 한 형태이다. 특정지역 사람들은 배신을 잘한다는 편견으로 미워하거나 조직에서 중용하지 않는다든지 하는 사회적 편견, 몇 사람을 희생양으로 삼아 문제를 봉합하는 것은 투사의 좋은 실례이다.

3) 전위(displacement)

전위는 타인의 언어적 공격으로 심적인 불안이나 위협을 받았을 경우에 이를 해소하거나 벗어나기 위한 방어기제이다. 타인의 언어적 공격은 주로 개인의 자존심이나 인격에 상처를 주는 내용이기 때문에 처음에는 자신에게 만만한 대상을 선택하여 화풀이를 하는 형태로 나타나지만 반복적이고 더욱 심화되는 형태로 발전하면 상대방에 대한 직접적인 공격이나 폭력범죄로 나타날 가능성이 높다.

그러므로 전위는 처음에는 주로 개인에게 불안과 위협을 안겨주는 대상에서 덜 위협적인 대상에게로 방향을 바꾸어 표현하는 형태로 나타난다[208]. 부모에게 야단을 맞거나 상사에게 질책을 맞은 사람이 동생이나 부하에게 화풀이를 하는 것이 전위에 해당한다. 때로는 직장에서의 불만이 가정으로 전위되어 사소한 일에도 짜증을 내는 것도 전위이다. 전위는 개인이 자존심이나 마음에 크나큰 상처를 받았으나 상대방이 너무나 위협적이고 힘이 강하여 자신의 충동을 표출하지 못할 경우에는 다른 힘없는 대상을 선정하여 폭력이나 기타 반사회적인 행위를 하는 형태이다.

4) 부정(denial)

부정은 불유쾌한 사건이 일어난 것을 부인하는 것이다. 배우자의 죽음을 믿기를 거부하고 살아 있는 것처럼 대화도 하고 식사와 의복을 준비하는 여인의 경우도 좋는 예이다. 실제로 화가 난 사람이 자신은 화가 나지 않았다고 말하는 것도 현실 부정이다. 현실 부정은 자신에 대한 위협적인 현실을 인정하지 않으려는 곳에서 흔히 나타난다. 가까운 친구의 사망 소식을 접한 사람이 아니라고 부정하는 것은 부정의 반사적인 행

---

208) 민경환, 앞의 책., p.87.

동이다. 어린이가 애완동물이 죽은 것을 알고도 오랫동안 그 동물이 살아 있는 것처럼 행동하는 것도 현실 부정이다. 불치의 병을 선고받은 환자가 명백한 증거를 아니라고 부정하면서 겪는 심적 단계의 하나이기도 하다.

프로이드에 의하면, 부정은 어린아이나 미성숙한 어른에게서 가장 전형적으로 나타나지만, 성숙한 어른도 극히 고통스러운 상황에서 때때로 부정 기제를 사용한다고 한다.[209] 나치 독일의 유대인 대량학살사건에 대한 명백한 증거에도 불구하고, 유태인들은 마치 그러한 죽음이 없었던 것처럼 행동한 것이 현실 부정에 해당한다고 지적된다. 전체 유태인들의 멸족은 너무나 끔찍하고 고통스러운 일이어서 그것을 받아들이기를 거부하고, 오히려 그런 일은 없었다는 거짓말을 받아들이려 한 것이다.

5) 반동형성(reaction formation)

반동형성은 개인이 자신에게 심적인 불안과 위협을 하는 대상에게 적대감이나 심지어 살인이나 폭력을 가하고 싶은 충동을 느끼고 있으나 그러한 충동은 사회적으로 허용되지 않는 금지된 행동이기 때문에 그것과는 반대되는 생각과 행동을 표출하는 것을 말한다. 그러므로 반동형성은 첫째, 사회적으로 허용될 수 없는 충동이 억제되고, 둘째는 그러한 충동과는 정반대의 행동이 주로 언어적인 형태로 표현된다.[210] 그러므로 그러한 행동은 자연스럽지 못하고 과장되며 부적절하지만 바람직한 내용으로 구성된다. 다시 말해, 반사회적인 충동이 실제행동에서는 반대의 형태로 표출되는 것이다. 즉, 성직자가 은밀한 성적 욕망에 의해 고통을 받으면서 과도한 열정을 가지고 금욕을 강조하는 설교를 한다든지, 엄청난 금품의 제공 위협에 갈등하는 공직자가 청렴성은 공직자의 최고의 덕목이라고 거창하게 열변을 토하는 것은 반동형성의 한 예이다.

반동형성은 방어기제로서 기능을 상실할 때 명백하게 그 실상이 관찰될 수 있다. 즉, 훌륭하고 모범적인 소년이 부모를 저격한다든지 파리를 죽이지 못한다는 선량한 사람이 광란의 살인행위를 자행할 때 반동형성 방어기제는 무너지고 개인의 내부에 존재하는 충동이 있는 그대로 표출된 것이다.

---

209) Pervin, *op.cit.*, p.163.
210) *Ibid.*,

6) 퇴행(regression)

퇴행은 개인이 심적인 위협에 직면하여 미성숙하고 어린아이 같은 행동패턴으로 되돌아가는 것을 의미한다. 퇴행의 경우, 위협은 이드의 충동보다 외부현실에 존재하는 경우가 많다. 멀쩡했던 아이가 동생을 보고 나서 오줌을 싸는 행동을 보이거나 성인이 유치한 행동을 보이거나 쓸데없이 물건을 부수고 화를 내는 것은 퇴행의 징후이다. 심각한 정신병 환자가 태아의 자세로 누워있는 것도 안락했던 엄마의 자궁 속으로 되돌아가고자 하는 욕망에서 비롯된 퇴행행동으로 설명된다.

퇴행이 주로 외부 환경적인 요인으로 인하여 유발되는 심적인 불안과 위협에 대한 방어행동이므로 범죄행위와도 깊은 관계가 있다. 개인이 자신의 심적 위협을 벗어날려는 유치한 행동을 하는 상황에서 다른 사람들이 그의 행동에 대해 인격적 모욕을 하거나 과도한 반응을 보일 경우에 즉시 폭력적으로 반응하거나 보복할 수 있는 기회가 생기면 직·간접적인 폭력을 가할 수 있다. 또는 개인의 퇴행성 행위가 계속 방해받거나 특히 제재의 행태로 나타나면, 그에 대한 반응으로 자해적 도피나 상대방에 대한 공격적 행위로 변할 수 있다. 또는 검거된 범죄자들이 미친 척 한다든지 모자란 척 한다든지 하는 경우도 모두 퇴행적인 발상으로 볼 수 있다.

7) 합리화(rationalization)

합리화는 개인의 심적 불안과 위협을 현실왜곡을 통해서 해소하거나 방어하는 기제이다. 합리화 기제는 개인의 행동이 합리적이고 정당화될 수 있는 행동으로 보이도록 재해석하는 형태이다. 다시 말해, 개인은 자신의 행동이 사실상으로는 심적인 불쾌감과 불안을 초래했지만, 행동의 동기를 다른 그럴듯한 거짓말로 바꾸어 불쾌감과 불안에서 벗어나는 행동기법을 사용하는 것을 의미한다. 그러므로 합리화 기재에서는 행동은 보이지만, 동기는 나타나지 않는다는 것이 특징이다.[211]

인간은 합리화 기제를 통해 자신의 불순한 동기를 감추고 그럴듯하고 천사 같은 행동을 할 수 있는 존재이다. 합리화 기제는 인간으로 하여금 겉으로는 인간의 도덕성과 윤리를 지배하는 초자아를 배반하지 않고 위험한 충동을 행동으로 표출할 수 있게 한다. 경쟁심으로 자신의 동료나 친구에게 적대감을 가지고 있는 아주 치사하고 잔혹한

---

211) Pervin, *op.cit.*, p.164.

행동을 한 어떤 인간은 하나님의 사랑의 이름이나 끊을 수 없는 우정의 이름으로 자신의 행동을 합리화할 수 있다.

합리화는 인간이 하나님의 의지를 표명하면서 행동은 적대적일 수 있으며, 도덕성을 표명하면서 비도덕적인 행동을 할 수 있다는 점을 강조한다. 합리화가 다른 사람에 대한 경쟁심이나 보복의 수단으로 사용될 경우에 가장 비인간적이고 잔인한 방어기제가 될 수 있다. 대부분의 보복성의 범죄행위는 그 정도가 잔인할수록 합리화 기제의 작동 결과에 의한 것이다. 인간은 자신의 경쟁의식과 적대감이 범행의 동기라는 것을 감추고, 단지 상대방의 잘못을 응징하는 것이 사회정의를 실현하고 조직을 위한 최선의 길이라고 합리화함으로써 보복행위나 범죄행위를 자행할 수 있다. 또한 원한에 의한 살인이나 잔인한 보복성 범죄는 대부분 자신의 행동에 대한 합리화의 결과이다.

8) 승화(sublimation)

승화는 허용될 수 없는 충동을 사회적으로 허용되는 사고와 행위로 전환시키는 것을 의미한다. 승화는 충동의 표현을 억제하지 않고 충동의 목표와 대상을 바꾸기 때문에 건강하고 건설적인 책략으로 간주된다. 여기에서 에고는 충동적 행동을 방어하기 위해 일반적으로 필요로 하는 에너지를 소모함이 없이 바로 승화행동에 에너지를 투자한다[212]. 프로이드는 레오나르도 다빈치의 작품인 모나리자 상을 자신의 어머니에 대한 사랑의 승화로서 해석했으며, 강한 무의식적 공격충동을 가진 사람이 외과의사나 법관, 또는 권투선수가 됨으로써 공격충동을 사회직으로 허용되는 형태로 충족시킬 수 있다고 보았다. 프로이드는 모든 문화적 노력과 성취가 승화된 원시적 충동의 결과라고 주장한다.

(9) 리비도와 유아성욕

프로이드 이전에는 신생아가 어떤 특질을 갖추고 태어나며, 어떻게 궁극적으로 성숙한 성인으로 발달하는지에 대해서 별로 관심을 두지 않았다. 프로이드는 처음으로 어린아이의 성장과 성격형성에 관한 구체적인 발달단계 모형을 제시하였다. 그는 어린아이들이 생물학적 욕구들을 지닌 신체와 리비도라 불리는 심적 에너지를 갖고 세상에

---

212) *Ibid.*, p.166.

태어난다고 주장했다. 그러므로 인간은 생물학적 구조에 기초한 발달단계를 거쳐 성장하고, 유아기의 경험들이 모든 생애의 행동에 중요한 영향을 미친다는 것이다. 심리분석적 관점에 심취한 학자들은 인간 성격형성의 가장 유의한 측면들이 초기 5세까지 형성된다는 주장을 펴기도 한다.[213]

프로이드는 리비도를 성적 에너지로 개념화했기 때문에 만약 어린아이가 리비도를 갖고 태어났다면 초기부터 발달에 핵심적인 역할을 하는 것은 성적 에너지일 수밖에 없다고 보았다. 이런 추론에 바탕을 두고 소개된 것이 유아성욕의 개념이다. 유아성욕 개념은 혁명적인 개념으로 많은 논쟁과 조소와 오해를 불러 일으켰지만 심리성적 발달로 불리는 프로이드 성격발달 이론의 핵심개념이다.

프로이드의 인간 성격 발달이론은 유아기에 주요한 성감대가 존재하고 이 성감대와 관련된 유아기의 행동경험에 따라서 인간의 평생을 좌우하는 성격이 결정된다고 보았다. 물론 유아는 성장하면서 흥분과 성 에너지에 영향을 미치는 주요 성감대는 변화한다. 그러므로 프로이드의 심리분석적 발달이론은 성욕이라는 인간 본능의 발달에 초점을 두고 있다는 평가를 받는다.

프로이드의 심리성적 발달 이론은 유아기의 주요한 성감대를 입과 항문, 그리고 생식기로 분류했다. 따라서 유아들은 엄마의 젖을 빠는 구순기에서부터 항문기, 남근기, 성기기의 네 단계를 거치면서 성욕의 표출과 좌절과 관련된 성격이 발달한다는 것이며, 각 단계마다 양육행위의 적절성과 과잉에 따라 성격이 달라지고, 성인이 되어도 그 시기의 행동이 부분적으로 남아 있게 된다는 것이다. 다시 말해, 유아들의 정신적, 정서적 성격형성은 이러한 성감대와 관련된 부모와의 상호작용, 불안, 그리고 만족 정도에 의존한다는 것이다. 특히 구순기, 항문기, 남근기에 형성된 특성이 성인이 된 후의 행동에 많은 영향을 미치며, 성장하면서 특정 단계를 벗어나지 못하는 고착(fixation)과 과거 단계로 돌아가는 퇴행은 어린이의 성격장애와 불균형을 가져와 성인이 되어도 심리적인 불안과 사회부적응을 초래 할 수 있다.

---

213) Pervin, *op.cit.*, p.167.

⑽ 아동의 성격발달 단계

1) 구순기(Oral stage)

구순기는 대략 생후 일년 동안을 포함하며 생존을 전적으로 타인에게 의존하는 시기이다. 이 시기에 구순부위(입, 혀, 입술 등)는 생물학적 충동의 해소와 성적 쾌감을 얻는 핵심부위이다. 유아들의 구순적인 성 행동은 단지 엄마의 젖을 빠는 행동에서 그치는 것이 아니라 엄지손가락을 빨거나 기타 유아 특징적인 입술운동 등으로 이루어진다. 아이는 입으로 엄마의 젖을 빨고 손가락을 빨고 기타 다양한 입술 운동을 통하여 배고픔을 해소할 뿐 아니라 성적인 쾌감을 얻는다.[214]

이러한 이유 때문에 구순부위는 이 시기의 아이의 활동과 관심의 초점이 된다. 구순부위는 유아가 사회적, 물리적 환경과 접촉하는 일차적인 수단이 되며, 대부분의 성적 에너지가 집중된 곳이다. 프로이드는 구순이 일생동안 중요한 성감대로 존재한다고 믿었다. 구순기의 경험이 성인들의 키스, 흡연, 그리고 껌을 씹는 행위와 음식을 먹는 행위와 관련된다는 것이다.

이 시기에 유아의 중심과제는 타인과의 관계에서 의존과 독립심 및 신뢰에 관한 일반적인 태도를 확립하며, 생후 초기에는 수동적이고 순응적이다. 하지만 생후 1년을 전후한 시기에 유아는 이빨이 나면서 성적인 쾌감과 함께 엄마의 젖을 깨물거나 씹는 공격적인 행동에 의해 자신의 본능적 좌절을 해소함으로써 구순적 만족을 얻는다. 이시기에 유아들의 구순은 성적 만족과 공격적 쾌감의 융합현상이 나타난다.

구순기에 유아의 욕구가 과잉충족되거나 과도한 좌절을 경험하게 되면 구순기에 부분적으로 고착된 성격, 즉 구순형 성격을 발달시킨다. 구순기의 전반기에 고착된 사람들은 낙관적이고 남에게 잘 속고 수동적이고 의존적이며, 반대로 이가 나서 깨무는 행동이 나타나는 구순기의 후반기에 고착된 사람들은 비관적이고, 의심이 많으며, 논쟁을 좋아하고, 신랄하며, 공격적이다. 이를 구순 성애적 성격, 구순 공격적 성격으로 부르기도 한다.

---

214) *Ibid.*, p.168.

2) 항문기(Anal stage)

항문기는 대략 생후 일 년 반에서 3년 사이에 걸쳐서 나타난다. 이 시기에는 리비도 에너지의 초점이 항문으로 옮아가서 항문이 성적 긴장과 만족의 중요한 부위가 된다. 아이는 이 시기에 대변의 배설과 보류에서 쾌감을 경험하며, 신체근육이 성숙한 결과로 대변의 배설과 보류를 조절하는 능력을 갖추게 된다. 그러므로 대부분의 사회에서는 엄마들은 이 시기에 배변훈련을 시작한다. 따라서 이 시기에 항문은 생물학적으로 선호되는 성감대일 뿐 아니라 엄마와 아이간의 상호작용의 초점이기도 하다.

항문기의 유아들은 세 가지 유형의 갈등을 경험한다. ① 유아들은 배설과 보류 사이의 본능적 갈등을 경험한다. ② 배변의 본능적 쾌감과 자아의 통제 사이에 갈등이 존재한다. ③ 배변으로 본능적 쾌락을 얻으려는 욕망과 배변을 보류하라는 외부세계의 요구(배변을 하면 엄마를 비롯한 어른들이 싫어하기 때문에) 사이의 갈등을 경험한다.[215] 이 세 번째 갈등은 바로 자아와 사회 사이의 구조적 갈등의 기초를 제공한다. 그러므로 아이는 배변훈련을 통하여 성적 쾌락을 즐기지만 사회화 대상(엄마)과의 갈등을 경험하면서 복종과 반항, 질서와 무질서에 대한 태도를 형성하며, 대변의 배설과 보류의 경험을 통하여 주기와 간직하기, 그리고 더러움과 청결에 대한 태도를 형성한다. 사실상 모든 훗날의 자기통제와 숙달은 항문기에 그 기원을 가진다.

항문기에 과도하게 엄격하고 경직된 배변훈련을 요구하면 그 시기에 부분적으로 고착된 항문형 성격을 발전시킨다. 이들 중 항문 보유적 성격으로 불리는 사람들은 자발성과 유연성이 결여된 보유행동을 고집하는 사람들로서 완강함, 인색함, 질서와 청결에 대한 집착 등을 보인다. 반대로 항문축출적 성격으로 불리는 사람들은 부적절하고 충동적인 행동표출을 보이는 사람들로서 충동적이고 무질서하며 잔인하고 파괴적인 특성을 가진다. 적절한 배변훈련은 긍정적인 자존감을 촉진시키고 나아가 창조적인 성향을 발전시키는데 도움을 주기도 한다.

3) 남근기(Phallic stage)

남근기는 생후 3년부터 5~6세 사이에 걸쳐서 나타나며, 이 시기에 쾌감의 중심은 성기로 집중된다. 여성과 남성사이의 생물학적 차이는 심리적 차이를 초래한다. 남아

---

215) *Ibid.*, p.168.

의 경우에, 이미 발전된 어머니에 대한 사랑은 성기에 느껴지는 쾌감의 형성과 아버지와 어머니 사이의 성적 관계에 대한 모호한 인식에 의해서 복잡해진다. 성기의 발기에서 쾌감을 느끼며 여아에게는 자신과 같은 성기가 없다는 사실을 발견하면서 더욱 성기에 관심을 집중한다. 결과적으로 남아는 자신의 성기를 잃을 수 있다는 거세불안의 위험에 시달리게 된다.[216]

이러한 거세불안과 관련된 남근기는 외디푸스 콤플렉스(Oedipus complex)와 엘렉트라 콤플렉스(Electra complex) 현상을 초래한다. 남근기에 남아는 자신과 같은 성기를 가진 아버지를 미워하고 이성인 어머니를 좋아하고, 여아는 자신이 가지고 있지 않은 성기를 가진 아버지를 좋아하고 동성인 어머니를 미워하는 현상이 나타난다. 그러나 5세에서 7세 사이에 아동은 어머니에 대한 성적 욕망을 억압하고 아버지와 동일시하기 시작하므로 외디푸스 콤플렉스에서 벗어나게 된다. 아버지와의 동일시를 통해 아동은 그 사회의 도덕, 가치관, 태도, 성역할 등을 학습하는데, 이러한 동일시로부터 초자아의 발달이 시작된다. 즉 초자아는 외디푸스 콤플렉스의 해결 과정에서 형성되는 것이다. 엘렉트라 콤플렉스에서 여자아이도 나이가 들면서 어머니와 자신을 동일시하려는 행동을 보이게 된다. 그러나 어머니의 존재는 아버지처럼 강력하고 위협적이지 않기 때문에 엘렉트라 콤플렉스의 형성과 해결은 상당히 애매하다.

동일한 성의 부모에 대한 어린이들의 동일시 현상은 남근기 단계에서의 중요한 쟁점이며 발달 심리학의 중요한 개념이다. 프로이드는 동일시 현상을 네 가지 유형으로 분류했다.[217] 그 네 가지 유형은 다음과 같다. ① 자아도취적 동일시(narcisstic identification)로서 개인이 자신과 유사한 사람들과 자신을 동일시하는 현상이다. 이 과정은 집단의 구성원들 사이의 유대를 형성하고 경쟁자들이나 적들간의 우호관계를 형성하는 것과 관련된다. ② 목적지향적 동일시는 개인이 성공적인 사람들과 자신들을 동일시하는 현상이다. 이것은 초자아의 발달단계에서 발생하는 동일시의 하나의 요소이다. ③ 대상상실 동일시(object-loss identification)는 개인이 상실한 대상과의 동일시를 통해서 그 상실한 대상을 되찾으려고 시도하는 현상이다. 어릴 때 아버지를 잃어버린 소년은 아버지를 자신의 이상적인 인간상으로 동일시하는 것과 같은 것이다. 이러한 동일시가 아버지의 억울한 죽음과 관련된 것이라면, 복수심이나 원한에 의한 범죄발생이 우려된

---

216) *Ibid.*, p.169.
217) *Ibid.*, p. 170.

다. ④ 공격자와의 동일시(aggressor identification)로서 개인이 권력자의 처벌을 피하기 위해 그와 자신을 동일시하는 현상이다. 이러한 유형의 동일시는 초자아의 발전단계에서 나타나고, 사회화 과정에 강력하게 작용하는 요인이다. 그것은 나치 집단 수용소의 죄수들의 경우처럼 극한적인 위험상황에서 나타날 수 있다. 죄수들은 그들이 구할 수 있는 나치 복장이라면 무엇이든지 입으려고 했으며, 권한있는 자리에 간 죄수들은 다른 죄수들을 비인간적이고 잔인한 방법으로 다루었다. 유대인들 사이의 반 유대주의(Anti-Semitism) 참여는 공격자와의 동일시 현상에 의해 설명될 수 있다.[218] 권력자와의 동일시에 의한 잔인하고 비인간적인 행동은 자신의 신분적 위험에 대응하고 상승을 추구하는 현대 조직 구성원들에게 별로 그렇게 생소한 일은 아니다.

남근기에 고착된 남성들은 남근형 성격을 발달시키는데 남녀 간에 나타나는 방식에서 차이를 보인다. 남근기에 고착된 남성들은 무모하고 잘난 체하고, 진짜 남자임을 남에게 증명하려 한다. 여성을 끊임없이 섭렵하는 돈 후안 같은 경우이다. 남근기에 고착된 여성들은 성적으로 순진하고 무지한 듯 보이지만 바람기 있고 성적 방종에 빠지는 특성을 보인다. 또한 이 시기에 외디푸스 콤플렉스가 잘 해결되지 않으면 후에 신경증적 증후로 발전될 가능성이 높다.

2. 아들러와 융의 이론

(1) 서 론

프로이드는 일생에 걸쳐서 계속 자신의 이론을 변형, 수정해 나갔다. 그중 대표적인 내용은 인간의 파괴성과 공격성을 설명하기 위한 공격추동을 추가한 것이다. 그러나 그는 성적 추동의 중요성에 대한 신념에서는 일생동안 변함이 없다. 그의 이론은 제자인 아들러(Alfred Adler)와 융(Carl Gustav Jung)의 결별에 의해 도전과 수정을 겪는다. 아들러는 프로이드의 성적 충동과 무의식 대신에 사회적 충동과 의식과정을 인간행동의 원인이라고 보았으며, 융은 리비도를 성적 에너지뿐만 아니라 쾌락과 창조성을 추구하는 삶의 에너지로 보았다. 프로이드의 사후에는 신 프로이드 학파, 자아심리학파, 대상관계이론 등이 등장하여 정신분석학의 지평을 넓혔다. 이들은 프로이드의 정통 정

---

218) *Ibid.,*

신분석학과는 중요한 점에서 차이가 있지만, 넓은 의미의 정신분석학의 전통을 계승하고 발전시킨 이론들로 간주된다.

(2) 아들러의 개인심리학

1) 사회적 관심

아들러는 프로이드가 성적인 충동과 무의식 과정을 강조한데 반대하고 사회적 충동과 의식적 과정을 강조한다. 아들러는 인간이란 본래 태어날 때부터 사회적 존재이며, 인간의 행동은 근본적으로 사회적 욕구에 의해 결정된다는 입장이었다. 지구상에 존재하는 그 어떤 동물보다 무력한 상태로 태어나 타인의 도움 없이는 결코 생존할 수 없는 인간에게는 사회적 관계에 의존하는 생존전략이 필요하다. 이때 개인에게 필요한 것이 사회적 관심이다.

사회적 관심은 협동, 사회적 관계, 집단과의 동일시, 공감 등과 같은 것들을 포함하는 보다 광범한 개념이다. 사회적 관심은 각 개인의 모든 선천적 약점에 대한 절실하고도 필연적인 보완요소이다. 개인의 자신의 삶을 위해 다른 사람과 협동해야 한다는 것을 인식하고, 사회적 존재로서의 자신의 위치를 찾고 소속감을 느끼며 인류의 보다 큰 발전을 위해 기여하려는 의지를 가질 때 사회적 관심은 극대화될 수 있다. 그것은 공동체를 위한 사회적 삶에 대한 생각, 가장 넓은 의미로는 모든 인류에 대한 진정한 관심을 의미한다.[219]

2) 허구적 목표

인간은 현실적으로는 전혀 실현불가능한 많은 허구적인 생각에 의해서 살고 있다. 비록 현실성이 결여된 생각일지라도, 마치 그것이 사실인 것처럼 행동하게 되며 무엇이 현실성이 있는 사실인가 보다는 자기가 사실이라고 생각하는 것에 의해 동기부여된다.

원인, 권력, 본능, 충동 등은 인간행동에 대한 설명의 원리가 될 수 없다. 최종의 목적만이 인간의 행동을 설명할 수 있다. 경험, 외상, 성 발달기제 등으로는 인간행동을 설명할 수 없고 최종목표를 지향하는 개인의 관점만이 인간의 행동을 설명할 수 있다.

개인을 행동하게 하는 것은 대부분 허구적이다. 인간은 사물이나 사건을 있는 그대

---

219) 김미란, 아들러의 개인심리학에 근거한 격려집단상담 프로그램 개발 및 효과분석, 목포대학교 대학원, 박사학위논문, 2006, p.9.

로 완전하게 이해할 수 없지만, 이러한 경험들로 인해 우리 내부에는 세상을 이해하는 하나의 가정이 형성된다. 개인의 최종목적이 허구이고 실현이 불가능한 이상에 불과할지라도, 일단 형성된 목표는 개인 행위의 원동력이 되고, 특정한 방향으로 노력할 수 있게 해 주는 힘이 된다. 허구적 최종목표는 다분히 주관적이지만, 그렇기 때문에 개인에게는 더욱 중요하다.

개인은 자신이 불완전하다는 감정 내지 열등감 때문에 자신을 우월한 위치에 올려놓을 것이라고 믿는 환상들을 목표처럼 설정해 놓는다. 따라서 열등감에 의해 지배되는 사람들의 목표는 더 허구적일 수 있다. 정상적인 사람들은 필요한 경우에 이러한 허구의 영향에서 벗어나서 현실을 직시할 수 있지만, 신경증적인 사람은 그렇게 하지 못한다.[220]

3) 우월성 추구

아들러는 초기에 힘에 대한 의지, 남성성 추구 등으로 인간행동을 설명하다가 후에 우월성 추구라는 개념을 선택하게 된다. 우월이라는 개념은 사회적으로 탁월한 것이나 높은 지위를 의미하는 것이 아니라 부족한 것에서 남는 상황으로의 욕구, 위대한 향상의 욕구를 의미한다.

모든 사람은 우월성을 추구하는 존재이며, 그러한 경향은 선천적이다. 우월성 추구는 살아 있는 유기체를 움직이게 하는 유일한 힘의 원천이며, 인간 최종의 허구적인 목표는 인간의 우월성 추구를 의미한다. 우월성 추구의 방향은 개인의 사회적 관심과 관련이 있으며 높은 관심은 친사회적인 행동을 초래하고, 낮은 관심은 범죄와 같은 반사회적인 행동을 야기한다. 사회적 관심이 낮은 자들은 사회개선에 노력하기 보다는 다른 사람들을 희생시켜서라도 자신들의 우월성을 확보하려 한다.[221]

4) 열등감과 보상

❶ 정상적 열등감

인간은 특정 신체부위의 고통을 겪는 신체기관의 열등 상태에 있으며, 아울러 주관적으로 느끼는 심리적 열등감 및 사회적 무능에서 오는 열등감을 가진다. 이러한 열등

---

220) 앞의 논문, pp.10-11.
221) 앞의 논문, pp.11-12.

감은 생의 모든 면에서 느끼는 불완전성과 부족감을 나타내는 보편적 열등감이 된다.

아들러는 열등감이 모든 인간에게 있는 보편적인 감정이며 인간의 자기발전을 위한 정상적인 속성이라고 보았다. 정상적인 열등감은 인간에게 위대한 추진력을 제공하는 원천이 된다. 열등감 때문에 인간은 더 높은 수준의 발달을 향하여 노력하고 그 노력의 결과 어느 정도의 수준에 이르게 되면 또 다른 열등감에 휩싸이게 되어 끊임없이 향상하려는 동기 유발이 된다. 과학적 발전이나 인간의 모든 문화도 열등감에 기반을 두고 있다. 인간의 모든 창작활동은 열등감을 극복하고 우월을 획득하기 위한 노력이 작용함으로써 인간 문화를 살찌우는 원천이 된 것이다.

열등감은 인간이 자신의 잠재가능성을 실현하는 필요조건이 되기도 한다. 말을 더듬었던 데모스테네스가 작은 자갈들을 입에 넣고 연습을 거듭하며 고대 그리스의 위대한 웅변가 중 한 사람이 되었던 사례, 완전한 귀머거리가 되었을 때 가장 위대한 음악을 작곡했던 베토벤의 사례 등은 열등감의 기능적 역할을 잘 설명해 준다.

❷ 열등감 콤플렉스

열등감을 정상적이고 발전적인 방향으로 극복하는데 실패한 사람은 오히려 열등의식이 강화되어 역기능적으로 작용하기도 한다. 열등한 신체를 가지고 태어난 아이들이 자신의 신체적 고통과 약함을 무거운 짐으로 경험하게 되고 불우한 환경이 계속 될 때 열등감 콤플렉스로 발전될 수 있다.

이러한 개인에게 열등감은 약함의 신호로 그리고 부끄러운 것으로 간주되기 때문에 자연적으로 이것을 숨기려 하거나, 자기의 열등감을 견디지 못해 그러한 감정을 제거하려고 노력하게 된다. 그들은 장애물을 극복하기 위해 노력하기 보다는 자기의 우월함을 강조하기 위해 노력하고, 성공을 향해 전진하기 보다는 패배를 피하는 일에 몰두한다.[222]

5) 생활양식

모든 사람은 고유한 자신만의 생활양식을 지니고 있으며, 어느 누구도 동일한 생활양식을 가지고 있을 수는 없다. 생활양식은 아동기의 아주 초기에 개인이 타고난 조건, 어린 시절의 생활환경들, 그리고 자신의 열등감을 극복하기 위해 우월성을 추구하는

---

222) 앞의 책., pp.12-14.

각각 다른 방법 등에 기반을 두고 나름대로의 인생에 대처하는 방법을 터득해 나가는 과정에서 형성된다. 우리가 생각하고 보고 느끼는 모든 것은 이 생활양식에 의해 정의되며, 성장해가면서 개인이 생활양식을 표현하는 새로운 방법을 습득한다고 하더라도 그것은 어린 시절에 형성된 기본 양식이 단순히 구체화되고 특수화된 것일 뿐이다.

아들러는 사회적 관심과 활동수준을 중심으로 생활양식을 네 가지 유형으로 나누었다. 먼저 지배형은 사회적 관심이 거의 없는 사람들로서 다른 사람들에 대해서는 관심 없이 행동하는 것처럼 보이는데, 이 유형의 좀 더 악의적인 사람들은 다른 사람들을 직접적으로 공격하며, 가학자, 범죄자 및 폭군이 되며 알코올 중독자, 약물중독자 및 자살기도자가 되기도 한다. 둘째, 기생형은 다른 사람으로부터 모든 것을 얻기를 기대하며 타인에게 전적으로 의존하는 유형으로, 이러한 유형이 일반적이다. 셋째, 회피형은 그 이름에서 나타나는 것처럼 삶의 문제에 직면하거나 그러한 문제를 해결하기 위해 노력하려는 시도조차 하지 않는 유형으로서 문제를 회피함으로써 좌절의 가능성을 피하려 한다. 뒤의 세 유형들은 삶의 일상적인 문제들에 직면하거나 대처할 준비가 되어 있지 않은 사람들로서 다른 사람들과 협동하지 못한다. 이들의 생활양식이 현실세계의 요구와 충돌할 때 신경증이나 정신병에서 나타나는 것 같은 이상행동을 보이기도 한다. 이들은 사회적 관심이 부족한 사람들이다.[223]

(3) 융의 집단 무의식과 범죄

1) 융의 성격구조

융(Jung)은 인간의 성격이 자아와 개인무의식, 그리고 집단무의식의 세 가지 요소로 구성되어 있다고 보았다. 이 중 자아와 개인무의식은 프로이드 이론과 크게 다르지 않다. 그러나 집단무의식은 전혀 새로운 개념이며, 융의 성격구조에서 핵심적인 위치를 차지한다. 집단무의식은 태어날 때 이미 갖고 나오는 무의식으로 누구에게나 보편적으로 존재한다. 프로이드가 무의식을 원시적 충동과 갈등의 저장소로 간주한데 반해 융은 집단 무의식을 조상들의 공동경험과 지혜가 축적된 집적체이며 인간 잠재력의 보고로 높이 평가한다.

인간의 뱀과 어두움에 대한 공포는 아득한 조상들이 무수한 세대에 걸쳐 경험했기

---

223) 앞의 책., pp.15-16.

때문에 이 공포들이 뇌 속에 자리 잡아 유전적으로 전달되고 있는 것이다. 집단 무의식은 개인의 행동을 결정하는 하나의 원형으로서의 역할을 한다. 선천적으로 개인에게 주어진 집단무의식은 개인의 지각과 행동을 취사선택하는 위치에 있다. 개인이 어떤 것들에 대해 쉽게 지각하고, 쉽게 반응하는 것은 집단무의식 속에 그 소질이 있기 때문이다.

집단무의식의 내용들은 몇 개의 원형(archtype)들로 구성된다. 각 원형은 인간의 지각과 행동을 결정하는 원초적 모델을 의미한다.[224] 원형은 사람들이 세계를 특정 양식으로 지각하고 경험하고 반응하도록 이끄는 보편적·집단적·선험적인 아이디어나 기억들이다. 엄마라는 원형의 예를 들면, 유아는 엄마를 지각할 때 실제 엄마의 특징과 더불어 양육과 생산, 의존과 같은 원형적인 엄마의 속성들에 대한 무의식적 관념들을 혼합하여 경험하게 된다고 한다. 융의 이론에서 중요한 원형들은 페르조나, 그림자, 아니마와 아니무스, 자아 등이 있다. 페르조나, 그림자, 아니마와 아니무스는 범죄와 관련된 인간성격 원형이다.

2) 집단무의식 원형과 범죄

❶ 페르조나(persona)

페르조나는 가면을 뜻하는 라틴어로서 우리가 다른 사람과의 관계에서 내보이는 공적인 얼굴이다.[225] 페르조나는 사회적 요구에 반응하여 수행하는 다양한 역할들을 반영하며, 다른 사람들에게 좋은 인상을 심어주거나 자신을 감추는데 사용된다. 페르조나는 인간 무의식의 외적 행동특성이다. 그러므로 페르조나는 개인이 자기보존과 사회적인 성공을 위해 자신의 내면과는 다른 위선이나 연출에 의한 가식적 행동을 하는 것으로 나타나기도 한다. 인간은 사회적인 부와 권력을 잡기 위해 무수하게 자신을 속이고 따라서 타인도 속인다.

페르조나는 생존의 지혜이다. 기분 나쁜 동료나 상사와 어울려서 살아남기 위해서는 우호적인 것처럼 웃음 짓고 함께 어울린다. 남보다 앞서기 위해 뒤에서는 온갖 음해와 권모술수를 부리면서 앞에서는 상대방을 치켜세우고 간교한 웃음까지 짓는 것이 바로 페르조나의 특징이다.

---

224) 앞의 책., p.90.
225) 앞의 책, p.96.

융은 페르조나가 일상생활에서 타인들과 어울려 살아가는데 필수적이기는 하지만, 너무 가치를 두면 자기의 본성을 상실하고 수치심이나 자책감으로 신경증적 증상을 보일 수도 있다고 지적한다. 사회적으로 크게 성공했다는 사람도 어느 날 자신의 위선과 속임수, 그리고 본성에서 이탈한 행동에 대한 자책감으로 인생이 허무하고 무의미하다는 사실을 깨닫게 된다. 과도한 이중인격적인 행동으로 타인에게 피해가 발생할 경우, 폭력적인 범죄의 대상이 될 수 있다.

❷ 그림자(shadow)

그림자는 프로이드의 이드에 해당하고, 인간의 기본적인 동물적 본성을 많이 포함하고 있는 원형이다. 그것은 인간진화의 역사 속에서 가장 오랜 뿌리를 두고 있으므로 모든 원형 중에서도 아마 가장 강하고 잠재적으로 매우 위험한 속성이다. 그것은 끈질기고 억압에 의해 쉽게 굴복하는 성질의 것이 아니다.[226] 그러므로 인간은 공동사회의 일원이 되기 위해 그림자를 길들이려 하지만 쉬운 일이 아니다.

그림자는 우리 마음의 어둡고, 사악하고, 동물적인 측면을 반영한다. 그것은 사회적으로 용납될 수 없는 성적 충동과 공격적 충동, 그리고 비도덕적인 사고와 열정 등을 포함한다.[227] 그림자는 특히 남성의 경우에 다른 남성에게 잔인하게 공격하고 고통을 주는 근원이며, 여성들 사이에도 마찬가지다. 꿈속의 악령과 귀신, 그리고 원시 미술과 신화에서 그림자의 증거를 발견할 수 있다. 인간이 꿈속에서 악령을 만나는 것을 두려워하고, 귀신을 무서워하는 것은 인간 자신의 마음속에 존재하는 사악하고 잔인한 성격에 대한 불안과 죄책감이 무의식 속에 자리 잡고 있는 그림자와 같기 때문이다.

그림자는 인간의 긍정적인 측면과 부정적인 요소 모두를 포함하고 있다. 긍정적인 측면은 인간의 생명력, 창조력, 자발성, 활기, 힘 등을 말하고 부정적인 측면은 동물적이고 파괴적인 본능을 말한다. 따라서 적절히 통제되고 방향 지어지면 활기 있고 창조적인 삶에 공헌할 수 있지만, 그렇지 못할 경우 잔인한 폭력범죄자가 될 수 있다.

특히 그림자는 인간의 위기상황에서 힘을 발휘한다. 인간이 생존을 위한 결단과 반응이 필요한 급박한 상황에서 합리적인 대응책을 찾는 자아보다는 동물적인 본능에 의한 그림자에 의존한다.[228] 그림자가 자아와 조화를 이루어 개별화되어 있으면 개인의

---

226) 앞의 책, pp.102-103.
227) 민경환, 앞의 책., p. 103.
228) 설영환, 앞의 책., p.104.

삶은 생기와 활력이 넘치고, 위협과 위험에 효과적으로 대응할 수 있다. 그림자가 사회에 의해 강력하게 억압되거나 그 배출구가 적당치 않거나 하면 종종 비참한 결과를 초래한다. 그것은 전쟁으로 대량살상이나 학살, 또는 연쇄살인이나 집단살인을 초래한다. 제1차 세계대전이 끝난 1918년에 융은 우리 속에 살고 있는 동물은 억압되면 더욱 포악하게 될 뿐이라고 말했는데 여기서 말하는 동물은 바로 인간의 집단 무의식 속에 존재하는 그림자를 말한다.[229]

❸ 아니마(anima)와 아니무스(animus)

페르조나는 인간정신의 외적 인격 특성이고, 정신의 내적 인격 특성은 남성의 경우에 아니무스, 여성의 경우에 아니마라는 원형이 존재한다. 아니마와 아니무스는 인간에 내재하고 있는 양성적인 속성을 반영하는 원형들이다.[230] 현실에서 받아들여지는 생물학적인 성과 일치하는 인격 특징은 의식화하고, 그와 반대되는 성향은 무의식으로 내면화된다. 모든 사람은 남성과 여성의 구별 없이 남성 호르몬과 여성 호르몬을 분비한다는 생물학적 측면에서 보더라도 양성의 성질을 가지고 있다.

남성의 내면에 있는 무의식적인 여성적 성향이 인격화된 것이 아니마이고, 여성의 내면에 있는 무의식적인 남성적 성향이 인격화된 것이 아니무스이다. 남성은 여러 세대에 걸쳐 여성에게 노출됨으로써 아니마의 태고유형을 발달시키고, 여성은 남성에게 노출됨으로써 아니무스의 태고유형을 형성하게 된 것이다.[231] 아니마는 남성의 여성적이고 수동적인 측면을 지칭하고, 아니무스는 여성이 남성적이고 적극적인 측면을 밀한다. 아니마는 남성의 감성과 섬세함의 기능을 하고, 아니무스는 여성의 논리와 합리성을 강화하는 기능을 한다. 남성도 여성적인 섬세함이나 감성적인 측면을 가지고 있고, 여성 역시 남성과 같은 공격적이거나 폭력적인 측면을 소유하고 있다.

융은 자신의 내면에 존재하는 양성성을 인정하고 표현에서 적절한 균형을 추구하는 것이 자기실현을 향한 삶에 중요하다고 주장했다. 아니마와 아니무스가 위축되거나 저발달될 경우에 문제가 발생한다. 일반적으로 모든 사회는 남자의 여성다움과 여성의 남성다움을 경멸한다. 따라서 어린 시절부터 남자는 문화적으로 규정된 남성적인 역할에 적응하고 여자아이는 여성적인 역할에 적응하도록 길들여진다. 페르조나가 인간행

---

229) 앞의 책., p.103.
230) 민경환, 앞의 책., p.103.
231) 설영환, 앞의 책., p. 99.

동의 우위를 차지하고, 아니마와 아니무스는 질식된다. 아니마와 아니무스가 무시되고 인간의 무의식속에서 미숙상태로 존재한다. 결과적으로 남성은 변덕, 짜증, 공허함, 통속성, 상처받은 느낌을 갖게 되고, 여성은 융통성 없는 고집과 따지는 버릇, 파괴적이고 극단적인 언사를 하는 버릇을 가지게 된다[232]. 심할 경우 성격의 성장과 기능에서 한쪽에 치우치는 성격장애를 초래하고, 그로 인한 일탈행동이나 범죄행동이 야기될 수 있다. 부모가 서로간의 아니마와 아니무스가 무시될 경우, 가정폭력이라는 범죄행동과 이로 인한 형사처벌, 이혼이나 자살 같은 가정파괴, 우울증이나 마약류 같은 물질남용, 가정폭력 속에서 성장한 아이들의 일탈행위, 황혼이혼 등의 원인이 된다.

제2절 인간의 성격과 범죄

1. 이론적 접근

(1) 개 념

성격이론에서는 범죄원인이 무의식적 동기가 아니라 개인의 성격이라고 주장한다. 성격이란 사고와 정서를 포함하는 안정되고 내적인 요인으로서 다른 사람과의 구분을 가능하게 하는 특질을 말한다. 또는 개인의 고유한 특성패턴이나 환경에 대한 개인의 독특한 적응을 결정하는 개인 내부의 정신·신체적 체계들의 역동적 조직으로 정의되기도 한다.

개인의 성격에 따라서 다양한 요구와 문제에 대응하는 방식이 달라지기 때문에 개인의 환경에 대한 반응특성이 바로 성격을 나타내는 것이라고도 한다. 인간의 행동양식은 성격이 환경적 사상들을 어떻게 해석하고 적절한 행동선택을 제시하는 가에 따라 달라진다.

(2) 범죄자의 성격

성격이론이 내세우는 기본 가설은 비행자나 범죄자가 비정상적이거나 부적절한 범죄

---

232) 이부영, 아니마와 아니무스, 한길사, 2001, pp.63-75.

적 성격을 지니고 있다는 것이다. 어떤 성격이론은 범죄자나 비행을 충동성, 공격성, 감각추구, 반항, 적대성 등의 일탈적 특성의 표출로 설명한다. 다른 성격이론은 범죄자와 비행자를 법을 준수하는 사람과는 기본적으로 다른 성격유형을 가진 것으로 본다. 순응은 정상적 성격을 반영하는 것이며, 심각한 범죄는 정신병질적, 반사회적 또는 사회병질적 성격 등으로 불리는 이상성격에 의하여 유발된다. 이상성격을 가진 사람들은 친사회적 태도와 가치를 사회화하지 못하는 자, 옳고 그른 것을 구별하지 못하는 자, 타인에 대한 동정심이 없는 자, 자신의 잘못에 대해 후회감이나 죄의식을 느끼지 못하는 자 등의 자기중심적인 사람들이다.

(3) 성격이론적 접근과 정신분석적 접근의 비교

일탈행동에 대한 성격이론적 접근은 많은 측면에서 정신분석 접근과 유사하다. 성격특성론자들은 일탈행동이 개인의 심리적 구조내에 존재하는 갈등(주로 원본능과 자아, 그리고 초자아 사이의 갈등)의 표출이라고 가정하는 점에서 정신분석적 접근과 별다른 차이가 없다.[233] 그러나 정신분석적 접근은 인간의 무의식적 추동과 동기를 분석대상으로 하지만, 성격이론적 관점은 무의식과는 무관하다는 점에서 차이가 있다.

성격이론은 인간 성격이 유아기에 이미 결정되고 평생동안 개인의 행동에 영향을 미친다고 가정하는 점에서 정신분석적 접근과 유사하다. 따라서 일탈행동과 같은 부정적인 결과는 유아기에 형성된 이상성격적인 특질이 원인이다. 정신분석적 접근은 일탈행동을 특별한 정신질병과 연결시키지만, 성격이론적 접근은 일반적인 이상성격이나 부정적인 성격특질을 행동에 연결시킨다. 그러므로 성격이론은 일탈행위자들을 성격적으로 문제가 있는 사람들로 규정하지만 정신병자와는 구별한다.

인간의 성격과 범죄에 대한 연구는 대체로 인간의 범죄적 성격특질을 크게 충동성, 공격성, 그리고 적의감 등 세 가지로 대별한다. 성격이론들은 개인의 충동성이나 공격적 성격, 또는 신경증적 성격의 원인을 프로이드의 원본능과 자아, 또는 초자아사이의 갈등의 표출이라는 관점을 지지한다.

젠킨스의 성격유형론은 프로이드의 성격이론에 충실한 것 같다. 그러나 아이젱크 (Hans J. Eysenk)의 성격유형론은 프로이드의 성격이론에 구속되는 것 같지는 않다.

---

233) Shoemaker, *op.cit.*, p.61.

물론 아이셍크가 성격유형의 기초로 삼고 있는 외향성-내향성 이론이 융의 외향성/내향성 기질론을 기초로 하고 있지만, 프로이드의 성격이론의 영향을 벗어나 보다 경험적이고 실증적으로 성격유형을 개발했다는 점에서 차이가 있다. 또한 인간의 일탈적인 행동과 깊은 관련이 있는 성격장애 유형과 공격성과 관련된 좌절-공격이론 등도 범죄에 대한 심리학적 설명에 도움이 될 것으로 보인다.

2. 젠킨스의 행동 – 성격 유형론

(1) 인간의 행동유형

젠킨스(Richard Jenkins)의 성격 유형론은 프로이드의 성격구조 이론을 뒷받침하는 경험적 연구이다. 그러나 이 연구는 일탈행위를 유발하는 심리적 요인과 환경적 요인의 상호작용을 밝히고자 하는 것이 목적이었다. 그는 500명의 청소년들을 대상으로 연구하여 세 가지의 행동유형을 제시했다.[234] 첫째 유형에 속하는 청소년들은 과도하게 자기억제적이고 은둔적이며 수줍어하는 신경증적인 성격에 가까운 행동을 하며, 둘째 유형은 청소년들이 개별적으로 반사회적인 공격행동과 폭력행동을 표출한다. 셋째 유형은 청소년들이 비행 청소년집단을 구성하여 외부의 사람들에게 일탈행동을 하는 유형이다.

(2) 성격유형

젠킨스에 의하면, 첫째 유형은 신경증적 행동 유형에 더 가깝고, 나머지 두 유형은 명백하게 일탈행동 유형에 해당한다. 그는 정신분석적으로 도출된 성격에 의해서 세 가지 행동 유형을 기술했다. ① 유형 I (Type I)성격이라고 하는 자기억제적인 행동유형은 초자아에 의해 구속되는 성격유형이며, ② 반사회적인 공격과 폭력행동 유형에 상응하는 유형 II (Type II) 성격은 자기억제력의 상대적 결여, 또는 초자아의 저발전으로 특징지어지는 성격유형이다. ③ 사회화된 비행집단 행동과 결합된 유형III(TypeIII) 성격은 초자아의 이중성으로 특징지어지는 성격유형으로 규정되었다.

초자아의 이중성 성격에 해당하는 비행 청소년들은 자기집단의 구성원들에게는 초자아가 정상적으로 작동하지만, 외부의 사람들에게는 초자아가 부적절하게 작동한다. 따

---

234) Shoemaker, *op.cit.*, p.59.

라서 외부사람들은 피해자에 대한 어떤 죄의식도 없는 이들에 의해 피해자화될 수 있다. 결과적으로 이러한 비행 청소년집단 구성원들의 일탈적인 성격 유형은 그들의 행동과 관련된 환경에 의해 영향을 받는다.[235]

젠킨스의 연구는 인간의 초자아라는 성격 구조가 범죄행동에 영향을 미친다고 주장하고, 일탈행위가 성격이라는 심리적 요인과 환경적 요인의 상호작용의 산물이라는 주장은 평가받을 만하다. 그러나 일탈 청소년들의 개별적인 반사회적 행동은 초자아의 기능결여나 저발전 상태로 보고, 비행 청소년 집단의 구성원들의 초자아는 구성원들 사이에는 정상적이고, 외부인들에게는 비정상적으로 작동한다는 초자아의 이중성 주장은 타당성이 없다고 생각된다. 오히려 비행 청소년 집단의 일탈행동은 기능적으로 상실된 초자아가 그들 집단 구성원들 사이의 결속력으로 인해 기능적으로 더욱 악화되고, 비행집단의 경력이 깊어질수록 초자아의 억제능력 상실 상태로까지 발전된다는 견해를 전개하는 것이 타당할 것으로 보인다.

3. 밀러와 라이남의 동의성과 성실성 차원

(1) 성격차원

2001년에 이루어진 밀러와 라이남(Joshua Miiler and Donald Lynam)의 성격에 관한 경힘적 연구는 가장 많이 사용되는 성격 칙도로 평가받는다. 그들은 동의싱과 싱실싱이라는 두 차원내의 차이, 즉 성격의 차이가 인간의 반사회적 행동과 밀접한 관련이 있다는 사실을 발견했다. 동의성(agreebleness)은 사람이 다른 사람과 거래를 하거나 협동을 할 때, 상호간의 적절한 전략을 사용할 수 있는 능력을 포함하는 태도를 의미하고, 성실성(consientiousness)은 충동 통제능력, 계획과 과업 수행능력, 조직기술 유지능력, 그리고 사회 도덕규범 준수능력 등을 포함하는 인간의 태도를 의미한다.[236]

---

235) *Ibid.*, p.59.

236) Josua Hiller and Donald Lynam, Personality and Antisocial Behavior, Criminology 39, 2001, pp.765-799.

(2) 성격과 범죄

　밀러와 라이남은 성격 연구자들이 반사회적 행동을 적의감, 이기주의, 악의감, 시기심, 다른 사람에 대한 무관심 등에 연결시킨다는 것을 발견했다. 법 위반자들은 야망과 동기부여 그리고 인내심의 부족 경향을 보이고, 자신의 충동을 억제하는 능력이 부족하며, 일탈적인 가치와 신념에 따르는 경향이 있다는 것이 발견되었다. 밀러와 라이남은 이와 같은 성격 특성이 범죄와 관련성이 있다는 사실을 발견했다. 그들의 주장은 간단히 말해, 충동적이고 다른 사람들과 협동할 수 없는 성격의 소유자들이 범죄행위를 주로 범하게 된다는 것이다. 충동적인 성격의 소유자는 다른 사람들과의 상호작용에서 상대방의 전략을 무시하고, 자신의 전략을 고집하는 사람들이다. 그러므로 상대방에 대한 공격적인 행동이 반사회적인 방향으로 분출되기 쉽다.

　하지만 범죄와 변수들간의 관계를 연결시키는 연구 설계의 방향에 문제가 있다. 한편으로는 반사회적 성격 특성을 가진 사람들이 범죄행위를 범하도록 연구 설계가 되었을 가능성이 있고, 다른 한편으로는 행동 수정을 가능하게 하는 환경적 요인이 성격 특성과 상호작용했을 가능성이 있다는 것이다. 예컨대, 성실성이 낮은 애들이 교육기회나 직업적 기회가 없을 경우에는 그들의 개선 기회가 차단되어 범죄를 범하게 만든다는 것이다.

　밀러와 라이남의 연구결과는 설명이 부족하여 이해하기 곤란하다. 반사회적 행동과 관련되는 성격특성을 동의성과 성실성이라는 두 개의 변수에 의해 측정하는 것이라면, 동의성이 높고 성실성이 높은 사람과 두 변수 모두 낮게 평가된 사람에 대한 행동을 분석하여 반사회적 행동경향을 측정해야 한다. 또는 동의성은 높은 점수를 받았지만 성실성에서 낮은 점수를 받은 사람과 동의성은 점수가 낮고, 성실성은 높은 점수를 받은 사람의 행동경향이 어떻게 다른지 설명되어야 한다. 그러나 변수간의 조합에 의한 측정결과가 없어 연구결과에 대해 이해하기 어렵다는 문제가 있다.

제3절 정신장애와 범죄

1. 정신장애와 범죄의 관계에 대한 논쟁

(1) 실증적 연구의 결과

정신장애 또는 정신질병의 범죄와의 관계에 대한 연구는 많은 연구자들의 관심을 받아온 영역이다. 그럼에도 불구하고, 실증적인 연구 결과는 일관된 결과를 보여주지 못하고 있다. 교도소 수감자들을 대상으로 연구한 테플린(Linda A. Teplin)은 그들의 상당수가 심각한 정신병 상태에 있음을 발견했으면서도, 이 결과는 정신질병이 반드시 범죄의 원인이라는 사실을 입증하는 것이 아니라고 주장했다.[237] 그들의 정신장애는 범죄 이전에 존재한 것이 아니라 범행 후에 생긴 후회나 죄책감의 결과이거나 수감생활을 통해서 발생한 하나의 증상일 수도 있기 때문이다. 한편, 롤린(Rollin)은 정신병환자들의 범죄행동을 연구한 결과 정신질병과 범죄 사이에 상관관계가 있다고 주장했다.[238]

정신장애 또는 정신질병의 범죄와의 관계는 범죄를 정신질환의 결과로 보는 정신병리학적 설명을 통하여 경험적 지지를 받는다. 슈라이버(Schreiber)는 10대 아들과 함께 수많은 주거침입절도, 강도, 살인을 저지른 칼링거(Joshep Kallinger)라는 구두수선공을 면접 조사하였다. 칼링기는 어렸을 때 양부모로부터 빚은 심한 징신적·신체적 학내로 인해 정신병이 발생했으며, 정신병으로 인해 범죄를 범하게 된다. 또한 칼링거는 네 살 때 받은 탈장수술을 성기로부터 악령을 제거하기 위한 것이었다고 한 부모의 말에 충격을 받아 심리적 거세공포를 가지게 되었다. 이것이 훗날 칼링거가 걸렸던 정신병의 일차적 원인이 되었으며, 정신병은 성인이 된 그로 하여금 살인을 하게 했다.

"조셉 칼링거에게 정신병이 없었다면 그는 결코 살인자가 되지 않았을 것이다. 이것 때문에 그에게 다른 길은 없었다. 살인은 칼링거가 가진 정신병의 불가피한 결과다. 그는 정

---

237) Linda A. Teplin, "The prevalence of severe mental disorder among male urban jail defences:comparison with the epidemiologic catchment area program," American Journal of Public Health, vol. 80, 1990, p.663.

238) Katherine S. Williams, Textbook on Criminology, Published in the United States by Oxford University Press Inc., New York, 5th edition, 2004, pp.208-209.

신병에 걸리고 난 후에 처음으로 범죄를 저질렀다. 범죄는 정신병 때문에 생긴 망상체계 및 환상에서 직접적으로 야기되었다. 그러므로 칼링거가 경험한 어린 시절의 정신적 학대와 살인간의 관계를 증명할 수 있다."[239]

(2) 정신이상 항변

정신장애나 정신질병이 범죄의 원인이냐의 문제가 범죄학 영역에서 중요한 쟁점이 되는 이유는 관련자들의 형사처벌이 면제되고 치료의 대상이 된다는 점이다. 이를 정신이상 항변(insanity defense)이라고 한다.

정신이상(insanity)은 정신병리학적 또는 심리학적 용어가 아니라 법적인 용어이다. 따라서 이 용어는 범죄행동의 맥락에서만 사용되어야 하고 범행 당시의 개인의 마음상태를 말한다. 사람이 정신이상을 이유로 무죄라고 주장할 때, 판사나 배심원은 당사자가 범행 당시에 정신장애 상태여서 책임이 없다는 사실을 판단해야 한다. 법은 정신장애가 적절한 선택을 위한 개인의 자유의지 또는 능력을 박탈할 수 있다고 가정한다. 그러나 정신이상은 그 심각성에 관계없이 정신장애와 동일한 것은 아니다.[240] 즉, 정신장애를 가진 사람은 범죄행동에 대한 책임을 질수 있으며, 마찬가지로 정신지체자도 범죄행동에 대한 책임을 질 수 있다.

정신질환 등으로 정신장애 상태에 있는 자는 자신의 행동의 선악을 식별할 수 있는 실질적 능력을 결여하였거나 자신의 행위를 법의 요구에 따르게 하는 실질적 능력을 결여한 자를 말한다. 따라서 정신장애자는 정신병원 등에서 치료를 받은 후에 처벌을 받게 된다. 이에 반해 정신이상은 정신질환으로 인하여 행위의 본질과 성질을 알지 못하거나 만약 알았다고 하더라도 자신의 불법적인 행위가 옳지 않다는 것을 알지 못하는 상태를 말한다. 즉, 인식능력과 판단능력이 없는 것을 말하며, 이렇게 판단되면 무죄로 석방된다. 이러한 개념을 토대로 양자의 차이점을 보면, 정신장애자 중에서도 정신이상자는 옳은 것과 옳지 않은 것을 판단할 실질적 능력이 부족한 사람이라 할 수 있다(Frey, 1983, p.475). 즉, 자신의 행위가 법적으로 범죄가 되는지, 형벌의 대상이 되는지를 판단할 능력이 결여된 사람을 의미한다.

우리나라 형법 제10조의 "심신장애로 인하여 사물을 변별할 능력이 없거나 의사를

---

239) Flora Rheta Schreiber, The Shoemaker: The Anatomy of a Psychotic, New York: New American Library, 1984, p.390.
240) Bartol & Bartol, *op.cit.*, p.241.

결정할 능력이 없는 자의 행위는 벌하지 않는다, 그리고 그러한 능력이 미약 한 자의 행위는 형을 감경한다"고 한 규정은 심신상실자에 대해서는 형사책임을 면제하고 심신미약자는 형사책임을 감경한다는 것을 의미한다. 따라서 형법 제10조는 심신장애 상태에서 범행을 한 후 기소된 피고인들의 정신이상 항변의 근거가 된다. 물론 심신장애가 정신장애와 같은 의미인 지는 분명하지 않지만, 심신장애로 인하여 범행시에 심신상실이나 심신미약을 이유로 형의 면제나 감경을 요구 할 수 있다. 이러한 요구는 일종의 정신이상 항변에 해당한다,

그러나 심신장애는 심신상실이나 미약을 판단하는 규범적 개념이라는 측면에서 정신장애와 구분하는 견해가 있는가 하면, 심신상실이나 미약을 판단하는 생물학적 요소로서의 사실적 개념으로 분류하는 견해도 있다. 후자의 사실적 개념은 정신장애와 같은 의미라고 볼 수 있다. 정신장애는 법관이 규범적으로 판단할 수 없는 전문지식과 경험을 요구하는 생물학적 판단이 요구되기 때문에 반드시 정신의학 전문의에 의한 정신감정이 요구된다. 따라서 심신장애. 즉 정신장애로 인해 정신이상 상태에서 범죄를 범하여 기소된 피고인들은 정신이상 항변을 제기하고 정신의학 전문의의 정신감정을 받아야 한다. 그러나 정신장애라는 용어 자체가 추상적이고 그 종류도 다양하므로 어떤 증상의 경우에 정신이상을 초래하는 장애로 인정할 것인가의 문제가 항상 존재한다. 따라서 정신이상 항변은 정신병, 정신병질, 다양한 성격장애 중에서 어느 장애가 정신이상 항변을 할 수 있는 장애에 해당하는 지를 구분하는 것이 하나의 중요한 과제이다.

(3) 정신이상 항변과 관련된 문제

살인과 같은 흉악범죄자들이 정신장애를 이유로 범죄행위시에 책임무능력 상태였다고 항변하는 일이 빈번하게 발생한다. 하지만, 이러한 정신장애 상태를 정신의학 전문가들이나 법관들이 정확하게 판단할 수 있는 객관적인 기준이 확립되어 있지 않다. 또한 범죄자에 대한 처벌보다는 치료·교화를 강조하는 진보주의적·급진적 범죄학자들의 형사사법체계의 운영에 관한 주장도 범죄자의 정신이상 항변을 옹호하는 사회흐름을 조성하고 있다고 보여진다.

미국은 정신장애자의 형사책임능력 판단기준을 제시하기 위하여 1843년의 맥노튼 규칙(M'Naghten Rule). 1954년의 더럼 규칙(Durham Rule), 1972년의 브론너 규칙(Brawner Rule), 그리고 1984년의 정신이상 항변 개혁법(Insanity Defense Reform Act)

등을 제정하는 등의 노력을 기울여 왔다. 그럼에도 불구하고 범죄자의 정신이상 항변에 대한 논쟁은 계속 이어지고 있다.

이에 비해 우리나라는 범죄자의 정신장애와 관련된 형사책임능력에 관하여 형법 제10조에 심신장애로 인한 심신상실자는 처벌하지 않고 심신미약자는 형을 감경한다고 아주 추상적이고 단순하게 규정하고 있을 뿐이다. 심신상실이나 미약이라는 용어 자체도 무엇을 의미하는지 분명하지 않고, 정신장애 유무는 일차적으로 정신의학 전문의들의 감정결과가 그 근거가 되겠지만, 선행 연구들은 정신의학적인 감정결과와 법원의 판결이 불일치하는 경우를 지적하고 있다. 이는 정신의학적인 감정 결과 그 자체의 신뢰성을 담보할만한 과학적인 진단이나 판정기준이 확립되어 있지 못하여 법관이 정신의학적인 감정결과에 구속되지 않고 독자적으로 판단할 수 있도록 법적인 권한이 부여되어 있기 때문이다. 물론 정신의학자들은 처벌보다는 치료를 우선시하고 법관들은 치료보다는 처벌을 통한 사회질서유지를 강조하기 때문인 것으로도 볼 수 있다.

2. 개념적 정의

(1) 정신질병에 대한 일반적 정의

정신질병은 정상적인 일상생활을 영위하기 위한 개인의 능력을 실질적으로 방해하는 것으로 전문의에 의해 판정을 받은 마음의 장애를 말한다. 정신병자는 선택의 자유를 박탈당하지만, 아무리 심각한 장애상태에 있는 사람도 어느 정도 의사결정을 할 수 있는 능력은 가지고 있다.

정신병의 가장 현저한 특징은 현실 감각의 상실이다. 따라서 정상적인 행동에서 현저하게 벗어나는 행동을 하게 된다. 정신병 환자는 환상과 현실을 구분하지 못하고, 그들의 현실 지각은 실제의 것과는 다르다. 환청과 환시가 존재하므로 실제 존재하지 않는 소리를 듣고 현실적으로 존재하지 않는 사물을 보게 된다. 그러나 정신장애는 그 대상자들이 아프고, 동정의 대상이 되어야 한다거나 심지어 자신의 행동에 대한 책임이 반드시 덜한 것으로 이해될 필요는 없다.

정신병은 기질적 정신병(organic psychoses)과 기능적 정신병으로 나누어진다. 전자는 뇌의 장애나 신경계통의 이상, 또는 심각한 후유증을 초래하는 사고나 알츠하이머에 의한 뇌의 심각한 이상에 의해서 나타나는 것으로서 정신장애로 보기는 어렵다. 기능적 정신병은 뇌의 장애와는 관계없이 심리적 요인에 의해서 정신적 장애를 갖는 정신병 형태를 말하지만, 유전적 요인이나 심각한 생화학적 장애의 결과로서 나타나는 정신병을 의미하기도 한다. 기능적 정신병은 범죄학자들로부터 가장 관심을 받는 분야로서 정신분열증이나 조울증 등이 포함된다.

(2) 정신장애에 대한 개념

1) DSM-IV의 정의

정신장애는 기괴한, 극적인, 유해한 정신장애에 대한 진단적, 통계적 지침서(Diagnostic and Statistical Manual of Mental Disorders: DSM)에 규정된 다소 이상한 행동 등을 포함하는 개념이다. DSM은 미국 정신의학협회에서 임명한 위원회가 편집한 특별한 정신장애를 정의하고 진단하는 미국 임상의학자들의 지침서이다. 사실 DSM은 미국의 모든 정신보건 전문의들이 정신장애자들을 진단하고 치료하는데 있어 제3자의 비용지불을 정당화하는데 사용된다.

2000년에 DSM-IV가 출판되었고 DSM-V는 2008년도에 출판될 예정이다. DSM-IV에는 약 400가지의 정신장애 종류를 분류하고 있으며, 흥미롭게도 미국인의 거의 절반이 인생의 어떤 시점에서 DSM의 진단대상이 되고 있다는 점이다. DSM에 기초한 진단내용은 재판 감내능력, 범법행위 당시 정신상태, 양형, 그리고 범죄 피해자와 민사소송 원고가 겪는 피해의 평가를 포함하여 광범한 법의학적 자료들이 법정에 제공된다. DSM은 정신의학자들과 정신보건 전문의들의 시대흐름에 따른 견해를 반영하기 위해서 주기적으로 재평가되고 개정되고 있다.

DSM의 제4판인 DSM-IV에 의하면, 정신장애는 개인에게 일어나는, 그리고 현재의 고통이나 무능력과 결합된, 또는 죽음, 고통, 무능력, 또는 중요한 자유의 상실을 당하는 것과 같은 유의하게 증가된 위험과 결합된 임상의학적으로 유의한 행동적 또는 심리적 징후나 유형으로 개념정의하고 있다. 이러한 징후나 유형은 사랑하는 사람의 죽음과 같은 특별한 사건에 대한 기대가능하고 문화적으로 시인된 반응과는 다르다. 그 근본적 원인이 무엇이든, 그것은 개인의 행동적, 심리적, 또는 생물학적 장애의 징후에 해당된다.[241)

웨이크필드(Wakefield)는 정신장애에 대한 DSM-IV 정의와 관련된 두 가지 원칙을 제시한다. 즉, ① 정신조건은 개인에게 부정적인 결과를 초래한다. 즉, 개인은 어떤 고통, 고뇌, 불안, 또는 무능력을 겪고 있다. ② 정신장애는 개인의 어떤 내부과정의 장애라는 가정에 근거하고 있다.[242]

DSM에 규정하고 있는 정신장애는 ① 정신분열증, ② 망상장애, ③ 심각한 우울증, ④ 반사회적 성격장애 등 네 가지 범주로 구분된다. 정신분열증과 망상장애는 과거에 정신병 범주로 분류된 장애에 해당하고, 우울증은 양극성 장애, 즉, 조울증과 같은 심각한 상태인 경우에 정신병의 범주에 포함된다. 반사회적 성격장애는 일반적으로 성격장애라고 부르고 대체로 폭력적 행동, 또는 심각한 범죄행동이나 반사회적 행동과 밀접한 관련이 있다.[243]

DSM은 이러한 장애상태에 있는 사람들이 범죄성향을 가지고 있는 것은 아니며, 개인이 이러한 장애를 가지고 있는 것으로 진단받았을지라도, 범죄행동을 했을 경우에 책임을 질 수 있다고 규정하고 있다. 물론 반사회적 성격장애는 범죄행동의 책임에 대한 정신이상 항변을 지원하는데 흔히 사용되기도 한다.

2) 법적인 개념

정신의학에서 분류하는 정신장애(mental disorders)는 대단히 포괄적이고 광범위하여 학자마다 다양한 분류기준을 제시하고 있다. 「정신보건법」에 보면, 정신장애를 가진 자를 정신장애자로 하지 않고 정신질환자로 정의하고 있다. 즉, 정신장애자란 장애와 질환을 아울러 갖고 있는 사람이라고 정의하고 있다. 사실 정신장애는 생물학적 전통에서 나온 용어로서 비정상적인 심리상태를 질병 또는 장애라고 본다. 이러한 관점에서 비정상적 심리상태는 신체적 질병과 마찬가지로 어떤 내부적 특질에 의해서 유발된 심리적 증상으로서 독특한 증상 유형과 진행과정이 나타나며, 치료해야 하는 병적인 상태를 의미한다. 정신장애는 때로는 심리장애나 정신질환이라는 용어로 사용되기도 한다. 정신질환 중에서 정신분열증은 현실 판단력이 많이 손상되어 심각한 부적응을 나타내는 대표적인 정신장애 유형이다.

정신장애에 대한 이러한 개념은 대부분의 국가에서 받아들여지고 있다. 영국의 경우

---

241) Bartol & Bartol, *op.cit.*, p.230.
242) J.C. Wakefield, Disorder as harmful dysfunction:A conceptual critique of DSM-Ⅲ-R's definition of mental disorder, Psychological Review, 99, 1992, 232-247.
243) Bartol & Bartol, *op.cit.*, p.230.

에 1959년 「정신보건법」에서 정신장애자를 정신병자, 정신박약자, 정신병질자로 분류하였다. 이러한 개념은 1950년에 제정된 일본의 「정신보건법」과 동일하다. 구 서독 형법 제51조에서도 정신장애자를 의식장애, 정신활동병적 장애, 정신박약의 3가지 유형으로 분류하였다.

우리나라 대법원은 정신장애를 정신병, 정신박약, 또는 비정상적 정신상태 등으로 규정하고 있으며, 학계에서도 대체로 정신병, 정신박약, 정신병질, 심한 의식장애 등으로 분류하고 있다. 그러나 정신장애에 해당하는 각 증상을 객관적으로 구분할 수 있는 기준이 없다는 점이 문제이다. 특히 정신박약이나 미약, 정신병질, 그리고 비정상적 정신상태 등에 대한 개념규정은 분명치가 않다.

3. 정신장애의 종류

정신장애 상태에 있는 자는 정신병이나 정신결함 등으로 인하여 자신의 행동의 불법성을 식별할 수 있는 실질적 능력을 결여하였거나 자신의 행위를 법의 요구에 따르게 하는 실질적 능력을 결여한 자를 말한다. 따라서 일반적으로 정신병이라고 하는 정신분열증은 분명히 정신장애에 해당한다. 문제는 비정상적으로 공격적인 행동 또는 무책임한 행동을 야기함으로써 의료적 치료를 요하는 정신병질자를 정신장애자로 볼 것인가에 대해서는 견해가 엇갈린다.

우리나라 대법원은 범죄자의 형사책임 면제 또는 감경과 관련된 정신장애를 정신병, 정신박약 또는 비정상적 정신상태 등으로 보고 있으며, 학계에서도 대체적으로 정신병, 정신박약, 정신병질, 심한 의식장애 등을 정신장애로 분류하고 있다. 따라서 대법원이나 학계는 모두 정신병질을 정신장애로 인정하고 있는 셈이다. 뒤에서 다루어지는 망상증, 조울증, 해리성 장애, 반사회적 성격장애, 외상후 스트레스 장애, 기억상실증, 도박 강박증, 간질 등은 정신병질에 해당한다.

(1) 정신분열증

1) 개 념

정신분열증(schizophrenia)은 그 자체가 흔히 아주 기괴한 행동을 보여주기 때문에 사람들은 대부분 미친 행동이라고 하는 정신장애이다. 따라서 극히 복잡하고 이해하기 어려운 지속적인 행동과 결합된 정신장애가 바로 정신분열증이다. 정신분열증은 일반적으로 어린 시기에 시작하여 흔히 사회적·경제적 손해를 초래하고 나머지 인생에 그 피해의 흔적을 남긴다.

정신분열증은 단일의 질병이 아니라 일련의 장애가 결합된 증상으로 알려져 있다. 기본적으로 정신분열증은 인간의 성격이 여러 개의 찢어진 조각으로 존재하고, 궁극적으로 현실과는 완전히 단절된 상태에 빠진다. 그 원인은 정확하게 규명되기 어렵지만, 유전적 또는 생화학적 요인들과 관계가 있으며, 또한 개인의 환경과 깊은 관계가 있다.[244]

2) 특 징

정신분열증의 행동유형은 다양하지만, 어떤 공통적인 특징이 있다. 정신분열증의 가장 대표적인 증상은 ① 논리적인 사고가 불가능한 것과 같은 사고의 장애, ② 감정이나 정서의 조절 장애, ③ 사회적 관계나 교제로부터 일반적인 도피, ④ 망상의 형태 속에서 현실과의 단절 등이다.

또한 DSM-Ⅳ는 다음과 같은 정신분열증의 다섯 가지 특징을 제시하고 의학적인 진단이 내려지기 전에 적어도 두 가지 특징이 나타난다고 규정한다. ① 망상증, ② 환각증, ③ 비조직화된 언어, ④ 총체적으로 비조직화된 행동, ⑤ 감정의 부적절성 등이 특징으로 규정되고 있다. 그리고 적어도 6개월 동안 지속적인 장애의 징후가 나타나야 정신분열증에 해당된다.

3) 증 상

① 정신분열증 환자는 자신에 대한 통제력을 완전히 상실하고 원초적 본능에 의해 지배된다. 따라서 정신분열증 환자는 그 사고가 비합리적이고 초현실적이어서 통제 불가능하고 위협적이다.

② 정신분열증은 개인의 성격이 어떤 정리되지 않고 서로 상호작용하지 않는 대단히 작은 부분으로 분리되어 있는 것이 특징이다. 어떤 사람이 두 개의 마음을 소유하고 있다거나 한편에는 정상적인 마음이 존재하고, 다른 한편에는 통제불가능하거나 나쁜 마음을 가진 분리된 성격을 가진 것으로 분석된다.

---

244) Williams, *op.cit.*, p. 218

③ 정상적인 사람들과는 다른 사고의 세계 속에서 세상과는 격리되고 비현실적인 공상에 빠지기도 한다. 그들은 자신을 악마의 대리인, 복수의 화신, 또는 동물과 식물로부터 메시지를 받은 사람으로 생각하기도 한다.[245] 다른 천체에서 온 외계인이 당신의 휴대폰을 듣고 있고 결국 당신에 대한 음모를 꾸미고 있다는 망상상태에 빠져 있다. 1976년부터 1977년 사이에 잔인한 연쇄살인을 한 베르코비츠(David Berkowitz)는 그가 이웃집의 개로부터 메시지를 받고 살인행동을 시작했다고 주장했다

④ 정신분열증 상태에 있는 자의 대화는 이해하기 어렵고 언어장애도 심각한 수준이다. 외부의 다른 사람들을 피하거나 미워하며 적대적이고 위협적인 것으로 생각한다. 또한 그들의 감정은 불안정하여 특이한 자극이 있을 경우 이를 참지 못하고 공격적이거나 자기파괴적인 행동을 보이는 특이한 상태에 빠져 있다.

⑤ 정신분열증은 다양한 환각증세(hallucinations)가 나타난다. 즉, 타인들이 감지하지 못하거나 인지하지 못하는 사물이나 사건들을 감지하거나 인지하고, 바로 곁에 있는 다른 사람들이 듣지 못하는 소리나 음성을 듣는 것과 같은 환청 현상이 나타나기도 한다.

⑥ 정신분열증이란 주로 청년기, 또는 성인기 초기에 많이 발생하고, 남자와 여자의 발병률은 비슷하다. 정신분열증은 정신병동에 입원한 환자들의 50%를 차지하고 있을 정도로 정신병 인구 중에서 가장 많은 부분을 차지하고 정신병으로 인한 범죄자 중에서도 제일 많이 발견되고 있다.

4) 유 형

DSM-IV는 다섯 가지의 하위 유형을 인정하고 있다.

❶ 비조직화된 유형

비조직화된 유형은 부적절한 감정과 현저한 논리결여, 사고유형의 비조직화 등이 특징이다. 또 비조직화된 유형의 다른 특징은 꾸민 얼굴, 이상한 버릇, 존재하지 않는 육체적 고통에 대한 불평, 극한적인 사회적 단절, 기묘한 행동 등이다.

---

245) Siegel, *op.cit.*, p.218

❷ 긴장유형(catatonic type)

긴장유형은 근육과 자율신경의 심각한 장애라는 특징이 나타난다. 장기간의 무언증, 멋도 모르고 의미없는 말이나 어구의 반복, 과도하게 꾸며서 점잖은 채 하는 얼굴, 장기간의 기과한 자세, 고함지르기나 물건 던지기 등의 행동을 보인다.

❸ 망상증 유형(paranoid type)

정신분열증은 망상증과 환각증상이 나타나는 것이 특징이다. 망상형 정신분열증을 가진 사람은 외계인이 세상을 점령할 음모를 하고 있으며, 빨간 머리를 가진 사람을 제거하라는 명령을 들었다든지 하는 현상이 나타난다. 망상형 정신분열증은 가장 흔히 범죄행동에 관련된다.

❹ 미분화된 유형(undifferentiated type)

미분화된 유형은 다른 유형으로 분류될 수 없는 정신병적 유형이다. 이 유형의 사람은 환상, 망상, 말도 안 되는 소리 등을 한다.

❺ 잔존 유형(residual type)

잔존 유형은 정신 분열증의 어떤 특징, 즉 둔감한 정서, 비논리적 사고 등의 특징을 보이지만, 다른 징후는 없다.

5) 정신분열증과 범죄의 관계

❶ 일반적인 경향

정신분열증은 인간행동에 현저한 영향을 미칠 수 있는 심각한 정신병이지만, 일반적으로 범죄와 밀접한 관련성은 없는 것으로 인정된다.[246] 그러나 정신분열증과 범죄의 연관성에 대해 현재까지 상관성이 거의 없다는 견해가 있는 반면, 돌발적인 공격성이 강하게 나타난다는 견해도 있다.

정신분열증과 범죄의 관련성에 대한 연구에 의하면, 범죄의 유형별로는 살인과 상해, 방화의 비율이 다른 정신병에 비해 높고, 또한 일반적으로 재산범은 적다고 하지만 감정과 의지가 마비된 결함상태에 처해 있는 경우는 경미한 재산범죄를 저지르기도 한다. 링크비스트와 알레벡(Lindqvist & Allebeck)은 1971년도에 스웨덴의 한 병원에서 퇴원

---

246) Williams, *op.cit.*, p.260.

한 644명의 정신분열증 환자들을 대상으로 1972년부터 1986년까지 약 15년에 걸친 종단연구 결과, 330명의 남자 중에 45명이 범죄를 범한 것으로 나타났는데 이는 일반 시민들의 범죄율과 비슷한 수준이었다. 그러나 314명의 여자환자 중에서 9명이 범죄를 범함으로써 일반여성들 범죄의 두 배에 해당하는 수치였다.[247]

❷ 정신분열증과 폭력범죄의 관계

정신분열증과 범죄의 관계에 대한 초기 연구에 의하면, 심각한 폭력범죄를 범한 많은 범죄자들이 어떤 종류의 정신장애를 겪고 있는 것으로 확인되었다.[248] 정신분열증 환자는 흔히 어린 아이나 여성을 공격하거나 존속을 살해하는 경우가 많다. 이러한 범죄행위는 자신에 대한 상대방의 위협을 사전에 차단한다고 생각한 결과이다. 특히 존속살인은 자신과 생활을 같이하는 가운데 극단적인 자극으로 인하여 발작적인 공격을 한 결과이다. 살인 피의자들에 관한 연구들은 피의자들의 75%가 정신분열증을 포함한 어떤 정신질병을 가지고 있는 것으로 보고했다.[249]

특히 망상(delusion)과 환각(hallucination)속에서 발생한 살인 같은 강력범죄는 정신분열증이 원인이다. 맥노튼(McNaghten)에 의한 살인 사건은 망상증에 의해 야기된 사건으로 유명하다.[250] 맥노튼은 당시 영국 수상인 로바트 필(Robert Peel)을 죽여야 한다는 망상에 빠져 있었다. 맥노튼은 수상 비서실장을 수상인 로버트 필로 오인하고 대신에 그를 살인했으나 정신이상(insanity)을 이유로 무죄판결을 받았다.

아주 드물기는 하지만, 정신분열증에 의해 야기되는 폭력범죄 중에서 수족절단이나 천천히 사람을 죽이는 것과 같은 잔인한 수법의 범죄행위도 발생한다. 대체로 성적인 훼손행위까지 포함하는 이러한 사건은 일반시민들을 경악시키는 기사거리가 되어 정신분열증 환자들을 잔인한 범죄자로 인지하는 현상을 일반화시키는 결과를 초래한다. 이러한 잔인한 수법의 강력범죄는 빈번하지는 않지만, 여타의 정신장애 집단이나 일반시민에 비해서 정신분열증 환자들에 의해서 더 광범하게 발생한다.

2004년 텡스트램(Tengström) 등의 연구에 의하면, PCL-R의 검사에서 높은 점수를

---

247) P. Linqvist. and P. Allebeck(1990), 'Schizophrenia and crime:a longitudinal follow-up of 644 schizophrenics in Stockholm,' British Journal of Psychiatry, vol.157, p.345.

248) Siegel, *op.cit.*, p.161.

249) Richard Rosner, "Adolescent accused of murder and manslaughter:A five year descriptive study," Bulletin of the American Academy of Psychiatry and Law 7, 1979, 342-351.

250) Williams, *op.cit.*, p.219.

받은 정신분열증 범죄자들은 낮은 점수를 받은 사람들보다 더 폭력적인 범죄를 범하는 것으로 판명되었다.[251] 이 연구 결과는 PCL-R 점수가 폭력적이고 만성적인 범죄전력에 대한 강력한 예측치라는 사실을 증명한다. 또한 어린 나이에 정신분열증과 반사회적 행동을 보여주는 남자들이 흔히 지속적이고 다양한 유형의 범죄행동을 보인다는 연구 결과도 있다. 특히 정신분열증과 함께 약물남용문제를 가지고 있는 남성들은 그렇지 않은 남성들보다 폭력범죄를 범할 위험이 훨씬 높다는 증거도 제시되고 있다.[252]

더 최근의 연구에 의하면, 적어도 한 번 이상의 폭력사건 전력이 있는 남성 정신장애자들은 병원으로부터 퇴원한지 1년 이내에 폭력행위를 할 가능성이 아주 높다는 것이다. 사실 정신분열증을 가진 개인들이 폭력범죄, 심지어 살인범죄를 범할 높은 위험성을 지니고 있다는 사실이 입증되고 있다.[253]더욱이 정신분열증을 가진 범죄자들이 살인범죄를 범할 때 대부분 흔히 친척들을 살해하는데 범행 당시에 그들은 환각과 망상 증세에 빠져 있는 것으로 확인되었다.[254]

❸ 여성 정신분열증과 범죄

여성 정신분열증환자들의 범죄율이 유의한 수준으로 보이지만, 그 숫자가 너무 적어 결론을 내리기가 어렵다. 여성 정신분열증 환자가 범한 범죄는 비폭력 범죄로서 대부분 재산범죄였지만, 폭력범죄의 비율은 일반시민 집단의 네 배에 해당한다. 이러한 결과는 유의한 수준이지만, 폭력범죄는 대부분 단순폭행에 해당하는 경미한 범죄였으며, 살인범죄는 없었다.[255]어떤 학자는 역시 여성 정신분열증 환자들이 심각한 폭력범죄보다는 재산범죄나 단순 폭행범죄를 범하는 경향이 강하다고 주장한다.[256]

---

251) A. Tengström. A, S. Hodgings, M. Gtrann, N. Lǎngstrom, & G. Kullgren(2004), Schizophrenia and criminal offending: The role of psychopathy and substsnce use disorders, Criminal Justice and Behavior, 31, 367-391.

252) P.S. Applebaum, P.C. Robins & J. Monahan(2000), Violence and delusions:Data from the MacArthur Violence Risk Assessment Study, American Journal of Psychiatry, 157, 566-572.

253) K. Naudts &S. Hodgins, Neurobiological correlates of violent behavior among persons with schizophrenia, Schizophrenia Bulletun, 2005, December 29, pp.1-11.

254) H. Hǎkkǎnen. & T. Laajasalo, Homicide crime scene behaviors in Finnish sample of mentally ill offenders, Homicide Studies, 10, 2006, 33-54.

255) Linqvist et al., *op.cit.*, p.345.

256) Williams, *op.cit.*, p.218.

❹ 비 판

정신병 연구에 대한 비판은 정신병 연구의 대상자들의 대표성에 관하여 제기되는 문제이다. 정신병 연구의 대상자들은 주로 수형자들이다. 그러나 정신병적 행동을 하는 사람들은 사회에 광범하게 존재하고 합법적인 직업을 가지고 살아가는 사람들 중에도 있다. 그들이 반사회적인 행동을 하지 않는다면 형사사법기관들의 관심을 끌지 못할 것이다. 사실 정신병에 대한 정의 자체가 애매모호하여 의사와 지역에 따라서 정신병자 집단은 달라진다. 그러므로 지역 전체를 통틀어서 보면 정신병자 집단에 정상적인 사람이 일부 포함되어 있을 수도 있고 그 반대의 경우도 가능하다.

(2) 망상증(paranoia)과 범죄

1) 개 념

망상은 자신과 세상에 대한 잘못된 강한 믿음으로서 분명한 반증에도 불구하고 강하게 지속되는 허황된 생각이나 신념을 말한다. 망상의 주제는 다양하여 그 내용에 따라 피해망상, 과대망상, 관계망상, 애정망상, 신체망상 등으로 구분된다.

❶ 피해망상

피해망상(persecutory delusion)은 흔히 정보기관, 권력기관, 단체 또는 특정한 기관이 자신을 감시하거나 미행하여 피해를 주고 있다는 믿음을 말한다.

❷ 과대망상

과대망상은 자신이 재림예수나 천재 같은 매우 중요한 능력과 임무를 지닌 특별한 인물이라는 믿음이다.

❸ 관계망상

관계망상은 일상적인 일들이 자신과 관련되어 있다는 믿음으로서 TV나 라디오의 뉴스, 중요한 인물이나 지나가는 사람의 언급이 자신과 관련되어 있다는 믿음으로서 다른 망상과 함께 나타나는 경우가 많다.

❹ 애정망상

애정망상은 유명한 사람, 즉 유명 연예인과 사랑하는 관계라는 허황된 믿음을 말하고, 신체망상은 자신의 몸에 매우 심각한 질병이나 병적 증상이 있다는 믿음이다.[257] 이러한 망상의 내용은 대부분 매우 엉뚱하거나 기괴하여 일반인이 이해하기 매우 어렵다.

2) 특 징

❶ 기괴하지 않은 망상

편집증이라고도 하는 망상장애는 적어도 한 달 동안 지속되는 한 가지 이상의 기괴하지 않은 망상현상(nonbizarre delusions)이 존재하는 것을 말한다.[258] 망상 시스템이 정신분열증인가 아니면 망상현상인가 여부는 그 증상이 기괴한 행동이냐 아니면 비기괴한 행동이냐에 의해 결정된다. 망상이 기괴한지의 여부는 정신분열증과 망상장애를 구분하는 매우 중요한 기준이지만, 이것의 판단은 어렵고 문화권마다 다르다.

망상이 일반생활에 근거하지 않고 이해불가능하며 받아들이기 어려울 경우에, 즉 낯선 사람이 아무런 상처나 흔적 없이 자신의 내장을 제거하고 다른 사람의 것으로 대체하였다고 믿는 다든지 이웃이 모기로 변장하고 자신의 창문 밖에서 염탐하고 있다고 믿는 경우 기괴하다고 간주된다. 반면에 누가 미행한다거나, 누가 자신의 개를 독살하려 한다거나, 중병에 감염되었다거나, 멀리서 타인이 자신을 사랑하다거나 또는 연인에게 기만당했다는 등 실제 상황에서 일어남직한 상황을 포함하는 경우는 기괴하지 않은 망상으로 간주된다.

❷ 정신분열증 망상과의 구별

망상 장애의 경우에 망상은 완전히 억지가 아니라 믿을만한 내용으로 구성되어 있다. 정신분열증이 아닌 망상증은 어떤 증거도 없는 허황된 생각이지만 발생가능한 일이라는 점에서 앞에서 언급된 기괴하지 않은 믿음에 해당된다. 망상증은 기괴한 행동을 하는 정신분열증 망상증과는 달리 정상적인 사람일지라도 허황된 생각을 하고 행동을 하는 것까지 포함하므로 엄격하게 말해서 정신병이라고 할 수는 없다. 그러나 다른 사람들과의 사회관계에 영향을 미칠 수 있을 정도로 사물에 대한 객관성이나 합리성을 결여하고 있으므로 정상적인 심리상태는 아니다.

---

257) 권석만, 현대이상심리학, 학지사, 2007, pp.272-274.
258) Bartol & Bartol, op,cit., p.282.

3) 범죄와의 관계

망상증 중에서 범죄와 관련된 유형은 피해망상증이나 과대망상증이다. 피해망상증에 빠진 사람은 가끔 특정인이나 아니면 불특정 남자들이 자신을 공격할 것이라는 망상에 빠져 다른 사람들을 공격할 수도 있다. 때로는 자신이 몇 살 이전에 죽을 것이라는 과대망상에 빠져 죽기 전에 하고 싶은 것을 다해야한다면서 범죄나 비행을 당연시 할 수도 있다. 피해망상증에 의한 범죄는 가족이나 가까운 사람들 사이에서 흔히 발생한다는 것도 하나의 특징이다. 미국의 총기 살해범 유진 웨스트(Eugene West)같은 정신분열적 피해망상증 환자들은 비행이나 학대를 포함하는 피해망상증으로 인한 복잡한 행동을 겪고 있었다.[259] 그들은 모든 사람들이 그들과는 다른 세상에 살고 있다고 생각한다.

2004년 한국에서 21명의 여성을 살해한 연쇄 살인범 유영철은 과대망상증 심리증상을 보였다고 한다. 그는 "지킬박사와 하이드는 다중인격으로 서로 존재를 모르지만 나는 내 일상적인 모습과 살인을 저지를 때의 모습을 모두 알고 있다"고 말하고, 간질, 색맹, 쌍둥이, 아버지와 형이 자살했다고 하는 등 근거 없는 주장으로 자신을 비극의 주인공으로 만들려는 경향이 심했으며, 스스로 계백장군에 비유하는 등 과대망상적 심리를 보였다는 것이다.[260] 물론 그의 연쇄살인은 주변인에 대한 배신감과 분노, 스스로의 열등감과 불우한 가정환경에 대한 반감 등으로 인한 잠재된 폭력성의 복합적인 표출이지만, 범행의 과정에서 과대망상증적 심리도 크게 작용한 것으로 분석된다.

피해망상증이나 과대망상증에 의한 범죄행위는 역사적인 사건들에서도 찾아볼 수 있다. 로마 황제 칼리쿨라는 자신을 신과 동일시하고, 신전을 세우고 기괴한 의식을 거행했다. 포악한 성격의 그는 연극배우들에게 후한 상을 내리는가 하면 말에게 집과 노예, 가구를 마련해 주기도 했다. 그는 과대망상증에 사로잡혀 있었던 것이다. 로마 최고의 폭군 네로는 자신의 어머니와 두 번째 부인을 죽이는 등 피해망상증에 사로잡힌 행동을 일삼았다. 동성애, 환락 편집증 환자라고도 하는 네로는 국가 재정을 파탄시키고 무수한 사람을 살해했으며, 로마 대화재를 일으킨 뒤 분노한 백성들에게 쫓겨나 한 별장에서 자살했다. 그는 마지막 순간에 "이렇게 한 예술가가 사라지는 가"라고 중얼거릴 정도로 과대망상증 증세를 보였다.

---

259) Siegel, *op.cit.*, p.161.
260) 연합뉴스, 2005.6.10.

(3) 심각한 정서장애: 조울증

1) 개념과 특징

조울증은 인간의 기분을 상승시키는 '조' 상태와 기분의 침체를 초래하는 '울' 상태가 교차되어 나타나는 정신질환이다. 그러므로 양극성 장애(bipolar disorder)라고도 한다. 조증(manic depression)은 고양된 기분, 의욕의 항진, 다동(多動), 다변(多辯), 수면단축, 통제결여 등이 특징이다. 한편, 울증(major depression)은 기분의 침체, 심한 죄의식, 무기력, 식욕상실, 에너지 상실, 그리고 개인과 외부세계에 대한 흥미상실 등이 특징이다. 이러한 특징은 화와 짜증, 긴장, 흥분, 불면, 그리고 때때로 자살 욕망 등을 동반한다. 그래서 가장 공통적인 이름이 우울증이다. 조증과 울증의 변화는 극한적으로 이루어지고 울증이 더 깊고 보통 더 장기간 지속된다.

조울증은 생물학적 입장에서는 유전적 요인, 즉 도파민이나 세로토닌같은 신경전달물질의 부족과 과잉, 부신피질이나 갑상선과 같은 신경내분비적 요인의 기능 이상, 그리고 수면 생리적 요인들이 발생 요인이다. 정신분석학적으로는 조울증의 조증과 울증은 동일한 갈등에 의해 지배되지만, 단지 그 갈등에 대한 환자의 태도가 다를 뿐이다. 즉, 우울증은 갈등에 압도당하는 상태인 반면, 조증은 갈등을 부정하고 무관심한 태도를 보이는 상태이다.[261]

2) 범죄와의 관계

정신분열증과 마찬가지로 조울증과 범죄의 관계는 설명되기 어렵다. 우울증의 범죄 관련성은 점점 관심의 대상이 되기 시작했으며, 잠정적인 자료는 우울증이 특히 10대의 소녀의 경우에 일탈행동과 강력한 연관성이 있는 것으로 지적하고 있다.[262] 우리나라의 경우에도 우울증에 걸린 20대 여성의 존속 살해 사건이 여러 곳에서 발생된 것으로 기록되고 있다. 우울증에 걸린 십대의 경우에 남녀를 불문하고 그들 자신의 개인적 안전과 그 행동의 결과에 대해 무관심한 것이 특징이다.

또한 우울증 상태에 있는 사람들은 자기 주변에서 일어나고 있는 일과 생활에 대해서 흥미를 상실하고 자신을 사회생활과 학교 또는 직장과 고립시킨다. 특히 울증은 보

---

261) 권석만, 앞의 책., pp232-233.

262) L. Teplin. L(2000), Psychiatric disorders in youthful offenders, National Institute of Justice Journal, 2000, pp.30-32.

통 자살을 동반하는 살인과 같은 특별한 범죄의 원인으로 작용한다. 울증상태의 환자들은 자신의 비참한 현실과 그것을 개선할 수 있는 아무것도 없다는 무기력증으로 인해 흔히 자살에 의존한다. 이러한 경우에 자신의 무기력으로 가족이 고통 받는 것을 피하기 위해 가족들을 먼저 살해하고 자살을 선택하기도 한다. 우울증 환자들은 집단살인, 직장폭력, 그리고 경찰이 사살할 수밖에 없는 상황을 도발하는 경찰에 의한 자살사건(suicide-by-cop) 등과 같은 사건을 유발한다.[263] 조증의 경우에 범죄 유형은 폭력적·충동적 행동으로 특징지을 수 있으며, 때때로 방화와 같은 범죄를 범하기도 한다.[264]

(4) 산후 우울증

1) 개 념

전통적으로 자신의 아이를 살해하는 산모는 죄악 또는 심각한 정신장애 상태에 있는 것으로서 형사사법 체계에 의해 간주되었다. 흔히 임상의학자들이 진단하는 정신장애는 출산후에 나타나는 것으로 생각되는 산후우울증이다. 임상의학자들은 산후에 발생할 수 있는 정신적 반응을 산후 기분장애(postpartum blues), 산후 우울증(postpartum depression), 그리고 산후 정신병(postpartum psychosis) 등 세 가지로 분류한다.

2) 유 형

❶ 산후 기분장애

산후 기분장애는 성급함, 근심, 혼란 그리고 변덕스러운 기분변화 등의 특징을 보인다. 이러한 산후 기분장애는 여성의 거의 50~80%가 산후 1일에서 5일 사이에 가볍게 경험하는 것으로서 그렇게 비정상적인 증상이 아니다. 대체로 산후 몇 시간에서 며칠 동안 지속될 수 있으며, 명백하게 출산과 관련이 있다. 이러한 증상이 2주 이상 지속되면 이상증세로 보아야 하며, 산후 기분장애로 인해 산모가 신생아를 살해한 증거는 거의 없다.

❷ 산후 우울증

산후 우울증은 산후 몇 주와 몇 달 동안 지속된다. 이 증상은 우울, 식욕상실, 수면장

---

263) Bartol & Bartol, *op.cit.*, p.233.
264) Williams, *op.cit.*, pp.219-220.

애, 피로, 자살욕구, 인생에 대한 의욕상실, 그리고 출산한 아이에 대한 무관심 등으로 나타난다. 산모는 아이를 얻은 후에 행복해야 할 때에 자신의 무관심에 대해 흔히 죄책감을 느낀다. 미국의 출산 여성들의 7%에서 17%가 산후 우울증을 경험한다. 그러나 산후우울증은 출산과 직접 관련이 있는 것이 아니라 출산 전에 나타나는 하나의 임상적 우울증의 형태에 더 가깝다. 이러한 형태의 우울증은 여성의 생활 경로상에 나타나는 기분장애인 것으로 보인다. 산후 우울증으로 산모가 아기를 살해한 사례가 있기는 하지만 출산후에 이러한 살해사건이 발생하는 일은 거의 없다.

❸ 산후 정신병증

산후 정신병증(postpartum psychosis)은 말 그대로 산후에 나타나는 정신장애이다. 산후 정신병증은 1 천 명 중에 1명이 나타날 정도로 아주 드문 증상이다. 이 증상은 심각한 양극성 우울증에 아주 유사하고 출산과 직접 관련이 있는 것으로 알려져 있다. 때때로 이 증상은 산모가 자살 충동과 아울러 유아와 다른 아동에 대한 살해 욕구를 촉진할 정도로 심각한 상태이다.

이러한 주장은 2001년 6월 20일 텍사스의 안드레아 예이츠(Andrea Yates)라는 여성이 자신의 6개월 된 유아에서부터 7살짜리 까지 5명을 욕조에서 살해한 사건에 대한 재판과정과 관련이 있다. 그녀는 자신의 머리카락 속에 악마가 숨어서 자신을 지배하고 있어서 그것을 제거할 유일한 방법이 자신의 아이들을 살해하는 방법이라고 주장했다. 자신이 악마를 대표하기 때문에 자신의 아이들이 지옥에서 고통을 받을 것이라고 주장하면서 지옥으로부터 아이들을 구원하기 위해 그들을 죽여서 천국에 갈 수 있도록 하는 것이 중요한 일이라고 생각하고, 악마가 요구하는 대로 아이들을 살해한 것이라고 항변했다. 이를 두고 전문가들은 그녀가 정신장애라고 증언했으나 범행 당시에 그녀가 범행 사실을 알고 있었는가의 여부가 그녀의 유죄 결정의 핵심이었다. 이 사건은 산후 우울증으로 고통 받고 있는 여성이 정신 이상을 일으켜 자신의 아이들을 살해한 것인가 아니면 범죄사실을 인식하면서도 아이들을 살해한 것인가에 대한 국가차원의 논쟁을 불러일으켰다.[265]

---

265) Bartol & Bartol, *op.cit.*, pp.226-227.

(5) 반사회적 성격장애와 범죄

1) 개념과 특징

반사회적 성격장애(Antisocial Personality Disorder: APD) 상태에 있는 사람의 본질적인 특징은 지속적으로 타인의 권리를 침해하는 성향을 가지고 있다는 점이다. 그런 사람은 적어도 18세 이상으로 15세 이전에 어떤 행동장애 징후의 역사를 가지고 있다.

APD 상태에 있는 자들은 적어도 다음과 같은 행동유형들 중의 세 가지 이상을 가지고 있어야 한다. 이것은 APD의 필요요건이다. ① 흔히 체포의 근거가 되는 행동을 자행하는 것과 같이 사회규범이나 형사법에 대한 순응의 실패, ② 반복적인 폭행이나 약탈과 같은 성급함과 비정상적인 공격성, ③ 초라한 업무성적이나 금전관계의 책임을 다하지 못하는 것과 같은 지속적인 무책임성, ④ 충동성이나 무계획성. ⑤ 빈번한 거짓말, 가명의 사용 또는 개인적 이익이나 쾌락을 위해 타인 속이기, ⑥ 타인이나 자신의 안전에 대한 무모한 무관심, ⑦ 상해, 학대 또는 절도에 대한 무관심이나 합리화 등과 같은 잘못에 대한 후회심이나 죄책감의 결여 등이다.

또한 DSM-Ⅳ는 훔치기, 폭행, 무단결석, 권위에 대한 저항과 같은 전형적인 아동기의 징후들을 APD의 특징으로 포함시킨다. 아울러 APD는 감정이입이 결여되고, 냉담하고 냉소적이며, 타인의 감정, 권리, 그리고 고통을 무시하는 경향이 강하다. 또한 성적으로 조숙하고 공격적인 성 행동, 과도한 음주, 그리고 마약사용과 같은 행동을 함은 물론 가족, 친구 또는 성적 파트너와 지속적이고 가깝고 따뜻하고 책임있는 관계를 유지하는 능력이 현저하게 부족하다. 보통 반사회적 성격 장애자는 독립적이고 독자적인 성인생활을 영위하지 못한다. 그들은 대부분 교정시설 같은 시설에서 생활하거나 그들의 가족에게 고도로 의존하면서 살아간다. 기타 침착성 결여, 인내심의 결여, 그리고 세상에 대한 적대감을 가지고 있는 것 등이 특징이다. 또한 흔히 긴장과 우울증에 시달린다고 하지만, 우울증 진단 기준을 충족할 정도는 아니다.

반사회적 성격장애는 여성보다는 남성에게 더 흔히 발생하는 것이 특징이다. DSM-Ⅳ 기준에 의하면, 미국 남성의 약 3%와 여성의 약 1%가 반사회적 성격장애 상태에 있다. 더욱이 그 장애는 열악한 경제환경과 불우한 가정환경에서 성장하고 저소득 등으로 인한 사회경제적인 하위계층의 사람들에게 더 많이 발생한다. DSM-Ⅳ는 반사회적 성격장애를 유전적인 요인과 연결시키지만, 비록 그 장애가 가족이 공유하는 경우가 흔히 발견되지만 그 요인은 유전이 아니라 경제적, 사회적 배경을 공유하기 때문이라는 관점이 유력하다.

2) 범죄와의 관계

1970년대의 연구는 반사회적 성격장애자를 범죄자의 공통된 진단지표라고 지적했다. 초기연구에서 헨(Henn)과 그 동료들은 세인트루이스와 미조리주의 법원이 10년 이상 정신의학적인 평가를 의뢰한 모든 피고인에 대한 광범위한 일련의 조사를 수행했다. 다양한 범죄로 기소되고 정신의학적인 평가가 의뢰된 1,195명의 표본을 중심으로 조사한 결과, 그들에 대한 진단결과는 모든 대상자의 거의 40%에 해당하는 자들이 성격장애인 것으로 확인됐다. 성격장애로 분류된 사람들의 2/3는 특히 반사회적 성격장애자로 밝혀졌다.[266] 두 번째 많은 진단은 전체의 17%를 차지하는 정신분열증이었다. 나머지 진단은 골고루 분포되고 그 빈도도 낮은 편이었다.

이러한 추세는 오늘날도 꾸준히 지속되고 있다. APD는 형사법정과 교도소에서 흔히 진단자료로서 제공되고 있다. 연구자들은 법원이 정신의학적인 진단을 요구할 때, 많은 임상의학자들은 개인이 반사회적 성격장애 상태에 해당하는 지를 결정할 의무를 지게 된다고 지적한다. 교정시설의 경우에 APD 상태의 수형자 비율은 30-50%의 범위에 해당하고 수형자의 50%이상이 반사회적 성격장애자라는 사실은 별로 특이한 일이 아니다. APD는 범죄행위로 기소되고 유죄판결을 받은 사람들에게 적용되는 공통적인 진단이어서 어떤 법원은 정신이상 항변(insanity defense)을 지원할 수 있는 정신장애 목록에서 특별히 그것을 제외하기도 한다.[267]

반사회적 성격장애 개념의 타당성은 논란의 대상이 되어 왔다. 만성적인 범법행위를 하는 경향이 강한 단일의 이상성격은 없다. 반사회적 성격장애라는 진단적 명칭은 이론개발, 연구, 임상의학적 의사소통이나 예측을 위한 의미를 제공하지 못하는 신비스런 개념이다. 임상의학적인 이용을 위한 과학적인 증거가 없다면, 그 개념은 포기되어야 한다.[268] 또한 APD와 사이코패시는 많은 임상의학자들이 동의어로 볼 정도로 혼란스럽다.

---

266) P. A. Henn. Herjanic & R. H. Vanderpearl(1976a), Forensic psychiatry: Profiles of two types of sex offenders, American Journal of Psychiatry, 133, 694-696.

267) Bartol & Bartol, *op.cit.*, p.237.

268) R. Blackburn, Criminality and the interpersonal circle in mentally disordered offenders, Criminal Justice and Behavior, 25, 1999, pp.155-176.

(6) 해리성(다중성격) 장애와 범죄

1) 개 념

의학계는 1994년 '다중성격장애(multiple personality disorder)'라는 병명을 '정신상태가 분리되어 자기의 본래의 정체를 상실한 상태'를 의미하는 '해리성 정체성 장애(dissociative identity disorder)'라는 용어로 바꾸었다. 따라서 오늘날 해리성 정체성 장애라고 하는 다중성격은 한 사람의 내면에 2가지 이상의 각기 다른 정체성을 지닌 성격이 존재하는 것을 말하고. 각각의 성격이 교대로 반복해서 그 사람의 행동을 통제하는 증상을 말한다.

2) 특 징

해리성 정체성 장애는 한 사람 안에 서로 다른 정체성과 성격을 지닌 여러 사람이 존재하면서 상황에 따라 각기 다른 사람이 의식에 나타나서 말과 행동을 하는 것과 같은 모습을 보여준다. 흔히 하나의 인격으로부터 다른 인격으로의 변화는 몇 초에서 몇 분간격을 두고 갑자기 일어나고, 일반적으로 스트레스나 어떤 관련 환경적 자극에 의해 발생한다.

각각의 인격은 각기 다른 이름, 과거경험, 자아상과 정체감을 갖고 있는 것처럼 행동한다. 대개의 경우 개인의 원래 이름을 그대로 유지하는 일차적 인격은 수동적이고 의존적이며 우울하거나 죄책감을 지니고 있다. 교체되는 인격들은 다른 이름을 지니고 있고 일차적 인격과는 대조적인 성격을 지니는 경우가 많다.

DSM-Ⅳ에 의하면, 각각의 인격은 다양한 수준에서 어떤 인격이나 모든 다른 인격을 자각할 수 있다. 이들은 자신의 연령, 사용하는 어휘나 상식, 주된 정서, 심지어 목소리에서도 서로 차이를 나타내기도 한다. 교체되는 인격들은 번갈아 지배권을 갖게 되며, 한 인격이 다른 인격의 의견을 부정하는가 하면, 서로 비판적이기도 하며 갈등을 표출하기도 한다.

특히 해리성 정체성 장애는 남성보다는 여성에게서 3배 내지 9배정도로 많이 발생한다. 이 장애를 지닌 사람들은 기억의 공백을 경험한다. 즉, 한 인격이 의식에 나타나 경험한 것을 다른 인격이 기억하지 못하는 경우가 많다. 또한 다중성격자들은 고도로 암시적이고 감수성이 강하며 자신이나 다른 사람에 의해 쉽게 최면술에 걸린다.

역사적으로 다중성격이라고 보고된 사례는 극히 희귀하다. 그러나 1980년과 1989사이에 미국에서 다중성격으로 진단된 사례의 수는 200에서 6천 사례로 증가했다.[269] 이러한 증가의 부분은 미국 정신병리학회의 DSM-Ⅲ에서 다중성격 장애를 정신장애로서 공식적으로 인정한 것에 기인한다.

3) 원 인

해리성(解離性) 정체성 장애는 유년시절에 받은 육체적 또는 성적 학대 그리고 가족이나 친구의 죽음, 끔찍한 사고의 목격 등 정신적 외상이 그 원인인 것으로 알려져 있다. 해리성 정체성 장애는 사람이 심한 학대나 정신적 외상의 충격으로부터 자신을 보호하거나 대면하고 싶지 않은 현실을 피하기 위해 새로운 성격상태를 만들어 내는 것이다. 이 장애의 숨겨진 성격상태는 특히 분노나 증오를 그 본질로 하는 경우가 많다는 점이 특징이다.

해리성 정체성 장애의 진단기준은 다음과 같다.

① 한 사람 안에 둘 또는 그 이상의 각기 뚜렷이 구별되는 정체성이나 성격상태가 존재한다.

② 적어도 둘 이상의 정체성이나 성격 상태가 반복적으로 개인의 행동을 통제한다.

③ 일상적인 망각으로 설명하기에는 너무 광범위하고 중요한 개인적 정보를 회상하지 못한다.

④ 이 장애는 알코올이나 마약류 같은 물질이나 간질 같은 신체적 질병의 직접적인 생리적 효과로 인한 것이 아니어야 한다.

4) 범죄와의 관계

해리성 정체성 장애가 아동기 등의 성적 또는 신체적 학대, 외상후 스트레스 등에 의해 형성된 경우 이들을 피하기 위해 생성된 방어기제로서의 정신상태(성격)가 공격적 성향을 띠고 있을 때 일탈행위, 더 나아가 범죄행위와 연결될 가능성이 높다. 평소의 윤리도덕관 때문에 억압되었던 행위를 다른 정신상태로 바뀌면서 비윤리적 행위나 범죄행위를 범하게 된다. 미국 형사판례에서는 피고인이 형사면책 사유로서 해리성 정체

---

269) R. Slovenko. The multiple personality: A challenge to legal concepts, The Journal of Psychiatry and Law, 17, 1989, pp.681-719.

성 장애를 이른 바 MPD 항변(defense)을 활용하는 경우가 있다는 것을 보면 해리성 정체성 장애를 질병으로 인정하고 있는 것 같다. 그러나 이러한 경우에 문제는 해리성 정체성 장애를 의학적으로 감정하기 어렵다는 점이다.

해리성 정체성 장애는 그 존재 자체에 대해 최근에 임상의학자들에 의해서는 상당한 인정을 받고 있지만, 학자들 사이에는 회의적인 시각이 훨씬 많다. 인간의 행동을 통제하는 다중인격의 존재는 많은 사람들에게 매혹적이지만 과학적으로는 의심스러운 개념이다. 때때로 다중성격은 범죄행동의 책임에 대한 변명조건으로 성공적으로 사용되어 왔다. 1984년 로드리게스("State v. Rodrigues") 사건에서 세 건의 동성애와 젊은 여성 강간 사건으로 기소된 피고는 다중성격의 인정으로 무죄 선고를 받았다. 1978년의 밀리간("State v Milligan")사건에서 세 명의 여성을 강간한 피고인 밀리간(Milligan)은 24개의 분리된 다중성격 소유자라고 주장하여 정신이상 상태를 이유로 무죄 석방되었다.[270]따라서 다중성격은 질병이 아니라 일종의 꾀병 내지는 범죄행위 등과 관련하여 형사면책을 유도하기 위한 정신장애를 조작하는 것에 불과하다는 비판이 제기된다.

임상의학자들과 학자들은 정신병리학의 UFO라고 불리는 다중성격의 존재여부를 놓고 첨예한 논란을 벌이고 있다. 심지어 해리성 정체성 장애는 의도적이지는 않지만 의사가 원인이 된 질병이라고 언급되기도 한다. 의사들의 의학적 진단이 정확하다고 주장하지만, 그럼에도 불구하고 아마 극히 희귀한 경우를 제외하고는 인간의 마음속에 존재하는 하나의 성격이 다른 성격을 완전히 통제하는 진짜 정신장애가 존재한다는 확실한 증거는 거의 존재하지 않는다.[271]

(7) 외상후 스트레스 장애

1) 개 념

미국 정신의학협회의 진단·통계 지침서인 DSM-Ⅳ에 의하면. 외상후 스트레스 장애(Posttraumatic Stress Disorder: PTSD)란 극한적인 육체적·정신적 상처를 입은 후 스트레스의 발생과 관련된 특징적인 증후군, 또는 실제 죽음이나 죽음의 위협 또는 심각한 상해나 기타 육체의 보전에 대한 위협을 포함하는 사건을 개인적으로 직접 경험함

---

270) Bartol & Bartol, *op.cit.*, p.252
271) *Ibid.*, p.254.

으로써 발생하는 특징적인 증후군을 말한다. 또는 타인의 죽음·상해나 육체적 보전에 대한 위협을 포함하는 사건을 목격하거나 가족이나 아주 친한 동료의 불의의 죽음이나 변사, 심각한 위해, 또는 죽음이나 상해의 위협을 학습함으로써 발생하는 특징적인 증후군을 말한다. 이러한 사건들을 경험한 사람들은 상당한 고통에 시달리고 극한적인 두려움과 공포, 그리고 무기력증상을 보이게 된다.[272]

2) 특 징

외상후 스트레스 증후군은 환각증세, 반복적인 꿈이나 악몽, 외상성 사건에 대한 고통스런 기억을 포함한다. 특히 사건발생 후 몇 주 동안 외부세계에 대한 반응성의 감소, 부주의한 태도, 또는 심리적 마비증상이 나타난다. 또한 사회환경으로 부터의 소외감이나 단절, 다른 사람들과 친밀하고 의미있는 관계를 맺지 못하는 어려움을 초래한다. PTSD로 진단받은 사람들은 침울하고 우울하며 다른 사람들과 어울리지 못하고 같이 일하는데 어려움에 직면한다.

DSM-Ⅳ의 개정판에 의하면, PTSD는 해리성 정체성 장애의 광범한 범주로 인정하고 있다. 이는 육체적 원인에 의해서가 아니라 기억상의 현저한 변화에 의해 발생하는 정체성 장애를 말한다. 이러한 장애는 기억상실증, 정신적 둔주(도피), 그리고 해리성 정체성 장애의 어떤 형태이다.

3) 범죄와의 관계

PTSD는 마약 불법거래나 불시의 갑작스런 폭력범죄를 범하는 사례가 있는 것으로 알려져 있다. 특히 베트남 참전 제대군인들이 경찰관을 저격하거나 교도소로부터 도주한 사건 등이 전형적으로 PTSD 증후군이 원인이라는 점에서 법적인 쟁점이 되었다. PTSD 증후군 상태에서 범행을 한 범인들은 자신의 범죄행동을 기억하지 못하거나 심지어 자신의 정체성을 기억하지 못한다고 항변한다. 펠드(State v. Felde)사건(1982)에서 경찰을 저격한 베트남 참전 제대군인은 저격 당시에 해리성 정체성 장애 상태에 있었고 월맹군에 의해 포위된 것으로 믿었다고 주장했다.[273]또한 밀러(Miller v. State)사

---

272) *Ibid.*, pp248-249.;

273) D, McCord, Syndromes, profiles, and other mental exotica: A new approach to the admissibility of nontraditipnal psychological evidence in criminal cases, Oregon Law Review, 66, 1987, pp.19-108.

건(1983)에서 교도소를 도주한 피고인은 자신이 역시 베트남에 있었고 미국에 되돌아가는 것이 자신의 유일한 목적이었다고 주장했다.

또 하나의 PTSD의 변형이라고 하는 피학대 여성 증후군(battered woman syndrome)에 시달리는 여성들이 학대자를 살인하는 범죄가 문제가 되고 있다.[274] 피학대여성 증후군 상태의 여성은 학대가 반복적이고 잔인하여 해리성 정체성 장애 상태 속에서 학대자를 살해했다고 주장한다. 그러나 피학대 여성 증후군의 존재에 대해서는 첫째, 심리학 문헌에 보편적인 동의가 없고, 둘째, 이 증후군이 정신장애나 정신이상은 아니라고 그 변호인들이 주장하고 있다는 점에서 그것을 PTSD로 인정할 것인가는 논쟁의 대상이 되고 있다.

PTSD 증후군의 존재여부는 법정에서 정신이상 항변(insanity defence)의 대상이 되어 법적인 책임이 감소된다는 점에서 중요한 의미를 가진다. PTSD는 폭력범죄든 비폭력범죄든 관계없이 정신이상을 이유로 무죄주장(NGRI)의 항변수단으로 사용된다. 미국 법원은 PTSD 증거를 점점 받아들이는 추세를 보이고 있다. 그러나 일부의 학자들과 연구자들은 PTSD에 대해 회의적이다. 그 이유는 객관적인 증거의 타당성이 부족하고, 그 진단이 거의 전적으로 자기보고에 의존하고 있기 때문이다. 비판자들은 대상자가 그 증후군을 배우와 같이 연기해 보인다면 속임수를 쓸 수 있는 충분한 기회가 존재한다고 주장한다.

(8) 병적인 도박 증후군

도박 강박증(compulsive gambling)은 20세기 초에 이루어진 정신분석적인 사례연구 결과 논의되기 시작했다. 초기의 사례연구에 의하면, 강박적인 도박꾼들은 도박으로 무엇인가를 얻고자 하는 탐욕스럽고 무의식적인 욕망을 가진 신경증 환자이다. DSM-Ⅳ는 병적인 도박을 가족과 대인관계, 그리고 일상생활에 비참한 결과를 초래함에도 불구하고 도박에 대한 충동에 저항하지 못하는 무능력 상태로 규정하고 있다. 병적인 도박의 본질적 특징은 개인, 가족 또는 직업상의 일을 파괴하는 지속적이고 반복적으로 이루어지는 부적응적인 도박 행동이라는 점이다.[275]

---

274) P.S. Applebaum P.S, R.Z. Jick, T.Grisso, D. Givelbar, E.Silver, & H.J. Steadman, Use of posttraumatic stress, Psychiatry, 150, 1993, pp.229-234.
275) Bartol & Bartol. *op.cit.*, p.251.

미국의 경우에 성인인구의 약 1~3%에 해당하는 사람들이 도박강박증 장애 상태에 있으며, 여성보다는 주로 남성들 사이에서 발생하는 공통적인 현상이다. 한 연구에 의하면, 온타리오 주에 거주하는 주민 1,200명을 대상으로 조사한 결과 약 8%에 해당하는 사람들이 문제 도박꾼으로 분류되었으며, 0.9%가 병적인 도박환자로 밝혀졌다. 병적인 도박은 남성의 경우에는 청소년기에, 그리고 여성은 보다 나이가 들어서 시작한다. 병적인 도박환자들은 흔히 자부심이 강하고 아주 활동적이며, 쉽게 지루해지지만, 때때로 계속 돈을 잃으면 긴장, 불안, 그리고 우울증에 빠진다.

병적인 도박과 정상적 또는 사회적 도박을 구분하는 본질적인 특징은 그 중독성 여부에 있다. 도박 중독성 환자들은 도박을 떠나서 살 수 없고 도박을 할 수 없을 경우에 긴장과 불안 상태에 빠진다. 병적인 도박은 1980년 DSM-Ⅲ에서 심각한 정신장애로 인정했으며, 그 이후 피고인들에 의해 다양한 불법활동의 항변으로서 사용되었다. 그런데 피고인들이 기소되는 범죄는 도박행위 그 자체가 아니라 도박자금을 마련하기 위해 범하는 범죄행위이다.

피고인들은 자신들의 병적인 도박습관을 지원하기 위해서는 돈이 필요하다. 예컨대, 1985년 길리스(United v. Gillis) 사건에서 훔친 차로 위조된 유가증권을 주간(州間) 수송한 행위로 기소된 피고인은 자신의 도박습관을 지원하기 위해 이러한 불법행위를 했다고 항변했다. 1984년 은행강도죄로 기소된 피고인 역시 자신의 도박습관을 지원하기 위해 범행을 했다고 항변했다. 또한 1985년르웰렌 (United States V. Lewellen) 사건에서 횡령죄로 기소된 피고인도 도박습관 지원을 위한 것이었다는 항변을 했다.[276]

일반적으로 도박강박증 장애 항변을 이용하는 피고인들은 항변에 성공하지 못한다. 이는 도박자금 확보 때문에 범죄를 범할 수밖에 없는 충동에 저항하지 못하는 피고인의 무능력과 도박 강박증 사이의 관계를 입증하지 못하기 때문이다.[277]그러나 병적인 도박 항변이 횡령범죄와 관련된 라퍼티(State v. Lafferty) 사건, 그리고 위조범죄와 관련된 캄파나로(State v. Campanaro) 사건에서 볼 수 있듯이 때때로 성공적이라는 사실에 주목할 필요가 있다.[278]

그러나 큐니엔(Cunnien)은 병적인 도박과 부수적인 범죄행동이 통제불가능한 것인

---

276) *Ibid.*, p.251.
277) McCord, 1987, p.67.
278) Bartol & Bartol, *op.cit.*, p.252.

지 또는 단지 통제되지 않은 것인지를 확인할 수 있는 이용가능한 자료가 없다고 주장한다. 아울러 도박 충동이 통제불가능한 것인지 증명되지 않았다고 결론지었다.[279] 우리나라 역시 충동조절 장애로 인한 병적인 도박은 정상인에게서도 나타난다는 이유로 정신장애 항변을 인정하지 않는다.

(9) 기억상실증

1) 개 념

기억상실증(amnesia)은 육체적 외상, 신경생리학적 장애, 또는 심리적 요인에 기인한 하나의 사건이나 일련의 사건, 또는 어떤 생활경험의 부분에 대한 완전한 또는 부분적인 기억상실을 말한다.

DSM-Ⅳ에 의하면, 기억상실 장애상태에 있는 사람들은 새로운 정보를 학습할 수 있는 그들의 능력에 손상이 발생했거나 과거에 학습한 정보나 과거 사건을 기억할 능력이 없는 상태에 있다. 어떤 연구자들은 기억상실증을 가까운 과거로부터 특정 사건이나 소수의 사건들을 기억하지 못하는 병적인 무능력을 의미하는 한정된 기억상실증으로 분류했다. 한정된 기억상실증은 정서적 충격, 알코올이나 약물 중독 또는 머리의 타격 등이 원인이다. 그러므로 그것은 결코 지속적인 것이 아니고 광범한 기억상실을 포함하지 않는다. 오히려 그 상실은 일시적이고 특별한 사건이나 일에 한정된다.

2) 기억상실과 피고인의 항변

일반적으로 법원은 기억상실증을 정신이상 항변이나 재판수행 무능력을 유발하는 타당한 조건으로써 받아들이지 않는다. 그 이유는 피고인들이 기억상실을 위장할 수 있다는 의심 때문이다. 피고인들은 범행을 기억할 수 없다고 말하기는 쉽지만, 심리학자들이 사람의 기억여부를 판정하기는 아주 어렵다. 따라서 최근에 심리학자들은 기억상실증을 포함하는 다양한 증상의 위장이나 꾀병을 측정하기 위해 설계된 많은 장비들을 활용하고 있다.[280]

---

279) A. J. Cunnien, Pathological Gambling as an Insanity Defense, Behavioral Science & the Law, 3, 1985, PP.85-101.
280) Bartol & Bartol, op.cut., p.255.

3) 음주만취와 기억상실

음주 만취(alcoholic intoxication) 로 인한 기억상실증은 비난받을만한 행동에 대한 유리한 변명 요인이다. 실제로 그것은 범죄사건에 대한 가장 흔히 사용되는 변명조건이다. 나는 술을 마시면 머리가 텅 빈상태가 되어 어떤 일에 대한 아무런 기억도 없다는 것이 일반적인 변명의 형태이다. 살인범죄를 범한 30%에서 65%의 범죄자가 범행당시에 음주만취상태여서 범행에 대한 기억이 전혀 없다고 주장하는 것으로 보고되고 있다. 다른 폭력범죄의 경우에도 비슷한 일이 벌어진다.

그러나 법원은 음주 만취나 기타 약물중독(drug intoxication)에 기인한 변명에 의존하는 피고인들의 항변을 잘 받아들이지 않는다. 법원은 피고인들이 시초에 음주 만취나 약물중독이 가져오는 위험을 인식하는 것이 당연하므로 그는 비난받아 마땅하다고 주장한다. 따라서 이러한 형태의 기억상실증은 재판부의 강력한 거부반응에 직면한다. 정신이상은 기억상실증이 기억 무능력을 야기하는 동안에 옳고 그름을 변별하지 못하는 무능력상태를 의미한다. 따라서 기억상실증은 본질적으로 옳고 그름을 변별하기 위한 능력을 사람에게서 박탈하는 정신장애로서의 지위를 얻지 못한다.

⑽ 간 질

간질(epilepsy)은 발작적으로 의식상실이나 경련을 일으키는 만성 중추신경성 질환으로서 정신병의 하나로 인정되어 왔다. 간질은 롬브로조에 의해 생래적 범죄요인으로 지적된 이래 오랜 세월에 걸쳐서 범죄와의 관련성이 제기되어 왔다. 이처럼 간질이 표면상 범죄의 원인이라고 가정된 배경에는 다음과 같은 두 가지 이유가 제기되고 있기 때문이다. ① 간질환자의 발작이 표면상 폭발적·공격적 인상을 주고, ② 간질에 의한 의식장애가 간질성의 성격변화를 가져와 살인이나 방화 등의 중대범죄를 범하게 된다.

그러면 간질이 정신이상 항변을 할 수 있는 정신장애에 해당하는 가에 대한 문제가 제기될 수 있다. 1889년과 1970년 사이에 걸쳐서 미국에서 간질이 살인이나 정신장애 행동의 원인이라는 이유로 정신이상 항변을 제기한 사건은 단지 15건에 지나지 않았다. 그러나 1970년대 동안 의학 연구자들은 일시적인 부분 발작과 폭력사이에 인과관계가 있다는 암시를 했다.[281] 이것은 1977년에 일기 시작한 형사책임 감경이나 정신이

---

281) J.H. Pincus, Can violence be a manifestation of epilepsy? Neurology, 30, 1980, pp.304-306.

상 항변급증의 결과와 관련이 있다. 아마 간질로 고통을 받고 있는 개인은 발작시에 통제불가능한 폭력과 파괴를 할 경향이 높다는 것으로 인정되는 것 같다. 그러나 이용가능한 연구는 일반적으로 간질과 폭력사이의 관계나 정신운동성 간질(psychomotor epilepsey)과 폭력사이의 어떤 관계를 지원하는 증거를 발견하지 못했다.[282]

일시적인 부분 발작을 보이는 만성 간질환자들이 발작시에 화를 내고 격정적인 행동을 보일지라도, 다른 사람에게 육체적 피해를 입히는 행동을 거의 하지 않는다. 아주 드물게 간질 발작 직후에 발생하는 혼란상태에서 간질환자가 격정적이 된다면, 어떤 폭력이 행사될 수 있다. 이러한 짧은 격분상태 속에서 발생하는 공격동안, 환자는 통제력을 잃고 심지어 어떤 가구를 파괴하거나 가족에게 폭력을 행사할 수 있다. 그러나 거의 육체적 상해와 범죄행동에 이르지는 않는다. 더욱이 공격행동이 흔히 정신운동성 발작에 수반되는 뇌손상과 결합된 발작 때문에 발생한 것인지 또는 발작 그 자체와 무관한 것인지는 분명하지 않다.[283] 증거는 간질발작과 폭력행동의 무관성을 지지한다. 즉, 간질발작 동안 환자가 폭력행동을 보였다면, 이는 개인의 장기적인 반응유형에 기인 한 것이지 발작 그 자체와는 무관하다. 그러나 판례에 의하면, 우리나라는 간질환자를 심신상실이나 심신미약 대상에 포함시켜 형사책임무능력이나 한정책임능력자로 인정하고 있다. 따라서 간질은 정신장애로 인정되고 있다.

4. 정신장애와 폭력범죄

(1) 논의의 쟁점

앞에서 살펴보았듯이 정신분열증을 포함한 정신장애는 다양한 범죄행동과 관련될 수 있다. 그러나 가장 혼란스러운 문제는 정신장애와 살인 같은 폭력범죄의 관련성이 있느냐이다. 정신장애와 범죄행동은 관련성이 없다는 주장이 있는가 하면, 심각한 폭력범죄가 아니라 가벼운 재산범죄를 범한다는 주장도 있다. 그러나 때때로 정신병 전력을 가진 사람이 타인을 살해했다든지 가까운 사람을 잔인하게 폭행했다는 사건이 발생한다. 그러면 정신장애자는 비 장애자보다 더 폭력적인가라는 의문을 던지지 않을 수 없다.

---

282) Bartol & Bartol, *op.cit.*, p.183.
283) J.L. Herzberg & P. B. C. Fenwick(1988), The Aetiology of Aggression in Temporal Lobe Epilepsy, British Journal of Psychiatry, 153,PP.50-55.

(2) 경험적인 연구 결과

1) 초기의 연구

초기의 연구는 심각한 정신장애자까지도 일반사람들보다 타인에 대해 심각한 범죄를 더 범하지는 않는다는 입장을 일관성 있게 지지한다.[284] 정신장애가 범죄행동의 피할 수 없는 요인은 아니라는 것이다. 따라서 정신장애자들이나 일반시민들의 범죄행동은 차이가 없다.

2) 최근의 연구

정신장애와 범죄행동의 관련성에 관한 초기의 연구 결과는 보다 최근의 연구에서 부정되고 있다. 즉, 초기의 연구 결과는 정신장애자의 어떤 하위집단에게는 적용될 수 없다는 것이다. 적어도 한번이라도 폭력범죄를 범한 전력이 있는 남성 정신장애자들은 병원에서 퇴원한 후 1년 이내에 폭력범죄를 범할 확률이 아주 높다. 특히 정신분열증이 있는 개인들은 폭력범죄, 심지어 살인범죄를 범할 고도의 위험상태에 있다.[285] 이미 앞에서 언급되었듯이, 정신분열증을 가진 범죄자들은 살인범죄를 범할 때, 흔히 가까운 사람들을 살해하고. 그들 대부분은 범행 당시에 환상과 망상상태에서 범행을 한다.

정신장애를 가진 대부분의 사람들이 흉악범죄나 폭력범죄를 범하지 않는다고 단호하게 말할 수는 없다.[286] 실증적 연구에 의하면, ① 정신분열증을 가진 남자의 11.3%와 여성의 2.3%만이 폭력범죄를 범하는 것으로 밝혀졌다. 전체 정신분열증 환자 중에서 범죄자의 비율은 아주 낮다. ② 폭력범죄를 범하는 정신분열증 환자들이 아주 이질적인 정신병 증세에 있다. ③ 어떤 사람은 아주 언린 나이에 반사회적 행동의 전력을 가지고 있으며, 다른 사람들은 정신분열증 시작 시점 주변에서 반사회적 행동을 보여준다. 또 어떤 사람들은 일생동안 단 한 번의 폭력행동을 하고, 다른 사람들은 아주 심각한 정신병 증상에 있을 경우에만 공격적으로 행동한다.[287]

보다 최근의 연구는 개정된 사이코패시 점검표(PCL-R)에서 높은 점수를 받은 정신분

---

284) Bartol & Bartol, *op.cit.*, p.260.

285) P.A. Brennan, S.A. Mednick, & S. Hodgins, Major mental disorders and criminal violence in Danish birth cohort, Archives of General Psychiatry, 53, 2000, pp.1033-1039.

286) R.G. Tengstom, et.al., *op.cit.*, pp.367-391.

287) K. Naudts & S. Hodgins, *op.cit.*, pp.1-11.

열증 환자들은 낮은 점수를 받은 사람들보다 더 폭력적인 행동으로 기소되었다는 결과를 보고했다. 정신분열증 범죄자들은 물론이고 일반 범죄자들 역시 PCL-R에서 높은 점수를 받은 사람들은 심각한 범죄와 폭력범죄의 전력을 가지고 있었다.[288]

어린 나이에 반사회적 행동을 한 정신분열증 남자들은 흔히 지속적이고 다양한 범죄유형을 보여준다. 정신분열증으로 어린 나이에 범죄를 범한 자들의 범죄행동은 평생지속적인 범죄자의 범죄행동 유형과 아주 유사하다,

3) 정신장애와 다른 위험요인의 결합

정신분열증과 약물남용 문제를 가진 사람들은 폭력범죄를 범할 높은 위험상태에 있다는 증거가 제시되고 있다. 알코올 중독 문제와 동시에 정신분열증 상태에 있는 남자들은 정신장애나 알코올 중독 문제 중 어느 하나가 없는 사람들보다 25배나 더 폭력범죄를 범할 가능성이 높다는 증거도 있다. 또 다른 연구 역시 유사한 결과를 제시했다.[289]

맥카더 연구망(MacArthur Research Network)에 소속된 학자들의 연구는 정신장애자의 폭력행동에 대한 중요한 연구로 인정받는다. 연구자들은 1년의 기간 동안 공격적 행동을 보여준 정도를 확인하기 위해 정신병원에서 퇴원한 1천 명 이상의 환자들을 대상으로 연구했다. 또한 이 환자들이 병원에 입원해 있는 동안 영향을 미칠 수 있는 134개의 위험요인도 측정되었다. 그 요인들은 폭력적인 환상, 아동학대 경험, 부모싸움 빈도, 사회연결망에서 부정적·긍정적인 사람의 수 등 134개었나. 이 연구 결과에 의하면, 퇴원한 환자들 중의 거의 반이 저위험군에 속했고, 나머지 환자들은 고위험군과 중간위험군에 골고루 분포된 것으로 밝혀졌다. 그러나 정신장애와 관련된 어떤 단일의 위험요인도 폭력행동의 유의한 예측지표가 아니다. 모나한(John Monahan) 등에 의하면, 폭력성향은 위험 요인들의 누적 결과이다. 어떤 하나의 요인으로 인간의 공격행동을 설명하기에는 필요하지도 충분하지도 않다.[290]

---

288) Tengstorm, et.al., *op.cit.*, p.385.
289) Applebaum, et.al., *op.cit.*, pp.566-572.
290) Bartol & Bartol, *op.cit.*, p.262.

(3) 정신장애와 폭력행동의 관계에 대한 재검토

모나한(John Monahan)은 정신장애와 폭력행동 사이의 관계에 대해 다음과 같이 강조한다.

① 정신장애와 폭력행동사이의 관계는 현재 심각한 정신장애를 겪고 있는 사람들에게만 해당된다. 과거에 심각한 정신장애 전력이 있다거나 현재 정신장애 증상을 보이지 않는 사람들은 폭력행동을 할 가능성은 거의 없다.

② 현재 정신장애 상태에 있는 90% 이상은 비폭력적이다. 정신병자의 살인사건에 대한 대중매체의 보도는 자극적이고 놀랍고 흥미진진하지만 사실 정신병자의 살인은 드물다.

③ 정신장애와 폭력행동의 관계는 심각한 정신장애와 관련이 있으며, 그 관계는 폭력행동 전력이 있는 사람들에게 아주 강력한 현상이다. 정신장애자라도 폭력행동 전력이 없는 사람이 폭력범죄를 범하는 경우는 아주 드물다.[291]

아주 기괴한 범죄행동은 특히 정신분열증이나 망상증과 같은 정신장애자들에 의한 범행이다. 더욱이 정신분열증에 있는 사람의 보다 극한적인 폭력행동은 전형적으로 자기 가족이나 친지들을 대상으로 발생하고, 기괴한 자기신체훼손이 토막살인보다 더 쉽게 발생한다. 정신분열증 , 특히 망상상태의 정신분열증의 경우에 폭력행동의 위험성이 증가한다는 사실은 분명하지만, 정신분열증에 있는 소수의 사람들만이 폭력적이라는 사실도 분명하다. 정신장애 그 자체는 다양한 상황에서 발생하는 폭력행동을 설명하기에는 거의 충분치 않다.

정서(기분)장애(affective psychoses) 상태에 있는 개인들은 거의 폭력적이지 않다. 정서장애가 폭력행동으로 나타나는 것은 여성의 확대된 자살의 맥락에서 발생한다. 즉, 여성은 그 환경에서 자신의 직계 가족을 포함하여 다른 사람들을 살해하고 자신도 죽는다. 그러나 다중살인은 정서장애의 징후를 보이는 사람이 아무런 희망이 없다고 느끼는 경우에 발생한다.[292]

---

291) J. Monahan. Mental disorder and violent behavior: Perception and evidence, American Psychologist, 47, 1992, pp.511-521.

292) R. Blackburn, The psychology of criminal conduct:Theory, research and practice, Chicester, Eng:Wiley, 1993, p.274.

5. 정신이상 항변과 관련된 원칙

(1) 정신이상 항변 기준

정신이상 항변(insanity defense)은 영국에서 700년 이상 인정되어왔다. 미국의 법체계는 영국의 법으로부터 도출된 것이기 때문에. 미국의 법원 역시 일반적으로 정신이상 항변을 인정해 왔다. 정신이상 여부를 결정하기 위한 기준이나 검사법은 미국의 주에 따라서 다르다. 하지만 각 주는 대체로 맥노튼 규칙(McNaghten Rule), 브론너 규칙(Brawner Rule), 또는 더럼 규칙(Durham Rule) 등과 같은 세 가지 모델 중의 어느 하나를 채택하고 있다. 이러한 모든 정신이상 기준은 근본적으로 비합리성과 강박현상(compulsion)에 기초하고 있다.[293]

비합리성은 개인이 자신의 정신과정을 통제할 수 없는 상태를 말하고, 강박현상은 범행 당시에 자신의 행동을 통제할 수 없는 상태를 말한다. 이 두 기준에 해당하는 사람은 범행의 모든 책임 또는 그 일부를 면제받을 수 있다. 미국은 주에 따라서 이 두 가지 기준을 적용하는 정도가 다르다. 즉, 어떤 주는 두 가지 기준 모두를 적용하는가 하면, 다른 주들은 단지 비합리성 기준만을 수용하고 있다.

(2) 정신이상 항변 원칙

1) 맥노튼 규칙

맥노튼 원칙은 적어도 19세기 이래 어떤 형태로든 도처에 존재해 왔다. 오늘날 채택되고 있는 맥노튼 원칙은 1843년에 형성되었다. 이 원칙이 형성된 배경은 스코틀랜드의 벌목꾼인 다니엘 맥노튼(Daniel McNaghten)이 영국 수상이라고 믿은 사람을 살인한 후에 무죄선고를 받은 사건과 관련이 있다. 그는 영국의 토리당과 그 당수 로버트 필(Robert Peel) 경이 자신을 기소한 것이라고 생각하고, 마차로 이동하고 있던 필의 비서 에드워드 드라먼드(Edward Drumond)를 로버트 필로 오인하고 총격을 가하여 살해하는 범행을 저질렀다. 맥노튼은 망상증이라는 정신병이 범행의 원인이라는 이유로 무죄를 주장하였고, 법원 역시 그의 행위는 살인행위에 분명했으나 정신병을 이유로 무죄선고를 하였다.

---

293) Bartol & Bartol, *op.cit.*, p.244.

법원은 그의 정신병 유무를 판단하기 위해 당시 사용되던 "야만성 검사(wild beast test)"를 적용한 결과 범행 당시에 분명히 정신능력을 통제할 수 없는 상태에 있었다고 결론지었다. 그는 브로드무어(Broadmoore) 정신병 치료시설에 위탁되었고, 22년 후에 사망할 때 까지 그곳에서 치료를 받았다. 그러나 이 사건이후에 맥노튼은 그의 행동이 사악하다는 것을 알았고 따라서 당연히 기소되었어야 했다는 주장이 대세를 이루었다. 결과적으로 미래에 유사한 사법부의 오판을 방지하기 위해 법을 개정하게 되었다.

미국은 1851년에 연방과 대부분의 주 법원에서 맥노튼 원칙을 채택했다. 이 규칙은 범행당시에 행위자가 정신질병으로 인해 그가 행하는 행위의 성질과 옳고 그름을 모르거나 그것을 알았을지라도 그의 행위가 사악하다는 것을 모른 것과 같은 이성의 결함 상태에 있었을 경우에는 그 형사책임이 면제된다고 규정하고 있다.[294] 다시 말해, 이 규칙은 행위자가 정신질병 때문에 범법행위 당시에 옳고 그름을 알지 못하거나 그의 행위가 사악하다는 것을 몰랐다면, 그 행위에 대한 형사책임이 없다고 규정하고 있다.

따라서 옳음과 그름 검사(right and wrong test)라고 언급되는 맥노튼 원칙은 ① 범법행위 당시에 행위자가 자신의 행위를 인식하거나 알고 있었느냐의 여부, ② 도덕적 의미에서 행위의 옳고 그름(right and wrong)을 인식하거나 알고 있었느냐의 여부와 같은 인지적 요소들을 강조한다. 이 규칙은 무능력의 어떤 정도차이를 인정하지 않으며, 행위에 대한 책임이 있거나 없거나 둘 중의 하나를 규정하고 있다.

어떤 주들은 맥노튼 원칙을 보완하기 위해 최초의 맥노튼 사건에 적용된 야만성 검사에 유사한 저항불능의 충동검사(irresistible impulse test)를 채택했다. 이 저항불능의 충동 검사는 행위자가 자신의 행위의 불법성을 인식하고 특정상황에서 옳고 그름을 인식하지만, 통제불가능한 충동으로 인해 저항불가능한 압력에 직면함으로써 옳은 대로 행동하지 못하는 경우를 인정하는 검사이다. 즉, 범죄자가 범행시에 행위의 불법성과 적법성을 인식할 수 있다하더라도 그 행위를 통제하고 실행할 수 있는 능력이 없으면 형사책임이 면제된다는 것을 의미한다. 범죄자의 정신이상 여부는 정신이상 혹은 심리평가를 받기 몇 개월 전 혹은 수년 동안 정신장애나 정신질병을 앓고 있었느냐가 중요한 쟁점이다. 이러한 환자는 자신이 범죄를 범한다는 자유의지가 없는 무의식 상태나 자신의 행동을 제어할 수 없는 정신상태속에서 범행을 하기 때문에 형사처벌이 면제된다.

---

294) *Ibid.*, p.244.

2) 더럼규칙

더럼 규칙(Durham rule)은 1954년 더럼(Durham v. United States)사건의 재판결과 출현했다. 26살의 몬테 더럼(Monte Durham)은 오랜 정신장애와 가벼운 절도범죄 전력 보유자였다. 그는 당시 주거침입 절도죄를 범하였으나 그의 범법행위는 정신질병이나 정신결함의 산물인 것으로 고려되어 형사책임이 면제되었다. 맥노튼 원칙은 범죄의 정신적 요소인 옳고 그름을 인식했느냐에 초점을 맞추었지만, 더럼 원칙은 범법행위의 원인이 정신질병이나 결함이라면 범죄자의 형사책임은 면제되어야 한다는 관점을 핵심으로 한다.

더럼 원칙은 범죄행위를 개인의 정신적 판단능력과 직접 관련시키지 않는다. 대신에 개인이 정신질병이나 결함상태에 있다면, 그에 대한 비난가능성은 사라진다. 이 규칙은 후에 1957년의 커터(Carter v. United States) 사건의 판결에서 더욱 구체화되었다. 즉, 정신질병이 단지 그 행위의 산물에 그치는 것이 아니라 필수적인 역할을 해야 한다는 점을 분명히 했다.[295]

이 규칙이 개념적으로 단순하여 배심원들이 이해하기 쉽다는 이유로 미국의 많은 주들은 관심을 가지게 되었다. 더럼 원칙은 맥노튼 원칙이나 저항불능의 충동원칙을 적용하는 과정에서 발생한 정신과의사와 법원간의 충돌을 해소하기 위하여 정신의학의 진단결과를 우선시한 것으로 알려지고 있다. 따라서 법원은 반드시 정신의학전문가의 도움을 받아야 하며 "피고인은 그의 위법행위가 정신질환 또는 정신결함의 산물이면 형사책임이 없다"는 근거로 무죄판결을 내렸다.[296]

그러나 정신질병의 개념이 모호하고 주관적이며, 정신의학 분야에 광범위한 재량권과 재판동안 정신보건 전문의들의 적지 않은 오용을 조장한다는 상황이 문제점으로 제기되었다. 사실 어떤 범죄자들은 정신질병이나 결함을 갖고 있는데도 기소되는 일이 발생하여 이 규칙은 곧 그 매력을 잃기 시작했다.

결국 더럼 원칙은 현대 정신의학적 지식의 발달과 그 보조를 같이하려는 시도였음에도 불구하고 1967년 브론너(Brawner)의 살인 사건을 계기로 1972년 미국 법원에서 수년간 적용돼온 더럼 원칙은 포기되고 미국법조협회가 제정한 모범형법전(Model Penal Code)을 채택하게 되었다.

---

295) Bartol & Bartol, *op.cit.*, p.245.
296) 박상식(2007), 정신장애범죄자의 형사책임능력 판단기준에 관한 연구, 형사정책연구, 제18권 제1호, 통권 제69호, 봄호, 103-141.

3) 브론너 규칙

브론너 원칙(Brawner Rule)은 미국 모형법전(Model Penal Code)에서 제안된 정신이상 원칙에 대체로 기초하고 있다. 미국 모형법전은 1962년에 미국 법조협회를 구성하고 있는 법학자 집단들에 의해 제안되었다. 이 법전은 형사법의 합리화와 현대화를 추구하는 입법부에게 모델을 제시하기 위해 입안되었다.

이 규칙은 "개인은 범죄행위가 정신질병이나 결함의 결과로서 발생하고, 자신의 행위의 범죄성(불법성)을 인식하거나 법이 요구하는 대로 행동할 수 있는 실질적인 능력이 없다면 형사책임이 없다"고 규정하고 있다. 즉, 이 규칙은 정신질병이나 결함이 실질적·직접적으로 ① 행위자의 정신적 또는 정서적 과정에 영향을 미치고, ② 개인의 행동을 통제할 수 있는 능력에 손상을 입혀야 한다는 것을 핵심으로 하고 있다.[297]

브론너 원칙은 맥노튼 원칙이 범죄자의 불법성 인식이라는 인지적 요소만을 기준으로하고 있는 것과는 달리 법의 요구에 따른 실질적인 행위능력이라는 의지적 요소도 포함시키고 있다. 또한 정신질병이나 결함에서 어떤 반복적인 범죄나 반사회적 행위 등을 제외한다. 경고문(caveat paragraph)으로 알려진 이 조항은 지속적으로 사회적 미덕과 법을 위반하는 범죄적 사이코패스(psychopath)에 대한 정신이상 항변을 불허하기 위해 제정된 것이다. 따라서 사이코패스와 반사회적 성격장애를 가진 자들은 반사회적 성격장애자로 진단받았을 경우에도 그들의 이상상태가 정신장애, 정신질병 또는 결함이라고 주장할 수 없다.

4) 정신이상 항변 개혁법

1980년대 까지 대부분의 법원은 위에서 언급된 규칙 중의 어느 하나를 채택했다. 그러나 1982년 레이건 전 대통령을 암살하려다 미수에 거친 존 힝클리(John Hinckley)를 정신이상자라는 이유로 사면한 사건은 정신이상 항변 폐지를 요구하는 여론을 고조시켰고, 입법부와 많은 전문가 단체들이 그것을 재검토하게 만들었다. 이러한 상황 속에서 미국의 법조인 협회와 정신의학 협회는 보다 제한적이고 새로운 기준을 제안했다. 아울러 힝클리의 사면 후에 34개의 법원 관할에서 거의 100개에 이르는 개혁안이 제출되어 미국 역사상 가장 적극적인 정신이상 항변에 대한 개혁기간이 되었다.

---

297) Bartol & Bartol, *op.cit.*, p.245.

대부분의 개혁안은 더 제한적인 형태로 수정된 맥노튼 원칙에의 회귀를 내용으로 하고 있었다. 몬타나, 이다오, 유타, 네바다 그리고 캔자스 등 5개 주는 정신이상 항변을 완전히 폐지했다. 또한 다음과 같은 변화도 발견되었다. 즉, ① 피고인에게 자신의 정신이상 상태를 증명하는 부담을 부과하고, ② 의학적 증명역할을 제한하고, ③ 정신이상 이유로 무죄판정을 받은 사람들로 하여금 그들이 정신치료 시설로부터 퇴원하기 전에 더 이상 정신질병 상태가 아니라는 사실을 증명하도록 요구했다.

이러한 변화의 움직임으로 인해 의회는 1984년 「정신이상 항변 개혁법」(Insanity Defense Reform Act) 을 통과시켰다. 이 개혁법의 핵심은 연방법에 중요한 몇 가지 내용에 대한 수정을 가함으로써 정신이상 항변을 제한하였다는 점이다. 힝클리 판결은 의회의 「정신이상 항변 개혁법」에 결정적인 영향을 미쳤다. 그가 자신의 행위의 불법성을 인식할 수 있는 능력은 가지고 있었으나 자신의 행위를 법의 요구에 따라 조종할 수 있는 통제능력은 가지고 있지 않았기 때문에 무죄라고 판결 받은 것이 비판의 대상이 되었다. 따라서 정신이상 개혁법은 보론너 원칙을 맥노튼 원칙의 지침에 따른 유형으로 변화시켰다. 특히 피고인은 범행 당시에 심각한 정신질병이나 결함으로 인해 행위의 성질과 옳고 그름이나 범죄성(불법성)을 인식할 수 없었을 경우에는 형사책임이 없다고 규정했다.[298] 즉, 정신이상 판정 기준인 자신의 행동 통제능력을 배제하고 행위의 범죄성을 인식할 수 있는 인식능력만으로 정신이상 여부를 판정하자는 것이다. 개인의 불법행위 통제능력 여부는 현실적으로 판단하기 거의 불가능하다는 것이 그 이유이다.

또한 새 연방기준은 브론너 원칙을 세 가지 중요한 측면에서 수정을 가했다.

① 개혁법은 브론너 원칙의 의지적 측면이라고 하는 저항불능의 충동검사를 폐지했다. 정신질병 때문에 자신의 행동통제 불능은 결코 변명의 조건으로 받아들여질 수 없게 되었다.

② 개혁법은 인지적 요구조건(cognitive requirement)을 "실질적 인식능력이 없는" 이라는 말로 대체하였다. 이는 범죄행위(불법행위)를 인식하기 위한 총체적인 능력 부족과 관련된 요구조건을 강화하고자 하는데 있었다.

③ 개혁법은 특히 성격장애 같은 어떤 행동장애로는 정신이상 항변을 활용할 수 없게 하기 위해서 정신질병이나 결함을 엄격하게 한정했다. 또한 연방개혁법은 정

---

298) *Ibid.*, pp.246-247.

신과 의사들이 피고인의 정신이상 여부에 관한 의견을 제시하지 못하게 했다. 정신과 의사들은 그들의 평가 결과를 증명하고 보고할 수 있으며 진단결과를 제공하지만, 최종적인 의견은 제시할 수 없었다. 정신이상 여부는 법정에서 법관에 의해 내려지는 법적인 결정이다.

5) 유죄이나 정신질병 인정 규칙

정신이상 항변에 대한 반대의 목소리가 높아지자 미국의 몇몇 주들은 새로운 판결대안인 유죄이나 정신질병 인정(Guilty but Mentally Ill: GBMI)이라는 규칙을 도입했다. 1975년에 미시간 주에서 최초로 이 대안을 도입한 이후에 1992년까지 11개의 다른 주에서 이를 채택했다. GBMI는 정신이상 이유로 무죄 규칙을 대체하는 것이 아니라 하나의 대안으로 제기되었다. GBMI는 정신장애의 항변으로 인정되어 왔던 정신이상과 정신질환을 구별하여 정신이상으로 판단되면 무죄로 하고, 정신질환으로 판단되면 유죄로서 일단 치료감호를 통한 치료를 한 후에 처벌을 받도록 하자는 것이다.[299] 이는 우리나라의 치료감호와 아주 유사하다. 양자의 구별이 쉽지는 않지만 일반적으로 정신이상자는 옳은 것과 그른 것을 구별할 수 없는 사람이며, 정신질환자는 옳은 것과 옳지 않은 것을 판단할 실질적 능력이 부족한 사람을 말한다.

미국은 주별로 GBMI 판결과 결합된 기준과 절차를 달리할지라도, 주된 목적은 정신이상 항변에 의한 사면을 감소시키고 피고인을 비난가능하게 만드는 데 있지만, 역시 정신 장애의 존재는 인정한다. 따라서 GBMI 규칙은 법원이 정신장애를 가진 피고인에 대하여 중간수준(middle-ground)의 판결을 할 수 있게 한다. 또한 배심원들로 하여금 범죄를 범한 피고인이 형사책임을 져야한다는 믿음과 그들이 역시 도움을 필요로 한다는 믿음을 조화하는 평결을 할 수 있게 한다.

그러나 GBMI에 대한 연구는 이 규칙으로는 의도된 목적을 달성할 수 없다고 지적한다. 예컨대, 미시간 주에서 정신이상 사면자의 수는 변화가 없는 반면에 유죄판결 수는 전반적으로 감소하고 있다. GBMI를 채택한 다른 주에서도 유사한 결과가 발견되었다. 더구나 GBMI의 판결을 받은 피고인들이 일반 피고인들보다 더 장기 형량을 선고받고 장기 구금된 것으로 확인되었다. 또한 GBMI 대상자들은 교도소 시스템에서 다른 정신장애로 구금되어 있는 피고인들보다 정신치료나 교화 서비스를 더 많이 받는 것도 아

---

299) *Ibid.*, p.248.

니었다. 따라서 이 규칙이 암묵적으로 추구하는 정신질환자에 대한 치료의 희망은 성취될 수 없다. 흥미롭게도 심각한 폭력범죄로 기소된 피고인들이 GBMI 대안을 유죄협상과정의 부분으로서 선택한다는 증거가 있다. GBMI 법이 의도하는 목적을 달성하지 못한다는 연구 결과를 고려할 때, 사실상 모든 학문적 보고는 이 법의 지혜와 효과성에 의문을 제기한다.

6. 정신이상 항변에 대한 각국의 대응

(1) 미 국

앞에서 미국에서 정신이상 항변과 관련된 정신장애의 종류와 정신이상 항변 원칙을 광범위하게 살펴보았다. 정신이상을 이유로 무죄를 인정하는 정신이상 항변 원칙은 1843년의 맥노튼 원칙, 1954년의 더럼 원칙, 1972년의 브론너 원칙, 1975년의 유죄이나 정신질병 인정법(Guilty but Mentally Ill Act), 1984년의 정신이상항변 개혁법(Insanity Defense Reform Act)의 변천을 거치면서 법적인 기준을 제시하고자 했다.

그러면 이러한 원칙아래 정신이상 항변에 성공하는 정신장애의 종류와 성공 정도에 대해 살펴볼 필요가 있다. 이는 대부분의 범죄자들, 특히 살인이나 강간같은 흉악범죄자들이 중벌을 면키 위해 정신이상 항변을 사용하고 사형제를 반대하는 진보적 범죄학자들이나 법조인, 시민단체들이 지원하고 있으며, 또한 많은 피고인들이 정신이상 항변을 사용하는 정신장애의 종류는 너무나 다양하기 때문이다. 21명의 여성을 납치 살해하여 암매장한 엽기적인 살인범인 유영철이나 2008년 연초에 전국을 놀라게 한 안양 초등여학생 예슬·혜진 유괴살인범인 정 모씨의 경우에도 정신장애를 이유로 변호인 측이 한정책임능력자라는 주장을 제기한 바 있다.

그러나 정신이상 항변 원칙이 명확한 미국의 경우에도 자료에 의하면, 정신이상 항변은 그렇게 성공적이지 못하다. 미국에서 제기되는 정신이상 항변의 수는 전체 범죄건수에 비교하면 아주 적은 수에 지나지 않는다.[300] 더욱이 레이건 전 대통령을 암살하려고 한 힝클리(Hinkley)사면 평결 이후 시민들의 항의가 고조되면서 정신이상 항변

---

300) H. McGuinly & R.A. Paswark, National survey of the frequency and success of the insanity plea and alternate please, Journal of Psychiatry Iand Law, 17, 1989, 205-221.

수정법이 통과되어 정신이상 항변은 거의 성공하지 못했다. 그러나 불행하게도, 정신이상 항변의 실제 이용정도에 관한 체계적이고 국가적인 자료는 없다. 단지 개별연구자들이 정신이상 항변에 대한 연구를 통하여 평가를 하고 있다. 그들은 모든 미국의 중범죄 사건(felony criminal cases) 중에서 단지 1%만이 정신이상 항변을 제기하고 있다고 평가한다.[301]

정신이상 항변 성공률도 그다지 높지 않다. 정신이상을 이유로 무죄를 주장한 9,000명을 대상으로 한 8개 주에 걸친 연구에 의하면, 정신이상 항변은 22%에서 25% 정도의 성공률을 보인다.[302] 또 다른 연구는 주에 따라서 광범한 차이를 보이는 것으로 보고했는데, 콜로라도(Colorado)는 44%의 높은 성공률을, 와이오밍(Wyoming)은 2%라는 아주 낮은 성공률을 기록했다.[303] 1974년부터 1995년 까지 약 20년 동안 35개 주에 걸친 연구는 매년 정신이상 항변 성공률은 단지 평균 33.4%에 지나지 않는다고 보고했다.[304] 이러한 연구에서 발견된 중요한 사실은 정신이상 항변에 의한 무죄판결이 피고인에 대한 진단결과 및 어느 정도에서는 기소된 범죄와 밀접한 관련이 있는 것으로 분석되었다. 즉, 정신병적 장애, 정동장애, 정신지체 진단을 받은 연방법정의 피고인들은 여타 장애진단을 받은 자들보다 무죄판정 성공률이 더 높았지만, 성격장애는 정신이상과의 상관성이 부정되었다.[305] 이미 앞에서 언급되었듯이 미국 대부분의 주들은 사이코패스(psychopath), 특히 반사회적 성격장애를 정신이상항변을 활용할 수 있는 정신장애로 인정하지 않는다.

범죄의 종류에 따른 정신이상 항변 성공 결과를 보면, 폭력범죄로 기소된 피고인들이 정신이상을 이유로 한 높은 무죄판결을 기록하는데 비해 성 범죄자들은 대부분 유죄판결을 받는 것으로 밝혀졌다.[306] 연구 문헌은 의학적 진단이 범행 그 자체보다는 보

---

301) L.H. Callahan, H. J. Steadman, M. A. McGreevy, & P. C. Robbins(1991), The volume and characteristics of insanity defense please: An eight-state study, Bulletin of Psychiatry and the Law, 19, 1991, 331-338.

302) *Ibid.*, pp.331-338.

303) McGinley, et al, *op.cit.*, 205-221).

304) C. Cirincione C, & C. Jacobs, Identifying insanity acquittals: Is it easier? Law and Human Behavior, 23, 1999, 487-497.

305) R.E.T. Cochrane, Grisso & R. I. Frederick(2001), The relationship between criminal charges, diagnoses, and psychological opinions among federal defendants, Behavioral Science & the Law, 19, 2001, pp.565-582.

306) M. O. Warren, M. O., Rosenfied, W. L. Fetch, & G Hawks(1997), Forensic mental health

다 중요한 요인으로 작용한다는 점을 강조한다. 이러한 지적은 성범죄자들이 정신이상 항변에 성공하지 못한다는 사실을 설명하고 있다. 의학 전문가들이 성범죄자들을 정신장애자로 고려하는 일이 드물기 때문이다.

미국의 경우에 정신이상을 이유로 한 면책은 판사보다는 배심원들 때문에 훨씬 어렵다. 배심원들은 미국인들이 정신이상 항변에 대해 광범위한 부정적인 태도를 고수하고 있다는 사실을 잘 알고 있기 때문이다. 미국의 8개 주를 대상으로 한 연구는 단지 정신이상 항변의 7%만이 배심원의 서명을 받은 것으로 확인했다.[307] 또 다른 연구에서 정신이상을 이유로 한 무죄로 판정된 피고인의 96%가 판사 재판의 결과라는 사실을 발견했다.[308] 따라서 정신이상 항변을 계획하는 피고인들은 배심원 재판보다는 판사가 결정하는 재판을 선택하는 경향이 강하다. 한편, 최근의 연구는 배심원들이 정신이상을 이유로 한 면책의 결과 피고인이 치료를 위해서 병원에 입원하게 된다는 사실을 알게 된 경우에는 피고인의 면책평결을 내리기 쉽다는 결과를 제시한다.[309]

정신이상 항변에 성공한 피고인들은 실패한 피고인들에 비해 더 나이가 많은 사람, 여성, 교육수준이 높은 사람, 그리고 독신인 경우가 많았다. 또한 그들은 과거에 정신병원 치료의 역사를 가지고 있었으며, 정신장애가 아주 극심한 것으로 인정된 사람들이었다. 더욱이 면책대상이 된 피고인들의 15%는 그들 자신이 정신이상 항변을 제기하지 않았는데도 면책을 받았다. 이는 그들의 정신장애 정도가 극심하여 정신이상 평결을 내릴 수밖에 없었다는 사실을 지적한다.[310] 그러나 2001년에 다섯 아이를 욕조에 익사시킨 후 정신이상 항변에서 유죄로 인정되어 교도소에 수감된 텍사스의 안드레아 예이츠(Andrea Yates)의 비극적인 사건은 위의 몇 가지 기준과는 일관적이지 못하다. 그녀는 대학교육을 받았고 산후 우울증과 정신병원 치료를 포함하는 심각한 정신장애의 역사를 가지고 있었다. 심지어 검사가 인정하는 정신장애의 증거에도 불구하고 유

---

clinical evaluation: An analysis of interstate and intersystemic differences, Law and Human Behavior, 21, 1977, pp.377-390.

307) Callahan, et.al, *op.cit.*, pp. 331-338.

308) C. E. Boehnert, Characteristics of successful and unsuccessful insanity pleas, Law and Human Behavior, 13, 1989, pp.31-39.

309) S.R. Wheatman. D. R. Shaffer(2001), On finding for defendants who plead insanity: The crucial impact of dispositional instructions and opportunity to deliberate, Law and Human Behavior, 25, 167-183.

310) Callahan, et al, *op.cit.*, pp.331-338.

죄가 인정되어 교도소에 구금되었다. 이러한 사실은 미국 역시 정신의학 전문의의 진단결과를 기초로 하여 법관이 최종적으로 판결권을 행사한다는 사실을 보여준다. 즉, 미국은 맥노튼 원칙에서 더럼 원칙, 정신이상 개혁법, 그리고 정신이상이나 유죄인정 원칙이라는 법적인 기준에 의해 정신이상항변에 대응하고 있으나 정신이상 이유로 한 무죄판정은 궁극적으로 법관의 결정사항이라는 점을 강조하고 있다.

(2) 한 국

우리 「형법」 제10조 제1항과 제2항은 심신장애로 인하여 사물의 변별능력이 없거나 의사결정 능력이 없는 책임무능력자 또는 한정책임무능력자의 행위를 벌하지 않거나 형을 감경한다고 규정하고 있을 뿐 구체적 판단기준이 제시되어 있지 않다.[311] 또한 「형사소송법」 제169조의 감정이 형법상의 책임무능력 판정에 어떤 관련성이 있는지 분명하지 않고, 법원 또는 수사기관에서 피고인 또는 피의자의 책임능력 평가를 위하여 어떤 기준을 적용하는지가 분명하지 않다.[312]

또한 심신상실이 무엇을 의미하는가는 이론이나 판례에 의해 해석되거나 규정되고 있다. 심신상실의 요건이 심신장애라는 생물학적 기초와 사물을 변별할 능력 또는 의사를 결정할 능력이 없다는 심리적 요소를 기초로 한 혼합적 방법을 채택하고 있다는 주장 역시 법 이론적인 해석이다. 「형법」상의 심신장애는 정신장애 또는 정신기능의 장애를 의미하는 것으로써 정신병, 정신박약, 중대한 의식장애와 정신병질을 그 내용으로 한다는 것도 마찬가지이다.

특히 「형법」 제10조 제2항의 심신미약 역시 생물학적 요소와 심리적 요소로 구성되고, 생물학적 기초는 심신상실의 경우와 같이 행위자가 심신장애 상태에 있었느냐이다. 다만, 심신장애의 정도에 차이가 있다고 할 수 있다. 이러한 주장 역시 이론적으로 그렇게 해석될 뿐이다. 따라서 순수한 정신병도 포함되고 경미한 뇌마비, 정신분열증 또는 간질도 해당된다. 또한 가벼운 음주 또는 중독, 그리고 정신병질, 노이로제 또는 충동장애 역시 심신미약으로 인정될 수 있다. 심신미약의 심리적 요소 역시 심신상실과 마찬가지로 사물을 변별할 능력 또는 의사를 결정할 능력으로 구성되고 단지 그 정도가 미약하다는 것을 의미한다.[313]

---

311) 박상식, 앞의 책., p.137.
312) 신동일(2004), 심신장애 판정의 문제점과 개선방안, 한국형사정책연구원, 연구총서 04-30, p.67.

「형법」 제10조에 규정된 심신상실자와 심신미약자에 대한 해석에 의해 재판과정에서 어떻게 그들을 구분할 수 있느냐가 논쟁의 대상이다. 이를 위해 「형사소송법」 제169조에 심신장애자에 대한 전문가들의 감정을 규정하고 있다. 정신장애에 대한 판단은 비전문가인 법률가가 자의적으로 판단할 수 있는 성질의 것이 아니다. 따라서 학계와 대법원은 정신장애 판단에 관하여 정신의학 전문가 등에게 정신감정을 의뢰하는 것이 필요하다고 인정한다. 하지만 감정인은 전문적인 진찰소견과 의학적인 입장만 제시할 뿐이며 법적인 책임능력의 최종적 판단은 법관에게 달려 있다.[314]

그러나 심신상실 여부 판정과 관련된 감정은 사안관계의 확인을 위한 부수적 증거가 아니라 실제로는 범죄능력을 확인할 수 있는 핵심적인 증거일 수 있다.[315] 범죄자의 정신장애 유무에 대한 판단은 생물학적 요소와 심리학적 요소에 의해 이루어진다면, 생물학적인 요소에 의한 판단이 당연히 정신의학 분야의 전문감정인에게 위탁되어야 하고 그 감정결과에 기속되어야 마땅하다. 다만, 사물의 변별능력이나 의사결정능력은 법원의 독자적 판단 영역이라고 볼 수 있다.[316] 대체적으로 정신장애자의 범죄는 정신의학적인 관점과 법률의 입장에서 상당한 차이를 보인다. 이러한 차이는 정신의학적인 측면에서는 정신장애자를 처벌하기 보다는 치료를 통한 재사회화를 주장하고 법적인 측면에서는 처벌을 받아야 한다는 점을 중시하기 때문이다.

이러한 경향은 범죄자의 정신상태별 분석 결과에 잘 나타나 있다.[317] 물론 이 자료는 범죄자의 정신이상 항변의 결과인지는 분명치 않다. 하지만, 법정에서 정신이상 판결을 받은 결과이므로 정신이상 항변을 한 결과라고 볼 수 있다. 1990년부터 2002년까지 형법범 전체의 분포를 보면, 정신이상은 1%미만으로 거의 변화가 없다. 그러나 주취, 월경시 이상 등 정신이상은 아니지만 정신장애라고 주장되는 사람들의 범행이 1993년까지는 0%였던 것이 1994년에 15.7%, 1998년 18.5%, 2000년 24.4%, 그리고 2002년도에는 32.3%로 놀라울 정도로 증가하고 있다는 점에 주목할 필요가 있다. 이는 추론컨대, 형법에서 음주만취나 중독상태를 말하는 명정(酩酊)이나 월경시 여성의 이상상태, 산후우울증 그리고 반사회적 성격이나 다중성격(해리성) 장애, 간질, 기억상실증

---

313) 이재상, 앞의 책., pp.307-309.
314) 박상식, 앞의 책., p.132. 이재상, 앞의 책., p.307.
315) 신동일 앞의 책., p.72.
316) 박상식, 앞의 책., p.137.
317) 최인섭, 한국의 범죄추세분석, 한국형사정책연구원, 2003, pp.204-217.

같은 정신병질은 피고인 측에서 정신이상 항변을 주장하지만, 법원에서 이를 인정하지 않은 결과로 보인다.

사기범죄로 정신이상 판결을 받은 범죄는 1994년까지는 0.1%, 그 이후 2002년까지는 0%에 지나지 않고 기타 정신장애의 경우에도 0.8에서 4.7%로 낮은 분포율을 보인다. 그리고 횡령범죄의 경우에도 정신이상 판결은 거의 0%를 보이고, 기타 정신장애의 경우도 0.3에서 0.8%로 1% 미만이다. 배임의 경우는 정신이상이 0%, 기타 주취나 정신병질로 의심되는 경우 역시 0.1에서 0.4%에 지나지 않아 가장 낮은 분포율을 보인다.[318]

그러나 살인같은 흉악범죄는 다른 유형의 범죄들에 비해 정신이상이나 기타 정신장애 분포율이 상대적으로 높다는 것을 알 수 있다. 살인의 경우에 정신이상이 1.4에서 2.9%를 차지하고 기타 정신장애의 경우는 22.7%에서 30.8%의 비율을 차지한다. 다른 범죄의 정신이상 분포율은 1%미만인데 비해 살인은 최고 3%의 비율을 보이고 있다. 2002년 통계를 놓고 보면, 정신이상 해당자는 전체 살인범 925명중의 22명, 기타 정신장애 해당 살인범은 276명으로 정신장애자의 살인범죄율이 높다는 것을 알 수 있다.[319]

방화범 역시 살인과 마찬가지로 정신이상자의 범죄비율이 다른 범죄유형에 비해 높다는 것을 보여준다. 1990년에서 2002년까지 변화비율을 보면, 1.4%에서 2.4%의 발생률을 보인다. 방화범의 경우에도 기타 정신장애 판결을 받은 범죄비율이 1994년 35.3%에서 2002년 48.7%로 정상인들의 비율과 거의 비슷한 결과를 보여준다.[320] 따라서 정신이상은 아니지만 정신적으로 문제가 있는 사람들이 살인이나 방화같은 흉악범죄를 많이 범한다는 사실을 확인할 수 있다. 기타 정신장애자의 범죄비율이 1993년까지는 0%였다가 1994년 이후 통계상에 많이 잡힌 이유는 이 항목이 1994년부터 범죄추세분석에 포함된 것이 아닌 가 추정된다.

강간범의 경우에 정신이상은 0.1에서 0.4%로 그다지 큰 변동 없이 1%미만 수준에 머물고 있으나 기타 정신장애는 22.2에서 39.5%의 높은 비율을 차지하고 있다. 강간 역시 강력범죄로서 정신장애 상태에 있는 범죄자들의 범죄비율이 높은 편이다. 2002년 통계를 보면, 총 7,367명의 강간범 중 정신이상이 14.7명, 기타 정신장애자가 2,055명

---

318) 최인섭, 앞의 책., pp206-208.
319) 앞의 책., p.210.
320) 앞의 책., p.212.

으로 높은 비율을 차지한다.

또한 실제 재판결과 정신이상 항변이 성공하는 경우는 다음과 같은 선행연구를 보면 더욱 분명해진다. 이 연구는 정신이상 판정에 대한 정신감정의와 법원의 판정 사이의 괴리현상을 말하고 있는데 최종 결정권을 가지고 있는 법원이 정신이상 항변을 잘 받아들이지 않는다는 사실을 추론할 수 있다. 이 연구 자료에 의하면, 75명의 정신장애자 범죄를 감정의가 44명(58.7%)을 심신상실, 26명을 심신미약(34.7%), 5명(6.6%)을 책임능력이 있다고 감정했다. 이에 대해 법원의 판정은 심신상실 16명(21.3%)에 불과하였고, 심신미약이 44명(58.7%), 책임능력이 있다고 판정한 경우는 15명(20.0%)이었다. 감정의와 법원이 일치한 경우는 심신상실 44명 중 16명(36.3%), 심신미약 26명 중 19명(73.0%), 형사책임 능력의 경우 5명 중 5명(100%)이었다. 전체 75명 중 40명(53.3%)이 일치하였으며, 일치하지 않는 35명(46.7%)의 경우 법관이 감정의 보다 형사책임능력을 무겁게 부과했으며, 가벼운 경우는 1명도 없었다.[321]따라서 대부분의 정신의학 전문의들은 그들의 감정결과에 따른 정신이상 항변이 재판과정에서 성공하기 어렵다고 주장한다.

법원에서 정신이상 항변을 정신의학적 진단결과에 따르지 않는 이유는 많다. 우선 법원이 판례상 채택하고 있는 정신이상 판정 기준이 정신의학 전문 감정인과는 다르다는 데에 그 이유가 있다. 대법원은 "심신장애의 유무 및 정도의 판단은 법률적 판단으로서 반드시 전문감정인의 의견에 기속되어야 하는 것이 아니고, 정신장애의 종류 및 정도, 범행의 동기 및 원인, 정신병 발병 전의 피고인의 성격과 그 범죄와의 관련성 유무 및 정도 등을 종합하여 법원이 독자적으로 판단할 수 있다"고 판시하고 있다.

또한 정신의학자들과 법원 사이에 정신장애로 인정하는 종류에 차이가 있다는 것도 그 이유가 된다. 정신의학 전문의들은 정신장애의 여부를 판정하기 위하여 보통 정신분열증, 정동장애, 기질성 정신장애, 정신지체, 망상장애, 알코올 및 약물장애, 충동조절장애 등으로 분류하여 감정을 하고 있다. 이에 대해 대법원은 정신분열증, 알코올 중독, 정신박약, 해리신경증 등에 대해 정신장애를 인정하지만, 인격장애, 충동조절장애로 인한 병적 도벽 등은 정상인에게서도 나타난다는 이유로 정신장애를 부정한다.[322]

---

321) 최윤정, 조지희, 권정화(1995), "형사정책적 정신감정결과와 법원판결에 관한 고찰", 신경정신의학, 제37권 제5호, p.907.
322) 박상식, 앞의 책., pp.135-136.

7. 정신이상 항변의 결과

대부분의 국가는 정신장애 범죄자의 정신이상 항변을 인정한다. 이미 앞에서 살펴보았듯이 정신이상 항변은 살인, 방화, 강간 같은 강력범죄를 대상으로 주로 이루어지고 있고 이 과정에서 정신이상을 이유로 한 무죄가 인정되는 비율이 높다. 따라서 연쇄살인이나 강간살인, 또는 유괴살인범 등의 많은 흉악범들이 정신 이상을 이유로 무죄라는 항변을 활용한다.

그러나 이러한 정신장애 범죄자들의 정신이상에 대한 판단기준이 명확하게 규정되어 있지 않다는 것이 문제이다. 우리나라와 마찬가지로 미국 역시 정신이상 여부는 정신의학 전문의의 진단을 기초로 법관에 의해 최종적으로 이루어진다는 점에서 별로 차이가 없다. 또한 피고인의 정신이상 유무를 정신의학적으로 진단하고 이 정신이상 상태가 행위 당시에 사물변별 능력이나 의사를 결정할 능력에 영향을 미쳤느냐를 기본 요소로 하여 법관이 최종적으로 판단한다는 혼합적 방법을 채택하고 잇다는 점에서도 이론적으로는 큰 차이를 발견할 수는 없다.

문제는 우리 「형법」 제10조 제1항과 제2항은 심신장애로 인하여 사물의 변별능력이 없거나 의사결정 능력이 없는 책임무능력자 또는 한정책임능력자의 행위를 벌하지 않거나 형을 감경한다고 규정하고 있을 뿐 구체적 판단기준이 법규화되어 있지 않다는 점이다. 그러나 미국은 정신이상을 이유로 한 항변에 대응하기 위해 생물학적인 요소와 심리학적인 요소인 인식능력을 기초로 하는 맥노튼 규칙, 생물학적인 요소를 기초로 하는 더럼규칙, 저항불능의 충동원칙까지 포함한 브론너 규칙, 정신장애 범죄자의 인식능력만을 기초로 정신이상을 판정하자는 정신이상 항변 개혁법, 정신이상으로 판단되면 무죄로, 정신질환으로 판단되면 유죄로서 치료감호를 통한 치료 후에 처벌하자는 '유죄이나 정신질환 인정 원칙' 등을 법제화하여 그 기준을 분명히 하였다.

따라서 우리나라도 「형법」 제10조의 심신상실과 심신미약이 무엇을 의미하는지 구체화할 필요가 있다. 따라서 심신장애의 개념을 정신분석학이나 신경정신학적으로 정립된 정신장애의 종류를 기준으로 표준화하는 작업이 요구된다. 즉, 심신장애를 야기하는 생물학적 표지를 ① 병적인 정신병, ② 기질적인 정신장애, ③ 기타의 정신병질로 구분하여 구체화하자는 것이다. 또한 이러한 심리학적 표지를 기준으로 심신장애로 인하여 사물을 변별할 능력이 없거나 의사를 결정할 능력이 없는 자를 판단할 수 있도록 표준화하는 작업이 요구된다.

　미국의 일반시민들은 범죄자들이 정신이상 항변에 대해 부정적이다. 그래서 배심원들은 정신이상 항변에 대해 유죄평결을 더 많이 한다. 그래도 배심원들의 평결은 정신의학 전문의들의 감정결과와 정신이상 판단 원칙을 기초로 평결을 한다는 점에서 합리적이다. 우리나라 역시 일반시민들은 대부분 흉악범죄자들의 정신이상 항변에 대해 부정적이다. 이는 흉악범죄자들이 처벌을 피하기 위한 위장이나 꾀병을 부리고 있다고 보고 마땅히 처벌을 받아야 한다는 것이다.

　그러나 미국은 물론이고 한국에 있어서도 오늘날 연쇄살인이나 유괴 납치 살인, 성폭력 살인범들과 같은 흉악범들의 정신인상 항변 신청률은 점점 증가하는 추세를 보이고 있다. 그런데 우리나라는 정신장애 판단 기준이나 원칙이 확립되어 있지 못하고 정신이상 감정 그 자체에 대해 「형법」에 아무런 규정이 없다. 「형사소송법」상의 감정이 법원의 재량에 의해서만 활용될 수 있다는 점도 문제로 지적된다. 우리나라의 「형사소송법」상 감정은 정신장애자 판정의 경우 매우 형식적으로 진행된다는 생각을 떨쳐버릴 수 없다. 정신감정에 회부하는 조건도 전적으로 법원의 재량사항이고 감정결과에도 전혀 구속되지 않는다.

　또한 정신장애 범죄자에 대한 정신의학 전문의의 감정결과와 법관의 판단이 일치하지 않는 경우가 많다. 물론 법관들은 범죄자에 대한 처벌 중심으로 판단하고 정신의학 전문가들은 치료위주로 판단을 하는 경향이 있다는 점에는 이해할만하다. 법관이 법적으로 전문의의 감징결과에 구속되는 깃도 아니므로 독지적으로 판단하는 것은 문제가 되지는 않는다. 그러나 기존의 정신보건법과 사회보호법상의 치료감호 규정을 고려한다면, 정신장애와 정신병질을 구체적으로 세분하여 전문의의 감정을 기초로 판정하는 것이 합리적이다. 최근 정신분석학이나 정신의학이 매우 발달되어 있다는 사실을 고려한다면, 정신의학에서 판정하는 정신장애 항목을 세분화하여 이를 「형법」에 반영할 때가 되었다고 본다.

제4절 사이코패시와 범죄

1. 새로운 연구영역

(1) 성인범죄의 연구 주제

19세기 말에 나타난 사이코패스(psychopath)란 용어는 어떤 명백한 이유나 목적 없이 충동적으로 행동하는 공격적인 범죄자를 의미하는 것으로 사용되어 왔다. 사이코패스 만큼 범죄학 용어 중에 사람들의 관심과 흥미를 불러일으킨 용어는 없다. 그 이후 사이코패스는 매스미디어에서 알프레드 히치콕의 사이코(Psycho)라는 영화에서 묘사된 살인자를 언급하는 것으로 광범하게 사용되어 왔다.[323] 사이코패시(psychopathy)는 사이코패스의 행위 그 자체를 의미한다.

사이코패시(psychopathy) 또는 사이코패스는 심리학의 연구영역에서 집중적인 관심을 받는 주제중의 하나가 되고 있으며, 특히 성인범죄 행동에 대한 집중적인 연구를 하는 법심리학(forensic psychology)의 주된 연구대상이다. 아주 최근에는 청소년 사이코패시가 그 타당도와 함축에 의문을 제기하는 많은 연구자들의 상당한 관심과 논쟁의 주제가 되고 있다.[324] 특히 연쇄살인범이나 연쇄 강간범 등 심각한 폭력범죄자들이 사이코패스라는 주장이 제기되면서 사이코패스는 많은 사람들의 관심을 받기 시작했다. 더욱이 여성들이나 소아나 아동들에 대한 잔인한 연쇄살인이나 연쇄강간범이 사이코패스라는 결과가 법집행기관에 의해서 발표되면서 사이코패스는 범죄심리학 분야의 중요한 연구과제의 하나가 되었다.

사이코패스는 반사회적 성격장애를 가진 사람과는 다르다고 주장하는 학자들이 있는가 하면 두 가지 용어를 호환적으로 사용하는 연구자들도 있다. 따라서 여기에서는 사이코패스에 대한 개념정의와 특징, 그리고 범죄와의 관련성 등에 대해 살펴보기로 한다.

---

323) Shoemaker, *op.cit*, p.64.

324) Curt R. Bartol and Anne M. Bartol, Criminal Behavior: A Psychosocial Approach, 8th Edition, Pearson Education, Inc., Upper Saddle River, New Jersey, 2008, p.187.

2. 개 념

(1) 사이코패시

사이코패시는 사이코패스가 보여주는 성격과 행동 특징 그 자체를 말한다. 일반적으로 사이코패스가 거짓말 잘 하고 죄책감이나 후회감이 없고, 잔인한 범죄자라면, 그러한 성격장애나 행동 특징 그 자체가 바로 사이코패시이다. 간단히 말해서, 사이코패시는 사이코패스의 행동증후군을 말한다. 사이코패시는 소시오패시(sociopathy) 또는 반사회적 성격(antisocial personality)과 동의어로 받아들여지고 호환적으로 사용되기도 한다.

(2) 사이코패스

사이코패스(psychopath)는 일반적인 사람들과 구분되는 심리학적, 대인적, 그리고 신경생리학적인 일단의 특징을 보여주는 사람을 표현하기 위해 사용된다. 간단히 말해, 사이코패스는 사이코패시 행위를 보여주는 사람을 의미한다. 따라서 사이코패스는 다른 사람에게 비정상적으로 공격적이거나 심각하게 무책임한 행동을 하는 지속적인 성격장애, 또는 정신적인 장애자로서,[325] 이로 인해 잔인한 범죄행위를 범하여 다른 사람과 사회를 괴롭히는 정신병질자를 말한다. 한편, 사이코패스는 정신병자가 아니고 반사회적 성격 상태의 성격장애자로서 죄의식과 불안감을 거의 느끼지 못하고 지속적으로 다른 사람들의 권리를 침해하는 자라고 정의되기도 한다.

1) 해어의 개념

해어(Robert Hare)는 사이코패스란 매력적이고 교활한 생활방식, 그리고 냉혹하게 자신의 생활방식을 추구하고, 광범한 낙담의 흔적과 좌절된 기대, 그리고 빈 지갑을 숨기고 있는 사회의 약탈자라고 정의한다. 사이코패스는 양심의 완전한 결여와 감정이입 능력의 결여, 이기주의와 쾌락의 추구, 죄의식이나 후회감의 부재, 사회적 규범과 기대를 위반하는 사람을 의미한다. 해어는 사이코패스를 세 가지 유형으로 분류한다.[326]

---

325) Siegel., *op.cit.*, p.222.
326) Bartol and Bartol, *op.cit.*, p.188.

❶ 1차적 사이코패스(primary psychopath)

1차적 사이코패스는 일반인이나 범죄인 집단들과는 구분되는 어떤 확인가능한 심리적, 정서적, 인지적, 그리고 생물적 차이를 가지고 있는 자를 말한다. 우리가 말하는 사이코패스는 1차적 사이코패스만이 참된 사이코패스에 해당된다. 2차적 사이토패스나 병리적 사이코패스는 일단의 범죄집단을 구성하는 반사회적인 사람들의 이질적인 집단을 의미한다.

1차적 사이코패스는 화산처럼 폭발하거나 폭력적이거나 극히 파괴적인 것이 아니라 더 사교적이고 매력적이며, 말솜씨가 아주 능수능란하다. 그들은 일반적으로 영원히 법의 반대편에 서 있다는 점에서 범죄자일 수 있지만, 많은 사람들은 그렇지 않다.

❷ 2차적 사이코패스

2차적 사이코패스는 심각한 정서적 문제나 내부갈등으로 인해 반사회적 행동이나 폭력적 행동을 범하는 자를 말한다. 그들은 때때로 신경증환자, 신경증적인 일탈자, 징후적인 사이코패스, 또는 단순히 정서적으로 혼란스러운 범죄자 등으로 불린다. 대중매체들은 대체로 이러한 사람들을 사이코패스적인 살인자로서 언급하거나 만나는 모든 사람들을 무차별적으로 살인하는 사람으로 묘사한다.

❸ 병리사회 사이코패스(dyssocial psychopath)

병리사회 사이코패스는 비행집단이나 가족들이 추종하고 있는 그들의 하위문화로부터 학습한 공격적이고 반사회적 행동을 보여주는 자들을 말한다. 2차적 사이코패스와 병리사회 사이코패스는 1차적 사이코패스의 행동패턴, 그리고 배경과는 전혀 무관하므로 사이코패스란 이름은 잘못 부쳐진 것이다. 그러나 이 두 유형은 그들의 높은 재범률로 인해 흔히 사이코패스로 잘못 지칭된다.

2) 라프터의 개념

라프터(N. Rafter)는 사이코패스란 정신적 무능력이라는 의미로 정의하는 것이 보다 타당하다고 주장하면서도, 사실상 성격장애자라는 의미로 정의한다.[327] 사이코패스는 일반적으로 감정과 정서의 왜곡이나 악용상태에 빠져 있으며. 이상 욕망과 이상 도덕

---

327) N. Rafter, 'Psychopathy and the evolution of criminological knowledge,' Theoretical Criminology, vol.1(2), 1997, p.235.

감, 정서와 기분의 빈번하고 현저한 변화같은 특이한 행동유형, 충동적인 행동, 그리고 특히 폭력적인 행동의 소유자를 말한다. 또한 약탈적이고 남을 희생시키는 생활스타일이 특징이며, 자신의 행동에 대한 후회, 양심의 가책, 그리고 죄책감을 느끼지 못한다. 정서적인 천박함과 함께 과장, 자기중심, 속임수, 우격다짐, 그리고 냉혈한(cold hearted) 같은 행동을 보여주고, 양심의 가책, 타인과의 감정이입, 또는 자신의 잘못에 대한 불안감 등을 느끼지 못하는 것이 사이코패스의 특징이다.

3) 라이큰(Lykken)의 개념

라이큰(Lykken)은 사이코패스란 처벌의 두려움을 느끼지 못하게 하는 '낮은 공포지수(low fear quotient)'를 가지고 태어난 사람이라고 정의한다.[328] 모든 사람들은 태어나면서 거미, 뱀, 불, 또는 이상한 사람 등과 같은 어떤 자극에 대한 두려움을 느끼지만, 사이코패스는 그러한 두려움이 없다.

4) 클레클리의 개념

사이코패시의 권위자인 클레클리(Hervey Cleckley)는 사이코패스를 다음과 같이 정의한다.

> "사이코패스는 경험이나 처벌에 의해서도 결코 개선될 수 없는 항상 문제를 야기하는 반사회적인 성격의 소유자들이다. 아울러 어떤 개인이나 집단, 또는 법규에 대한 참된 충성심이 전혀 없는 사람들로서 흔히 냉담하고 쾌락주의적이며, 현저한 감정적인 미성숙상태를 보여준다. 또한 책임감과 판단능력은 결여되고, 자신의 행동을 정당한 것처럼 보이게 하기위해 합리화하는 것이 특징이다".[329]

5) 반사회적 성격장애(antisocial personality disorder: APD)

정신병리학자와 많은 임상심리학자들은 아동기나 청소년기에 시작하여 성인이 되어도 지속되는 타인의 권리무시와 침해를 하는 광범위한 형태를 반사회적 성격장애라고 정의한다. 또한 합법적인 행동에 관한 사회규범에 순응하지 못하고, 절도나 폭력범죄 등으로 인해 반복적으로 체포되는 행동을 한다.

---

328) David Lykken, "Psychopathy, Sociopathy, and /crime", *Society 34*, 1996, pp.30-38.

329) Hervey Cleckley, "Psychopathic States," in American Handbook of Psychiatry, ed. S. Aneti(New York: Basic Books, 1959), pp.567-569.

반사회적 성격장애는 사이코패스와 아주 유사하지만, 행동지표의 정의에 한정된다는 측면에서 정서적, 인지적 측면을 포함하는 1차적 사이코패스보다는 개념적으로 좁다. 그러나 미국 정신장애에 대한 "미국정신의학협회의 진단과 통계지침서 DSM"은 반사회적 성격장애를 해어(Hare)의 1차적 사이코패스의 개념과 유사하게 정의하고 있다.[330]

3. 특 징

"이브의 세 얼굴(The Three Faces of Eve)"이라는 저서를 발표하여 영화화되어 인기를 얻은 바 있는 클레클리(Cleckley)는 "건강한 자의 가면(The Mask of Sanity)"이라는 저서에서 16가지의 사이코패스의 전형적인 특징을 제시하고 있다. 그가 제시한 특징은 ① 외관상의 매력과 우수한 지능, ② 병적인 이기주의, ③ 거짓과 위선, ④ 속임수, ⑤ 후회와 죄책감의 결여, ⑥ 전반적인 애정적 반응의 빈곤, ⑦ 대인적 관계의 무반응성, ⑧ 신뢰성의 결여, ⑨ 비인간적인 성 생활, ⑩ 계획된 생활 불능, ⑪ 충동성, ⑫ 부적절하게 동기부여된 반사회적 행동, ⑬ 판단력의 결여, ⑭ 망상의 부존재, ⑮ 고뇌(근심)의 부재, ⑯ 음주후 기괴한 행동(Bizarre Behavior) 등이다.[331]

한편, 해어(Hare)는 13가지의 특징을 제시하고 있다. 대체로 클레클리(Cleckley)가 제시하는 특징의 종류와 유사하다. ① 유창한 언변과 외관상의 매력, ② 자존심의 과잉, ③ 병적인 거짓말, ④ 교활함과 속임수, ⑤ 후회와 죄책감의 결여, ⑥ 애정의 빈곤, ⑦ 냉혹성과 감정이입의 결여, ⑧ 행동책임감 부재, ⑨ 무차별적이고 난잡한 성 행동, ⑩ 현실적이고 장기적인 목표의 결여, ⑪ 행동통제능력의 결여. ⑫ 지루하기 쉽고 자극추구, ⑬ 무책임성 등이다.[332]

(1) 외관상의 매력과 유창한 말솜씨

사이코패스는 추론능력의 어떤 손상에서 비롯되는 것이 아니다. 따라서 사이코패스

---

330) Bartol and Bartol, *op.cit.*, PP.188-189.

331) R. D. Hare, 'A research scale for the assessment of psychopathy in criminal population,' Personality and Individual Differences, vol.1, 1980, 111.

332) Hervey Cleckley, The mask of sanity, 5th ed, St.Louis: Mosby, 1976, pp.50-55.
H. J. Eysenck, Crime and Personality, 2nd edition, Lpndon: Routledge and Kegan Paul, 1977, pp. 90-95.

는 자신의 행동을 자각할 수 있으며, 자신과 주위환경에 대한 정상적인 판단을 할 수 있다. 외관상으로 멀쩡한 매력과 평균 이상의 지능을 소유하고 있다는 점이 특징이다.

이러한 외관상의 특징은 사이코패스의 정신장애적 성격과 일탈행동을 은폐하는 기능을 한다. 사이코패스는 '정장차림의 뱀'이라는 말이 있듯이 범죄자에게만 국한되는 것은 아니다. 우리의 일상 속에서 얼마든지 만날 수 있는 평범한 사람 중에도 사이코패스는 존재한다. 사이코패스는 특히 첫 만남에서 상대방에게 우호적이고 사교적이며 좋게 보이고 기민하다. 따라서 고등교육을 받고 지적이며 많은 분야에 대한 관심을 과시하려고 한다.

사이코패스는 말솜씨가 뛰어나고 어려움 없이 대화를 이끌어 갈 수 있으며, 그들의 어휘는 아주 광범하여 어떤 화제에 대하여 장시간 말을 이어갈 수 있다. 그러나 체계적인 연구에 의하면, 그들의 대화는 하나의 화제로부터 다른 화제로 갑자기 뛰어넘고 동일한 말의 반복, 추상적이거나 부적절한 형태의 용어 사용, 논리적으로 비일관적인 언명이나 문구의 사용, 그리고 불완전한 형태의 문장을 구사하는 것과 같이 대화의 많은 부분이 실질적 내용이 없는 공허한 것으로 분석되었다.[333] 어떤 측면에서 사이코패스는 그들이 생각하고 말하는 것을 계획하고 이어갈 중심적인 조직능력이 부족한 것이 특징이라고 볼 수 있다. 그러나 그들은 아주 매력적이고 교활하기 때문에 이러한 언어적 결점은 쉽게 발견되지 않는다.[334]

(2) 심리학적 검증 차이

심리석 표준척노에 따른 측성에 의하면, 사이코패스는 보통 일반시민늘보다는 특히 개인적으로 실시된 지능검사에서 높은 점수를 획득하는 것으로 밝혀졌다. 그러나 해어는 범죄로 수형생활을 하고 있는 사이코패스들을 대상으로 지능검사를 한 결과 다른 사이코패스들에 비해 지능지수가 아주 낮은 것으로 나타났다. 그들은 기소를 피할 수 있을 만큼 똑똑하지 못했기 때문이다. 이시카와(Ishikawa) 등은 최근의 연구에서 사이코패스를 성공한 사이코패스, 즉, 범행 후 체포와 기소를 피한 자들과 실패한 사이코패스, 즉, 기소되어 수형생활을 하고 있는 자들로 분류했다.[335] 이러한 연구는 사이코패

---

333) Robert D. Hare, The Hare Psychopathy checklist-revised, Toronto, ON: Multi-Health Systems, 1991, p.57.
334) Robert D. Hare, Psychopathy: A clinical construct whose time hase come, Criminal Justice and Behavior,23, 25-54.
335) S. S. Ishikawa, A. Raine, T. Lentz, S. Bihrle, & L. Lacasse, Autonomic stress reactivity and

스라고 해서 모두 지능지수가 아주 높은 것이 아니라 범행 후 체포와 기소를 피한 사이코패스들만이 지능지수가 아주 높고 1차적 진짜 사이코패스라는 점을 강조하고 있다.

(3) 전통적인 기준에 의한 정신적 장애 부정

일반적으로 사이코패스는 심각한 수준이든 가벼운 수준이든 정신장애 증상을 보이지 않는다. 그들 대부분은 과도한 걱정과 근심, 정신병적 사고, 망상증, 심각한 우울증이나 환각증상과 같은 어떤 징후를 소유하고 있지 않다. 그들은 심지어 고도의 압력상황 하에서도 이안 플레밍의 소설 주인공 제임스 본드처럼 냉정하고 침착한 상태를 유지한다. 실제로 사형선고받은 사이코패스들은 집행되기 바로 직전에 맛있게 저녁 스테이크 식사를 즐길 수 있다. 사형선고를 받은 다중살해범이 처형되기 바로 전날 쉽게 잠들고 푹 자고 원기왕성한 상태로 아침에 깨어나 처형되기 한 시간 동안 아침을 충분히 먹는가 하면, 처형되는 순간에도 의기소침하거나 두려워하지 않고 놀라울 정도로 조용하고 상냥한 상태를 유지하는 것이 바로 사이코패스의 특징이다.

그러나 모든 사람들이 사이코패스가 어떤 정신장애를 겪고 있지 않다는 견해에 동의하지는 않는다. 어떤 임상의학자들은 사이코패시의 정신분열증을 정신장애의 동일한 스펙트럼의 부분이라고 주장하며, 어떤 법의학자들은 때때로 사이코패스와 정신분열증 환자들을 정신적으로 장애상태에 있는 범죄자들로 보는 경우도 있다.

사이코패스는 반사회적 행동으로 공공연한 물의를 일으키거나 위법행위를 하고도 처벌을 받지 않는다면, 오히려 사회주도층을 형성할 수 있다. 사이코패스가 권력을 쥐게 되면 전쟁이나 공권력을 동원한 합법적 살인과 학살을 자행할 수 있다.

(4) 이기주의와 타인에 대한 사랑 무능력

클레클리(Cleckley)에 의하면, 사이코패스의 이기성은 항상 존재하고 본질적으로 교정이 불가능하다. 아울러 사이코패스의 타인에 대한 참되고 의미 있는 애정 무능력은 절대적이다. 그들은 호감이 가는 사람이 있지만, 친밀한 친구관계를 유지하지 못하고 타인에 대한 사랑을 이해하는데 큰 어려움을 겪는다. 따라서 교묘하게 깊은 사랑을 가장하고 적절한 정서를 효과적으로 흉내 내지만, 그들에게 참된 충성심, 따뜻함, 그리고

---

executive functions in successful and unsuccessful criminal psychopath from the community, Journal of Abnormal OPsychology, 110, 2001, 423-432.

연민은 이질적이다. 또한 그들은 사랑을 주고받을 필요가 거의 없기 때문에, 그들의 가족과도 거의 접촉이 없으며 대부분 그들의 주거지를 자주 바꾼다. 타인의 친절에 고마워할 줄 모르고 호의와 배려를 거의 모른다.

사이코패스는 혼자가 되는 경향이 강하다. 타인과 친교관계를 형성하지 못하고 타인을 극복하고 제거해야 될 대상으로 생각한다. 그가 가족들과 함께 살더라도, 놀랍게도 가족들과 어울리지 못하고 혼자 사는 외톨이가 된다. 가족과 함께 생활한다면, 가족들은 그의 정서변화로 인해 고통을 받는다. 사이코패스는 그에게 도움을 주려고 노력하는 가족들에 대해서도 적대적으로 행동하며 다른 사람들의 고통이나 아픔을 이해할 수 있는 능력이 없다. 이러한 무능력은 자신의 행동에 대한 타인의 반응을 이해할 수 없게 한다.[336]

(5) 병적인 거짓말쟁이

사이코패스는 놀라울 만큼 진실에 무관심함으로써 흔히 병적인 거짓말쟁이로 불린다. 그들은 도덕감이나 윤리의식이 전혀 없고 특히 부정직이 어떤 개인적 이익을 가져오는 경우에는 정직성에 대한 목적을 이해하지 못한다. 솔직함, 정직성, 그리고 성실성을 교묘하게 가장하는 능력을 가지고 있지만, 성실성에 대한 그들의 주장은 내용이 없다.

(6) 충동성

충동성은 사이코패스의 핵심적이고도 중요한 특징이다. 그들은 충동적으로 행동하고 그 행동의 결과가 아무리 심각한 경우에도 무책임하고 예측불가능하다. 그러나 이러한 충동적인 행동패턴은 순환적이다. 그들은 우선 몇 달 동안 계속하여 책임성 있는 시민, 성실한 배우자, 그리고 믿을만한 피고용인으로 행동하고 그 결과 대 성공을 하고 승진과 영예를 얻게 된다. 이러한 사회적으로 바람직한 목표를 능수능란하게 달성했을 때 갑자기 그들의 진면목을 보여주는 기괴한 기교를 부리게 된다. 그들은 무책임하게 행동하고 불량수표를 유통시키며 회사 컴퓨터를 파괴하고 흥청망청 마시고 떠들어 대거나 사장 차를 훔치기도 한다.

또한 그들은 상대방에 대한 공격으로 논쟁을 촉발하는 나쁜 성질을 보여주는 경향이

---

336) Williams, *op.cit.*, p.223.

강하다. 그들은 후에 다른 기회에 미안하다고 말하고 변명을 하지만, 항상 무책임한 행동이 반복된다.

(7) 후회 또는 죄의식의 결여

사이코패스의 중요한 특징은 그들 행동의 심각성이나 비도덕성, 그리고 타인에 대한 잊을 수 없을 만큼의 정신적인 충격을 주는 행동결과에 관계없이 그들의 행동에 대한 후회나 죄의식이 전혀 없다는 점이다. 그들은 행동결과를 예상하지 않기 때문에 사소한 개인적 이익을 얻기 위하여 불합리한 위험을 감수함으로써 문서위조, 절도, 강간, 폭행, 그리고 사기 등과 같은 파괴적이거나 반사회적인 행동을 하게 된다. 범행으로 체포된 경우에도 그들은 진정성 있는 후회심을 표명하지 않는다. 어떤 사람의 머리를 세게 때리고 차를 못 쓰게 만들거나 어린아이를 괴롭힌 경우에 사이코패스들은 장난으로 그렇게 했다고 죄의식 없이 당연한 것 같이 변명한다.

사이코패스들은 다른 사람들의 관점에서 자신을 통찰하는 능력이 없다. 정상적인 통찰과정과 연결된 사실을 받아들이는 대신에, 그들의 잘못에 대해서 공동체와 가족들에게 모든 비난을 투사한다. 흥미롭게도, 교육받은 사이코패스들은 사이코패스 특징적인 성격을 유창하게 설명하고 관련 문헌을 광범하게 인용하고 연구결과를 토론한다. 그러나 자신의 괴상한 행동을 돌아보지 못하고 합리적으로 성찰하지 못한다. 어떤 행동결과에 대해서 후회한다고 말하지만 그 말은 클레클리가 말하는 의미론적 실어증(semantic aphasia), 즉, 정서적 의미가 전혀 없는 빈 말에 지나지 않는다.[337] 이러한 현상을 두고 사이코패스는 말은 알지만 음악은 모른다든지, 책속의 단어의 의미는 알지만 살아있는 의미는 모르는 것으로 표현된다. 결론적으로 해어는 사이코패스들이란 의미론적으로, 정서적으로 피상적인 인간에 지나지 않는다고 정의한다.[338]

(8) 과도한 도구적 공격성

사이코패스들은 특정 목표를 달성하기 위해 공격적인 행동을 과도하게 사용하는 것이 특징이다. 다른 사람이 소유하고 있는 보석이나 돈, 영역, 또는 지위 등을 차지하기

---

337) Bartol & Bartol, *op.cit.*, p.194.
338) Hare, *op.cit.*, 1996, p.45.

위해 비용에 관계없이 공격적인 행동을 보이는 것이 사이코패스들이다. 목표달성을 방해하는 사람은 사이코패스의 무자비하고 냉혹한 공격을 받게 되어 생명이나 신체상의 심각한 피해를 입게 된다.

자신의 욕구충족을 위해서 타인의 권리를 무시하고 침해하는 행동을 거리낌 없이 자행하고, 그러면서도 타인의 감정이나 그들에게 입힌 피해에 대해서 반성하거나 후회하는 모습은 보이지 않는다. 이런 면에서 무관심하고 자신의 입장에서 이를 합리화하는 태도를 고수한다. 사회적 규범을 지키지 않으며 자신의 쾌락과 이익을 위해서는 수단과 방법을 가리키지 않고, 그 결과 반복적으로 범죄행위를 하고 형사처벌을 받는다. 이들이 자신의 행동을 후회하는 경우는 자신의 행동결과로 처벌을 받게 되었다는 사실에 대한 두려움 때문이며 양심의 가책에 의한 것이 아니다.

(9) 병적인 자극추구

사이코패스의 행동은 스릴과 흥미를 추구하는 과도한 신경생리학적인 욕구에 의해 동기부여된다. 자동차 경주나 스카이 다이빙, 그리고 오토바이 묘기 등과 같은 특이한 부문에 흥미를 가지는 것은 사이코패스들에게 극히 정상적이며 잔인한 범죄를 범하는 것도 이러한 병적인 자극추구와 깊은 관계가 있다.

4. 범죄적 사이코패스

(1) 개 념

사이코패스는 범죄학 영역에서 가장 많은 관심과 흥미를 불러일으키는 용어이다. 최근에 법 심리학자들(forensic psychologists)은 만성적인 범죄행동의 설명을 위해 범죄적 사이코패스에 집중적인 관심을 기울이고 있다.

사이코패스가 반드시 범죄자인가에 대해서는 견해가 나누어진다. 19세기 후반에 개발된 사이코패스란 용어는 어떤 명백한 이유나 목적없이 충동적으로 행동하는 공격적인 범죄자들을 의미한다. 그 이후 사이코패스는 정신병적인 살인자를 언급하는 용어로 사용되었다. 일반적으로 사이코패스와 범죄자는 동의어로 받아들여진다. 사이코패스가 정신병이냐의 여부에 관계없이, 대부분의 학자들은 사이코패시를 범죄성향과 결합시킨다. 특히 사이코패시나 반사회적 성격은 상습범죄의 개념과 일치하는 것으로 보는 사람들도 있다.

그러나 많은 사이코패스들이 심각한 반사회적 역사를 가지고 있는 것은 아니며 지속적이고 심각한 범죄자들이 반드시 사이코패스인 것은 아니다. 따라서 범죄적 사이코패스는 사이코패스들 중에 지속적이고 심각한 반사회적 행동을 광범위하게 보여주는 사이코패스들만을 의미한다.[339] 하나의 집단으로서 범죄적 사이코패스들은 충동적, 위험감수적, 그리고 반사회적 생활방식의 특징을 가진 지배적이고 교묘하게 행동하는 개인들로서 다양한 성적 만족으로부터 극한적인 스릴을 추구하고 시간의 흐름에 따라서 다양한 피해자를 목표로 하는 개인들을 말한다.[340]

(2) 범죄적 사이코패스의 확산

사이코패스는 광적이고 설명불가능한 기분의 변화 속에서 범죄를 범하고 대체로 계획에 의해서 범죄를 범하지는 않는다. 범행은 대체로 충동적으로 저질러진다. 사이코패스가 성범죄나 성폭력을 범했을 경우에 일정한 패턴을 찾아보기 힘들다. 범행은 혼란스럽고 반복적이며 상당히 빠른 속도로 연속적으로 이루어진다. 여성은 사이코패스로 분류되지 않고 히스테리로 분류된다. 남성은 폭력성향을 띠지만, 여성은 그렇지가 않다. 이처럼 사이코패스는 성에 의한 차이를 보인다.[341]

그러나 사이코패시가 성인뿐만 아니라 청소년들에게 까지 적용될 수 있는 것인지에 대해서는 의견이 일치되지 않는다. 야불론론스키(Lewis Yablonsky)는 청소년 비행집단의 핵심구성원들이 사이코패시 상태이며,[342] 아이셍크(Eysenck)는 사이코패시가 나이와는 반비례관계, 즉 나이가 들면 감소한다고 주장한다.[343] 한편, 로빈스(Lee N. Robins)는 소시오패시란 성인 질병이며 청소년들은 단지 잠재적인 소시오패시로 고려될 수 있을 뿐이라고 주장한다.[344] 성인에게 소시오패시로 인정될 수 있는 행동은 청소

---

339) Bartol & Bartol, *op.cit.*, p.195.

340) S. Porter, D. Fairweather, J. Drugge, H. Herve, A. R. Birt & ED. Boer, Profiles of psychopathy in incarcerated sexual offenders, Criminal Justice and Behavior, 27, 2000, 216-233.

341) Randall T. Salekin, Richard Rogers, and Dayli Machin, Psychopathy in Youth: Pursuing Diagnostic Clarity, Journal of Youth and Adolscence 30, 2001, pp.173-195.

342) Lewis Yablonsky, The violent gang, revised edition, Baltimore: Penguin, 1970, p. 120-125.

343) H. J. Eysenck and B. G. Eysenck, Psychology, Personality. and Genetics, in R. D. Hare and R. Schalling(eds.), Psychopathic Behavior, New York: Wiley, 1978, pp.197-223.

년들에게는 소시오패시의 징후일 뿐이다. 더욱이 소시오패시 또는 반사회적 성격에 대한 의학적인 정의는 사이코패시의 특성을 성인과 결합시키고 있다. 충동적, 이기주의적, 그리고 죄의식 없는 아동들은 사이코패시가 아니라 긴장해소 장애, 또는 충동에 구속된 성격, 또는 품행문제(conduct problems)를 안고 있다.[345]

해어(Hare)는 전체 인구 중에 약 1%가 사이코패스에 해당하고 성인의 경우에 15~25%의 범위에 해당한다고 추정한다. 시머드와 호지(Simourd & Hoge)는 수형자 집단의 단지 11%만이 범죄적 사이코패스로 확인되었다고 보고했다. 그러나 고도의 상습범 중의 80%가 사이코패스 행동유형을 보여준다. 전체 남성인구의 약 4%와 전체 여성인구의 1%이하가 사이코패스에 해당하지만, 그들은 매년 모든 심각한 강력범죄의 반을 차지하는 것으로 분석된다.[346] 고도의 상습범 모두가 사이코패스는 아니지만, 성격장애와 장기적 범죄경력 사이에 강력한 상관성이 있다는 것은 분명하다. 또한 범죄행위를 어떤 설명으로도 가능할 것 같지 않은 경우에 그러한 범죄자를 사이코패스라고 하며, 특히 범죄가 무자비한 폭력으로 이루어졌을 경우에 그 범죄자는 사이코패스이다.

특히 연쇄살인범은 거의 대부분 사이코패스다. 그들은 희생자에 대한 양심의 가책이나 죄책감을 느끼지 못하고 아무런 감정이나 배려도 없다. 범죄행위에 대한 후회도 없고 냉담하고 무관심하다. 폭력범죄의 50% 이상이 사이코패스 범죄이며, 출소 후 재범률이 80%에 달할 정도로 재범률이 높고 강력범죄의 재범률이 40%로서 일반범죄자의 8배에 해당한다.[347] 그러나 어떤 특정 집단, 특히 수형자 집단내의 범죄적 사이코패스에 대한 추정지는 문화적, 인송적, 그리고 대상집단의 나이분뇨와 시설의 유형에 따라서 달라진다는 문제점이 있다.

(3) 범죄적 사이코패스의 범죄유형

사람들은 대체로 범죄적 사이코패스가 사회 대부분의 범죄에 책임이 있다고 믿고 있으며, 특히 범죄적 사이코패스들은 가장 폭력적이고 지속적인 범죄자들로서 알려져 있

---

344) Lee N. Robins, Childhood condict Problems, Adult Psychopathology, and Crime, in Sheilagh Hodgins(ed.), q.v, 1993, pp.173-193.

345) Robert D. Hare, Psychopathy, New York: Wiley, 1970, p.5.

346) Donnald Lynam, "Early identification of chronic offenders: Who is pledgling Pschopath?" Psychological Bulletin 120, 1996, pp.209-234.

347) Hare, *op.cit.*, pp.111-112.

다.[348] 그레튼(Gretton) 등에 의면, 범죄적 사이코패스들은 일반적으로 윤리의식과 도덕감의 결여, 자신만의 행동규칙에 의해 살아가고, 자신의 소망과 욕구를 충족하기 위해서 냉혈적이며, 도구적 공격과 폭력을 사용하기 쉽고, 사회적 규범과 타인의 권리를 무시하는 경향이 강하다고 지적된다.[349]

해어에 의하면, 사이코패스의 냉혹한 폭력행위는 사회 일반적으로 모든 사람들을 대상으로 하고 특히 법집행기관의 공무원을 대상으로 하는 경우가 많다는 점이 특이하다. FBI보고서는 임무수행 중에 살해된 법집행기관 공무원들 중의 거의 반에 해당하는 사람이 사이코패스의 성격특징에 아주 가까운 범죄자들에 의해 살해되었다고 기록하고 있다.[350]

더욱이 사이코패스 성범죄자들의 범법행위는 다른 성 범죄자들보다 아주 폭력적이고 잔인하고, 가학적인 경우가 대분이다.[351]그들은 단순한 성적 충동보다는 스릴추구와 자극에 의해서 더 동기부여된다. 사이패스의 특징을 가진 강간범들은 분노, 복수, 가학성 성애, 그리고 기회주의와 같은 비 성적인 동기에 의해 범죄를 범하는 경우가 더 많다. 집단으로서 사이코패스들은 일반 폭력사범보다는 아주 가학적으로 행동하고 보다 다양하고 심각한 형태의 성적 살인행위를 자행한다는 것이 특징이다. 사이코패스의 특징을 보여주는 연쇄살인범들은 특히 가학적이고 잔인한 살인행위를 자행한다. 사이코패스들은 다른 범법자들보다 타인에 대한 성적인 고통이나 비 성적인 모두로부터 쾌락을 얻기 위해서 범죄를 범한다.

사이코패스가 아닌 일반 범죄자들은 가정분쟁이나 극히 감정적인 충동에 의해서 살인이나 연쇄폭력을 행사한다. 이러한 유형의 폭력은 범죄적 사이코패스들에게서는 거

---

348) C. Saltaris, Psychopathy in juvenile offenders: Can temperament and attachment be considered as robust developmental precursors? Clinical Psychology, 16, 2002, 729-752.
J. P. Newman, W. A. Schmitt, & W. D.Voss, The impact of motivationally neutral cues on psychopathic individuals: Assessing the generality of the response modulation hypothesis, Journal of Abnormal Psychology, 106, 563-575.

349) H .M. Gretton, M. McBride, R. D. Hare, R. O'Shaughnessy, & G. Kumka, Psychopathy and recidivism in adolescent sex offenders, Criminal Justice and Behavior, 28, 427-449.

350) Hare, *op.cit.*, p.38.

351) M. Woodworth & S. Porter, In cold blood: Characteristics of criminal homicides as a function of psychopathy. Journal of Abnormal Psychology, 111, 436-445. R. D. Hare, D. Clarke, M. Grann, & D. Thornton, Psychopathy and the predictative validity of the PCL-R: An international perspective, Behavioral Science & the Law, 18, 623-645.

의 관찰되지 않는다. 범죄적 사이코패스들은 흔히 복수나 응징의 형태나 술자리에서 폭력을 행사한다. 일반 범법자들은 그들이 잘 아는 부녀자들을 대상으로 폭력을 행사하지만, 범죄적 사이코패스들은 그들이 잘 모르는 낯선 남자들을 대상으로 폭력을 행사한다.

5. 사이코패스의 심리적 척도

(1) PCL 척도(Psychopathy Checklist)

PCL은 범죄적 사이코패스를 측정하기 위한 가장 많이 사용되는 22개 항목으로 구성된 도구이다. 이 척도는 사이코패시에 관한 클레클리(Cleckley)의 개념에 기초하고 있으며, 특히 남성 교도소에 수감된 사이코패스, 법의학적 또는 정신병리학적 집단에 속하는 사이코패스를 확인하기 위해 설계된 척도이다.

(2) PCL-R(Psychopathy Checklist Revision)

PCL을 수정한 PCL-R은 20개 항목으로 구성되어 있으며, 법의학 분야와 조사환경에 적용가능한 새로운 정보를 포함하고 있다. 따라서 오늘날 PCL-R은 연구와 임상부문에서 가장 빈번하게 사용되는 사이코패스 측정도구이다. 이 척도는 자기보고, 행동관찰, 그리고 부모, 가족, 친구 같은 2차적인 원천을 포함하는 다양한 요소로부디 범죄직 사이코패스의 정서적, 대인적, 행동적, 그리고 사회적 일탈측면을 평가할 수 있다. 아울러 자기보고의 신뢰성을 확보하는데 도움이 되는 체포와 법원 기록 역시 사이코패스의 평가를 위한 자료가 된다.[352] 예컨대, PCL-R의 항목별 점수평가는 직장이나 학교에서의 행동, 가족과 친구 및 성적 상대방에 대한 행동, 그리고 범죄행동을 포함하는 다수의 영역에 걸친 정보의 어떤 통합을 요구한다.

연구자들은 모든 이러한 정보를 활용하여 연구대상이 검사표의 각 항목에 대답한 성향에 따라서 각 항목에 0~2의 점수를 부여한다. 0은 사이코패스 성향의 일관적인 부존재, 1은 비일관성, 2는 일관적인 존재를 의미한다. 30 이상의 점수는 보통 제1차적 사이

---

352) R. D. Hare, Psychopathy: A clinical construct whose time has come, Criminal Justice and Behavior,23, 25-54.

코패스로서 규정되고, 어떤 연구나 임상적 상황에서 25~33의 범위에 해당하는 점수가 사이코패스 여부에 대한 경계점수로서 사용된다. 해어는 21~29 사이의 점수를 가진 사람들은 모든 기준을 충족시키지는 않지만 사이코패스의 많은 특징을 보여주는 중간대상으로 분류해야 한다고 권고했다. 21 이하의 점수들은 비 사이코패스로 인정된다.[353]

지금까지의 연구는 범죄적 사이코패스와 범죄적 비 사이코패스를 구분하기 위해서, 그리고 범죄자의 위험평가에 참여한 교정학자와 법 심리학자들을 돕기 위해 PCL-R의 신뢰도와 타당도를 강력하게 지원해 왔다. 또한 이 측정도구는 연구자들과 정신보건 전문가들에게 이론, 연구, 그리고 궁극적인 임상실무를 촉진하는 사이코패스의 평가를 위한 보편적인 척도를 제공하고 있다. 현재 PCL-R은 미국의 백인 남자 중의 사이코패스를 확인하기 위한 강력한 도구일지라도, 전 세계적으로 점점 사이코패스 진단을 위한 임상적 도구로서 사용되고 있다.[354]

흥미있는 연구는 리리펠드(Scott Liliefeld)와 그의 동료에 의해 이루어진 침팬지 사이코패스 척도이다. 최초의 자료는 이 척도가 침팬지의 사이코패스 같은 행동에 대한 신뢰할만한 도구인 것으로 평가하고 있다. 그들에 의하면, 침팬지들의 사이코패스 같은 행동은 과도한 성적 행동의 표현, 대담한 행동, 괴롭히기, 침묵속의 허세부리기, 그리고 괴팍한 성질부리기 등으로 확인되었다. 이러한 자료들은 사이코패스 인간에 대한 잠재적인 신경생리학적인 기초를 강조한다.[355]

(3) 사이코패스의 핵심요인

PCL-R에 대한 연구로부터 사이코패스는 다차원적 성질을 가지고 있다는 것이 분명해졌다. PCL-R상의 사이코패스 평가요소들에 대한 요인분석에 의하면, 사이코패스의 구성요인들은 다음과 같이 분류된다.

---

353) D. J. Simourd & R. D. Hoge, Criminal psychopathy: A Risk-and -need perspective, Criminal Justice and Behavior,26, 90-106.

354) R. d. Hare, D. Clarke, M. Grann, & D. Thornton, Psychopathy and the predictive validity of the PCL-R:An international perspective, Behavioral Science & the Law,18, 623-645.

355) S. O. Lilifield, J. Gershon, M. Duke, L. Marion, & F. B. M. de Wall, A preliminary investigation of the construct of psychopathic personality(psychopathy) in chimpanzees, Journal of Comparative Psychology, 113, 365-598.

1) 두 가지 요인 입장

두 가지 요인 도식에서 요인 1은 대인적, 정서적 장애 요소들을 의미한다. 이 요인은 무가책성, 냉담함, 이기주의적 행동과 교묘한 속이기 등을 측정하는 항목으로 구성되어 있다. 전형적인 사이코패스는 자신의 욕구를 충족시키기 위해서 타인들을 치밀하게 이용하는 것에 대해 전혀 가책을 느끼지 않는다.

요인 2는 무계획성, 충동성, 과도한 자극추구, 지루함에 약한 경향(인내심 부족), 그리고 현실적인 목표의 결여 등의 특징을 가진 사회적으로 일탈적인 생활스타일과 아주 밀접하게 결합된다.

연구자들에 의하면, 요인 1은 계획적인 약탈적 폭력행위와 결합되고, 반면에 요인2는 자연발생적이고 충동적인 폭력행위와 관련이 있는 것으로 밝혀졌다. 또한 요인 1은 심리요법과 치료프로그램에 의해서도 도움을 받지 못하고 저항하는 것이 특징이다. 한편, 요인 2는 사회경제적 지위, 교육적 성취, 그리고 문화·인류적 배경에 관련이 있고, 요인 1은 생물심리학적 영향요인들에 더 관련이 있다. 따라서 요인 1은 요인 2보다는 사이코패스의 더 강력한 지표라는 것이 학자들의 견해이고, 요인 1은 일반적으로 사이코패스를 확인하는 더 나은 지표인 반면에 요인 2는 일반적인 재범률과 폭력적인 재범률을 예측하는 데 더 나은 지표인 것으로 판명되었다.

2) 세 가지 요인 입장

사이코패스의 행동은 너무나 다양하여 한 두가지 차원으로 표현하기는 어렵다. 정교한 통계적 기법의 출현으로 인해 사이코패스를 잘 나타내 줄 수 있는 세 가지 핵심 행동적 또는 성격차원이 도출될 수 있다.

쿡크와 미시(Cooke & Michie)는 전통적인 두 요인 설명방법에 도전하여 사이코패스를 다음과 같은 세 가지 차원으로 분류했다.

① 과도한 자존심, 유창한 언변, 외관상의 매력, 거짓말하기, 교활함, 교묘한 속임수와 사기행각 등을 포함하는 거만하고 사기적인 대인관계 스타일(이 차원은 인상관리로서 언급기도 한다).

② 후회심 결여, 죄책감 부재, 양심부재, 걱정부재, 두려움 부재, 냉담함, 감정이입부재, 그리고 자신의 행동에 대한 책임 회피 등으로 특징지어지는 애정적 또는 정서적 경험의 결핍

③ 무계획성, 장기목표의 부재, 자극추구, 불만족스러운 일 습관, 식객같은 생활스타일 등을 포함하는 충동적이고 무책임한 행동 스타일(배우자, 친구, 그리고 부모들 등과 같은 사람들과 결별생활)

3) 네 가지 차원 입장

연구자들은 사이코패스의 요인을 대인적, 애정적, 그리고 행동기능상의 장애에 추가하여 네 번째 차원으로 반사회적 행동을 포함시켜야 한다고 주장한다. 이러한 주장은 사이코패스의 특징을 가진 개인들이 흔히 폭력과 기타 다양한 반사회적 행동유형을 나타낸다는 사실에 기초하고 있다. 연구자들과 임상의학자들은 사이코패스에 대한 이해와 개념정의에 중요한 요소인 반사회적 행동의 척도를 놓치고 있다. 사이코패스에 대한 예측 능력은 반사회적 행동인 과거의 범죄행동을 고려한다면 상당히 향상될 것이다.[356]

4) 재범률

사이코패스의 실태연구에 의하면, 사이코패스들의 재범률이 대단히 높다고 보고된다. 재범이란 범행을 중단시키거나 교화하기 위해 사용된 척도에 관계없이 사이코패스들이 반복적으로 범죄를 범하는 것을 말한다. 포터(Porter) 등에 의하면, 사이코패스들은 재범기간이 짧고 가석방의 조건을 조기에 위반하고, 일반범죄자들보다 더 제도적인 폭력범죄를 범한다.

연방교도소에서 석방된 299명의 남성 범죄자들을 8년 동안 추적한 결과, 사이코패스의 65%가 3년 이내에 재범을 보여주었으며, 일반범죄자들의 재범률은 20%에 불과했다.[357] 퀸제이와 라이스(Quinsey & Rice) 그리고 해리스(Harris)에 의하면, 교도소에서 석방된 이후 6년 이내에 사이코패스들의 80% 이상이 성폭력범죄를 범했으며, 일반성범죄자들의 성폭력 범죄 재범률은 20%에 지나지 않았다.[358]

---

356) R. T. Salekin, D. N. Brannen, A. A. Zalot, A-M. Leistico, & C. S. Neumann, Factor structure of psychopathy in youth:Testing the applicability of the new four-factor model, Criminal Justice and Behavior,33, 2006, 135-157.

357) R. C. Serin & N. L. Amos, The role of psychopathy in the assessment of dangerousness, International Journal of Law & Psychiatry, 18, 1995, 231-238.

358) V. J. Quinsey, M. E. Rice & G. T. Harris, Actuarial prediction of sexual recidivism, Journal of Interpersonal Violence, 10, 1995, 85-105.

또한 높은 재범률은 남자 청소년 사이코패스의 특징이기도 하다. 성인과 청소년 사이코패스 모두가 재범률이 높다는 것은 행동과학이 사이코패스들을 치료하기 위해서 제공할 수 있는 아무것도 없다는 결론에 도달하게 한다. 사이코패스들은 자신들의 문제행동을 고칠 생각이 전혀 없고 정신병리학의 본질과 범위에 관한 통찰력이 부족하기 때문에 그들을 치료할 방법이 없다.

6. 여성 사이코패스

지금까지 여성범죄자들을 포함하여 여성 사이코패스에 대한 연구는 그렇게 많지 않다, 연구의 결과는 대체로 일반시민과 범죄로 기소된 여성 모두에 걸쳐서 남성 사이코패스보다 여성 사이코패스의 수가 훨씬 적다고 지적한다. 살레킨(Salekin) 등은 PCL-R 자료를 기초로 하여 분석한 결과, 교도소에 수감된 여성범죄자들중의 사이코패스 비율은 15.5%로서 남성의 25~30%에 비해 상대적으로 적다는 사실을 발견했다. 528명의 유성 수형자들을 대상으로 한 더 최근의 연구에서 바이탈(Vitale) 등은 PCL-R 권고점수인 30점을 사용하여 분석한 결과 참여자들 중의 9%가 사이코패스로 분류되었다고 보고했다.[359]

해어와 클레클리(Hare & Cleckley)는 그들의 어떤 연구에 여성 사이코패스를 포함시킨 일이 있으나, 해어의 PCL과 PCL-R 척도는 거의 남성 사이코패스만을 측정하기 위해 개발되었다.[360] PCL-R을 사용한 어떤 연구는 여성 사이코패스들이 남성 사이코패스들과는 다른 행동유형을 나타낸다는 결과를 제시했디. 결정직인 자료는 아닐지라도, 남성 사이코패스에 비교하여 여성들은 현실적인 장기목표가 결여되고, 성적으로 난잡한 성 행위를 하는 경향이 큰 것으로 나타났다. 그러나 그들은 남성 사이코패스와 같은 기형적인 정서처리 현상을 표출하지는 않는다.

여성 사이코패스들은 남성 사이코패스보다 덜 공격적이고 덜 폭력적이며, 남성에 비해서 범죄행동 시작 시기가 더 늦다. 또한 남성보다 재범률이 더 낮고 여성 사이코 패스 수형자들의 재범률은 일반여성 수형자들의 재범률과 전혀 차이가 없다.

---

359) R.T. Salekin, R.Rogers, & K.W. Sewell, Construct validity of psychopathy in a female offender sample:A multitrait-multimethod evaluation, Journal of Abnormal Psychology,106, 1997, 575-585.

360) Bartol & Bartol, *op.cit.*, p.201.

초기연구에서 로빈스(Robbins)는 여성 사이코패스들이 흔히 성적인 비행에 포함되는 경우를 제외하고는 남성 사이코패스와 동일한 행동유형을 보인다는 결과를 발견했다.[361] 연구 대상 중에서 여성 사이코패스의 79%가 비정상적으로 과도한 성 행위를 표출하고 성적 문제에 과도한 관심을 표명했다. 초기의 연구를 요약해 보면, 사이코패스의 성 차이는 여성의 성적 활동을 비정상적인 자극추구행동과 동일시하는 경향으로 복잡해진다. 과도한 또는 변태적인 성적 활동을 다른 행동과 분리하면, 여서 사이코패스들은 남성들과 대체로 유사한 특징을 나타내는 것으로 보인다.

PCL-R 척도를 사용한 아주 최근의 연구는 사이코패스의 성 차이를 확인할 수 있는 상당한 근거를 제시한다. 살레킨(Salekin)등은 여성 사이코패스들을 두 가지 범주로 구분 가능하다는 증거를 제시했다.[362] 그 범주는 ① 감정이입 또는 죄의식의 결여, 사람 속이기, 민감성 추구, 그리고 지루해 지기 쉬운 성향, ② 어린 나이에 행동문제 야기, 난잡한 성 행동, 그리고 폭력적이지는 않지만 반사회적 행동 등의 특징으로 나누어진다.

7. 인종적 · 민족적 차이

코슨(Kosson)등에 의하면, 사이코패스의 척도는 대부분 백인 수형자들을 대상으로 하여 개발된 것이라고 주장한다. 그들은 해어(Hare)의 PCL 척도를 사용한 연구를 통하여 흑인 남성 수형자들이 백인 남성 수형자들과 유사한 유형을 보여준다는 사실을 발견했다. 그러나 코슨 등은 백인과 흑인의 중요한 차이로서 흑인 범죄 사이코패스들이 백인 범죄 사이코패스들보다 덜 충동적인 경향이 있다는 점을 지적한다.[363] 이러한 결과는 PCL이 백인 수형자들에게만 적합한 척도인지에 대한 의문을 제기한다.

한편, 바이탈 등은 여성 사이코패스들의 점수와 분포의 경우에 유의한 인종적 차이가 없다는 사실을 발견했다. 즉, 연구에 참여한 248명의 백인 여성 수형자들 중의 10%

---

361) *Ibid.*, p.201.

362) R.T. Salekin, R.Rogers, & K.W. Sewell, Construct validity of psychopathy in a female offender sample: A multitrait-multimethod evaluation, Journal of Abnormal Psychology,106, 1997, 576-585.

363) D. S. Kosson, S.S. Smith, & J.P. Newman, Evaluating the construct validity of psychopathy in black and white male inmates:Three preliminary studies, Journal of Abnormal Psychology, 99, 1990, 250-259.

가 한계 점수인 30점을 받았거나 유사한 점수를 얻은 280명의 흑인 여성 수형자들의 9%에 비교하여 PCL-R점수에서 더 높은 점수를 획득했다. 이처럼 백인과 흑인 사이의 차이는 미미하다.[364] 그러나 다른 소수집단이나 사회적 약자들 사이의 잠재적인 차이는 의문으로 남아 있다.

어떤 연구는 사이코패스로 진단되는 오명이 소수집단에게 편향적으로 사용될 가능성 여부에 관한 쟁점을 제기했다.[365] 사이코패스로 진단된 결과는 아주 심각한 문제를 초래하고 있다. 캐나다와 영국은 어떤 종류의 범죄자들에 대한 부정기형 구금을 지원하기 위해서 사이코패스의 진단을 활용하고 있다. 더욱이 사이코패스는 미국에서는 사형선고의 단계에서 가중적인 요인으로 적용되고 있다. 에덴스(Edens) 등은 소수집단과 최소수혜자들에 대한 미래의 위험을 예측할 수 있는 더 확실한 연구가 확립될 때까지 PCL-R은 극형 선고의 경우에 활용되어서는 안 된다고 주장한다.[366]

8. 청소년 사이코패시

(1) 존재 여부에 대한 논쟁

사이코패시에 관한 연구는 거의 전적으로 백인과 성인 남성을 대상으로 이루어졌다는 것이 하나의 심각한 결점이다. 따라서 최근에 청소년 사이코패시에 관한 연구가 증가하고 있으나 사이코패시가 성인뿐만 아니라 청소년들에게 까지 적용될 수 있는 것인지에 대해서는 의견이 일지되지 않는다.

야블론스키(Lewis Yablonsky)는 청소년 비행집단의 핵심 구성원들이 사이코패시 상태라고 주장했으며,[367] 아이셍크(Eysenck)는 사이코패시가 나이와는 반비례관계, 즉, 나이가 들면 감소한다고 주장했다.[368] 한편, 로빈스(Lee N. Robins)는 소시오패시란 성인 질

---

364) J.E. Vitale, S.S. Smith, C.A. Brinkley & J.P. Newman, The reliability and validity of the psychopathy checklist-revised in a sample offenders, Criminal Justice and Behavior,29, 2002, 202-231.

365) J.F.Edens, J. Petrila, & J.K. Buffington-Vollum. Psychopathy and the death penality:Can the Psychopathy Checklist-Revised identify offenders who represent "a continuing threat to society?," Journal of Psychiatry and Law,29, 433-481.

366) *Ibid.*, p.480.

367) Lewis Yablonsky, The violent gang, revised edition, Baltimore: Penguin, 1970, p. 120-125.

368) H. J. Eysenck and B. G. Eysenck, Psychology, Personality. and Genetics, in R. D. Hare and

병이며 청소년들은 단지 잠재적인 소시오패시로 고려될 수 있을 뿐이라고 주장했다.[369]

성인에게 소시오패시로 인정될 수 있는 행동은 청소년들에게는 소시오패시의 징후일 뿐이다. 더욱이 소시오패시 또는 반사회적 성격에 대한 의학적인 정의는 사이코패시의 특성을 성인과 결합시키고 있다. 충동적, 이기주의적, 그리고 죄의식 없는 아동들은 사이코패시가 아니라 긴장해소 장애, 또는 충동에 구속된 성격, 또는 품행문제(conduct problems)를 안고 있다.[370] 청소년들은 그 시기에 흔히 냉담하고, 자아도취적이며, 때때로 자신의 두려움과 근심을 숨기는 것이 특징이다. 또한 그들은 흔히 충동적이고, 자극을 추구하며, 장기계획을 세워두고 행동하지는 않는다. 또 다른 사이코패스적인 특징을 보여주는 청소년들은 육체적으로 또는 성적으로 학대받는 징표일 수 있다. 가정에서 학대받는 청소년들은 흔히 사이코패스의 정서적 특징과 아주 유사한 정서를 비정상적인 형태로 보여준다.

범죄적 남성 사이코패스들이 아주 어린 나이에 범죄행동을 시작한다는 상당한 증거가 있다. 그러나 ① 청소년 집단에 대해서 사이코패스란 명칭을 부여하기는 임상적/법의학적 실무와 청소년 형사정책에 관련된 몇 가지 개념적, 방법론적, 그리고 실무적 문제를 야기한다. 즉, 우선 사이코패시가 청소년에게도 적용될 수 있거나 적용되어야 하는지에 대한 논란과 더불어 성인 사이코패스의 특징들이 처음부터 청소년들에게도 발견될 수 있는지가 논란의 대상이 되고 있다. ② 또 다른 논란은 사이코패시가 청소년들에게서도 발견될 수 있을지라도, 그렇게 된다면 사이코패스라는 명칭은 너무 많은 부정적인 의미를 포함하게 된다는 것이다. 즉, 청소년이 포함된 사이코패스는 높은 범죄율과 재범률이 예상되며, 내재적, 생물학적 요인에 기초한 장애는 치료기술의 부족으로 생물학적 관여에 의한 방법을 제외하고는 다른 수단이 거의 없다는 것을 의미한다. 이는 청소년 담당 법집행기관으로 하여금 사이코패스로 인정된 청소년들에게서 손을 떼야한다는 문제를 초래한다. ③ 세 번째 논란은 청소년 사이코 패스 평가는 그들이 형사사법 체계의 처리 대상이 될 수 있기 때문에 고도의 신뢰도에 근거하여 이루어져야 한다. ④ 또 하나의 주요한 문제로서, 청소년 사이코패스는 살아가면서 일시적이고 일정하게 변화하는 발달유형이기 때문에 신뢰할 수 있을 정도로 측정하기가 대단히 어렵다

R. Schalling(eds.), Psychopathic Behavior, New York: Wiley, 1978, pp.197-223.

369) Lee N. Robins, Childhood condict Problems, Adult Psychopathology, and Crime, in Sheilagh Hodgins(ed.), q.v, 1993, pp.173-193.

370) Robert D. Hare, Psychopathy, New York: Wiley, 1970, p.5.

는 문제가 있다. 많은 임상의학자들과 연구자들은 성인 사이코패스의 특징들은 단순히 정상적인 청소년 발달과정에 지나지 않는다고 주장하면서 청소년 사이코패스를 연구하려는 경향에 반대의사를 분명히 한다.

(2) 비행청소년들의 사이코패스적 특징

많은 연구자들은 청소년 사이코패스, 특히 비행청소년들의 사이코패스적 특징에 대한 연구결과를 보고했다. 스컬링과 퀸제이(Skilling & Quinsey), 그리고 크레익(Craig)은 청소년들의 사이코패스 경향의 확산에 대한 연구를 통하여, 천명 이상의 표본 중에 점수 4~8 사이에 해당하는 4.3%는 그 연구에 사용된 모든 척도에서 사이코패스로 분류될 수 있다고 주장했다. 데이드램과 크리스티안슨(Daderam & Kristiansson)은 청소년 폭력범죄자들 표본 중에 59%를 사이코패스로 분류했다. 마찬가지로 브란트(Brandt) 등은 반복적인 폭력범죄로 수감된 청소년들을 대상으로 연구한 결과 표본의 37%가 사이코패스라는 사실을 발견했다고 보고했다. 대조적으로 캠벨(Campebell) 등은 수감된 청소년 표본 중 9%만을 사이코패스로 분류했다. 하지만 이러한 연구자들은 그들이 연구대상으로 한 청소년들의 단지 15%만이 범죄전력을 가지고 있어서 성질상 비 1차적 소시오패스라고 주장한다. 따라서 측정 도구 그 자체뿐만 아니라 연구에 사용된 표본이 주어진 청소년 집단의 사이코패스 존재여부의 결정에 강력하게 영향을 미친다는 것이 분명하다.

9. 생물학적 요인과 사이코패시

사람들은 일반적으로 사이코패스란 가정에서의 학대와 불우한 가정환경과 같은 사회적 요인에 의해 발생한다고 생각하는 경향이 있으나 연구자들은 또한 다양한 생물학적인 요인들을 원인으로 본다.

사이코패시의 원인은 아직 확실하지는 않지만, 많은 요인들이 작용한 결과인 것으로 추정된다. 어린 나이에 좌절과 쓰라린 고통, 그리고 불화로 가득한 가정생활, 비정한 아버지의 영향, 비일관적인 가정교육, 세 살 이전에 어머니와의 이별이나 단절 등 가정환경, 그리고 전두엽의 손상과 같은 뇌기능의 저하 등이 사이코패시의 원인으로 지적된다. 라이남(Donald Lynam)은 ADHD, 즉, 주의력 결핍 과잉행동 장애증후군 상태의

어린이들이 성인이 되면 사이코패스가 되는 경우가 많다고 지적한다.[371]

외부의 자극에 대한 각성수준(arousal level)이 정상수준보다 낮은 사람들은 사이코패스가 된다는 경험적인 연구 결과도 있다. 사이코패스는 자율신경 시스템(ANS)의 기능장애와 관계가 있다는 것이다. 그러나 신경생리학적인 요인들이 사이코패시의 발생에 원인요인이라는 사실이 인정될지라도, 유전적이라는 것을 의미하지는 않는다. 지금까지 유전적 요인이 사이코패스의 원인이라는 사실을 지원하는 강력한 증거는 없다. 그렇지만 어떤 유전적 요인과는 관계없이 사이코패스들이 자율신경 시스템의 기능장애처럼 정신장애를 발생시키는 생물학적 성향을 가지고 태어난다고 주장된다.[372] 오늘날의 연구경향은 사이코패스 행동이란 신경생리학적인 요인과 학습 또는 사회화 요인사이의 복잡한 상호작용의 결과라고 본다.

(1) 유전적 요인

유전적 요인이 사이코패시의 원인일 수 있다는 증거가 나타나고 있다. 냉담함과 공포에 대한 무반응과 연결된 기질은 사이코패시와 관계가 있다. 사이코패시에 대한 유전적 요인의 전반적인 영향은 크지는 않지만, 발달적, 유전적 연구자들, 특히 쌍둥이 연구에 관심있는 연구자들의 관심의 증가를 끌어내기에 충분하다. 블레어(Blair) 등은 유전적 요인들이 사이코패스에게서 흔히 발견되는 정서적 역기능에 주요한 역할을 할 수 있다고 주장한다. 즉, 유전적 요인이 사이코패스의 냉담성과 정서적 무반응성에 상당히 영향을 미칠 수 있다.

(2) 신경생리학과 사이코패시

최근에 이루어진 사이코패스에 관한 연구는 사이코패스에 대한 심리측정적인 특징에 초점을 맞추고 있으나 사이코패스 연구의 현재 추세는 그들의 행동을 결정하는데 포함되는 신경심리학적 요인들의 조사에 있다. 신경심리학적 지표들이 사이코패스들에게서 계속 발견되어 왔다.

---

371) D. R. Lynam, Early identificayion of the fledgling psychopath:Locating the psychopathic child in the current nomenclature, Journal of Abnormal Psychology, 107, 1998, 566-575.

372) Bartol & Bartol, *op.cit.*, p.221.

1) 대뇌의 불균형과 결핍

해어에 의하면, 범죄적 사이코패스는 언어처리와 정서나 각성상태와 관련된 좌뇌와 우뇌사이의 비정상적인 불균형 상태에 있다.[373] 이를 대뇌의 불균형이라고 한다. 범죄적 사이코패스는 그들의 생각과 감정, 그리고 의도와 표현사이의 현저한 모순상태를 표출한다. 언어처리는 점점 복잡해지기 때문에 일반사람들은 정보처리를 위해 좌뇌에 더욱 의존하지만, 사이코패스들은 우뇌에 더욱 의존한다. 사이코패스는 좌뇌의 언어처리 기능장애와 밀접한 관련이 있다고 주장된다. 많은 연구는 폭력적이고 반복적인 범법자들의 좌뇌의 기능장애 상태를 발견했다.

2) 전두엽 기능장애

사이코패스는 전두엽 기능장애 상태에 있다.[374] 앞 이마 부분에 위치하고 있는 전두엽은 인간의 의사결정, 예측, 인지수준과 충동성의 규제, 그리고 적절한 행동통제를 위한 기능을 하는 것으로 알려져 있다. 다른 말로 표현하면, 전두엽은 뇌의 집행기능을 수행한다. 집행기능은 목표지향적인 행동에 포함된 고도의 정신능력을 말한다. 즉, 행동과 기억 및 금지과정의 조직화, 그리고 전략을 계획하는 것 등을 포함한다. 연구에 의하면, 전두엽 손상은 조잡한 의사결정, 자율기능의 저하, 그리고 사이코패스적인 성격 등을 초래하는 것으로 밝혀졌다. 사이코패스에 관한 전두엽 가설은 결정적인 것이 아니라는 주장도 있으나 전두엽이 사이코패스와 일반 사람들 간의 행동차이를 설명하는 데 중요한 역할을 할 수 있다는 증거가 발견되고 있다. 더욱이 전두엽 손상은 사이코패스뿐만 아니라 많은 다른 유형의 범죄자들에게도 나타나는 특징이라는 주장도 있다.

3) 아미그달라 장애(Amygdala Dysfuntion)

아미그달라는 공포, 분노와 미움과 같은 정서를 규제하는 뇌속의 아몬드 모양을 한 뉴론들의 집합체이다. 아미그달라는 격한 정서 상태에서 학습하는 것과 같이 학습과 단기기억을 규제하는 기능을 한다. 사이코패스는 일반범죄자와 일반사람들과 비교하여

---

373) R. D. Hare & L. M. McPherson, Violent and aggressive behavior by criminal psychopaths. International Journal of Law and Psychiatry,7, 35-50.

374) K. a. Kiehl, A cognitive neuroscience perspective on psychopathy: Evidence for pralimbic system dyfunction, Psychiatry, 142, 107-128.

정서처리 기능을 수행하는 동안 아미그달라의 활동 저하 현상을 보여준다.[375] 아미그달라와 학습사이의 관계는 사이코패스의 정서적 행동을 이해하기 위한 아주 주요한 요인으로 지적되고 있다.

4) 간뇌(Brain Stem)의 망상활동 시스템 (RAS 장애)

개인이 적정 수준의 자극에 도달하는데 필요한 자극의 질과 량은 개인차가 있다. 이러한 개인차는 특히 간뇌에서 발견되는 어떤 생리적 구조와 관련이 있다. 간뇌의 구조는 몇 개의 자율적인 영역으로 나누어질 수 있는데 그 중 핵심적인 구조는 간뇌의 중심부에 위치하고 있는 작지만 복잡한 신경망으로 구성된 망상활동 시스템(RAS)이다. 신체의 모든 부분으로부터의 신호와 투입은 대뇌피질이라는 중심처리장치로 가는 과정에 간뇌를 거쳐서 이동해야 한다. RAS에 의해 형성되는 자극은 어떤 특정 영역이 아니라 대뇌피질 전체에 활기를 불어 넣는 불특정 자극이다. 그러나 또한 외부의 자극이나 신체내부의 자극 중에 중요하지 않거나 부적절한 것은 RAS에 의해 여과된다는 점에서 RAS는 대뇌피질의 자극을 감소시키는 기능을 한다.

오늘날의 연구와 이론에 의하면, 사이코패스는 RAS의 어떤 기능결핍이나 과도한 적응 속성 때문에 흥분과 스릴을 병적으로 필요로 하는 상태에 빠져 있는 것이다. 즉, 사이코패스들이 강력한 자극을 필요로 한다는 사실이 계속 발견되지만, 어떤 신경생리학적인 메커니즘이 관련되어 있는 지는 분명하지 않다. 그러나 RAS는 대뇌피질이 투입정보의 완전한 영향을 충분히 받지 못하게 하거나 투입정보를 여과하는 등 너무 빨리 적응함으로써 대뇌피질의 정보처리 활동을 차단하는 현상을 초래한다는 사실은 분명하다. 어느 쪽이든 사이코패스는 정상인들이 적절한 자극이라고 인정하는 정도의 자극의 량으로는 적절한 자극수준에 도달하지 못한다. 그래서 사이코패스들은 스릴추구, 반사회적 행동, 과도한 자극추구 행동을 하게 된다.[376]

---

375) *Ibid.*, p. 120-123.
376) Bartol & Bartol, *op.cit.*, pp.214-215.

제5장 범죄와 사회심리학

제1절 인간의 공격성과 범죄

1. 인간의 공격성에 대한 논의

지옥의 묵시록이라는 영화를 보면 소위 명분을 앞세운 전쟁에 얼마나 인간의 광기가 배어들어 있는지 섬뜩함을 느끼게 한다. 아무리 이성과 윤리를 강조하더라도 일단 대규모의 공격 메커니즘이 작동하기 시작하면 인간의 광기는 걷잡을 수 없는 불길에 휩싸인다. 전쟁은 인간의 공격성에 의한 참혹함 그 자체이다.

프로이드의 이론은 이러한 전쟁의 참상의 경험에 의해 새로운 전기를 맞이한다. 그는 초기에 생의 추동만을 인간의 삶의 에너지로 보았으나 1차 대전의 참상을 목격하고는 인간에게는 죽음 혹은 공격의 추동이 동시에 존재하고 있다는 결론을 내렸다. 공격 추동이 인간 내부에 기본 성향으로 자리 잡고 있지 않고는 맹목적이고 엄청난 규모의 잔인한 폭력을, 테러를 설명할 수 없었기 때문이다.

인간의 공격성향은 모든 맹수 중에서 가장 가공할 존재이며, 또한 실로 조직적으로 동족을 잡아 죽이는 유일한 맹수는 인간뿐이라는 제임스(William James)의 말에서도 나타난다. 러시아의 유명한 단편 작가인 고리끼(Maksim Gor'kii)는 인간의 잔인한 공격성을 다음과 같은 말로 표현한다.

> "우리는 모든 사람을 죽인다. 몇 사람은 총알로, 몇 사람은 말로, 그리고 우리의 행위에
> 의해 사람을 무덤으로 몰아넣고도 그것을 못 본체하고 느끼지도 못한다".[377]

---

[377] 막심 고리끼(Maksim Gor'kii)(본명 알렉세이 막사모비치 뻬쉬꼬프)는 위대했던 19세기 러시아 문학과 20세기 소련 문학의 가교 역할을 한 작가이다. 1868년 태어나 일찍이 부모를 여원 그는 외할머니에 의해 양육되었고, 정규 교육은 거의 받지 못한 채 어린 나이에 제화공의 심부름꾼, 화륜

그러나 공격성은 전쟁이나 살인 같은 극단적인 행위에서만 발견할 수 있는 것은 아니다. 세미나실에서의 날카로운 비판, 축구경기나 권투에서 상대방에 대한 반칙이나 타격, 컴퓨터 게임에서 적을 섬멸하는 쾌락 등이 모두 공격성의 표출이다. 그러나 앞에서 거론된 긍정적인 공격성과는 달리 인간의 공격성에 의해 발생하는 살인이나 강간, 그리고 강도 같은 폭력범죄는 엄중하게 처벌되고, 대중매체의 폭력성과 선정성은 주의나 경고를 받는 기준이 된다.

공격성은 문화인류의 중요한 주제이기도 하지만, 성격심리학에서도 아주 중요한 주제이다. 사람에 따라서 공격성의 정도와 유형에 차이를 보이기 때문이다. 상습적인 범죄자나 반사회적 성격과 같이 사회적으로 유해한 극단적인 공격성향자들에 대한 관심은 오래 전부터 성격심리학자들의 주된 관심사였다. 최근에는 정서연구가 활발해짐에 따라 분노의 표현이나 조절이 공격성과 관련하여 관심을 모으고 있다. 공격행동, 특히 적대적 공격행동을 중재하는 정서가 분노라고 간주되기 때문이다. 그러면 인간의 공격성과 반사회적 행동, 더 나아가 범죄와의 관련성을 살펴보기로 한다.

2. 공격성과 범죄

(1) 개 념

공격성은 폭력범죄의 기본적인 구성요소이다. 인간의 공격성에 관한 연구를 통하여 심리학자들은 폭력범죄와 비폭력범죄 모두의 이해에 상당한 기여를 해왔다. 인간의 공격성은 본능적인가, 생물학적인가. 학습의 결과인가 또는 이러한 특징들의 어떤 결합의 결과인가라는 점이 범죄와 관련된 연구의 중심을 이루어 왔다. 그 원인이 무엇이냐에 따라 인간의 공격성을 통제하기 위하여 설계되는 대안이 달라진다는 점에서 중요한 의미를 가진다.

어떤 연구자들은 공격적 행동이란 과거 진화적 요인의 잔재인 생물학적·유전적인

선의 접시닭이 등 밑바닥 생활을 전전하였다. 이때의 체험은 후에 그의 소설 「유년 시대」에 자세히 그려진다. 그는 1892년 단편 소설 「마까르 추드라」를 발표하여 문단에 첫 발을 내딛는데, 이때 처음으로 「막심 고리끼」라는 필명을 썼다. 이후 1895년 「첼까쉬」를 발표하여 세상에 알려지기 시작하고, 1898년 첫 소설집 「설화 작품 및 단편집」 두 권의 정식 출판을 통해 세계적으로 이름이 알려졌다. 작가인 동시에 혁명가로서, 1901년 한 번 체포된 뒤 1905년 피의 일요일 사건에 개입되어 다시 투옥되었으나 세계 지식인들의 항의로 석방되어 이탈리아로 망명했다.

요인의 영향 결과라고 믿는다. 또 다른 연구자들은 공격성이 유전적으로 결정되어 있는 다른 동물들과는 달리 인간의 공격성은 사회환경으로부터의 학습의 결과라고 주장한다. 어떤 연구자들은 인간의 공격성이 어떤 측면에서는 유전적인가 하면 또 다른 측면에서는 학습의 결과라고 주장한다.[378] 동물의 공격행동은 종의 생존을 위해 유전자에 기록된 생물학적인 포로그램에 따른 행동이지만, 복잡하고 정교한 두뇌를 가진 인간은 사상, 관념, 신념과 학습에 크게 의존한다. 학자들은 유전적인 프로그램이 인간행동에 영향을 미치는 그 정도에 대한 견해를 달리한다. 그러나 연구자들은 8살 아동의 공격행동 수준은 남녀 구분 없이 성인이 되어도 변하지 않는다는 점을 지적한다.[379]

인간의 공격성의 원인이 무엇이든 공격성에 대한 가장 고전적인 정의에 따르면, 공격행동은 어떤 사람이나 대상을 물리적으로 해치거나 파괴하려는 의도와 시도라고 정의된다. 공격성에 대한 개념정의는 공격행동이 의도적인 것이냐에 따라 견해가 엇갈린다. 베르코비츠(Leonard Berkowitz)는 공격을 어떤 사람이나 대상에 대해 해를 끼치려는 목적을 가진 행동으로 정의한다.[380] 베이런(Baron) 역시 공격성은 다른 생명체를 해치려는 목적을 가진 모든 행동으로 정의한다.[381] 여기에서 목적이라는 말의 의미는 행동이 아주 의도적이라는 것을 의미한다.

그러나 공격행동을 의도가 개입된 행위에 한정하는 것은 공격행동을 제대로 파악하지 못한다는 반대의견이 만만치 않게 제기된다. 실제로 공격행위는 행위자가 공격동기를 숨기거나 무의식적 동기에 의해 공격행동을 할 경우에 행위자의 의도를 확인하기 어려우며, 의도는 행동결과를 보고 추론할 뿐이라는 주상으로 인해 논쟁의 대상이 된 것이다. 질먼(Zillmann)은 공격자의 의도를 전제하지 않고 단순히 제3자에게 신체적 혹은 물리적 해를 주려는 시도로 정의한다.[382] 바스(Buss)는 관찰가능한 행동을 판단의 기준으로 선택하여 대인간의 상황에서 상대방에게 유해한 자극을 가하는 행위로 공격

---

378) Bartol & Bartol, *op.cit.*, p.142.

379) K. Kokko & L. Pulkkinen, Stability of aggressive behavior from childhood to middle age in women and men, Aggressive Behavior, 31, 2005, 485-497.

380) Leonard Berkowitz, Some determinants of impulsive aggression: The role of mediated associations with reinforcements for aggression, Psychological Bulletin81, 1974, pp.165-176.

381) R.A. Baron, The reduction of human aggression: A field study of the influence of incompatible reactions, Journal of Applied Social Psychology 6, 1976, pp.260-274.

382) D. Zillmann, Exicitation transfer in communication-mediated aggressive behavior, Journal of Experimental Social Psychology 7, 1971, pp.419-434.

성을 정의함으로써 의도의 개념을 배제했다.[383] 반두라(Albert Bandura)는 한 걸음 더 나아가 공격행위에 대한 평가자의 입장을 중시해서 행위자보다 평가자가 공격적이라고 판단하는 가해적이며 공격적인 행동을 공격성에 의한 행동으로 정의했다.[384] 반두라의 정의는 폭력행위를 하고도 부인하는 행위자보다 증인의 증언을 더 중요시하는 형사법적 측면에서도 의미있는 정의이다.

그러나 최근에는 다시 의도성이 공격행동의 정의에서 중요한 요소로 부각되기 시작했다. 의도성을 배제하고는 공격성을 논의하기가 불가능하다는 인식 때문이다. 특히 사람을 해치는 폭력행위를 했을 경우에 의도가 없이 우연히 발생한 사건을 공격성에 의한 행위라고 규정하는 것은 논란의 소지가 크다. 따라서 오늘날 공격행동은 일반적으로 다른 사람을 신체적 혹은 언어적으로 해치려는 의도로 실행된 행동으로 정의된다.

(2) 적대적 공격과 도구적 공격

1) 적대적 공격행동

페시바크(Feshbach)는 인간의 공격행동을 적대적 공격행동(hostile aggression)과 도구적 공격행동(instrumental aggression)으로 구분했다.[385] 이 두 공격행동은 공격 행동의 결과 달성하게 되는 목표 또는 보상에 의해 구분된다. 적대적 공격행동은 실제로 또는 인지된 모욕, 물리적 공격이나 자기 자신의 실패와 같은 분노유발 조건에 대한 반응으로 발생하며 공격의 목표는 피해자에게 고통을 주는 것이다. 현실적으로 공격과 적대감, 그리고 분노는 흔히 동반관계에 있기 때문에 스필버거(Spielberger) 등은 아하 증후군(AHA: Agression, Hostility, Anger Syndrome)으로 통칭했다.[386] 인간의 분노는 상대방에 대한 적대감을 불러일으키고 공격행위로 이어지기 때문이다. 적대적 공격행동은 분노와 충동 때문에 다른 사람들을 공격한다는 측면에서 정서적 공격행동이라고도 한다. 그러나 이들은 독립적으로 공격행위를 유발하기도 한다. 적대적 공격은 대부분의 살인, 강간, 기타 폭력범죄처럼 피해자에게 위해를 과하는 행동이 해당된다.

---

383) A.H. Buss, The psychology of aggression, New York: Wiley, 1961. p.27.

384) Albert Bandura, Aggression:A social learning analysis, Englewood Cliffs, NJ:Prentice Hall, 1973, p.57.

385) S. Feshbach, the function of aggression and the regulation of aggressive drive, Psychological Review, 47, 1964, 257-272.

386) 민경환, 앞의 책., pp. 362-363.

2) 도구적 공격행동

도구적 공격행동은 다른 사람들이 소유하고 있는 재물이나 지위에 대한 욕망이나 경쟁으로 발생한다. 즉, 돈, 보석, 사회적 인정, 자존감 유지 등과 같은 목적을 달성하기 위해서 상대방을 공격하게 된다. 도구적 공격행동은 비용에 관계없이 바라는 목표달성을 지향하며 강도, 절도, 약탈 그리고 다양한 화이트 칼라 범죄의 수단이 된다. 강도범이나 약탈범은 재물을 빼앗기 위해 공격행동을 하지 처음부터 사람을 해치기 위한 공격행동을 하지는 않는다. 그러나 범죄자의 목표달성을 방해하는 사람에 대해서는 피해자를 해치는 행동을 할 수 있다. 그러한 의미에서 강도범은 살인행위를 하게 되지만, 공격 그 자체는 역시 도구적이다.

심리학자들은 적대적 공격과 도구적 공격을 구분하지만, 범죄에 대한 책임이 관련되는 한 법적으로는 구분하지 않는다. 현실에서는 적대적 행동과 도구적 행동을 구분하기 어려운 경우가 많다. 미국 남부 지방의 백인들이 흑인들을 자주 공격하는 것은 인종편견 등 흑인에 대한 적대감의 표현이기도 하지만, 남부지방은 경제사정이 좋지 않아 일자리가 적은 형편인데 이를 놓고 흑인들과 경쟁을 하는 문제가 공격행동을 유발한다는 조사 결과는 공격행동의 유형을 구분하기 어렵게 한다.

어떤 학자들은 엄격한 적대적-도구적 행동의 이분법은 오류라고 주장한다. 부쉬맨과 앤더슨(Bushman & Anderson)은 이러한 이분법적 분류가 많은 공격적 행동이 복수의 동기에 의해 유발된다는 사실을 고려하지 못한다고 지적한다.[387] 더욱이 통제된 공격적 행동과 충동적이고 자동적인 공격적 행동을 양 극단으로 하는 연속선 상에서 공격적 행동이 파악된다면, 더 잘 이해될 수 있을 것이라는 주장이다. 적대적-도구적 공격 이분법은 이론개발의 초기 단계에는 유용하지만, 다양한 유형의 공격적 행동을 이해하기 위해서는 더 많은 인지적 접근으로 이동해야 될 때가 되었다는 주장이 제기되고 있다.

---

387) R. L. Bushman & C. A. Anderson, Is it time to pull the plug on the hostile versus instrumental aggression dichotomy, Psychological Review, 108, 2001, 273-279.

3. 인간의 공격성에 대한 이론적 관점

(1) 정신분석적 · 정신역학적 관점

정신역학 이론가들은 인간이란 그 본질상 항상 충동적인 공격성향을 지니고 있어서 이러한 충동이 적절하게 관리되지 못하거나 통제되지 않으면 폭력행동을 범하기 쉽다고 주장한다. 정신분석학의 아버지라고 하는 프로이드에 의하면, 인간은 위험한 수준에 도달하기 전에 소모시켜야 하는 태어날 때부터 축적되어 온 공격 에너지를 분출하기 쉬운 존재이다. 이는 수압이 어느 수준에 도달하면 기계가 작동하는 것과 같이 공격 에너지가 어느 수준 이상을 넘어서면 에너지가 다양한 형태로 폭발하게 된다는 측면에서 정신역학적(psychodynamic), 또는 수압식 모델(hydraulic model)이라고 한다. 과도한 압력이 인간 정신세계에 가해지면 폭력행동을 포함할 수 있는 장광설과 같은 형태로 폭발하기 쉽다. 전통적인 프로이드의 관점에 의하면, 장광설에 빠진 사람은 과도한 수준의 공격적 에너지를 소모시킬 수 있다.

프로이드는 모든 형태의 폭력을 이러한 공격적 에너지의 분출형태라고 주장했다. 인간 내부 에너지는 정화(catharsis)라고 하는 과정을 통하여 적절하게 분출되지 못하면 위험한 수준에까지 축적된다. 폭력범죄를 범하는 사람들은 공격 에너지를 소모시킬 충분한 기회를 얻지 못함으로써 그것을 관리가능한 수준으로 유지하지 못하는 사람들이다. 따라서 정화를 위한 적절하고 다양한 창구가 인간이라는 동물에게 제공되어야 폭력범죄가 통제될 수 있다.

(2) 동물행동학적 관점(Ethological viewpoints)

동물행동학은 동물의 자연적 습관을 통하여 동물행동을 연구하고 그 결과를 인간행동과 비교하는 분야이다. 노벨 생물학상의 영예를 차지한 로렌쯔(Lorenz)는 공격성이란 인간과 동물 모두의 유전적 본능이라고 확신했다. 공격성은 동물과 인간 모두 생존을 위한 수단이다. 만약 생존 영역이 침해된다면 본능적 또는 유전적으로 프로그램된 반응이 침입자에 대해 공격을 하거나 적어도 공격적 행동을 증가시키게 된다.

영역침해자에 대한 공격경향은 바로 영역성(teritoriality)을 의미한다. 로렌쯔는 인간이나 동물의 공격성이 길고 복잡한 진화과정을 통하여 발전된 선천적인 성향이라고 확신했다. 동일한 종사이의 본능적인 공격성은 종족과잉을 예방하고 가장 강력하고 우수한 짝을 보장한다. 종족간의 공격은 실제 생명을 건 폭력이 아니라 힘과 우수성을 복잡한 형태로 과시하는 데 지나지 않는다. 이를 의식화된 공격(ritualized aggression)이라고 한다.[388]

로렌쯔와 기타 동물행동학자들은 인간은 동물세계의 부분이고 많은 점에서 동물행동의 기본 원칙을 추종하기 때문에 인간의 공격성을 이해하려고 하기 전에 동물 공격성을 이해하는 것이 중요하다고 주장한다. 말하자면, 동물행동학자들은 공격성이 인간과 동물사이의 정도상의 차이라는 다윈의 관점에 동의한다.

로렌쯔는 범죄행동과 관련하여 더 유의한 쟁점을 제기한다. 인간은 공격행동을 금지하는 진화과정을 훨씬 앞서 왔다는 점이다. 자연적인 무기와 의식화된 공격성과 같은 종족 보존기능 대신에 인간은 기술적인 무기를 개발해 왔다는 점이다. 따라서 동물행동학자들은 인간이 동족을 무자비하게 살상하는 이유를 바로 인간의 무기개발에서 찾을 수 있다고 확신한다. 즉, 인간은 의식화된 종족보존행동을 하는 것이 아니라 뛰어난 학습행동을 통하여 동족을 전멸시키는 능력을 개발해 왔다.

동물행동학자들의 주장은 흥미롭지만, 인간 공격성에 대한 연구에서는 지지를 받지 못한다. 로렌쯔의 관점은 동물과 인간 사이의 강력한 유추에 의존하고 있다는 점이 하나의 큰 문제로 지적된다. 로렌쯔는 회색 기러기가 인간행동과 아주 유사하다고 주장했지만, 인간은 회색기러기와는 달리 두뇌가 현저하게 뛰어나고 행동결정에 있어 본능에 그렇게 많이 의존하지 않는다는 점에 결정적인 차이가 있다. 인간의 사고과정, 동기, 그리고 행동에 대한 통제능력은 인간의 고유한 특징이다.[389]

동물행동학자들의 주장은 과학적인 연구에 의한 지지를 받지 못한다. 동물행동학 이론은 과학적 연구의 오류라고 언급되기도 한다. 따라서 오늘날 인간을 선천적으로 위험하고 동물적이며 또는 본능에 의해 통제되는 존재로 규정할 수 있는 정당한 증거는 거의 없다.

오늘날 동물행동학적인 관점은 진화심리학으로 발전하고 있다. 진화심리학(evolutionary psychology)은 자연도태 원칙에 의해 행동 진화를 연구한다. 인간진화 역사는 인간의 인지와 행동을 이해하기 위한 근본적인 틀을 제공한다. 여기에서 기억해야 할

---

388) Bartol & Bartol, *op.cit.*, p.147.
389) A. Bandura, Human agency in social cognitive theory, American Psychologist, 44, 198, 1175-1184.

중요한 사항은 진화 심리학이 공격성을 병리현상으로 보는 것이 아니라 특히 인간의 경우에 정상적인 행동으로 본다는 점이다.[390]

4. 좌절-공격 가설

(1) 범죄유발 자극

특별한 목표지향적인 행동이 좌절될 때, 인간의 분노는 증가하고, 그것을 감소시키기 위한 충동을 느끼게 된다. 행동에 에너지를 집중하지만, 더 중요한 것은 분노를 감소시키려는 반응이 강력해지거나 증폭시킬 수 있다는 점이다. 즉, 극한적인 좌절을 당한 사람은 심지어 살인과 기타 폭력범죄를 범할 수 있으며, 자극 감소지향적인 폭력행동은 불쾌한 자극을 감소시키기 때문에 증폭될 수 있다.

(2) 사회화된 공격자와 개인적 공격자

베르코비츠(Leonard Berkowitz)는 범죄자의 성격을 사회화된 공격자와 개인적 공격자로 분류한다.

1) 사회화된 공격자

사회화된 공격자는 학습과 조건반사, 그리고 모방의 산물이다. 범죄자는 사회환경과의 상호작용의 결과로서 학습을 통하여, 범죄에 대한 보상을 기대하면서 범행을 하게 된다.

2) 개인적 공격자

개인적 공격자는 충족불가능한 욕구로부터 초래되는 장기간의 강력한 일련의 좌절의 산물이다.

---

390) P. Spallone, The new biology of violence:New geneticism for old? Body and Society,4, 1998, 47-65.

3) 두 요인의 결합

베르코비츠에 의하면, 모방학습과 좌절은 모두 범죄행동의 발달에 영향을 미치지만, 범죄자들은 자신의 생활경험에 따라서 어느 하나의 범죄 스타일을 선호한다.

대부분의 범법자들은 좌절과 반사회적인 모델 모두에 노출될 수 있다. 이러한 경우에 좌절은 개인적 범법자의 발달에 더 중요하게 되고, 반사회적 모델은 사회화된 범죄자의 발달에 더 큰 영향을 미친다.

(3) 좌절의 중요 차원

좌절의 중요차원은 목표달성에 대한 높은 기대정도이다. 목표달성을 기대하고 그 목표가 자신의 인생을 통제한다고 생각하는 사람은 그렇지 않은 경우보다 좌절에 강력하게 반응하기 쉽다. 목표달성 지연이나 방해는 강력한 분노를 유발하고 심지어 폭력반응을 야기할 수 있다.

(4) 좌절과 범죄

베르코비츠에 의하면, 개인의 인생에 좌절이 강력하고 더 빈번할수록 후발적인 좌절에 개인은 더 민감해진다. 따라서 범법행동이나 일탈행동으로 사회에서 실패한 사람은 특히 아이들의 발달시기 동안에 수많은 심각한 좌절을 맛본 경험이 있다. 하지만 희망을 버리지는 않는다. 비행아동은 일생동안 더 박탈되고 좌절되는 쓰라린 경험을 하게 된다. 부모에 대한 의존과 애정욕구 무시 또는 불충족은 사회환경 내의 모든 다른 사람들에 대한 불신을 야기하는 내부적 좌절 환경이 된다. 이러한 불신은 거리와 학교에 연계되어 적대적 성향을 나타내게 된다. 좌절은 일반적으로 다른 사람들에 대한 분노, 증오, 적대감을 가지게 한다.

(5) 달라드(Dollard)의 공격가설

인간의 공격성은 프로이드의 공격추동 이론에 의해 설명된다. 프로이드는 노년기에 제1차 세계대전의 참상을 목격하면서 공격 혹은 죽음의 추동인 타나토스(*thanatos*)가 인간 내부에 존재한다고 가정했다. 본래 타나토스는 그리스 신화에서 죽음의 신을 지칭하는 용어로서, 프로이드는 인간의 내부에 생의 추동인 리비도(*libido*) 뿐만 아니라 죽음의 추동인 타나토스도 존재하기 때문에 엄청난 파괴를 저지를 수 있다고 생각했다.

그는 사람들에게는 자기파괴적인 죽음의 욕망이 있으며, 그러한 죽음의 욕망을 타인에게 전가시키려는 자기보호적인 본능 때문에 공격행동이 표출된다고 생각했다. 공격행동은 사회적으로 인정받는 방식으로 표출되기도 하고, 반사회적인 방식, 즉 폭력범죄처럼 표출될 수도 있다. 또한 공격성은 타인에게 행하는 경우가 보통이지만, 자살처럼 자신에게도 가해질 수 있다.

인간이 타인에게 공격적 행동을 하는 것은 자기파괴적인 죽음본능에서 비롯되는 대안적인 행동이다. 타인에 대한 공격은 죽음의 욕망을 자신에게서 외부로 향하게 하는 것이다. 프로이드는 전쟁의 필연성에 관한 아인슈타인과의 편지에서 공격적 행동을 통해서 공격적 충동의 감소는 자기보존을 위해 불가피하다고 주장했다.[391]

> "죽음의 본능이 외부로 향한다면 그것은 파괴적인 본능으로 전환된다. 생명체는 외부의 대상을 파괴함으로써 그 자신의 보존을 유지할 수 있다. 죽음의 본능이 외부 세계에 대한 파괴로 전환한다면, 생명체는 위안을 받고 이로운 결과를 얻게 될 것이다. 이러한 행동은 우리 모두가 투쟁하는 모든 추하고 위험한 충동에 대한 생물학적 정당화로 작용한다."[392]

1939년 프로이드 사망 이후 예일대학교의 심리학자들 그룹은 공격행동이 좌절의 직접적인 결과라고 주장했다. 이 가설은 달라드(John Dollard) 등에 의해 프로이드의 공격추동 개념을 학습심리학의 틀 속에서 개념화한 것이다. 프로이드는 공격추동을 본능과 같이 타고난 것으로서 공격행동의 표출에 아무런 선행조건이 필요 없다고 본데 반해, 좌절·공격 가설에서는 욕구의 좌절을 공격행동의 표출에 필수적인 것으로 간주한다.[393] 즉, 이 가설에서는 욕구의 좌절이 공격추동을 유발하고, 유발된 공격추동은 공격행동을 함으로써 감소한다고 본다. 이러한 논리는 공격감소가 인간 내부의 긴장을 감소시킨다는 프로이드의 관점과 별로 다를 것이 없다. 예컨대, 이는 마치 음식을 먹지 않아 먹고 싶다는 욕구가 발생하고, 음식을 먹으면 음식욕구가 사라지는 것과 같은 원리이다.

욕구좌절·공격 가설은 경험적 연구에서 일관된 지지를 받지 못한다. 연구자들에 의

---

391) Russel G. Green and Michael B. Quanty, The Catharsis of Aggression: An Evaluative of a Hypothesis, *Advances in Experimental Socialpsychology, 10,* 1977, pp.1-37.

392) S. Freud, Why war?in P. Reiff(ed.), Freud: Chapter and culture, New York: Collier, 1963, p.143.

393) Leonard Berkowitz, The concept of aggressive drives: Some Additional Considerations, *Advances in Experimental Social Psychology, 2,* 1965, p.303.

하면, 공격행동은 달라드와 그의 동료들이 주장하는 것보다 훨씬 복잡한 현상이라는 사실을 발견했다. 어떤 연구에서는 욕구가 좌절된 사람이 바로 상대방에게 공격을 과하는 것으로 발견하였지만, 다른 연구에서는 욕구좌절로 반드시 공격행위가 발생하는 것은 아니라는 결과를 발견했다. 욕구 좌절이 바로 공격행동으로 연결되지 않는 이유는 학자마다 견해가 다르다. 좌절된 사람이 상대방을 공격하려해도 상대방이 너무 힘이 강하거나 지위에 차이가 있어 공격할 방법이 없거나 오히려 공격으로 인해 자신에게 돌아올 손해가 더 크다고 생각되면 공격을 회피하거나 합리화의 메커니즘을 동원할 수도 있다. 또는 공격의 기회가 생기기를 기다리면서 공격을 연기할 수도 있다.

(6) 베르코비츠의 좌절-분노-공격가설

베르코비츠(Berkowitz)는 좌절이 항상 공격을 유발하지는 않고 좌절로 인해 분노가 강하게 촉발되었을 경우에 공격행동을 한다는 좌절-분노-공격 가설을 제안했다.[394] 물론 좌절이 바로 공격행동으로 연결되지 않는 것처럼 분노했다고 해서 바로 공격행동으로 발전하는 것은 아니다. 인간은 가슴이 아프고 쓰리더라도 분노를 감추거나 통제하는 능력을 가진 합리적인 존재이기 때문이다. 좌절된 사람은 자신을 분노하게 한 사람이 지위가 높거나 권력자일 경우에 공격적 충동을 감추거나 억제한다. 또한 공격적인 행동에 대해 죄의식이 큰 사람도 공격행동을 억제한다. 분노를 유발한 직장 상사에 대해 공격을 할 수 없는 경우에 분노유발과 관계없거나 물 접시를 뒤집어 엎은 애완동물을 상사 대신에 공격을 하는 현상이 발생하는 데 이를 공격대치 이론(displaced aggression theory)이라고 한다. 보스가 어려운 과업을 완수한 부하의 업적을 인정하지 않고 질책만 늘어놓을 경우에 보스는 공격을 받을만한 분노의 대상이지만, 부하는 그에 대해 공격행동을 할 수 없기 때문에 아무 잘못도 없거나 가벼운 잘못을 한 고양이에게 분노를 폭발하게 된다. 공격대치는 대상이 아무런 잘못도 없지만 부적당한 시간에 부적당한 장소에 있는 경우에 발생한다.[395]

베르코비츠에 의하면, 좌절에 의해 유발된 분노는 공격적 행위를 위한 준비상태를

---

394) *Ibid.*, p.308.

395) B.J. Bushman, A.M.Bonacci, W.C. Pederson, E.A. Vasquez & N. Miller, Chewing on it can chew you up: Effects of rumination on triggered displaced aggression, Journal of Personality and Social Psychology, 88, 2005, 969-983.

형성한다고 주장한다. 공격은 물리적 또는 언어적 폭력과 같이 명시적으로 이루어지거나 어떤 사람이 죽기를 소망하는 것과 같이 암묵적으로 이루어진다. 또한 아무리 공격준비가 되어 있다 해도 분노가 공격으로 연결되기 위해서는 그것을 유발한 대상과 결합된 적절한 자극이 있어야 한다. 즉, 분노를 유발한 자극이 공격할만한 가치가 있고 분노의 강도나 공격적 습관의 강도가 클 경우에 좌절에 의한 분노는 공격적 행동으로 이어진다. 간단히 말해, 분노에 의한 공격행동은 분노의 강도가 크고 자극대상에 대한 공격적 가치가 또한 커서 인간의 통제능력을 압도할 경우에 발생한다는 결론에 도달하게 한다.[396]

그러나 분노가 잠재적으로 공격행동을 유발하는 유일한 정서는 아니다. 고통이나 성적 흥분과 같은 생리적 흥분상태인 각성이 공격행동의 매개변수이며 선행조건이 된다.[397] 사람이 외부의 자극으로 인해 화가 나면 생리적으로 흥분상태가 되는 공격적인 각성(aggressive arousal)에 의해 공격적 행동을 하게 된다는 관점이다. 또한 사람이 좌절로 인해 분노의 감정뿐만 아니라 화나게 만든 사람에 관한 인지(나쁜 사람, 강자와 약자, 비우호적 또는 우호적)를 포함하는 자율신경계와 결합된 생리적 흥분상태가 증폭되면 공격적인 행동으로 발전한다. 이처럼 베르코비츠는 학습의 중요성을 강조하고 또한 좌절에 반응하는 개인차의 역할을 강조한다.

(7) 정화가설과 공격성

인간의 공격성에 대한 정화가설(catharsis hypothesis)은 히스테리를 치료하기 위해 사용된 프로이드의 아이디에 그 기원을 두고 있다. 히스테리 치료는 과거에 정신적 장애와 연결된 정서상태에 대한 정화를 요구한다. 프로이드는 정신적 충격으로 상처받은 사람이 복수와 같은 적절한 행동을 표출했을 경우에 정화효과가 있다고 주장했다.[398] 복수의 형태는 육체적일 수도 있고 언어적일 수도 있다. 복수가 어떤 형태로 이루어지든 어떤 형태의 공격적 반응보다 효과적이다. 프로이드는 히스테리의 치료를 위해서 분노를 숨기는 것보다는 표출하는 것이 더 낫다는 것을 강조하고 있으며, 분노나 적대감의 억압은 정신적 장애나 고혈압을 초래할 수 있다고 주장했다.

---

396) *Ibid.*, p.308.
397) Russel G. Green and Michael B. Quanty, *op.cit.*, pp.5-6.
398) Russel G. Green and Michel B. Quanty, *op.cit*, pp.2-3.

　　정화가설에 대한 아이디어는 프로이드의 죽음의 욕망에 암시되어 있다. 인간의 신경체계는 자극으로부터 자유롭고 싶어 하며, 유기체는 일정하게 긴장에서 벗어나려고 하기 때문에, 모든 생명의 목표는 죽음 그 자체이며, 죽음의 욕망은 궁극적으로 자기 파괴적이다. 죽음의 본능에서 비롯되는 정신적 에너지는 자기 공격이나 타인 공격을 통해서 해소될 수밖에 없는 긴장을 조성한다.[399] 공격은 공격적인 동기를 감소시키고 참을 수 없는 긴장이 다시 조성될 때까지 추가적인 공격 가능성을 감소시킨다. 다시 말해, 공격적 충동의 표출은 공격적 긴장과 적대감을 약화시키는 일반적인 효과가 있다. 그러므로 공격은 혐오적이며 잠재적으로 해로운 감정과 충동에 대한 정화를 제공하는 기본적으로 유용한 행동이다.

　　정화가설은 공격성의 추동 이론에서 비롯된 것이다. 좌절하거나 분노의 감정을 경험하는 사람이 다른 사람의 공격행위를 보거나(대리공격) 상대방에 대한 직접적인 공격행동을 통해서 감정이 정화됨으로써 공격추동이 감소된다는 것이다. 다시 말해, 공격추동 입장에서는 직접적이고 신체적인 공격뿐 아니라 대리적인 공격이나 언어적 공격에 의해서도 공격성이 감소될 수 있다고 하는 것이 정화가설이다. 이는 우리가 일반적으로 말하는 카타르시스이다. 스포츠 게임에서 좋아하는 팀이나 선수가 싫어하는 팀이나 선수를 패배시키면 통쾌한 생각이 들고, 그 동안에 상사나 동료 때문에 쌓인 욕구 불만이 사라지는 느낌을 받게 되는 것과 같다. 또는 적대적인 관계에 있는 경쟁자나 상사를 직접 공격하고 싶지만, 법이나 윤리적으로 불가능하여 말로서 비난을 함으로써 욕구불만이 어느 정도 해소되는 것도 카타르시스이다. 그러나 사회학습이론은 인간의 직·간접적인 공격행동 경험이 보상과 처벌에 따라서 강화되기도 하고 감소되기도 한다는 논리를 바탕으로 정화가설과는 견해를 달리한다.

　　대부분의 경험적 연구결과는 정화가설을 지지해주지 못한다. 오히려 공격행동이 공격성을 증가시킨다는 사회학습이론을 지지하는 증거들이 많다. 정화가설은 대중매체의 폭력적인 장면들이 인간의 공격행동을 감소시키는 효과가 있을 것이라는 주장을 뒷받침하는 유력한 가설로 원용되어 왔다. 대중매체속의 공격성 행동을 보면 바로 대리공격적인 경험을 하게 됨으로써 공격추동이 감소될 것이라는 생각에 따른 것이다. 그러나 오늘날 대부분의 연구자들은 대중매체의 폭력장면들이 시청자들의 공격행동을 조장한다는 증거를 제시하고 있다.

---

399) *Ibid.,*

(8) 공격성에 대한 무기효과

베르코비츠는 외부환경에 공격적인 자극의 존재, 즉 무기같은 것이 존재하면 공격적 반응의 확률을 증가시킨다고 주장한다. 무기는 공격적 연상을 일으키고 직접적인 공격을 촉진하는 마력을 가진 조건적인 자극에 비유된다. 총기는 사용하지 않더라도 다른 물건들과는 달리 휴대하고 있는 것만으로도 공격적인 행동을 아주 유발하기 쉽다. 사람은 단순히 무기를 보는 것만으로도 과거에 공격과 연결된 아이디어, 이미지, 표현적 반응을 불러일으킬 수 있다.[400] 경찰관이 휴대하고 있는 가시적인 무기는 실제로 어떤 사람의 폭력적인 반응을 금지시키기 보다는 촉진시킬 수 있다.

무기효과에 대한 많은 연구는 반복적인 결과를 얻었지만, 무기효과의 증거를 발견하지는 못했다. 연구 대상들은 연구자의 목적을 알아채고 실험과정에서 행동하는 연구결함이라는 문제를 노정하기 때문이다. 그러나 칼슨(Carlson) 등은 연구 문헌에 대한 포괄적인 재검토 결과 사실상 무기효과가 존재한다는 강력한 증거를 제시했다.[401] 무기효과는 벨지움, 크로아티아, 이탤리, 스웨덴을 포함하는 여러 국가에서도 발견할 수 있었다.

그러나 공격을 유발하는 자극은 총기, 칼, 또는 폭탄 같은 외관상 무기일 필요는 없다. 중요한 것은 중립적인 자극일지라도, 그 자극이 공격적인 반응을 일으킬 수 있는 혐오스런 사건이나 불쾌한 의미와 결합되어야 한다는 점이다. 심지어 어떤 유형의 음악이 공격적인 반응을 촉진하거나 야기할 수 있다.[402]

베르코비츠는 좌절-공격 가설의 두 가지 구성요소를 강조한다. 공격행동은 ① 개인이 부당한 대우를 의도적인 것으로 인지하는 정도, ② 좌절이 혐오스런 정도에 따라서 야기된다는 것이다. 사람은 자신이 바라는 목표를 어떤 사람이 의도적으로 방해함으로써 그 목표를 달성하지 못할 경우에 그 좌절이 너무나 아프다면 분노하고 공격적으로 행동하게 된다.[403] 다시 말해, 의도적인 방해로 인지되지 않을 경우에는 공격적인 반응

---

400) L. Berkowitz, The experience of anger as parallel process in the display of impulsive, "angry" aggression, In R.G. Green & E.I. Donnerstein(eds), Aggression: Theoretical and emperical review(Vol.1), New York: Academic Press, 1983, p.124..

401) M. Carlson, A. Marcus-Newwall, & N. Miller, Effects of situational aggression cues: A quantitative review. Journal of Personality and Social Psychology, 58, 1990, pp.622-633.

402) R.W. Rogers & C.M. Ketcher, Effects of anonymity and arousal on aggression. Journal of Psychology, 102, 1979, pp.13-19.

을 야기하는 정도는 아주 약해진다.

(9) 인지적-신 연상 모델

인지적-신 연상 모델(Cognitive-Neoassociation Model)은 공격행동에 있어서 인지적 요인을 강조하는 좌절-공격 반응 가설을 재구성한 이론모형이다. 이 모형은 초기 단계와 후속적인 단계로 나누어 설명된다.

1) 초기단계

경험하는 혐오스런 사건은 부정적인 영향을 초래한다. 이 부정적인 영향은 육체적인 고통과 심리적인 고통으로 인한 것이다. 육체적인 고통은 명백한 것이지만 심리적인 고통은 보다 더 구체화시킬 필요가 있다. 상대방의 언어적인 모욕은 심리적인 고통의 좋은 예이다. 개인적 모욕이나 무시는 육체적 고통을 주지는 않지만, 분노, 기분침체, 슬픔이라는 고통을 유발한다. 불쾌감이나 부정적인 영향은 거의 자동적으로 다양한 느낌, 생각, 도주(회피)와 싸움을 연상시키는 과거의 기억들을 떠올리게 된다. 말하자면, 상대방의 언어적인 공격을 과거의 상황과 자신의 반응 경험을 연상시켜 인지적 평가를 하게 된다.

이러한 초기단계동안 인지적 과정의 개입은 상황이 혐오스럽다는 평가를 내리는 것이 전부이다. 어떤 사람은 더 이상의 심사숙고 없이 초기 감정 그대로 폭력을 행사는 등으로 즉각적인 행동을 하기도 한다.

2) 후속단계

후속단계 동안 인지적 평가가 작동하고 이차적인 정서반응에 실체적으로 영향을 미친다. 인간의 인지과정은 적절한 행동노선을 조절하고 평가한다. 분노한 사람은 불쾌한 경험에 대한 원인귀인(causal attribution)을 하고 느낌의 성질에 대하여 생각하고, 그들의 느낌과 행동을 통제하려 한다.

상대방의 자극이 극히 혐오스럽고 참기 어려운 것으로서, 그 원인이 자신에 대한 무시와 위해를 가하는 것으로 인지될 경우에, 언어적·육체적 공격행동을 가하게 된다.

---

403) L.Berkowitzm Frustration-aggression hypothesis: Examination and reformulation, Psychological Bulletin, 106, 1989, pp.59-73.

심지어 어떤 불쾌감이 공격적인 반응, 심지어 폭력적인 반응을 촉발할 수 있다. 어떤 경우에는 가족을 살해할 수도 있으며, 좌절된 십대들은 권위에 폭력적으로 도전할 수 있다.

5. 자극전이 이론과 대체적 공격이론

(1) 자극전이 이론

자극전이 이론(Excitation transfer theory)이란 분노전이 이론이라고도 할 수 있다. 이 이론은 생리적 자극(physiological arosal)이 어떻게 하나의 상황으로부터 다른 상황으로 일반화하는 가를 설명한다. 생리적 자극은 시간의 흐름속에서 천천히 전파되는 것이 특징이다. 직장에서 동료나 상사로부터 분노를 유발하는 비판을 받은 사람은 저녁에 집에 돌아와서 낮에 있었던 그 비판으로부터 어떤 잔여 분노를 불러일으키기 쉽다. 집에서 아무것도 아닌 일에 화를 내고 사소한 집안분쟁을 일으키거나 애완동물에게 화풀이를 하기도 한다. 결과적으로 선행적인 분노와 집에서의 화냄으로 생긴 분노가 결합하여 공격행동의 가능성을 증가시킨다. 자극의 전이는 행위자가 과거의 자극으로부터 생긴 분노를 전혀 관계없는 새로운 상황에 계속 연결시키고 있다는 사실을 인지하지 못할 경우에 더욱 발생 가능성이 높아진다.

(2) 대체공격 이론

대체공격 이론은 자극전이 이론과 밀접한 관련이 있다. 부쉬맨(Bushman)등에 의하면, "상대방이 잘못한 것이 없는데도 때와 장소를 잘못만나 공격대상으로 대체된다". 대체공격은 직장의 상사처럼 실제 분노를 일으킨 사람에게 공격을 할 수 없는 경우에 애완동물처럼 아무런 잘못도 없거나 가볍게 기분을 상하게 한 대상에 대하여 공격을 할 경우에 발생한다. 대체공격은 가볍게 짜증나는 행동을 한 사람이나 물컵을 쓰러뜨린 고양이에게 아주 쉽게 행사될 수 있다. 부쉬맨 등은 이러한 현상을 "유발된 대체공격(triggered displaced aggression)"이라고 부른다. 첫 사건의 자극은 가벼운 분노를 표출하게 하지만, 후에 공격적인 반응을 촉발하는 분노유발사건이 된다.

반추(rumination)는 대체적 공격을 촉진할 수 있는 요인이다. 반추란 개인의 생각과 느낌에 대한 자기 집중적인 관심을 말한다. 달리 말하면, 사람은 오랜 세월이 흐른 후에도 최초의 분노유발 사건에 대한 기억을 유지한다. 잊혀지지 않는 최초의 분노유발 사건은 반추적인 사고에 의해 생각하면 할수록 장기간 동안 분노를 고착시키고 심화시킨다. 따라서 반추는 아무 죄없는 가벼운 잘못을 범한 사람에 대한 후속공격을 촉진시킬 수 있다.[404]

6. 사회학습이론과 공격성

사회학습이론가들은 이전에 공격행동을 통하여 좌절상황에서 벗어났던 경험을 학습하였기 때문에 공격행동을 하는 것이라고 설명한다. 역시 좌절당하면 공격해야 한다는 사회적 규범의 학습으로 공격행동을 하게 된다는 것이다.

사회학습이론은 인간의 공격성이 그것이 반사회적이거나 범죄행동일지라도 주로 관찰과 모방을 통해 학습된다고 주장한다. 일반적으로 사람들은 다양한 공격행동을 관찰과 모방을 통해서 학습하지만 항상 공격행동을 표출하는 것이 아니라 보상이 기대되는 상황에서만 공격행동을 하게 된다. 공격행동에 대한 모방학습은 공격행동을 하는 모델이 관찰자에게 새로운 공격방법을 학습시키는 효과가 있으며, 공격행동을 했지만 처벌받지 않는 모델을 관찰하면, 공격행동에 대한 억제를 감소시켜 공격행동의 확률을 증가시킨다. 범죄자들이 체포와 처벌의 확률이 낮을 경우에 범죄행위를 하게 된다는 논리와 유사하다. 또한 단순히 공격행동을 관찰하는 것만으로도 정서적 흥분이 유발되어 충동적이고 공격적으로 반응하게 된다.

TV와 영화, 비디오, 잡지, 비디오 게임물과 인터넷 등과 같은 대중매체는 공격행동에 관한 풍부한 상징적 모델을 제공한다. 부모들이 공격적이거나 반사회적인 경우에 어린이들이 부모들을 모방하는 행동을 하게 된다는 점에서 부모들도 강력한 모델이 된다. 특히 부모들의 아동에 대한 체벌이 어린이의 공격성과 관련이 있다는 연구 결과도 있다.

사회학습이론이 주장하는 공격적 행동의 기초는 공격적인 모델의 행동을 관찰함으로써 또는 직접적인 경험에 의한 학습결과이다. 공격성은 점점 세련되어지고 강화된다. 그러므로 사람들은 공격적인 행동유형을 소유하고 있지만, 공격행동이 기능적인 가치

---

404) Bushman et al., *op.cit.*, pp.969-983.

가 없거나 유의한 다른 사람들로부터 용서받지 못한다면 거의 표출되지 않는다.[405] 사회학습 시스템은 생물학적 구조가 학습될 수 있는 공격적 반응유형에 한계를 설정하고 유전적인 요인이 학습 진행률에 영향을 미친다는 사실을 인정한다. 그러나 생물학적인 구조가 개인의 특별한 공격적인 행동을 프로그램화하지는 않는다.

제2절 공격성에 관한 사회인지적 모델

1. 귀인이론에 의한 접근

(1) 인지적 스크립트 모델(Cognitive Script Model)

개인의 일상적인 행동은 물론이고 특히 공격적 행동은 일상적인 경험에 의해 학습되고 기억되는 인지적 스크립트(cognitive scripts)에 의해 통제된다. 스크립트란 환경 속에 어떤 사건이 발생하고, 사람이 그 사건에 어떻게 반응하며, 그 행동의 가능한 결과는 무엇인가를 의미한다.[406] 스크립트는 스키마(schema)의 또 다른 표현이다. 스키마는 어떤 자극에 대한 정보를 처리할 경우에 정보처리방향을 제시해주는 과거에 경험한 자극들로부터 압축된 지식구조이다. 즉, 스키마는 미래의 유사한 자극에 대한 정보처리를 위한 이론적 구조이며 문제해결을 위한 인지구조이다.[407] 스크립트는 직접적인 경험에 의해 또는 유의한 타인을 관찰함으로써 형성되며, 개인에 따라 다르고 특이하지만, 한번 학습되면 변화하기 어렵고 성인기에 까지 지속된다.[408] 이를 인지적 스크립트 모델이라고 한다.

실제로 스크립트는 기억속에 부호화되고 유지될뿐만 아니라 개인이 어떤 문제에 직면할 경우에 더 쉽게 재생되고 이용된다. 더욱이 스크립트의 적합성에 대한 개인의 평

---

405) Bartol & Bartol, *op.cit.*, p.157.

406) L.R Huesmann, An information processing models for the development of aggression, Aggressive Behavior, 14, 1988, 13-24.

407) 조철옥, 상벌체계와 원인귀인(causal attribution)에 관한 연구, 고려대학교 대학원 석사논문, 1984, 67-68.

408) B.J. Bushman & C.A. Anderson, Is it time to pull the plug on the hostile versus instrumental aggression dichotomy, Psychological Review, 108, 273-279.

가에 따라서 기억 속에 저장될 스크립트가 결정된다. 또한 재생되고 이용될 스크립트가 결정되며, 그리고 계속 이용될 스크립트가 결정된다. 스크립트에 대한 평가는 스크립트의 행동결과 예측 신뢰도, 개인이 스크립트에 따라서 행동할 수 있다고 판단하는 정도, 그리고 스크립트가 개인의 자기규제와 관련된 내부기준과 일치하는 것으로 판단되는 정도에 따라서 이루어진다. 개인의 내부기준과 모순되거나 배치되는 스크립트는 기억 속에 저장되지 않거나 활용되지 않는다.

공격적인 행동에 반대되는 내부기준과 통합이 결여되거나 공격적인 행동이 생활방식이라고 확신하는 개인은 공격적인 행동 스크립트를 형성하게 된다. 공격적인 아동은 타인을 공격적으로 반응하게 부추기고 인간성은 본래 공격적이라는 자신의 믿음을 확인한다.

(2) 적대적 귀인 편파(hostile attribution bias)

사회인지이론은 인간이 외부의 자극이나 환경에 대한 정보처리 과정에서 정보처리의 부적절함에 의해 공격적 행동이 초래된다고 주장한다. 닷지(Kenneth A. Dodge)는 인간의 사회적 정보처리 과정이 탐색, 해석, 반응탐색, 반응결정, 반응산출 이라는 다섯 단계를 거쳐 진행되며, 각 단계에서 정보의 부적절한 처리로 인해 공격행동이 유발된다고 주장한다.

각 단계에서 인간은 환경적 자극에 관련된 정보가 부족하거나 정보활용의 편파, 또는 수집된 성보활용의 무능력 등으로 환경적 자극에 대한 성격을 잘못 규정하게 된다. 실제로 상대방은 반사회적 행동을 하려는 의도가 없었는데도 정보 부족으로 반사회적 행동으로 발전할 확률이 높다는 해석을 내리고 대응책을 탐색할 수 있다. 즉, 폭력성향의 청소년은 공격성향이 약한 청소년들과는 대조적으로 애매한 행동을 적대적이고 위협적인 행동으로 해석하게 되는데 이를 적대적 귀인편파(hostile attribution bias)라고 한다.[409]

미셸(Walter Mischel)은 공격적인 사람들의 사회인지적 메커니즘 자체가 덜 공격적인 사람들과는 다르다고 주장한다. 그들은 자신에게 불리한 환경적 변화가 발생하면

---

409) K.A. Dodge & J.D. Coie, Social information processing factors in reative and proactive aggression in children's peer groups, Journal of Personality and Social Psychology, 53. 1987, 1146-1158.

상대방의 고의적인 공격적 의도에서 비롯된 것이라고 규정하고 적대적 원인 귀인에 의해 역시 공격적인 반응을 선택하게 된다.[410]

적대적 귀인편파에 빠진 사람들은 세상을 진한 붉은 색으로 칠한 안경을 통해서 보는 경향이 있다. 적대적 귀인편파 상태에 있는 청소년은 남녀를 불문하고 타인의 행동을 공격적이 아닌데도 공격적으로 보는 경우가 보통의 청소년들의 2배에 해당한다.[411] 반응탐색에 있어서도 정보의 부족이나 편파로 인해 비공격적인 대책 보다 공격적인 행동을 선택하게 되고, 공격적인 대응이 보다 효과적으로 수행될 수 있는 방향으로 정보를 몰아간다.[412]

어떤 연구에 의하면, 폭력적인 청소년은 사회문제 해결 기술이 부족하고 공격행동을 지원하는 신념을 신봉하는 것으로 밝혀졌다. 그들은 전형적으로 사회문제를 적대적인 방법으로 정의하고 적대적인 목표를 채택하며, 그리고 추가적인 사실을 탐색하는 일이 거의 없다. 아울러 대안적인 해결책을 모색하지 않고 공격행동에 대한 결과를 예상하는 일이 거의 없으며 그들의 공격적 행동을 최우선시 한다.[413] 공격적인 사람들은 대인관계에서 발생하는 갈등이나 좌절에 대한 대응능력이 부족하고, 욕구충족의 지연이나 감정의 자기조절 능력도 부족하다. 모든 것은 공격적 행위에 의해 해결될 수 있다고 해석한다. 그들은 공격적 행위 그 자체에 가치를 부여하기도 한다. 다른 사람들은 모두 경쟁자이고 그들의 행동은 자신을 공격하는 것이 목적이라고 인지하고 자신도 공격적인 태도와 행동이 최선이라고 생각한다.

적대적 귀인편파는 유치원 단계에서부터 형성되기 시작하고 성인이 되어도 안정적인 형태로 존재한다.[414] 초등학교로부터 중학교까지의 청소년 성장과정을 추적한 연구에

---

410) Walter Mischel, Introduction to Personality, Orlando, FL: Harcourt Brace Jovanovich College Publishers, 1993, pp. 35-45.

411) J.a. Hubbard, K.A. Dodge, A.H.N. Cillessen, J.D.Coie & D. Schwartz, The dyadic nature of social information processing in boy's reactive aggression, Journal of Personality and Social Psychology, 80, 2001, 268-280.

412) Kenneth A Dodge, Social information-processing variables in the development of aggression and altruism and aggression: Social and sociobiological origins, New York: Cambridge University Press, 1982, pp.280-302.

413) R. C. Serin & D. I. Preston, Managing and treating violent offenders, In J. B. Ashford, B. D. Sales, & W. H. Reid(Eds.), Treating adult and juvinile offenders with special needs, Washington, D.C: American psychological Association, 2001, p.259.

414) K. A. Dodge et al., Multi-dimensional latent construct analysis of children's social information processing patterns: Correlation with aggressive behavior problems, Psychological Assessment,

의하면, 다른 학생들이 적대적인 의도를 가지고 있다는 귀인경향은 초등학교 시기의 동료집단의 따돌림과 유의한 관계를 보여주었으며, 중학교 생활동안 공격성이 증가되었다. 동료집단으로부터 따돌림 당한 공격적인 남자학생들은 높은 적대적 귀인편파 경향을 지속적으로 보여주었으며, 공격성에 대한 사회인지적 결핍현상을 드러냈다. 또한 청소년의 폭력적인 일탈행동에 연루되는 경우가 높아지고 성인 초기의 몇 년 동안에도 지속적인 폭력성향을 표출했다.

아동들의 동료에 대한 적대적 귀인 편파는 아동에 대한 가정 폭력과 학대가 원인이라는 주장도 제기된다.[415] 어린 나이에 학대를 경험한 아동들은 적대적인 사회적 단서에 과잉경계하고, 타인의 의도를 적대감에 의한 것으로 인지한다. 따라서 심지어 가벼운 자극에 대해서도 재빨리 보복적인 공격반응을 준비한다. 또한 적대적 귀인편파 상태에 있는 동료집단으로부터 따돌린 아동들은 흔히 다른 학생들에 의해 물리적 공격 표적이 되므로 타인의 동기를 더욱 의심하게 된다. 이러한 아동들은 새로 알게 되는 동료를 포함한 광범한 동료집단을 대상으로 적대적 귀인편파 형성이 특히 빨라진다.

블랙번(Blackburn)에 의하면, 지속적인 성인 범법자는 자신에게 적대적이고 위협적으로 인지되는 사회환경을 통제하기 위해 범죄를 범한다고 주장한다. 범죄는 단순히 양심이나 자기규제의 결여를 반영하는 것이 아니라 사회환경속에 있는 타인을 통제하고 지배하기 위한 계속적인 시도를 반영한다. 상습적인 범죄는 소외당하고 있는 사회환경속에서 지위를 유지하거나 지배하기 위한 시도로 이해될 수 있다.[416] 바이탈(Vitale) 등은 150명의 남자 수형자들을 대상으로 적대적 귀인편파를 조사한 결과, 사이코패스들은 다양한 상황에서 일반범죄자들보다 유의할 정도로 적대적 귀인편파를 드러내는 것으로 확인되었다.[417] 적대적인 귀인편파는 자신과 타인, 그리고 세상 그 자체에 대한 부정적인 생각을 가지고 있는 수형자들에게 광범하게 존재한다.

14, 2002, 60-73.

415) J. A. Hubbard, K. A. Dodge, A. H. N. Cillessen, J. D. Coie, & D. Schwartz, The dyadic nature of social information processing in boys' reactive and proactive aggression, Journal of Personality and Social Psychology, 80, 2001, 268-280.

416) R. Blackburn, Criminality and the interpersonal circle in mentally disordered offenders, Criminal Justice and Behavior, 89, 1998, 155-176.

417) J. E. Vitale, J. p. Newman, R. C. Serin & D. M. Bolt, Hostile attributions in incarcerated adult male offenders: an exploration of diverse pathways, Aggressive Behavior, 31, 2005, 99-115.

(3) 근본적 귀인 착오(fundamental attribution error)

근본적인 귀인착오란 인간의 행동을 설명할 때 상황의 영향을 무시하고 대신에 행위자의 성격에 의해 행동을 설명하려는 공통적인 인간성향을 말한다. 근본적인 귀인착오는 우리 자신의 행동이 아니라 타인의 행동에 대한 귀인(attribution)을 하는 데 적용하는 개념이다. 예를 들자면, 교정기관의 상담자가 수형자에게 왜 교도소에 수감되는 범행을 했는가에 대한 원인을 질문할 경우에, 상담자는 환경요인보다는 거의 배타적으로 행위자의 성향이나 성격요인에 원인을 귀인시킨다. 말하자면, 범죄의 원인은 빈곤이나 불우한 가정환경이나 부적절한 훈육, 사회적 소외 등이 아니라 범죄자의 게으르고 공격적이고 잔인한 성격이 범죄의 원인이라는 것이다. 반대로 수형자들은 범죄의 원인을 빈곤, 불리한 고용기회, 신체적·성적학대, 사회적 차별이나 불평등과 같은 외부 환경에 귀인한다.

근본적 귀인착오는 우리 자신의 행동에 대한 자기방어적, 또는 이기주의적 귀인편파(self-serving biases)와는 대조적이다. 자기방어적 귀인편파란 인간이 성공한 행동에 대해서는 자신의 성향적 요인에, 실패한 행동에 대해서는 외부요인에 귀인시키는 현상을 말한다. 시험을 잘 친 사람은 그 원인을 자신의 지능이나 열심히 공부하는 습관에 귀인하고, 시험을 망친 사람은 그 원인을 시험출제의 잘못이나 불공정한 시험관리에 귀인한다. 따라서 범죄행위로 체포된 범죄자들은 범행의 원인을 외부적인 요인, 즉 사회제도나 구조와 같은 외부요인에 원인을 귀인하기 쉽다.

성격이나 인간의 내부상태는 인간의 행동방법에 대하여 거의 설명을 하지 못한다. 인간은 상황에 따라서 범죄를 범하므로 상황이 중요한 결정요인이다. 상황은 거의 정적인 상태가 아니다. 인간과 환경사이의 호혜적 상호작용으로 범죄가 발생한다. 피해자학은 범인 그 자체 보다는 범인과 환경의 상호작용에 초점을 두는 분야이다.

(4) 과대평가원리(augmentation principle)

과대 평가원리란 어떤 특정 행동결과에 대한 그럴듯한 억제요인(inhibitory factor)과 촉진요인(facilitative factor)이 존재하는 경우에 그 행동원인은 촉진요인에 귀인되고, 억제요인은 무시되는 현상을 말한다.

촉진요인은 범죄의 경우에 행위자로 하여금 범행을 하지 않을 수 없게 하는 다양한 요인을 말하며, 억제요인은 어떤 행동, 특히 범죄의 경우에 경찰의 범죄예방활동이라는 제약, 체포와 처벌, 정신적·육체적 고통 등의 요인과 같은 것이다. 이러한 억제요인에도 불구하고 범죄자가 범행을 했을 경우에 그 원인은 행위자의 범죄성향이나 물욕, 원한, 치정, 미신, 범죄표적에 대한 감시부족 등과 같은 촉진요인에 귀인된다.

(5) 복종범죄에 대한 귀인

때때로 사람들은 그들의 행동원칙에 비추어 올바르지 않을지라도, 권력자가 명령을 하기 때문에 어떤 행동을 하게 된다. 켈먼과 해밀턴(Kelman & Hamilton)은 이러한 형상을 복종의 범죄(crimes of obedience))라고 부른다.[418] 복종범죄의 전형적인 사례는 전쟁시에 특정 지역의 양민을 무차별적으로 살해하라는 군사명령에 의한 범죄이다. 정치적 맥락에서 복종의 범죄는 워터게이트 사건같은 것이다. 기업의 세계에서도 복종의 범죄는 범람한다.

밀그람(Milgram)의 실험에 의하면, 비도덕적 또는 비열한 행동이 어느 정도에서는 권위의 영향아래서 자행된다. 밀그람은 보통 상황요인이 개인적 요인을 지배한다고 믿었으며, 개인의 성격이나 도덕성은 행동 설명에 기본적으로 부적절하다고 보았다. 말하자면, 밀그람은 복종행동의 원인을 상황에 귀인하고 행위자의 성격에 귀인하지 않는다. 그러나 복종범죄를 행위자의 성격이나 도덕성에 귀인하는 학자들도 있다. 즉, 권위에 대한 저항은 분명히 성격이나 도덕성 발달에 달려 있다고 주장한다. 켈먼과 해밀턴은 고도의 권위상황에서의 행동은 성격특징과 부여된 역할 사이의 상호작용의 결과라고 주장한다.

(6) 비개성화와 군중행동의 귀인

비개성화(deinviduation) 이론은 르봉(Gustave Le Bon)의 고전적인 군중이론에 기초한다. 군중속의 개인은 개성의 상실, 자기통제력 상실, 내재화된 도덕적 제약의 상실 등의 비개성화 현상에 직면한다. 비개성화는 집단속에 매몰된 개인은 자신의 의지나 책임감없이 행동한다는 것을 의미한다. 따라서 군중속의 개인의 행동은 행위자가 원인이 아니라 상황에 귀인된다. 군중은 개인의 도덕, 윤리, 가치관, 태도, 신념에 관계 없이 심리적으로 강요된 상황속에서 무엇인가를 해야 한다.

---

418) H. C. Kelman & V. L. Hamilton, Crimes of obedience: Toward a social psychology of authority and responsibility, New Haven, CT: Yale University press, 1989, p.46.

그러나 그러한 군중상황속에서도 개인들이 반응하는 방법에 있어서 분명히 개인차가 존재한다. 군중속의 익명성을 이용하여 어떤 자는 범죄행동이나 폭력행동을 하지만, 다른 사람들은 그렇지 않다. 익명성을 이용하는 불법행위는 더 비열하고 비도덕적이라고 볼 수 있으며, 당당하지 못하다. 특히 군중 속에서 복면을 착용하고 불법행위를 하는 것은 상황귀인이 아니라 행위자 귀인으로서 법적으로 엄중하게 책임을 물어야 할 것이다.

(7) 도덕해체(moral disengagement)와 귀인

도덕적 해체이론은 어떤 권력자의 명령이나 고도의 사회적 압력하에서 자기 자신의 도덕적 판단과는 반대로 비도덕적 행동을 하는 것을 설명하기 위한 이론이다. 반두라에 의하면, 개인들은 사회학습을 통하여 위반하면 자기비난을 할만한 가치있는 도덕규칙을 내재화한다.

결과적으로 개인의 행동을 결정하는 것은 권력자 상황이나 외부압력만은 아니다. 개인의 도덕적 원칙과 이 원칙에서 이탈할 수 있는 용이한 정도는 비도덕이거나 불법적인 명령에 복종할 정도에 강력한 영향을 미친다. 반두라는 개인이 자기 자신의 도덕적 원칙에 반하는 행동을 하기 전에 자아 비난을 회피하기 위해 자신의 도덕적 제재에서 해방되어야 한다. 특히 효과적인 도덕적 해방은 해로운 행동의 죄의식으로서 자아 불신임 경험으로부터 자신을 자유롭게 해야 한다. 결과적으로 권위복종 범죄나 다중범죄는 반드시 상황귀인이 아니라 행위자 귀인도 가능하다는 결론을 도출할 수 있다. 권력자의 불법적이거나 비도덕적인 명령에 복종하는 것은 궁극적으로 행위자의 도덕성에 귀인될 수 있다는 점에서 상황이라는 외부귀인(external attribution)이 아니라 이른바 행위자 내부귀인(internal attribution)이 이루어질 수 있다.

2. 현재적 공격행동과 잠재적 공격행동

(1) 개 념

공격행동은 ① 행동유형, ② 정서, ③ 인지, ④ 발달이라는 요인과 관련하여 현재적 공격행동(overt aggression)과 잠재적 공격행동(covert aggression)으로 나누어질 수 있다.

현재적 공격이란 공격자가 피해자를 직접 만나서 신체적 상해나 상해위협을 하는 명백한 공격행동을 말한다. 한편, 잠재적 공격은 피해자에게 직접적인 공격을 하는 것이 아니라 숨기기, 부정직, 또는 몰래하는 공격행동을 말한다.

(2) 특 징

1) 나이와 공격행동

현재적 공격은 나이가 많아지면서 감소하는 반면 잠재적 공격은 나이가 많아지면서 증가한다. 그러나 심각한 형태의 명백한 공격을 하는 아동들은 나이가 많아지면서 폭력적이 되고, 흔히 성인이 되어 폭력범죄와 재산범죄 모두를 범한다.[419]

2) 정서와 공격행동

정서적으로 분노는 대부분의 명백한 공격행동의 중요한 요인이 되지만, 보다 냉정한 정서는 잠재적 행동의 특징이다. 보통 폭력적인 행동은 분노를 초래하는 고도의 자극 수준에 의해 수반된다. 한편, 잠재적 공격은 사기, 절도, 횡령, 침입절도, 기타 화이트칼라 범죄나 재물범죄와 같은 분노와 같은 정서의 영향은 약하다.

3) 인지와 공격행동

잠재적 공격과 현재적 공격은 그 행동들에 수반하는 인지에 기초하여 구분될 수 있다. 폭력적인 인간에 의한 잠재적 공격은 인지적 결함으로 타인간의 갈등을 비공격적인 방법으로 해결하기 어렵게 한다. 잠재적 공격자들은 폭력성향의 인지적 처리과정을 유발하는 적대적 귀인편파에 빠져 있다. 한편, 잠재적 공격을 선호하는 사람들은 대인간의 문제해결에 있어서 인지적 결함 정도를 보여주지 않거나 적대적 귀인편파를 표출하지 않는다.

대신에 대부분의 잠재적 공격은 계획능력, 소모품과 제물 선점, 수사를 피하기 위한 거짓말하기 등과 같은 특별한 인지적 능력에 의해 촉진된다는 것이다.[420] 직업적으로 관련된 범죄, 즉 회사재산 벌도, 정보유출, 또는 소프트웨어 도용, 사이버범죄 등은 계획적인 범행이다.

---

419) R. Loeber, & M. Stouthamer-Loeber, Development of juvinile aggression and violence:Some common misconceptions and controvfersies, American Psycholgist, 53, 1998, pp.242-259.
420) *Ibid.*, p.250.

4) 발달과 공격행동

발달적인 측면서 접근하면, 명백한 공격은 소년과 같은 어린 나이에 시작하고 평생 동안 지속되는 범죄자가 된다. 물론 모든 현재적 공격범죄자들이 소년기에 범행을 하는 것은 아니다.[421] 또한 현재적 공격행동의 발달은 반드시 잠재적 공격행동과 동시에 진행하지는 않는다. 어떤 아이들은 부모들이 정직하고, 타인의 재산을 존중하라는 사회화에 결코 순응하지 않는다. 이러한 현상은 정직성과 타인 재물존중에 대한 불명확하거나 도덕성이 약한 부모들 사이에서 나타나는 공통적인 현상이다.[422] 부모의 훈육과 친사회적 모델이 아주 중요하다. 거짓말하기와 같은 어떤 은밀한 행동은 수사와 처벌을 피할 수 있는 잘 학습된 전략으로 발전할 수 있다.

3. 반응적 공격행동과 순향적 공격행동

(1) 개 념

1) 반응적 공격행동

반응적 공격행동(reactive aggression)이란 일반적으로 아주 열혈적인 공격행동이라고도 하며 분노표출, 발끈 화내기, 복수적 적대행위 등을 말한다.

2) 순향적 공격행동

순향적 공격행동(proactive aggression)이란 약자괴롭히기, 지배, 놀리기, 험담하기, 강압적인 행동 등을 말하며, 다른 말로 표현하면 아주 냉혈적인 공격행동을 말한다.

(2) 특 징

반응적 공격행동은 좌절에 대한 반응의 형태로서 고도의 자극상태에 대한 통제의 결여와 결합된 행동이다. 일반적으로 반응적인 공격행동은 인지된 위협이나 자극에 대한 반응으로 표출되는 적대적인 행동이다.

순향적인 공격행동은 정서적인 반응이 아니라 보상의 기대에 따라서 표출되는 행동

---

421) *Ibid.*, p.246.
422) *Ibid.*, p.251.

이다. 순향적인 공격행동은 동료에게 영향을 미치거나 강제하기 위해 사용되는 화내지 않고 심사숙고된 목표지향적인 행동이다.[423]

반응적 공격행동의 이론적 근거는 좌절-공격모형이며, 순향적 공격행동의 이론적 근거는 사회학습이론이다. 순향적 공격행동은 강화에 의해서 통제되고 유지되는 습득된 행동이며, 도구적 공격의 개념과 유사하다.

반응적 공격행동을 하는 아동들은 순향적 행동을 하는 아동들에 비교하여 사회적·심리적 적응에 있어서 더 큰 문제를 야기한다. 심리적 적응문제는 수면장애, 우울증, 성격장애 등에 의해 분노가 야기될 때 감정통제의 결여를 포함한다. 보통 이러한 문제들은 4살에서 5살 주변에서 발생한다. 또한 반응적 공격은 애매한 자극상황에 있어서 동료에게 적대적 의도를 과잉귀인하는 경향과 관련이 있다. 즉, 공격적인 공격행동을 하는 아이들은 동료의 행동을 의도적으로 공격적이라고 해석하면, 지나친 정도의 분노적 보복 또는 심지어 폭력행동으로 반응한다.

반응적 공격과 순향적 공격은 서로 다른 사회적 경험에서 출발하고 독립적으로 발달한다. 반응적 공격행동은 거칠고, 위협적인, 예측불가능한 환경 또는 부모의 학대 등에 대한 반응으로 형성된다. 한편, 순향적 공격행동은 갈등을 해결하거나 개인적 이익을 향상시키기 위해 공격행동의 사용에 가치를 부여하는 공격적 역할 모델에 따른 결과이다.[424] 반응적 공격과 순향적 공격은 서로 다른 사회적 환경에 의해서 조성되지만, 또한 기질적·유전적 요인의 차이에 의해서도 영향을 받는다. 즉, 반응적 공격은 걱정, 분노, 반응싱, 정서적 충동성, 부주의 등에 관한 기질적 성향과 결합된다. 순향적 공격은 기질에 의해 별로 영향을 받지 않고, 보상과 긍정적 결과를 가져온다는 신념에 의해 영향을 받는다. 아울러 반응적인 공격은 순향적인 공격보다 더 어린 시기에 형성되고, 두 유형의 공격은 서로 다른 경로를 따라 발달한다.

---

423) J.A. Hubbard, K.A. Dodge, A.H..N. Gillessen, J.D. Coie & D. Schwartz, The dyadic nature of social information processing in boy's reactive and proactive aggression. Journal of Personality and Social Psychology, 80, 2001, pp.268-280.

424) F. Vitaro, M. Brendgen & E. D. Barker, Subtypes of aggressive behaviors: A developmental perspective, International Journal of Behavioral Development,30, 2006, pp.12-19.

4. 공격성과 성 차이

소년들은 성장하면서 명백한 공격행동과 직접적인 대응헹동을 더 많이 하지만, 소년이 소녀보다 일반적으로 더 공격적인 지는 명백하지 않다. 소년들이 소녀들보다 육체적인 공격에 더 의존한다는 사실은 많은 연구와 국가에 걸쳐서 명백하게 입증되고 있다.

인지심라학자들은 소년과 소녀가 그들의 세계를 구성하는 사회화 과정에 차이가 있다는 것이다. 사회학습이론가들은 소녀들이 소년들보다 다르게 사회화되거나 공격적인 행동을 하지 않도록 가르쳐진다고 주장한다. 캠벨(Campbell)에 의하면, 소년과 소녀는 동일하게 공격적인 잠재력을 가지고 태어나지만, 소녀들은 공격적인 행동을 하지 못하도록 사회화되고, 소년들은 자신을 방어하기 위하여 명백하게 공격적이 되도록 가르쳐진다.

소년과 소녀들은 아자아장 걷는 시기에는 똑같이 공격적이지만, 초등학교에 입학하는 나이가 되면 이러한 공격 패턴이 달라진다. 좌절과 분노에 의해 표출되는 공격성의 성차이는 유아기에는 입증되지 않는다. 유치원 단계에서 소년들은 소녀들보다 명백한 공격행동을 보여주는 관찰가능한 성차이가 나타나기 시작한다. 명백한 공격행동은 초등학교 시기의 소년에게서 특히 현저하다. 그러나 소녀들은 밀치고 때리는 물리적 형태보다는 관계적 공격형태를 취하는 것으로 알려져 있다. 소녀와 여성들은 보다 은밀한, 간접적인, 구두형태의 공격행동을 사용하는 경향이 강하다.

5. 공격성과 생물적 요인

(1) 생물적 요인에 대한 이해

인간성과 공격성은 유전자와 생물적 결정요인의 이해에 의해 설명이 가능하다. 동물의 공격성은 생물적·유전적 요인과 관계가 있다는 강력한 증거가 있으나 사람의 공격성에 대한 생물적 증거는 그렇게 신뢰할 정도는 아니다.

그러나 뇌와 생화학적 어떤 이상이 아동들로 하여금 고도의 공격성을 표출하게 한다든지, 아주 어린 시기에 지속적인 반사회적 행동을 경험한 젊은이들은 생물적·신경생리적 이상 상태에 있다는 연구결과가 있다.

(2) 호르몬과 신경전달물질

뇌에 의해 생산되는 신경전달물질은 생화학적 활동과 신경 시스템에 메시지 전달을 하는 화학물질이다. 최근의 연구에 의하면, 신경전달물질인 세로토닌은 공격성과 폭력행동에 가장 주요한 역할을 한다. 특히 타인에게 폭력적 행동을 하거나 폭력적인 자살을 하는 사람들은 세로토닌의 수치가 비정상적으로 낮다. 세로토닌 수준이 남성과 여성 사이의 물리적 공격성의 차이를 어느 정도 설명할 수 있다는 증거가 있다.[425]

필과 페터슨(Phil & Peterson)은 "감소된 뇌의 세로토닌 기능은 우울증 발생, 폭력적 자살 위험의 증가, 공격적 또는 충동적 행동의 경향성, 정신병적 장애와 일반사람들 모두 알코올 남용 감수성 등과 결합된다"고 강조한다. 또한 음주와 함께 폭력적인 행동을 하는 사람과 동물을 학대하는 아동들은 세로토닌 수치가 비정상적으로 낮은 것으로 알려져 있다.[426]

신경전달물질은 약물에 의해 강력한 영향을 받는다. 약물은 신경전달물질의 수준을 변화시킬 수 있으며, 그러한 변화는 인간의 광범한 행동과 정서에 영향을 미칠 수 있다. 따라서 약물이 인간의 공격성을 통제하고 감소시키는 상당한 잠재력을 가지고 있다는 사실을 무시할 수는 없지만, 약물 그 자체가 인간행동에 부정적인 영향을 미친다는 사실이 고려되어야 한다.

호르몬 수준이 남성의 공격성을 설명할 수 있다. 남성의 높은 테스토스테론 수준은 살인과 같은 폭력적인 범죄를 야기하는 요인으로 작용한다.[427] 그러나 지난 몇 년 동안의 연구에도 불구하고, 호르몬과 폭력행동 사이의 관계는 극히 불명확하고 실체적인 증거도 없다.[428]

---

425) E. Verona, T.E. Joiner, F. Jhonson, & T. W. Bender, Gender specific gene-environment interactions on laboratory-assessed aggression, Biological Psychology, 71, 2006, pp.33-41.

426) R. O. Pihl & J. B. Peterson, Alchol, serotonin, and aggression, Alchol, Health & Research World, 17, 1993, pp.113-116.

427) J. M. JR. Dabbs, J. K. Riad, & S. E. Chance, Testrone and ruthless homicide, Personality and Individual Differences, 31, 2001, pp.599-603.

428) J. R. Ramirez, Hormones and aggression in childhood and adolescence, Aggresssion and Violent Behavior, 8, 2003, pp.621-644.

(3) 정신외과 수술과 약물을 통한 생물적 통제

1) 개 념

인간의 공격성에 관한 생물적 요인은 폭력범죄자의 치료과정을 통하여 제거될 수 있다. 넓은 의미의 치료는 정신병리적인 측면을 의미할 수 있지만, 좁은 의미는 의료적인 치료에 관한 측면을 말한다. 의료적인 치료는 폭력적인 행위자들에게 약물 투여를 통하여 폭력성을 둔화시키고 과도한 공격성 호르몬의 영향을 극복할 수 있다. 아주 극단적인 치료방법은 정신외과술(psychosurgery) 또는 거세(castration)이다. 정신외과술은 뇌수술에 의해서 뇌의 공격성 중심부를 절제하거나 치료하고, 거세는 테스토스테론을 함유하고 있는 남자의 고환을 제거하거나 테스토스테론의 기능을 감소시키는 작용을 한다.[429]

2) 화학적 거세

거세는 동물의 공격성을 감소시킨다는 사실이 입증되고 있다. 아주 드문 사례이지만, 성범죄로 유죄판결을 받은 죄수들에 대한 실제 고환거세는 그들의 공격성향을 유의하게 감소시킨 것으로 기록되고 있다. 1960년대 말까지 미국에서 강제적인 거세가 합법적으로 시행되었다. 사법부의 명령에 의해 지원자를 대상으로 샌디에이고에서 370명 이상의 정신장애적인 성범죄자들의 두개의 고환이 수술을 통하여 제거되었다.[430]

오늘날은 성적 공격성향을 거세시키기 위한 실질적인 거세는 결코 대안이 아니다. 오히려 이른 바 화학적 거세가 대세를 이루고 있다. 화학적 거세는 성 호르몬의 구성물질과 기능에 유사한 약물을 사용하여 성적 공격성을 치료하는 것을 말한다. 여성 호르몬인 프로제스테론(progesterone)에 화학적으로 유사한 데포 프로베라(depo-Provera)는 테스토스테론 수준을 낮추는데 아주 명백하게 효과적이다. 데포 프로베라는 성범죄자의 과도하고 충동적인 성행동과 공격행동을 금지시키는 작용을 하는 것으로 추정된다. 높은 수준의 데포 프로베라 투여는 성적 자극과 성적 욕구를 성공적으로 감소시켰다.

데포 프로베라와 반 앤드로전 약물은 일탈적인 성행동을 하는 성인들의 정신치료를 위한 보완약물로서 많은 임상의사들에 의해서 계속해서 사용되고 있다. 이러한 약물들

---

429) Bartol & Bartol, *op.cit.*, p.179.

430) J. Reiss, Voluntary castration of mentally disordered sex offenders, Criminal Law Bulletin, 13, 1977, pp.30-48.

은 사람의 뼈와 고환의 성장에 영향을 미치는 위험이 있기 때문에, 18세 이하의 청소년에게는 사용되어서는 안 된다. 화학적 거세약물은 다른 치료방법에 반응하지 않는 환자와 자신의 삶과 타인의 안전에 계속해서 심각한 문제를 야기하는 환자에게 주요 치료요법으로 사용될 수 있다.[431]

(4) 뇌와 인간의 공격성

1) 뇌의 위치와 공격성

뇌의 어느 부분이 공격성을 좌우하는지를 규명하는 것이 중요하다. 공격성과 관련된 뇌 부위는 변연계(limbic system)로 알려진 뇌 줄기(brain stem)의 전반적인 영역일 가능성이 높다. 변연계는 복잡한 뇌구조와 회로의 다양한 집단으로 구성되어 있다. 특히 편도체(amigdala)라고 부루는 아몬드 모양의 신경세포집단, 시상하부(hypothalamus)라는 또 하나의 구조, 측두엽(temporal lobe)이라는 뇌 그 자체의 부분이 과학적 연구의 중심이 되고 있다. 특히 측두엽의 이상이 인간의 폭력적인 공격행동을 야기하는 것으로 알려져 있다. 그러나 오늘날 뇌가 어떻게 작동하는지, 행동 중심부가 어디인지 잘 모른다.[432]

2) 정신외과술과 범죄행동의 통제

폭력행동은 외과적인 수술과 전기적 자극 또는 뇌세포나 손상부분의 절제나 치료, 또는 정신외과술이라고 부르는 화학적 수단에 의해서 통제될 수 있다. 측두엽의 손상에 대한 수술이 교도소의 수형자들을 대상으로 실행되었으며, 공격적이고 통제할 수 없는 폭력적인 행동으로 고통을 받고 있는 환자들에 대한 아미그달라 수술은 상당히 성공적이었다. 수술을 받은 환자의 68%가 공격적이고 폭력적인 행동의 유의한 감소를 보여 주었다.

오늘날 정신외과술은 보편적인 현상이 아니다. 정신외과술의 절차는 아주 정밀하고 주로 실험적 절차로 이루어진다. 대단히 심각한 정신질병 상태에 있는 환자들이 마지막으로 의존하는 것이 정신외과술이다. 뇌의 특정 부위에 전극봉을 삽입하거나 컴퓨터에 의해서 폭력범죄자의 특이 뇌파유형을 식별하는 것도 가능하다. 폭력범죄자의 특이

---

431) Bartol & Bartol, *op.cit.*, p.178.
432) *Ibid.*, p.179.

한 뇌파유형이 확인 되면, 컴퓨터로 뇌부위에 전기적 자극을 과하여 뇌파의 조절을 시
도할 수 있다.[433)]

(5) 유전성과 XYY 염색체

1) 유전과 폭력적인 범죄

초기의 연구자들은 폭력적인 범죄행동과 성향이 유전성의 결과라고 믿었다. 롬브로
조는 그러한 관점을 견지한 가장 저명한 학자로서, 범죄자 유형은 비대칭적인 머리와
턱, 낮은 이마, 돌출된 귀, 많은 털, 연결된 눈썹 등과 같은 특별한 육체적 특징에 의해
서 식별될 수 있다고 믿었다.

2) XYY염색체와 그 특징

20세기 중반에 유전과 범죄의 관계는 XYY 염색체 증후군에 집중된다. 남성에게 Y염
색체가 하나 더 있으면 폭력적인 범죄자가 된다는 것이다. XYY 염색체 소유 남성은 큰
키, 정신지체, 고도의 공격행동의 특징을 보여준다. 염색체는 모든 유기체의 살아 있는
세포의 성장과 생산을 위한 명령을 하는 DNA로서 알려진 유전적 물질로 연결된 긴 사
슬형태를 말한다. 염색체 마다 내부에는 수많은 유전자가 있으며, 사실상 개별 세포는
3만에서 4만 개의 유전자를 포함하고 있다. 염색체와 유전자는 눈과 모발 색깔, 키와
같은 물리적 특징을 통제한다. 또한 많은 심리적 성향과 기질에 실질적인 영향을 미친다.

인체의 개별 세포는 보통 23쌍, 또는 46개의 염색체를 소유하고 있다. 각 세포 속의
한 쌍의 염색체는 성을 결정하고 성적 특징을 좌우한다. 한 쌍의 염색체의 한 쪽은 항
상 X이고 나머지 한 쪽은 개인의 성에 따라서 X 또는 Y이다. 즉, 여자는 XX이고 남자
는 XY이다. 염색체의 표기는 현미경을 통해서 식별되는 실제 모양에 따른 것이다. 그
러나 아주 드물게 남성의 경우에 유전자의 변형이 일어나 XYY형태가 되고 이러한 경
우에 남성 유전자는 46개가 아니라 47개가 된다.

3) XYY염색체와 폭력범죄

XYY염색체 소유자의 주된 특징은 비정상적으로 큰 키, 폭력적인 공격성향과 경계선

---

433) *Ibid.*, p.180.

지능, 심각한 여드름이나 여드름 상처자국 등이다. 많은 악명 높은 살인자들은 XYY 염색체 소유자이다. 호주에서 77세의 노파를 폭력으로 살해한 태이트(Robert Peter Tait)는 XYY 염색체 소유자다. 1968년 파리에서 성매매 여성을 잔인하게 살해하고 유죄판결을 받은 휴곤(Daniel Hugon) 역시 XYY 염색체 소유자이다. 휴곤은 범죄자 항변을 통하여 7년형을 선고받았는데 법원이 XYY 변형 유전자를 감형요인으로 고려했는지는 불확실하다. 1969년 뉴욕에서 여성을 살해하여 토막을 낸 거구의 범죄자 파알키(John Farlkey)는 XYY염색체 변형이라는 이유로 범죄자 항변을 했지만 받아들여지지 않았다. 8명의 간호사를 살해한 스펙(Richard Speck) 역시 XYY 염색체와 결합된 특징의 소유자라는 의심을 받았으나 후에 유전자 변형 소유자가 아니라는 것으로 판명되었다.

지금까지 폭력과 XYY 염색체 사이에 관계가 있다는 증거는 거의 없다. 그러나 자빅(Jarvic) 등은 관련문헌을 광범하게 재평가한 결과 전체 인구 중에 XYY 염색체는 평균 0.11%에서 0.14% 존재하고, 정신병 화자들의 XYY 염색체 소유는 평균 0.13%에서 0.20% 사이에 해당할 정도로 유의하게 더 높은 것으로 결론지었다. 그러나 범죄자 중에 XYY 소유자는 범죄사건의 1.9%였다. 자빅은 26건의 범죄사건으로부터 정보를 분석하고, 5,066명의 범죄자들을 대상으로 하였다.[434] 또 다른 연구는 XYY 염색체 보유 수형자들은 정상적인 XY염새체 보유 수형자들보다 폭력범죄를 덜 범한 것으로 밝혀졌으며, 대다수의 XYY범죄자들은 재물범죄자였다.[435]

현대 범죄학자들은 XYY 염색체에 관한 연구를 더 이상 하지 않는다. 염색체는 인간 폭력에 대한 강력한 설명요인이 아니기 때문이다. 그러나 인간의 염색체 내에 존재하는 수많은 유전자가 인간의 신체적 특징뿐만 아니라 인간의 행동에도 영향을 미친다는 일반원칙에 대한 광범한 인식이 존재한다. 따라서 유전자는 우울증, 정신분열증, 기타 정신장애를 포함하는 정서장애와 민감한 관계, 즉 유전적 감수성이 존재한다. 이러한 장애 중의 어떤 것은 다양한 범죄와 결합되는 것으로 알려져 있다. 인간의 게놈지도는 유전자와 인간의 장애, 그리고 폭력행동에 대한 이해에 공헌할 것이다.[436]

---

434) I. F. Jarvic, V. Klodin, & S. S. Matsuyama, Human aggression and the extra Y chromosome, American Psychologist, 28, 197, pp.674-682.
435) W. H. Price & P. B. Whatmore, Behavior disorders and patterns of crime among XYY male identified at a maximum security hospital, British Medical Journal,1, 1967, pp.533-536.
436) Bartol & Bartol. *op.cit*., p.183.

제6장 발달범죄 이론

제1절 서 론

1. 범죄이론의 통합적 연구 경향

범죄원인에 관한 이론은 다양하다. 생물학적·심리학적 범죄이론은 범죄의 원인을 인간 내부의 특질(기질)에서 찾으려 하고, 사회학적 범죄이론은 사회환경적인 요인에서 그 원인을 찾는다. 이러한 이론들은 범죄의 원인을 부분적으로 설명하고 검증받기도 한다. 그러나 어느 이론도 범죄의 모든 원인을 설명하지는 못한다. 여기에서 범죄의 모든 원인을 설명하기 위한 이론통합의 문제가 제기된다. 이론통합은 둘 혹은 그 이상의 이론들로부터 공통점을 확인하여 각 개별이론보다 우월한 종합이론 정립을 목적으로 한다.[437]

범죄이론의 통합은 다양한 방면에서 시도될 수 있다. 우선 중심 개념이나 명제가 밀접한 관련이 있는 이론들의 통합을 생각해 볼 수 있으며, 경쟁적인 이론 역시 통합의 대상이 될 수 있다. 개념통합은 개념적으로 중복된 이론들을 대상으로 이론적 통합이 이루어지는 유형이다. 사회학습이론의 개념과 명제는 사회유대, 낙인, 갈등, 아노미, 억제이론과 중복되고 보완적인 관계에 있으므로 개념적 흡수에 의한 이론통합이 가능하다. 사회유대이론의 '신념(belief)'이란 개념은 사회학습이론의 범죄나 비행에 호의적이거나 비호의적인 보다 일반적인 개념인 '정의(justices)'에 흡수될 수 있다.[438] 쿨렌(Francis Cullen)과 콜빈(Mark Colvin)의 범죄와 관련된 사회적 지지와 강압 개념은 사회적 강압이 범죄를 야기하고, 사회적 지지가 범죄를 예방한다는 이론적 통합이 가능하다는 측면에서 개념적 통합에 해당한다.[439]

---

437) Akers and Sellers, *op.cit.*, 266-267.
438) *Ibid.*, pp.270-271.

한편, 명제통합은 둘 혹은 그 이상의 이론들이 전제로 하고 있는 가정이나 명제는 서로 다르지만, 범죄원인과 결과에 대한 예측은 동일한 경우에 시도되는 이론통합의 유형이다. 아노미 이론과 갈등이론, 또는 사회해체이론은 모두 사회계층이 낮을수록 범죄율이 높을 것이라고 예측한다는 가정을 하고 있으므로 명제통합에 의한 이론통합이 가능하다.

2. 발달적 범죄이론의 성격

어떤 사람이 청소년 시기부터 성인이 된 이후에도 계속 이른바 강력범이라고 지칭되는 살인, 강도, 강간, 폭력, 방화 그리고 마약중독 같은 범죄를 범한다면, 그 원인은 사람 그 자체의 특질 때문일까, 아니면 환경적 요인들의 영향 때문일까라는 의문이 제기될 수 있다.

세상에서 어릴 때부터 성인이 된 후에도 지속적으로 심각한 범죄행위를 하는 사람은 극소수에 지나지 않는다. 다른 사람들은 그렇지 않은데 그러한 극소수의 사람들만이 전 생애를 통해 범죄를 범한다면 개인적 특질(personal trait)이 원인이라고 볼 수 있다.

발달범죄 이론(developmental theories)은 통합이론(integrated theory)의 차원에서 이해되어야 한다. 즉, 범죄의 원인이 개인적 특질, 또는 사회적 환경 영향의 결과일 수 있다는 두 가지 관점을 통합하려는 시도이다. 특히 상습 범죄자의 성장역사와 범죄경력의 발달과정을 추적하여 범죄성의 원인을 밝히는데 관심을 두는 이론이다.

발달범죄 이론은 두 개의 이론 분야로 나누어진다. 하나는 잠재적 특질이론(latent trait theory)이고, 다른 하나는 생애경로 이론(life course theory)이다.[440] 잠재적 특질 이론은 범죄행동이 출생이나 직후에 나타나고, 평생을 통해서 변화하지 않는 주요한 특질에 의해 통제되기 때문에 인간은 변하지 않고 기회가 변할 뿐이라는 관점을 취한다. 한편, 생애경로 이론은 인간의 범죄성이란 개인적 특질뿐만 아니라 사회적 경험에 의해서도 영향 받는 역동적인 과정에 의해서 형성된다는 관점을 취하기 때문에 인간은 변하고 계속 성장한다는 입장을 고수한다.

---

439) Mark Colvin, Francis T. Cullen, snd Thomas Vander Ven, "Coercion, social support, and crime:An emerging theoretical consensus," Criminology 40, 2002, pp.19-42.
440) *Ibid.*, p. 283.

제2절 잠재적 특질 이론

1. 개 념

1990년에 로위(David Rowe, D. Wayne Osgood & W. Alan) 등에 의해 제안된 잠재적 특질이론(latent trait theory)은 생애 사이클에 따른 범죄흐름을 설명하는 것이 목적이다. 이 모델은 세상의 많은 사람들이 범죄행동의 성향이나 경향을 통제하는 개인적 속성이나 특질을 가지고 있다고 가정한다.[441] 이러한 성향이나 특질은 선천적이거나 생애 초기에 형성되고, 세월이 흘러도 아주 안정적으로 존재한다는 것이다.

잠재적 특질은 열등한 지능, 충동적 성격, 유전적 이상상태, 뇌의 생화학적 기능, 그리고 마약·화공약품·상처와 같은 뇌의 기능에 대한 환경적 영향 등과 관련이 있다. 여기에서 제시된 잠재적 특질 중의 어느 하나라도 소유하고 있는 사람들은 상습범죄자가 될 위험상태에 있으며, 잠재적 특질은 성이나 개인적 특성에 관계없이 모든 사람의 행동선택에 동일하게 영향을 미친다.

잠재적 특질은 인간의 성장과정 속에서도 변화하지 않고 안정적이기 때문에, 청소년기에 반사회적 행동을 한 사람은 지속적인 범죄행위자가 될 가능성이 높다. 일단의 경력범죄자들을 대상으로 과거와 미래의 범죄 사이의 연결관계에 대한 연구결과는 기본적으로 범죄 성향적인 특질이 존재한다는 사실을 지지한다. 즉, 낮은 지능이 유아기의 비행의 원인이었다면, 그 아이는 어른이 되었어도 지속적으로 범죄행동을 할 가능성이 높다. 왜냐하면, 지능은 어른이 되어도 변하지 않기 때문이다.

잠재적 특질이론은 성인이 되면서 개인의 범죄가 감소한다는 반론에 대해 개인의 범죄성향은 변하지 않지만, 범죄기회가 세월에 따라 변동이 심한 결과라고 설명한다. 일반적으로 인간은 성인이 되면 범죄기회에서 멀어짐으로써 결과적으로 범죄가 감소하는데, 그 이유는 사람이 성장하고 발전하는 과정에는 올바르게 살도록 하는 더 큰 유인이 제공되고, 결혼하고 자식을 낳고 가족을 먹여 살리기 위해 직장을 구하고 하는 등으로 친구를 만날 시간은 줄어들고 약물 같은 것에 접촉할 기회가 없어지기 때문이다.

그러나 10대들은 범죄를 범할 기회를 도처에서 만나기 때문에 지능의 고저에 관계없

---

441) David Rowe, D. Wayne Osgood, and W. Alan Nicewander, "A Latent Trait Approach to Unifying Criminal Careers," *Criminology 28,* 1990, pp. 237-270.

이 범죄를 많이 범하는 현상이 나타난다. 성인이 되면 자신에게 부과된 사회적 책임 때문에 범죄기회를 찾는 일이 거의 없어 지능이 낮은 사람도 범죄를 잘 범하지 않는다. 지능이 낮은 성인이 범죄를 범하지 않는 이유는 범죄기회가 있어도 범행에 성공할 힘이나 활력이 부족하기 때문이기도 하다. 따라서 잠재적 특질이론은 성인들의 범죄행위도 생물학적 특질의 영향을 받는다고 가정한다.

2. 범죄와 인성

잠재적 특질이론은 윌슨과 헌스타인(James Q. Wilson & Richard Herrnstein)이 1985년에 「범죄와 인성(Crime and Human Nature)」이라는 저서를 통해 유전적 특질, 지능, 그리고 체형 같은 개인적 특질이 범죄행동의 예측의 경우에 사회적 변수보다 더 중요하다고 주장하면서 부각되기 시작한다. 그래서 이러한 이론은 인성 이론(human nature theory)이라고도 한다.[442]

범죄행동을 포함한 모든 인간행동은 인지되는 그 행동결과에 의해 결정된다는 것이 인성 이론의 핵심이다. 즉, 인간은 범죄행위를 하기 전에 범죄행위로 얻는 순이익과 적법한 행위로 얻는 순이익을 비교하여 범죄로 얻는 순이익률이 더 클 경우에 범죄를 범하게 된다.[443]

윌슨과 헌스테인(Wilson & Herrnstein)의 모델은 생물학적 또는 심리학적 특질이 범죄와 비범죄행위의 선택에 영향을 미친다고 가정한다. 그들은 저 지능, 중배엽성 체형, 유전적 특질, 그리고 자극에 즉시 반응하는 자율신경체제 같은 생물사회적 요인이 범죄행동 선택에 미치는 영향여부를 연구하고, 또한 충동적이거나 외향성의 성격, 적대적 성격 같은 심리학적 특질도 범죄에 영향을 미치는 잠재적인 요인인지의 여부를 연구대상으로 삼는다. 이 연구는 범죄와 인간의 잠재적 특질 사이에는 분명히 범죄유발과 관계가 있는 정의하기 어려운 요인이 작용하고 있다는 점을 제기한다.[444] 이러한 주장은 다른 범죄학자들로 하여금 보이지 않는 이 특질 요인을 찾기 위한 연구를 고무한다.

---

442) *Ibid.*, p.284.

443) James Q. Wilson and Richard Herrnstein, *Crime and Human Nature* (New York: Simon and Schuster), 1985, p.44.

444) *Ibid.*, p. 171.

3. 범죄에 대한 일반이론

갓프레드슨과 허쉬 (Michael Gottfredson & Travis Hirschi)는 사회통제이론에서 밝힌 통제의 개념을 생물사회적 이론, 심리학적 이론, 일상활동 이론, 그리고 합리적 선택이론의 통제개념과 통합함으로써 사회통제 이론의 일부 원리에 대한 수정과 재 정의를 시도한다. 이 통제에 대한 개념적 통합연구가 바로 범죄에 대한 일반이론(General Theory of Crime: GTC)이다.[445]

(1) 행위와 범죄자

갓프레드슨과 허쉬(Gottfredson & Hirschi)는 범죄에 관한 일반이론(GTC)에서 범죄자와 범죄행위를 독립된 개념으로 파악한다. 범죄행위는 다음과 같은 이론에서 정의된 개념들을 통합하여 재정의 되고 있다. 강도나 절도같은 범죄행위는 행위자가 범행으로 얻는 이익이 손해보다 더 크다고 인지할 때 발생한다.[446] 이러한 개념은 고전적 범죄이론과 합리적 선택이론, 그리고 일상활동 이론 등에서 개발된 개념정의에 기초하고 있다.

한편, 범죄행위자는 범죄성향에 의해 범죄를 범하는 사람을 의미한다. 그러나 범죄자들은 범죄에 대한 제약 없이 범행을 하는 로봇이 아니라 일상생활을 하면서 돈 많은 이웃이 별다른 방어수단이 없고 범행실패의 위험도 없는 것으로 인지되는 범죄기회가 찾아오면, 범죄성향을 가진 사람은 그렇지 않은 사람보다 훨씬 범행을 할 높은 확률을 가지고 있는 존재이다. 범죄자의 범죄성은 안정적이지만, 범죄행위의 빈도는 범죄기회의 존재 여부에 달려 있다.[447]

GTC는 개인 간의 범죄성향에 안정적인 차이가 있다는 것을 인정함으로써 사회통제의 개념에 생물사회적 요인을 추가한다. 즉, 인간의 범죄성은 생물학적 특질과 심리학적 특질이 사회적 요인과 결합함으로써 형성된다.

---

445) Siegel, *op.cit.*, p. 284.

446) Michael Gottfredson and Travis Hirschi, *A General Theory of Crime*(Stanford, Calif: Stanford University Press, 1990), p. 27.

447) Siegel, *op.cit.*, p. 285.

(2) 인간의 범죄성향 결정요인

갓프레드슨과 허쉬(Gottfredson & Hirschi)는 범죄성향을 인간의 자기통제 능력에서 찾는다. 낮은 자기통제력은 충동성, 쾌락추구, 고통에 대한 둔감성, 무모성, 그리고 범죄성격과 성향을 의미한다. 자기통제력이 약한 사람들은 충동적이고 다른 사람의 감정이나 위험에 민감하지 못하고 또한 멀리 내다보지 못하고 언어능력도 떨어진다. 눈앞의 일에 신경을 집중하고, 장기적인 목표를 세우지 못하고 근면성, 강인성, 그리고 인내성도 약하다.[448] 그러한 사람은 무모하고 육체적이고 이기적이므로 비행을 하고도 수치심을 느끼지 못하고 오히려 즐거워한다. 음주, 흡연, 그리고 질주 같은 위험한 행동을 좋아하여 모든 행동이 범죄성과 연결된다는 것이 특징이다.

갓프레드슨과 허쉬(Gottfredson & Hirschi)는 낮은 자기 통제력의 근본적인 원인을 타고난 것으로 보지 않고 부모의 부적합한 양육에 의해 형성된다고 주장한다. 부모가 아이들의 행동을 감시할 수 없고, 비행을 했을 경우에도 그것을 인식할 수 없을 뿐만 아니라 비행에 대해서도 처벌할 능력이 없는 부모들은 아이들을 자기 통제력이 부족한 인간으로 만든다.[449] 아이들이 부모에게 애정이 없고, 부모의 감독도 별로 받지 않으면서 부모들이 범죄나 일탈행위의 경력자일 경우에 아이들의 자기 통제력은 더욱 빈약해진다. 어떤 의미에서 자기통제력 부족은 그 발달을 막을 어떤 조치가 취해지지 않으면 자연적으로 발생한다. 인간은 본래 외부의 통제를 싫어하고 자유를 선호하는 성향을 가진 존재이기 때문이다.

자기통제력 부족 현상은 아주 어릴 때 형성되고, 성인이 되었어도 안정적인 상태로 계속 존재한다. 낮은 자기통제력은 한번 형성되면, 지속되기 쉽고, 범죄나 일탈행동을 범할 경향과 계속 결합하기 쉽다.

(3) 자기통제와 범죄

갓프레드슨과 허쉬(Gottfredson & Hirschi)는 자기통제의 원리가 모든 다양한 범죄행동, 그리고 범죄에 대한 모든 사회적 · 행태적 상관성을 설명할 수 있다고 주장한다. 즉, 살인, 강도, 강간, 절도, 횡령, 그리고 마약거래 등 모든 유형의 범죄가 자기 통제력의 부족에서 비롯되는 것이라고 본다. 마찬가지로 범죄율에 있어서 성, 인종, 그리고 생태

---

448) Gottfredson and Hirschi, *A General Theory of Crime*, p. 90.
449) *Ibid.*, pp. 90-91.

적 차이도 자기 통제력 부족에 의해서 설명될 수 있다.[450] 즉, 남성 범죄율이 여성범죄율보다 높은 이유는 남성이 여성보다 충동적, 모험적, 순간적 성향이 강한 것과 같이 남성의 자기 통제력이 약하기 때문이다. 자기통제력 부족에 의한 범죄율은 어른이 되면 감소하는 경향이 있지만, 그래도 자기 통제력이 강한 사람보다는 범죄율이 높다. 그 이유는 어릴 때 형성된 범죄성향은 어른이 되어도 없어지는 것이 아니기 때문이다.

범죄에 대한 일반이론은 발표되자마자 많은 연구자들에 의해 그 타당성에 대한 경험적 연구가 이루어졌다. 바즈소니(Alexander Vazsonyi)와 그 동료들에 의하면, 자기통제와 일탈행위간의 관계를 미국, 스위스, 항가리. 네델란드 등 4개국에서 추출한 표본을 대상으로 분석한 결과, 자기통제력의 부족과 반사회적 행동 사이에 유의한 관계가 있다고 보고한다.[451] 또한 그 관계는 문화나 국가적 배경과는 무관하다.

(4) 일반이론에 대한 평가

갓프레드슨과 허쉬(Gottfredson & Hirschi)의 일반이론은 허쉬가 초기에 주장한 단일요인 통제모델이 설명하지 못하는 부분들에 대한 해답을 제시한다. 일반이론은 사회화와 범죄성의 개념을 통합함으로써, 자기통제력이 약한 사람이 반드시 범죄를 범하는 것이 아니고, 반대로 높은 자기통제력을 소유한 사람이 범죄를 범하는 데 대한 이유를 설명할 수 있는 근거를 제시한다.

그 이유는 간단하다. 충동적인 성격으로 인해 자기통제력이 빈약한 사람은 범죄를 범할 위험성이 있지만, 그들의 충동적인 욕구를 만족시켜 줄만한 범죄기회가 없다면 범죄를 범하지 않는다. 반대로 욕구충족을 위한 기회가 발견된다면, 비교적 자기통제력이 강한 사람도 범죄행동을 저지르게 된다. 범죄에 대한 유인이 크다면, 즉 기회가 좋다면 자기통제력은 범죄기회에 굴복하게 된다.[452]

범죄성향과 범죄기회를 통합함으로써 유사한 환경 속에 자란 아이들이 왜 어떤 아이는 범죄를 범하지 않고 다른 아이는 범죄를 범하는지를 설명하고, 기업의 경영진이 횡령이나 기업 사기행위를 하는지를 설명할 수 있다. 부유한 경영주도 불법적인 행동으로 얻는 이익이 매우 크다면, 자기통제력이 힘을 잃고 범죄를 범하게 된다.

---

450) *Ibid.*, p. 286.
451) *Ibid.*, p. 287.
452) *Ibid.*, p. 288.

(5) 일반이론에 대한 비판

1) 성격장애(personality disorder)

어떤 사람이 자신의 행동에 대한 자기 통제력(self-control)이 부족하다는 말은 충동적이고 급한 성격적 장애를 의미한다. 범죄자들이 일탈적인 성격의 소유자라는 주장은 새로운 것이 아니다. 심리학자들은 범죄적 성격의 증거를 찾으려고 노력해 왔지만, 결과는 환상에 불과한 것으로 입증되었다.[453] 성격만을 기초로 하여 범죄성과 비범죄성을 구분하는 결정적인 증거는 아직 발견되지 않았다.[454]

2) 생태적 · 개별적 차이(ecological · Individual differences)

범죄에 대한 일반이론은 개인적 · 생태적 범죄율 차이를 설명하지 못한다.[455] 서울의 범죄율이 부산보다 높다면, 서울 시민들이 부산 시민보다 더 충동적인 성격의 사람들이라는 말이 되는데, 지역적으로 충동성이나 자기통제력에 차이가 있다는 어떤 증거도 없다.

갓프레드슨과 허쉬는 범죄율 차이란 범죄기회를 반영하는 것이라고 반박할 수 있다. 그러나 법 집행기관이 효과적으로 작동하고 엄한 형벌체계와 시민보호정신이 투철한 지역에서는 범죄율이 낮다. 범죄기회는 개인의 자기통제력에 의해 통제되는 것이 아니라 법집행기관의 활동 및 문화와 경제에 의해 통제되는 것이다.

3) 인종과 성에 의한 차이(racial and gender differences)

일반이론은 인종과 성에 의한 범죄율 차이를 설명하지 못한다. 남성과 여성사이의 범죄율 차이가 클지라도, 남성이 여성보다 더 충동적인 성격을 가지고 있다는 어떤 증거도 없다.[456] 갓프레드슨과 허쉬는 범죄율의 인종 차이란 흑인사회에서 볼 수 있듯이 흑인의 충동성 때문이 아니라 아이들 양육관행의 실패 때문이라고 설명한다. 그리고 일반이론은 범죄율에 상당한 영향을 미치는 것으로 알려져 있는 제도적 인종주의, 빈곤 그리고 상대적 박탈에 관한 쟁점을 간과하고 있다.

---

453) Samuel Yochelson and Clifford Samenow, The criminal personality(New York: Jason Aronson), 1977, pp. 10-15.

454) *Ibid.*, p. 288.

455) *Ibid.*, p. 288.

456) Alan Feingold, "Gender Differences in Personality: A Meta Analysis," *Psychological Bulletin 116,* 1994, pp. 429-456.

4) 도덕적 신념(moral beliefs)

일반이론은 허쉬가 초기의 사회유대이론에서 중요한 변수로 고려한 옳고 그름에 대한 도덕관념 또는 신념을 역시 무시한다는 비판을 받는다. 일반이론은 도덕적 가치에 대한 학습과 동화는 범죄에 별로 영향을 미치지 못하고, 신념은 범죄행동에 별로 영향을 미치지 못한다는 점을 반영하고 있다.[457]

5) 인간의 변화

일반이론에 의하면, 범죄기회는 변하지만, 개인의 범죄성향이 변하지 않는다고 가정하지만, 정말 개인의 성격과 행동패턴이 일생동안 변하지 않는다는 것이 가능한가라는 비판에 직면한다.[458] 많은 조사에 의하면, 청소년들이 비행친구들과 빈번한 접촉을 가지게 되면, 비행 성향이 높아지고, 성실한 친구들과의 유대 강화는 성실한 행동 성향을 가지게 된다. 또한 낮은 자기통제력을 가진 사람들과 친구관계를 형성하는 사람은 범죄행동에 관여할 가능성이 높아진다.

이러한 조사 결과는 친구의 영향이 개인의 범죄성향에 영향을 미치지 못하고, 어른이 돼서 형성되는 친구관계는 범죄성향에 거의 영향을 미치지 못한다고 주장하는 일반이론과 모순되는 내용이다. 또 다른 연구에 의해 확보된 개인의 학교 입학과 졸업, 입사와 퇴사, 결혼과 이혼, 그리고 약물과의 접촉 등과 같은 생활 상황의 변화에 따라 범죄성향이 달라진다는 증거 역시 개인의 범죄성향의 변화 가능성을 지적하고 있다.

일반이론에 의하면, 낮은 자기통제능력은 일생을 통해 불변이며, 거의 배타적으로 어린 시절에 형성되지만. 그러나 많은 경험적 연구에 의하면, 자기통제력은 나이가 들어가면서 변화한다. 인간은 성인이 되면, 충동적 행동을 통제할 수 있는 능력이 향상되기 때문이다. 이러한 결과는 자기통제 수준과 그에 따른 범죄성향이 일정하고 인간관계와는 무관하다는 일반이론과는 상충적이다. 따라서 낮은 통제력과 범죄의 원인 관계는 성인에게는 맞지 않고 청소년들에게만 적용될 수 있는 이론이라는 비판을 받는다.[459]

---

457) Siegel, *op.cit.*, p. 288.

458) *Ibid.*, p. 288.

459) Joan McCord, "Family relationships, Juvinile delinquency, and Adult criminality," Criminology 29, 1991, pp. 397-417.

6) 자기통제력과 범죄의 중간정도의 상관성

자기통제력은 범죄와 기타 일탈행위의 원인요인이지만 그 관계는 유의수준이 아니라 보통수준에 지나지 않는다는 경험적 연구 결과가 있다.[460] 이 연구결과에 의하면, 다른 요인들 역시 범죄행동에 영향을 미치고, 낮은 자기 통제력만이 범죄행동의 원인이라고 말할 수는 없다는 것이다. 아마 반사회적 행동은 자기통제력의 발전에 뒤따라서 나타나는 어떤 조건이나 개인의 충동성과는 독립적인 어떤 조건이 원인일 수 있다. 그러한 대안적인 특질은 아마 아직 알려지지 않은 실질적인 안정된 잠재적인 특질일 것이다.

7) 문화간 차이

낮은 자기통제력 이론은 문화적 차이를 설명하지 못한다. 경험적 조사에 의하면, 어떤 국가의 범죄자들은 자기통제력이 낮지 않다는 사실을 발견했다. 예컨대, 마레닌과 레직(Otwin Marenin & Michal Resig)에 의하면, 나이지리아의 경우에 비범죄자들과 범죄자들의 자기통제력 수준이 같거나 오히려 범죄자들의 자기통제력 수준이 더 높다.[461] 또한 어떤 행동은 한 국가에서는 반사회적 행동이지만, 다른 나라에서는 사회적으로 용인될 수 있는 행동이 되는 경우에 통제력 수준만으로는 이러한 행위를 설명할 수는 없다. 다시 말해, 나이지리아에서 범죄로 인정되는 행동이 한국에서는 사회적으로 용인될 수 있고, 한국에서 범죄가 되는 행동은 이라크에서 범죄가 아닐 수 있다.

8) 인간성에 대한 오류

쿨렌(Francis Cullen) 등에 의하면, 낮은 자기통제력 이론은 인간성을 오도하고 있다.[462] 일반이론에 의하면, 인간은 본질적으로 이기주의적이고 자기고양적이며, 쾌락주의적이기 때문에 다른 사람들을 희생시키는 대가로 자신의 욕구를 충족시키지 못하도록 통제되어야 한다. 인간에 대한 이러한 가정은 오류이다. 인간은 본래 관대하고 친절

---

460) Carter Hay, "Parenting, Self-control, and Delinquency: A test of Self-control theory," *Criminology 39,* 2001, pp. 707-736.

461) Otwin Marenin and Michael Resig, "A General theory of Crime and Patterns of Crime in Nigeria: An Exploration of Methodological Assumptions," *Journal of Criminal Justice 23,* 1995, pp. 501-518.

462) Francis Cullen, John Paul Wright, and Mitchell Chamlin, "Social Support and Social Reform: A Progressive Crime Control Agenda," *Crime and Delinquency 45,* 1999, pp. 188-207.

하다는 것이 더 그럴듯한 가정일 수 있다.

이와 같은 문제제기에도 불구하고, 범죄에 대한 일반이론은 범죄학 이론에 지대한 영향을 미친 것이 사실이다. 그것은 모든 형태의 범죄와 일탈행위를 설명하려고 한다. 강력범은 물론이고 하류계층의 비행청년들로부터 중류계층의 성적 학대에 이르기까지의 행동을 설명하려 한다. 일반이론은 범죄선택, 범죄기회, 사회화, 그리고 성격의 개념들을 통합함으로써 모든 일탈행위는 동일한 원인에 의해 발생하는 것이라고 주장한다. 그러나 일반이론은 좀 더 많은 경험적 검증을 거쳐야 한다.

4. 차별적 강압이론

(1) 개념적 정의

콜빈(Mark Colvin)은 낮은 자기 통제력이 충동적인 성격의 함수라고 주장하는 갓프레드슨과 허쉬(Gottfredson & Hirschi)의 견해와는 달리 「범죄와 강압(Crime and Coercion)」이라는 저서에서 개인이 강압(coercion)이라고 하는 거대한 사회적 힘을 경험함으로써 낮은 자기통제력 상태에 있다고 주장한다.[463] 다시 말해, 개인의 낮은 통제력은 충동적 성격이 원인이 아니라 개인으로서도 어쩔 수 없는 강력한 힘의 작용이 원인이라는 것이다.

강압은 범죄학에서 통합개념이 될 수 있다. 강압은 사회적 유대를 약화시키는 강압적 가족훈육(가족모형), 긴장의 원인(일반 긴장이론), 경제적 불평등(아노미 이론), 억압(통제균형 이론)이 포함되는 통합개념이다.

현실적으로 강압은 두 가지 유형으로 존재한다. 그것은 대인적 강압과 비인간적 강압(impersonal coercion)이다.[464] 전자는 사람에 대한 직접적인 힘의 사용이나 위협, 부모, 친구, 그리고 주요한 다른 사람들로부터 협박에 의한 강압을 의미하고, 비인간적 강압은 개인이 통제할 수 없는 경제적, 사회적 압력들에 의한 강압을 의미한다. 비인간적 강압은 실업, 빈곤, 기업이나 다른 집단과의 경쟁 등으로 초래되는 경제적, 사회적 압력 등이 원인이다. 강압은 이 두 가지 유형을 모두 포함하는 개념이다.

---

463) Mark Colvin, Crime and Coercion: An Integrated theory of Chronic criminality(New York: Palgrave Press), 2000, pp.20-25.
464) *Ibid.*, pp.27-30.

콜빈에 의하면, 인간의 자기통제력 유지 능력은 생활 속에서 경험하는 강압의 량과 유형, 그리고 일관성에 의해 결정된다. 친사회적 행동은 복종해야 하는 강압의 량이 적을 때 나타나며, 강압의 량이 적으면 분노의 량도 적어지고 높은 자존감과 도덕성 강화, 그리고 사회적 유대를 강화할 수 있다. 반대로 개인이 계속 높은 강압적 투입을 경험한다면, 자기통제력은 약해지고 따라서 친사회적 행동을 할 확률은 낮아지며, 우울증과 같은 정신장애 문제에 시달리게 된다. 인간이 아주 변칙적이고 비일관적인 강압을 경험하게 되면, 강력한 분노와 소외감에 빠지고 자존심의 상처로 치욕감을 느끼며 궁극적으로 자기통제력의 약화를 초래한다. 이러한 사회적 강압에 의한 자기 통제력 약화는 심각하고 만성적인 약탈범죄 성향을 초래한다.

(2) 강압과 범죄경력

강압이 개인의 자기통제능력을 약화시켜 범죄행동을 유발한다면, 그것은 장기적으로 작용하는 요인인지 여부를 분석해 볼 필요가 있다. 범죄행동에 대한 영향이 일회성이라면, 범죄경력자의 범죄성과는 관련이 적을 것이다. 그러나 강압의 느낌이 개인의 범죄행동의 유발요인이라고 한다면, 그것은 개인의 범죄경력 유발요인이 될 수 있다는 전제가 깔려 있는 것이다. 그러면 강압의 느낌은 상습적 범죄경력 발전에 어떻게 영향을 미칠 수 있는가?

콜빈에 의하면, 상습적인 범죄자들은 부모들의 산만한 통제와 그러한 통제도 비일관적인 방법으로 이루어지는 환경 속에서 성장한 결과이다. 또한 콜빈은 실증적인 연구를 통하여 범죄와 관련된 강압의 특성을 다음과 같이 제시한다. 즉, 강압의 특성은 세대 간에 존재하고, 강압적인 배경 속에 성장한 부모들은 그들의 가족에게 역시 강압적인 통제를 하는 경향이 있다.

이러한 강압적인 환경 속에서 성장하는 청소년들은 가족, 학교당국, 동료, 고용주, 그리고 형사사법기관에 의해 한층 더 강압적인 반응을 유발하기 쉽고 새로운 강압이 추가되면 개인의 마음속에는 사회적·심리적 압박감이 증가함으로써 콜빈에 의해 붙여진 강압적인 관념화(coercive ideation)라는 마음의 집합이 형성된다.[465] 즉, 세상은 자신에게 가하는 강압과 동일한, 또는 더 큰 강압적 반응에 의해서만 극복될 수 있는 강압

---

465) *Ibid.*, pp.220-230.

적 요인으로 가득한 것처럼 생각된다.

콜빈에 의하면, 강압적인 환경 속에서 성장한 사람들은 자기통제력이 약해져 더욱 강압적인 환경 속에 노출되고, 결국 폭력이나 약탈범죄 등으로 반응하게 된다. 그들의 강압적 반응에 대해 형사사법기관은 역시 강압적으로 대응한다. 그들은 강압 속에 자라고 강압을 유발하고, 강압에 폭력적으로 반응하는 강압적 악순환에 빠지게 된다. 이러한 악순환을 파괴하는 것이 치료와 교화의 핵심이다.

5. 통제균형 이론

(1) 개 념

티틀(Charles Tittle)이 개발한 통제 균형이론은 또 하나의 뛰어난 잠재적 특질이론이다.[466] 통제균형이론은 범죄성향의 요인으로서 개인적 통제요인을 확대한 이론이다. 티틀은 통제의 개념을 두 개의 요소로 구분한다. 하나는 타인에 의해 통제받는 량이고, 또 다른 하나는 타인을 통제하는 량이다. 다시 말해, 통제는 통제 량과 피통제 량으로 구분된다. 이 두 개의 통제량이 균형을 이루면 개인은 순응적이 되고, 불균형을 이루면 일탈적이고 범죄적인 행동을 하게 된다.[467]

통제의 균형은 4개의 주요 변수, 즉, 성향(범행동기), 도발(상황정 자극), 범죄기회, 억제 등의 관계에 의해서 결정된다. 이러한 변수들은 사회학습이론, 아노미이론, 범죄 억제/합리적 선택이론, 그리고 사회유대이론의 개념들을 통합한다.

(2) 통제균형과 범죄

티틀은 통제를 계속적인 변수로서 생각한다. 자신에 대한 타인의 통제량과 타인에 대한 자신의 통제량은 고정되어 있는 것이 아니라 사회적 환경이나 사회적 위치의 변화에 따라 계속 변화한다. 그 변화는 통제의 결핍(control deficit)으로부터 통제과잉(control surplus)의 형태로 나타날 정도로 광범위하다.[468]

---

466) Siegel, *op.cit.*, p.290.

467) Charles Tttle, Control balance: Toward a General theory of Deviance(Boulder, Colo: Westview Press), 1995, pp.145-150.

468) *Ibid.*, p. 291.

여기에서 통제결핍은 개인의 욕망과 충동이 외부의 처벌이나 규제능력에 의해 제한될 때 일어나는 현상을 말하고, 통제과잉은 개인의 외부 통제능력이 개인의 행동을 수정하거나 통제하는 능력을 초과할 때 일어나는 현상을 말한다. 통제와 관련하여 중요한 것은 범죄는 통제 결핍이나 통제과잉 점에서 모두 증가한다는 사실이다. 다시 말해, 통제 결핍과 과잉은 하나의 연속선상에 존재하는 통제에 관련된 현상으로서 중앙의 균형점으로 이동하면 범죄가 감소하고 결핍과 과잉의 양극단으로 갈수록 범죄는 증가한다. 통제결핍 경험자는 약탈적·반항적이거나 복종적 비행을 저지르는 경향이 강하고, 통제과잉을 경험하는 자는 착취적이거나 퇴폐적인 범행을 저지르기 쉽다. 범행은 일시적이더라도 범죄자의 통제비율을 바꾸기 위해서 일어난다.[469]

따라서 통제의 결핍이라고 인지하는 사람은 균형을 회복하기 위하여 세 가지 형태의 행동을 하게 된다. 그 세 가지는 약탈(predation), 무시(defiance), 그리고 굴종(submission)이다. 약탈은 절도, 성폭력, 또는 다양한 형태의 폭력처럼 직접 폭력을 행사한다. 무시는 통제 매커니즘에 도전하지만, 육체적인 상해는 입히지 않는다. 대신에 반다리즘(공공시설물 파괴), 외출금지 위반, 또는 변태적인 섹스 등과 같은 행동으로 균형을 시도한다. 굴종은 다른 사람의 요구에 수동적으로 복종하는 것을 의미한다. 즉, 아무런 반응 없이 상대방의 육체적, 성적 요구에 복종하는 것과 같은 것이다.

통제균형 이론은 통제과잉이 범죄를 증가시킨다고 주장하는 측면에서 낮은 자기통제(self-control)가 범죄를 유발한다는 허쉬(Hirschi) 등의 주장과는 충돌한다. 통제과잉은 세 가지의 행동으로 나타난다.

① 이기적 이용(exploitation)으로서 살인 청부업자와 계약을 하거나 마약 거래자를 이용하는 것과 같이 다른 사람들을 범죄에 이용하는 행동을 선택한다.

② 특정인과는 관계없이 폭력을 사용하는 내용의 약탈(plunder)이다. 즉, 불특정 증오범죄나 환경오염 같은 것이다.

③ 아동학대 같이 일시적으로 비합리적인 행동에 빠지는 타락(decadence) 행동을 선택한다.

통제균형이론은 범죄와 일탈행위를 범할 잠재적인 요인에 관련된 이론이다. 즉, 통제력 결핍 또는 과잉상태에 있는 사람들은 상황적인 요인에 의해 동기부여가 되면 반사회적 행동으로 반응하게 될 가능성이 높아진다. 그러나 통제 불균형에 의해 아무리 동

---

469) *Ibid*, pp.190-194.

기부여된 범죄자일지라도, 외부통제요인에 대한 인지정도에 따라서 범죄행동을 포기하는 행동제약을 받을 수 있다. 즉, 동기부여된 범죄자는 경찰에 의해 체포될 위험성과 엄격한 처벌을 받을 가능성이 높다고 인지할 경우에는 범죄를 포기할 수 있다. 티틀은 여기에서 범행에 범죄기회가 중요한 요인이라는 점을 인정한다. 아무리 동기부여 되지 않아도, 제약이 크지 않더라도, 실제 범죄발생은 기회에 의존한다는 사실을 인정한다.

제3절 생애과정 이론

1. 생애과정 관점

(1) 개 념

생애과정이론은 범죄성의 원인을 부적응적 성격(maladaptive personality), 교육실패(educational failure), 그리고 가족관계(family relations) 등으로 보는 다차원적 이론이다. 이러한 관점에 따르면, 범죄성은 단일의 원인에 귀인(attribution)될 수 없고, 단일의 기본적인 경향을 표상하는 것이 아니다.[470] 사람들은 성장함에 따라서 다른 요인들에 의해서 영향을 받는다. 결과적으로 하나의 단계에서 중요한 영향을 미쳤던 요인은 다음 단계에서는 거의 영향을 미치지 못한다.

생애과정 이론은 생물학적, 발달론적, 사회유대, 사회학습, 그리고 기타 기존의 통제이론의 개념을 통합하려는 시도이다. 이 이론의 특징은 인생의 단계마다 범죄에 대한 다른 설명이 존재한다는 점이다. 또한 아주 어린 시절에 형성된 법 위반 성향은 평생 동안 지속된다는 갓프레드슨과 허쉬(Gottfredson & Hirshi)의 범죄에 관한 일반이론을 거부한다.[471]

---

470) Joan McCord, "Family Relationships, Juvenile Delinquency and Adult Criminality," *Criminology* *29*, 1991, pp.397-417.
471) 민수홍 등 공역, 앞의 책, pp.422-433.

(2) 생애과정과 범죄성향

인간은 생애과정(life course) 속에서 많은 전환을 경험한다. 그러한 전환은 인간의 성장과정과 발전을 의미하는 것이다. 대체로 그러한 발전과 전환은 학교 입학과 졸업, 진학, 취업, 결혼, 그리고 자식을 낳아 가정을 이끌어 가는 시기와 거의 일치한다. 그러나 어떤 사람들은 인생의 전환점이 되는 시기에 제도적 규칙과 문화에 적응하여 성공적으로 성장하고 발전하는 반면 어떤 사람들은 실패한다. 학교 교육을 받을 시기에 비행 청소년들과 어울린다든지 취업할 시기에 직장을 구하지 못하여 희망을 잃어버린 사람들은 모두 전환점에서 제대로 적응하지 못한 사람들이다. 더욱이 실업자들은 결혼할 시기도 놓치고 제대로 된 가정을 이루지 못하는 고통을 겪게 된다. 피퀘로(Piquero) 등은 결혼과 취업이 18세와 25세 사이의 가석방된 사람들의 재범률을 감소시킨다는 사실을 확인했다.[472] 워(Warr)에 의하면, 결혼이 친구들과 만남의 감소, 비행친구들과의 접촉감소 등을 가져와 범죄나 비행에서 멀어지게 한다.[473]

인생의 주요한 전환점에서 중단이나 혼란을 경험한 사람들은 파괴적인 성격이나 범죄성을 촉진시킬 수 있다. 사회경제적 문제나 가족문제로 이미 위험한 상태에 있는 사람들은 이러한 위험한 전환상태에 빠지기 쉽다. 어린 시기부터 인생의 전환점에서 겪는 실패가 누적된다면, 범죄성은 어릴 때부터 성인에 이르기까지 지속된다. 하나의 인생단계로부터 다른 단계로의 전환은 순탄한 과정이 아니기 때문에 범죄성향은 안정적이거나 일정한 것이 아니다. 그것은 발전적 과정이다. 다시 말해, 어떤 사람은 범죄성향에서 멀어질 수도 있고, 다른 사람들은 범죄성향으로 강화될 수도 있다는 것이다.

생애과정 속에 긍정적인 생활경험을 한 사람은 잠시 동안 범죄에서 손을 떼게 되고, 부정적인 경험을 한 사람들은 다시 범죄행위에 손을 대게 된다. 범죄경력은 자기 주위에 있는 사람들의 행동에 의해서 영향을 받고, 다음에 다른 사람의 행동에 영향을 미치기 때문에 발전된다. 예컨대, 어떤 청소년이 반사회적 행동을 한다면, 친사회적인 친구들 대부분이 그에게서 등을 돌리게 되고, 친구들의 그러한 거부반응은 그의 반사회적 행동을 확고하게 하고 강화하는 결과를 초래한다.[474]

---

472) Alex R. Piquero, Robert Brame, Paul Mazeerolle, and Rudy Haapanen, "Crime in emerging adulthood," Criminology 40, pp.137-170.

473) Mark Warr, "Life course transitions and desistance from crime," Criminology 36, pp.183-216.

474) Bradley Eterner Wright, Avashalom Caspi, Terri Moffit, and Phil Silva, "The effects of social

또한 생애과정이론은 사람들이 성장함에 따라서 그들의 행동에 영향을 미치는 요인들도 변화한다는 것을 인정한다.[475] 어릴 때에는 가족관계가 가장 큰 영향을 미치는 요인이지만, 청소년기에는 학교와 또래관계가 지배적인 영향요인이며, 성인에게는 취업과 결혼관계가 가장 큰 영향요인이다. 청소년기에 줄곧 반사회적 행동으로 문제아였던 사람도 성인이 되면서 좋은 직장을 구하고 결혼도 잘하면, 범죄행위를 그만둔다. 운이 없게도 비행친구들과 접촉하고 체포경험이 있는 청소년들은 좋은 직장도 구하지 못하고 범죄를 범할 위험에 직면한다.

생애과정 이론가들은 다양한 사회적, 개인적, 그리고 경제적 요인들이 범죄성에 영향을 미친다고 주장한다. 이러한 요인들은 시간이 흐름에 따라서 변화하고 범죄성도 역시 변화한다. 사람이 생애의 성장 전환점마다 사회적 상호작용의 성질은 변화하기 때문에, 행동은 바뀌게 된다. 청소년기에는 그 나름대로, 또한 대학을 졸업하고 직장을 구하는 단계에서의 성인은 그 나름대로 만나는 사람들의 지위나 수준이 다르고 적용되는 행동규칙과 추구하는 목적도 다르다. 그러므로 행동패턴이 수정되지 않을 수 없다.[476]

2. 관련 이론과 특징

(1) 글룩부부의 생애과정 이론

글룩(Eleanor Glueck & Sheldon Glueck) 부부는 1930년대 하바드 대학교에 근무하면서 비행경력자의 생활주기에 관한 연구를 했기 때문에 최근의 생애과정 이론가는 아니다. 그 당시에는 사회학과 사회심리학적 요인이 범죄학에서 주로 다루어졌기 때문에 생물학, 심리학, 그리고 사회학적 요인을 통합하려는 글룩 부부의 시도는 별로 관심을 받지 못하고 무시되었으며, 오히려 비판만 받았다. 그러나 21세기인 오늘날 재평가를 받는 이유는 그들의 범죄요인 통합 개념이 최근에 부각되고 있는 생애과정 이론의 선구자적 위치에 있기 때문이다.

---

ties on crime vary by criminal propensity: A life-course model of interdependence," *Criminology 39*, 2001, pp.321-352.

475) G. R. Patterson, Barbara DeBaryshe, and Elizabeth Ramsey, "A Developmental Perspective on Antisocial Behavior," *American Psychologist 44*, 1989, pp.329-335.

476) Siegel, *op.cit.*, p.292.

글룩 부부의 연구는 범죄성의 지속요인을 경험적으로 측정하기 위해 비행경력자들을 대상으로 이루어진 일련의 종단연구이다.[477] 그들은 인터뷰를 통해서 비행청소년들과 일반청소년들을 대상으로 하여 비교 분석함으로써 어릴 때의 비행징후를 범죄경력의 징후라는데 초점을 맞추고, 유아기의 부적응의 뿌리가 깊을수록 성인기의 적응 기회는 적어진다는 가정아래 연구를 진행했다. 또한 범죄경력의 안정성에 주목함으로써 생애 초기에 반사회적인 성향을 나타내는 소년은 성인이 되어도 그 범죄성은 계속될 가능성이 크다는 가정을 했다.

글룩 부부는 실증적 연구를 통하여 많은 인간적 요인과 사회적 요인들이 지속적인 범죄성과 관련이 있다는 사실을 확인했는데 그 중에서 가장 중요한 요인은 가족관계이다.[478] 이 요인은 부모의 훈육이 엄격했느냐, 가족사이의 정서적 유대가 어느 정도 긴밀했느냐를 나타내는 질적인 개념이다. 또한 경제적 수단과 교육성취도가 낮은 대규모의 결손 부모 밑에서 성장한 청소년들은 가장 쉽게 비행에 빠진다는 사실을 발견함으로써 가난하고 가족이 많은 결손가정의 학교성적이 불량한 청소년들의 비행은 사회적·경제적 요인의 상호작용 결과라는 측면을 강조한다.[479]

글룩 부부는 청소년 비행에 관한 연구를 하면서 사회적 변수의 영향에만 한정하지 않고, 체형, 지능, 그리고 성격 같은 심리적·생물학적 특질요인들을 포함시킨다. 그 결과 정신적 질병의 소인을 가지고 있는 아이들과 체격이 큰 아이들은 지속적인 비행을 범한다는 사실을 근거로 육체적·정신적 요인들이 역시 행동결정에 영향을 미친다는 점을 강조한다.

글룩 부부의 연구 유산은 1990년대에 범죄학자 샘슨과 롭(Robert Sampson & John Laub)에 의해 재평가된다.[480] 글룩 부부의 세심한 경험적인 연구는 비록 그 동안 범죄학 공동체로부터 무시되어 왔지만, 실제적으로 경력범죄성에 대한 연구를 위한 이상적인 패러다임으로 평가받는다.[481]

---

477) Siegel, *op.cit.*, p.292.

478) Siegel., *op.cit.*, p.292.

479) Sheldon Glueck and Eleanor Glueck, Unravelling juvinile delinquency(Cambridge: Harvard University Press), 1950, pp.127-128.

480) *Ibid.*, p.292.

481) John Laub and Robert Sampson, "Unraveling Families and Delinquency: A Reanalysis of the Gluecks' Data," *Criminology 26,* 1988, pp.355-380.

(2) 문제행동 증후군(problem behavior syndrome)

범죄를 사회문제의 결과로 보느냐 사회문제의 원인으로 보느냐하는 견해차이가 있을 수 있다. 지금까지 대부분의 범죄이론들은 범죄를 사회문제의 결과로 다루었다. 즉, 사회학습이론은 비행청소년의 가정문제와 비행친구들을 범죄의 선행조건으로 보았고, 구조적 이론은 일탈 문화적 가치 습득이 범죄를 유발한다고 보았다. 이와는 대조적으로 범죄에 관한 발달이론은 범죄란 위험한 시기의 청소년들이 직면하는 많은 사회문제들 중의 하나로서 이해한다.

발달이론 학자들은 개인의 범죄란 문제행동 증후군(PBS)의 부분이라는 것이다.[482] 즉, 반사회적 행동은 가정의 기능장애, 성적·육체적 학대, 약물남용, 흡연, 조숙한 성, 소녀 임신, 학업성적 불량, 자살시도, 쾌락추구, 그리고 실업 등과 같은 사회적 문제들이 함께 결합한 또 하나의 사회적 문제에 해당된다. 이러한 조건들 중에 어느 하나로부터 고통을 받고 있는 사람은 나머지 문제들의 징후를 보일 수 있기 때문에 사회적으로 위험한 존재이다. 폭력, 절도, 그리고 마약사범을 포함하는 모든 다양한 범죄행동들은 일반화된 문제행동 증후군의 부분이다. 따라서 모든 반사회적 행동들은 문제행동증후군에서 촉발되는 유사한 발달유형을 가지고 있다는 것을 의미한다.

문제행동 증후군은 성격문제, 가족문제, 그리고 교육실패 등과 결합되어 발생하는 하나의 현상이다. 이 중에 어느 하나의 문제로 범죄징후가 나타나면 또 다른 범죄징후로 발달된다는 것이 문제행동증후군의 특징이다. 화이트(Helen Raskin White)는 400명의 청소년들을 표본으로 6년에 걸쳐 반복적으로 문제행동 증후군의 타당성에 관한 연구를 한 결과, 문제행동들이 함께 결합된다는 사실을 검증했다.[483] 말하자면, 즉 학교에서 비행을 한 어린이는 성장하면서 정신적인 문제에서부터 다양한 반사회적 행동을 보인다는 것이다.

문제행동증후군은 개인이 성장하면서도 동일한 문제징후를 반복할 정도로 변하지 않고 안정적으로 유지된다는 것이 특징이다. 화이트와 라부비(White & Erich Lavouvie)는 문제징후의 안정성을 검증한 바 있다.[484] 즉, 문제행동증후군은 복수의 문제행동 중

---

482) Siegel, *op.cit.*, p.293.

483) Helene Raskin White, "Early Problem Behavior and Later Drug Problems," *Journal of Research in Crime and Delinquency 29,* 1992, pp.412-429.

484) Helene Raskin White and Erich Labouvie, "Genarality and Specificity of Problem Behavior:

에서 어느 하나에 속할 수 있다는 사실, 즉 특정범죄자는 성범죄에만, 또는 사기범죄에만 전념하고, 마약범죄자는 마약거래나 마약사용 같은 반사회적 활동에만 관여하고, 그리고 일반범죄자는 일탈행위와 마약남용을 포함하는 모든 문제행동을 표출한다. 일반범죄자의 경우에 고도의 심리적 문제, 통제의 부족, 그리고 정서적 안정성의 약화 등과 같은 징후를 포함하는 문제행동증후군에 시달리는 것이 특징이다.

(3) 범죄 경로의 관점

1) 범죄경로(pathway to crime)의 개념

문제행동증후군과는 달리 어떤 생애과정 이론가들은 경력범죄자들의 범죄형태가 다양하다는 견해를 제시한다. 범죄경로는 외길이 아니라 다양한 길을 따라서 진행한다는 것이다. 즉, 어떤 범죄자는 폭력과 약탈 범죄를 전문화하고, 어떤 사람은 절도와 사기를 전문으로 하고, 다른 사람들은 다양한 유형의 범죄행동, 즉 범죄의 종류를 가리지 않는다는 것이다. 또한 어떤 사람들은 아주 어린 나이에 범죄에 눈을 뜨고, 다른 사람들은 대부분의 사람들이 범죄에서 손을 떼는 늙은 나이에 범죄에 손을 대는 늦깎이 범죄자도 있다.

피츠버그대학의 뢰버(Rolf Loeber)와 그의 동료들은 경험적인 종단연구를 통하여 세 가지의 서로 다른 범죄 경로를 제시한다.[485]

① 첫째 경로는 권위갈등 경로(authority conflict pathway)로서 아주 어린 나이의 고집불통 행동에서 시작한다. 고집불통은 자기 마음대로 행동하고, 그 결과 어른들의 권위를 무시하거나 회피한다.

② 둘째 경로는 은밀한 경로(covert pathway)로서 이 경로는 재산에 손해를 가하는 사소하고 비밀스런 행동에서 시작한다. 즉, 거짓말하기, 가게물건 훔치기, 골려주기, 방화, 재산손괴 등이 대표적인 행동이다. 이러한 행동은 절도, 날치기, 신용카드 훔치기, 차량절도, 그리고 마약거래 같은 더 큰 범죄행동으로 발전할 수 있는 경로가 된다.

③ 세 번째 경로는 명백한 경로(overt pathway)로서 처음에는 다른 사람들을 놀리고

Psychological and Functional Differences," *Journal of Drug Issues 24,* 1994, pp.55-74.
485) Siegel, *op.cit.*, p.295.

괴롭히는 수준에서 시작하여 비행폭력 수준으로 발전하고 점점 폭력범죄와 강도 같은 범죄행동으로 발전한다.

뢰버(Loeber)는 이러한 행동경로 각각이 일탈경력을 유지하게 만든다고 주장한다. 물론 어떤 경력범죄자의 경우에는 두 가지 행동경로 또는 심지어 세 가지 행동경로를 동시에 시작하는 사람들도 있다. 즉, 동일한 나이에서 고집스럽고, 선생과 부모에게 거짓말하고, 다른 사람들을 골려주고, 가벼운 절도를 하는 것과 같은 경우이다. 또한 범죄경력자들은 특정 범죄만 지속적으로 범하는 전문가형이 있는가 하면, 다양한 범죄를 범하는 일반가형 범죄자로 구분된다. 이처럼 다양한 범죄경력 집단이 존재한다는 사실은 그들의 범죄경로 자체가 서로 다르다는 것을 입증하는 것이다.

2) 범죄 개시의 나이와 범죄성의 관계

❶ 아동범죄와 범죄성의 지속성

대부분의 생애과정이론은 범죄성이 아주 어린 시기에 형성되고, 어린 나이에 일탈행위의 경험자는 후에 더 심각한 범죄성을 표출할 것이라는 점을 강조한다. 말하자면, 범죄행동을 시작하는 나이가 어릴수록, 범죄를 자주, 다양하게, 지속적으로 범하게 된다.[486]

뢰버와 패링턴(Rolf Loeber & David Farrington)의 경험적 연구에 의하면, 청소년범죄자들은 무단결석, 동물학대, 거짓말, 그리고 절도와 같은 행위를 아주 어린 소년기에 시작하는 전형적인 일탈행위의 오랜 역사를 가지고 있다.[487] 대부분의 청소년들은 심각한 일탈행위를 범하는 것은 아니지만, 1980년 이래 12살 이하의 아동들이 600명 이상의 사람을 살해하였고, 강간으로 체포된 모든 청소년 범죄자 중에 12~14%가 7~12세 사이의 아동이었다.

범죄 시작 나이는 또 하나의 중요한 생애과정 개념인 범죄의 계속성과 관계가 있다. 즉, 아주 어린 소년기에 일탈행위를 경험한 사람은 어른이 되어도 평생을 통하여 범죄행동을 계속할 가능성이 높다. 청소년 일탈경력자들은 어른이 되어도 생존을 위한 일자리를 구하기 위해 필요한 사회적 생존기술이 부족하고, 범죄의 구렁텅이에 빠지지 않도록 도와줄 대인관계를 발전시킬 기술도 부족하기 때문이다.

---

486) *Ibid.*, p.296.
487) *Ibid.*, p.296.

❷ 청소년기 한정성과 평생 지속성

생애경로 과정 이론은 범죄자의 범죄경로도 다르지만, 범죄를 범하는 시기, 즉 나이도 다르다고 가정한다. 어떤 사람들은 아주 어린 시기에 범죄행위를 하고, 다른 사람들은 십대에 들어서 범죄행동에 손을 댄다. 그리고 어떤 사람들은 청소년기에 범죄에서 손을 떼고, 또 다른 사람들은 성인이 되어도 지속한다.

심리학자 모피트(Terrie Moffit)에 의하면, 반사회적 행동의 광범성과 빈도가 청소년기에 정점을 이루고 그 이후에 감소한다.[488] 모피트는 이러한 경로를 청소년기 한정적 범죄자라고 부른다. 이 경로에 해당하는 청소년들은 대부분 십대로서 가벼운 일탈을 즐기고 반항하는 십대부류 들이다. 또한 그녀는 아주 어린 시기에 범죄를 시작하고 어른이 되어도 계속 범죄성을 나타내는 소규모 집단을 평생 범죄자(life course persisters)로 규정한다. 생애과정 지속자들은 그들의 가족 기능장애와 결합된 심각한 신경생리학적 문제로 인해 반사회적 행동을 지속한다. 이러한 신경생리학적 문제는 모계의 약물남용, 영양결핍, 납과 같은 유해물질 노출과 같은 것들의 결과일 수 있다.

또한 생애지속자들은 추론능력과 학습능력 그리고 학업성취를 방해하는 언어능력의 결핍상태에 있다. 14살 이전에 범죄행동을 시작하는 초년범죄자들은 부모의 훈육부족으로 발생하며, 처음에는 단순한 일탈행위에 집중하지만, 나중에는 비행집단에 가담하는 경로를 거친다.

생애지속자들은 두 개의 하위유형으로 나누어진다.[489] 하나는 유치원시기에 일탈을 시작하는 아동들로서, 전형적인 주의력결핍 다동성장애 현상(ADHD)이 나타나고, 유치원 시기의 특징적인 불복종 수준에서 벗어나지 못한다. 또 하나는 주의력결핍 다동성장애 현상으로서 어린 나이에 공격적이고 손버릇이 좋지 않고 일정하게 권위에 도전하는 현상을 보여준다.

청소년기의 한정적 비행자들은 십대 중반이 되면, 더 심한 비행자들의 행동을 흉내 내기 시작하고 단지 18세 주변의 나이가 되면 비행빈도는 감소한다. 이들은 마약남용 같은 비행 유형에 관심을 집중하는 경향이 있다.

---

488) Alex Piquero and Timothy Brezina, "Testing Moffit's Account of Adolescent-Limited Deliquency," *Criminology 39,* 2001, pp.353-370.

489) Rolf Loeber and Magda Stouthamer Loeber, "Development of Juvinile Aggression and Violence," *American Psychlogist 53,* 1998, pp.242-259.

제3편

범죄유형과 대책론

제7장 살인범죄

제1절 폭력범죄의 근원

1. 서 론

범죄학에서 폭력범죄는 타인에게 폭력을 사용하는 범죄, 즉 대인적인 폭력범죄를 의미한다. 따라서 살인, 강간, 강도, 폭행, 상해 등의 범죄는 모두 폭력범죄이다. 우리가 일반적으로 폭행을 폭력범죄로 알고 있는 것과는 다른 개념이다. 폭력범죄의 원인은 다양하다. 대체로 그 원인은 생물학적·심리학적 특질, 개인의 성장환경, 하위문화적 가치, 그리고 사회환경 등으로 구분된다.

살인범죄 중에서 다중살인과 연쇄살인은 범죄심리학에 의한 설명이 아주 효과적인 범죄행동이다. 오늘날 많은 범죄사건, 특히 살인을 비롯한 대부분의 대인범죄는 동기범죄에 해당되므로 범죄심리학적 접근이 중요해지고 있다.

2. 폭력범죄 행동의 원인

(1) 인간 내부적 특질

1) 개인적 특질

1995년 3월 13일 한 때 보이스카우트 회장이었던 해밀턴(Thomas Hamilton)이라는 학생이 네 자루의 고성능 라이플을 사용하여 스코틀랜드인들이 거주하는 던블래인(Dunblane)읍에 있는 초등학교의 교사와 16명의 학생들을 살해한 사건이 발생했다. 이 가공할 사건은 모든 총기를 엄격하게 규제하고 있는 영연방 제국에게는 엄청난 충격이었다.[1] 해밀턴의 이러한 엽기적인 살인 행위는 다양한 척도에 의해 분석된 결과, 폭력과 개인적 특질사이의 인과관계를 지지하는 증거가 발견되었다. 해밀턴이 폭력적인 성향을 가지고 태어났다는 것이다.

심리학자인 루이스(Dorothy Otnow Lewis)와 그 동료들은 다수살해범(multiple murderer)인 해밀턴이 간질 같은 신경증적인 장애 증후군, 저지능, 망상증 및 비논리적 사고. 환각증상 같은 정신병적 증후군에 시달리고 있다는 사실을 발견했다. 루이스는 1998년 「정신병 이유에 의한 유죄」(Guilty by Reason of Insanity)라는 책에서, 사형수들은 정신 장애와 지적인 기능장애의 전력을 가지고 있다고 주장했다.[2]

우울증, 충동성, 공격성, 부 정직, 병리적 거짓말, 경계역 인격(borderline personality), 정신 병리적 성격 등을 포함하는 이상성격은 다양한 형태의 폭력 행위를 유발한다. 따라서 많은 살인범들이 범행 후에 곧 바로 자살한다는 것은 놀라운 일이 아니다. 심지어 살인을 하는 사람은 사형될 것이라는 기대 하에 범행을 하는 기괴한 범죄자도 있다.[3] 이러한 증거는 폭력범죄자들이 다른 사람들 보다 더 정신병적 징후를 가지고 있다고 지적하지만, 어떤 단일 임상적 진단만으로는 폭력 행위자들의 특징을 밝혀낼 수는 없다.[4]

2) 인간의 공격적 본능

폭력적 반응과 정서는 사실상 아마 모든 인간에 내재한다. 프로이드는 인간의 공격성과 폭력성이 인간의 본능적 추동(drives)의 결과라고 확신했다. 인간은 삶의 본능인 에로스(Eros)와 죽음의 본능인 타나토스(Thanatos)라는 두 가지의 내조적인 추동을 소유하고 있다.[5] 에로스는 인간의 자아 성취와 쾌락을 지배하는 추동이기 때문에 삶의 본능이라 하고, 타나토스는 자기파괴도 포함하는 파괴적인 행동을 지배하기 때문에 죽음의 본능이라고 한다. 타나토스는 외부적으로는 폭력성과 가학성으로 표현될 수 있고,

---

1) Stryker McGuire, "The Dunblane Effect," *Newsweek, 28*, October 1996, p.46.
2) Dorothy Otnow Lewis, Ernest Moy, Lori Jackson, Robert Aaronson, Nicholas Restifo, Susan Serra, and Alexander Simos, "Biopsychosocial Characteristics of Children who Later Murder," *American Journal of Psychiatry 142,* 1985, pp.1161-1167.
3) Katherine Van Wormer and Chuk Odiha, "The Psychology of Suicide Murder and the Death Penalty." *Journal of Criminal Justice 27,* 1999, pp.361-370.
4) Albert Reiss and Jeffery Roth, Understanding and Preventing Violence(Washington, D.C.: National Academy Press, 1993), pp.112-113.
5) Siegel, *op.cit.*, p.322.

내부적으로는 자살이나 기타 자기 파괴적인 습성으로 표현될 수 있다. 프로이드는 공격성이란 본능적인 것이기 때문에 그 치료의 가망은 거의 없다고 보았다.

많은 생물학자와 인류학자들은 인간의 폭력성이 모든 인간에 내재하는 공통적인 본능이라고 주장한다. 또한 공격성과 폭력성이란 인간을 포함하는 모든 동물의 선천적인 본능의 함수라고 보는 견해도 있다. 로렌쯔(Konrad Lorenz)는 그의 저서 「공격성에 관하여(On Aggression)」에서, 공격적인 에너지는 환경적 요인과는 관계없이 타고난 본능의 산물이라고 주장한다.[6]

인간 역시 동물들과 동일한 어떤 공격적인 본능을 소유하고 있다는 것이 로렌쯔의 견해이다. 그러나 동종의 동물사이에 벌어지는 공격은 거의 치명적인 결과를 초래하지는 않는다. 같은 종족끼리 죽이지 않는 이러한 억제본능은 그들 종의 소멸을 예방한다. 그러나 인간은 동물세계에서 볼 수 있는 것과 같은 종을 죽이지 않는 억제 본능이 아주 약하다. 인간은 전쟁이나 범죄행위 등으로 같은 인간을 죽인다.

한편, 범죄학의 진화적 이론들은 남성들이 현저하게 폭력적 범죄를 범한다는 점을 강조한다. 이러한 남성의 공격성은 그들의 번식본능과 관련된 성적 공격 본능을 지배하는 유전자의 작용과 깊은 관계가 있다. 남성 사이에는 성적으로 경쟁자적인 위치에 있는 사람들을 물리치기에 충분할 정도의 공격성과 강건함을 보여주려고 하는 본능이 존재하고, 이러한 현상은 육체적 힘의 절정기인 젊은 시기에 광범하게 나타난다.[7]

(2) 사회환경적 요인

1) 불안정한 가족 관계

결손가정이나 일탈적인 부모, 비 일관적인 훈육, 그리고 감독의 결여는 모두 폭력행위에 연결되는 것으로 알려져 있다. 유아들 중에 어떤 아이들은 부모가 다루기 어려울 정도로 난폭한 기질을 보여주는 애들도 있다. 그렇지만, 이들은 초기에 어른들이 어떻게 대응하느냐에 따라 행동이 달라진다. 어떤 아이들은 다루기가 아주 쉽지만 어떤 애들은 아주 어려운 경우도 있는데, 어른들이 다루기 어려운 유아 기질은 후에 공격성과 결합된다는 경험적 증거도 있다.[8]

---

6) Konrad Lorenz, *On Aggression*(New York:Harcourt Brace Jovanovich, 1966), pp.52-60.
7) Martin Daly and Margo Wilson, "Evolutionary Psychology of Male Violence," in *Male Violence*, ed.J. Archer(London: Routledge, 1994), pp.253-288.

어릴 때에 잘못 다루어지고 무시되는 어린이들은 쉽게 범죄행동에 빠지고, 성장한 후에도 범죄행동을 계속한다는 증거가 있다. 또한 작은 체벌이라도 받은 경험이 있는 어린이들은 어느 날 폭력행위를 할 가능성이 높다는 증거도 있다. 스트라우스(Murray Straus)는 훈육의 효과에 대한 실태조사에서 체벌과 공격성 사이의 강력한 관계를 발견했다.[9]

2) 아동 학대

어릴 때 부모로부터 학대받은 것으로 임상적인 진단을 받은 아이들은 그렇지 않은 아이들보다 성장 후에 유의할 정도의 비율로 폭력을 포함하는 일탈행동을 한다는 경험적인 연구결과가 있다.[10]유죄판결을 받은 살인범들을 표본으로 조사한 결과, 그들 대부분이 어릴 때 심각하게 학대받았다는 것이다.

어릴 때 학대받은 어린이들이 후에 폭력적인 행동을 한다는 가설은 자식이 부모를 살해한 존속 살인 사건에 의해서 확인된다. 성적인 학대는 부모 살해의 일정한 요인이다. 루이스(Lewis)는 청소년 살인범들을 대상으로 조사한 결과 그들 모두가 어릴 때 심각한 수준의 학대를 오랫동안 받은 경험이 있다는 사실을 발견했다.[11] 또한, 뉴햄프셔 대학의 가족 연구 실험실에서 스트라우스(Straus)는 어린이 체벌의 아주 중요한 결과를 발견한다. 그는 표본조사와 통계기록을 토대로 연구한 결과, 어릴 때 부모로부터 체벌을 받은 아이들은 자라면서 형제자매에게 폭력을 행사하고, 성인이 된 후에는 배우자를 학대하거나 다른 형태의 폭력범죄를 범한다는 것이다.[12]

---

8) Rolf Loeber and Dale Hay, "Key Issues in the Development of Aggression and Violence from Childhood to Early Adulthood," *Annual Review of Psychology 48,* 1997, pp.371-410.

9) Murray Straus, "Discipline and Deviance: Physical Punishment of Children and Violence and Other Crime in Adulthood," *Social Problems 38,* 1991, pp.101-123.

10) Robert Scudder, William Blout, Kathleen Heide, and Ira Silverman, Important Links between Child Abuse, Neglect, and Delinquency, International Journal of Offender Therapy 37, 1993, pp.315-323.

11) Dorothy Lewis et al., Neuropsychiatric, Psychoeducational, and Family Characteristics of 14 Juviniles Condemned to Death in the United States, American Journal of Psychiatry 145, 1988, pp.584-588.

12) Murray Straus, Discipline and Deviance:Physical Punishment of Children and Violence and Other Crime in Adulthood, Social Problems 38, 1991, pp.133-154.

3) 잔인화 과정

아덴스(Lonnie Athens)는 폭력과 아동 학대 경험과의 관계에 대한 연구로 잘 알려진 학자이다. 그는 인간의 공격성을 기준으로 인간을 세 가지 집단으로 분류한다. 즉, ① 비폭력적인 집단, ② 다른 사람을 해칠 목적으로 육체적인 공격을 하는 경향을 가진 폭력적 집단, ③ 공격준비가 되어 있고 공격할 마음도 크지만, 폭력행동 전에 최후통첩을 보내거나 육체적인 몸짓을 중간수단으로 사용하는 폭력농후 집단 등으로 분류된다.

폭력적인 성향은 사춘기 동안 경험하는 잔인한 사건들로 시작하는 다음과 같은 일련의 단계를 거치면서 형성된다.

① 부모들이나 보호자들의 육체적 또는 성적 학대에 의해 시작되는 잔인화 과정 (brutalization)은 또래, 이웃, 그리고 학교 동료 등의 폭력적인 행동으로 학습하는 보다 광범위한 과정을 거쳐 형성된다. 대부분의 사람들은 어릴 때 잔인화 과정을 거치지만, 어떤 사람들은 성인이 된 후에 잔인화를 경험하기도 한다.

② 잔인화된 청소년들은 가정과 학교, 또는 길거리에서 호전적이고 분노에 찬 행동을 보이고, 다른 사람들에게 폭력적으로 대응한다. 그들의 폭력적인 행동의 성공은 성취감과 지배의식을 제공한다.

③ 악의의 단계에 해당하는 범죄성의 표출단계(emerging criminals)는 자신들을 두려워하도록 폭력적인 정체성을 개발하고, 다른 사람들을 괴롭히는 것을 즐기는 단계이다.

아덴스(Athens)는 잔인화만이 어떤 사람으로 하여금 위험한 폭력적인 범죄자가 되게 하는 충분한 조건은 아니라는 사실을 인정한다. 범죄자가 되기 위해서는 폭력자화 과정(violentization process)의 전체 순환, 즉 호전성, 폭력적 성취, 그리고 악의적 행동을 거쳐야 한다. 그러나 잔인화된 아이들이 모두 폭력범죄자로 되는 것은 아니다. 어떤 아이들은 후에 그들의 유년기 학대사실을 부정하고, 그 시기를 규범적인 것으로 재정의 하기도 한다.[13]

4) 폭력 환경 학습

사람은 잔인한 폭력현장을 목격하거나 폭력을 당하면 그 폭력을 학습할 수도 있고

---

13) Lonnie Athens, The creation of dangerous violent criminals, Urbana Ill: University of Illinois Press, 1992), pp.27-80.

폭력의 비인간성과 잔혹함으로 인해 폭력행위를 배격할 수도 있다. 인간은 선악을 구분할 수 있는 이성을 소유하고 있기 때문에 선악의 차원에서 본다면 당연히 폭력을 반대하는 선택을 해야 한다.

그러나 경험적인 연구들은 가정이나 학교, 또는 환경 속에서 일정하게 폭력에 노출된 사람들은 그들 스스로 폭력행동을 학습함으로써 폭력적인 방법을 사용한다는 증거를 제시한다. 허치슨과 허셀(David Hutchison & J. David Hirschel)의 노스캐롤라이나의 가정폭력 사례에 대한 연구에 의하면, 어린이들의 반 이상이 폭력을 목격했으며, 3분의 2에 해당하는 어린이들이 경찰이 도착했을 때 폭력 현장에 있었다.[14]

얼스(Felton Earls)가 정부 기금으로 시카고의 80개 지역에서 무작위로 표출한 8천명의 청소년들을 표본으로 폭력에 대한 종단적 연구를 한 결과, 인터뷰에 응한 9세에서 15세 사이의 청소년들 대다수가 폭력의 피해자이거나 목격자였으며, 그 중에 많은 경우는 무기를 사용한 폭력이었다. 이 연구에서 폭력에 노출되었다고 응답한 청소년들의 30~40%는 유의한 정도의 폭력행위를 한 것으로 밝혀졌으며 소녀들도 폭력의 성질은 다르지만 소년들과 같은 정도의 폭력에 노출되는 것으로 확인되었다. 소녀들은 주로 성폭력의 피해자로, 소년들은 폭행이나 상해, 때로는 무기나 흉기를 사용하는 폭력행위를 한 것으로 밝혀졌다.[15]

5) 약물 오·남용

사람은 헤로인이나 마약 등과 같은 약물남용으로 중독상태가 되면 폭력적인 행동을 할 가능성이 높다. 약물남용은 세 가지 형태로 폭력에 영향을 미친다.[16]

① 정신약리학적 관계는 인간의 기분을 전환시키는 약물 섭취 또는 투여의 직접적인 결과일 수 있다. 실험적 증거는 헤로인과 마약과 같은 약물의 과다 사용은 폭력적이고 공격적인 행동을 초래할 수 있다는 것을 보여준다. 또한 과다 음주는 인지적 능력을 감소시키고 합리적인 의사전달을 불가능하게 하기 때문에 모든 형태

---

14) Ira Hutchison and J. David Hirschel, "The Effects of Children's Presence on Woman Abuse," *Violence and Victims16,* 2001, pp.3-17.

15) Felton Earls, Linking community factors and Industrial Development(Washington, D.C.: National Institute of Justice, 1998), pp.150-200.

16) Paul Goldstein, Henry Brownstein, and Patrick Ryan, "Drug related Homicide in New York: 1984-1988," *Crime and Delinquency 39,* 1993, pp.106-124.

의 폭력과 관계가 있다는 사실이 오래 전부터 인정되어 왔다.

② 마약 섭취는 마약 사용자들로 하여금 그들의 마약습관을 지원하기 위해 폭력에 의존하는 경제적인 강박관념적 행동을 유발한다. 다시 말해, 마약 섭취를 계속하기 위해서는 돈도 필요하고 법적인 감시망을 피해야 하는 강박관념으로 인해 폭력을 사용한다.

③ 폭력은 마약조직들이 그들의 영역을 지배하고 경쟁자들을 몰아내기 위하여 근육을 사용할 때 나타나는 하나의 풍토병과 같다. 말하자면, 마약조직은 폭력을 사용하여 영역을 지키는 것을 당연시 한다. 이를 체계적 연결(systemic link)이라고 한다. 마약조직의 마약거래에 관한 연구는 그들의 폭력활동이 모든 도시 살인의 상당 부분을 차지한다고 주장한다.[17]

6) 무기 이용가능성

무기 이용가능성 그 자체가 폭력을 초래하지는 않지만, 그것은 확실히 폭력을 촉진하는 요인이다. 그러나 사람사이의 가벼운 논쟁에도 한 사람이 권총을 휴대하고 있다면 치명적인 결과를 초래할 수 있다. 미국은 엄청난 량의 총기가 유통되고 있고, 훔치거나 불법적인 거래를 통해 손에 넣은 총기들이 전체 총기 범죄의 80%를 차지하고 있으므로 세계에서 가장 폭력 범죄율이 높은 나라가 된 것은 우연한 일이 아니다.[18]

증거는 청소년 교정시설에 수감된 수형자들의 80% 이상이 구금 전에 총기를 소지했으며, 55%는 거의 항상 총기를 가지고 다녔다는 사실을 밝히고 있다. 미국의 총기문제는 청소년들이 총기를 학교에 가지고 들어온다는 사실이다. 그들은 총기휴대로 자신들이 피해자가 되기도 하고 총기를 가지고 다니는 다른 또래들과 어울림으로써 학교에 총을 가지고 다닐 가능성은 더 높아진다.

FBI통계(UCR)는 살인범 전체의 3분의 2와 강도범의 약 5분의 2가 총기를 사용한다고 지적했다. 임무수행 중에 사망한 경찰관의 3분의 2가 총기 공격에 의한 것이었다.[19]

---

17) Paul Goldstein, Patricia Bellucci, Bary Spunt, and Thomas Miller, "Volume of Cocaine use and Violence: A Comparison between Men and Women," *Journal of Drug Issues 21*, 1991, pp.345-367.

18) Riss and Roth, Understanding and Preventing Violence, p.19.

19) David Brent, Joshua Preper, Christopher Allman, Grace Moritz, Mary Wartella, and Janice Zelenak, "The Presence and Accesbility of Firearms in the Home and Adolescent Suicides," *Journal of the American Medical Association 266,* 1991, pp.2989-2995.

가정에 총기 보유는 주의 깊은 총기관리와 관계없이 청소년들의 자살의 위험을 유의할 정도로 증가시키고, 가족과 다른 친지들 사이의 폭행과 폭력으로 총기 없는 가정보다 12배 이상 사망사건을 초래할 가능성이 높다.

(3) 사회문화적 가치

볼프강과 패러커티(Marvin Wolfgang & Franco Frracuti)는 특정 지역의 폭력의 원인을 그 지역 특유의 하위문화에서 찾는다.[20] 이를 폭력적 하위문화(subculture of violence)라 한다. 하위문화의 규범은 사회의 중심적이고 지배적인 가치규범과는 독립된 것으로서 인간의 생활 스타일, 사회화 과정, 그리고 인간 상호관계에 영향을 미치고, 하위문화의 구성원들은 폭력을 사회적 갈등과 딜레마를 해결하기 위한 수단으로 사용한다.

미국은 갱이라는 용어를 아주 많이 사용한다. 그것은 주로 비행 청소년 집단을 의미하지만 때로는 마피아 같은 성인들의 폭력집단을 의미하기도 한다. 그들에게 공통적인 것은 폭력을 중요한 행동가치로 삼고 있다는 사실이다. 어떤 하위문화 집단은 폭력을 관습과 규범에 의해 정당화하고, 폭력조직과 비행 청소년 집단, 마약조직 등은 그들의 목적을 달성하기위해 폭력을 사용한다.

우리나라의 경우에 학원 폭력조직으로 사회의 이목을 집중시킨 바 중고등학교를 중심으로 한 일진회의 경우에 '선배 말에 무조건 복종한다.' '일진회를 위해서는 어떤 일이든 다 한다.' '싸움에서는 어떤 방법을 써서라도 무조건 이긴다.' '선배가 돈이 필요할 때 후배는 무조건 상납해야 한다' 등과 같은 그들의 강령은 전통적인 규범과 가치보다는 그들의 폭력적인 하위규범을 우선시 하고 있다는 것을 알 수 있다.

덱커(Scott Decker)가 실시한 세인트루이스 비행 청소년들과의 인터뷰에서 볼 수 있듯이, 폭력이 비행 청소년 집단 구성원이 되는 핵심적인 가치이다. 그는 비행집단의 폭력이 다양한 이유로 사용될 수 있다는 것을 발견했다.[21]

① 폭력 집단의 신입자는 가입 신고식을 통해 자신의 폭력성을 증명한다.

---

20) Marvin Wolfgang and Franco Ferracutti, The Subculture of Violence(London: Tavistock, 1967), p.25.

21) Scott Decker, "Gangs and Violence: The expensive character of Collective involvement" (University of Missouri-St. Louis, 1994), p.11.

② 폭력은 실제 또는 인지된 불만을 초래한 적대자에게 복수하기 위해 사용된다.

③ 폭력은 소유권을 보호하는 수단이다.

④ 폭력은 외부침입자로부터 자신의 영역을 보호한다.

볼프강(Wolfgang) 등이 말하는 특정 지역을 중심으로 하는 폭력적인 하위문화는 현대 사회에서 별로 의미가 없는 것 같다. 오늘날 폭력이 정당화되는 문화규범을 가진 지역은 존재하기 어렵다. 하지만 소득불평등과 인종차별이 심각한 사회문제화 되고 있는 미국 사회에서는 폭력적 하위문화가 조성되는 지역이 존재할 수 있다.

3. 일반폭력범죄의 심리적 요인

(1) 충동성

폭력행동은 충동적, 순간적인 격분, 그리고 격분한 개인의 예측불가능한 행동의 결과이다. 야만적으로 공격하고 때로는 사람을 살해하는 사람은 충동적으로 행동하고, 깊은 생각이나 계획된 전략 없이 피해자를 쓰러뜨린다. 대부분의 경우에 충동적 폭력은 목표를 달성하기 위한 단순한 생각으로 형성된 잘못되거나 부적합한 자기규제의 결과이다.

어떤 성격이나 성향을 가지 사람들은 다른 사람보다 어떤 상황에서 보다 폭력적으로 반응하기 쉽다. 한스 토크(Hans Toch)는 '폭력적 인간(Violent Men)'이라는 저서에서 대부분의 폭력사건이란 어떤 사람이 갈등적인 대인관계를 해결하는데 효과적이라고 생각되는 학습되고 체계적인 전략의 결과라고 주장한다.[22] 따라서 폭력은 단순히 충동에 따라서 행동하는 사람의 행동이 아니다. 그것은 특정 상황에서 폭력적으로 반응하는 습관적인 반응 유형을 가지 사람의 행동이다. 폭력적인 사람은 과거에도 일관되게 그렇게 행동하는 것이 하나의 역사이다. 그들은 폭력에 의해서 원하는 것을 달성하고 불쾌한 상황을 회피한다.

유사한 맥락에서, 베르코비츠(Berkowitz)는 폭력은 그것으로부터 쾌감을 얻고 불쾌감을 피하기 위한 것이 아니라 상황적 자극이 사전적으로 성향이 된 폭력을 야기하기 때문이라고 주장한다. 즉, 개인은 유사한 상황에서 과거에 폭력적으로 반응한 방식으로 조건반사행동을 하게 되는 것이다. 어떤 충동적인 상황에서 개인의 생각은 고도로 단

---

22) Bartol & Bartol., *op.cit.*, p.372.

순화되고, 익숙하게 학습된 방법으로 자극에 아무 생각 없이 반응하게 된다.[23) 질맨 (Zillmann) 역시 극한적인 정서적 흥분 상태하에서 인간은 과거에 행동하던 습관대로 아무 생각 없이 행동한다고 주장한다.[24)

(2) 과잉통제와 저통제된 범죄자

저통제된 성격의 소유자들은 공격적인 행동에 대한 절제를 거의 하지 못하고, 좌절이나 격정상태에서 흔히 폭력을 행사한다. 이와는 대조적으로 과잉통제된 성격의 소유자들은 격정적인 상황에서 자신의 행동을 절제하고 절제된 행동을 고수한다. 이러한 사람들은 폭력행사의 결과에 대한 법적인 처벌에 학습되어 있다. 아이젱크(Eysenck)의 분류에 의하면 저통제된 성격은 외향성에 해당하고, 과잉통제된 성격은 내향성에 해당된다.

그러나 메가기(Megargee)에 의하면, 좌절과 분노가 과잉통제된 성격의 소유자를 지배할 때 폭력이 발생하고, 저통제된 성격의 소유자보다 더 과격한 폭력행동을 하게 된다.[25) 그러므로 저통제-과잉통제 성격 분류는 분노와 공격이 절제되고 제한될수록 그만큼 잔인하고 예기치 않은 폭력이 발생한다. 수 많은 가족 다수살인이 과잉통제된 가정구성원에 의해 자행되는 것과 같은 사건이 바로 그러한 예에 해당된다.

블랙번(Blackburn)은 메가기의 가설에 대한 경험적 검증을 통하여, 폭력범죄자의 집단을 극한적인 폭력집단과 중간적인 집단으로 분류한다.[26) 극한적인 폭력집단은 살인범죄를 범한 집단으로서 내향성 성격의 소유자가 대부분을 차지한다. 중간적인 폭력집단은 중상해나 폭행을 한 집단으로서 외향성 성격 소유자의 폭력행동의 결과로 발생하고, 극한적인 폭력행동은 분노가 장기적이거나 반복적인 결과로 발생한다.

(3) 인지적 자기규제

사회학습이론과 인지적 이론가들은 개인의 자기규제 메커니즘이 폭력행동을 설명하

---

23) *Ibid.*, p.373.

24) *Ibid.*, p.373.

25) *Ibid.*, p.374.

26) R. Blackburn, Personality in relation to extreme aggression in psychiatric offenders, British Journal of Psychology, 114, 1968, pp.821-828.

는데 아주 중요한 요인이라고 주장한다. 사실, 많은 연구는 폭력적 행동의 자기규제 시스템이 폭력행동을 감소시키기 위한 유망한 치료기법이라고 지적한다.

사회학습이론과 인지이론에 의하면, 인간은 자신의 행동에 대하여 상당한 인지적 통제를 할 수 있다. 인지적 능력은 현재를 초월하고 심지어 직접적인 환경적 자극이 없는 경우에도 과거와 미래에 대하여 생각할 수 있게 한다. 이러한 인지능력은 인간으로 하여금 자신의 행동결과를 예측할 수 있게 하고 안내한다. 그러나 상황은 때때로 인지적 통제를 약화시키고, 충동적 행동을 촉진한다. 어떤 상황아래서 인간은 인지적 규제 메커니즘보다 외부자극에 의해 더 지배받는다.[27]

자기규제과정은 인지적 구조와 개념의 형성과 정교화를 전제로 한다. 세상은 특정적인 것은 아니지만 과거경험의 조직화된 표상인 인지적 구조에 기초하고 있다. 세상에 대한 인지적 구조는 사람마다 다르다. 어떤 사람의 인지적 구조는 정교하고 복잡하고, 다른 사람은 조잡하고 단순하다. 보통의 경우에 우리는 개인적 기준이라고 하는 이러한 구조의 기초아래 인지하고, 해석하고, 비교하고, 행동한다. 우리의 기준은 개인에 한정되는 것이 아니라 전체문화와 사회에도 적용될 수 있다. 어떤 문화, 하위문화, 또는 집단은 그들 구성원들의 행동에 대한 윤리적, 도덕적 기준을 형성하려 한다.

모든 이러한 기준을 공격성과 폭력에 관련시킬 때, 개인과 집단의 기준은 우리 행동의 많은 부분을 지배한다. 사람의 철학이 생명이란 아무 것도 아니라고 하고, 냉담한 행동이 규범이라면, 폭력이 생활의 한 방식일 수 있다. 따라서 어떤 사람들은 외부환경으로부터 보상을 받기 위해서가 아니라 폭력이 개인의 내부기준을 반영하고 인간성을 반영하는 것이기 때문에 잔인하고 폭력적이다. 그러나 행동기준은 충동적인 폭력의 경우에 그러한 행동에 대한 통제력을 상실한다. 충동적인 폭력상황에서 인간은 행동기준에서 이탈하게 되고, 따라서 자기규제 시스템은 작동을 중지한다. 인간은 극한적인 분노상태에서의 말과 행동을 후에 되돌리고 싶고, 후회와 죄책감에 시달리지만, 그러한 분노상태는 통제되지 않는다.

자기규제 시스템이 작동하지 못하는 결과로 인해 충동적인 폭력을 행사한 사람은 자신의 행동이 정당한 것이라고 자신을 확신시키려 한다. 특히 폭력행동을 한 사람에 대해서 인간 이하의 사람, 동물과 마찬가지라는 말로 우리의 내부 행동기준을 무시해 버린다. 또한 잔인한 살인을 한 사람에 대해서는 비인간화 하거나 극형을 정당화한다. 때

---

27) Bartol & Bartol., *op.cit.*, pp.376-377.

로는 잔인한 폭력이 폭력조직의 수괴로부터 명령을 받은 결과인 경우에 자기규제 시스템은 무시된다.

(4) 비개인화와 군중폭력

군중속의 사람들은 짐승의 무리와 같다. 따라서 그들은 쉽게 동요하고 몰려다닌다. 군중심리학자 르봉(Gustave LeBon)에 의하면, 비폭력적이고 법준수적인 사람들도 가장 원시적인 야만인에게서 발견되는 폭력, 불관용, 일반적인 잔인성을 어느 정도 불사할 수 있다. 군중속에 매몰된 사람은 이성적인 마음과 능력을 상실하고, 군중에게 자신의 마음을 박탈당한다. 집단적인 마음은 사람과 재산에 위험할 정도로 잔인하고 파괴적이다. 르봉에 의하면, 심지어 학식있는 사람들 까지도 군중의 영향하에서는 단순해지고 이성을 잃게 된다. 본질적으로 르봉이 주장하기를, 사람은 대뇌피질보다는 오히려 반사적인 척수의 통제하에 놓이게 된다.[28]

집단폭력에 관하여 실험실 연구를 한 짐바도(Zimbardo)는 비개인화가 그렇지 않으면 양순한 개인이 반사회적, 폭력적 행동을 할 경향 중의 많은 것을 설명할 수 있다고 믿었다. 비개인화는 개인적 특이성, 동일성, 그리고 개인적 책임성의 감소를 포함한다. 군중속의 개인의 익명성은 인간의 이기심, 탐욕, 적의감, 욕망, 잔인성, 파괴성과 결합된 반사회적 행동을 촉진한다.

짐바도는 익명성과 희생자에 대한 특징이라는 두 개의 변수를 적용하여 실험을 실시한 결과, 비개인화된 공격, 익명성속의 개인의 공격은 사회환경에 의해 통제받지 않는 것으로 밝혀졌다. 비개인화된 공격은 상황과 상태, 또는 피해자의 특징에 의해 영향을 받지 않는다. 즉, 군중의 흥분에 의해 형성된 고도의 자극은 ① 개인의 자의식, ② 외부자극을 분별할 능력 모두를 감소시킨다. 비개인화된 군중속에 참여한 사람들은 결코 자기규제 메커니즘에 의해 통제되지 않고, 피해자의 고통이나 불편에 대해서는 눈이 멀게 된다. 피해자는 호소하고 애원하고 간청하지만, 이러한 것들은 군중행동에 아무런 영향을 미치지 못한다. 경찰같은 강력한 권력조직이나 인물까지도 익명속의 군중들은 폭력을 멈추게 할 수가 없다.[29]

그러나 다이너(Diener)는 짐바도의 비개인화 이론에 견해를 달리 한다. 인간의 정상

---

28) Bartol & Bartol, *op.cit.*, pp.380-381.
29) *Ibid.*, p.383.

적인 자기규제 행동은 군중의 비정상적이고 흥분된 행동에 의해 감소하고, 이러한 개인적인 자의식의 감소는 인간 내부적인 비개인화 상태를 유발한다. 다이너에 의하면, 비개인화된 개인은 자기규제 능력같은 그들의 내부과정에 주의를 기울이지 못하기 때문에, 그들의 행동은 환경적 자극에 의해 더 좌우된다. 따라서 공격적이고 폭력적인 단서가 존재할 때, 그들은 훨씬 더 폭력적이 된다. 다이너의 주장에 의하면, 피해자가 어떤 면에서 인간적이 되면, 군중은 폭력을 멈출 수 있다. 말하자면, 군중의 관심은 다른 사람에 의해 표현된 폭력보다는 피해자 지향적이다. 군중행동의 참여자들은 자신의 내부 규제규범에 더 많은 주의를 기울일 수 있다는 점을 강조한다.[30]

제2절 살인범죄와 범죄심리

1. 개념과 특징

(1) 개 념

살인은 살인의 고의를 가진 사람의 불법적인 살인행위를 의미한다.[31] 즉, 살인은 살인의 고의를 가진 범죄자가 불법적으로 타인의 생명을 박탈하는 행위를 말한다. 살인은 형사법 상의 모든 범죄 중에서 가장 심각한 범죄이며, 사형으로 처벌될 수 있는 유일한 범죄이다. 살인죄에 대한 서구사회의 증오는 살인사건의 경우에 공소시효가 없다는 점에 의해 설명될 수 있다.

(2) 살인의 등급

미국의 경우에 살인(homicide)의 수준이나 정도에 차이를 둔다.[32]
① 1급 살인은 고의(premeditation)와 사전계획(deliberation)에 의해 타인을 살인한 경우를 말한다. 고의는 범행이 사전적으로 고려되고 단순한 충동 이상의 살인요

---

30) *Ibid.*, p.383.
31) Siegel, *op.cit.*, p.331.
32) *Ibid.*, p.332.

인에 의해 동기화되었다는 것을 의미한다. 사전계획은 살인이 단순한 충동에 의해서가 아니라 주의 깊게 계획되었다는 것을 의미한다. 여기에서 계획은 장기간 동안에 이루어질 필요성을 의미하는 것은 아니며 타인을 살해하기로 거의 순간적으로 결정한 것도 포함하는 개념이다.

② 2급 살인은 사전적인 악의는 있지만 고의나 사전계획 없이 발생하는 우발적인 살인을 의미한다. 즉, 2급 살인은 동기 없는 충동에 의한 살인이나 살인의 고의 없이 폭력행위나 상해의 결과에 의해 발생한 살인을 말한다.

1급 살인은 모살(謀殺) 이라고도 하고 2급살인은 고살(故殺) 이라고도 한다. 2급 살인에 해당하는 우발적인 살인과 과실치사는 서로 다르다. 우발적인 살인(voluntary manslaughter)은 의견충돌로 갑자기 과격한 폭력으로 살인을 하는 경우로, 살인을 할 고의는 없었으나 폭력 그 자체는 타인을 해칠 악의는 있는 행위로 간주된다. 과실치사(involuntary manslaughter)는 고의는 물론이고 타인을 해칠 악의가 전혀 없었으나 부주의한 행동으로 살인의 결과가 발생한 경우이다.[33] 과실치사의 전형적인 유형은 교통사망사고이다.

2. 살인의 유형

(1) 내부관계적 살인

1) 배우자 관계(spousal relations)에 의한 살인

배우자는 누구보다도 가장 가까운 관계에 있는 사람들이면서도 내부관계적 살인율이 높은 대상이다. 일단 가정에서 부부 중의 한 사람이 살해되는 사건이 발생하면, 살아 있는 한 사람이 가장 유력한 혐의자로 의심을 받는다. 가까운 곳에 범인이 있다는 범죄수사의 경험적 통계는 무시할 수 없는 진실이다.

그러나 미국의 경우에 지난 20년 동안 부부 사이의 살인률은 유의할 정도로 감소했다. 아마 현대 사회에서 법적으로 결혼하지 않고 동거관계에 있는 남녀가 많기 때문인 것 같다. 그러나 결혼하지 않고 동거하는 남녀사이의 살인경향은 여자가 남자를 살해하는 비율은 감소했지만, 남자가 여자를 살해하는 비율은 엄청나게 증가하는 것과 같

---

33) *Ibid.*, p.332.

이 성별에 따른 유의한 차이를 보인다.

남자가 배우자나 동거녀를 살인하는 이유는 자신의 통제와 권력을 상실할 두려움 때문이다. 결혼하지 않고 동거하는 남녀는 법적, 사회적으로 아주 개방적인 관계에 있기 때문에 그러한 관계에 있는 남자는 통제의 상실감을 느끼기 쉽고, 따라서 폭력으로 그들의 권력을 행사하려는 유혹을 떨쳐 버릴 수 없다.[34] 이와는 대조적으로 대부분의 여성은 자신의 배우자 또는 동거남의 반복되는 폭력을 참지 못해 남자를 살인한다. 미국에서 동거하는 여성에 의한 남자 살인률이 감소한 이유는 폭력으로 고통받는 여성들을 위한 피난처가 마련되었기 때문인지도 모른다. 미국의 경우에, 폭력을 당하면서 사는 여성들에게 큰 사회적 지원을 제공하고, 피해자들을 보호하기 위한 법안을 통과시킨 지역은 여성에 의해 자행된 살인률은 아주 낮았다.

동거인들은 서로 애정 삼각관계(love triangle)로 인하여 상대방을 살인한다. 흥미롭게도 질투 때문에 살인을 하는 여성은 그들의 동거남을 목표로 공격하고, 남자들은 동거녀와 삼각관계에 있는 남자를 주로 살인하는 것으로 나타났다. 애정 삼각관계는 상대방이 자신을 기만하거나 배신하였다고 생각되면 살인으로 발전한다.[35]

2) 개인적 관계에 의한 잘 아는 사람 사이의 살인

대부분의 살인사건은 잘 아는 사람들 사이에 발생한다. 연쇄살인 같은 특별한 경우를 제외하고는 대부분의 살인은 연고감이 있는 사람들 사이에서 주로 발생한다. 살인은 외견상으로는 별 의미 없는 사건이거나 충동적이고 우발적인 사건으로 보일지라도, 사실은 복수, 질투, 마약거래와 같은 이권다툼, 편견, 또는 인격이나 지위 모독 같은 정체성 위협 등에 의해 장기간 응어리진 동기의 결과이다.[36]

또한 질투는 친구나 동료 사이의 상대적 박탈감의 심화에 대한 인지의 결과이기도 하지만, 때로는 배우자간의 애정 삼각관계나 부모의 자식에 대한 편애 등에 의해 동기부여되는 범죄요인이다. 행복한 결혼 생활을 하는 친구에 대한 질투심으로 범행을 하는 사건이 발견되고, 애정 삼각관계는 배우자나 동거인 사이에서뿐만 아니라 교제 중

---

34) Angela Browne and Kirk williams, "Gender, Intimacy, and Lethal Violence: Trends from 1976 through 1987," *Gender and Society 7,* (1991), pp.78-98.

35) Richard Felson, "Anger, Aggression, and Violence in Love Triangles," *Violence and Victimization 12,* 1997, pp.345-363

36) Siegel, *op.cit.*, p.334.

에 있는 남녀사이에서도 종종 살인범죄가 발생하는 요인이 된다.

　미국의 경우에 학교 교실에서 학생들 간의 총기 살인사건이 빈발함으로써 사회에 충격을 주고 있다. 1992년과 1999년 사이의 약 5년간에 발생한 교내 살인사건은 220건에 253명이 살해되는 결과를 초래했다. 이 중에서 202건은 희생자가 1명이었으며 18건은 집단살인이었다.[37] 2007년 4월 16일에 발생한 버지니아 공대 캠퍼스에서 발생한 총기 살인 사건은 역대 캠퍼스 총기 사고 중 최악이다. 한국계 이민 1.5세인 조승희(23세)에 의해 자행된 이 총기사건은 33명이 사망하고 29명이 부상하는 집단살상 사건으로서 1966년에 텍사스대학교 오스틴 캠퍼스에서 15명을 살인한 사건을 압도하는 최대의 비극적 사건이었다.[38]

　한국에서도 총기에 의해 경남 의령군에서 55명이 살해되는 집단살인 사건이 있었다. 1982년 4월 26일 저녁 9시부터 다음날 새벽까지 발생한 이 사건은 우범곤(27세)이라는 경찰관이 마을 주민 55명을 캘빈 소총과 수류탄 등으로 무참히 살해한 사건이다. 경찰 지서에서 캘빈 소총 2정과 수류탄 7개, 그리고 실탄 180여발을 들고 나온 범인은 경찰 인사에 대한 불만과 마을 주민에 대한 분노, 그리고 동거녀에 대한 분노 등으로 동거녀를 비롯한 무고한 주민들을 집단살인한 것으로 기록되고 있다.[39]

(2) 불특정인에 대한 살인

　살인은 불 특정인을 대상으로 아주 흔히 발생한다. 내부 관계적 살인이 서로 잘 아는 사람들 사이의 원한에 의한 복수, 질투, 편견, 또는 이권다툼이나 재산다툼 등이 원인이라면, 외부 관계적 살인은 사회구조적인 부와 권력의 불평등, 특정집단의 구성원들에 대한 증오, 순간적인 충동이나 범죄기회의 제공 등과 같은 주로 환경적인 요인 등이 원인이다. 외부관계적 살인은 금품을 목적으로 한 강도나 침입절도에 의한 살인, 또는 순간적인 성적 충동에 의한 강간살인 등과 같이 최초의 범의는 강도나 절도, 또는 강간이었으나 피해자의 극렬한 저항이나 피해자가 범인의 얼굴을 확실하게 보았다든지 어디에서 서로 본 기억이 난다든가하는 의외의 사정이 발생했을 경우에 살인으로 까지 발전하는 경우가 많다.

---

37) *Ibid.*, p.335.
38) 동아일보, 2007.4.18.
39) 조선일보, 1982.4.27. 만취경관이 주민 무차별 난사.

또한 정신장애나 이상성격의 소유자가 젊은 여성들이나 유소년들을 골라 연쇄 살인하는 사건도 서로 잘 모르는 관계 속에서 발생한다. 5년 동안 8세에서 16세 사이의 140여명의 소년들을 살해한 세계적인 기록 소유자 가라비토(Luis Alfredo Garavito)의 연쇄살인, 콜롬비아에서 300여명의 여성을 살해한 것으로 알려진 안데스의 괴물 로페스(Pedro Armando Lopez),[40] 그리고 주로 여성을 위주로 21명을 살해한 연쇄살인범 유영철 사건 등에서 볼 수 있듯이, 여성에 대한 증오나 이상성격 소유자에 의해 평소에 면식관계가 없는 사람들이 희생된다.

불특정인에 대한 살인은 공공의 불안을 야기하는 무작위적인 도시 폭력에 의해서도 발생한다. 무작위적인 도시 폭력에 의한 살인은 이상성격자나 정신장애자 등이 다수의 불특정인들을 대상으로 한 흉기나 총기 등으로 공격한다든지 폭력배들이 지나가는 행인들에게 폭력을 행사하는 경우에 발생한다. 지난 10년 동안 불특정인 살인(stranger homicides)이 증가한 것으로 나타났다.

3. 다수살인

(1) 개 념

다수살인(multiple murder)은 일정기간에 걸쳐서 하나의 사건으로 또는 개인적으로 사람의 집단을 무작위적으로 살해하는 것을 말한다. 많은 사람을 살해하는 다수살인은 연속살인(spree murder), 연쇄살인(serial murder), 다중살인(mass murder)으로 나눌 수 있다. 다수살인은 많은 사람을 살해한다는 의미가 강하고, 다중살인은 교실의 학생들이나 행사장에 집합한 것과 같이 하나의 집단이 된 사람들에 대한 살해를 말하는 집단살인의 의미가 강하다.

1) 다중살인

다중살인은 살인 사이에 냉각기(cooling-off period)없이 한 번에 한 장소에서 여러 명, 즉, 대체로 3명 이상을 살해하는 것으로서 학교의 교실이나 강의실, 또는 공연장 같은 특정장소에 모인 사람들을 집단으로 살해하는 것과 같은 것이다. 냉각기의 기간 간

---

40) Siegel, *op.cit.*, p.335.

격은 수일이나 수 주일 또는 수년이 될 수도 있다. 다중살인은 단일의 통제불가능한 충동으로 동시살인형태로 발생하고 불특정인을 대상으로 하는 점이 그 특징이다. 1966년 8월 히트만(Charles Whitman)의 시카고 대학교 교정에서의 14명 살해사건, 1984년 7월 18일 허버티(James Huberty)의 캘리포니아 맥도날드의 레스토랑에서의 21명 살해사건, 2007년 4월 조승희의 버지니아 공대 살해사건 등이 대표적인 사건들이다.

폭스와 레빈(James Allan Fox & Jack Levin)은 다중살인을 다음과 같은 네 가지 유형으로 분류한다.[41]

❶ 복수 살인자(revenge killers)

복수살인은 개인 또는 사회에 대한 복수심이 다중살인의 동기가 된다. 전형적인 범죄대상은 사이가 나빠진 아내와 그 가족, 또는 고용주와 그 직원들이 되는 경우가 많다.

❷ 애정살인자(love killers)

애정살인이란 개인이 절박한 상황에서 자신의 헌신적인 애정에 의한 보호의식의 결과 가족과 같은 사람들과 함께 자살하거나 가족을 살인한 후에 자살을 선택하는 유형이다.

❸ 이익추구 살인자(profit killers)

이익추구 살인자는 보통 범죄은폐와 증인제거를 위해 다중살인을 하고, 범죄모의를 하는 것이 특징이다.

❹ 테러리스트 살인자(terrorist killers)

테러리스트는 정치적 메시지를 보내기 위해, 폭력집단은 경쟁적인 폭력집단에 경고를 보내기 위해 다중살인을 한다. 종교집단 살인자는 임박한 종말을 사회에 경고하기 위해 메시지를 남기면서 다중살인을 한다.

한편, FBI는 다중살인을 고전적 다중살인과 가족 다중살인으로 분류한다.

❶ 고전적 다중살인

범인이 패스트푸드점같은 건물 내에 자기자신을 은폐하고 자신이 접촉하는 손님들과

---

41) James Allan Fox and Jack Levin "Multiple Homicide:Patterns of serial and mass murder," in Michael Tonry, Chicago, Ill.: University of Chicago Press, 1998, PP.407-455.

어떤 다른 사람들을 무작위적으로 살해하는 것을 말한다.

❷ 가족 다중살인

가족 다중살인이란 적어도 세 명 이상의 가족이 다른 가족에 의해 살해되고 범인 자신도 자살하는 사건을 말한다. 따라서 다중살인/자살이라고도 한다.

2) 연속살인

연속살인은 다중살인과는 달리 장소를 옮겨가면서 시간적으로 단절없이 연속적으로 살인을 저지르는 경우를 말한다.[42] 연속살인은 장소를 이동하며 두 곳 이상의 장소에서 여러 사람, 대체로 세 명 이상을 살해하되 그 행위들이 서로 단절됨이 없이 지속되는 일련의 연속적인 행동으로서 심리적 냉각기 없이 지속적으로 흥분된 감정 하에서 반복되는 살해행위를 말한다.

연속살인은 보통 금전을 목적으로 하는 강도살인이라는 주장도 있으나 1982년 4월 26일 저년 9시부터 다음날 새벽까지 진행된 우범곤 순경의 지역주민 살해사건. 미국의 컬럼바인 고등학교에서의 총기난사사건에서 볼 수 있듯이 사회전체나 불특정인들에 대한 증오나 분노가 그 원인인 경우가 많은 것으로 분석된다.

3) 연쇄살인

연쇄살인은 연속살인과 마찬가지로 사람을 연속적으로 살인하여 다수의 사람들을 살인하는 행위를 말한다. 연쇄살인은 통상 살인범이 냉각기를 가지고 다수의 사람들을 연속적으로 죽이는 사건을 말한다. 또한 연쇄살인범은 사전에 살인을 계획하며 보통 특정한 피해자를 선택한다.

최소한 한 달 이상의 기간에 걸쳐 세 명 이상의 피해자를 살해하는 사건을 연쇄살인이라고 하는 주장도 있으나 연쇄살인이란 동일범에 의한 개별적인 살인사건들이 각자 독립적이고 완결된 행위들로서 상호유사성을 가지고 연결되는 경우라는 점에서 한 달 이상의 기간이라는 조건이나 세 명 이상은 필요조건이 아니다. 한 달 이내의 기간에 각각 독립된 유사한 살인 사건이 일주일 간격으로 2명 이상의 사람을 살해한 경우에 이

---

42) 김은주, 연쇄살인범의 범죄심리에 관한 연구, 광운대 정보복지대학원 심리치료학과, 석사논문, 2006, p.20.

를 연쇄살인이 아니라고 할 수는 없다.

연쇄살인은 연속살인과는 달리 행위의 시간이 단절되는 냉각기가 존재한다는 점이 중요한 특징이다.[43) 냉각기간이란 한번 살인행위를 한 이후에 다음 범행의 시간적 연속성이 끊기는 현상을 말한다. 또한 연속살인범은 통제불가능한 충동과 분노로 계속 살인행위를 하지만, 연쇄살인범은 범행이 끝나고 나면 극히 이성적이고 합리적인 심리상태로 돌아오기 때문에 바로 '심리적 냉각기'에 들어가고 정상적인 사회생활을 지속한다. 그리고 일정기간이 지나서 사건에 대한 사회적 관심이 사라지면 동일한 수법으로 새로운 범행을 감행하게 된다. 하지만 연쇄살인은 시간이 지날수록 수법이나 수단 면에서 훨씬 발전된 모습을 보여준다.

(2) 연쇄살인의 동기

1) 증오와 복수심

연쇄살인은 대체로 힘이 없는 여성이나 어린 소년, 또는 노인들을 대상으로 한다는 점이 특징이다. 특히 여성들을 대상으로 하는 사건이 많고, 대체로 증오나 복수심이 범죄의 동기라는 점이 특징이다.

2001년 7월에 이란 당국은 성지 마샤드(Mashad)에서 17명 이상의 매춘부들이 연쇄살해 당한 사실을 시인했다. 지방 당국의 관계자들은 거미가 먹이를 거미줄로 감아서 질식시켜 죽이는 것과 동일한 방법으로 살인범은 피해자들의 머리스카프로 피해자들의 목을 졸라 살해했기 때문에 거미인간 살인범(spider murderer)이라 불렀다.[44) 당국은 살인범이 에이즈에 걸려 자신에게 에이즈를 감염시켰다고 의심되는 여자들에 대한 증오와 복수심에 의한 살인행위로 분석했다. 여성엔 대한 증오와 복수심이 연쇄살인의 동기가 된 사건은 자동차에 편승하여 여행하는 젊은 여성 5명을 살해하고, 자신의 어머니까지 살해한 후 그녀의 머리를 화살던지기 과녁판으로 사용한 켐프(Edmund Kemper), 그리고 2004년 7월 서울에서 21명을 연쇄살인한 혐의로 검거된 유영철 역시 여성에 대한 증오와 복수심이 범행의 동기였다. 또한 1982년과 1985년 사이에 48명의 여성을 연쇄살인하고 20년 후인 2001년 4월 DNA 과학수사기법에 의해 체포된 일명

---

43) 앞의 책., p.21.

44) Reuters, "Pressure growing in Iran to solve prostitute killings," *New York Times 25*, July 2001, p.B2.

‘녹색강 살인마(green killers)’라고 하는 게리 릿지웨이(Gary Ridgeway) 역시 성매매 여성에 대한 증오심이 범죄동기로 작용한 사건에 해당된다. 릿지웨이는 2003년 11월 열린 재판에서 “성매매여성은 사회의 악이며 더러운 성병도 옮긴다. 나는 질병에 감염된 여성을 치료해 주었다. 그 누군가가 해야 할 일을 바로 내가 했다. 나는 자랑스럽게 생각하고 아무런 후회도 없다”는 말로 증오심을 표현하고 유죄협상(plea bargaining)에 의해 가석방 없는 종신형 선고를 받았다.[45]

2) 쾌감과 스릴

알란 폭스와 레빈(James Alan Fox & Jack Levin)은 연쇄살인범의 살인동기를 살인 그 자체의 쾌감, 스릴 즐기기, 성적 쾌감, 그리고 희생자의 생명에 대한 지배 즐기기 등이라고 주장했다.[46] 그래서 연쇄살인범들은 희생자가 너무 빨리 죽으면 그 고통 속에 죽어 가는 모습을 볼 수 있는 최고의 즐거움을 박탈당한다는 이유로 총기를 거의 사용하지 않는다. 주로 여성이나 힘없는 약자들을 대상으로 하는 연쇄살인범들의 동기는 살인 그 자체, 또는 스릴에 대한 쾌감, 여성에 대한 성적 지배감 등으로 설명될 수 있다. 로스앤젤레스 지역에서 10명의 여성을 살해한 밤의 밀렵자(night stalker), 여성만을 범죄대상으로 한 번디(Theodore Bundy), 1999년에 8세에서 16세 사이의 소년 140명을 살해한 세계적으로 가장 잔인한 연쇄살인범으로 알려진 콜롬비아의 가라비토(Garavito), 그리고 콜롬비아에서 300명의 소녀와 젊은 여성들을 살해한 것으로 알려진 안데스의 괴물 로페스(Lopez) 등이 그러한 유형에 해당한다.[47] 앞에서 언급된 녹색강 살인마 릿지웨이(Ridgeway), 그리고 한국의 유영철과 화성연쇄살인범 역시 성폭행과 살해라는 범죄수법으로 보아 성적 쾌감이나 여성에 대한 지배가 범죄의 동기로 작용한 것으로 추리할 수 있다.

3) 사회적 이상성격(sociopath)

연쇄살인의 동기는 그렇게 분명한 것이 아니다. 그 동기는 정신질병, 성적 좌절, 신

---

45) Sciences Times, 2007.7.11.

46) James Alan Fox and Jack Levin, “Mutiple homicide: Patterns of serial and mass murder,” in *Crime and Justice, An Annual Edition, Volume 23*, ed. Michael Tony(Chicago, Ⅲ,: University of Chicago Press), 1995, pp.407-455.

47) Siegel, *op.cit.*, p.335.

경생리학적 손상, 아동학대와 방치, 어머니와 증오관계, 그리고 아동기의 불안 등이라는 지적도 있다. 연구에 의하면, 연쇄살인범들은 어린 시절에 다른 아이들, 형제, 그리고 애완동물들을 대상으로 폭력을 시작하는 것과 같이 오랜 폭력의 역사를 가지고 있다는 점이 특징이다. 대부분의 전문가들은 연쇄살인범을 아주 어린 시기부터 동물을 학대하는 것과 같은 기괴한 행동을 보여주는 사회적 이상성격자(sociopath)라고 지적한다.

연쇄살인범과 타인과의 관계는 무의미하고, 반대 성과는 원만한 관계를 유지하지 못하며, 자신의 성에 대한 관심에 대해서는 죄책감을 느낀다. 사회적 이상성격자로서 연쇄살인범들은 살인으로부터 느끼는 쾌감의 확대, 피해자의 고통을 무시하거나 즐기는 능력, 그리고 체포되었을 때 대중매체의 각광을 받으려는 경향 등의 동기를 가지는 것으로 지적되기도 한다.[48]

휴스튼에서 27명의 소년들을 살해하고 체포된 헨리 주니어(Wayne Henrley Jr.)는 33명의 살해기록을 가진 시카고의 살인마 게이시(Wayne Gacy)의 기록을 깨기 위해서 추가 희생자의 시신을 발견할 수 있도록 검사들에게 자료를 제공했다. 연쇄 살인범들은 학대와 살인으로부터 성적 만족을 얻는 가학성 성애자인 경우도 있다. 이러한 가학성 성애자들은 치욕, 수치심, 노예화, 그리고 테러를 통해서 살인 피해자들에 대한 완벽한 통제를 하고 싶어 한다. 또 다른 정신병질적인 살인범은 수치심, 죄의식, 슬픔, 기타 인간의 정상적인 정서를 느끼지 못하는 무능력을 야기하는 성격장애에 의해 동기부여된다.[49]

연쇄살인범들은 정신병자가 아니다. 미친 사람이기 보다는 더 잔인한 인간이다. 이러한 살인범들은 자신들의 욕구와 열정에만 관심을 집중한다. 경제적, 정치적, 또는 이념적 이유로 완벽한 살인을 추구하는 전문적인 총기 살인범, 테러리스트, 그리고 조직폭력 범죄자들은 성격장애자의 범주에 속한다.[50]

---

48) Ronald Holmes and Stephen Hom3es, Murder in America (Thousand Oaks, Calif.: Sage), 1994, p.106.

49) *Ibid.*, pp.13-14.

50) *Ibid.*, p.17.

(3) 연쇄살인범의 유형[51]

1) 알란 폭스와 레빈의 유형(Alan Fox & Levin)

❶ 스릴추구 살인자(thrill killers)

스릴추구 살인자는 가학적 성애자 또는 어린이나 여성과 같은 희생자의 생명에 대한 지배로부터 스릴을 느끼는 유형이다. 이는 가장 공통적인 연쇄살인 형태이다. 300명 이상의 소녀와 여성들을 성폭행하고 살해한 안데스의 괴물 로페스(Pedro Armando Lopez)는 이러한 유형의 연쇄살인범에 해당한다. 비슷한 유형은 한국에서도 발견된다. 즉, 아직도 범인이 검거되지 않고 미궁에 빠져 있는 1986년 9월부터 1991년 4월 사이에 한국의 화성지역에서 발생한 부녀자 10명이 연쇄적으로 성폭행 당한 뒤 무참히 살해된 사건은 아마 그 범죄 대상이나 수법으로 미루어 볼 때 가학적인 성애자의 소행일 가능성을 배제할 수 없다.

❷ 사명의식 살인자(mission killers)

사명의식 살인자는 세상을 개혁하고 싶다거나 살인할 수밖에 없게 하는 사명감에 의해 행동하는 유형이다. 이러한 유형은 특정 계층이나 여성에 대한 적개심이나 복수가 원인이라고 볼 수도 있다. 에이즈 감염 여성들에 대한 복수로서 연쇄살인을 한 이란의 거미인간 살인범, 2004년 여성에 대한 복수심으로 21명의 여성을 살인한 유영철 사건, 그리고 1994년 9월 추석연휴 기간에 한국사회를 충격 속에 몰아넣은 지존파의 부유층에 대한 막연한 적개심으로 인한 연쇄살인은 일종의 사명의식이 작용한 결과라고도 볼 수 있다. 특히 지존파는 '부자를 저주한다'는 강령까지 만들고 백화점 고객명단을 빼내 범행 대상을 물색하는 등 부유층에 대한 적개심으로 범행을 하게 되었다는 동기를 분명하게 표출했다.

❸ 편의주의 살인자(expedience killers)

편의주의 살인자는 개인의 이익 추구, 또는 자신을 인지된 위협으로부터 보호하기 위해서 살인을 행하는 유형이다. 대체로 이러한 유형은 경제적, 정치적 또는 이념적 이유로 불특정 다수인을 살인하는 전문적인 살인 청부업자들과 테러리스트 그리고 조직범죄의 폭력배 등이 해당된다.

---

51) Alan Fox and Levin, *op.cit.*, pp.420-424.

2) 홈즈와 드버거(Holms & DeBurger)의 유형

❶ 환상적인 유형(visionary type)

환상적인 유형이란 성매매 여성, 동성애자, 떠돌이 등과 같은 특정집단의 사람들은 파괴되어야 한다는 목소리나 환상에 의해 범행을 하게 되는 유형을 말한다. 이러한 환상적 살인범은 흔히 신의 계시를 받아 살인을 한다고 변명한다. 연쇄살인범은 보통 정신장애자가 아니기 때문에 변형적인 정신병이나 광적인 상태에 의해 범행을 한다. 범죄현장은 보통 광적이고 지문과 살인무기 등을 포함하는 물리적 증거가 풍부하게 존재한다.

❷ 사명지향적인 유형

사명지향적인 유형이란 제거되어야 하는 특별한 사람의 집단이 있다고 결정하고 행동하는 유형이다. 바람직하지 않은 집단은 성매매여성, 동성애자, 떠돌이, 특정 종교집단, 인종적 또는 소수집단일 수 있다. 이러한 유형의 연쇄살인범은 정신장애자도 아니고, 환청이나 환시도 없고, 특별한 심리적인 이상행도 없이 일상적인 기초로 살아간다.

❸ 쾌락주의적 유형

쾌락주의 유형이란 쾌락과 짜릿한 스릴을 즐기기 위해서 살인을 하며, 다른 사람들을 자신의 쾌락을 위한 대상으로 생각한다.

쾌락주의 유형은 살인의 주된 동기에 따라 세 가지의 유형으로 나누어진다.

① 성욕 유형은 성욕만족이 범행의 주된 동기이다.

② 스릴 유형은 피해자의 고통이나 공포를 불러일으키는 것이 주된 동기이다.

③ 안락 유형은 안락하고 호화스러운 생활을 제공하는 사업이나 재정적 이익, 또는 돈이나 재산을 얻는 것이 주된 동기이다.

④ 권력/통제 유형 : 권력/통제유형이란 피해자에 대한 완전한 생사여탈권을 행사함으로써 만족을 추구하는 유형이다. 성적인 구성요소가 범죄 성립요건으로 존재하거나 하지 않을 수 있지만, 주된 동기는 도움을 받을 수 없는 피해자에 대한 극한적인 권력과 통제이다. 이러한 연쇄살인범은 특히 힘없고 피해자화하기 쉬운 특별한 피해자를 찾으려 한다.[52]

---

52) Bartol & Bartol, *op.cit.*, pp.349-350.

(4) 연쇄살인의 특징

1) 연쇄살인범의 증가

연쇄살인범은 미국과 영국의 경우에 증가추세를 보인다. 미국의 경우에 1950년 대와 60년대 사이에 일정기간 동안 10명 이상의 사람을 살해한 연쇄살인범은 단지 두 명에 지나지 않았으나 1970년 대 이후에 연쇄살인범은 적어도 40명인 것으로 알려져 있다. 그렇지만, 현실적으로 어떤 일정시점에 활동적인 연쇄살인범의 준동과 그 수에 대한 정확한 자료는 없다.

2) 여성과 아동 피해자화

연쇄살인의 피해자는 젊은 여성, 특히 적극적인 성매매 여성이 되는 경향이 있다. 오늘날 연쇄살인의 주된 피해자는 8세에서 16세 사이의 청소년들이다. 이에 대응하기 위해 FBI는 아동유괴와 살인 전담수사팀을 설치했다.

3) 범죄연령

폭력범죄자들은 어린 나이에 폭력행동을 하는 경향이 있다는 사실과는 달리 연쇄살인범은 일반적으로 24세에서 40세 사이에 범행을 시작하고 범행 시작 평균 나이는 36세이다. 그들은 대체로 범행 후 4년 만에 체포된다.

4) 범죄전력

연쇄살인범의 전과기록은 광범하지만, 그 기록은 폭력범죄 전과보다는 오히려 단순 절도, 횡령, 사기 등의 재산범죄 전과이다. 청소년 비행 전과 기록은 많지 않고 따라서 범인의 전과기록은 궁극적인 살인범에 대한 예측지표가 되지 못한다. 연쇄살인범의 첫 범행 시에 범인은 결혼을 하여 안정된 가정생활과 여러 해 동안 같은 집에서 거주한 것으로 밝혀졌다. 그들은 안정된 직업을 가지고 있었으며, 당황스럽게도 상당수가 전직 경찰관이거나 경비원 출신이었다.

5) 범행의 기초

연쇄살인범은 평균적으로 매년 4명의 사람을 살해한다. 그러나 범행의 기초는 어떤 억압이나 저항불가능한 충동이 아니라 범행의 기회와 적당한 피해자의 무작위적인 이용가능성이었다.

따라서 연쇄살인범은 전통적 인상기준에 따른 심각한 정신장애자는 아니다. 대부분의 연쇄살인범들은 정신장애자가 아니다. 연쇄살인범의 인지과정과 가치가 비정상적일지라도, 대다수의 연쇄살인범은 전통적인 진단기준에 따른 심각한 정신장애 상태는 아니다. 그들은 잔인하고 품격을 떨어뜨리는 냉혈한 적인 방법으로 반복적 살인을 옹호하는 세계관을 형성한다.

6) 범죄의 동기

연쇄살인범은 대중매체의 관심을 끄는 것이 연쇄살인의 동기가 된다. 대중의 등골이 오싹해지는 공포, 대중으로서는 이해할 수 없는 범행 등이 범행동기이다. 물질적 소득보다는 통제와 지배, 대중매체 관심, 개인적 흥미와 같은 심리적 보상이 동기이다. 범행은 예측가능할 정도로 계획되고, 조직화되고, 의도적이다.

(5) 여성 연쇄살인범

미국의 경우에 적어도 36명의 여성연쇄 살인범이 기록되고 있다. 그러나 여성연쇄살인범은 남성과 분명한 차이가 있다. 예를 들자면, 여성 연쇄살인범의 단지 3분의 1만이 낯선 사람을 살해하지만, 남성은 거의 모두 낯선 사람을 살해한다. 따라서 여성연쇄살인의 피해자는 남편, 전 남편, 또는 구혼자 등이다. 또한 여성연쇄 살인범은 주로 보험혜택같은 물질적 또는 금전적 이득을 위해서 살인을 한다. 물론 원한이나 복수 역시 살인의 동기로 작용할 수 있다.[53]

최근에 범죄학자인 키니와 하이드(Belea Keeny & Kathleen Heide)는 14명의 여성 연쇄살인범들을 표본으로 그 특징을 조사한 결과, 여성과 남성이 사용한 범죄수법 사이의 현저한 차이를 발견했다.[54] 그 차이는 남성이 여성보다 더 폭력적이고 심한 고통을 동반하는 수법을 사용한다는 것이다. 즉, 남성은 피해자를 총기, 흉기나 둔기 등으로 가격하거나 목을 졸라 죽이는 것과 같은 직접적인 폭력수법을 사용하고, 반면에 여성들은 피해자들을 독살 또는 질식시키는 것과 같은 간접적인 수법을 사용한다. 또한

---

53) Bartol & Bartol, *op.cit.*, p.345.
54) Belea Keeney and Kathleen Heide, "Gender differences in serial murderers:A preliminary analysis," Journal of Interpersonal Violence 9, 1994, pp.37-56.

남자들은 피해자를 추적하거나 몰래 접근하는 방법을 쓰고, 여성들은 피해자들을 유혹하여 살인하는 수법을 선택한다. 또한 여성 연쇄살인범의 반은 남성공모자와 함께 살인을 한다.

보건의료기관의 여성종사자들이 의사의 관여 하에 환자들을 연쇄살인한 기록이 있다. 네델란드의 헤이그의 두 병원에서 여성 종사자들은 28명의 환자를 살해했으며, 피해자들은 아동이나 노인 환자들로서 다양한 약물 투여 주사에 의한 방법으로 살해되었다. 의료보건기관 여성 종사자들의 연쇄살인은 인정, 관심, 복수, 권력과 통제 등이 동기로 작용했다. 또 어떤 여성 종사자는 자비로운 살인, 즉 환자들의 긴장과 스트레스, 좌절을 제거하고, 환자들을 비극에서 구하기 위해 살인을 했다는 것이다.[55]

남녀 간의 성격과 행동상의 특징에서도 차이가 있었다. 여성연쇄살인범들은 남성보다 약간 더 나이가 많았고, 알코올과 약물 오용상태에 있었지만, 남자들의 경우에 약물 오용 상태에 있는 사람들은 거의 없었다. 여성들은 조울증(manic-depressive)), 경계역 성격(borderline), 분열적 성격(dissociative), 그리고 반사회적 성격장애에 있는 것으로 진단되었으며, 남성들은 주로 반사회적 성격의 소유자들로 밝혀졌다. 여성범죄자들은 어릴 때 심한 가정학대 등으로 고통을 받은 경험이 있었으며, 학력도 평균보다 낮고 취직을 해도 일은 고달프고 힘들면서 보수는 아주 낮은 그러한 자리에만 가능했다.

(6) 연쇄살인과 피해자에 대한 관점

1) 연쇄살인의 피해자에 대한 고정관념

연쇄살인범이 성적인 동기로 살인을 한다는 것은 정확한 주장이 아니다. 피해자적 관점의 결여는 혼란과 정보왜곡을 초래한다. 연쇄살인범에 대한 현재의 지식은 두 가지 요인, 즉 ① 피해자의 이용가능성(availability), ② 피해자에 대한 법집행기관의 태도에 의해 영향을 받는다.

2) 피해자 선택의 기준에 대한 새로운 프로파일

피해자 선택기준은 범인에 대한 개인적 특성과 성격특성에 집중하기 보다는 살해를 위한 사회적 기회(social opportunity)를 조사하는 것이 더 중요하다. 다른 말로 표현한

---

55) A. G. Brantley & R. H., Jr. Koskey, Serial murder in the Nethelands:A look at motivation, behavior, and characteristics, FBI Law Enforcement Bulletin, 2005, pp.26-32.

다면, 연쇄살인범의 피해자 선택기준은 접근용이성에 접근기회의 존재가 추가되어야
한다.

1974년 살인죄로 체포된 잭슨(Calvin Jackson)은 실제 연쇄살인범이었으나 경찰은
잭슨을 연쇄살인범으로 의심하지 않았다. 잭슨은 손님이 거의 없고, 사회에서 격리되고
대부분 노인들이 손님인 1인 단독 사용침실에서 범행을 했다. 사건 수사를 한 경찰은
살해된 노인들을 알코올, 약물, 또는 고령에 기인한 주검으로 처리했다. 경찰은 피해자
들이 기괴한 성적 학대라는 연쇄살인 행위의 전형적인 프로파일에 적합하지 않았기 때
문에 잭슨의 사건을 연쇄살인범의 사건으로 생각하지 않았다. 따라서 현재 연쇄살인범
에 대한 지식은 범죄자에 대한 어떤 고정관념에 일치하는 프로파일에 구속되고 있다.

연쇄살인범은 접근용이성, 어떤 관심을 불러일으키지 않을 것 같은 경향과 일시성을
가진 피해자를 선호한다. 따라서 피해자는 흔히 성매매 여성, 거리의 여성, 남성 떠돌
이, 뜨내기 농장 일꾼 등이 선정된다. 대학 캠퍼스나 주변의 젊은 여성, 가난한 독거노
인이 다음으로 선호되는 피해자 집단이다.

위의 양 집단에서 피해자를 선택하는 가장 강력한 결정요인은 잠재적인 피해자에 대
한 용이한 접근가능성이다. 연쇄살인범들은 자신의 집에서 중류층의 사람들을 살해하
지 않는다. 그러나 연쇄살인범은 아주 손쉬운 피해자를 선택함으로써 살인경력을 시작
하지만, 보다 도전적인 피해자들을 납치하기 위한 자신의 능력에 더 큰 신뢰를 얻으려
고 한다. 다행히 연쇄살인범이 체포되기 전에 도전적인 피해자를 납치하는데 성공한
경우는 거의 없다.[56]

연쇄살인의 극적인 증가는 아주 손쉬운 잠재적인 피해자의 극적인 증가와 직적적인
관계가 있다. 즉, 경기의 심각한 하강으로 인한 떠돌이, 부랑아의 증가, 공공시설에 수
용되지 못하는 정신병 환자들의 증가는 손쉬운 피해자의 증가를 야기한다.

(7) 연쇄살인과 지리적 장소의 특징

대부분의 연쇄살인범들은 특정장소를 살해장소로 선호한다. 대체로 그들은 현재 살
고 있는 집이나 직장 근처에서 피해자를 선택하는 경향이 있다. 힉키(Hickey)는 연쇄
살인범 중의 14%가 자신의 집이나 직장을 범행장소로서 선호하고 나머지 52%는 일반

---

56) Bartol & Bartol, *op.cit.*, p.347.

적으로 동일 도시나 인근의 장소나 지역에서 범행을 한다고 추정한다. 이러한 경향은 연쇄살인범의 특정에 있어서 지리적 프로파일링이 아주 큰 기여를 할 수 있다는 점을 시사한다. 연쇄살인을 감소시키기 위한 효과적인 방법은 특정의 고 위험군 집단과 지역을 확인하여 보호하고 범죄피해가능성을 감소시키기 위해 필요한 사회적 조치를 취해야 한다.

지리적 프로파일링과 기타 수사조치를 통한 연쇄살인범 수사는 그 효과가 한정적이다. 연쇄살인범은 보통 범죄자의 우발적인 사건과 부주의에 의해서 체포되기 때문이다. 따라서 연쇄살인범의 체포는 운이라고도 한다.[57]

(8) 연쇄살인 사건의 억제

연쇄살인은 다양한 배경과 동기에서 이루어지는 것이므로 예방이나 억제는 대단히 어렵다. 특히 범죄가 연쇄적으로 발생해도, 단서가 별로 없고, 계속해서 이동하고, 피해자와 거의 아무런 관계도 없기 때문에 경찰이나 검찰 같은 법 집행기관들이 연쇄살인범을 검거하기는 대단히 어렵다. 솔직히 말해서 연쇄살인범을 검거하는 것은 운이다.[58] 연쇄살인범 유영철의 검거도 운이었고 화성연쇄 살인범의 검거도 운이 맞아야 가능할지도 모른다. FBI는 잠재적 범죄용의자들의 범죄유형 시스템(profiling system)을 개발하고, 법무부의 폭력범죄자 체포프로그램(VICAP)과 다양한 범죄정보를 전산화한 프로그램들을 개발하여 활용하고 있다.[59]

약 215명을 살인하고 검거된 영국의 의사 시프먼(Harold Shipman)이 최초의 살인 후 25년 만에 검거되었으며, 화성연쇄 살인범도 20년이 넘었는데도 검거되지 않는 것을 보면, 살인사건은 범행 초기, 대체로 발생 후 10일 전후에 범인을 검거하지 못하면 영원히 미궁에 빠질 가능성이 높다는 사실을 말해주고 있다. 그러므로 특히 어린이들이나 여성들을 대상으로 한 잔혹한 살인사건은 초기에 검거해야 한다. 초동수사를 통하여 작은 단서라도 발견하는 치밀하고도 섬세한 수사가 이루어지지 않으면, 범죄자는 멀리서 쾌감을 느끼고 제2의 범행을 계획할 수 있다.

---

57) *Ibid.*, p.347.
58) Siegel, *op.cit.*, p.337.
59) *Ibid.*, p. 337.

4. 수사심리학

(1) 개 념

수사심리학(Investigative psychology)은 연쇄살인이나 다중살인 같은 심각한 중범죄 행동의 수사에 심리학적 연구와 원리를 적용하는 것을 말한다. 따라서 수사심리학은 범인발견·체포에 도움이 되는 범행의 특징, 범인발견을 위한 범인특징에 대한 추리, 범인의 재범가능성과 같은 범죄수사에 중요한 요인에 대한 해답을 제시하려고 한다.[60]

(2) 범죄현장 수사기법

1) 범인의 행동유형

수사심리학이 추구하는 세 가지 요인에 대한 해답은 범죄현장의 수사기법에 의하여 찾아질 수 있다. 범인이 범죄현장에서 보일 수 있는 범죄행동의 특징은 ① 범죄수법, ② 개인화 또는 서명, ③ 연출하기 등 세 가지로 나누어 접근할 수 있다.

❶ 범죄수법(Modus operandi: MO)

범죄수법은 말 그대로 범인이 범행을 성공적으로 수행하기 위하여 사용하는 행동과 절차를 말한다. 그것은 범인이 범행의 경험에 의해 학습하는 행동유형으로서 특이한 범행방법이다. 범인은 보통 어느 수법이 가장 효과적인가를 학습할 때까지 MO를 변화시키기 때문에, 수사관이 범죄수사 시에 MO에 너무 많은 의미를 부여한다면 심각한 오류를 초래할 수 있다.[61] 말하자면, 범죄자는 고정된 범죄수법을 학습할 때까지 범죄수법에 약간씩의 차이를 보일 수 있다.

❷ 개인화 또는 서명(Personation or Signature)

개인화나 서명은 범행을 직접 범하기 위하여 필요한 행동과는 관련성이 없다. 개인화의 경우에 연쇄살인범은 범행에 따라서 반복적이고 거의 의식주의적인 행동이나 범행과는 직접 관련성이 없는 특이한 행동유형을 보여준다. 개인화는 주로 범죄현장에

---

60) D. Canter & L. Allison, Profiling property crimes, In D. Canter & L. Allison(Eds.), Profiling Property Crimes, Burlington, VT:Ashgate, 2000, p.3.

61) J. E. Douglas & C. Munn, Violent crime scene analysis, FBI Law Enforcement Bulletin, 1992c, pp.1-10.

범인이 남긴 서명의 형태로 존재한다.

서명은 범죄현장에 무엇인가를 남기거나 제거하기도 하며, 또는 벽에 글을 남기는 것과 같은 상징적인 행동유형을 의미한다. 서명은 살인사건의 경우에 가장 현저한 범인의 행동유형이다. 사체의 훼손이나 사체의 체형을 특이한 형태로 만들어 놓는 것과 같은 서명행동을 한다. 화성연쇄살인사건의 경우에 피해자의 몸 속에서 발견된 식사용 포크, 볼펜, 칫솔, 복숭아씨 등이 전형적인 범인의 서명형태이다. 아주 드문 경우에 서명은 DNA방화범(DNA torch)의 형태로 나타나기도 한다. 즉, 범인은 성폭행의 어떤 증거를 파괴하기 위하여 피해자의 성기부분에 가솔린을 붓고 피해자의 몸과 구조물 또는 자동차에 방화를 한다. 또한 서명은 연쇄강간범의 경우에 피해자에 대한 반복적인 지배, 속임수, 통제행동을 포함한다.[62] 서명은 흔히 범인의 특이한 인지적 과정과 관련이 있다는 의미에서 본다면, 수사관에게 범죄수법(MO)보다 더 중요할 수 있다.

❸ 연출하기(Staging)

연출하기는 경찰이 범죄현장에 도착하기 전에 범인이나 제3자가 의도적으로 범죄현장을 변질시키는 행동을 의미한다. 범죄현장에 대한 변질은 논리적으로 가장 진범으로 의심받는 용의자에게 수사방향이 향하지 못하도록 하거나 피해자나 그 가족을 보호하기 위해서 시도된다. 범인에 의한 범죄현장연출은 수사의 혼선을 초래하도록 범죄현장을 변질시키는 것을 말한다.

제3자에 의한 범죄현장 연출은 자기색정적 주검의 경우에 주로 발견된다. 자기색정적 주검은 타살이 아니라 자살이지만 피해자와 그 가족을 보호하기 위해 그 가족이나 친구 등이 범죄현장을 타살로 연출하는 것과 관련이 있다. 자기색정(Autoeroticism)은 상대방 없이 자기 혼자 성욕충족과 성적 흥분을 추구하는 행동을 말한다. 자기색정은 네 가지 유형, 즉 ① 가장 공통적인 자기색정적 목맴, ② 물에 의한 자기색정(Aquaeroticism), ③ 화학적 색정, ④ 자기질식에 의한 색정으로 나누어진다. 물에 의한 자기색정은 성적 흥분을 느끼기 위해서 익사 수준의 물을 사용하는 것을 말하고, 화학적 색정은 성적 흥분을 위해 가사상태(Erotic asphyxiation)가 될 수 있는 프레온(Freon) 같은 화학적 약물을 사용하는 것을 의미한다. 자기질식은 사람이 거의 의식을 잃을 정도로 의도적으

---

62) J. E. Douglas & C. Munn, Modus operandi and the signature aspects of violent crime, In J. E. Douglas, A., W. Burgess, & R. K. Ressler(Eds.), Crime classification manual, New York: Lexington Books, 1992b, pp.10-25.

로 질식을 시도하는 행동유형을 말한다. 이러한 네 가지 유형은 산소의 부족이 성적 흥분을 가져온다는 사실에 기초하고 있다. 미국에서는 심지어 올렌스피겔 소사이어터(Olenspiegel Society)라고 하는 가사상태의 색정을 추구하는 전국적 조직이 존재하는 것으로 알려져 있다.[63]

어떤 경우에 자기색정 방법은 목맴에 의한 질식사와 같은 주검을 초래한다. 자기색정적 주검은 30%가 나체 상태이거나 남자의 경우에는 여자 옷을 입고 있다. 그러한 상황에서 친구들이나 가족은 피해자를 보호하기 위해서 현장을 변질시키기도 하고 어떤 경우에는 심지어 살인으로 연출하기도 한다.[64]

2) 원상복구 시키기 또는 범행취소 심리 표출(Undoing)

원상복구 시키기는 범인이 범죄현장에서 심리적으로 살인을 하지 않은 것처럼 보이게 하려는 행동유형을 말한다. 그러한 행동 유형은 ① 피해자의 얼굴을 깨끗하게 세수를 시키고 옷을 단정하게 입히는 등의 정중한 예를 갖추거나, ② 사체를 침대에 옮기고 머리를 베개위에 올려놓고 담요나 이불을 덮어 놓는 형태로 이루어진다. 이러한 행동유형은 존속살해와 같이 범인이 피해자의 주검에 대하여 특히 곤혹스러움을 느끼게 될 때 발생한다. 또 다른 행동 유형은 범인이 피해자의 동일성을 확인할 수 없게 하기 위하여 사체의 얼굴에 대한 과도한 훼손 같은 비인간적인 행동으로 나타나기도 한다. 또는 피해자의 얼굴을 보자기나 검은 비닐봉투 등으로 가려 놓거나 얼굴이 아래쪽으로 향하도록 사체를 엎어 놓기노 한다.

연출과 원상복구 시키기 사이의 차이는 그러한 행동을 하는 이유에 있다. 원상복구 시키기는 범인이 심리적으로 살인행위를 하지 않은 것처럼 보이게 행동하는 것을 말하고, 연출은 범인이나 제3자가 범인의 범죄혐의를 회피하기 위해 범죄현장을 변질시키려고 시도하는 것을 말한다. 전형적으로 범인은 흉기의 지문을 제거하고 피해자가 자살한 것처럼 사체 가까운 곳에 그 흉기를 놓아두는 행동유형이 바로 연출이다.[65]

---

63) R. M. Holmes, Sex crimes, Newbury Park, CA: Sage, 1991, pp.8-17.
64) Bartol & Bartol, *op.cit.*, p.332.
65) *Ibid.*, pp.332-333.

(3) 범죄현장의 유형

1) 조직화된 범죄현장(Organized crime scene)

조직화된 범죄현장은 범인이 계획적·고의적으로 범행을 자행했다는 것을 보여주는 현장을 말한다. 범죄현장은 범인이 자신과 피해자를 통제했다는 단서를 남기는데, 피해자의 유괴와 은밀한 장소로 옮기기, 사체의 유기나 은익 등은 조직화된 범죄현장의 단서이다.

특히 조직화된 범죄자는 연쇄살인범인 번디(Bundy)가 젊고 매력적인 용모를 가진 여성들만을 선택하는 것과 같이 어떤 개인적 기준에 의해 피해자를 선택한다는 점이 특징이다. 이러한 범죄자들은 해수욕장, 대학 캠퍼스, 스키장 같은 아주 가시적인 장소에서 젊은 여성들을 성공적으로 납치하게 되는 데 이러한 행위는 범행이 상당히 계획적이고 고의에 의해 자행되었다는 사실을 입증한다.

미국의 FBI가 분류한 조직화된 살인범죄의 특징은 ① 계획적 범행, ② 범인과 피해자는 모르는 관계(비면식범), ③ 피해자에 대한 범인의 개인화, ④ 절제된 대화, ⑤ 범죄현장에 대한 통제단서, ⑥ 피해자의 승복을 요구, ⑦ 구속수단의 사용, ⑧ 살해 전에 공격적인 행동, ⑨ 사체은익, ⑩ 흉기와 증거 부재, ⑪ 피해자나 사체 유기 등으로 세분된다.

2) 비조직화된 범죄현장

비조직화된 범죄현장이란 살인범인이 고의나 계획 없이 범행을 함으로써 발생한다. 범죄현장에서 발견되는 단서는 범인이 충동이나 격정상태, 또는 극한적인 흥분상태에서 범행을 했다는 사실을 보여준다. 비조직화된 범인은 피해자를 우연히 만나고 특히 마음속에 특별한 기준 없이 피해자를 선택한다.

FBI에서 분류한 비조직화된 살인범인의 특징은 ① 우발적인 범행, ② 면식범, ③ 피해자에 대한 비개인화, ④ 대화의 최소화, ⑤ 무작위적이고 조잡한 범죄현장, ⑥ 피해자에 대한 돌발적인 공격, ⑦ 구속수단 사용 최소화. ⑧ 살해 후 성적 행동, ⑨ 사체비 은익, ⑩ 흉기와 증거 범죄현장에 존재. ⑪ 범죄현장에 사체방치 등이다.

3) 혼합된 범죄현장

혼합된 범죄현장은 조직화된 그리고 비 조직화된 범죄현장 측면의 성질을 모두 포함하고 있는 범죄현장을 말한다. 범죄는 주의 깊게 계획될지라도, 범행이 계획된 대로 안될 경우에는 비 조직화된 범행으로 악화된다.

조직화된 그리고 비 조직화된 분류 시스템은 그 분류기준이 직관적으로는 논리적일지라도, 그 효과성은 제한적이다. 분류기준대로 존재하는 범죄현장은 드물다. 따라서 범죄현장은 조직화된 범죄현장과 비 조직화된 범죄현장을 양극단으로 하는 연속선 상에 존재한다고 보는 것이 현실적인 것으로 보인다.

5. 범죄자 프로파일링

(1) 개 념

범죄자 프로파일링, 즉 유형분석(criminal profiling)이란 범죄행동은 범죄자의 성격을 반영한다는 전제에 기초한 수사기법이다. 개별 범죄행동패턴을 면밀히 분석한다면 행위자의 성격을 비롯하여 기타 교육정도, 경제적 상태, 사회성, 가족구성, 주거지역의 특성, 취미 등 인구사회학적 특성을 파악할 수 있다는 것이 범죄자 유형분석의 핵심적 본질이다.

범죄자 유형 분석은 이러한 전제에 기초하여 범죄현장, 특히 연쇄살인이나 강간같은 사건현장에서 범인의 특정이나 범행동기를 확인할 수 있는 유형적 증거나 수사자료가 부족한 경우에 무형의 증거, 즉 심리적 증거를 찾아서 범죄자 유형을 분석하는데 효과 적이다. 수사관은 범죄자 성격유형을 통하여 범인의 성장과정, 직업, 성격, 습관, 연령대, 현재의 가족환경 등 범인의 유형을 추정할 수 있다.

프로파일링 증거는 범행패턴의 유사성을 확인하여 이를 개인 동일성 식별 증거 또는 동일범에 의한 범행을 입증하기 위한 단서로 활용하는 경우를 의미하기도 한다. 또한 무형의 증거물로 수사방향을 설정하고 용의자를 축소할 수 있도록 하는 과학수사 기법으로 파악되기도 한다.[66] 따라서 범죄자 프로파일링은 범죄수법이나 범죄유형에 나타난 범인의 성격을 기초로 범인의 유형분석을 위한 수사기법을 말한다.

---

66) 권창국, 범죄자 프로파일링 증거의 활용과 문제점에 관한 검토, 형사정책연구원, 형사정책연구 제 13권 제4호, 2002 겨울호, pp.119-120.

(2) 범죄자 성격 프로파일

범죄자 성격 프로파일(criminal personality profile)은 어떤 범죄를 범한 개인의 성격 유형에 관하여 수사기관에게 특정 정보를 제공하기 위한 전문적인 시도를 말한다. 그 것은 범죄현장에서 수집한 정보와 피해자학 그리고 심리적 이론이 통합된 인물자료를 만들기 위한 준비과정을 포함한다. 프로파일은 용의자를 식별하고 특정하기 위한 가치 있는 도구가 될 수 있다. 그러나 프로파일은 살인현장에서 일반적으로 사용되는 수사 기법과 연결되어 사용되어야 한다.[67]

(3) 프로파일링의 목적

범죄자 프로파일링은 미지의 용의자가 체포될 수 있도록 그 성격유형을 수사관에게 제공하는 것이 목적이다. 범죄심리학자들은 심리학적 관점에서 범죄현장을 연구함으로 써 범죄현장의 증거항목들을 식별하고 해석할 수 있다. 그러한 범죄현장의 증거항목들 은 범죄자들의 성격유형이나 범죄자들에 대한 단서들을 제공할 수 있다. 범죄현장의 어떤 단서들은 분노상태, 증오, 애정, 두려움, 비합리성과 관련되어 있기 때문에 그 성 질상 보통의 증거수집기법으로는 수집되기 어렵다. 전문적인 포로파일러들은 사회학 적, 심리학적 전문 지식에 근거하여 범죄자 유형을 분석한다.[68]

(4) 프로파일링의 종류

1) 심리적 프로파일링(psychological profiling)

심리적 프로파일링이란 일반적으로 범죄자나 비범죄자를 불문하고 사람 또는 사람들 에게 내재하는 특이한 심리적 행동유형을 말한다. 심리적 프로파일링은 제2차 세계대 전 중에 전략정보국이 적국의 지도자들과 그들의 기질에 대한 유형을 분석하기 위해 처음으로 사용되었는데 그 내용은 적국의 지도자들이 선호하는 전략과 사고방식의 특 이성에 관한 것이었다.[69]

따라서 심리적 프로파일링은 범죄자의 성향을 설명하기 위해 필수적으로 개발된 것

---

67) Geberth, *op.cit.*, p.773.
68) *Ibid.*, p.774.
69) Bartol & Bartol, *op.cit.*, pp.334-335.

이 아니고, 어떤 분야의 사람들의 경향, 결점, 선호, 관심, 강점 등에 관한 광범위한 행동적 특징을 설명하기 위해 고안된 것이다. 그러나 심리적 프로파일링은 연쇄살인 사건과 강간사건 수사, 그리고 아동 성폭력, 방화, 유괴사건 수사에 있어서 아주 성공적인 것으로 증명되고 있다. 수사심리학은 전문적인 수사기법에 의한 범죄수사를 대신할 수는 없으나 범죄수사를 위한 유익한 정보를 제공할 수 있다.

모든 범죄자들은 범행수법 뿐만 아니라 특이한 심리적 유형을 소유하고 있다. 따라서 수사관들은 범행현장의 상황과 범행수법, 범행현장과 그 주변의 특징, 범행현장의 사진, 물리적 증거, 피해자나 목격자의 증언, 용의자에 대한 수사단서 등을 분석함으로써 범죄자에 대한 심리적 유형을 분석할 수 있다. 심리적 유형 분석은 범죄사건과 관련된 자료들이 부족한 경우에도 심리학적 지식과 이론들을 기초로 상당히 정확하게 범죄자의 심리적 유형분석을 할 수 있다.

2) 범죄자 프로파일링

범죄자 프로파일링(criminal profiling)은 범죄의 특징을 기초로 범죄자의 성격 특징, 행동 유형, 지리적 습관, 인구사회적 특징을 확인하는 과정을 말한다. 그것은 수사심리학의 부분으로서의 기술이나 활동이라고 볼 수 있다. 따라서 수사심리학은 범죄를 해결하기 위해 심리학적 연구와 원칙을 광범하게 적용하는 것을 말하고, 범죄자 프로파일링은 범죄자에 대한 신체적 특징, 심리적 특성, 습관에 초점을 두는 보다 좁은 활동을 의미한다. 범죄자 프로파일링은 범행현장 분석 또는 범죄수사분석과 같은 의미로 사용되기도 한다.[70]

3) 지리적 프로파일링(Geographical profiling)

지리적 프로파일링은 다양한 범행장소의 위치 및 범행장소 사이의 공간적 관계에 기초하여 식별되지 않은 범죄자의 다음 범행의 가능한 장소나 범행지역을 식별하는 방법이다. 따라서 그것은 수사관으로 하여금 범죄자에 의한 다음 범행이 발생할 가능성이 높은 장소나 지역을 수색함으로써 식별되지 않은 범죄자에 대한 범죄수사에 도움을 줄 수 있다.

범죄자는 자신이 익숙한 지역을 찾아서 그곳에서 피해자를 찾아 범행을 하는 것이 더 안정적이라는 생각을 가지고 있다는 데에서 지리적 프로파일링이 성립한다.[71] 지리

---

70) *Ibid.*, p.335.

적 프로파일링은 연쇄살인범의 추적뿐만 아니라 연쇄주거침입 절도와 같은 재산범죄자의 추적에도 유용하다.

4) 의심스러운 주검분석(Equivocal death analysis)

의심스러운 주검 분석은 변사자의 정서적 생활, 행동유형, 인지적 특징에 대한 재구성을 말한다. 이러한 의미에서 그것은 사후 변사자의 심리분석이며, 흔히 심리적 부검(psychological autopsy)이라고도 한다. 심리적 부검은 변사자의 주검이 자살인지, 자살이라면 그 이유가 무엇인지를 규명하려고 하는 것이다. 그것은 두 가지 측면, 즉 ① 프로파일링이 변사자를 대상으로 한다는 점, ② 사람의 신원이 이미 확인 되었다는 점에서 범죄자 프로파일링과는 다르다.[72]

5) 인종적 프로파일링(racial profiling)

인종적 프로파일링은 범행을 한 특정 개인의 행동이나 범행정보 보다는 인종, 민족, 또는 국적에 기초한 경찰 주도적인 활동 유형을 말한다. 범죄에 관한 다양한 프로파일링은 결국 인종, 민족, 국적에 따라 다르다는 것이 인종적 프로파일링의 개념이다.[73]

(5) 프로파일링 접근방법

1) 귀납적 접근법

❶ 개 념

귀납적 프로파일링(inductive criminal profiling)이란 강간살인이나 연쇄살인 등의 범죄가 발생한 경우 이미 확인된 유사한 유형의 범죄를 범한 범죄자의 특성과 관련된 경험적인 통계자료를 기초로 그 범죄자 유형을 분석하는 기법을 말한다. 따라서 귀납적 프로파일링은 과거사례, 범죄통계자료, 교육수준, 직업, 가족구성, 거주지역 등 인구사

---

71) R. T. Guerette, Geographical profiling, In D. Levingson(Ed.), Encyclopedia of crime and punishment, Thousand Oaks, CA:Sage, 2002, pp. 30-37.

72) D. A. Brent, The psychological autopsy: Methodological issues for the study of adolescent suicide, Suicide and Life Threatening Behavior4, 19, 1989, pp.43-57.

73) D. RamireZ, J. McDevitt, & A. Farrel, A resource guide on racial profiling data collection systems: Promising practices and lessions learned, Boston, MA:P Northeastern University Press, 2000, p.3.

회학적 각종 지표에 대한 통계자료 및 심리학적 성격유형자료 등이 기초가 된다.[74]

❷ 통계적 기법

귀납적 방식은 과거의 유사한 사건의 통계를 기초로 프로파일링을 작성한다는 측면에서 통계적 프로파일링이라고도 한다. 따라서 이 접근방식은 여러 변수를 결합하여 분석하는 다변량 분석 등의 기법에 의하여 자료를 확보한다.

❸ FBI의 실무기법

귀납적 프로파일링은 1980년대 미 FBI에서 심리학, 법과학 등의 지식을 활용하여 일반수사관들을 대상으로 프로파일링 기법을 교육시킬 목적으로 개발되었으며, 프로파일링에 대한 연방 및 각 주등 수사기관의 관심증대 및 보급필요성에 따라 다양한 형태로 발전하게 되었다.[75] 1985년 영국의 캔터 교수가 개발한 '수사심리학적 프로파일링', 즉 리버풀 프로파일링 역시 귀납적 프로파일링 유형에 속하는 기법이다.

❹ 전제조건

귀납적 프로파일링의 전제조건으로서 ⓐ 과거에 발생한 범죄와 관련된 제 특성은 현재 발생한 범죄 및 미지의 범인에게도 그대로 타당하여야 하며, ⓑ 비교대상이 된 과거에 발생한 범죄의 범인과 현재의 범인은 동일한 환경조건의 영향 하에 있어야 하며, ⓒ 인간의 행동에는 일정한 법칙성이 있고, 이를 통계적인 방법 등에 의하여 추측할 수 있어야 하며, ⓓ 농일한 범인의 연속범죄의 경우에 범인의 동기, 행동패턴 등에는 변화가 없어야 한다.

❺ 장 점[76]

ⓐ 범죄자 행동연구 또는 범죄수사에 필요한 법과학적 지식, 교육, 훈련 등에 숙달되지 않은 사람들도 활용하기 쉽다.

ⓑ 비교적 짧은 시간에 그다지 힘들이지 않고 일반적인 프로파일이 정리될 수 있다.

ⓒ 귀납적 프로파일링은 유사한 범죄현장으로부터 추론이 간단히 제시된다는 점에

---

74) Brent E. Turvey, Criminal Profiling: An introduction to behavioral evidence analysis(Sandiego: Academic Press, 1999), p.16.

75) *Ibid.*, pp.145-146.

76) 김성문, 강력범죄 우범자 관리를 위한 프로파일링 기법적용에 관한 연구, 강원대학교 박사학위 논문, 2007, pp.84-86.

서 시간이 오래 걸리지 않으므로 범죄의 잠재적 특성에 관한 빠른 프로파일 산출을 가능하게 한다.

❻ 단 점[77]

ⓐ 프로파일에 사용된 정보가 제한된 인구통계학적 샘플들로부터 일반화되어지는 경우가 있으며, 특정한 단일사건과는 무관할 수 있다. 따라서 부분을 가지고 전체를 일반화하는 통계학상의 오류가 발생할 수 있다.

ⓑ 가장 일반적으로 지적되는 단점은 귀납적 프로파일들이 오직 알려진 사람들, 즉 검거된 범죄자들로부터 수집된 제한된 데이터를 활용하여 일반화되고 평균화된다는 점이다. 하나의 귀납적 범죄자 프로파일은 미검 상태인 현재의 범죄자들을 충분하고 정확하게 포함하지 못한다. 이러한 특성으로 인해 귀납적 범죄자 프로파일은 지속적으로 법집행기관에 발각되지 않고 있는 교활하고 영리한 범죄 모집단 자료를 놓치고 있다.

ⓒ 모든 일반화가 그렇듯이 귀납적 범죄자 프로파일이 부정확성의 문제를 안고 있다. 이러한 부정확성은 무고한 사람들을 범죄에 연루시키는 오류를 범할 수 있다.

ⓓ 무고한 사람을 범죄에 연루시키는 오류는 비전문적인 프로파일러에 의해 프로파일링이 이루어질 때 발생할 가능성이 높다.

ⓔ 수사적 관점에서 가장 중요한 단점은 귀납적 범죄자 프로파일이 부적절할 수 있으며, 개별적인 범죄자에 적용시킬 수 있을 만큼 구체적이지 못한 경향이 있다.

2) 연역적 프로파일링

❶ 개 념

연역적 프로파일링(deductive profiling)이란 일정한 범죄사건 또는 일련의 범죄사건들과 관련된 각종 물적 증거 또는 범인의 행태적 증거를 분석하여 범인의 성격 등 제반 특성을 추론하는 기법을 말한다.[78]

❷ 특 징

귀납적 기법과 달리 일정한 범행유형과 성격유형 등을 설정하지 않고 개별 사건별로

---

77) 앞의 논문, pp.84-86.
78) Brent E. Turvey, *op.cit.*, pp.35-52.

파악되는 객관적 자료를 분석함으로써 구체적인 프로파일링을 확보한다. 연역적 프로파일링은 범행현장분석을 핵심으로 법과학적·행태적 증거에 근거한 범행재구성자료, 피해대상 및 피해자의 성격, 일상활동행태, 범행 시 활동내용 등 피해자학적 자료 등의 분석을 통하여 프로파일링 자료를 확보한다. 따라서 수사관의 개별 경험에 바탕한 자료수집, 분석 등 경험적 요소가 중요하다.[79]

연역적 접근법 중에서 가장 대표적인 방법론은 터비(Brent E. Turvey)가 개발한 '행동증거분석기법'이다.[80] 행동증거분석 기법은 시간이 많이 걸리고 수사실무부서들 사이에 고도의 노력과 협조가 필요하다는 점 등으로 인해 수사실무자들이 쉽게 활용하기 힘든 단점이 있지만, 프로파일링에 관한 경험적인 기초연구가 부족하고 범죄자 유형을 구분할 수 있을 만큼 자료가 축적되지 않은 상태인 한국사회의 수사현실에 보다 적합한 기법일 수 있다. 따라서 한국에서 주로 사용하는 기법이다.

❸ 전 제

범죄수법은 범인이 범행에 더욱 익숙해지고 환경적 변화에 따라 적응하는 형태로 변화함으로써 범죄수법의 진화형태를 보인다. 그러나 범인의 특정행동과 심리상태는 변하지 않는 항상성을 갖는다. 프로파일러는 범인의 심리상태와 결합된 행동패턴의 분석을 통하여 범인의 성격 등 범인의 개별적 특성을 확인한다. 따라서 프로파일링은 심리학, 범죄학, 피해자학, 사회학, 법과학 등 종합적인 지식이 요구된다.

❹ 프로파일 작성과정[81]

ⓐ 제1단계 : 자료수집 및 평가단계

프로파일러는 범행현장증거, 피해자관련 자료, 법과학적 분석자료, 수사기관의 각종 보고서, 사진 등의 영상이미지 자료 등을 수집하고 평가한다.

ⓑ 의사결정 및 평가단계 : 프로파일러는 지금까지 수집 및 평가된 자료를 기초로 소위 의사결정단계 및 범죄평가단계로서 범행상황을 재현하는 단계이다. 이 단계에서 프로파일러는 지금까지 확보한 자료를 조직화하여 범행유형, 범인의 1차적 의도, 피해자의 위험요소 및 정도, 범인의 위험감수의도, 범행시간, 장소선정의 이

---

79) 권창국, 앞의 책., pp.128-130.

80) Brent E. Turvey, *op.cit.*, p.1.

81) *Ibid.*, p.35.

유 등 범행과 관련된 제 요소의 형태와 그 이유를 합리적으로 설명하는 노력을 한다.

ⓒ **가설설정 단계** : 위에서 확보된 자료를 기초로 구체적인 프로파일링 자료를 작성하는 단계이다. 이 자료에는 범인의 성격 이외에도 교육수준, 지능 기타 정신적 기능, 범죄경력, 군복무 경력, 가족관계, 습관, 사회적 관심과 대상, 주거지와 그 환경, 차량 등 이동수단, 타인과의 사회적 관계 기타 수사상 조언 등이 포함된다.

ⓓ **피드백 과정** : 작성된 프로파일링 내용은 객관적 자료와 비교하는 환류과정(feedback)을 거쳐 최종적으로 일선 수사기관에 배포되고, 프로파일러는 수사진행과정에서 확보되는 추가자료 등을 고려하여 항시 프로파일자료의 불일치성을 해소하기 위하여 점검한다.

❺ 장 점82)

ⓐ 범죄자 프로파일링은 피해자학과 피해자, 범죄현장과 범죄자 간 상호작용의 성질을 탐구하기 때문에 아주 기괴하거나 혹은 외관상 중요하지 않은 범죄들에서도 개별 범죄자의 동기들을 매우 정확하게 지적할 수 있고 또한 계속적으로 발생하는 개별 범죄자들의 행동을 조사할 수 있다.

ⓑ 프로파일을 만들기 위하여 통계적 추론을 사용하지 않기 때문에 범죄행동을 평가할 때 비교문화적 측면에서 다양한 문화에서도 적용이 가능하다.

❻ 단 점83)

ⓐ 범죄현장 증거 등의 분석 및 프로파일 작성과정에서 프로파일러의 개인적인 역량에 지나치게 의존하게 됨으로써 이것이 객관적 기준에 따른 판단결과인지 여부에 대한 검증이 어려우며 전문 파일러의 양성에 많은 시간과 비용이 든다.

ⓑ 방대한 자료에 대한 분석과정을 통해 프로파일이 작성되므로 많은 시간이 소요된다.

ⓒ 귀납적 프로파일링과 마찬가지로 일선 수사기관의 경험적 판단에 따라 유효성을 검증하는 관계로 객관적인 유효성에 대한 검증이 어렵다.

ⓓ 프로파일의 정확도가 분석가의 이용가능한 정보의 양에 의해 직접적인 영향을 받는다.

---

82) 김성문, 앞의 논문, pp.84-86.
83) 앞의 논문, pp.84-86.

(6) 범죄자 프로파일 작성

1) 정신병리학적인 범죄유형

범죄자 성격유형은 아직 특정되지 않은 범죄자가 어떤 형태의 정신병리적인 범죄를 범한 경우에 주로 생산된다. 즉, 가학적인 성폭력, 내장적출, 토막살인, 무동기 방화, 색정범죄와 의식적인 범죄 등은 범죄자 성격 유형 대상범죄이다. 실무적으로 이용가능한 증거에 비추어 볼 때 특정되지 않은 범죄자가 정신적, 정서적 또는 성격적 일탈현상을 보이는 범죄의 경우에 범죄자 성격유형은 수사관에게 수사의 범위를 좁힐 수 있는 정보를 제공하는 도구가 될 수 있다. 범죄 그 자체가 아니라 범죄현장에서 증명된 범죄자의 행동특징이 범죄자 유형분석을 위한 사건의 적합성 정도를 결정한다.

프로파일러들은 초동수사단계에서 확보한 수사자료, 범죄현장 사진, 수사기관에서 제공한 범죄에 관한 예비정보를 기초로 하여 특정되지 않은 범죄자의 대략적인 신장, 몸무게, 체형, 나이, 직업, 가정환경과 같은 세부사실을 경찰에게 제공한다. 범죄자 유형을 생산하는 프로파일러들은 현장사진에만 의존하지 말고 범죄현장을 반드시 방문해서 현장의 특이한 느낌과 범행지역의 특성을 잘 아는 사건 담당 경찰관들과 의견교환을 하는 것이 중요하다.[84]

2) 범죄자 성격 유형 형성을 위한 기초

범죄자 성격 유형은 훌륭한 범죄현장 관찰과 프로파일러들에게 제공되는 적합한 정보를 기초로 형성된다. 이러한 과정을 용이하게 하기 위하여 수사관들은 다음과 같은 단계에 따른 조치를 취해야 한다.[85]

❶ 사건의 완전한 기록화

수사관은 흑백사진과 칼라 사진, 비디오 촬영과 범죄현장 스케치를 현장의 어떤 다른 절차를 취하기 전에 완료해야 한다. 사진은 클수록 좋고, 피해자가 입은 상처의 깊이와 크기에 초점을 두어야 한다.

---

84) *Ibid.*, pp.774-775.
85) *Ibid.*, p.781.

❷ 세밀한 현장 관찰

수사관들은 범인의 동일성에 관한 단서를 제공할 수 있는 어떤 법과학 물질과 기타 증거를 수집하기 위해 주의 깊고 완전한 현장관찰을 실시해야 한다.

❸ 피해자 배경에 관한 광범한 수사

피해자 배경에 관한 광범하고 완전한 수사가 경찰이 찾고 있는 용의자의 유형을 프로파일러들이 평가할 수 있도록 수행되어야 한다. 피해자에 대한 자료수집과 평가는 살인범죄수사를 위한 표준운영절차이다. 그러나 프로파일러의 관점에서 본다면, 피해자의 배경정보는 범죄자 유형분석에 있어서 더 큰 가치를 가진다.

❹ 프로파일 형성을 위한 필요 자료항목[86]

프로파일을 만들기 위한 자료는 범죄현장·피해자·시신위치 사진, 주택과 각 방실·범행지역 등의 사진, 인종, 민족, 피해자 이웃과 복잡한 관계에 관한 사회적 자료, 검시를 포함한 의료보고서로서 상처부위 전체사진, 독극물 보고서, 마약이나 알코올, 정자와 모발 존재여부, 시신훼손정도, 법의의 느낌 등과 같은 자료가 필요하다.

또한 사망 전에 피해자의 이동지도와 관련된 고용장소, 주거, 마지막 발견 장소, 범죄현장 위치 등의 자료, 사건에 대한 완전한 수사보고서를 구성하는 일시·위치 등에 대한 표준보고서, 사용된 무기나 흉기, 사건의 재구성, 목격자 면접내용 등에 관한 자료가 필요하다. 아울러 피해자 개인의 배경자료로서 나이, 성, 인종, 신체적 특징, 결혼상황, 지능과 학력정도, 생활양식, 성격특징, 과거와 현재의 주거, 직업, 가정과 직장 평판, 신체적·정신적 치료경력, 두려움과 개인 습관, 알콜이나 약물 사용여부, 취미, 친구와 적, 최근 재판사건 등에 관한 자료가 요구된다.

(7) 범죄현장과 프로파일

1) FBI의 범죄자 유형 분류

FBI의 행동과학 부서는 범죄자 유형에 대한 설명서를 개발했다. 이 부서는 살인범죄자의 유형을 조직화된 살인범과 비조직화된 살인범으로 이분화했다. 이러한 두 가지 범죄자 유형은 성과 관련된 살인범의 특징에 관한 뛰어난 설명서이다. 그러나 범죄현

---

86) *Ibid.*, pp.781-782.

장에서 발견되는 범죄자 행동유형은 두 가지 유형이 결합된 형태로 발견되는 경우가 대부분이다. 사실상 두 가지 프로파일이 혼합된 형태로 존재한다.[87]

2) 조직화된 범죄자 프로파일

조직화된 범죄자(organized offender)는 반사회적 성격에 빠져 있는 사람에 비교될 수 있다. 구체적으로 말한다면, 사이코패스의 특징을 보여주는 것이 조직화된 범죄자 유형이다. 이러한 범죄자 유형의 특징은 다음과 같다.[88]

① 평균 이상의 지능, ② 사회적으로 유능, ③ 숙련된 직업 선호, ④ 성욕의 과잉, ⑤ 상류층 출신, ⑥ 아동기의 가벼운 훈육, ⑦ 안정적인 부친 직업, ⑧ 통제된 정서상태의 범죄행위, ⑨ 범행과 함께 음주, ⑩ 상황적 긴장상태 고조, ⑪ 배우자나 동거자 등 동반자 존재, ⑫ 차량 이용 이동, ⑬ 매스컴의 범죄보도 추적, ⑭ 전직이나 주거지 이탈

3) 비조직화된 범죄자 프로파일

비조직화된 범죄자(disorganized offender)는 정신분열증이나 망상증과 같은 정신병질 소유의 행동 특성을 보여주는 것이 특징이다. 그 특징은 다음과 같다.[89]

① 평균 이하의 지능, ② 사회적으로 부적합, ③ 비숙련 직업, ④ 성적인 무능력, ⑤ 하류계층 출신, ⑥ 불안정한 아버지 직업, ⑦ 아동기 엄격한 훈육, ⑧ 격정상태나 분노상태의 범행, ⑩ 최소의 음주, ⑪ 상황적 긴장의 최소화, ⑫ 짝없는 외톨이, ⑬ 범죄현장 근처에 거주, ⑭ 매스컴에 무관심, ⑮ 유의한 행동변화

4) 범죄현장 차이

❶ 조직화된 범죄자 프로파일

ⓐ 계획된 범행, ⓑ 불특정인 대상 범행, ⓒ 피해자의 인격화, ⓓ 통제된 대화, ⓔ 범죄현장에 대한 통제, ⓕ 피해자의 승복을 요구, ⓖ 피해자 감금, ⓗ 살해 전에 공격행동, ⓘ 시신은익, ⓙ 흉기와 증거 부재, ⓚ 피해자나 시신 다른 장소 이동

---

87) *Ibid.*, pp.790-791.
88) *Ibid.*, p.791.
89) *Ibid.*, p.791.

❷ 비조직화된 범죄자 프로파일

ⓐ 우발적인 범행, ⓑ 특정인 대상 범행, ⓒ 피해자 비인격화, ⓓ 대화의 최소화, ⓔ 어지럽고 혼란한 범죄현장, ⓑ 피해자에 대한 갑작스런 공격, ⓖ 피해자 감금 등 신체구속 최소화, ⓗ 살해 후 성행위, ⓘ 시신노출, ⓙ 증거와 흉기 등 범죄현장 존재, ⓚ 시신 살해현장에 방치

(8) 범죄자 프로파일 활용실태

1) 미 국

미국은 1978년 버지니아주의 콰티코에 위치한 FBI 아카데미의 국립 강력범죄분석센터 산하 FBI 행동과학부에 심리학적 프로파일링 교육과정을 신설하였으며, 프로파일링에 관한 각급 수사기관의 교육훈련 및 지원업무 등을 담당하였다. 그리고 각 관할 경찰의 책임자나 수사책임자의 지원요청이 오면 행동과학부서의 행동분석반이 이를 전담하여 지원활동을 하고 있다.

1984년부터 1991년까지 전문교육을 이수한 프로파일러를 양성하였고 1991년에 교육과정이 종료된 이후에는 이 교육과정의 졸업생들이 주축이 되어 국제범죄수사 분석과정을 창설하여 프로파일러의 양성 및 자격인증제 등을 운영하고 있다. 1982년 이후 FBI 행동과학부의 프로파일러들은 강간살인범, 살인, 강간범 등에 대한 프로파일링을 작성하였으며, FBI방식의 프로파일링 기법인 '범행현장 분석기법'을 개발하였다.[90] 오늘날은 FBI 이외에도 기타 연방 및 각 주의 수사기관에도 독자적인 프로파일러를 양성·보유함으로써 범죄자 프로파일링을 수사에 활용하고 있다.

2) 영 국

영국은 내무성 내의 경찰연구그룹이 프로파일링 등 범죄분석의 연구를 총괄지휘하고 있고, 경찰대학의 범죄지원 연구센터가 이를 지원하는 시스템을 갖추고 있다. 1985년 당시 런던경찰청 범죄수사국에서 더피(John Duffy)사건으로 불리는 연쇄강간살인사건에 대하여 캔터(David Canter)교수에게 수사협조의뢰를 하였고, 캔터 교수가 범죄자 프

---

90) 유혁상·권창국, 주요 선진국의 과학적 수사기법의 도입과 활용방안 연구, 한국형사정책연구원 연구총서 04-38, 2004, pp.182-183.

로파일링을 제공함으로써 범인을 검거하게 되었다. 이후 캔터 교수는 FBI 방식과는 다른 '수사심리학적 프로파일링'을 개발하였으며 이때 리버풀대학에 재직 중이었으므로 '리버풀 방식 프로파일링'이라고 한다.[91]

3) 일 본

일본은 1995년에 우리나라의 국립과학수사연구소와 유사한 경찰청의 부속기관인 국립과학경찰연구소에서 프로파일링에 대한 본격적인 연구를 시작하였다. 미국 FBI 방식의 프로파일링에 대한 연구를 시작으로 영국 리버풀 대학의 캔터 교수의 수사심리학적 프로파일링 기법인 '리버풀 방식'에 관한 논의를 하기에 이르러 본격적인 연구를 하게되었다. 이후 통계적 분석방법에 의하여 데이터베이스를 구축하고 개개 사건의 심리분석과 지리학적 프로파일링에 대한 연구 등을 중점적으로 진행하고 있다.[92]

국립과학경찰연구소의 범죄행동과학부 수사지원연구실이 프로파일링 업무를 전담하고 있으며, 발생사건 정보와 과거에 해결한 사건의 정보를 이용하여 범죄행동분석을 실시하여 피의자 특정이나 피의자 거주영역 등을 추정하는 등의 범죄수사지원 업무를 수행하고 있다. 이 연구실은 범죄자 프로파일링 외에도 범죄자의 심리나 특수한 범죄에 대한 연구도 담당하여 연쇄범죄가 아닌 1회성 범죄라도 범죄자 프로파일링의 대상으로 하는 경우도 있다.

(9) 활용대상 범죄

① 불특정인을 상대로 한 가학적이거나 연쇄적인 성폭행, 연쇄살인(심각한 사체 훼손, 사체 성폭행), 동기없는 연쇄방화, 치정, 원한 등에 의한 살인 등에 대하여 범죄자 프로파일링을 활용할 수 있다.

② 일반적인 강도, 단순절도, 폭력이나 대부분의 재산범죄들은 범죄자 프로파일링을 활용하기에 적절하지 않다.

---

91) David Canter, Offender Profiling and Investigative Psychology, Journal of Investigative Psychology and Offender Profiling, 2004, p.2

92) 오형석, 범죄자 프로파일링의 효율성 제고에 관한 연구, 원광대학원 경찰행정학과 석사논문, 2007, p.85.

6. 아동학대

(1) 개 념

　아동학대란 모든 형태의 학대와 방치를 말하고 육체적 학대, 성적 학대, 방치, 가족 유괴 등 다섯 가지 유형으로 구분된다. 우리나라의 경우 아동학대는 방임, 신체학대, 정서학대, 성학대, 유기, 중복학대 등으로 구분되고 있다.

(2) 아동학대 실태

1) 미 국

　경험적인 연구에 의하며, 미국의 경우에 약 아동 7명 중에 1명(일천 명 당 138명)이 아동기 동안의 어떤 때에 학대를 받는 것으로 분석되고 있다. 그러나 신고된 아동학대 피해자 수는 1천 명 당 약 12명으로 보고되고 있으며. 지난 10년 동안 비교적 일정비율을 유지하고 있다.

　미국 보건복지부에 의하면, 모든 아동피해자의 63%가 방치에 해당되며, 약 19%가 신체학대 피해아동이다. 또한 약 10%가 성적 학대 피해아동이며 나머지 8%는 정서학대 피해아동이다. 정서학대는 신고 되지 않는 경우가 많아 차지하는 비율이 낮은 것으로 분석된다. 또한 피해아동의 25% 이상이 중복학대 피해 아동이다. 그러나 2천명의 아동을 대상으로 실시된 연구는 정서 학대가 가장 많고, 소년과 소녀는 성적 학대를 제외하고 비슷한 학대율을 보이고 있다.

　신생아와 3세 사이의 아동들이 가장 높은 비율의 아동피해자화 대상이며, 아동의 나이가 많아지면서 피해자화 비율은 감소한다. 아동학대자들은 대부분 여성이다. 피해아동의 87% 이상이 부모나 부모 중의 한편으로부터 학대를 받는다. 가장 공통적인 학대유형은 어머니의 아동방치 형태이다. 성적 학대의 경우에는 피해아동의 55% 이상이 잘 아는 남자 성인으로부터 학대를 당한다. 성적 학대 피해아동은 여자 아동이 남자 아동의 4배에 달한다.

　2001년 도에 약 1,300명의 아동들이 학대와 방치로 사망했으며, 전체 인구에서 아동 십만 명 당 약 1.81명이 사망한 것이다. 그러나 아동학대로 인한 사망률은 실제보다 아주 낮게 평가된 결과이다. 아마 실제 아동학대 사망자는 십만 명당 2천명에 근접할 것으로 보인다. 매년 아동학대로 실제 사망하는 아동수자를 확인하는 것은 아주 불가능한 일이다. 학대로 인한 아동사망은 사고나 아동급사 증후군의 결과라는 이름으로 아마 신고율이 낮은 것으로 분석된다.[93]

2) 한 국

우리나라의 경우에 2001년부터 2008년까지 8년간 아동학대 상담신고는 약 2.3배, 학대피해아동 보호건수는 약 2.6배 증가한 것으로 보고되고 있다. 8년간의 아동학대행위는 80% 이상이 가정에서 부모에 의해 발생했으며, 학대유형 중에서 방치(방임)가 30% 이상을 차지하였다. 아울러 학대로 인한 사망 아동수는 연평균 8명 이상이었다. 아동학대 발생빈도는 학대가 거의 매일 발생한 경우가 50.2%로 가장 많았으며, 2-3일에 한번 발생한 경우가 11.3%로 나타났다.

아동학대 사례를 유형별로 분석한 결과 방임이 2,237건(40.1%)으로 가장 높은 비율을 차지하였고, 두 가지 이상의 학대가 함께 발생하는 중복학대가 1,895건(34.0%), 정서학대 683건(12.2%), 신체학대 422건(7.6%), 성학대 284건(5.1%), 유기 57건(1.0%) 순으로 나타났다. 8년간의 연도별 발생 추이에도 방임과 중복학대가 매년 가장 많은 비중을 차지하고 있으며, 특히 방임의 경우 전체 보호건수 중 차지하는 비중이 매년 증가하고 있는 실정이다.

피해아동의 연령분포는 초등학생에 해당하는 연령인 만 7-12세 사이의 아동이 전체의 50.0%를 차지한다. 이처럼 초등학생 학대가 많이 발견되는 이유는 영유아와는 달리 초등학생의 경우에 학교 등 외부에 노출되어 있는 시간이 많아 가정 내에서 발생한 학대 흔적이 쉽게 발견되기 때문인 것으로 분석할 수 있다.[94]

(3) 아동학대에 대한 원인분석

1) 학대자의 잔인성

흥미롭게도 애완동물 학대와 아동학대가 문제가정에서 함께 발생한다는 점이다. 아동에게 잔인하고 비인간적인 사람은 역시 애완동물에게도 흔히 잔인하고 비인간적이다. 아동학대자들은 비밀리에 아동을 혼내주거나 처벌하기 위해, 또는 배우자가 당국에

---

93) Bartol & Bartol, *op.cit.*, pp.305-306.
94) 보도자료, 지난 8년간 아동학대실태 분석 결과, 보건복지부, 2008.5월1일, pp.1-5.

아동학대 사실을 신고하지 못하도록 하기 위해 애완동물을 해치겠다고 위협하거나 실제로 죽이기도 한다. 또 다른 연구에서, 보호시설에서 보호를 받고 있는 여성의 반 이상이 상대 남자가 애완동물을 해치거나 죽였다고 신고했으며, 애완동물을 해칠까 두려워서 보호시설에 오는 것을 연기했다는 사실을 고백했다.

2) 문초슨 증후군(munchausen syndrome)

아동학대의 비정상적이며 심각한 유형은 대리인에 의한 문초슨(허풍선이) 증후군이다. 허풍선이 증후군은 보통 어머니, 또는 부모들이 거짓 증상이나 부모에 의해서 직접 강요된 증상을 가지고 아동을 계속 그리고 만성적으로 병원에 데려가는 아동학대유형이다. 허풍선이 증후군 그 자체는 거짓 신고, 또는 고의로 자초한 상처의 증상에 대해 만성적이고 과도한 병원치료를 시도하는 현상이다. 허풍선이 현상은 모든 사회경제적 수준의 가정에서 발생하며, 피해자는 유아와 8살 아동 사이의 아동이 대부분이다. 학대자의 98%가 어머니이며, 아버지는 허풍선이 현상을 대부분 알지 못한다. 피해아동은 남녀 구분 없이 거의 비슷한 수를 차지한다.[95]

문초슨 학대 어머니는 의료문제에 대해 아주 잘 알고 있으며, 의료기술에 대한 환상을 가지고 있다. 또한 자신이 가짜 질병을 치료한 역사를 가지고 있으며, 스스로 건강 전문가일 수 있다. 어머니는 아동의 건강에 대해 지나치게 염려하고 검사나 치료 동안 아이의 곁을 떠나기 싫어한다. 허풍선이의 또 하나의 중요한 증상은 치료에 반응하지 않거나 지속적이고 설명되지 않는 이상한 과정을 따르는 일련의 의료조건이 아동에게 재발한다는 점이다. 대상아동은 신체적, 또는 임상적으로 설명이 불가능하거나 병력과 일치하지 않는 아주 이상한 병적인 증상에 시달린다. 극한적인 경우에 부모는 아동을 아사상태로 만들고, 아동을 거의 질식시키고, 출혈을 위해 성기나 항문에 상처를 입히고, 실험실 검사를 하기 전에 아동의 소변 샘플에 어머니의 피를 넣고, 실험실 검사에서 이상증세가 나오도록 대변채취시 지방을 추가하거나 심지어 아동의 정맥에 오염된 물질을 주사한다. 극한적인 형태의 학대는 아동에게 심각한 상해를 초래하거나 심지어 사망을 가져올 수 있다.

---

95) J. B. Murray, Munchausen syndrome/Munchausen syndrome by proxy, The Journal of Psychology, 131, 1997, pp.343-350.

3) 유아 흔들기 증후군

아동 학대의 또 하나의 형태는 분노상태의 부모나 보호자가 아동의 머리에 심각한 상해가 발생할 정도로 아주 심하게 아이를 흔드는 증상이다. 이러한 학대의 빈도에 관한 정확한 통계는 없을 지라도, 머리 외상이 학대 아동에 대한 50% 이상의 주된 사망원인이 되고 있으며, 이 중에 아이 흔들기가 포함된다. 아동학대와 방치에 의한 모든 죽음의 10~12%는 아동 흔들기가 원인이다. 아동 흔들기의 행위자의 70~80%는 남성이며, 대부분 아동의 아버지이다. 아동은 남녀 구분없이 비슷하게 피해자가 되며, 흔들기 학대 아동이 모두 죽는 것은 아니지만, 많은 아동들이 뇌성마비, 실명, 벙어리, 발작, 학습무능력, 혼수상태와 같은 심각한 뇌손상을 당한다.[96]

아동기의 학대와 방치는 미래의 비행과 성인 범죄 가능성을 40%까지 증가시킨다. 더 구체적으로 학대받거나 방치된 아동은 청소년 범죄로서 체포될 가능성을 50% 이상 증가시키고, 성인의 경우에 범죄행위, 특히 폭력범죄로 체포될 가능성을 38%까지 증가시킨다. 청소년 범죄자의 체포 가능성은 학대와 방치된 아동들이 그렇치 않은 아동들보다 1.9배 더 높고, 성인 범죄자의 경우에 체포가능성은 1.6배 더 높다. 또한 심리적·정서적 문제는 학대와 방치된 아동들 사이에 더 심각하다. 특히 학대와 방치된 아동들은 그렇지 않은 아동들보다 자살을 시도할 가능성이 높고, 반사회적 성격장애에 대한 기준을 충족시킬 가능성이 더 높다.

4) 신생아 살해와 아동살해

미국의 경우에 매년 부모들이 고의로 약 1,200명 내지 1,500명의 아동을 살해하는데 이는 전체 살인사건의 약 12% 내지 15%를 차지한다. 캐나다는 2001년 한 해에 18세 이하의 아동 69명이 살해되었는데 이는 전체 살인사건의 12%를 차지한다. 미국과 캐나다의 경우에 살해된 아동의 약 3분의 2는 가정구성원이 범인이며, 대부분 부모들이 범인이다. 세계적으로 발생하는 아동살해의 대다수는 부모들이 자기 자식을 살해하는 결과이다. 흥미롭게도 미국은 18개 선진국 중에서 한 살 이하의 유아 살해의 다섯 번째 순위를 차지한다.[97]

12개월 이하의 유아들이 호주, 영국, 캐나다, 미국에서 가장 높은 피해자화 비율을

---

96) Bartol & Bartol, *op.cit.*, p.309.
97) Bartol & Bartol, *op.cit.*, p.310.

차지한다. 영국의 경우에 한 살 이하의 유아들이 어떤 나이 그룹에 비해 살인사건의 피해자가 될 가능성이 적어도 두 배에 해당되고, 대부분의 경우에 범인은 생부이다.[98]

캐나다의 경우에 6살 이하의 아동들은 목조르기나 구타의 결과로서 살해된다. 영국의 경우에 영아살해의 3분의 2는 질식이나 흔들기와 신체학대 방법의 결과이다. 캐나다의 경우에 6-8살의 피해아동의 32%와 15-17세의 피해아동 50% 이상이 총기에 의해 살해된다.[99]

아동살해는 두 개의 범주로 나눌 수 있다. 신생아 살해(neonaticide)는 태어난 지 24월 이내에 살해되는 것을 의미하고, 자식살해(filicide)는 24개월 이상 된 아동살해를 의미한다. 신생아 살해는 어떤 문제를 처리하기 위한 시도를 표상하고, 자식살해는 부모의 우울증이나 불가항력적인 감정의 반영 결과이다.[100]

신생아, 유아, 그리고 1살에서 4살 사이의 아동은 5~9살 사이의 아동들보다 더 살해되기 쉽다. 5살 이하의 살해된 아동들 중에 31%는 아버지에 의해 살해되고, 30%는 어머니에 의해, 23%는 남자 친지에 의해, 6%는 기타 친척에 의해, 3%는 잘 모르는 사람에 의해 살해된다. 아버지 보다는 다른 어떤 사람에 의해 살해된 아동들 중에 82%는 남성에 의해 살해되고, 살해된 아동의 대부분은 남자 아동이었다.[101]

영아살해는 남성과 여성 모두에 의해 발생하지만, 경험적인 연구와 법체계는 이러한 범법자들을 다르게 보는 경향이 있다. 더욱이 경험적인 연구는 영아살해를 하는 남자보다 여성을 대상으로 더 많은 조사를 한다. 전통적으로 아동을 살해하는 여성에 대해서 법체계와 정신보건 전문의는 심각한 정서문제로 고통을 받는 것으로 인정함으로써 정신이상이나 정신병자로 처리한다. 그러나 아동을 살해하는 남성은 아주 사악한 인간으로 취급된다.[102]

윌친스키(A. Wilczinski)에 의하면, 아동을 살해하는 여성은 미친 것이 아니라면, 도덕적으로 결점을 가지고 있거나 보호본능이 없는 냉담한 인간임에 분명하다. 말하자면,

---

98) F. Brookman & J. Nolan, The dark figure of infanticide in England and Wales: Complexes of diagnosis, Journal of Interpersonal Violence, 21, 2006, pp.869-889.

99) Bartol & Bartol, *op.cit.*, p.310.

100) P. J. Resnick, Murder of the newborn: A psychiatric review of neonaticide, American Journal of Psychiatry, 126, 1970, pp.1414-1420.

101) Bartol & Bartol, *op.cit.*, p.310.

102) A. Wiczynski, Mad or bad? Child killers, gender, and the courts, British journal of Criminology, 37, 1997, pp419-436.

이러한 여성들은 미치거나 사악한 사람이다. 어머니는 자식들에 대해서 사랑, 온정, 이타적이고 보호적인 형태로 행동해야 한다. 자식에 대한 어머니의 이러한 도식으로부터 일탈, 즉 자식을 살해하는 행위는 정신병이어서 동정을 받을 필요가 있거나 근본적으로 사악하고 냉담한 인간이기 때문에 중벌을 받을 필요가 있다. 1938년에 제정된 영국의 영아살해법은 유아를 살해하는 어머니는 아마 정신장애와 정신병 상태에 있을 것이라는 가정에 기초하고 있다. 오늘날에도 영국 법원은 어머니는 정신질병으로 유아를 살해한다는 근거아래 유아살해 사건을 계속 기소하고 있다. 간단히 말해, 영국의 형사사법 체계와 아마 미국 전체가 아동을 살해하는 어머니는 미치고 비정상적인 상태에 있으며, 자식을 죽이는 아버지는 사악하고 정상적인 상태에 있다고 취급한다.[103]

월친스키(Wilczynski)는 자식을 살해한 어머니가 정신장애 상태에 있었다는 연구 결과를 발표했다. 영국과 웨일즈에서 1971년과 1989년 사이에 발생한 어머니의 12개월 이하의 유아살해사건으로 기소된 22건의 사건은 14건이 어머니가 정신장애 상태에 있는 것으로 밝혀졌다. 이들은 본질적으로 훌륭한 여성이자 어머니였지만, 무엇인가 비극적으로 잘못된 상태에 있었다.[104]

레스닉(Resnick)에 의하면, 자식을 살해하는 어머니의 3분의 2는 정신병 상태이며, 신생아 살해 어머니의 17%가 정신병상태이다. 자식살해(filicide) 어머니의 대다수는 심각한 우울증에 시달리고 있었고, 신생아 살해(neonaticide) 어머니의 경우에 아주 극소수가 우울증 증세를 보였다. 또한 자식살해 어머니의 3분의 1은 자살을 시도하지만, 신생아 살해 어머니는 거의 자살을 시도하지 않는다.[105]

보다 최근에 이루어진 영국과 캐나다를 대상으로 한 비교연구에서 얻은 자료에 의하면, 자식을 살해한 혐의로 기소된 어머니는 보통 진단가능한 정신장애상태에 있었으며, 살해 당시에 자신의 생활과 관련된 많은 스트레스로 인한 혼란상태에 있었다. 또 다른 연구에 의하면, 진단가능한 정신장애상태에 있는 어머니는 그렇지 않은 어머니보다 무기를 사용하여 자식을 살해하는 경향이 강하다.

맨(C. R. Mann)에 의하면, 자식살해는 어머니의 범죄전과와 관계가 있다. 유치원 수준의 아동을 살해한 26명의 어머니 중에서 40%는 범죄로 인한 체포기록을 가지고 있

---

103) *Ibid.*, pp.419-436.
104) A. Wilczinski, Images of women who kill their infants: The mad and the bad, Women & Criminal Justice, 2, 1991, pp.71-88.
105) Resnick, *op.cit.*, pp.1414-1420.

었으며, 어떤 사람은 15회에 걸친 비행으로 체포된 기록을 가지고 있었고, 또 다른 사람은 6회의 중범죄로 체포된 기록이 있었다. 어머니의 25%는 폭력범죄로 체포된 기록 소유자였다. 더욱이 25명 중에 12명은 법원이나 사회봉사기관이 처리한 아동학대 전력을 가지고 있었다. 피해 아동의 대부분은 목욕탕(30%), 침대(26%)에서 보통 일요일 아침에 살해되었다. 살해방법은 80%가 손이나 발에 의한 질식이나 목조르기, 또는 익사였다. 4~5세의 아동은 더 잔인한 방법으로 살해되는 경향이 있었다.[106]

2000년에 이루어진 돕슨과 새일즈(Dobson & Sales)의 연구에 의하면, 태어난 지 24시간 이내의 영아를 살해하는 어머니가 심각한 정신질병 상태에 있다는 확실한 증거는 거의 없다. 아울러 태어난 지 24시간 이후에 유아를 살해하는 어머니가 정신능력 감소나 정신이상의 필요조건을 충족시키는 증상을 보이지 않는다.[107] 그러나 어떤 여성의 경우에 잠재적인 정신질병이 자식살해에 영향을 미칠 수 있다는 사실을 과소평가해서는 안 된다. 자식살해의 경우에 어떤 어머니는 정신질병이나 심각한 정신장애 상태에 있는 것으로 관찰된다.

요약컨대, 연구자들은 어머니의 유아살해 연구에 많은 에너지를 투자했으나, 이러한 행동의 설명을 위한 일치된 결과는 거의 없다. 초기의 연구는 유아살해는 심각한 정신장애상태의 결과라고 주장하지만, 최근의 연구는 이러한 결론에 동의하지 않는다.[108]

---

106) Bartol & Bartol, *op.cit.*, p.312.
107) V. Dobson & B sales, The science of infanticide and mental ilness, Psychology, Public Policy, and Law, 66, 2000, pp1098-1112.
108) Bartol & Bartol, *op.cit.*, p.313.

제8장 새로운 형태의 범죄

제1절 증오범죄

1. 범죄의 개념과 유형

(1) 새로운 유형의 폭력범죄

타인에 대한 증오는 주로 어떤 요인으로 인한 분노의 결과이다. 개인이 자신의 이익이나 행복에 직·간접적으로 어떤 사람들이나 집단이 장애요소가 된다면, 이는 행위자를 화나게 하고 증오심으로 발전할 수 있다. 증오는 단순히 인간의 심적 상태이기 때문에 증오범죄(hate crimes)는 폭행, 강간, 강도, 그리고 살인같이 피해자에게 육체적인 폭력이 가해지는 전통적인 폭력범죄의 범주에 해당하지 않는다. 그러나 최근에 범죄학자들은 증오범죄를 폭력범죄의 새로운 하나의 형태로 다루기 시작했다. 따라서 이 새로운 폭력범죄 형태인 증오범죄의 개념과 특징에 대한 연구가 요구된다.

1998년 가을 동성애 대학생 세파드(Matthew Shepard)가 납치되어 심한 폭행을 당한 후 와이오밍(Wyoming)의 대농장 울타리에 영하의 기온 속에서 묶여져 있다 의식이 없는 상태로 발견되어 5일 후에 사망하는 사건이 있었다. 그를 살인한 22살의 맥컨니(Aaron J. McKinney)와 헨더슨(Russell A. Henderson)은 세파드의 부모들이 베푼 자비에 힘입어 종신형이 선고되었는데 세퍼드 사건은 동성애자들을 증오하는 사람들에 의해 살해된 증오범죄사건이다.[109]

---

109) *Ibid.*, pp.343-344.

(2) 개 념

증오범죄 또는 편견 범죄(bios crime)는 단지 범죄대상들이 특이한 인종적, 민족적, 종교적, 또는 성적인 정체성을 소유하고 있다는 이유로 증오의 대상이 되어 폭력이 가해지는 반사회적 행위를 말한다.[110] 증오범죄는 특정집단의 사람들이 행위자의 이익이나 행복에 실제 장애요소가 될 경우도 있겠지만, 실제로는 자신의 이익이나 삶에 아무런 관계가 없으나 단지 특정집단에 대한 편견에 의해 폭력이 가해지는 범죄를 의미하는 것으로 정의하는 것이 더 정확할 것 같다. 따라서 미국의 경우에 증오범죄는 백인만 사는 지역에 이주해온 소수민족의 교회나 묘지의 훼손 또는 괴롭힘과 같은 형태로 발생하기도 하며 주로 저항능력이 없는 다루기 편리하고 힘없는 대상들을 공격 표적으로 삼는다. 증오범죄의 또 하나의 표적이 되는 대상은 동성애자들이다. 동성애자에 대한 공격(gay bashing)은 미국 사회에서 공통적인 현상이다.[111]

또한 특정 종교에 소속된 사람들은 줄곧 공격의 표적이 되어 왔으며, 외국의 근로자들이나 인디안 이주자들이 증오 범죄의 표적이 되어 온 것은 오래된 일이다. 캘리포니아에서 멕시코 근로자들이 공격받아 살해되었으며, 뉴저지에서 인디안 이주자들이 인종적 증오의 대상이었다.[112] 증오범죄는 전통적인 소수집단을 표적으로 이유 없는 폭력을 가하는 것일지라도, 정치적·경제적 경향이 이러한 형태의 폭력을 유발할 수 있다. 아시아인들은 아시아계 미국인들의 경제적 성공뿐만 아니라 일본과 한국의 성장하는 경제력에 분노하는 집단들에 의해 공격의 표적이 되어 왔다.[113]

2. 증오범죄의 유형

증오범죄의 유형, 더 정확하게는 증오범죄자의 유형은 다섯 가지 유형으로 분류된다. 그 유형은 ① 스릴추구 유형, ② 조직화된 유형, ③ 사명적 유형, ④ 반응적 유형, ⑤ 갈등확인 유형 등으로 나누어진다.

한편, 맥데빗과 레빈(McDevitt & Jack Levin)은 증오범죄를 그 동기에 따라서 ① 스

---

110) *Ibid.*, p.345.

111) *Ibid.*, p.345.

112) Charles Patrick Ewing, When children kill)Lexington, Mass:Lexington Books), 1990, pp.65-66.

113) Mike McPhee, "In Denver, attacks stir fears of racism," Boston Globe, 10 December 1990, p.3.

릴추구 유형, ② 사명추구 유형, ③ 반응적 유형 등 세 가지 유형으로 분류한다.[114]우리는 맥데빗의 유형을 중심으로 살펴보기로 한다.

(1) 스릴 추구적 증오범죄(thrill-seeking hate crimes)

자신에 대한 정체성이 확립되지 않은 청소년들은 함께 모이면 무엇인가 흥미진지하고 스릴있는 구경거리를 만들려는 성향이 강하다. 스릴 추구적 증오범죄는 청소년들과 집단범죄 형태로 발생하고, 그들은 심리적, 또는 사회적 쾌락을 위하여 증오범죄를 범한다. 특히 일탈성향이 있는 청소년들은 폭력적인 수단에 의해서 짜릿한 감정을 느끼려고 한다. 다른 사람들에게 고통을 가하고 짜릿한 스릴을 맛보는 가학성적인 폭력이 증오범죄의 동기가 된다. 범죄자들은 피해자를 거의 모르고 낙서에 의한 증오, 언어적, 또는 물리적 폭력을 행사한다.

(2) 반응적 증오범죄(reactive hate crimes)

반응적 증오범죄는 보호받아야 하는 신분의 개인들이 향유해야 하는 것들을 보호하고 방어해야한다는 신념으로 인해 발생하는 범죄유형이다. 증오범죄의 공격자들은 오히려 피해자들이 자신들의 공동체와 삶의 터전을 위협하기 때문에 이를 방어하는 차원에서 피해자에 대한 공격이 불가피하다고 합리화한다. 따라서 이 유형은 일반적으로 경제적, 심리적, 또는 지역적 위협과 관련이 있다. 예를 들어, 비행집단의 십대들은 자기 지역에 이주해오는 다른 인종이나 소수민족들이 나쁜 사람들이기 때문에 그들을 저지하기 위해서 반응적인 증오범죄를 범한다고 주장한다.

(3) 사명적 증오범죄(mission hate crimes)

사명적 증오범죄자들은 자신들을 법집행기관과 동일시하거나 당국이 증오범죄에 대한 권한을 주었다는 신념아래서 범행을 하는 유형이다. 그들은 극한적인 수단을 사용하여 증오집단을 제거하려 한다. 이 유형의 범죄자들은 병적인 증오심에 사로잡혀 있기 때문에 살인을 포함하여 아주 폭력적인 범죄를 범할 수 있다. 사명적 증오범죄는 피

---

114) Jack McDevitt, "The study of the chracter of civil rights crimes in Massachusetts(1983-1987)", Paper presented at the annual meeting of the American Society of Criminology, Reno, Nevada, November 1989, pp.7-10.

해자들을 야구 방망이로 무차별 공격하는 것과 같이 가장 폭력적인 수단을 동원하는 것으로 알려져 있다.

따라서 사명적 증오범죄자들은 대부분 성격장애자들로서 증오범죄를 세계의 악을 제거하기 위한 자신들의 임무라고 주장한다. 사명적 증오범죄자들은 1970년대의 스킨헤드(삭발한 집단)나 쿠클랙스 클랜(KKK단: 천주교도, 유대인, 흑인 공격 비밀결사), 그리고 백인 지상주의 같은 비밀결사 집단들로서 다른 신앙과 다른 민족의 사람들이 그들의 인종적·종교적 순수성을 위협하기 때문에 증오대상을 공격하는 것이 하나의 사명이라고 확신한다.[115]

보스톤 경찰의 기록을 기초로 연구한 레빈과 맥데빗(Levin & McDevitt)에 의하면, 스릴추구 범죄가 전체의 58%에 해당할 정도로 증오범죄의 가장 공통적인 현상이며, 그들은 대부분 폭력을 동원한다. 반응적 증오범죄는 예기치 않은 시간과 장소에서 우발적으로 피해자들에게 폭력을 행사하는 것으로 나타났으며 전체의 약 42%를 차지한다.[116]

3. 증오범죄의 특성

(1) 특정집단의 불특정 다수에 대한 범죄

증오범죄는 주로 이해관계나 면식관계가 없는 사람 사이에서 발생하는 것이 하나의 특징이다. 증오범죄의 범죄대상은 그 동기에 따라서 특정집단의 구성원이 범죄의 표적이 되지만, 그 구성원이 구체적으로 누구이냐는 문제가 되지는 않는다. 세계적으로, 특히 미국의 경우에 인종편견, 종교적 신념에 의한 편견, 성적 지향에 대한 편견, 그리고 민족·국가에 대한 편견, 장애자에 대한 편견 등이 증오범죄의 동기로 작용한다. 물론 미국의 경우에도 전체사회나 개인적 원한 등이 동기로 작용하는 증오범죄가 발생하기도 하나 그 점유비율이 아주 미미한 수준에 지나지 않는다.

반면에 우리나라에서 발생하는 증오범죄는 빈부격차 같은 사회적 불만, 또는 개인적 원한이나 치정 등과 같은 것이 범죄의 동기가 되고 있는 경우가 대부분이다. 특히 인종편견이나 종교편견, 성적지향, 민족이나 국가편견 등과 같은 것이 범죄의 동기로 작용

---

115) Jack Levin and Jack McDevitt, Hate crime:The rising Tide of Bigotry and Bloodshed(New York:Plennum), 1993, pp.30-33.
116) *Ibid.*, p.345.

하는 경우는 거의 찾아보기 힘들다. 따라서 우리나라의 경우에는 증오범죄의 대상이 특정집단의 구성이라고 말하기는 어렵다. 다만, 가진 자에 대한 반감, 여성의 냉대에 대한 여성혐오 등이 범죄의 동기로 작용할 경우에 그 동기에 따라서 편견의 대상에 해당되는 불특정 다수가 범죄의 대상이 된다. 미국의 경우에 증오범죄의 대상이 되는 집단은 객관적이지만, 한국의 경우에 그 대상집단이 상당히 주관적이라는 점이 특징이다.

예를 들자면, 다음과 같은 연쇄살인 사건들은 범죄동기와 관련된 집단에 해당되는 사람들이라면 누구나 범죄대상이 되고 있다는 사실을 증명한다. 1975년 10월 17명을 살해한 혐의로 체포된 김대두는 사회냉대에 대한 불만으로 노인, 여성, 어린이 등을 가리지 않고 범죄대상으로 삼았으며, 2004년 7월에 21명을 살해한 혐의로 체포된 유영철 역시 이혼으로 인한 여성혐오, 사회불만 등이 동기가 되어 주로 여성을 범죄대상으로 삼았다. 2006년 4월 13명을 살해한 혐의로 체포된 정남규의 일명 "서울판 살인의 추억", "비오는 날의 목요일 밤의 괴담" 사건 또한 사회불만과 살인충동이 동기가 되어 주로 여성 중에서 불특정 다수를 범죄대상으로 선택하는 특징을 보였다.

(2) 증오집단의 존재

증오범죄는 특정 증오집단과는 연계되지 않은 개인 범죄일 수도 있고, 어떤 증오집단(hate group)에 소속된 한 사람 이상의 구성원들에 의해 저질러질 수도 있다. 그런데 증오범죄는 주로 특정 증오집단에 의해서 저질러지는 사건이 많다는 점이다. 특히 미국을 비롯한 대부분의 서구국가에서 발생하는 증오범죄는 증오집단이 조직화되어 지속적으로 특정대상들만을 골라 범행을 자행하는 것으로 밝혀지고 있다.

증오집단이란 유사한 견해를 가진 사람들로 결성된 조직으로서 어떤 형태의 조직구조를 갖추고 있으며, 편견이나 증오의 대상이 되는 피해자들에 대한 차별 또는 폭력을 지지하거나 참여하는 사람들로 구성되어 있다. 증오집단에 의해 자행되는 증오범죄는 모든 증오범죄의 10~15% 정도를 차지하지만, 범행은 가장 잔인하고 지속적이다. 이러한 증오집단은 전 세계에 걸쳐 인종차별, 성차별, 동성애 혐오증 등 다양한 동기와 관련되어 일종의 조직의 형태로 존재한다.

미국의 저명한 시민 연구집단으로 알려져 있는 남부 빈곤층 법률센터(Southern Poverty Law Center)의 조사에 의하면, 미국에서 현재 활동 중인 증오집단은 751개에 이르는 것으로 집계되고 있다. 미국의 증오집단은 일반적으로 여섯 개의 범주로 분류될 수 있다. 즉, 클란(Klan), 신나치주의, 스킨헤드(Skinhead), 기독교 일체성주의자(Christian Identity), 흑인 분리주의자(Black Separatist), 신 남부연합주의자(Neo-Confederate) 등으로 구분된다. 클란(Klan)은 KKK(Ku Klux Klan)의 전통적인 이념을 추종하는 집단으로서 백인 분리주의와 백인의 우월성, 반 카톨릭과 반유태주의(Anti-Jewish)를 강조한다. KKK는 1865년 미국의 남북전쟁 직후 결성되어 노예생활을 하던 흑인들을 협박하고 범죄를 저지르기 시작한 인종편견 증오범죄 집단이다. 비록 오늘날 그 세력이 약화되어 클란(Klan)으로 그 명맥이 유지되고 있기는 하지만 여전히 강력한 증오집단이다. 신나치주의는 아돌프 히틀러를 강력하게 추종하는 집단으로서 나치의 인종주의와 반유태주의 신념을 신봉한다.

한편, 스킨헤드는 신 나치주의와 유사한 신념을 추종하지만, 그 구성원 자격을 십대와 젊은 사람들에게만 한정한다는 것이 특징이다. 신 백인우월주의 집단인 스킨헤드는 1960년 영국의 노동자 집단이었으나 그 이후에 고등학교를 중퇴한 10대와 20대들로 구성되어 독일, 미국, 러시아에서 백인 이외의 타 인종집단을 집중적으로 공격대상으로 삼는다. 특히 러시아에서 가장 적극적으로 활동하고 있는 이들의 표적은 자국 내의 유색인종만이 대상이 아니라 전 세계의 흑인, 유태인을 비롯하여 아시아인들, 심지어 게이, 레즈비언같은 동성애자, 낙태지지자들도 포함된다.

기독교 일체성주의자들의 구성원들은 성경에서 선택한 민족으로서 백인만을 구성원 자격을 인정하고 유대인을 사탄(악마)과 동일시 한다. 한편, 신 남부연합주의자들은 남북전쟁 전에 남부에서 추종하던 인종주의 원칙을 부활하려는 집단이다. 이러한 증오집단의 구성원들이 최근에 보고된 다양한 증오범죄의 대부분을 범한 것으로 밝혀졌다.117) 서구사회에서 부각되고 있는 또 하나의 증오집단은 동성애자들을 대상으로 하는 사람들이다. 이 집단은 주로 게이 남성을 목표로 범죄를 범하고 있으며, 동성애자 학대를 게이 배싱(gay-bashing), 또는 페그 배싱(fag-bashing), 퀴어 비팅(queer-beating) 등으로 표현할 정도로 남성 동성애자들을 범죄표적으로 삼고 있다. 게이를 표적으로 하는 증오범죄는 살인·약탈과 같은 강력범죄에서부터 다양한 형태의 폭력이 가해진다.

---

117) Gilbert, *op.cit.*, p.427.

(3) 저항불능자의 피해자화

증오범죄자들은 증오를 불러일으킨 동기에 따라서 특정집단의 구성원들을 범죄의 대상으로 선택한다. 그러나 그 구성원들 중에 맞붙어 저항할 수 없는 편리하고 힘없는 사람들을 범죄의 표적으로 삼는다는 것이 특징이다. 따라서 연쇄살인은 대체로 힘이 없는 여성이나 어린 소년, 또는 노인들을 대상으로 한다는 점이 특징이다. 특히 여성들을 대상으로 하는 사건이 많고, 대체로 사회불만이나 여성혐오 같은 증오나 복수심이 범죄의 동기라는 점이 특징이다.

다음과 같은 외국의 연쇄살인 사건들은 대부분 여성이나 어린이들을 범죄대상으로 삼고 있다. 2001년 7월에 이란의 성지 마샤드(Mashad)에서 17명 이상의 매춘부들이 에이즈를 감염시켰다는 이유로 증오에 의한 연쇄살해 당한 일명 거미인간 살인사건, 여성에 대한 증오와 복수심에 의해 자동차에 편승하여 여행하는 젊은 여성 5명을 살해하고, 자신의 어머니까지 살해한 후 그녀의 머리를 화살던지기 과녁판으로 사용한 켐퍼(Edmund Kemper), 또한 1982년과 1985년 사이에 48명의 여성을 연쇄살인하고 20년 후인 2001년 4월 DNA 과학수사기법에 의해 체포된 일명 '녹색강 살인마(Green River killer)'라고 하는 게리 릿지웨이(Gary Ridgeway) 역시 여성들만을 표적으로 선택하였다.[118]

한국의 경우에 사회냉대와 불만으로 1975년 17명을 살해한 김대두 역시 노인, 여성, 어린이 갓난아기 등 힘없고 저항능력이 없는 대상들을 범죄대상으로 선택했고, 1990년 사회불만과 가진 자에 반감으로 6명의 노인을 살해한 지춘길, 2003년과 2004년에 걸쳐 노인과 여성 등 9명 을 살인한 정두영, 2004년 7월 서울에서 노인과 여성 등 21명을 연쇄살인한 혐의로 검거된 유영철, 또한 2006년 4월 13명을 살해한 혐의 로 체포된 정남규 역시 힘없는 어린이와 부녀자들만을 범죄대상으로 선택했다.

(4) 인터넷 증오사이트의 확산

악성댓글 또는 악성 리플(reply)은 인터넷을 통한 의사소통이 일상화되면서 익명성을 통한 악질적인 글들이 특정대상에 대한 증오심을 유발하는 도구로 이용되고 있다. 2005년 이후 우리나라는 이러한 악플로 인하여 자살을 유발하는 사고가 유명 연예인들

---

118) Siegel, *op.cit.*, p.335.

을 중심으로 줄줄이 발생했다.

인터넷에는 음란사이트에 이어 '증오사이트'가 증가하면서 전 세계적으로 증오심을 확산시키는 중요한 도구로 이용되기 시작했다. 이러한 증오사이트는 전 세계의 백인들에게 우월주의를 심어주고 유색인종들에게 조롱과 멸시, 조소를 퍼붓는다. 중국의 한 20대 사업가가 만든 반 CNN사이트(anti-cnn.com)는 티베트에 우호적인 해외언론 및 기업의 사례를 취합함으로써 그들에 대한 증오감을 조장하고 관련 기업 제품의 불매운동과 시위를 주도하기도 하였다. 또는 증오집단은 이슬람에 대한 증오를 조장하기 위해 무슬림이 등장하는 '자살폭탄게임'을 제공하는가 하면, 미국에 대한 증오를 부채질하기 위해 미국으로 불법 월경하는 멕시코인에게 총격을 가하는 '보더 패트롤(border patrol)'이라는 온라인게임 사이트도 등장하였다. 우리나라의 경우 2008년 봄에 벌어진 미국 쇠고기 수입반대 촛불시위 역시 미국을 증오하는 인터넷 증오사이트의 영향이라고 분석되기도 한다.[119]

미국의 경우에 증오집단의 수는 지난 십년 동안 놀라울 정도로 증가하였다. 이들 집단들은 사회 전반에 그들의 영향력을 증가시키기 위하여 인터넷과 인종주의 락 음악(rock music)을 이용하기 시작하였다. 지난 십년 동안 증오집단의 웹 사이트의 수는 폭발적으로 증가함으로써 국경을 초월하여 증오집단의 영향력이 전 세계를 지배하기에 이르렀다. 최초의 증오 웹 사이트는 1995년에 신 나치주의 집단에서 개설한 것을 시작으로 하여 오늘날은 유사한 증오 사이트가 500개에 이르고 있는 것으로 보고되고 있다.[120]

국내의 증오, 엽기 사이트 역시 실제로 사람을 죽이는 장면의 동영상인 '스너프 필름(Snuff film)'이라는 것을 띄워 놓을 정도로 그 혐오정도가 심각한 상태인 것으로 알려져 있다. 이 사이트는 이러한 사람을 죽이는 동영상을 제작하는 사람들이 주로 인종차별주의자들이라는 점이 큰 문제로 지적되고 있다. 이들 사이트 중에는 평화분위기를 가장하여 회원을 유치하지만, 한 번 가입한 회원은 마음대로 탈퇴할 수도 없다.

---

119) 아시아경제, 2008.7.29.
120) Gilbert *op.cit.*, p.427.

4. 증오범죄 실태와 형사정책

(1) 증오범죄의 실태

1) 미 국

미국은 증오범죄와 관련 증오집단의 존재와 증오와 관련된 피해자 집단이 특정되어 있는 것이 특징이다. 또한 증오범죄의 심각성을 인식하고 증오범죄를 형사사법상의 독립적인 범죄유형으로 법제화하여 대응하고 있다. 이미 앞에서 언급한 바와 같이 증오범죄는 증오집단과 연계되지 않은 특정 개인의 단독범행일 수도 있고 어떤 증오집단의 구성원들이 증오대상들을 공격하는 범행일 수도 있다. 그러나 미국은 대체로 증오범죄를 증오집단과 연결하여 자료를 수집하고 수사하는 것이 일반화되어 있다. 그러면 미국의 증오범죄 실태를 살펴보기로 한다.

2000년 한 해 동안 미국의 법집행기관은 증오와 관련된 9,430건의 범법행위, 9,924명의 피해자, 그리고 7,530명의 범법자들을 처리했으며, 이 중에 8,063명이 증오범죄 행위자라고 발표했다. 이러한 증오범죄로 인해 19명이 살해되었으며, 이 중 10명은 인종편견, 6명은 민족이나 국적에 대한 편견, 2명은 성적 지향에 대한 편견, 그리고 1명은 종교적 편견이 살해의 원인이었다. 또한 2000년도 경찰에 보고된 3,000건의 증오범죄 사례에 대한 분석은 약 60%가 협박이나 단순 폭행형태의 폭력행위를 포함하며, 40%는 재물손괴 형태의 재산범죄이다. 이 범죄중의 약 60%는 인종편견, 14%는 종교편견, 13%는 성적 지향, 11%는 민족편견, 그리고 1%는 피해자 무능력에 의해 발생했다. 시설파괴와 재산범죄는 종교적 편견에 의해 발생한 증오범죄의 산물이지만, 인종, 민족, 그리고 성적 지향에 의한 증오범죄는 폭력행동에 더 의존하는 것으로 밝혀졌다.

증오범죄의 피해자는 전체적으로 사람, 기업, 기관, 또는 사회 전체가 해당되는 것으로 파악되었다. 2004년 통계를 보면, 모든 증오범죄 3건 중에 거의 2건의 피해자는 사람이었으며, 이는 전체 증오범죄의 62.4%에 해당하였다. 그 다음으로 재산범죄가 37%였고, 0.7%가 전체사회에 대한 범행인 것으로 나타났다. 또한 2004년도 통계자료에 의하면, 증오범죄의 원인별로는 인종편견이 53.8%, 종교편견이 16.4%, 성적지향 편견이 15.6%, 민족국가편견이 13.3%, 그리고 장애자 편견이 0.8%이었다.[121]

---

121) Bartol & Bartol, *op.cit.*, pp.19-20.

증오범죄의 가장 잔인한 사례는 1998년 6월 초 어느 날 텍사스(Texas)에서 발생한 당시 49세의 미국 흑인 제임스 바일드(Janmes Byrd Jr.,) 사건이다. 그는 가족 파티를 하고 걸어서 집으로 향하고 있는 중에 백인 지상주의자들로 알려진 세 명의 백인들로부터 차를 같이 타고 가자는 제안을 받았다. 범죄자들은 그를 차에 태우고 먼 비포장도로를 향하여 달렸고 그곳에서 엄청난 폭력을 행사한 후 그의 발목을 픽업 트럭에 매달고 도로를 따라서 끌고 가기 시작하였다. 그의 몸은 도로위에 산산조각으로 찢어져 흩어졌고 경찰은 현장에서 그의 머리, 목, 오른 팔, 몸통, 신발, 지갑, 기타 인체조각들을 발견하였다. 1마일 거리의 도로위에는 혈흔이 마치 아교처럼 고착되어 있었다.[122]

2) 한 국

증오범죄는 상대방에 대한 증오나 편견에 의해 발생하는 범죄이다. 이러한 개념에서 본다면, 우리나라에도 분명히 증오범죄는 존재한다. 그러나 미국과는 달리 증오집단이 존재하지 않고 법적으로 증오범죄를 독립된 범죄유형으로 규정하지 않고 있다는 점에서 미국과는 분명한 차이를 보인다.

따라서 우리나라의 증오범죄는 증오나 편견에 의한 범죄로서 증오집단의 구성원이 아니라 개인의 단독범행의 차원에서 증오범죄를 다루어야 할 것으로 보인다. 개인이 사회적 불만이나 여성혐오 또는 가진 자에 대한 불만 등이 증오심을 불러일으키는 경우는 어느 나라에서나 존재하기 마련이다. 이미 앞에서 살펴본 바와 같이 김대두, 지춘길, 온보현, 정두영, 유영철, 정남규 등의 연쇄살인은 사회나 여성에 대한 증오심의 결과라는 점에서 분명히 증오범죄에 해당한다. 또한 약 10년 동안 경기도 화성지역에서 발생한 연쇄강간 살인 역시 그 범죄수법의 잔인성과 변태성으로 보아 여성에 대한 증오심을 가진 자의 증오범죄로 추정된다.

그렇다면 우리나라의 경우에 보복이나 사회불만, 또는 현실불만이 범행동기가 되어 발생한 범죄의 실태는 어떠한 지 통계자료를 통하여 분석해 보기로 한다. 2008년 대검찰청의 범죄분석 자료에 의하면, 살인, 강도 강간, 방화 등을 포함하는 전체 범죄건수는 83,387건으로 그 중에 증오심을 유발하는 범행동기에 의해서 발생한 보복범죄가 3,332건(0.28%), 현실불만 동기범죄가 9,483건(0.5%)이었다. 또한 흉악범죄에 해당되는 살인은 총 968건 중에 보복 73건, 현실불만 44건이며, 강도는 3,129건 중 보복 33건,

---

122) *Ibid.*, pp.19-20.

현실불만 25건이었으며, 강간은 9,632건 중에 보복 23건, 현실불만 4건, 방화는 998건 중에 보복 28건, 현실불만 108건이었다.[123]

이러한 분석에서 분명한 것은 원한이나 치정, 또는 여성혐오 등에 의한 보복이든, 가진 자나 사회 전체에 대한 불만이든 우리나라에도 분명히 증오나 편견에 의한 증오범죄가 분명히 존재한다는 사실이다. 또한 증오집단의 구성원들에 의한 범죄가 아니라 연쇄살인이나 연쇄강간, 또는 방화같은 개인적인 단독범행이 증오범죄의 중심을 이루고 있다는 사실을 알 수 있다.

(2) 미국의 증오범죄에 대한 형사정책

1) 증오와 편견에 관한 특별법 제정

1989년 미국 의회는 FBI로 하여금 증오나 편견범죄에 관한 자료를 수집할 수 있는 권한을 법제화하였다. 그 법은 1990년 4월 부쉬(George Herbert Bush)의 서명을 받은 「증오범죄 통계법」으로서 FBI로 하여금 인종, 종교, 성적 지향, 또는 민족으로 인한 편견이 동기가 되어 어떤 개인이나 집단에게 가해지는 폭력범죄, 협박, 방화, 또는 재산침해에 관한 자료를 수집할 것을 요구하는 내용이 중심을 이루고 있다. 그러나 이 연방법률은 성차별적 편견에 의한 증오범죄를 법률상의 증오범죄로 포함시키지 않았다.[124]

또한 1994년 9월에 「폭력범죄 통제와 단속법(Violent Control and Law Enforcement Act)」은 「증오범죄 통계법」에 물리적·정신적 장애를 증오범죄의 범주에 추가하였으며, 이러한 장애자 편견 자료수집은 1997년 1월에 시작되었다. 또한 1994년에 의회는 증오범죄에 해당되는 범죄로 인정될 경우에 보다 장기형을 선고하는 「증오범죄 선고강화법(Hate Crimes Sentencing Enhancement Act)」을 통과시켰다.

뒤이어 증오범죄와 관련된 법제화는 더욱 광범하게 이루어졌다. 1991년 10월과 1996년 5월 사이에 110건의 교회방화사건이 연방정부 당국에 보고되었는데 화재는 유대교회당(synagogues), 이슬람사원(mosques) 그리고 남부의 흑인 교회당을 대상으로 발생했다. 이 사건은 증오집단의 행위라고 판단하여 「교회 방화 예방법」을 제정하는 계기가 되었으며, 미국 의회는 증오범죄 통계법에 교회방화와 관련된 자료를 수집하는 조

---

123) 대검찰청, 2008, pp.301-302.
124) Bartol & Bartol., *op.cit.*, pp.18-19.

항을 포함시키게 되었다. 또한 1999년에 의회는 연방 정부 당국이 성적지향, 성별, 또는 신체적 장애를 이유로 증오범죄를 수사하고 기소하도록 하는 「증오범죄 예방법(Hate Crime Prevention Act)」을 통과시켰다. 이 법으로 증오범죄에 관한 처벌의 범위는 더욱 확대되었다.[125]

2) UCR과 NIBRS의 증오범죄 자료관리

미국의 경우에 증오범죄의 자료수집과 통계적 관리를 위한 법을 제정하고 FBI에서 자료수집 프로그램을 채택하여 관리하고 있다는 사실은 국가적으로 얼마나 증오범죄를 심각하게 인식하고 있는가를 입증한다. 미국은 증오범죄와 관련된 자료수집과 자료이용을 위한 「증오범죄 통계법(the Hate Crime Statistics Act)」을 제정하고 이 법을 준수하기 위해 FBI가 「UCR(the Uniform Crime Reporting) 증오범죄 자료수집 프로그램」을 확립하여 주와 지방정부의 법 집행기관들에 대한 증오범죄의 자료수집을 통제하고 관리하고 있다.[126]

증오범죄 통계법과 더불어 증오범죄 자료수집은 11개 전통적인 범죄를 대상으로 하고, 두 개의 주요 범주로 구분되고 있다. 즉, 두 개의 주요 범죄의 범주는 사람에 대한 범죄와 재산에 대한 범죄로 구분된다. 또한 사람에 대한 범죄는 살인, 강간, 중폭행, 단순폭행, 협박 등이 해당된다. 한편 재산에 대한 범죄는 강도, 침입절도, 치기사범, 자동차 절도, 방화, 그리고 재물 손괴 등이 포함된다. 주와 시·군의 법집행기관은 복사본, 프로피 디스크, 마그네틱 테이프, 또는 전자적인 방법과 같은 다양한 수단에 의하여 자료를 UCR에 제출하는 것으로 법제화하고 있다[127]

FBI의 증오범죄 보고 프로그램은 UCR의 분기별 사건보고 형태와 NIBRS(National Incident-Based Reporting System) 형태의 두 가지로 이루어지는데 대부분의 경찰기관이 증오범죄에 대해 분기별 보고, 즉 UCR보고를 하지만 거기에는 가해자와 피해자에 대한 정보가 거의 없다. 대신에 NIBRS는 증오범죄 사건, 관련 가해자와 피해자, 피의자, 재산피해, 그리고 그 이상의 많은 정보를 수집한다. 따라서 NIBRS는 1995년과 2002년 사이에 주와 지방 정부의 활용도가 지속적으로 증가하고 있으며, 법 집행기관

---

125) *Ibid.*, p.19.
126) http://www.as.wvu.edu/%7Ejnolan/nibrshatecrime.html. Analysis of NIBRS Hate Crimes(1995-2000)
127) Bartol & Bartol, *op.cit.*, p.19.

들은 1995년에 단지 5%만이 NIBRS에 증오범죄 자료를 보고했으나 2002년도에는 거의 20%가 자료를 보고했다는 점에서 증오범죄 자료 수집과 활용의 중심으로 자리 잡고 있다.[128]

3) 증오범죄 수사 전담기관의 설치

증오범죄의 심각성과 광범성 때문에 미국의 많은 법집행기관들은 증오범죄의 확산을 예방하기 위해 특별한 노력을 기울여 왔다. 증오범죄 수사의 초점은 범죄자의 동기 입증에 있으며, 그 동기 입증 책임은 수사기관에 있다. 따라서 수사관들이 발생한 범죄에 대하여 증오범죄 여부를 결정해야 하는 경우에 고도의 전문성을 갖추고 있어야 한다. 인종, 종교, 성적 지향, 기타 보호되는 요인들을 소유하고 있다는 이유로 특정인이나 집단을 피해자화하는 범죄자의 심리적 구조를 이해하고 범죄에 대한 질문기술을 개발해야 한다. 또한 증오범죄 수사관들은 후배 수사관들에게 새로 출현하는 증오범죄 관련 법규와 수사기술을 교육하는 책임을 져야 한다.

이러한 변화에 따라서 많은 경찰기관들은 증오범죄 여부를 결정하고 수사하는 특별 수사팀을 설치하여 증오범죄 수사를 전담시키고 있다. 1980년에 보스톤과 뉴욕 경찰당국은 편견에 의한 범죄수사를 담당할 부서를 설치하여 증오범죄 혐의가 있는 곳에서 수사를 개시하고, 또한 피해자들을 원조하고 '인권위원회(the Comission on Human Rights)'와 '게이ㆍ레즈비언 협의체(the Gay and Lesbian Task Force)' 등과 같은 관련 조직들과 협력관계를 유지히고 있디. 이리한 기괸들은 중재, 교육, 그리고 다양한 형태의 예방활동을 통하여 비 범죄적 편견사건까지 처리한다. 또한 뉴욕시 경찰국 증오범죄사건 전담팀은 22명의 수사관으로 구성되고, 로스엔젤리스 경찰국의 증오범죄 전담팀은 19명의 수사관으로 구성되어 있다.

증오범죄의 의심을 받을만한 사건이 신고되면, 수사관들은 그 사건이 증오범죄로 분류되어야 하는지를 결정하기 위해서 모든 확보된 정보를 검토해야 한다. 미국경찰의 증오범죄 수사 전담팀은 다음과 같은 질문들을 개발하여 증오·편견범죄여부를 식별하고 공식적인 수사를 하기 전에 활용할 정도로 증오범죄 수사에 많은 노력을 기울이고 있다.

① 피해자는 증오범죄 표적 집단의 구성원이었는가?

② 피해자와 범죄자는 분명히 다른 집단의 구성원인가?

---

[128] http://www.as.wvu.edu/%7Ejnolan/nibrshatecrime.html. Analysis of NIBRS Hate Crimes(1995-2000)

③ 만일 피해자와 범죄자가 동일집단의 구성원이라면 범죄행위가 발생할 수 있었을까?

④ 범인이 편견적인 언어, 몸짓, 또는 글로 표현하였다는 증거가 있는가?

⑤ 범인은 범죄현장에 편견관련 대상물이나 상징물을 남겼는가?[129]

4) 증오범죄에 대한 무거운 처벌

미국의 거의 모든 주는 증오범죄를 억제하기 위한 법안을 제정했다. 39개주는 폭력적인 증오범죄 처리 법률을 통과시켰으며, 19개 주는 특별히 증오범죄 자료 수집을 강제하는 조항을 추가했다. 또한 거의 모든 주의 법률과 연방법은 편견이나 증오범죄를 범하여 기소된 범인에 대하여 가중처벌 조항을 입법화했다.[130]

그런데 문제는 증오범죄를 복수나 탐욕, 또는 분노에 의한 범죄보다도 엄하게 처벌하는 것에 대한 타당성에 관하여 의문이 제기된다는 점이다. 어떤 사람들은 증오범죄를 다른 범죄보다 더 무겁게 처벌하는 것이 불공정한 처사라고 비판한다. 분노나 탐욕에 의한 고의적인 살인과 증오에 의한 살인은 모두 고의적으로 타인의 생명을 빼앗는 결과를 초래한 것이므로 후자를 더 중하게 처벌할 이유가 없다는 것이다. 마찬가지로 다른 이유로 백인이 백인 여성을 강간한 것이나 증오를 이유로 백인이 다른 인종의 여성을 강간한 것이나 범행의 결과에 있어서 차이가 없는데도 증오에 의한 강간범을 더 무겁게 처벌할 이유가 없다는 것이다.

그러나 로렌스(Lawrence)는 그의 저서 「미국의 법률 하에서의 증오범죄처벌」(Punishing Hate: Bias Crimes Under American Law)에서 증오범죄자들을 다른 동기로 동일한 유형의 범죄를 범하는 사람들보다 더 엄격하게 처벌해야 한다고 주장한다. 증오범죄에 대한 엄격한 처벌의 정당성의 논리는 다음과 같다. ① 증오범죄는 다른 범죄보다 더 폭력적이고 피해자에 심각한 육체적 피해를 초래한다. ② 증오범죄는 피해자에게 상당한 정서적·육체적 충격을 초래하며, 증오범죄로 인해 피해자는 우울증, 불안감, 그리고 무력증에 빠지게 되고 아울러 고도의 피해의식에 사로잡히게 된다. ③ 증오범죄는 피해자를 해칠 뿐만 아니라 역시 특정 공동체도 해치는 결과를 초래한다. ④ 증오범죄는 시민들 사이의 공유된 평등 의식을 침해하고, 이질적인 사회의 인종적, 종교적 조화를 저해한다.[131]

---

129) Gilbert, *op.cit.*, p.429.
130) Bartol & Bartol, *op.cit.*, p.19.

제2절 스토킹

1. 개 념

원래 영어의 스토크(stalk)는 '적이나 사냥감에 몰래 접근하다', '가만히 누구의 뒤를 밟다', '사냥감을 찾아다니다'라는 뜻을 가지고 있다. 스토킹(stalking)은 그러한 행동을 말하고, 스토커(stalker)는 그러한 행동을 하는 사람을 의미한다.

스토킹에 대한 개념은 미국의 경우에는 "의도적이고 악의를 가지고 타인을 반복적으로 따라다니거나 괴롭히는 행동"으로 정의한다. 영국의 경우에는 "단순히 타인을 괴롭히는 행위"를 의미한다. 우리나라는 "특정한 사람을 그 의사에 반하여 반복적으로 미행하거나 편지, 전화, 모사전송기, 컴퓨터 통신 등을 통해 반복하여 일방적으로 말이나 글 또는 사진이나 그림을 전달함으로써 심각한 공포심이나 불안감을 유발하는 행위"라고 정의한다.[132]

학문적으로는 "스토킹(stalking)"이란 반복되는 육체적 또는 시각적 근접성, 비합의적 의사전달, 또는 보통의 사람이면 두려움을 일으키기에 충분한 언어 · 글 또는 암시되는 위협을 포함하는 특정인을 향한 일련의 행동과정으로 정의된다.[133] 스토킹은 "일정기간동안 의도적, 반복적으로 행하여 정상적인 판단능력이 있는 일반인이라면 누구나 공포나 불안을 느낄만한 일련의 행동(편지, 전화, 전자우편, 모사전송기, 선물, 미행, 감시, 집과 직장방문, 기물파손, 납치, 위협 및 폭력행위 등)으로 특정인이나 그 가족들에게 정신적 · 육체적 피해를 입히는 일방적이고 병적인 행동"을 말한다.[134]

따라서 스토킹은 다음과 같은 3가지 요건을 충족해야 한다. ① 상대방의 의사와는 전혀 관계없는 일방적 행위일 것, ② 원치 않는 일련의 접촉이 지속적, 반복적, 의도적일 것, ③ 통상의 판단능력을 가진 사람이라면 누구나 자신 또는 가족의 생명, 신체의 안전위협을 느낄만한 행동일 것 등을 필요로 한다.

---

131) Lawrence, 1999, pp.39-42.

132) 이건호, 김은경, 황지태, 스토킹 피해실태와 입법쟁점에 관한 연구, 형사정책연구원, 2002.12, pp.29-30.

133) P. Tjaden, The crime of stalking:How big is the problem? NIJ Research Preview, Washington, DC:U.S. Departmennt of Justice, 1977, p.2.

134) 이건호, 김은경, 황지태, 앞의 책., p.31.

2. 스토커의 특성

(1) 인구통계학적 특징

먼저 스토커의 인구통계학적 특성을 보면, 이들의 대다수는 남자들이라는 점이다. 스토커의 나이는 모든 연령대에 골고루 분포하고 있지만, 다른 범죄자들보다 나이가 더 많다는 증거가 있다. 캐나다의 연구에 의하면, 스토킹 범죄자의 연령은 15세에서 76세까지이고, 평균연령은 37세라고 한다. UCR자료에서는 12살 이하에서부터 50세 이상인 사람까지 있으며, 평균연령은 34세로 밝혀져, 폭력혐의로 구속된 범죄자의 평균연령보다 4살 정도가 높게 나타났다.

(2) 개인적 특성

스토커는 대인관계의 미숙이나 결혼 등에 실패한 사람이 많다는 점에서 매우 중요한 시사점을 가지고 있다. 즉, 스토커 중에서 단지 5내지 15%만이 자신의 의사대로 결혼을 하였고 나머지 대다수는 제때 결혼을 하지 못한 것으로 밝혀졌다.[135]

스토킹범죄에 있어서 스토커의 직업과 경력에 관한 정보는 부족한 실정이나, 캐나다 법무부의 자료에 의하면 스토커의 60%가 직업이 없다고 하며, 스토커의 세부적인 직업유형은 비숙련노동이 30%, 판매 및 서비스 종사자가 22%, 숙련노동자가 16%, 학생 15%, 전문직업인 8%, 관리자 또는 행정가가 6%, 성직자 4% 등으로 비숙련직에 종사하는 자가 상대적으로 많음을 알 수 있다.

멜로이와 고타드(Meloy & Gothard)는 스토커의 대다수가 직업이 없거나 직업이 불안정하며 또 죄를 범하는 시점에 불안정한 직업경력을 가지고 있다고 보고한 바 있다.[136] 그리고 스토커의 교육수준은 평균이상이다. 즉, 하몬(Harmon) 등에 의하면, 스토커 중에서 거의 80%가 고등학교 졸업이상으로 밝혀져 일반집단의 28.3%와 비교하면 높다. 멜로이와 고타드(Meloy & Gothard)의 연구에서도 역시 스토커의 교육수준이 일반인보다 상대적으로 상당히 높고, 특히 정신장애형 범죄자 집단보다 교육수준이 높은 것으로 밝혀졌다. 이처럼 스토커가 일반인보다 지능이 높기 때문에 피해자의 소재지를 파악하여 추적하거나 피해자를 마음대로 조종하는 등 지능적이고 교활하여 스토킹 관

---

135) 김상균, 앞의 논문, p.263.
136) 앞의 논문, p.263.

련 범죄수사에 유죄의 입증을 하기가 상당히 어렵고 수사의 장기화를 초래할 가능성이 높다.

(3) 심리적 특징

스토커의 심리적 특징을 살펴보면, 일반적으로 스토커는 심각한 정신질환을 앓고 있는 것 같다. 그러나 아직 이러한 가정을 지지할 만한 연구는 거의 없는 실정이다. 그 이유는 지금까지의 연구들이 대부분 범죄자 개인보다는 주로 범죄행위에 초점이 맞추어졌으며, 범죄자의 심리적 기능에 관심을 둔 자료는 미흡하기 때문이다. 캐나다의 경찰조사기록에 의하면, 14%의 범죄자가 정신적 또는 심리적인 문제가 있는 것으로 보고하고 있지만, 구체적인 기록에 의해 입증된 것은 아니다.

다른 범죄에서도 범죄자들이 폭력의 잠재성을 가지고 있겠지만, 특히 스토커들은 잠재적인 폭력범이라고 해도 지나친 말이 아니다. 그들 중 일부는 심한 정신병, 편집증, 지나친 소유욕, 그리고 매우 불안정한 성격으로 인한 범죄의 우려성이 대단히 높다. 스토킹범죄는 단순한 스토킹으로 끝나는 것이 아니라 살인이나 상해를 초래하는 경우를 많이 볼 수 있다.

따라서 잠재적 또는 현실적으로 피해를 당하고 있는 사람들은 이러한 가능성을 결코 무시해서는 안 될 것이며, 더구나 스토커가 되는 사람은 일부 사회계층, 즉 저학력이거나 비이성적인 사람들에게서만 나타난다고 알려져 있다. 그러나 사실 스토커는 어떤 계층이나 사회석 배경 하에서도 발생한다. 스토커들은 부자일 수도 있고, 가난한 자일 수도 있으며, 전문직 종사자일 수도 있고, 일반 노동자일 수도 있다. 그러나 그들의 직업과 삶이 어떻든 간에 스토커들의 한 가지 특성은 끈질기게 따라 다니는 진드기와 같은 존재라는 사실이다.

이상의 연구결과를 토대로 스토커의 일반적인 특성을 요약하면, 스토커는 ① 상대방의 거절을 "아니오(NO)"라고 생각하지 않고, ② 지나치게 집착적인 성격, ③ 평균 이상의 지능, ④ 대인관계의 부족, ⑤ 행동에 있어서 당황하거나 불안해하지 않으며, ⑥ 낮은 자아존중감, ⑦ 반사회적인 사고, ⑧ 비열함과 고립, 그리고 외로움에 대한 부적응적 반응 등의 특성을 갖고 있다.[137] 따라서 스토킹의 방지를 위해서는 스토킹행위에 대

---

137) R. L. Snow, Stopping a stalker, (New York: Plenum Trade, 1998), p.185.

한 강력한 처벌과 병행하여 스토커의 심리적 특성파악을 통한 대처와 성격적 장애에 대한 치료가 우선되어야 한다.

(4) 스토킹 행동 특징

스토킹의 동기는 피해자를 통제하고, 두려워하게 하고, 놀라게 하는 것이다. 대부분의 스토킹 사건의 경우에 피해자는 스토커가 누구인지 아는 관계에 있다. 여성 피해자의 거의 반은 남편이나 전남편, 또는 동거남이 스토커이다. 이러한 여성의 대다수(80%)는 스토킹 당하는 동안 스토커로부터 폭행을 당한다. 스토커의 3분의 1은 피해자의 재산을 파괴하거나 피해자의 애완동물을 죽이거나 죽이겠다고 위협한다. 스토커의 거의 반은 피해자에게 명백한 위협을 한다. 대부분의 스토커가 정신병이나 망상증 상태에 있는 것은 아니다. 피해자의 단지 7%만이 스토커를 미친 사람 또는 마약이나 알코올 남용자로 인지한다.

3. 스토킹 피해자의 특징

(1) 일반적 특징

폭력과 같은 대인범죄는 가해자와 피해자의 상호작용과정에서 발생하는 경우가 대부분이다. 즉, 가해자의 일방적인 특성에 의해 발생하는 경우도 있지만, 대부분의 범죄는 피해자가 범죄유발을 촉진한 결과로 발생하는 피해자 유발형 범죄도 있다. 대부분의 스토킹이 사건 이전부터 가해자와 피해자가 서로 알고 있는 사이에서 발생하고 있음을 볼 때, 피해자의 특징이 어떠한 지를 알아보는 것은 스토킹 피해방지를 위한 대응방안 탐색을 위한 상당한 단서를 제공할 것으로 생각된다.

스토킹이 인기 있는 연예인들과 관련된 경우가 많지만, 부자와 유명인사에 한정된 것은 아니다. 스토킹의 가해자가 남성인 것과 반대로 스토킹의 피해자들은 대부분 여성인 경우가 많다. 여성의 비율은 표본의 약 80%이상을 초과하는 것으로 관찰되었다.[138] 또 스토킹 가해자의 연령분포와 마찬가지로 피해자의 연령도 12세의 아동에서부터 중년이 넘은 50세 이상의 여성까지 아주 다양하다. 성별에 따른 피해자의 연령에

---

138) 김상균, 앞의 논문, p.265.

대한 분석을 보면, 여성 피해자는 남성피해자들보다 나이가 어린것으로 나타났다. 즉, 여성 피해자의 44%가 30세 이하인 반면에 남성 피해자의 33%만이 30세 이하로 약 10% 정도 여성이 많았다.

(2) 스토커와 피해자의 관계

스토킹 사례에서 확인된 중요한 특징 중의 하나는 스토킹 가해자와 피해자의 관계이다. 사실 상당히 많은 스토킹 유형이 피해자와 스토커의 관계에 기초하여 구분된다. 이들의 연구 결과는 다음과 같이 요약될 수 있다.

① 피해자와 가해자는 일반적으로 가해자의 괴롭힘이 발생하기 이전부터 알고 지내는 사이이다. 가해자들은 피해자와 현재, 또는 이전부터 아는 사이이며, 가족, 친한 친구 또는 직업상으로 알고 지내는 경우가 많다. 상대적으로 낮은 비율인 10% 이하만이 낯선 사람인 것으로 밝혀졌다.[139]

② 각 집단에 포함된 사례의 비율에 따라 범주들의 관계를 구분할 때 유사한 유형들이 도출 되었다. 가장 큰 집단은 과거 또는 현재 친밀관계를 가지고 있는 사람들이고 다음이 보통의 친구, 낯선 사람, 직업상의 관계 순이었다.

③ 피해자와 가해자가 동성의 관계인 경우도 간혹 있지만 대부분의 피해자와 가해자의 관계는 이성간의 관계임이 밝혀졌다. 즉 이것은 스토킹이 애정이라는 기본적인 인식을 가지고 출발하는 사건이라는 특성을 가지고 있기 때문이다. 남성피해자의 경우에, 거의 반수가 알고 지내는 사람들로부터 피해를 당했고, 대부분의 가해자들은 예전의 친한 관계나, 가족관계, 직업상의 관계, 그리고 낯선 사람의 관계로 골고루 분포하는 것으로 밝혀졌다. 이에 비해, 여성피해자의 경우에는 대다수의 가해자는 전에 남편이었거나 애인 등 친밀한 관계이거나 친한 동료인 경우가 많음에 비해서 상대적으로 적은 숫자만이 낯선 사람이거나 직업상의 알고 지내는 사이라는 특징을 가지고 있어 남녀 피해자간에 가해상대방의 관계에서 차이가 있다.

---

139) 앞의 논문, p.266.

(3) 피해자의 대응행동

스토킹은 경찰 신고율이 낮고 신고한다 해도 경찰이 적극적으로 처리하기 어렵다. 스토킹은 명확한 범죄행위로 입증되지 아니한 이상 수사기관의 개입과 처벌이 곤란하고 또 개인의 애정문제 또는 가정문제 정도로 생각하여 별다른 관심을 보이지 않게 되는 경우가 많다. 또 이러한 스토킹 행위에 섣불리 경찰이 공식적으로 개입하게 되면, 피해자가 스토커의 보복을 받아 협박, 폭력, 강간, 살인 등 생명을 위협하는 수준까지 발전될 우려가 있는 것이 바로 스토킹 범죄의 특징이다. 그러므로 스토킹이 심각한 범죄로 발전되기 이전단계에서 미연에 방지되어야 하는 것이 최선의 대책이지만 법적으로도 신중하게 대응할 필요가 있다.

미국의 경우에 피해자의 반은 경찰에게 스토킹을 신고하고, 여성 피해자의 거의 4분의 1은 금지명령을 받아낸다. 그러나 금지명령을 받은 범인들의 70%는 놀랍게도 그 명령을 위반한다. 피해자들의 거의 4분의 1은 금지명령을 위반한 스토커를 대상으로 고소를 하고, 재판의 결과 스토커들은 유지판결을 받아 반 이상이 징역형을 선고받는다. 스토커는 대부분 2년 이내에 스토킹을 그만두지마, 피해자들의 정서적, 사회적 영향은 스토킹을 당한 후 오랫동안 지속된다. 스토킹 피해자들의 거의 3분의 1은 사건으로 초래된 정서적, 사회적 트라우마 때문에 심리적 치료를 받는다.

멜로이(Meloy)에 의하면, 스토커는 피해자에게 거의 심각한 육체적 상해를 가하지 않고, 무기를 사용하거나 무기로 위협하지 않는다. 하지만, 심리적 트라우마는 피해자에게 아주 흔히 발생한다. 몇 달 또는 심지어 몇 년 동안 스토킹을 당한 피해자들은 심리적 테러리즘에 해당하는 고통을 경험한다. 피해자의 대부분은 스토킹의 결과로서 그들 전체생활을 바꾸었다고 말한다. 즉, 피해자들은 많은 이사, 또는 전직, 개명, 지하로 숨어버리기, 친구와 가족과의 이별, 신체적 특질 바꾸기, 변장 등 생활의 심각한 변화를 추구한다.[140] 어떤 피해자들은 타인의 동기를 극히 의심하고 홀로 격리된 생활을 한다. 그래도 스토커가 피해자들을 발견하고, 과거의 고통이 다시 시작할 것이라고 항상 걱정한다.

---

140) D.M. Hall, The victims of stalking, In J.R. Meloy(Ed.), The psychology of stalking: Clinical and forensic perspectives, Sandiego, CA: Academic Press, 1998, p.134.

4. 스토킹의 유형

조나(Zona) 등은 스토킹의 유형을 단순집착형, 연애집착형, 연애망상형, 허위피해 망상형 등으로 분류한다.[141] 한편, 베티(Beaty)는 단순집착형, 연애 집착형, 연애망상형, 복수형 등으로 분류한다.[142]

(1) 단순집착형(simple obsessional type)

단순집착형이란 흔히 피해자와 가해자가 이전에 서로 알고 있는 관계에서 발생되며, 가장 흔하게 발생하면서도 가장 위험하고 불행한 결과도 이러한 유형에서 발생한다. 비록 단순집착형이 늘 친밀한 관계에서 발생하는 것은 아니지만, 상당수의 경우 전 남편, 혹은 전처, 동거인, 옛 애인과의 관계에서 발생한다.

따라서 단순집착형은 대다수의 스토킹(약 60%)을 차지하고, 가정폭력과 심리적 학대의 연장선상에서 이루어진다. 이 유형의 스토커는 피해자와의 관계에 실패한 후 보통 권력과 통제를 추구한다. 스토커의 과도한 집착으로 인해 기물을 파손하거나 최후에 신체적 위해를 가하기도 한다. 스토커는 자신의 애인, 아내나 파트너를 지배하고 위협함으로써 자신의 손상 받은 자존심을 보상받으려 한다.

한편, 단순히 안면관계로 직장에서도 종종 발생하는데, 대표적인 형태는 호감있는 직장동료에게 친밀한 관계를 만들려는 시도가 좌절되었을 경우에 발생한다. 기타 다양한 비친밀한 관계속에서도 단순집착형 스토킹이 발생할 수 있는데 대체로 직업적인 관계, 흔히 환자와 의사, 심리치료사와 고객, 선생님과 학생, 사업파트너 사이 등에서 일어나는 경우가 많다. 그러나 단순집착형은 순수한 로맨스를 위한 연애집착형처럼 강박관념이나 망상적 장애를 가지는 것은 아니다.

(2) 연애집착형(love obsession)

연애집착형은 스토커와 피해자 사이에 이전에 특별한 교류가 없어 서로 잘 모르는 사이거나 우연하게 아는 정도의 관계에서 발생한다. 스토커는 자존감이 낮고, 이러한

---

141) M. A. Zona, K. K. Sharma, J. Lane, "A Comparative Study of Erotomatic and Obsessional Subjects in a Forensic Sample," *Journal of Forensic Sciences, 38,* 1993, pp.894-903,
142) Bartol & Bartol, *op.cit.,* pp.498-499.

자신의 자존감을 높여줄 자격을 갖춘 것으로 믿어지는 피해자를 선택한다. 필연적으로 스토커는 피해자의 소망과는 반대로 자신의 집착대상과 애정관계를 추구한다.

스토커는 피해자와 로맨틱한 관계 또는 순수한 사랑(idyllic love)을 성취하는 관념으로 사로잡혀 있는 상태에 빠져 있다. 이러한 형태의 사랑에 빠져있는 사람은 상대방에게 자신을 알리기 위해 온갖 방법을 동원하게 된다. 예를 들어 소극적인 방법으로는 편지, 전화, 선물공세, 이메일 등의 방법이 있으며, 적극적인 방법으로는 쫓아다니기, 반복하여 찾아가기, 피해자나 주변의 사람에게 위협을 가하는 등의 방법을 사용한다.

연애집착형은 만약 기회가 주어진다면 상대가 나를 결국 사랑하게 될 것이라고 하는 희망을 확신 한다.[143) 연애집착형은 피해자가 자신과 사랑에 빠지거나 친밀한 관계를 원하게 될 것이라고 믿는 것을 필요로 하지 않는다. 따라서 피해자들은 사회 저명인사나 연예인 등이다. 이러한 유형의 스토커는 다중성격과 정신분열증이나 양극성 애정장애와 같은 정신장애를 겪고 있는 경우가 많다. 스토킹의 방법은 주로 전화를 걸어 데이트를 신청하며, 거절되면 점차 화를 내거나 위협적인 언행을 행사하지만, 대부분 단순집착형보다는 위험도가 낮은 편이다.

(3) 연애망상형(erotomania)

연애망상형은 심각한 정신장애의 고통을 겪고 있는 사람으로서 이상성욕자 또는 색정광을 말한다. 이러한 이상성욕으로 인해 타인과의 사랑관계가 아닌 데도 사랑관계라는 망상상태에 빠지기 때문에 연애망상형으로 볼 수 있다.

연애망상형은 상대방이 자신의 존재를 전혀 의식하지 않고 있는데도 불구하고 자신은 그 사람으로부터 사랑을 받고 있다고 망상을 하고 있다는 점에서 연애집착형과 구별된다. 이 유형은 타인의 성적 매력보다는 타인과 자신 사이에 낭만적 사랑과 영적 결합이 있다고 망상하는데서 주로 발생한다.

연애 망상형 스토커는 대부분이 여성이라는 점이 특징이며 높은 사회적 지위나 저명인사로 알려진 중년남성을 주요대상으로 삼는다. 또한 이런 유형을 가지고 있는 사람의 대다수는 정상적인 직업을 가지고 있으며 결혼 등 비교적 정상적인 사회적 관계를 형성하고 있다. 하지만 멜로이(Meloy)는 비록 연애망상형이 정신병리로 인한 진단을

---

143) M. A. Zona, K. A. Shama, & J. Lane, *op.cit*, p.896.

받은 것은 아니지만, 그들은 종종 정신병리적인 특징과 연관된 일부의 특징을 소유하고 있는 증거를 보인다고 주장한다.[144]

연애망상형은 다음과 같은 두 개의 장애유형으로 구분되기도 한다. 하나는 크램볼트 증후군(de clerambault's symdrome)이고, 또 하나는 비망상적 또는 경계선적 연애망상(non-delusional or borderline erotomania)이다. 연애망상형은 가끔 크램볼트 증후군으로 불리고 있는데, 그 이유는 이 유형이 역사적으로 볼 때 여성들에게 자주 나타나는 장애로 알려져 있기 때문이다. 그러나 남성들, 특히 폭력행위를 하는 경향을 지닌 남성들이 겪는 장애로 보고되기도 한다. 두 장애를 구별할 수 있는 뚜렷한 특징 중의 하나는 크램볼트증후군이 연애망상을 상대방이 먼저 관계를 주도하였다는 생각을 가지고 있는 사람들이며, 이에 비해 경계선적 연애망상은 스토커와 피해자의 정서적 유대감이나 관계로부터 연애망상이 형성되지만, 가끔 스토커는 피해자가 자기와 같은 마음을 가지고 있지 않다는 완전한 인식을 하고 망상적 사고를 하지 않는 경우가 있다.[145] 연애망상형 스토커는 피해자와 관계를 맺기 위해 매우 폭력적 성향을 띠지만, 실제 신체적 위해를 가하는 경우는 적은 편이다.

(4) 복수형과 허위피해 망상형

1) 복수형(vengeance stalking)

복수형은 피해자와 개인적 관계를 추구하지 않고, 피해자의 행동을 바꾸게 하거나 특별한 반응을 끌어내려고 한다. 자신의 권리를 부당하게 침해한 책임이 있는 사람에게 심한 고통을 주려는 스토커는 공정한 보상을 받을 때 까지 밤낮으로 죄인이나 가해자처럼 따라다닌다.

2) 허위피해 망상형

허위피해 망상형은 피해자 자신이 자신을 스코킹 피해자로 만드는 스토킹 유형이다. 사실은 이 유형은 스토커와는 무관하다. 실제 스토커가 존재하지 않음에도 불구하고 피해자 자신이 스토킹 피해를 당하고 있다는 허위상황을 설정하여 발전시키는 유형이

---

144) J. R. Meloy, "A Clinical Investigation of the Obsessional Followers," in Schleginger. L. (ed.), *Exploration in Criminal Psychopathology,* 1997, pp.9-32.

145) 김상균, "스토킹범죄에 대한 형사사법적 대응," *법학연구,* 한국법학회, 제5권, 2000. 6, pp.257-276.

다. 이런 허위 피해망상을 갖는 피해자들은 주로 히스테릭한 인지부조화 상태에 있는 경우가 많고, 대부분 여성들이며 이전의 관계를 회복하고자 하는 바람에서 그 동기를 찾을 수 있다.

5. 사이버 스토킹

(1) 개 념

사이버스토킹(cyber stalking)이란 사이버공간, 즉 인터넷이나 컴퓨터 통신망(on-line)을 매개로 하여 특정인을 지속적으로 괴롭히거나 또는 특정인에 대한 접근을 시도하는 형태의 신종범죄를 말한다. 사이버스토킹은 많은 형태로 발생할 수 있지만, 컴퓨터 통신망 외부(off-line)에서 발생하는 형태와 아주 유사하다. 따라서 사이버 스토킹이란 사이버공간에서 타인에게 원치 않는 접근을 계속적·반복적으로 시도함으로써 상대방에게 공포심이나 불안감을 유발하는 행위를 말한다.[146]

(2) 특 징

1) 피해자 괴롭히기와 위협

사이버 스토킹은 이전에 스토커와 피해자가 어떤 관계에 있었으나 피해자가 그 관계를 단절하려는 시도를 할 때 시작된다. 궁극적으로 사이버 스토킹은 보통 피해자에 대한 위협과 괴롭히기를 통한 피해자 통제를 목적으로 한다.

2) 문자에 의한 언어적 폭력

사이버공간에서 일어나는 공격적 행위는 그것이 전파되는 대상이 불특정 또는 다수인 이라는 점에서 피해의 규모가 크다는 특성도 가지고 있지만, 아무리 공격적 행위라 하여도 현실세계에서의 물리적 움직임을 수반하지 않기 때문에 주로 문자를 사용한 언어적 폭력에 제한된다는 성격을 가진다. 즉, 사이버폭력행위와 형법상 폭행죄의 폭행과의 기본적 차이점은 후자가 주로 사람의 신체에 대한 유형력의 행사라고 규정하고 있

---

146) http://user.chollian.net/~wanlaw/ccrf/bkh-cyberstalking.html, 백광훈, 사이버스토킹과 그 처벌법규 및 문제점, 동국대 대학원 신문 게재 글, 2001, pp.1-4.

는데 비하여, 전자는 주로 무형력에 의존한다는 점이다.[147]

사이버 스토킹은 단지 문자만이 사용되고, 다른 감각적 인지 수단들은 사용될 수 없다. 피해자는 스토커를 볼 수 없고, 말을 듣거나 스토커를 만질 수 없고, 냄새를 맡을 수 없고, 정서적으로 지각할 수 없다.[148] 스토커의 대면적 상호작용의 결여와 전체적인 익명성은 스토킹을 촉진한다. 따라서 사이버 스토킹의 피해자는 스토커를 고소하고 스토킹 행동을 억제하기 위한 형사법의 결여로 적절하게 보호될 수 없다. 사이버 스토킹을 억제하기 위해 형사법과 민사법을 사용하기에는 실체적인 장애가 있다. 대부분의 스토킹 법은 범인이 피해자에게 신빙성 있는 폭력의 위협을 했다는 증거를 요구한다.

또한 폭행죄의 폭행이 주로 신체의 완전성에 대한 위협이라는 효과를 가지는 데 비해 사이버공간에서의 사이버폭력은 대부분 피해자의 의사결정의 자유나 명예와 같은 보호법익에 피해를 주게 된다. 사이버스토킹을 뜻하는 여러 가지 행위에는 괴롭힘이나 계속 따라다니며 귀찮게 하거나 불쾌감을 주는 요소를 포함하고 있다는 것도 사이버스토킹이 현실세계의 폭력과는 다른 보호법익적 측면을 지니고 있다는 점에 기인한다고 볼 수 있다.

3) 스토킹과 사이버 스토킹의 유사점과 차이점

미국의 법무부장관 보고서에서는 스토킹과 사이버스토킹의 유사점과 차이점을 분명하게 하고 있다.[149] 유사점은 ⓐ 대부분의 사례에서 지면이 있거나 과거의 친밀한 관계에 있는 자들에 의해서 스토킹이 일어난다. ⓑ 대부분의 피해자는 여성이고 스토커들은 남성이다. ⓒ 스토커들은 일반적으로 피해자를 통제하고 싶은 욕망을 범행동기로 삼는다는 점이다.

차이점으로는 ⓐ 스토킹은 스토커와 피해자가 동일한 지역에 존재하는 데 비해 사이버스토커는 어디에서든 존재한다. ⓑ 사이버스토커들은 사이버공간을 통하여 잘 모르는 제3자들을 괴롭히거나 피해를 줄 수 있다. ⓒ 사이버스토커들은 신체적으로 피해자를 대면하지 않아도 되기 때문에 발각의 두려움이나 죄의식 없이 쉽게 행위를 저지할 수 있다.[150]

---

147) 백광훈, 앞의 논문, p.5.
148) J. R. Meloy, The psychology of stalking, In J.R. Meloy(Ed.), The psychology of stalking:Clinical and forensic perspectives, San Diego:Academic Press, 1998, p.11.
149) 백광훈, 앞의 논문, p.6.

6. 스토킹 방지를 위한 외국의 입법례

(1) 미 국

1) 주 정부의 스토킹 방지법

미국에서 가장 먼저 제정된 캘리포니아 주의 「스토킹방지법」은 스토킹 행위를 다음과 같이 규정하고 있다. 스토킹 범죄란 고의로, 악의적으로 타인을 뒤쫓거나 또는 괴롭히는 행위를 반복적으로 행하는 것 및 생명 또는 신체에 대한 상당한 위해를 가할 것처럼 위협함으로써 타인으로 하여금 공포심을 느끼게 하는 행위라고 규정하고 있다.[151] 또한 괴롭힘이란 특정한 사람을 심하게 놀라게 하거나 괴롭히거나 또는 고통을 주는 행위로서 어떠한 정당한 목적도 지니지 않은 고의의 악의적인 일련의 행위를 말한다.

이러한 일련의 행위는 합리적인 사람에 대해서 중대한 감정적인 괴로움을 야기할만한 것으로 또한 실제로 그 사람에 대해서 중대한 감정적인 괴로움을 가하는 것이어야 한다. 다른 주들도 캘리포니아의 스토킹 방지법을 모델로 하여 제정되는 경우가 많았지만, 이러한 입법 중에 위협에 관한 규정이나 주관적 요건에 대한 규정들이 실제로 소송과정에서 입증되기 어렵다는 이유로 스토킹 행위자들을 규제하기에 충분하지 못하다는 문제가 제기되고 있다.

플로리다 주의 스토킹방지법은 스토킹을 경죄 스토킹과 중죄 스토킹으로 구분하고 있다. 경죄스토킹은 악의로 반복해서 다른 사람을 쫓아다니거나 괴롭히는 경우로서 행위자는 1년 이하의 징역형에 처해진다. 중죄 스토킹은 스토킹 행위의 과정에서 다른 사람의 생명 또는 신체에 대한 안전을 위협함으로써 그 사람으로 하여금 상당한 공포를 느끼게 하거나 또는 법원이 부과한 금지명령을 위반하고 스토킹 행위를 계속하는 경우로서 가중된 스토킹이라고도 한다. 가중된 스토킹의 경우에 행위자는 5년 이하의 징역형에 처해 진다.[152]

미국은 모든 50개의 주들과 컬럼비아특별구가 스토킹 처벌법을 시행중에 있으며 이들 중에는 그 규정의 추상성으로 인해 여러 차례에 걸쳐 위헌소송이 제기되기도 하였

---

150) 앞의 논문, pp.5-6.
151) 이건호, "스토킹 행위에 대한 형사법적 대응과 그 한계," 형사정책 16권 제2호, 한국정책학회, 2004, pp.121-163.
152) 앞의 논문, p.148.

지만, 스토킹 행위를 규제하기 위한 특별법을 제정하여 대응하고 있다는 점에 대해 주목할 필요가 있다.

2) 연방정부의 스토킹방지법

주 정부의 「스토킹처벌법」 중에 명시적으로 사이버스토킹을 규제할 수 있는 주의 법은 채 3분의1도 되지 않으며 캘리포니아 주에서 조차 사이버스토킹을 포함할 수 있도록 법률 개정을 한지가 1999년 4월을 넘어서면서였다.

연방법은 사이버스토킹을 처벌하는 여러 주요규정들을 두고 있다. 연방법은 다른 주의 피해자에게 상해를 과한다는 위협을 담은 주간(州間) 또는 다른 주의 통신을 전송한 자는 5년 이하의 징역이나 25만 달러 이하의 벌금에 처할 수 있다고 규정하고 있다.[153]

이 규정은 통신수단의 종류에 차별을 두지 않고 있기 때문에 전화, 전자우편, 호출기 또는 인터넷이 여기에 포함될 수 있다. 다만, 이 규정은 사실상의 위협을 내용으로 하는 통신에만 적용되며, 사이버스토커라 하더라도 일정한 협박없이 단지 타인을 괴롭히거나 귀찮게 하는 의도를 가진 경우에는 적용되기 어렵다. 또한 전자게시판이나 대화방에 타인으로 하여금 피해자를 괴롭히거나 귀찮게 하라고 유도하는 메시지를 올리는 행위에 적용될 수 있는가는 불분명하다.

미연방의 「스토킹방지법」은 1996년에 「주간스토킹방지법」이 클린턴대통령에 의해 서명되어 법률로서 제정된 것이 그 시초이다. 이 법에 의해 위험한 스토커가 다른 주로 이동하는 것을 금지하게 되었다. 다만, 이것은 스토커가 다른 주의 경계를 신체적으로 넘어갈 것을 요구하기 때문에 광범위하게 적용되기는 어렵다는 문제가 있다.

좀 더 강력한 「연방 스토킹방지법」은 1999년 9월 29일 미 상원을 통과한 「스토킹방지 및피해자보호법」이다. 이 법은 스토킹이란 어떤 사람의 2회 이상 특정개인에 대한 죽음이나 신체상해 또는 그 개인의 가까운 가족 구성원에 대한 죽음이나 신체상해의 상당한 공포감을 주는 행위에 관여하고 또 그러한 행위가 위의 공포감을 준다고 믿을 만한 상당한 이유가 있거나 그러한 이유를 알고 있는 경우에는 그 개인을 스토킹하는 것이라고 규정하고 있다.[154] 이 법은 폭력범죄의 전과가 있는 자가 이러한 스토킹을 가한 경우 일정 요건 하에 보석을 불허하는 규정과 양형기준의 강화규정을 두고 있다. 미국은 이러한 연

---

153) 백광훈, 앞의 논문, p.8.
154) 앞의 논문, p.9.

방법이 사이버 스토킹을 처벌하기 위한 본격적인 입법이라고 보기 어렵다고 보고 사이버 스토킹을 본격적으로 처벌하기 위한 「사이버스토커처벌법」의 제정을 추진하고 있다.

(2) 영 국

영국은 스토킹 행위와 관련하여 1988년 「부당통신법」을 제정하여 타인에게 고통 또는 근심을 야기할 의도로 음란하거나 심히 모욕적인 메시지 또는 위협 등의 정보를 전달하는 편지 또는 글을 보낼 경우를 규제하고 있다.[155]

영국은 1997년에 보다 광범위한 스토킹행위에 대한 민사적 구제와 형사처벌조항을 담은 희롱방지법이 제정되어 누구든지 고의 또는 과실로 타인을 괴롭히는 일련의 행위를 한 경우 징역 또는 벌금형에 처할 수 있도록 하고 있다. 여기서 괴롭히는 것이라 함은 타인을 놀라게 하는 것 또는 그 사람을 고통스럽게 하는 것을 포함한다. 이 법에 의하면, 희롱금지조항을 위반한 자는 피해자에 대한 희롱금지명령을 법원에 청구할 수 있다. 또한 타인에 대하여 2회 이상 폭력의 공포에 빠뜨리는 일련의 행위를 한 자는 징역 또는 벌금에 처하도록 규정하고 있다. 다만, 희롱방지법은 그 행위수단으로서 컴퓨터통신이나 전자우편 혹은 인터넷 등의 매체를 규정하지 않고 있다는 점에서 사이버스토킹을 특별히 규정하는 입법이라고 보기는 어렵다. 그러나 컴퓨터통신이나 인터넷을 이용한 일련의 행위로 타인을 괴롭히거나 최소한 두 번 이상 타인으로 하여금 그가 폭력을 당할 것이라는 공포에 빠뜨리는 등의 행위에 이 법이 적용되지 않는다고 보기 어렵다는 점에서 사이버스토킹에 대하여 적용될 수 있는 가능성은 존재한다고 볼 수 있다.

(3) 일 본

일본은 2000년 5월 18일 「스토커행위등의규제에관한법률」을 제정하여 같은 해 11월 24일부터 시행하고 있다. 이 법은 스토커 행위 등을 처벌하는 규제를 행하는 것과 피해자에 대한 원조 등에 대하여 규정하고 있는 데 규제대상은 따라다니기 등과 스토커 행위의 두 가지이다.

따라다니기 등이라 함은 특정인에 대하여 연애감정 등의 호의적 감정 또는 그것이 충족되지 않은데 대한 원한의 감정을 충족할 목적으로 그 특정인 또는 그 가족 등에

---

155) 앞의 논문, p.12.

대하여 행하는 행위라고 한다.156) 이러한 따라다니기는 여덟 가지의 행위로 구체화되어 있다. 즉 ① 따라다니기, 잠복하여 기다리기, 진로에 막아서기, 주거·근무처·학교 기타 그 통상 소재 하는 장소 부근에서 지켜보거나 주거 등에 들이닥치는 것, ② 그 행동을 감시하고 있다고 짐작케 하는 사항을 알리거나 또는 그 알 수 있는 상태에 두는 것, ③ 면회, 교제 기타 의무 없는 일을 행할 것을 요구하는 것, ④ 현저히 거칠고 품위가 없거나 난폭한 언동을 행하는 것, ⑤ 전화를 걸어 아무 말도 하지 않거나 또는 거절하였음에도 불구하고 연속하여 전화를 걸거나 혹은 팩시밀리 장치를 사용하여 송신하는 것, ⑥ 오물, 동물의 사체 기타 혐오의 정을 느끼게 하는 물건을 송부하거나 또는 그 알 수 있는 상태에 두는 것, ⑦ 그 명예를 해하는 사실을 알리거나 또는 그 알 수 있는 상태에 두는 것, ⑧ 그 성적 수치심을 해하는 사항을 알리거나 혹은 그 알 수 있는 상태에 두거나 그 성적 수치심을 해하는 문서, 도화 기타 물건을 송부하거나 혹은 그 알 수 있는 상태에 두는 것 등이다.

한편, 이 법은 동일한 자에 대하여 따라다니기 등을 반복하여 행하는 것을 스토커행위로 규정하여 벌칙을 두고 있는데, 우선 따라다니기 등을 당하면 곧바로 집에서 가장 가까운 경찰서나 경찰본부에 상담함으로써 이 신청에 따라 경찰이 행위자에게 경고할 수 있고, 나아가 경고에 따르지 않을 경우에는 도도부현 공안위원회가 금지명령을 행할 수 있다. 금지명령에 위반하여 스토커행위를 하면 1년 이하의 징역 또는 100만 엔 이하의 벌금이 부과된다. 또한 스토커행위의 피해자는 위의 경고를 신청하는 외에 상대방을 고소하여 처벌을 구힐 수 있으며, 이 경우에는 6개월 이하의 징역 또는 50만 엔 이하의 벌금에 처할 수 있다.157)

일본의 법제도는 컴퓨터통신 등의 매체를 구체적으로 지정하고 있지 않다는 점에서 사이버스토킹을 처벌하기 위한 본격적 대응법규라고 보기에는 어려움이 있다. 다만 법규정에 따라다니기 등의 행위 유형 중에서 특히 그 명예를 해하는 사실을 알리거나 또는 그 알 수 있는 상태에 두는 것과 그 성적 수치심을 유발하는 사항을 알리거나 혹은 그 알 수 있는 상태에 두거나 그 성적 수치심을 유발하는 문서, 도화 기타 물건을 송부하거나 혹은 그 알 수 있는 상태에 두는 것에는 사이버스토킹 행위가 적용될 수 있는 여지가 존재한다고 볼 수 있다.

---

156) 정완, "스토킹범죄의 형사입법동향," 형사정책연구, 2000년 가을호, p.270 이하.
157) 앞의 논문, p.271 이하.

7. 한국의 처벌장치

(1) 현행법상의 처벌법규

아직까지 우리나라에서는 「스토킹처벌법」이 마련되어 있지 않은 상태에서 법적인 처벌이 미미하다고 해서 스토킹을 방치할 수 없는 입장이다. 날로 스토킹 관련 범죄가 증가하고 있는 마당에 「스토킹처벌법」이 제정되기 전이라도 현행법률의 엄격한 적용이 있어야 할 것으로 생각된다.

현행법상 스토킹을 처벌할 수 있는 법적 근거는 「형법」, 「폭력행위등처벌에관한법률」, 「성폭력범죄의처벌에관한특례법」 그리고 「경범죄처벌법」 등이 있다. 물론 스토킹이 직접적인 폭력행사로 이어진 경우에는 형법상의 폭행, 상해, 체포·감금, 협박, 특수협박, 모욕죄, 명예훼손죄, 주거침입·퇴거불응, 기물을 파손한 경우에는 손괴죄 및 「폭력행위등처벌에관한법률」로 엄격하게 처벌을 해야할 것이다. 또 자기 또는 타인의 성적 욕망을 유발하거나 만족시킬 목적으로 전화·우편·컴퓨터 등 통신매체를 이용하여 성적 수치심이나 혐오감을 유발하였을 때 「성폭력범죄의처벌에관한특례법」으로 처벌을 하고, 사이버스토킹과 관련하여 「정보통신망이용촉진및정보보호에관한법률」에 규정된 정보통신망을 이용하여 공포심이나 불안감을 유발하는 말, 음향, 글, 화상 또는 영상을 반복적으로 상대방에게 도달하게 한 자에 대해서 1년 이하의 징역 또는 1천만 원 이하의 벌금에 처한다고 규정하여 이메일 등에 의한 사이버스토킹을 처벌할 수 있다. 심하지 않지만 정당한 이유 없이 전화 또는 편지를 반복적으로 보내거나 괴롭히는 자에 대해서는 「경범죄처벌법」으로 처벌할 수 있다.[158]

아울러 중요한 것은 스토킹범죄 신고센터의 설치 및 형사사법기관에 종사하는 자들의 스토킹 범죄에 대한 심각성을 인식하는 것이 우선되어야할 것으로 보인다. 스토킹을 단순한 연애사건, 가정문제 정도로 가볍게 여기고 '당사자끼리 해결하라'는 식으로 적극적인 법집행 의지를 보이지 않는다면 현행법률이 무용지물이 될 것이고 향후 「스토킹처벌법」이 제정된다하더라도 법적 효과성이 제대로 나타나기 어려울 것이다.

---

158) 이건호, 앞의 논문, p.138.

(2) 민간경비의 적극적인 활용과 공조관계유지

민간경비가 스토킹을 방지하는데 중요한 역할을 수행할 대안이 될 수 있을 것으로 생각된다. 물론 경찰에게는 일부 범죄구성요건에 대한 명백한 규정을 하는 것이 스토킹사건에 필요하지만, 대부분의 스토킹사건들은 매우 개별적이고 법적용의 모호성 때문에 비형사적인 방법을 통해서 비공개적으로 접근하는 것이 훨씬 효과적일 경우도 많을 것이다. 그 이유는 민간경비의 유래에서 충분히 찾을 수 있다.

민간경비는 1882년 초 영국에서는 소위 "Frankpledge System(10인조법, 연대보증제도)"이라고 불리는 제도로부터 비롯되었다. 그 당시 대부분의 경찰업무는 주민자치조직에 의존하였으며, 오늘날의 지방자치경찰 제도는 바로 이러한 주민자치치안 전통에서 비롯된 것이다. 또한 자신의 안전에 대한 두려움 때문에, 영국의 부유한 시민들은 경호원이나 사경비원을 고용하기도 하였다.

미국의 경우에도 서부개척시대에 열차나 철도를 통한 금괴나 현금 수송은 민간 경호경비에 의해 이루어졌고, 이 당시에 최초의 민간경비업체인 핑커톤(Pinkerton)이 나타났다. 민간경비는 공공법집행기관의 비효과적인 분야와 개인의 사적 문제에 관한 경찰의 무관심으로 인한 공백을 채워주는 역할을 한다. 미국의 경우 민간경비업에 종사하는 자의 수는 지방과 주의 법집행기관의 직원의 수보다 2배 이상이 될 정도로 활성화되어 있다. 이처럼 민간경비직원의 수가 많은 것은 스토킹 관련 범죄에 민간경비분야에게 법집행업무를 재 할당하는 것이 피해자에게 이익이 될 수 있음을 시사한다.[159]

겔리포니아의 개븐 데 베커(Gaven de Becker)라는 경비회사는 주로 강박적 스토커의 표적인 유명인사에 대한 24시간 개인경비(around-the-clock personal security: 연간 경호비용은 1만5천 달러)를 제공한다. 경비회사들이 제공하는 경비의 형태는 주와 지방법집행기관에서 할 수 없는 24시간 개인경호(around-the-clock personal protection)를 스토킹 피해자에게 제공하고, 개인경호의 대상자들은 수익자 부담원칙에 의해서 경호비용을 민간경비업체에 제공하는 형식을 취하고 있다. 이러한 민간경비업체의 특정인에 대한 신변경호의 효과성은 경찰의 적극적인 지원과 상호협력체제의 유지가 요구된다. 경찰이 민간경비업종사자에 대한 최소한의 법 집행 권한의 인정과 스토킹범죄정보에 대한 상호교환, 상습적인 스토커의 출소와 동향 정보를 관련 민간경비업체에

---

159) 김상균, 앞의 논문, pp.272-273.

제공하는 것과 같은 협력체제의 유지가 스토킹을 억제하는데 효과적인 방안이 될 수 있을 것이다.

(3) 스토킹처벌법률의 제정을 통한 범죄억제

스토킹은 이제 유명인사의 전유물이 아니라 일반시민으로까지 급속히 확산되어가고 있는 범죄임에 틀림없다. 더구나 대부분의 스토킹 피해자가 여성들이라는 점은 스토킹을 신체적 약자인 여성에 대한 또 하나의 성폭력으로 간주하여 이에 대한 적극적인 법적 조치가 마련되어야 할 것으로 보인다. 특히 컴퓨터 등 통신매체의 발달은 사이버공간에서도 다양한 스토킹 사례가 빈발하는 등 시·공간을 초월한 확산성과 익명성을 가진 사이버범죄로 자리 잡고 있기 때문에 그 심각성은 날로 증가하고 있는 실정이다.

우리나라에서 발의된 바 있는 「스토킹처벌특례법안」은 스토킹범죄의 구성요건을 "편지, 전화, 모사전송기, 컴퓨터통신 등을 통해 반복하여 일방적으로 말이나 글 또는 사진이나 그림을 전달하여 특정한 사람 또는 그 가족에게 심각한 공포심이나 불안감을 유발하는 행위"라고 규정하고 있다. 이 중에서 특히 "컴퓨터통신 등을 통해 반복하여 일방적으로 말이나 글 또는 사진이나 그림을 전달하여 특정한 사람 또는 그 가족에게 심각한 공포심이나 불안감을 유발하는 행위"가 사이버스토킹에 해당한다. 따라서 날로 확산되고 있는 다양한 형태의 사이버스토킹범죄에 비추어 현행법으로서는 처벌이 불가능한 범죄유형에 대해서는 처벌이 가능하도록 특별법의 제정이 요구된다 할 것이다.

따라서 우리나라도 선진외국의 입법사례에서 보듯이 특별입법이 필요한 시점에 도달해 있다고 생각된다. 「스토킹처벌법」의 입법 상에는 법제정의 취지와 외국에서의 시행 상의 문제점을 토대로 신중한 입법이 요구된다. 다음은 「스토킹처벌법」의 입법에 있어서 고려해야할 사항이다.[160]

① 스토킹에 대한 명확한 개념정립이 필요하다는 점이다. 한국 대법원의 과외허용에 관한 판결이 있은 후 교육부에서 고액과외의 기준을 마련하는 과정에서 알 수 있듯이 개념정립이 모호한 법률은 법집행의 혼란만 초래할 가능성을 가지고 있다. 스토킹은 그 유형이나 방법이 다양하고, 또 범죄구성요건에 해당하지 않는 비범죄적 요소를 많이 포함하고 있기 때문에 개별 범죄행위를 구체적으로 정형화하지

---

160) 앞의 논문, pp.274-275.

않으면 법집행상의 혼란을 초래할 가능성이 많을 것으로 예상된다.

② 현행형법 등과의 관계설정이 필요하다. 전술한 바와 같이 우리나라의 현행법률에는 범죄행위가 명백한 사안에 대해서는 처벌법규를 가지고 있다. 즉, 「형법」이나 「폭력행위등처벌에관한법률」 위반으로도 충분히 처벌될 수 있는 경우에도 「스토킹처벌법」 위반으로 처벌을 해야 하는 가의 문제이다. 이때는 특별법인 「스토킹처벌법」을 적용하되 형법보다 중하게 처벌할 수 있어야 하므로 입법과정에서 일반 형법상의 폭행죄, 상해죄, 협박죄보다 법정형을 높게 정해야할 것이다.

③ 반의사불벌죄의 규정여부도 고려해보아야 할 것이다. 성범죄의 경우 일부 반의사불벌죄가 적용되고 있는데 스토킹의 경우에도 반의사불벌죄에 해당하는 조항을 규정해야하느냐는 신중한 검토가 필요하다. 오히려 이러한 조항이 피해자가 신고를 하는데 심리적 부담으로 작용할 우려가 있음을 주의해야 할 것이다. 그러므로 스토킹은 반의사불벌죄조항을 고려하지 않는 것도 법적 처리의 신속성과 엄격성을 기할 수 있을 것으로 보인다.

④ 재범과 정신병을 가진 자의 처벌문제이다. 스토킹의 재범의 경우에는 형법상의 가중조항과 마찬가지로 엄하게 처벌하는 것이 마땅하다고 생각한다. 그러나 스토킹은 가해자인 스토커의 정신병리적 문제가 원인이 되어 발생하는 경우가 많으므로, 스토킹범죄는 정신감정을 의뢰하는 강제규정을 두는 것도 스토킹재범을 막는데 효과적일 것으로 보인다. 또 특정한 정신질환을 가진 범죄자에 대해서는 치료감호 등 인신구속보다는 치료적인 관점에서의 접근이 필요하다. 이를 위해서는 전국적으로 치료감호소 등 범죄자 치료센터의 확충과 교도소 내에 스토킹을 치료할 수 있는 전문의나 심리상담가의 배치가 필요할 것으로 보인다.

⑤ 스토킹피해자보호에 관한 문제이다. 앞서 지적하였듯이 스토킹은 정신질환을 가진 자가 범행을 하는 사례가 많이 발견되고, 또 석방된 스토커가 보복성 범죄를 하는 경우가 외국의 사례에서 많이 볼 수 있다. 이는 스토킹피해자에 대한 적절한 보호조치가 필요하다는 점을 시사하는 것이다. 즉, 피해자에 대한 안전한 장소로의 보호, 피해자 거주지에 대한 경찰의 보호, 가해자인 스토커의 보호처분명령을 통해 일정기간 이상 접근이 원천적으로 불가능하도록 하는 방안이 마련되어야 할 것이다.

8. ID절도와 피싱(phising)

(1) ID절도(Identity Theft)

1) 개념정의

ID절도는 21세기 들어 급격하게 빠른 속도로 증가하고 있는 범죄들 중의 하나이다. 이러한 범죄로 얻는 이득이 너무 커서 많은 조직범죄집단들, 특히 미국에는 러시아와 나이지리아 범죄조직들이 ID범죄에 적극적으로 개입하고 있는 것으로 알려지고 있다.

ID범죄란 일반적으로 금전적 이득을 얻기 위하여 어떤 다른 사람의 ID를 자신의 것으로 가장하는 범죄행동을 말한다. 이 범죄는 보통 피해자의 생일, 주민번호, 은행계좌번호, 신용카드번호 등을 습득함으로써 다른 사람의 ID를 자기 것인 것처럼 가장한 범죄자들에 의해 저질러진다.[161]

2) 범행수법

❶ 일반적인 수법

개인의 ID 자료는 회계계산서가 들어 있는 우편함 절도나 가게나 식당에서 계산하는 동안 신용카드번호를 훔쳐봄으로써 얻게 된다. 어떤 범죄자들은 당국이나 금융계인물로 가장하고 전화사기를 전문화하고, 조회제도를 통하여 개인자료를 입수한다. 허접 쓰레기 뒤지기, 고용주로부터 기록훔치기, 조직 컴퓨터에 대한 해킹을 통하여 피해자의 개인정보를 입수한다.

❷ 핑계전화

또 하나의 공통적인 범행 수법은 핑계전화(pretext calling)이다. 범죄자들은 은행이나 다른 금융기관들로부터 직접 피해자의 개인정보를 입수하기 위하여 자기자신의 신분을 허위로 밝힌 후 피해자의 정보를 입수하는 수법이 바로 핑계전화이다. 즉, 범죄자들은 자신을 사회사업가, 경찰관, 경영인, 기타 당국의 직원이라고 속이고 피고용인들을 포함한 개인들이 자신의 개인정보를 밝히도록 설득한다. 기타 범행수법은 업무상 거래동안 피해자의 자동차면허증을 재빨리 사진촬영하거나 신용카드계산서나 기타 개인정보가 포함된 서류들을 쓰레기에서 찾아내는 수법이다.[162]

---

161) Gilbert, *op.cit.*, p.335.

❸ 스키머 장치 이용

어떤 범죄자들은 스키머(skimmer)라고 부르는 장치를 사용하여 개인정보를 입수한다. 이 작은 장치는 신용카드 자석띠, 즉 카드의 뒷면에 있는 검은 띠 안에 포함되어 있는 정보를 읽어냄으로써 완전한 계정정보, ID번호, 기타 개인자료에 대한 확실한 접근을 가능하게 한다. 개인자료를 입수한 범인은 피해자의 정보를 자기 것인 것처럼 위장하고 즉시 물건을 사거나 다양한 형태의 신용이나 대부를 받으려고 시도한다.

(2) 피싱(phishing)

1) 개 념

가장 최근에 출현한 ID절도수법은 피싱이라는 것으로서 2003년과 2004년 초기에 처음으로 현저하게 드러나기 시작했다. 피싱은 개인자료(private data)와 낚시(fishing)의 합성 조어이다. 피싱은 실제의 유명한 합법적인 사업체, 금융기관, 또는 정부기관인 것처럼 보이기 위해 설계된 이메일과 웹 사이트를 개설하고 사용하는 것이 특징이다. 범죄자들은 인터넷 사용자들에게 속임수를 써서 은행계좌번호나 비밀번호와 같은 개인정보를 알아냄으로써 범죄목적을 위해서 그러한 개인 정보를 사용한다. 피싱은 개인의 계좌번호와 비밀번호를 이용하여 돈을 인출하는 수법으로서 ID절도와 함께 사기범죄를 구성한다.[163] 피싱피해의 단서는 개인의 은행계좌에서 불법인출, 개인의 신용카드 계산서에 없는 대금 인출, 피해자가 모르는 계산서에 대한 신용업자의 빈번한 대금지불 요청 등이 있을 경우이다.

2) 종 류

❶ 메신저 피싱(messenger phising)

메신저란 인터넷에서 실시간으로 메시지와 데이터를 주고 받을 수 있는 소프트웨에로서 대표적인 것이 네이트온(Nateon)이다. 메신저 피싱은 타인의 인터넷 메신저 ID, 비밀번호를 입수하여 로그인한 후 네이트온, 대량쪽지 발송 등에 이미 등록되어 있는 가족, 친척, 친구, 지인에게 1:1대화를 시도하여 금전을 인터넷 뱅킹으로 송금받는 사기수법이다. 범인들은 재미있는 동영상이나 뉴스를 인터넷상에 올려진 자료들의 주소인

---

162) *Ibid.*, p.335.
163) *Ibid.*,, p.335.

URL(Uniform Resource Locater)을 통해 전달하고 메신저 사용자가 이를 클릭하면 아이디와 비밀번호를 로그인하라고 명령하여 이를 입력하면 메신저 피싱에 이용하게 된다.

개인정보 침해선터의 조사결과에 따르면 이들은 인터넷 메신저를 통하여 ⓐ 부모님 수술비 부족, ⓑ 은행보안카드 분실, ⓒ 교통사고 합의금 등 급히 필요 등을 이유로 텔레뱅킹을 요구한다.

이를 예방하기 위한 대처법은 ⓐ 금전요구시 반드시 전화로 본인임을 확인하기, ⓑ 메신저를 통해 휴대전화번호, 주민번호 등 개인정보 알려주지 않기, ⓒ 정기적으로 메신저 비밀번호 변경하기, ⓓ 공공장소에서 메신저 사용자제하기, ⓔ PC보안 프로그램을 최신으로 업데이트 유지하기 등이다.

❷ 보이스 피싱(voice phishing)

보이스 피싱은 음성(voice), 개인정보(private data), 낚시(fishing)를 합성한 신조어로서 범인들이 개인의 은행계좌번호와 비밀번호, 주민번호, 신용카드번호 등을 속임수 등 불법적인 수법으로 알아낸 후 이를 범죄에 이용하는 사기범죄이다. 보이스 피싱은 전화를 사용하여 범행을 하는 것이 특징이다.

(3) 보이스 피싱의 유형과 대응방법

1) 유 형

❶ 정부기관 사칭형

이 유형은 대체로 검찰청이나 경찰청을 사칭하여 법정출석이나 수사기관에 출석을 요구하는 형식이다. 범인은 피해자에게 먼저 1차 법정출석을 하지 않았고 2차 법정출석일을 알려주면서 출석요구를 하는 전화를 하고 피해자가 검찰이나 경찰에 갈 일이 없다고 대답하면, 사건조회를 위해 이름과 주민등록번호, 휴대전화번호를 요구한다. 개인정보를 알려주면 범인은 피해자와 그 가족의 계좌가 대형 금융사기에 연루돼있어 새로 폰뱅킹을 개설해야 돈을 찾을 수 있다고 속인다. 불응시에는 기소된다는 문자 메시지로 협박을 하기도 한다.

❷ 우체국형

범인은 ARS로 피해자에게 우체국 택배 등 우편물 도착이나 반송 우편물이 있으니 0번을 눌러 우체국 직원으로부터 우편물을 확인하라고 전화한다. 피해자가 0번을 누르면 가짜 우체국 직원이 나와 주소, 주민번호, 휴대전화번호, 신용카드 번호, 계좌번호 등과 같은 개인정보를 요구하는 식으로 범행을 한다.

❸ 금융기관 사칭형

범인은 카드회사인데 누군가 당신 개인정보를 훔쳐 신용카드로 물품을 구매해 연체된 상태이니 계좌를 불러줄 테니 돈을 입금하라고 속이는 수법으로 돈을 갈취한다.

❹ 돈 환불 유형

대학생에게 교직원이라고 속이고 등록금 300만원이 자동이체로 통장에서 두 번 빠져나가 600만원이 출금되었으니 계좌, 주민등록번호, 학번, 이름을 알려주면 잔액을 돌려주겠다고 전화를 하는 유형이다.

❺ 보험료 환급형

범인은 의료보험공단 직원이라고 사칭하고 피해자의 의료보험료가 과납되었으므로 과납된 돈을 환불할 테니 1~2분 이내에 은행에 도착하여 환급등록신청을 하라고 전화를 한다. 피해자에게 환급금 수령은 서울 본사에서만 할 수 있으니 돈을 받고 싶다면 ATM기계에서 하라고 전화한 후 피해자가 신청을 하는 순간에 계좌에서 순식간에 몇 백만 원의 돈이 빠져나간다.

❻ 가족사칭형

범인은 주로 새벽 시간대에 전화를 걸어 부모가 전화를 받으면 마치 자식인 것처럼 내가 술을 많이 마시고 사고를 쳤는데 이 계좌번호에 1,000만원을 입금하지 않으면 큰일 난다는 식으로 전화를 한다.

❼ 납치형

범인은 여행간 아들을 기다리는 부모에게 아들이 납치되었으니 계좌번호를 알려 주면서 즉시 입금하라고 하는 식으로 돈을 사취한다.

❽ 경품이벤트 거짓 당첨형

범인은 피해자에게 경품이벤트에 당첨되었으니 경품가액의 10%에 해당하는 제세공과금을 계좌에 입금하면 확인 후 즉시 경품을 보내주겠다고 전화하고 돈을 사취한다.

2) 대응방법

❶ ID절도 처벌법 제정

미국의 네브라스카(Nebraska) 주는 2002년에 ID절도처벌법을 제정하여 시행하고 있으며, 다른 주들도 그 뒤를 따르고 있다. 이 법은 피싱 범죄로 피해자 손실이 500불 이상이면 범인은 중범죄로 기소되고, 손해가 1,500불 이상이면 20년 형까지 선고받을 수 있도록 규정하고 있다. 또한 피해자는 피해액 반환, 변호사 수임료, 기타 비용을 청구할 수 있다.

❷ ID절도의 최소화 방법[164]

ⓐ 개인정보 제공금지 : 개인은 자신이 먼저 전화를 하는 일이 아니면 다른 사람의 전화에 신용카드번호, 주민등록번호, 휴대전화번호, 계좌번호 등 개인정보를 제공해서는 안 된다.

ⓑ 온라인 업체에 정보제공 금지 : 개인은 보증된 컴퓨터 사이트가 아니면 온라인 업체를 통하여 개인정보를 제공하거나 전자상거래를 하지 말아야 한다. 보증된 컴퓨터 사이트는 대인정보를 보호하기 위한 암호화 시스템을 운영하고 있다. 이러한 웹 사이트는 "http"가 아니라 "https"로 시작한다.

ⓒ 이 메일에 개인정보 노출금지 : 개인은 이 메일에 신용카드 번호, 주민번호, 기타 계좌번호나 휴대전화번호 등 개인 정보를 노출해서는 안 된다.

ⓓ 신용카드 영수증과 계산서 관리 : 개인은 항상 ATM과 신용카드 영수증, 계산서와 같은 개인정보가 들어 있는 작은 서류 등을 직접 관리하고 분실하지 않도록 해야 한다.

ⓔ 신용카드 사용금액 계산 주기 확인 : 신용카드 사용금액은 매달 정기적으로 계산되므로 계산 주기에 이상이 있을 경우에는 직접 신용카드업자에게 확인해야 한다.

ⓕ 개인정보 우편물 우체국에 직접 맡기기 : 개인정보가 들어 있는 발송우편물이 우체통에서 절취될 수 있으므로 그러한 우편물은 우체국에 직접 가서 등기우편 등으로 우송한다.

ⓖ 매년 신용카드 사용 명세서 요구 : 개인은 1년 동안 자신이 사용한 신용카드 내용을 확인할 수 있도록 신용카드 업체에 1년 동안 사용한 명세서를 요구해야 한다.

---

164) Gilbert, *op.cit.*, pp. 336-337.

ⓗ **수첩이나 지갑 등 개인정보 기록 최소화** : 개인은 수첩이나 지갑 등에 개인정보기록을 최소화해야 한다. 그러한 물건들은 항상 분실의 가능성이 크기 때문이다. 또한 여권이나 주민등록증을 분실하지 않도록 주의해야 한다.

❸ 피해자 대응방법

ⓐ **개인정보 노출자 사고예방 시스템 등록** : 피해자는 금융감독원이나 은행을 통하여 사고예방 등록시스템에 등록을 해야 한다. 이 시스템에 등록하면 전 금융회사가 공유하여 신규 예금계좌 개설, 대출신청, 신용카드 발급 등 본인 확인을 요구하여 피해를 예방한다. 단, 우체국, 새마을 금고 등은 관할기관이 다르므로 별도의 신청을 해야 한다.

ⓑ **거래은행 지급정지 신청** : 피해자는 거래은행 직원이나 거래은행 콜센터에 지급정지 요청을 한다.

ⓒ **수사기관에 신고** : 피해자는 경찰, 검찰, 한국정보보호진흥원 개인정보침해신고센터 등에 신고를 하여 수사를 요구한다.

제9장 　성폭력 범죄

제1절　성범죄에 대한 새로운 견해

1. 개념적 변화

(1) 성 폭력

　성폭력은 성적 접촉이나 행위를 중심으로 한 물리적인 강제행위에 초점을 맞추어온 종전의 개념에서 벗어나 성을 매개로 하여 여성에게 가해지는 일련의 강제 및 통제행위로서의 신체적·정신적·언어적 폭력을 포함하는 개념으로 변화하고 있다. 따라서 다양한 종류의 강간, 어린이 성추행을 포함한 각종 강제추행, 성적 학대와 성적 희롱, 성기노출, 음란전화 등이 모두 성폭력 범죄에 해당된다.

(2) 성적 공격의 유형

1) 도구적 성 공격

　도구적 성공격이란 성범죄자가 피해자를 복종시키기에 충분한 강제력을 사용하는 경우를 말한다. 강제력은 물리적·심리적 강제력 모두를 포괄하는 개념이다.

2) 표현적 성 공격

　표현적 성 공격(expressive sexual aggression)은 성범죄자가 물리적·심리적으로 피해자에게 해악을 가하는 것이 목적이다. 표현적 성 공격은 물리적 또는 심리적 잔인성이 존재하는 상황에서 성범죄자를 성적으로 자극하여 성적으로 흥분하게 만든다.

(3) 강제행위의 성질

성폭력과 관련된 강제행위는 물리적인 것뿐만 아니라 다양한 형태의 협박, 위계나 속임수, 위력행사에 의해 강제성이 부과되는 경우 또는 강제행위에 대해 직접적인 거부를 하지 못할 만큼 피해자를 무력하게 만든 상태에서 행위가 이루어지는 경우를 모두 포괄한다. 따라서 물리적인 강제와 심리적인 강제가 모두 성범죄와 관련된 강제에 해당한다.

(4) 성범죄와 여성의 인권보호

과거의 형법은 강간을 정조에 관한 죄로 다루어 정조의 법적 보호에 초점을 맞추었으나 오늘날의 형법에서의 강간은 정조의 문제가 아니라 여성에 대한 인권침해, 폭력행사의 개념으로 인식되고 있다.

2. 성폭력범죄의 유형

「성폭력범죄의 처벌등에 관한 특례법」에 규정된 성폭력 범죄의 유형은 ① 특수강도강간 등, ② 특수강간 등, ③ 친족강간 등, ④ 장애인 준 강간 등, ⑤ 강간 등 상해치상, ⑥ 강간 등 살인·치사, ⑦ 장애인에 대한 간음 등, ⑧ 13세 미만의 사람에 대한 성폭력, ⑨ 통신매체이용 음란죄, ⑩ 업무싱 위계·위력 등에 의한 추행, ⑪ 공중밀집장소에서의 추행, ⑫ 카메라 등 이용 몰래촬영 등이 명문화 되어 있다.[165]

(1) 특수강도강간 등

주거침입, 야간주거침입절도(미수범 포함), 특수절도(미수범 포함)의 죄를 범한 자 또는 특수강도의 죄를 범한 자(미수)가 강간·준강간·준강제추행의 죄를 범한 경우 무기 또는 5년 이상의 징역에 처한다(법 제1조 1항).

특수강도 또는 그 미수범이 강간 내지 준강간, 준강제추행의 죄를 범한 때에는 사형, 무기 또는 10년 이상의 징역에 처한다(법 제3조 2항).

---

165) 성폭력범죄의처벌등에관한특례법, 법률 제10258호, 2010.4.15.

(2) 특수강간 등

흉기 기타 위험한 물건을 휴대하거나 2인 이상이 합동하여 강간의 경우 무기 또는 5년 이상의 징역, 강제추행의 경우 3년 이상의 유기징역, 준강간 또는 준강제추행의 죄를 범한 경우 무기징역 또는 5년 이상의 징역, 준강제 추행은 3년 이상의 징역에 처한다(법 제6조 제1항, 2항, 3항).

(3) 친족강간 등

① 친족(4촌 이내의 혈족 및 2촌 이내의 인척, 사실상의 친족 포함)이 강간의 경우 7년 이상의 유기징역, ② 강제추행의 경우 5년 이상의 유기징역, ③ 준강간 내지 준강제추행의 죄를 범한 경우, 준강간은 7년 이상, 준강제 추행은 5년 이상의 유기징역에 처한다(법 제5조).

(4) 장애인에 대한 준강간 등

신체 장애 또는 정신장애로 항거불능인 여자를 간음하거나 사람에 대하여 추행한 경우 형법에 규정한 강간 또는 강제추행에 정한 형으로 처벌한다(법 제6조).

(5) 강간 등 상해 · 치상

① 법 제3조1항과 제4조, 제7조 또는 제14조(제3조 제1항, 제4조 또는 제7조의 미수범으로 한정)의 죄를 범한 자 또는 그 미수범이 사람을 상해하거나 상해에 이르게 한 때에는 무기 또는 7년 이상의 징역, ② 법 제7·8조의 죄를 범한 자 또는 그 미수범이 상대방에 상해를 입히거나 상해에 이르게 한 경우에는 무기 또는 5년 이상의 징역에 처한다(법 제8조).

(6) 강간 등 살인 · 치사

① 형법상의 강간, 강제추행, 준강간, 준강제추행의 죄를 범한 자(그 미수범), 성폭력범죄 특별법상의 특수강도강간, 특수강간, 친족강간, 장애인준강간의 죄를 범한 자(그 미수범)가 피해자를 살해한 경우 사형 또는 무기징역에 처한다(동법 제9조 제1항). ② 「성폭력범죄 처벌에 관한 특례법」 상의 특수강간의 죄를 범한 자, 친족관계에 의한

강간, 장애인에 대한 준강간의 죄를 범한 자(미수범)가 피해자를 사망에 이르게 한 경우에는 무기징역 또는 10년 이상의 징역에 처한다(동법 제9조 제2항). ③ 13세 미만의 자에 대한 강간, 강제추행 등의 죄를 범한 자(또는 그 미수범)가 사람을 사망에 이르게 한 때에는 사형, 무기징역 또는 10년 이상의 징역에 처한다(법 제9조 제3항).

(7) 13세미만의 미성년자에 대한 강간 등

① 13세미만의 여자에 대한 강간의 경우 10년 이상의 유기징역, ② 구강이나 항문 등 신체(성기는 제외)의 내부에 성기를 넣는 행위, 또는 성기, 항문에 손가락 등 신체(성기 제외)의 일부나 도구를 넣는 경우 7년 이상의 유기징역, ③ 강제추행의 경우 5년 이상의 유기징역 또는 3천만원 이상 5천만원 이하의 벌금, ④ 준강간 내지 준강제추행의 경우는 앞의 예에 따르고, ⑤ 위계 또는 위력에 의한 간음 또는 추행의 죄를 범한 경우 1항부터 3항의 예에 따른다(법 제7조).

(8) 업무상 위력 등에 의한 추행

추행이란 성욕의 흥분, 자극 또는 만족을 목적으로 하는 행위로서 건전한 상식이 있는 일반인의 성적 수치심·혐오의 감정을 느끼게 하는 일체의 행위를 의미한다. 행위자의 주관적인 동기나 목적은 문제가 되지 않는다.[166] 추행의 주체는 남자와 여자 모두 포함되며, 객체 역시 남자와 여자를 구분하지 않는다.

1) 업무·고용상 보호감독자의 추행

업무·고용관계 기타 관계로 인하여 자기의 보호 또는 감독을 받는 사람에 대하여 위계 또는 위력으로써 추행한 자는 2년 이하의 징역 또는 500만원 이하의 벌금에 처한다. 친고죄이다(법 제11조 1항).

2) 구금된 사람에 대한 감호자의 추행

법률에 의하여 구금된 사람을 감호하는 자가 그 사람을 추행한 경우 3년 이하의 징역 또는 1천 5백 만원 이하의 벌금에 처한다(법 제10조 2항).

---

166) 이재상, 앞의 책., p.164.

3) 위계·위력에 의한 장애인 간음행위

장애인의 보호·교육 등을 목적으로 하는 시설의 장 또는 종사자가 보호·감독의 대상이 되는 장애인에 대하여 위계 또는 위력으로써 간음한 때에는 7년 이하의 징역에, 추행한 때에는 5년 이하의 징역 또는 3천만원 이하의 벌금에 처한다(법 제10조 3항).

(9) 공중밀집장소에서의 추행

대중교통수단, 공연·집회장소 기타 공중이 밀집한 장소에서 사람을 추행한 자는 1년 이하의 징역 또는 300만원 이하의 벌금에 처한다(법 제11조). 친고죄이다.[167]

(10) 통신매체이용 음란죄

자기 또는 타인의 성적 욕망을 유발하거나 만족시킬 목적으로 전화, 우편, 컴퓨터 기타 통신매체를 이용하여 성적 수치심이나 혐오감을 일으키는 말이나 음향, 글이나 도화, 영상 또는 물건을 상대방에게 도달케 하는 경우 2년 이항의 징역 또는 500만원 이하의 벌금에 처한다(법 제12조). 친고죄이다.

(11) 카메라 등 이용 몰래촬영

카메라 기타 이와 유사한 기능의 기계장치를 이용하여 성적 욕망 또는 수치심을 유발할 수 있는 타인의 신체를 그 의사에 반하여 촬영을 한 자, 또는 그 촬영물을 반포, 판매, 임대 또는 공연히 전시·상영한 자는 5년 이하의 징역 또는 1천 만원 이하의 벌금에 처한다. 한편, 영리목적으로 앞의 촬영물을 정보통신망을 이용하여 유포한 자는 7년 이하의 징역 또는 3천 만원 이하의 벌금에 처한다(법 제13조).[168]

---

167) 성폭력범죄의처벌및피해자보호등에관한법률, 제13조, 법률 제9932호, 2010.1.18
168) 성폭력범죄의처벌및피해자보호등에관한법률 제14조의2, 법률 제9932 2010.1.18.

3. 성폭력범죄 피해자 보호제도

(1) 피해자의 인적사항과 사생활비밀누설금지

성폭력범죄의 수사·재판을 담당하거나 이에 관여하는 공무원은 피해자의 주소, 성명, 연령, 직업, 용모 기타 피해자를 특정할 수 있는 인적사항과 사진 등을 공개하거나 타인에게 누설하여서는 안 된다. 또한 재판 또는 수사담당 공무원은 성폭력범죄의 소추에 필요한 범죄사실을 제외한 피해자의 사생활에 관한 비밀을 공개하거나 타인에게 누설해서도 안 된다. 아울러 누구든지 피해자의 동의를 받지 아니하고 성폭력범죄 피해자의 인적사항과 사진 등을 출판물에 게재하거나 방송매체 또는 정보통신망을 이용하여 공개하여서는 아니 된다(성폭력 범죄의 처벌 등에 관한 특례법 제22조).

(2) 친고죄 범위의 축소 및 공소시효 가산에 관한 특례

법률에 의하여 구금된 자를 감호하는 자의 추행 및 장애인 보호시설 종사자 등의 간음·추행죄는 친고죄에서 제외한다. 미성년자에 대한 성폭력범죄의 공소시효는 그 피해자가 성년에 달한 날부터 진행한다. 「성폭력범죄의 처벌 등에 관한 특례법」 제2조 제3호 및 제4호의 죄와 제3조부터 제9조까지의 죄는 DNA 증거 등 그 죄를 증명할 수 있는 과학적인 증거가 있는 때에는 공소시효가 10년 연장된다(동법 제20조).

(3) 성폭력범죄 피해자 전담조사제

성폭력범죄 조사과정에서 피해자 인권보장을 강화하기 위하여 성폭력범죄 피해자에 대한 조사는 특별한 사정이 없는 한 미리 지방검찰청장이 지정한 성폭력범죄 전담 검사나 경찰서장이 지정한 사법경찰관이 담당한다(동법 제24조).

(4) 의무적 진술녹화제 적용대상 확대

1) 16세 미만의 미성년자 또는 장애자 진술녹화

성폭력범죄 피해자 조사시 의무적 진술녹화 대상자 연령을 13세 미만에서 16세 미만으로 상향조정하고 신체·정신장애로 사물변별능력이나 의사결정 능력이 미약한 장애자의 조사시 비디오장치 등 영상물 녹화장치에 의해 촬영·보존해야 한다. 그러나 피해자나 법정대리인이 이를 원치 않을 경우에는 진술녹화를 하여서는 아니 된다.

수사기관은 피해자나 법정대리인의 신청이 있는 때에는 영상물 촬영과정에서 작성한 조서의 사본을 신청인에게 교부하여야 한다. 촬영한 영상물은 수사 및 재판의 용도 외에 다른 목적으로 사용하여서는 아니 된다(동법 제26조).

2) 진술녹화 영상물 증거능력

16세 미만자 등에 대한 녹화영상물에 수록된 피해자의 진술은 공판준비 또는 공판기일에서 피해자 또는 조사과정에 참여하였던 신뢰관계에 있는 자의 진술에 의하여 그 성립의 진정함이 인정된 때에는 증거로 할 수 있다. 음주 또는 약물로 인한 심신장애 상태에서 성폭력범죄를 범한 때에는 형 면제나 감경의 규정을 적용하지 아니할 수 있다(동법 제19조).

(5) 피해자와 신뢰관계에 있는 자의 동석의무 강화

① 특수강도강간, ② 특수강간, ③ 친족관계에 의한 강간, ④ 장애인 간음, ⑤ 13세 미만의 미성년자에 대한 강간·강제추행, ⑥ 강간등 상해치상, ⑦ 업무상위력등에 의한 추행 등의 범죄피해자를 법원이 증인으로 신문할 경우에 검사, 피해자, 또는 법정대리인의 신청이 있는 때에는 재판에 지장을 초래하는 등 부득이한 경우가 아닌 한 피해자와 신뢰관계에 있는 자를 동석하게 하여야 한다. 수사기관의 수사과정에도 준용된다(동법 제29조).

(6) 증거보전의 특례

피해자 또는 그 법정대리인은 피해자가 공판기일에 출석하여 증언하는 것이 현정히 곤란한 사정이 있는 때에는 그 사유를 소명하여 당해 성폭력범죄를 수사하는 검사에 대하여 「형사소송법」 제184조의 증거보전의 청구와 그 절차에 대한 규정에 의한 증거보전의 청구를 할 것을 요청할 수 있다. 이 경우 피해자가 16세 미만이거나 신체장애 또는 정신장애의 장애로 사물을 변별하거나 의사를 결정할 능력이 미약한 때에는 공판기일에 출석하여 증언하는 것이 현저히 곤란한 사정이 있는 것으로 본다. 또한 증거보전의 요청을 받은 검사는 그 요청이 상당한 이유가 있다고 인정하는 때에는 증거보전의 청구를 할 수 있다(법 제31조).

4. 피해자에 대한 심리적 영향

(1) 두려움과 수치심

강간범죄는 모든 대인 범죄 중에서 가장 신고율이 낮은 것으로 알려져 있다. 그 이유는 범인에 대한 피해자의 두려움, 성적인 수치심, 또는 사회적 불명예 문화 때문인 것으로 추정된다. 미국의 한 조사 결과에 의하면, 전체 강간사건 중에 70-90%가 신고되지 않는 것으로 나타나기도 하였다.[169]

(2) 강간외상 증후군(rape trauma syndrome)과 신고기피

강간 외상 증후군(rape trauma syndrome)은 피해자를 몹시 조용하게 하고 편안한 얼굴을 가지게 하는 현상을 말한다. 이로 인하여 피해자는 며칠 또는 몇 주 동안 사건신고를 미루기도 하고,[170] 또한 피해자는 피해경위를 다시 기억하기 싫어하는 잠재의식으로 인하여 당시 상황을 상세히 진술하지 않는다. 특히 남성 수사관에게 피해사실을 진술해야 된다는 고통, 잊고 싶은 일을 다시 기억해내야 한다는 부담감 등이 신고기피사유가 된다. 따라서 성범죄 수사는 여성경찰관으로 수사팀을 구성할 경우에 효과적일 수 있다.

제2절 성폭력범죄의 특성

1. 일반적 특성

(1) 면식관계의 범죄

강간사건은 이른바 데이트상대에 대한 강간(date rape) 또는 면식관계 강간(acquaintance rape)이라고 할 정도로 데이트 관계에 있는 남녀 사이나 잘 아는 관계에 있는 남녀 사이에 주로 발생하는 것이 특징이다. 모든 강간사건 중에 60%가 면식관계자 사이에 발생

---

169) Gilbert, *op.cit.*, p.284.
170) Gilbert, *op.cit.*, p.288.

하는 것으로 보고되고 있으며, 최근 자료에 의하면, 16세에서 24세 사이의 젊은 사람들 사이의 30% 이상이 적어도 한번 이상의 데이트 강간사건을 당한 것으로 보고되고 있다.[171]

킬패트릭(D. G. Kilpatrick) 등은 강간범의 75.6%가 남편, 애인, 남자친구, 친척, 이웃 등으로 면식관계에 있는 사람이며 24.4% 만이 낯선 사람 사이에 발생한다는 증거를 제시하였다.[172]

(2) 높은 재범률

1) 특 징

강간범죄자들은 다른 유형의 범죄자들보다 훨씬 높은 빈도로 강간범죄를 반복하는 경향, 즉 높은 재범률을 보이는 것이 특징이다. 캘리포니아 법무부는 15년 동안 1,300명의 성범죄자들을 대상으로 조사한 결과 그들은 다른 폭력범죄자들보다 재범 가능성이 5배 정도 더 높다는 결론을 내렸다. 특히 강간같은 성폭력범죄자들의 재범률은 놀라울 정도로 높아 미국의 많은 주는 교도소에서 형기를 마친 후 정신치료 감호소에서 치료를 받도록 하는 특별법을 제정하게 되었다.[173]

2) 매건법(Megan's Law)의 제정

미국의 대부분의 주들은 성범죄 전과자들을 추적하고 성범죄를 예방하기 위하여 「매건법」(Megan's Law)을 제정하였다. 1994년 성범죄 전과 2범의 범죄자가 7살짜리 소녀 '매건 칸카(Megan Kanka)'를 강간하고 살해한 사건으로 「매건법」이 제정되었고, 이 법에 의해 경찰은 어떤 위험수준의 성범죄자가 석방되어 사회에 복귀할 때에 그 범인의 사진과 인적 사항 등을 지역 주민에게 공지해야 한다.[174] 성범죄자 공지방법은 주마다 다르다. 또한 전자팔찌나 발찌를 착용하고 보안관찰 대상으로 관리하고 있다. 우리나라도 성폭력 범죄자들에게 전자발찌를 착용시켜 보안관찰대상으로 하고 있는데 이는 그들의 재범을 방지하기 위한 것이다.

---

171) *Ibid.*, p.393.

172) D.G. Kilpatrick, A. Whalley. A, & C. Edmunds, Sexual assult, In A. Seymour, M. Murray, J. Sigmon, M. hook, C. Edmunds, M. Gaboury, & G. Colman(Eds), 2000 National Victim Assistance Academy, Washington, DC: U.S. Department of Justice, 2000, p.12.

173) Gilbert, *op.cit.*, pp.284-285.

174) *Ibid.*, p.293.

(3) 이중적인 피해자

강간 피해자는 강간범과 형사사법 시스템에 의한 이중적인 피해자로 인식되어 왔다. 사실 어떤 피해자는 경찰, 검찰 그리고 의료인들에 의한 이해의 부족으로 인권이나 사생활이 침해되는 2차 피해자화 되고 있다는 사실을 부인할 수 없다.[175] 범죄 피해자는 범인에 의한 1차 피해자와 형사사법기관에 의한 2차 피해자화로 나누어지는 데 성범죄의 피해자들이 주로 2차 피해자의 대상이 되고 있다.

2. 강간범의 특징

(1) 약물남용에 의한 범죄자

강간범은 알코올과 비금지 약물의 사용을 하고 범행을 하는 것이 특징이다. 강간범은 개인적 역사와 범행 당시 모두에 약물남용을 한다. 기소된 강간범의 42%와 90%사이는 성폭력 당시에 비금지 약물의 영향하에 있었으며, 58%와 90% 사이는 약물남용의 역사를 가지고 있었다.[176]

(2) 범죄자의 연소화

강간범죄자들은 16세에서 20세에 집중할 정도로 그 나이분포의 연소화 경향이 특징이다. 강간범으로 체포된 피의자들 중 거의 45%가 25세 이하였으며, 15%는 17세 이하의 청소년들이었다. 뉴욕경찰국이 3,000명의 성폭력범죄자들을 대상으로 조사한 결과 그들 중 70% 이상이 29세 이하였으며, 그들 중 23%는 성폭력범죄를 범하는 기간 동안 강도나 절도를 같이 범하는 것으로 나타났다.[177]

2004년 UCR자료에 의하면, 체포된 강간범중의 45.8%가 25세 이하였으며, 16.7%는 18세 이하였다. 또한 강간범으로 체포된 6%와 다른 성범죄로 체포된 11%는 15세 이하였다. 그러나 UCR 자료는 청소년들의 강간범 비율을 저평가하고 있다는 의심을 받는다. 고등학교 학생들을 대상으로 한 한 실태조사에서 여학생들의 거의 반에 해당하는

---

175) Gilbert, *op.cit.*, p.287.
176) *Ibid.*, p.398.
177) *Ibid.*, p.284.

48%가 성폭력을 당했다고 대답했으며, 남학생의 34%가 성폭력 범죄를 범한 사실을 시인했다.[178]

(3) 초범과 상습범의 차이

초범은 자신의 정체성(얼굴)을 숨기기 위한 변장이나 복면 등의 행동을 별로 하지 않는다. 복면, 목소리 바꾸기, 피해자를 묶거나 눈 가리기 등의 행동은 초범에게는 발견하기 어렵다. 초범자들은 현대 의학기술 또는 경찰의 과학수사 기술을 잘 모르고 범행을 하는 것이 특징이다.

그러나 성범죄 전과자들은 과거의 범행에서 습득한 지식을 활용하여 범행을 숨기기 위한 다양한 수법을 동원한다. 그들은 피해자의 전화선을 끊고, 수술용 장갑을 끼거나 복면을 하기도 하고 피해자로 하여금 피해자 자신의 몸이나 범인이 접촉한 물체를 물로 씻어버리도록 만든다.

(4) 면식범과 비면식범

1) 면식범

강간범의 대부분은 피해자에게 낯선 사람이 아니라 친밀한 사람이다. 통계에 의하면, ① 강간범의 24.4%는 낯선 사람이다. ② 21.9%는 남편이나 전 남편이다. ③ 19.5%는 보이프랜드 또는 과거 보이프랜드이다. ④ 9.8%는 친척이며, 14.6%는 친구나 이웃 등이다.[179]

데이트 강간을 포함하는 면식범 강간은 신고율이 낮지만 빈번하게 발생하는 것으로 알려져 있다. 면식범은 남자가 여자와의 관계에서 적극적이어야 한다고 믿기 때문에 데이트 동안 남자를 거부하는 여자의 신호를 무시하는 성적 고정관념을 가지고 있다. 따라서 면식범들은 정서적으로 강요된 성행위를 범죄로 생각하지 않으며, 물리적 강제력을 행사하여 성행위를 시도한다. 데이트 강간범을 포함하는 면식범(contact offenders)은 대체로 어느 정도의 죄책감을 느끼지만, 자신의 행위가 범죄라고 생각하지는 않는다.

---

178) Bartol & Bartol, *op.cit.*, p.400.
179) *Ibid.*, p.399.

2) 비면식범

비면식범은 폭력적인 강간범이라고도 하며, 면식범과는 달리 피해자를 모르고, 범행에 대한 후회감이 없으며, 범행에 고도의 폭력을 행사하는 것이 특징이다. 이러한 유형의 강간범들은 성적 쾌락보다는 여성을 지배한다는 권력과 통제라는 동기에 의해 범행을 하게 된다.[180]

(5) 범죄전력

강간으로 기소되어 유죄판결을 받은 많은 남성범죄자들은 오랫동안 지속적으로 성폭력범행을 한 기록을 가지고 있다. 또한 강간과 성폭력범행을 반복적으로 하는 청소년 성범죄자들은 성범죄가 아닌 광범위한 다른 범죄나 반사회적 행동을 하는 것으로 확인된다. 즉, 청소년 범죄자들은 들치기, 절도, 불놓기, 약자 괴롭히기와 협박, 동물학대, 다른 사람 폭행 등과 같은 범죄나 반사회적 행동을 한 전력을 가지고 있다. 특히 청소년 성폭력범죄자의 반 이상은 자신이 기르는 애완동물을 포함하여 동물을 학대한 전력을 가지고 있었다. 그들은 성폭력범죄를 범하면서 다른 범죄도 같이 범하는 것이 특징이며, 대부분 만성적인 청소년 범죄자 또는 평생지속적인 범죄자가 된다.

1994년에 교도소에서 석방된 3,115명의 강간범에 대한 추적 연구에 의하면, 그들 중의 1.3%가 석방된 지 6개월 이내에 새로운 성 범죄로 체포되었다. 3년 간의 추적 연구는 5%가 새로운 성범죄로 체포된 사실을 밝혀내고, 46%는 석방 후 3년 이내에 성범죄가 아닌 다른 범죄로 체포되었다. 이러한 자료는 강간범들의 성폭력 범죄 재범률은 낮고 범죄 전반적으로는 재범률이 높다는 사실을 지적한다.[181]

(6) 인류학적 특징

실증적인 연구에 의하면, 강간범의 49%가 실업자이거나 비정규직 또는 불안정한 고용상태에 있었다. 흥미롭게도 강간범과는 달리 아동과 십대청소년을 대상으로 한 성폭력범죄자들은 대부분 체포되기 전에 안정적인 직업을 가지고 있었다. 또한 강간범들의 거의 3분의 2는 결코 결혼한 일이 없으나 아동 성폭행범의 대다수는 결혼한 상태였다.[182]

---

180) *Ibid.*, p.289.

181) *Ibid.*, p.400.

182) *Ibid.*, p.401.

(7) 강간행동에 대한 원인귀인

전통적으로 강간범은 많은 임상의학자들에 의해서 통제 불가능한 충동이나 정신장애 성격 소유자의 피해자로 고찰되어 왔다. 정신병리적 범죄학은 오랫동안 성범죄에 관한 인기문헌으로 자리잡아 왔으며, 서구 문명 사회에 계속 상당한 영향을 미치고 있다.

스칼리와 마롤라(D. Scully & J. Marolla)가 관찰한 바에 의하면, 일반 대중은 물론이고 정신의학 문헌은 전통적으로 강간행동을 네 가지 근본적인 원인에 귀인한다. 그 근본적인 원인은 ① 통제불가능한 충동 또는 욕망, ② 정신병 또는 질병, ③ 이상한 상황에 의해 촉발되는 일시적인 통제상실, ④ 피해자 유혹 등이다.[183] 정신의학 문헌의 원인귀인은 전통적으로 성범죄의 원인을 행위자가 직접 통제할 수 없는 상황적 요인에 귀인시키고 있다는 것이 특징이다.

1) 통제불가능하거나 저항불가능한 충동

통제불가능하거나 저항불가능한 충동이란 자기통제를 위한 정상적인 억제력이 강력한 성적 추동(sex drive)에 의해서 실체적으로 감소하거나 사실상 제거된 심리적 상태를 말한다. 인간의 타고난 자연적인 성적 추동이 강력할 경우에 인간은 그 추동에 저항하지 못하고 성폭력을 범하게 되는 것이다. 강력하고 생물적인 요인의 분출은 직접적인 성욕의 충족뿐이다.

2) 정신병, 또는 질병 귀인

정신병이나 질병 귀인이란 어떤 깊이 자리잡은 질병이나 정신적 이상의 징후를 말한다. 모든 성범죄자들은 기본적으로 질병을 앓고 있으며, 도움이 필요한 상태에 있다. 성적인 일탈행동은 원인이 유사하고 그 원인은 성격장애같은 정신병리적인 단일 유형에 귀인된다.[184]

성폭력에 대한 질병귀인 모형은 성범죄가 중독의 결과라는 과정으로 발전한다. 성범죄에 대한 중독 관점은 성범죄가 알코올 중독, 과식, 도박, 들치기, 마약남용과 같은 중

---

183) D. Scully, & J. Marolla, Convicted rapists' vocabulary of motive: Excuses and justifications, Social Problems, 31, 1984, pp.530-544.

184) R.I. Lanyon, Theory and treatment in child molestation, Journal of Consulting and Clinical Psychology, 54, 1986, pp.176-182.

독상태와 아주 유사하다는 측면에서 설득적이다. 성 범죄는 다른 중독상태와 마찬가지로 성적 분출을 참을 수 없는 상태에서 발생한다는 것이다.

3) 약물 귀인

약물 귀인이란 사람이 알코올이나 약물을 사용하는 것과 같은 상황에서 자신의 욕구를 일시적으로 통제할 수 없는 것이 성범죄의 원인이라는 것이다. 알코올은 사회적·도덕적 제약을 제거하는 작용을 함으로써 어떤 사람의 성욕을 마음대로 표출하게 만든다. 이러한 욕망은 너무나 강렬하여 알코올을 섭취한 사람으로 하여금 가장 편리한 피해자를 공격하게 만든다. 한 연구에서 데이트 강간의 3분의 2는 과도한 음주에 귀인되었다. 데이트 강간 범들은 음주에 의한 정신적 도취와 더불어 강렬한 성적 흥분에 강간행위를 귀인한다.[185]

4) 피해자 귀인

피해자 귀인이란 성폭력은 피해자의 유혹이 원인이라고 말한다. 이러한 관점에 의하면, 강간은 여성이 무의식적으로 촉발한 성적 행동이다. 예를 들자면, 여성의 자동차 편승 강간은 피해자가 촉발한 강간이라고 볼 수 있다. 여성의 무의식적 욕망 때문에 촉발되는 강간은 여성이 본의 아니게 다양한 방법으로 남성의 성행동에 협조하게 된다. 남성의 3분의 2는 데이트 강간이 법적으로는 강간일지라도, 사건의 잘못은 성행동을 촉발한 여성에게 있다고 항변한다. 미국 인구의 상당수가 강간은 여성에게 부분적으로 책임이 있다는 강력한 믿음을 가지고 있다.[186]

(8) 연쇄강간범

1) 특 징

사람들은 일반적으로 연쇄강간범이란 대부분 죄책감을 느끼지 않는 사이코패스일 것이라고 생각하는 경향이 강하다. 그러나 실제로는 연쇄강간범은 일부분을 제외하고는 사이코패스가 아니라는 사실이 실증적인 연구에 의해 밝혀지고 있다. 실증적인 연구는 연쇄강간 살인범 중의 약 50%가 사이코패스에 해당되지 않으며 따라서 죄의식을 가진다고 지적한다.[187]

---

185) E. J. Kannin, Date rape: Unofficial criminal and victims, Victimology, 9, 1984, pp.95-108.
186) Bartol & Bartol, *op.cit.*, p.403.

2) 입증상의 특징

연쇄강간범의 입증상 특징은 대개 다음과 같다.

① 연쇄강간범은 복면 등의 변장을 하지 않는다. ② 범행은 계획적이다. 범행계획은 피해자의 주소, 사진 또는 주택 약도 등을 기초로 작성되고 이는 체포 후에 범행의 증거물이 된다. ③ 연쇄강간범은 자신의 주거지역이나 작업장에서 멀리 이동하지 않는다. 또한 연쇄강간범의 범행장소는 지리적 공통성이 존재한다. 따라서 범인은 자신의 주거지역에서 이동가능한 지역을 중심으로 범행을 계획하거나 지리적 공통성이 있는 지역을 골라 범행을 하기 때문에 이른바 지리적 프로파일링(geographic profiling)의 활용대상 범죄자이다.[188] ④ 연쇄강간범의 약 50%는 범행시에 무기를 사용하고 그 무기는 주로 칼이다. ⑤ 연쇄강간범은 범죄현장에서 발견된 끈이나 전깃줄 또는 밧줄로 피해자를 결박하여 범행을 범하기도 한다. ⑥ 연쇄강간범은 흔히 피해자의 사진이나 신분증, 지갑이나 속옷, 애장품이나 보석류 같은 피해자의 개인적 물품을 탈취하여 보관한다. 따라서 연쇄강간범이 특정되거나 체포된 경우에는 즉시 범인의 주거에 대한 압수·수색을 실시하여 범행증거물을 압수해야 한다. ⑦ 가학적이거나 변태적인 연쇄강간범은 흔히 피해자를 학대하기 위해 사용한 도구를 보관한다. 또한 범인의 주택이나 차량 안에 범행사진, 비디오 동영상, 녹음테이프. 또는 피해자와의 전화기록 등을 보관한다.[189]

3. 강간범의 유형

모든 강간범에 적용할 수 있는 어떤 특정 성격 프로파일은 없다. 그러나 범죄행동 전문가들은 거의 모든 강간범들이 보통 ① 성적능력 자신감 되찾기 유형(power reassurance), ② 성적능력 과시하기 유형(power-assertive), ③ 분노 보복형(anger-retaliatory), ④ 가학적 또는 기회주의적 유형 등으로 구분한다.[190]

---

187) Robert R. Hazelwood and Janet Warren, The Criminal Behavior of the Serial Rapist, FBI Law Enforcement Bulletin, 59, no.2, 1990.2, p.15.

188) Gilbert, *op.cit.*, p.485.

189) Gilbert, *op.cit.*, p.292.

190) Robert R. Hazewood and Ann W. Burgess, Practical Aspects of Rape Investigation(New York:Elsevier, 1987), pp.175-182.

강간범의 유형은 매사추세츠 주의 치료센터(Massachusetts Treatment Center)에서 분류한 ① 대체공격 강간범, ② 보상적 강간범, ③ 성적 공격적 또는 가학적 강간범, ④ 충동적 또는 이용적 강간범 등의 네 가지 유형이 대표적이다.[191] 이와 유사한 유형을 제시한 그로스(A. N. Groth)는 강간범의 유형을 분노강간(Anger rape), 성적능력 과시 강간(Power rape), 가학적 강간(Sadistic rape)으로 분류하였다.[192] 강간 피해자들의 진술에 기초하여 작성되는 이러한 유형은 주로 연쇄강간범이나 연쇄강간살인범의 인물 동일성 유형분석 자료인 성격 프로파일(personality profile)로서 더 잘 알려져 있다.[193]

이러한 분류를 종합하면 강간범의 유형은 다음과 같이 분류될 수 있다.

(1) 성적능력 자신감 되찾기 유형(power-reassurance)

성적능력 자신감 되찾기 유형은 심리적으로 자신의 남성능력을 의심하고 여성에게 성적능력을 행사하고 통제함으로써 이러한 의심을 떨쳐버리려 한다. 이러한 강간범은 보통 잘 모르는 여성을 범행대상으로 하고 피해자를 지배하는 형식으로 범행을 계획한다. 일반적으로 최소의 폭력을 사용하고 체포될 때까지 반복적인 주기로 범행을 계속한다. 그들은 범행 뒤에 후회감을 나타내고 어떤 형태로 사과나 죄의식을 나타내기도 한다. 그러나 그러한 후회는 일시적이거나 전부 거짓에 지나지 않는다. 그들은 또 다른 범행을 통하여 계속 상대방을 지배하려고 하기 때문이다.

(2) 성적능력 과시하기형

성적능력 과시하기 유형(power assertive)은 자신의 성적능력을 과시하고 피해자를 지배하기 위하여 범행을 한다. 성적능력 자신감 되찾기 유형과는 대조적인 이 유형은 자신의 성적능력에 대해 의심이 없고 강간을 여성에 대한 상징적 권력행사의 형태로서 사용한다. 이 유형의 강간범은 사회적 속임수에 뛰어난 기술을 가지고 있으며, 범행 전에 피해자와 친해지거나 아는 사이가 될 수 있다. 범죄자는 상대방을 공격하기에 안전한 시간

---

191) R. A. Knight & R. A. Prentky, The developmental antecedents and adult adaptations of rapist subtypes, Criminal Justice and Behavior, 14, pp.403-426.

192) A. N. Groth, Men who rape:The psychology of the offender, New york: Plenum, 1979, pp.5-12.

193) Weston & Lushbaugh, *op.cit.*, p.222.

과 장소라고 인지하면, 자신의 본성을 드러내고 피해자를 지배하기 위한 공격을 개시한다. 보통 데이트 강간이라고 알려진 면식범 강간의 상당수는 이러한 유형의 강간범에 해당된다. 이러한 유형의 강간범은 성적능력 되찾기 유형보다 더 심각한 폭력을 사용한다.[194]

보상적 강간범이라고도 하는 이 유형은 임상조사 문헌에서 힘의 재확인, 성적 목표 또는 진성 성범죄자로 정의된다. 여기에서는 여성에 대한 공격이 범행의 동기가 아니라 성적인 강력함과 적합성을 증명하고자하는 욕망이 범행의 동기이다.

흔히 이러한 유형의 범인들은 조용하고, 수줍어하고, 얌전하고, 고독한 사람으로 묘사되기도 한다. 따라서 그들은 쾌락적인 성행위에 열정적으로 순응하는 여성을 생각하는 환상의 세계 속에서 살고 있는 것이 특징이다. 그러나 내성적인 성격. 자존심의 결여, 그리고 저수준의 성취욕구 등으로 인하여 학교와 직장에서, 그리고 사회에서도 성공하지 못한다. 그의 강간행위는 사회에서 가해지는 자신의 부적합성 이미지를 보상받으려는 노력의 결과이다.

(3) 분노보복형

분노 보복형(anger-retaliation rapists)은 여성과 관련된 실질적이거나 상상적인 과거의 잘못에 대해서 심리적으로 보복하기 위한 극한적인 분노에서 비롯된다. 성적 느낌이나 흥분을 위하여 강간을 하는 것이 아니라 주로 피해자에게 폭력적이고 공격적인 행동으로 일종의 보복을 가하는 것이 특징이다. 범인은 범행을 계획하지는 않지만, 과거의 여성얼굴과 유사한 용모를 가진 피해자를 선택하여 충동적으로 공격한다.

피해자는 잘 모르는 사람이 선택되고 병원진료를 요구하는 정도의 심각한 부상을 입게 된다. 이러한 경우에 강간범은 상대 여성에게 상해를 입히고 굴욕과 불명예를 주기 위해 범행을 한다. 피해여성을 물고, 꼬집고, 쥐어뜯는 것과 같은 잔인하고 가학적인 행위를 하는 것이 특징이기도 하다. 피해자는 성적 매력에 관계없이 완전히 범인의 가장 유용한 폭력대상에 지나지 않는다. 폭력은 성욕과는 관계없이 성기가 팽창할 때 까지 구강자극이나 자위를 요구하는 것과 같이 변태적이다. 이때 피해자가 저항하면 더 큰 폭력을 가져올 뿐이다.[195]

---

194) Gilbert, *op.cit.*, p.286.
195) *Ibid.*, p.286.

피해자를 굴복시키기에 필요한 정도를 초과하는 언어폭력이나 물리적 폭력을 가하는 것과 같이 성행위와는 관계없는 과도한 공격을 가한다. 여성의 부정직성과 혐오 등에 의한 적의감으로 보복형태의 공격을 가하지만, 성적으로 중요한 신체부위에 대한 공격은 가하지 않는 것이 특징이다. 범인은 흔히 자신의 행동을 통제 불가능한 충동에 귀인시킨다.

(4) 성적 공격유형(Sexual aggressive rapists)

이 유형은 성적·공격적 특징이 거의 같은 수준으로 공존하는 범행을 의미한다. 강간범은 성적 흥분을 위하여 여성에게 폭력을 행사하고, 여성 역시 폭력에 의하여 강간당하는 것을 즐기고 자신에 의하여 지배되고 통제되고 있는 것으로 믿는다. 가학적인 행동은 학대, 고문, 고통을 가하는 형태로 나타나고 때로는 살인으로까지 발전된다.

성적으로 공격을 가하는 강간범은 흔히 결혼을 하기는 하지만, 가정생활에 거의 전념하지 않거나 충성심도 없기 때문에 반복되는 결혼과 별거 그리고 이혼이라는 전력 소유자이다. 또한 가정폭력과 청소년기에 반사회적 행동을 한 배경이 있다.

(5) 충동적 또는 이용적 강간범(Impulsive or exploitative rapists)

이러한 유형의 강간범은 성적인 또는 공격적인 행동으로 강간을 시도하는 것이 아니라 기회가 있을 때 우발적으로 강간을 하는 특징의 소유자이다. 대체로 강도나 절도와 같은 다른 범죄를 범하는 과정에서 발생한다. 이러한 강간범들은 강간보다는 다른 범죄의 오랜 전력의 소유자들이다. 이 유형은 강간범의 동기가 직접적인 성욕인 유일한 강간유형이다. 범인은 피해자를 강간하기에 필요한 수준의 폭력을 행사하고 그 이상의 폭력을 가하지는 않는다. 단지 피해자가 강간 가능한 상태에 있기 때문에 성폭력을 할 뿐이다. 범인이 범죄현장에서 도주하기 전에 흔히 피해자를 묶어둔다. 이러한 유형의 범죄자들은 범행동안에 대부분이 약물에 중독되어 있거나 마약의 영향아래 있는 것으로 보고되고 있다.[196]

---

196) *Ibid.*, p.286.

(6) 가학적인 강간범(sadistic rapists)

가학적인 강간범은 피해자에 대한 극한적인 적의감을 나타낸다. 이러한 유형은 가시적인 고통이 성적 흥분인 것으로 인식하기 때문에 피해자를 굴복시키기 위해 필요한 정도를 넘어서는 고통을 의도적으로 가한다. 고도의 변태적인 성적조건으로 인해 범인은 극한적인 폭력을 통해서만 성적 만족을 얻을 수 있다. 치밀한 계획 후에 잘 모르는 사람을 피해자로 선택하여 장기간 공격을 위하여 격리된 환경에 피해자를 옮기고 이동이 불가능하게 한다. 다행히도 이러한 유형의 강간범은 가장 적은 숫자이지만, 범행은 살인으로 끝날 가능성이 가장 높다. 가학적인 강간범은 고도로 충동적이고 강력한 의식적인 범행수법을 동원한다.[197]

제3절 아동 성폭력범죄

1. 아동성폭력 범죄의 특징

(1) 개 념

페도필리어(pedohilia)는 아동 성폭력과 성 학대를 의미하는 공통적인 용어로서 아동 성애행동 그 자체를 의미한다. 한편, 페도필(pedophile)은 소아 성애자, 즉 소아성애 행동을 하는 사람을 말한다.

1) DSM-Ⅳ의 개념

DSM-Ⅳ는 소아 성애자란 적어도 6개월 이상 반복적으로 보통 13세 이하의 아동들을 대상으로 강렬한 성적인 자극을 유발하는 환상, 성적 욕망 또는 성적 활동을 포함하는 행동을 하는 현상이라고 정의한다. 또한 어떤 소아성애자는 성적으로 단지 아동에게만 매력을 느끼고, 다른 소아성애자들은 성적으로 아동과 성인 모두에게 성적인 매력을 느낀다.

---

197) *Ibid.*, p.286.

2) 청소년 성애(hebephilia)

청소년 성애는 말 그 대로 성인 남성이 대체로 13세에서 15세 사이의 청소년들과의 성적 접촉을 좋아하는 현상을 말한다. 그러나 소아성애와 청소년 성애의 구분은 별 의미가 없다.

3) 성도착증(paraphilia)

성도착증이란 ① 동물같은 비인간적인 목적물, ② 성적 상대방에 대한 고통과 수치심 유발, ③ 아동이나 기타 승낙하지 않는 사람들을 대상으로 적어도 6개월 이상 반복적으로 발생하는 성적인 자극유발 환상, 성적 욕망 또는 행동을 의미한다.

4) 이성 소아성애자와 동성 소아성애자

남성 소아성애자가 여성 소아 성애자보다 훨씬 많다는 것이 일반적인 견해이지만, 여성도 소아 성애자에서 면제될 수 없다는 견해가 증가하는 추세에 있다. 또한 소아 성애자는 남자 성인이 여아를 좋아하는 이성 소아성애자가 보다 공통적인 유형인 것 같다. 그러나 남자 성인이 남아를 좋하는 동성 소아성애자도 20~23%에 달할 정도로 존재한다. 여아와 남아 모두를 성적 대상으로 하는 양성 소아성재자도 아주 소수이긴 하나 존재한다.

(2) 소아 성애자(pedophile)의 범죄

아동 성폭력은 보통 소아 성애자에 의해 발생한다. 소아 성애자란 아동들과의 성 접촉을 좋아하고 성적 환상과 성욕 대상이 아동에게 집중되는 인간을 말한다. 소아 성애자는 상황적 소아 성애자(situational pedophile)와 선호적 소아성애자(preferential offenders)로 구분될 수 있다.[198]

1) 상황적 소아 성애자

상황적 소아 성애자는 성욕 충족 대상을 전적으로 아동에게 집중하지 않는다. 따라서 소아 대상 범행이 지속적이지도 않고, 수적으로 많지도 않다. 아동은 단지 범인과

---

198) *Ibid.*, p.295.

같은 또래의 성적 대상자에 대한 대용물에 지나지 않는다. 이러한 소아 성애자는 사회 적응 기술의 결여, 자의식의 결여, 성격장애 상태에 있는 사람이다. 이러한 유형의 아동 성폭력은 아동들의 이용가능성에 의해 발생하기 때문에 아버지나 친척들이 주된 가해자들이다.

2) 선호적 소아 성애자

선호적 소아 성애자(preferential offender)란 아동에 대한 명백하고 집중된 성적 선호를 가진 아동성폭력자를 말한다. 이들의 성폭력 이유는 상황적 긴장이나 부적절한 사회적 기술 때문이 아니라 아동들을 매력적인 성적 대상으로 선호하기 때문이다. 이들이 바로 전형적인 소아 성애자이며 아동 포식자로서 체포될 때까지 많은 아동들을 피해자화한다. 또한 아동들의 성적 억제를 허물고 적극적인 성적 행동을 끌어내기 위하여 다양한 성적 기법을 활용한다. 상황적 성애자도 때로는 아동을 납치하여 성폭력을 행사하지만, 대부분의 선호적 소아 성애자들은 아동을 납치하여 성폭력을 행사한다.

다양한 연구는 소아 성애자의 특징을 다음과 같이 지적한다.[199]

① 일반적으로 남성범죄자로서 피해자보다 나이가 많다.

② 여성 피해자가 대부분이지만 상당한 수의 남자 아동들이 피해자화된다.

③ 일반적으로 문제 가정이나 아동을 돌보기 힘든 결손가정의 아동들이 피해자화 된다.

④ 흔히 아동 포르노에 관심을 가지고 그러한 영상물이나 자료를 수집한다.

⑤ 아동에게 접근을 용이하게 하는 직업이나 사회활동을 추구하고 성인과의 관계를 배제한다.

⑥ 흔히 고정적인 직업이 없는 등 불안정한 고용과 배경을 소유한다.

(3) 가족이나 친족 간의 범행증가

1) 특 징

최근에 가족관계에 있는 성인과 아동 사이에 아동 성폭력 사건이 급속히 증가하고 있으며 경찰과 사회기관에 많은 사건이 신고 되고 있다는 것이 특징이다. 이러한 범죄 유형을 가족 성폭력범죄자(family offenders)라고 하며, 가족 중에 소아 성애자가 있는 경우

---

199) *Ibid.*, p.295.

에 더 흔히 발생한다.[200] 가족 성폭행범은 딸, 아들, 또는 친척들을 범행대상으로 한다.

미국심리학회에 의하면, 1천2백만에서 1천5백만에 이르는 사람들이 가족관련 성폭행이나 추행의 피해자이다. 대다수의 사건은 아버지와 친딸, 또는 양부와 양녀사이에 발생한다. 극소수이기는 하지만 어머니가 가해자인 경우도 있다. 가족관련 성폭행범들은 배우자에 대한 반감이나 성행동 변화를 야기하는 예기치 않은 긴장 때문에 성폭행을 하는 상황적 범죄자들이다. 극소수는 선호적 소아성애자인 경우도 있다. 근친상간 형태의 가족 성폭행범은 가족 내의 한 아이를 성폭행한 후 다음에는 다른 아이를 성폭행하는 식으로 연쇄 근친상간(serial incest)을 한다.

2) 징 후

근친상간 형태의 아동 성폭행의 징후는 다음과 같다.

① 가족의 한 아이가 다른 아이보다 좋은 옷을 입고 더 많은 돈을 소비하는 경우, ② 아이가 성기나 항문 등에 고통을 호소하는 경우, ③ 정기검진 결과 성병이나 정액반이 발견된 아이의 경우, ④ 아이가 이상할정도로 조용하고, 두려워하고, 대인기피적인 경우로서 그러한 행동변화는 근친상간이 시작될 때 갑자기 나타난다.

(4) 면식관계 없는 자들 간의 범죄

1) 범죄의 특징

❶ 아동납치 성폭력범죄

비가족간의 아동 성폭력은 주로 아동납치에 의하여 시작된다. 비가족 아동납치는 몸값요구 보다는 성적 욕구라는 동기에 의해 발생한다.

❷ 범인의 주거지역 주변 범죄

피해자의 약 60%는 자기 집에서 0.25마일 이내에서 납치되고, 범인의 약 70%는 범행지역에 살거나 직장을 가고 있거나 친구를 방문하는 등의 적법한 이유를 가진 자들이다. 납치후 살해된 아동의 약 70%는 강간이나 성폭행을 당한 것으로 나타났으며, 평균 나이는 11살이었다.[201]

---

200) *Ibid.*, p.297.

201) David Finkelhorn et al, Missing, Abducted, Runaway, and Thrownaway Children in America

❸ 성폭력후 귀가조치 또는 살해

범인은 아동을 납치하여 성폭력을 한 후에 귀가시켜주기도 하지만 영원히 돌려보내지 않거나 살해하기도 한다.[202] 미국의 경우 장기간 아동납치 사건 3,000건 중에 약 200건이 아동을 50마일이나 그 이상으로 유괴한 후 몸값을 받고 돌려주거나 범인이 영원히 아동을 데리고 있거나 또는 살해한다. 매년 약 100명의 아동이 비가족 유괴사건의 결과로서 살해된다.

2) 앰버경보(Amber Alert)시스템

미국에서 아동납치와 성폭력 후 살해 사건은 국민과 경찰의 높은 관심을 불러일으킨 결과 1997년에 앰버경보(Amber Alert) 시스템이 채택되었다. 앰버경보는 1996년 텍사스에서 납치된 후 살해된 9살짜리 소녀 앰버 헤이그만(Amber Hagerman) 사건으로 채택된 제도이다.[203] 앰버경보는 라디오와 텔레비전 방송 기타 통신매체나 인터넷, 전광판 등을 통하여 용의자, 범행차량, 피해자에 대한 구체적인 자료를 국민 대중에게 알려주는 경보 시스템으로서 실종아동 발견과 범인발견·체포가 목적이다. 우리나라는 제주지역에서 발생한 양지승 어린이 실종사건으로 2007년 4월9일 처음 도입되어 실시되고 있다.

(5) 범죄자의 특징

1) 일반적인 특징

많은 공격적인 소아성애자는 유죄판결을 받은 강간범이나 교도소 수형자들과 상당한 유사성을 보여준다. 가장 현저한 공통성은 다음과 같다.

① 알코올로 인한 문제를 가지고 있다.

② 고등학교 과정의 높은 실패율과 탈락율을 보여준다.

③ 비 전문적인 직업분야에 불안정한 고용 역사를 가지고 있다.

④ 사회경제적으로 하류계층 출신이다.

⑤ 대부분의 범죄자는 미혼의 남자(95%)로서 친구가 없는 것이 특징이다.

(Washington, D.C.:U.S. Department of Justice, 1990), pp.8-10.
202) Gilbert, *op.cit.*, p.295.
203) *Ibid.*, p.296.

⑥ 아동에 대한 계속적인 성적 환상에 **빠져** 있고, 사회에서 따돌림 당한 유형의 사람들로서 상당한 량의 아동 포르노테이프 등을 소유하고 있다. 그러나 어떤 범죄자들은 실제로는 성인 여자를 성 파트너로 좋아하지만, 사회적 기술의 부족으로 자신과 동년배의 여성들과 좋은 관계를 형성하지 못하거나 성적 파트너 만들기에 성공하지 못하는 성인여성을 단념하고 힘으로 제압할 수 있는 아동을 선택한다.

⑦ 비가족 범죄자의 아동 납치 성폭행 사건 중의 40%가 살해되고 32%가 중상을 입은 것으로 나타났다. 거의 모든 비가족 아동 성폭행범들은 범행에 폭력을 사용하고 25%는 가학적인 변태성욕자이다.

⑧ 아동 성폭행범들은 전형적으로 여아를 선택한다. 1980년대 말의 연구결과에 의하면, 피해자의 70%가 소녀였으며, 30%가 소년이었다.[204]

⑨ 아동 성폭행범들은 자신의 어린 시절에 성적학대나 폭행을 당한 경험이 있으며 자기애적인 성격(narcissistic personality)의 소유자이다. 대부분의 아동 성폭행 피해자들이 성인으로 성장하여 성폭행범이 되는 것은 아니다. 그러나 아동 성폭행범의 약 40~80%가 어린 시기에 성학대나 추행 등을 겪은 사람들이라는 것으로 밝혀졌다.[205]

아동 성폭력범죄자들에 대한 분류와 진단은 개인적 특징, 생활경험, 범죄전력, 범행의 이유나 동기 등에 따라서 개인사이의 차이가 커서 아주 복잡하다. 필연적으로 모든 아동 성폭력자들을 정확하게 기술할 수 있는 어떤 단일의 프로파일은 없다.[206]

2) 개별적인 특징

❶ 범인의 성별

소아성애자는 주로 남성이지만 배타적으로 남성들에게만 해당되는 것은 아니다. 여성소아성애자도 아동 성폭력범죄자가 될 수 있다. 실제로 아동 성학대를 한 여성들은 여아 피해자의 경우에 13%, 남아의 경우에 24%에 해당된다는 연구 결과가 있다. 보다 최근의 연구는 아동 성폭력 피해자의 4%와 25% 사이가 여성 소아 성애자라는 결과를

---

204) Ann W. Burgess, Children Traumatized in Sex Ring(Washington, D.C.: National Center for Missing and Exploited Children, 1989), p.7.
205) Donald K. Wright, Too Late for Tears, The Detective, Summer/Fall 1989, p.18.
206) *Ibid.*, pp.426-427.

보고했다. 또 다른 연구는 여성 소아 성애자들이 남아보다는 여아에 대한 성적 학대를 하는 경향이 있다는 결과를 제시한다.[207]

❷ 나 이

소아 성애자 사이에는 상당한 나이 차이가 있지만, 소아 성애자들은 강간범들보다 평균적으로 더 나이가 많은 경향이 있다. 유죄판결을 받은 강간범의 75%가 30세 이하인 반면에 유죄판결을 받은 소아 성애자의 75%가 30세 이상이다. 모든 소아 성애자들은 40세 이전에 첫 아동 성범죄를 범한다. 소아 성애자의 80% 이상이 30세 까지 첫 아동 성범죄를 범하고, 약 5%가 청소년이 되기 전에 첫 아동 성범죄를 범한다. 아동 성범죄자들이 다른 성범죄자들보다 나이가 많고 소아성애자의 나이에 따라서 피해자 선호가 달라진다. 즉, 50세 이상의 소아성애자들은 10세 이하의 아동들을 선호하고, 40세 이하의 소아 성애자들은 12세에서 15세 사이의 청소년들을 선호한다.[208]

❸ 피해자에 대한 태도

사회는 소아성애자에 대하여 아주 부정적이다. 따라서 그들은 거의 항상 그들의 성범죄에 대하여 전적인 책임지기를 거부한다. 소아성애자들은 아동을 향한 성적 신념과 매력에 대한 사고와 느낌을 위장하려 한다. 즉, 소아성애자들은 범행 후에 마음은 텅 비어 있었고, 술에 취해 있어서 무엇을 하는지 알 수 없었으며, 아무것도 할 수 없었다거나 그들에게 무엇이 일어났는지 몰랐다고 주장한다. 그들은 그들 범행의 원인을 외부적 요인에 귀인하거나 자신의 통제능력 외부에 있는 요인에 귀인하려 한다.

소아성애자의 인지에 있어서 자기 통제력은 중요한 변수이다. 자기 통제력이 낮은 소아성애자들은 유혹에 충동적으로 반응하는 경향이 강하고, 행동 결과에 대하여 거의 고려를 하지 않는다. 따라서 아주 위험한 행동을 하게 된다. 그러나 소아성애자들은 강간범들보다 유의할 정도로 더 좋은 자기통제력을 가지고 있는 것 같다. 따라서 소아성애자들이 자신을 통제할 수 있는 능력이 없다는 주장은 타당성이 없다.[209]

---

207) *Ibid.*, p.427.
208) *Ibid.*, p.p.427-428.
209) *Ibid.*, p.428.

❹ 인지적 기능

중요한 연구에서 캔터(Cantor) 등은 성범죄를 범하는 성인 남성들이 그렇지 않은 남성들보다 지능지수가 유의할 정도로 낮다는 사실을 발견했다.[210] 그러나 성범죄자와 일반사람들 사이의 지능지수 차이는 성범죄자의 하위유형에 걸쳐서 동일하게 발생하지는 않는다. 즉, 성인에 대한 강간범들은 비범죄자들과 지능지수의 차이가 없다. 종합컨대, 피해자의 나이가 어릴수록 범죄자의 나이는 그 만큼 낮다. 결과적으로 성폭력 범죄자들과 비범죄자들 사이의 지능차이는 아동 성폭력 범죄자들의 지능에 기인한 것 같다. 사실 소아 성애자들의 지능은 일반인들의 평균 지능의 3분의 2 수준이다.

❺ 직업과 사회경제적 지위

아동 성폭력으로 체포되어 유죄반결을 받은 소아성애자 중의 3분의 2는 비기술직이나 준기술직 집단 출신이다. 1980년대 동안 대중매체 보도는 아동 성범죄율의 놀라운 증가 사실로 가득하다. 이러한 보도 내용은 소아성애자들 사이에는 어떤 경제적 또는 사회적 장벽이 없다는 사실을 알 수 있게 한다. 즉, 아동 성범죄자들은 사회의 모든 계층에서 존재하고 모든 직업집단에 존재한다.[211]

❻ 대인관계적 · 사회적 기술

성범죄자가 아동을 피해자로 선호할수록 그 만큼 범죄자의 사회적 능력은 뒤떨어지는 경향이 있다. 이리한 맥락에서 시회적 능력은 범죄자의 성인과 관련된 사회적 · 성적 능력을 의미한다. 소아성애자들은 보통 사회적으로 부적합하고, 대인관계 기술이 부족하고, 자신감이 없고, 자존감이 결여되어 있다.

2. 소아 성애자의 유형

마사츄세츠 치료센터는 소아 성애자 유형을 ① 고착된 유형(fixated type), ② 퇴행적 유형(regressed type), ③ 착취 유형(exploitative type), ④ 공격적 또는 가학적 유형 등으로 분류한다.[212]

---

210) J. M. Cantor, R. Blanchard, I.K. Robich명, & B.K. Christensen, Quantitative reanalysis of aggregate date on IQ in sexual offenders, Psychological Bulletin, 131, 2005, pp.555-568.
211) *Ibid.*, p.429.

(1) 고착적 소아성애자

고착적 유형이란 아동을 성적·사회적 동료로서 장기적이고 배타적으로 선호하는 현상을 말한다. 소아 성애자는 남녀를 불문하고 성인 동료들과는 성숙된 관계를 형성하지 못하고, 소아성애자를 아는 대부분의 사람들은 그를 사회적으로 미성숙된, 수동적인, 소심한, 의존적인 인간으로 규정한다. 소아성애자는 아동과의 관계에서 편안함을 느끼고 따라서 동료로서의 관계를 추구한다. 성적 접촉은 보통 소아성애자와 아동이 친밀하게 된 후에 이루어진다.

고착형 소아성애자들은 거의 결혼한 사람이 없으며, 성인 동료와 데이트를 하거나 장기적인 우정관계를 유지한 증거가 많지 않다. 이러한 유형의 소아성애자들은 아동과의 접촉, 애무, 포옹하기를 좋아한다. 그러나 성교를 하는 경우는 거의 없으며, 물리적 폭력이나 공격을 하는 경우도 아주 드물다.

고착형 소아성애자들은 일반적으로 평균적인 지능을 가지고 있으며, 직업은 비교적 안정적이다. 사회적 기술은 일상생활을 하기에 적합하다. 그들은 자신이 아동을 동료로서 배타적으로 선호하는 이유에 대해서 관심이 없다. 따라서 고착형 소아성애자는 치료하기 어렵고 재범을 할 가능성이 아주 높다.[213]

(2) 퇴행적 소아성애자

퇴행적 소아성애자는 상당히 정상적인 청소년들과 좋은 동료관계를 유지하고 이성애 경험을 한다. 하지만, 후에 남성다움의 부적합성의 느낌과 자기의심을 하는 상태에 도달한다. 또한 직업적인 문제와 사회적·성적인 문제가 뒤따른다. 퇴행적 아동 성애자는 알코올 남용, 이혼, 빈약한 고용기록 같은 문제에 노출된다.

퇴행적 소아성애 행동은 보통 여성 또는 남성 동료들이 소아 성애자의 성적 적합성에 대해 의미있는 거부를 할 경우에 촉발된다. 즉, 소아성애자는 여성 친구가 그를 거부한 후에 다른 남성을 여성과의 관계에서 더 성공적인 것으로 인지할 수 있다. 미성숙 소아성애자들과는 달리 퇴행적 소아성애자들은 보통 잘 모르는 피해자를 선호하고 자기 이웃에서 멀리 떨어져 사는 피해자를 선호한다. 피해자는 거의 항상 여성이며 피해

---

212) M. Cohen, T. Seghorn, & W. Calmas, Sociometric study of the sex offender, Journal of Abnormal Psychology, 74, 1969, pp.249-255.

213) Bartol & Bartol, *op.cit.*, p.430.

자와 성교를 추구한다. 퇴행적 소아성애자는 성행위 후에 후회하고 불안감을 표명하기 때문에 보통 교화를 위한 좋은 대상이 된다. 따라서 재범률은 높지 않다.

(3) 착취적 소아성애자

착취적 소아성애자란 자신의 성적 욕구를 만족시키기 위하여 아동을 이용하는 유형이다. 그는 아동들을 복종시키기 위해 아동의 약점을 이용하고, 다양한 종류의 전략과 속임수를 동원한다. 착취적 소아성애자는 아동들과는 잘 모르는 관계에 있으며, 아동들을 다른 사람과 범인 주변의 친밀한 환경으로부터 고립시키려고 한다. 필요한 경우에는 아동들을 자기의 욕망에 따르도록 하기 위하여 공격과 물리적 폭력을 사용한다. 착취적 소아성애자는 아동의 정서적, 물리적 안녕에는 관심이 없고 피해자를 오직 성적 대상만으로 취급한다.

착취적 소아성애자는 범죄행동이나 반사회적 행동의 오랜 전력 소유자이다. 주변 사람들과는 잘 어울리지 못하고 다른 사람들은 그를 피한다. 아주 충동적이고 성급하고 변덕스런 성격의 소유자이다. 그의 대인관계 기술의 현저한 결함이 아동을 피해자로 선택하는 주된 이유이다. 그는 임상적인 치료가 어렵고, 개인적 결함은 일생동안 지속된다.

(4) 공격적 · 가학적 소아성애자

공격직, 가학적 소아싱애자란 아동들을 성적, 공격적 이유로 선호하는 유형이다. 이러한 소아성애자들은 반사회적 행동의 오랜 전력과 환경에 대한 부적응이라는 문제의 소유자이다. 그들은 대부분 동일성의 피해자를 선호하는 동성애적 소아성애자이다. 아동을 사악하게 공격하고 가학적으로 공격한다. 피해자에게 상해와 고통을 많이 과할수록 그 만큼 범인은 성적으로 만족하게 된다.

공격적 · 가학적 소아성애자들은 아주 흔히 아동납치와 살인을 한다. 임상의들은 이러한 유형을 아동에게 위험할 뿐 아니라 치료하기 가장 어려운 범죄자들이라고 규정한다. 다행히 이러한 유형은 아주 드물지만, 대중매체에 흔히 등장하는 유형이다. 따라서 아동 성폭력자의 이미지와 결합되는 경우가 대부분이다. 존 웨인 게이시(John Wayne Gacy Jr.)는 33명의 소년과 젊은 사람을 살해하고 시체를 자기 집의 지하실에 매장한 공격적, 가학적 소아성애자이다.

3. 청소년 성 범죄자

(1) 성범죄의 특징

거의 모든 청소년들의 성범죄는 아동을 대상으로 한다고 볼 수 있다. 청소년 성범죄는 강간과 성추행으로 나누어진다. 강간은 성교를 포함하는 성폭력이며, 성추행은 애무 또는 오럴에 의한 성자극을 포함하는 다양한 행동을 말한다.

(2) 성범죄자 특징

아동 성촉력의 약 30%에서 50%가 청소년들에 의해 범행된다. 청소년 아동성애자들은 청소년 강간범들과는 대단히 다른 집단의 특성을 가지고 있다. 청소년 아동성애자들은 사회적 기술의 부족과 동료들과의 상호작용의 결여로 인해 아주 사회적인 고립상태에 있다. 그들은 아주 어릴 때부터 동료로부터 따돌리고 따라서 아주 내성적이다.[214] 청소년 아동 성애자의 피해자들의 대다수(60% 이상)는 12살보다 더 어리고, 이 피해자 중의 3분의 2는 6살 이하이다.[215] 또 다른 연구에 의하면, 청소년 아동성애자에 의한 피해자들의 63%가 9살 이하이다.[216] 반면에 청소년 강간범들은 자기 나이나 더 많은 피해자를 선택한다. 근친상간 사건에 대한 연구에 의하면, 형제간 강간범은 비형제간 강간범보다 더 어린 아동을 성폭행한다고 보고한다.

청소년 아동성애자들은 청소년 강간범들보다 자신들이 아동이었을 때 성적으로 많은 학대된 경험을 가지고 있다. 청소년 아동성애자들은 다른 청소년들보다 자신감과 자존감이 아주 낮고, 우울증, 짜증, 염세주의에 빠져있다. 또한 사회적 부적합성, 동료의 비웃음과 거부에 고통스러워 한다. 청소년 소아성애자들은 청소년 성 범죄자들보다 심리적 기능 측면에서 더 큰 결함을 가지고 있으며, 피해자에게 덜 공격적이고 잘 아는 피해자를 범행대상으로 한다.[217]

---

214) A. van Wijik, J. van Horn, R. Bullens, C. Bijleveld, & T. Doreleijers, Juvinile sex offenders:A group on its own? International Journal of Offender Therapy and Comparative Criminology, 49, 2005, pp.25-36.

215) C. Veneziano, & L. Veneziano, Adolescent sex offenders: A review of the literrature, Trauma, Violence, & Abuse, 3, 2002, pp.247-260.

216) G. Ryan, et.al., Trends in a national sample of sexually abusive youths, Journal of the American Academy of Child and Adolescent Psychiatry, 33, 1996, pp.17-25.

217) J.A. Hunter, et.al., Juvinile sex offenders:T%oward the development of a typology, Sexual

4. 여성 청소년 성범죄자

가장 초기의 UCR 통계에 의하면, 여성 청소년들은 체포된 모든 청소년 범죄자들 중에 단지 5.5%에 지나지 않는다. 그러나 여성 청소년들의 성범죄는 실제 발생보다 낮게 신고되고 있는 것으로 지적된다. 여성 청소년들의 성범죄는 보통 자신들보다 5살 이상 어린 아동들을 대상으로 한다.

여성 청소년의 아동 성범죄는 아동보육이나 돌보기 과정에서 발생한다. 28명의 여성 청소년 범죄자들의 피해자는 12살 이하였으며, 대부분 잘 아는 아동이 57%, 형제가 29%, 다른 친척이 14%였다. 67명의 여성 청소년 성범죄자를 대상으로 한 연구는 피해자의 90% 이상이 친척이나 친지라고 보고한다. 여성 청소년 범죄자들 대부분은 남자 청소년 성범죄자들보다 더 많은 성적인 학대를 받은 경험을 가지고 있었다. 이들은 우울증, 자아 개념의 결여, 자살 생각 등과 같은 정신적 갈등상태로 인해 고통을 받고 있다.[218]

5. 재범률

(1) 소아 성애자

소아성애자가 소아 성폭력을 학습한다면, 상당히 높은 재범률을 예상할 수 있다. 그러나 소아성애자의 재범률은 확인하기 어렵다. 두 번째 범행시 소아성애자들은 경찰수사를 피하기 위해 아주 조심스럽다. 그러나 소수의 연구결과는 소아성애자의 재범률이 강간범의 재범률과 비슷하다는 결과를 보여준다.

4천 5백명 이상의 성범죄자들을 대상으로 한 조사에 의하면, 가족을 제외한 소아성애자들의 평균 5년 동안의 재범률이 19%였으며, 강간범의 재범률은 17%였다. 1994년에 교도소에서 출소한 4,295명의 아동 성폭력범죄자들에 대한 또 다른 연구에 의하면, 출소후 3년 이내에 재체포된 범죄자는 39%였다. 그러나 이 수치는 성범죄만을 대상으로 한 것이 아니고 어떤 범행으로 재체포된 범죄자들을 대표한다. 그러나 아동 성범죄로 재체포된 사람들만을 대상으로 하면, 단지 3.3%만이 3년 이내에 재체포되었다는 결과를 얻을 수 있다. 또 다른 연구에 의하면, 5년 이상의 기간 동안 재범률은 이성간 소

AQbuse: A jhournal of Research and Treatment, 15, 2003, pp.27-48.
218) Bartol & Bartol, *op.cit.*, pp.436-437.

아성애자의 경우에 18.2%, 동성간 소아성애자는 34.5%였다.

카나다의 일탈적인 성행동에 대한 심리적 치료를 제공하는 프로젝트를 통한 연구에 의하면, 프로젝트 완료후 3.5년 동안 치료를 받지 않은 소아성애자의 32%가 성범죄로 재체포되었으며, 치료를 받은 성범죄자들의 재체포율은 14%였다.[219]

(2) 청소년 성범죄자

청소년 성범죄자들은 성인 범죄자들보다 유의할 정도로 재범률이 낮다. 보통 청소년 성범죄자들의 재범률은 2%에서 14%정도이다. 성범죄 전체 재범률은 7% 수준이고 청소년 강간범의 재범률이 모든 청소년 성범죄자 중에서 가장 재범률이 높다.

청소년 성범죄의 재범률은 충동성과 낮은 자기규제력과 관계가 있다. 즉, 충동적이고 자기규제력이 부족한 청소년 성범죄자들은 재범을 하기 아주 쉽다는 것이다. 청소년 성범죄자의 재범률이 성인보다 낮은 이유는 나이들어 범행을 그만두는 성장효과와 효과적인 치료의 이용가능성 등과 같은 다양한 요인의 작용 결과이다.[220]

6. 소아 성애에 대한 잠재적인 원인에 관한 이론

(1) 부적합성 가설

대분의 소아성애에 대한 설명은 성인이 소아를 성적, 사회적으로 선호한다는 것을 주된 원인이라는 점에 초점을 둔다. 즉, 소아성애의 단일의 원인은 성인의 소아에 대한 성적인 선호라는 것이다. 그들은 성인세계에서 성적·사회적 행동이 놀림감이 되는 것을 두려워한다.

그러므로 미숙하고, 호기심 많고, 경험이 없는 아동의 세계에서 관계를 가지기를 좋아한다. 이러한 점에서 소아성애자들이 성인들과 성적 접촉을 하지 않는 이유를 설명하는데 도움이 된다. 이러한 부적합성 가설이 어떤 타당성이 있는 것 같지만, 소아 성애자 행동의 다양성과 전체 범위를 설명하지 못한다.

---

219) *Ibid.*, pp.437-438.

220) D. Waite, et.al., Juvinile sex offender re-arrest rates for sexual, violent nonswexual, and property crimes, SAexual Abuse: A journal of Research and Treatment, 17, 2005, pp.313-331.

(2) 소아성애자에 대한 기초이론

핀켈러와 아라이(Finkelhor & Araji)는 소아성애에 대한 설명을 위한 네 가지 기본적인 이론을 제시한다. 제시한 네 가지 이론은 정서일치 이론, 성적 흥분 이론, 장애 이론, 비 절제 이론 등이다.[221]

1) 정서 일치이론

정서 일치이론은 사람이 성적으로 아동과 관계를 가지는 이유를 그들의 욕구를 정서적으로 만족시키고 일치시키려는 데서 찾으려고 한다. 이 이론은 소아성애를 성인의 정서적 욕구와 아동의 특징사이의 일치라는 관점에서 접근한다. 대부분의 일치이론은 정신분석에 그 기원을 두고 있으며, 체포된 범죄자들의 심리적 발달에 집중한다.

이러한 관점에 의하면, 소아성애자들은 자신을 유치한 정서적 욕구와 의존성을 가진 아동과 동일시 하고, 결과적으로 아동과 아주 편안한 느낌을 가지게 된다. 소아성애자는 아동과의 관계에서 힘이 세고, 능력적이고, 관계를 통제하는 위치에 서기 때문에 아동과의 관계는 조화롭다. 소아성애자와 아동의 관계는 성애자에게 우월감과 삶의 통제력을 제공한다.

2) 성적 흥분이론

성적 흥분이론(sexual arousal theory)은 왜 소아성애자들이 아동의 어떤 특징에 의해 성적으로 흥분되는 이유를 설명하려고 한다. 성적 흥분은 아동과 만날 경우에 성기 발기 정도에 의해 측정된다. 이러한 관점은 다양한 이유로 정상적인 남성이 성적 흥분을 느끼지 못하는 상태에서 아동의 특징에 의해 성적인 흥분을 하는 현상을 의미한다.

소아성애자의 경우에 아동기의 성적 놀이는 특별히 생생하고, 가치있고, 자극적이고, 지금까지의 경험중에 가장 성적으로 흥분되는 경험일 수 있다. 아동기의 성적 경험에 대한 환상은 아동과 성적 흥분을 연결시키는 결과를 초래한다. 결국 아동은 성적 흥분을 고조시킬 수 있는 성적 자극이 된다.

---

221) D. Finkelhor, & S. Araji, Explanations of pedophilia:A four factor model, The Journal of Sex Research, 22, 1986, pp.145-161.

3) 장애 이론

장애 이론이란 소아성애행동이 성인과의 관계에서 정상적으로 성적, 정서적 만족을 하지 못하는 장애의 결과라고 보는 이론이다. 정상적인 성적 관계에 좌절된 소아성애자들은 아동을 상대로 성적 만족을 찾는다. 장애이론은 소아성애자의 자신감 결여, 소심함, 부적합, 다루기 힘든 성격을 강조한다. 소아성애자의 이러한 성격적 결함은 성인여성과 정상적인 사회관계와 성적관계를 형성할 수 없게 한다. 결혼관계가 피괴된다면, 소아성애자는 자신의 딸을 대체물로 삼는다.

4) 비 억제이론

비 억제이론(Disinhibition theory)은 인간행동에 대한 자기 통제상실과 개인적 제약 상실을 중요시하는 이론이다. 비 억제이론은 범죄자로 하여금 자신의 행동을 촉구하는 다양한 상황을 설명한다. 충동통제 결여, 알코올과 약물의 과도한 사용, 다양한 스트레스 등이 소아성애자가 좋아하는 일탈적인 성행동의 국면으로 향하게 만든다. 이미 앞에서 언급했듯이, 소아성애자들은 비난받는 것을 싫어하기 때문에 그들 소아성애행동의 원인을 자기 외부요인에 귀인한다.

7. 노출증

(1) 개 념

노출증(exhibitionism)이란 성적 만족을 위해 다른 사람에게 의도적으로 성기를 노출하는 행동을 말한다. 미국과 카나다에서 노출증은 모든 성범죄의 약 3분의 1에 해당하고, 영국의 경우에는 모든 성범죄의 4분의 1에 해당한다. 관음증 같은 비교적 가벼운 범죄와 함께 노출증은 공식적으로 기소된 성범죄의 상당한 수를 차지하지만, 이러한 범죄로 유죄판결을 받은 사람은 거의 구금되지 않는다. 노출증은 또한 정신보건시설에서 치료받는 두 번째로 공통적인 성적 일탈이다. 자기 노출증은 서구에서 아주 흔하지만, 동양에서는 아주 드문 현상이다.[222]

노출증 환자들은 거의 항상 남자들로서 목격하는 다른 사람에게 놀라움과 충격을 준

---

222) Bartol & Bartol, *op.cit.*, pp.440-441.

다. 스트리퍼는 경제적 소득을 위하여 나체가 되지만, 노출증환자들은 성적 만족을 위하여 노출한다는 점에 차이가 있다.

(2) 피해자 특징

노출증 환자의 대다수는 잘 모르는 피해자를 선호한다. 또한 동일한 피해자에게 두 번 이상 거의 노출하지 않는다. 범죄자들이 선호하는 피해자는 보통 여성이며, 때로는 성인남자와 남자 아동을 대상으로 노출행동을 한다. 성인여성을 선호하는 노출증 범죄자들은 보통 개인을 대상으로 노출행동을 하지만, 아동을 선호하는 노출증 범죄자들은 2~3명의 집단 앞에서 노츨행동을 한다. 대부분의 성인 여성 피해자는 10대 후반이거나 20대 초반이다. 사실상 많은 노출증 범죄자들은 예측이 가능하여 신고만 되면 쉽게 체포될 수 있다.

(3) 가해자 특성

대부분의 노출증환자들은 15세에서 30세 사이의 청년기에 노출행동을 한다. 30세 이후의 초범은 아주 드물다. 다만, 뇌손상으로 인한 정신장애는 30세 이후에 처음으로 노출행동을 촉발한다. 일반사람들에 비교할 때, 노출증환자들은 보통 적어도 평균지능, 교육수준, 직업에 대한 경력을 가지고 있다.

노출증환자들은 일반사람들보다 더 정신병질이나 정신장애 상태에 있는 것이 아니다. 노출증은 관음증과 강간을 비롯한 다른 성범죄 행동에 비해 평균 이상으로 많이 발생한다. 그러나 노출증 환자들은 피해자를 폭력으로 공격하거나 성폭력을 과하지는 않는다. 피해자가 성행위에 관심을 표명하면 대부분의 노출증환자들은 놀라고, 당황하고, 도망간다. 노출증의 주된 동기는 피해자의 충격, 놀람, 가볍게 도망하는 행동에서 얻는 성적인 흥분이다. 반대로, 노출행동에도 불구하고 피해자가 놀라지 않고 도망가지 않고 무관심한 표정을 지을 경우에 범죄자는 실망하고 자존심에 상처를 받게 된다.[223]

많은 노출증 환자들이 결혼을 하지만, 대부분은 자신이나 주변 사람들로부터 사회적, 성적으로 부적합한 사람으로 고려된다. 대부분은 내성적이고, 수줍음이 많고, 대부분의 사회상황에서 불안감을 느끼는 소극적인 인간이다. 일반적으로 노출증 환자들은 자신

---

223) *Ibid.*, pp.442-443.

감 결여, 자기주장 결여, 수동적이고 소심한 것이 특징이다. 노출행동은 유약한 자신감을 날려버리려는 욕망의 작용이다.

노출증은 다른 성범죄와 마찬가지로, 성적 흥분과 뒤이은 자위행동을 통한 긴장감소에 의해 강화되는 학습된 행동유형이다. 많은 노출증 환자들은 청소년기 이전의 성적 놀이를 통해서 처음으로 노출행동을 학습하게 되었다고 지적한다.

노출증 범죄자들은 많은 소아성애자들과는 반대로 흔히 그들의 노출행동을 고쳐야 한다는 의지를 표명한다. 그들은 수많은 노출행동을 한 경우에도 한번 경찰수사대상이 되면 정신적 치료를 받으려고 한다. 더욱이 그들은 노출행동으로 체포되기 전에 전문가의 도움을 찾는다. 또한 노출증 환자들은 노출행동을 촉진시킬 수 있는 우울증이나 실직과 같은 요인과 함께 성적 자극을 감소시키기 위한 약물 치료 등의 도움을 받는다. 반앤드로전 약물이 노출증, 소아성애, 페티시즘(이성의 옷이나 모발에서 성적 자극을 받는 변태성욕자) 등의 경우에 효과적이다.

8. 관음증과 페티시즘

(1) 개 념

관음증(voyeurism)은 남의 나체나 성행위를 보고 성적 쾌감을 느끼는 증상을 말하고 이를 절시증(scoptophilia 또는 scopophilia)이라고 한다. 한편, 페티시즘(fetishism)은 사람보다는 여성의 옷이나 모발같은 비생물적인 물건에 특히 성적 매력을 느끼는 것을 말한다. 페티시즘은 무릎과 같은 성적 자극과 관계없는 인간해부적인 어떤 부분에 과장된 성적 관심을 표명하는 물질 편집성 성도착증(partialism)과는 구분된다. 물질 편집성 성도착자는 부츠, 핸드백, 스타킹, 팬티, 모피, 심지어 자동차의 배기관을 보고 성적으로 자극된다. 그들은 편집성 물질에 키스, 애무, 냄새맡기, 또는 바라보는 행동을 한다.[224]

(2) 특 징

관음증과 페티시즘은 사람을 해치지 않기 때문에 경미한 성범죄에 지나지 않는다. 피해자가 자시도 모르게 관찰되고 있고, 개인의 소유물이 일탈적인 목적으로 사물화

---

224) *Ibid.*, p.444.

되기 때문에 관음증은 타인의 사생활에 대한 범법행위이다. 관음증과 페티시즘은 타인 괴롭히기, 물건 훔치기, 타인의 주거침입을 할 경우에는 범법행위가 된다.

관음증은 노출증을 초래하고 그 반대도 성립한다. 그러나 관음증이나 페티시즘은 노출증보다 강간이나 다른 폭력범죄를 할 가능성은 아주 낮다. 관음증이나 페티시즘은 피해자의 신체를 해하지 않고, 수동적이고 내성적이며 수줍어하고 남을 해치지 않는다. 또한 강력한 이성애적 걱정과 미성숙으로 고통을 겪고 있다.

관음증은 학습된 행동이다. 관음증은 어릴 때 여성의 나체를 보는 동안 성욕 자극의 경험이 정신세계 속에 영상으로 자리잡은 결과이다. 관음증과는 반대로, 페티시즘은 행위자의 집이라는 사적 공간에서 발생한다. 타인의 물건에 성적 애착을 느끼는 사람은 사기행위나 절도나 침입절도에 의해서 그 물건을 확보하는 경우도 있다. 페티시즘은 여자의 속옷, 구두, 부츠, 스타킹, 란제리, 인형, 튜브, 여성의 비옷 같은 고무제품이나 여성애장품을 보고 성적 자극을 느낀다.

제10장 방화의 심리학

제1절 방화의 개념과 특징

1. 개 념

방화(arson)란 고의 또는 악의를 가지고 불을 질러 사람의 살해나 상해, 또는 재산피해를 초래하는 범죄행위를 말한다. 즉, 범인이 고의로 주택, 공공건물, 자동차 또는 비행기, 다른 사람의 재산을 불태우거나 불태우기 위한 시도를 말하고, 이러한 방화의 결과 사람의 살해 또는 상해와 재산을 불태우는 범죄행위이다.[225]

또한 방화사건은 살인, 강도, 횡령, 사기 등의 다른 범죄은폐 시도, 또는 보험금 목적의 자신의 재산 불태우기 등의 고의적인 불법행위를 말한다. 방화는 결과적으로 인명이나 재산에 대규모의 피해를 초래하고 공공의 위험을 초래하는 범죄행위이므로 중요범죄의 하나에 해당한다. 방화행위가 재산뿐만 아니라 인명피해를 초래했을 경우에 중대방화(aggravated arson)라고 한다.[226] 중대방화는 방화대상이 된 건조물 내에 방화범 이외의 타인이 존재할 때에 발생한다. 형법적으로는 현주건조물 방화죄라고 한다.

2. 특 징

(1) 동기범죄와 수법범죄

방화는 원한이나 치정, 사회불만 등으로 인한 분노와 증오, 복수심에 의해 발생하는

---

225) Weston & Lushbaugh, *op.cit.*, p.251.
226) *Ibid.*, p.252.

동기범죄라는 점이 하나의 특징이다. 따라서 범행의 동기파악에 주력해야 한다. 또한 연쇄방화 등 대부분의 방화범죄는 수법범죄자에 의해 자행되므로 수법원지와 피해통보표 등을 활용하여 범인을 특정하여 체포해야 한다.

(2) 범죄단서 발견 곤란

화재사건은 방화인지 실화인지 구분하기 어려운 경우가 대부분이다. 대부분의 강력사건은 감식요원이 현장에 도착하는 순간 범죄행위 여부를 인지할 수 있지만, 화재사건은 정밀하게 감식해야만 방화인지 혹은 실화인지 구분할 수 있다. 방화나 실화에 관계없이 현장증거의 소실로 범죄단서의 발견이 어려워 다른 어느 범죄보다 수사가 어렵다. 특히 많은 화재사건의 경우에 목격자가 없다는 점도 범죄수사의 단서를 확보하기 어렵게 만들고 따라서 수사의 성공을 어렵게 한다.

(3) 남성과 청소년의 범죄

대부분의 방화는 남성과 아동 및 청소들의 범죄행동이다. 방화사건의 80%는 남성들의 범행으로 밝혀지고 있고, 13세에서 17세 사이의 여성방화범의 비율이 증가하는 추세에 있다.

미국의 경우에, 아동이나 청소년의 방화는 수사대상이 되지 않고, 신고되지 않거나 해결되지 않는다. 청소년 방화이 10% 이하가 신고된다. 아동들의 방화는 목격자나 보호자가 인명 손실이나 재산의 유의한 파괴가 없기 때문에 위험한 행동으로 인정하지 않는다. 따라서 어떤 사람도 아동들의 방화를 신고하지 않는다. 또한 아동들을 고소하는 것은 장래의 인생행로에 장애가 될 수 있는 전과기록을 남겨주는 문제도 있기 때문이다.

(4) 범죄의 재구성 곤란성

대부분의 범죄는 범죄현장 감식이 이루어지기 전에 현장이 원상태로 보존된다. 그러나 화재사건은 소방관, 건물주인, 구경꾼 등이 화재현장에 출입하고 소방관들의 화재진압활동으로 인해 현장은 훼손되고 변질된다. 특히 소방관의 화재진압과 인명구조 활동 등으로 인해 화재감식이나 재구성은 화재가 진화되기 전에는 불가능하다. 화재가 완전히 진압되기 전에는 수사관이 범죄현장에 들어갈 수 없기 때문이다.

3. 방화의 발달단계

(1) 불에 대한 흥미단계

5세에서 7세 사이의 아동들은 거의 대부분 불에 대한 황홀감을 가지고 있다. 더욱이 불에 대한 황홀감은 5명의 아동 중에 한 명이 3살 이전에 시작한다.

(2) 불장난(fire play)

불장난은 일종의 실험으로서 5살에서 9살 사이의 아동들에 의해서 발생된다. 이 단계에서 아동들은 불이 어떻게 발화하고 무엇을 할 수 있는 지를 실험한다. 이 단계동안 아동들은 화재의 위험에 빠질 위험에 놓여 있다. 그들은 화재의 결과를 이해할 수 있는 능력이 제한적이고, 불을 *끄기* 위한 효과적인 전략이 없기 때문이다.

(3) 불 놓기(firesetting)단계

아동들은 10살까지 불의 위험과 그 결과를 학습한다. 이 시기까지 계속 불을 지른다면, 불 놓기 단계에 도달한다. 이 시기의 아동들은 흥미의 형태로서, 또는 다른 사람의 관심을 끌기 위한 의사전달의 장치로서 불을 의도적으로 사용한다. 불을 계속 놓는 아동들은 동료들에 비교할 때 빈약한 사회기술, 부적합한 사회능력, 충동성의 특징을 나타내는 경향을 보여준다. 동료에 의해 거절되는 아동들은 그렇지 않은 아동들보다 더 불을 놓기 쉽다. 아동의 공격성과 동료거절의 결합은 아동의 불 놓기와 유의한 상관관계를 보여준다.

지속적인 아동 방화범들은 주의력 결핍 다동성 장애와 충동통제 장애상태에 있을 가능성이 높다. 실제로 이들 중에 많은 아동들을 교사들이 품행장애 아동으로 인정한다. 동물과 다른 아동들에게 계속 잔인하게 행동하는 아동들은 지속적인 방화행동을 하는 경향이 강하다. 청소년 방화범들은 또한 강간과 기타 성범죄를 포함한 다양한 범죄를 범하는 것으로 기록되고 있다.

불에 대한 황홀감과 실험단계를 넘어 방화를 하는 거의 모든 아동들은 부모와 소원한 관계에 있으며, 부모로부터 육체적 학대의 피해자이다. 아동의 방화는 부모의 비효과성과 잘못되거나 결여된 훈육과 밀접한 관련이 있다.

(4) 성인기의 방화

성인기에도 계속 방화를 하는 아동들은 지적 능력의 부족, 자신감 결여, 대인관계 기술의 부족이라는 문제가 있으며, 저고용이나 실직, 우울증과 무력감에 빠지는 경향이 강하다. 방화는 갈등과 스트레스에 대해 반응하는 의사전달 수단으로서 사용된다.

청소년이나 성인 방화범들은 자신의 환경에 영향을 미칠 수 있는 효과적인 수단이 없고 자신이 아주 바람직하지 않은 상황에 있다고 생각하는 비수혜집단의 사람들이다. 반복적인 성인 방화범들은 그들의 환경이나 개인적 생활에 대한 통제력이 없다고 경험하고 인지하는 사람들이다. 방화는 개인이 환경에 대한 통제를 경험하거나 어떤 영향을 미칠 수 있는 조건을 제공할 수 있다. 방화는 평소에 방화범의 요구에 귀 기울이지 않는 당국이나 개인, 또는 사회에 경종을 울리는 의사전달의 수단이다.

(5) 지속적 · 반복적 방화

반복적인 방화의 동기는 자신의 생활 통제와 어떤 사회적 인정을 받기 위한 방화범의 시도이다. 예를 들어, 방화는 낮은 자기존중감, 슬픔, 우울증과 같은 방화범의 느낌을 심화시키는 사건에 의해 촉진된다. 또한 많은 방화범들은 방화 후에 화재현장에 머물고, 화재경보를 울리고, 심지어 화재진압을 돕는다. 어떤 경우에 인명구조를 하는 영웅적인 행동을 한다.

이론적으로 이러한 행동으로 방화범이 받는 인정은 아마 그들의 자존감을 높이고, 그들의 생활에 대한 통제감을 불어넣는다. 반복적인 방화행동의 대부분은 작은 불에서 큰 불로 발전한다. 또한 혼자서 불을 지르고 비밀에 부친다. 따라서 사실상 방화범들이 체포될 때까지 그들의 행동을 누구도 인지하지 못한다. 그들이 체포될 경우에 그들의 방화의 역사는 다른 사람들의 관심과 인정을 받을 수 있는 추가적인 기회를 제공한다. 따라서 방화는 이러한 방화범들이 보여주는 부적응적 행동의 집합체를 구성하고 있는 하나의 요소에 불과하다.

4. 방화의 동기

방화는 사람이 고의로 화재를 발생시킨 경우로서 방화범의 동기와 기술에 따라서 다양한 방법으로 나타난다. 방화죄는 동기범이라고 할 정도로 다른 범죄보다도 그 동기가 뚜렷할 뿐만 아니라 범죄 후 증거가 남지 않는 것이 보통이기 때문에 사건의 입증이나 범죄의 단서를 포착하는데 동기의 파악이 특히 중요하다. 동기가 발견되는 경우 연고감, 지리감에 의한 감수사의 대상이 되기도 한다. 대체로 방화의 동기는 재산상의 이득, 복수, 방화광, 정신질병, 범죄은폐, 공공시설 파괴 등으로 구분된다.

(1) 재산상의 이득

재산상의 이득을 위한 방화는 거의 대부분 보험사기와 관련된다. 특별한 시설이나 구조물의 소유자가 합법적인 거래보다는 보험금을 통해서 더 큰 이득을 얻을 수 있다는 결론을 내릴 경우에 방화를 일으킨다.

보험금을 노리고 경제성이 없거나 무가치한 자신의 건물, 시설 등에 보험계약을 체결하고 방화하는 경우 등이 여기에 속하며 이 유형의 방화범은 공범자가 있는 경우가 많다. 보험 이외에 채권, 채무, 납품, 납세 등의 유예 및 변제 등을 목적으로 방화하는 경우가 포함된다. 이러한 현상은 주택이나 기업모두에 적용된다.[227]

(2) 복 수

복수는 모든 범죄유형에 공통되는 동기이다. 가해자의 타인에 대한 증오, 원한, 또는 질투 등이 작용하여 피해자의 재산에 불을 지르는 복수의 형태로 나타난다. 증오에 의한 방화는 어떤 분쟁이나 원한 때문에 발생한다. 직장의 해고나 개인간의 재산분쟁, 종교적·인종적·정치적 분쟁이 증오화재의 원인이 된다. 사회와 정부당국에 대한 분노와 증오가 방화의 동기가 되기도 하고 방화광에 의한 방화의 원인이 되기도 한다. 이러한 경우에 방화광은 특이한 정신질병에 관계없이 중요건물이나 시설에 방화함으로써 사회와 정부당국에 복수를 하게 된다.[228] 복수에 의한 방화는 타인 주택뿐만 아니라 국가의 중요시설, 국보급문화재, 열차나 지하철 또는 자동차 등 교통수단도 대상으로 한다.

---

227) Gilbert, *op.cit.*, p.431.
228) Gilbert, *op.cit.*, p.431.

(3) 쾌락 목적의 방화

아이들의 호기심에 의한 불장난이나 연쇄방화 등이 이에 해당한다. 연쇄방화범들은 상습적으로 불을 지르고 재산이득이나 범죄은폐같은 전통적인 동기와는 무관하다. 그들의 동기는 정신병이나 복수 등과 같은 다양한 요인에 의해 동기부여된다.

연쇄방화범은 다발성(mass), 활성(spree), 또는 반복(recurring)의 어느 한 가지에 해당되는 아주 충동적인 방화범이다. 다발성 방화(Mass arson)는 단일범이 극히 제한된 시간 동안에 동일한 장소의 여러 곳에 불을 지른 경우를 말한다. 활성 방화(Spree arson)는 한정된 시간 안에 분리된 여러 장소에 불을 내는 것을 말하고, 반복적인 방화 (Recurring arson)는 며칠, 몇 주, 또는 심지어 몇 년 간격을 두고 반복적으로 불을 지르는 것을 말한다.[229]

연쇄방화의 구체적인 특징은 다음과 같다.

① 증거가 남을 확률이 높다. ② 방화의 대상은 한정되어 있지 않다. ③ 단독범인 경우가 많다. ④ 방화 자료는 현장에서 조달하는 경우가 많다. ⑤ 범행시간은 심야와 새벽이다. ⑥ 범인이 방화 장소와 동일지역 내에 거주하는 경우가 많다. ⑦ 연쇄방화를 기도한 경우 목적달성 시 까지는 쉽게 포기하지 않는다.

(4) 방화광에 의한 방화

DSM-Ⅳ에 의하면, 방화광이란 의두적이고 고의적인 다양한 형태의 방화를 하는 사람을 말한다. 더욱이 방화광은 방화를 하기 전에 고도의 긴장이나 정서적 자극상태에 있으며, 방화를 할 때 이러한 긴장의 제거나 감소현상이 발생한다. 방화광은 자기 이웃이나 공동체에서 화재가 발생하면 지속적인 구경꾼이다. 또한 허위 화재경보를 울리고 화재진압 장비에 비상한 관심을 보인다.

방화광에 의한 방화는 실질적인 원인이나 방화행위로 인한 물질적 이익에 대한 고려 없이 단지 감각적인 만족이나 성적 쾌감을 얻기 위해 방화한다. 방화벽(pyromaniac)을 가진 방화광(fire-bugs)은 방화에 의해서 이웃 전체를 공포속에 몰아넣고 체포되어 교정시설에 구금되지 않는 한 방화는 계속되는 특징이 있다.[230]

이러한 경우에 범인은 합리적인 동기를 주장하지만, 방화의 실질적인 이유를 찾아보

---

229) *Ibid.*, p.437.
230) Weston & Lushbaugh, *op.cit.*, p.254.

기 어렵고 물질적인 이득과는 관계가 없다. 방화광의 방화동기는 억제불가능한 충동과 유사한 어떤 감각적 만족 그 자체이다. 방화광의 방화는 자신의 문제를 더 능률적으로 해결하고 이용가능한 어떤 다른 수단보다 더 많은 쾌락을 가져다주기 때문에 그 만족을 맛보기 위해서 방화는 계속된다.

(5) 정신병에 의한 방화

어떤 방화는 개인의 특유한 정신병적 이유로 발생한다. 정신분열증 환자는 어떤 목소리가 불을 지르도록 지시를 한다는 이유로 건물에 불을 지를 수 있으며, 어떤 정신병자는 화재 대상물 안에 있는 사람들이 자신에게 불리한 음모를 꾸미고 있다는 믿음으로 불을 지를 수 있다.[231]

(6) 공공시설의 파괴

일반적으로 공공시설의 파괴로서의 방화는 단순히 쾌감을 얻거나 제도에 대한 전반적인 저항으로서 발생한다. 학교시설과 화재보험에 가입하지 않은 자동차와 구조물에 대한 높은 화재발생률은 바로 공공시설 파괴의 동기를 반영한다. 정치분쟁, 정치보복 또는 노사문제의 제기를 위하여 방화하는 경우도 이러한 유형의 방화사건에 포함될 수 있다.

(7) 범죄은폐

방화범은 강도나 살인같은 다른 범죄행위의 증거를 제거하기 위하여 불을 지른다. 범인은 자신의 동일성에 관한 모든 유죄증거를 파괴하거나 최초의 범죄발생 증거를 파괴하기 위하여 방화행위를 한다.

(8) 여성 방화범

여성방화범들은 남성들보다 약간 나이가 많다. 그들은 보통 알코올과 약물 남용 경력 소유자이며, 교육수준이 낮고, 결혼한 일이 없다. 때로는 그들 가족에 대한 위협이나 잘못에 대한 반응으로서 충동적으로 행동하는 경향이 있다. 여성방화범들은 대부분 조급하게 행동하기 때문에 자기가 사는 집근처나 공공장소에서 인화물질을 사용해서 방화를 한다.

---

231) *Ibid.*, p.432.

제11장   피해자 없는 범죄

제1절   공공질서 범죄

1. 개념적 정의

공공질서 범죄는 사회의 도덕·윤리규범을 침해하고 사람이 사람답게 살아가는 길을 방해하는 행동과 관련이 있다. 달리 말하자면, 강도, 강간 같은 일반 형사법 위반 범죄들은 본질적으로 나쁘고 해악이 되는 것으로 비난받지만, 공공질서 범죄 같은 행동들은 사회정책, 지배적인 도덕규범, 그리고 사회여론과 갈등상태에 있기 때문에 금지된다. 그렇다면, 성매매, 음란물이나 마약의 제조나 유통 그리고 동성애 같은 공공질서 범죄들은 법적인 차원에서의 논쟁의 대상이기보다는 사회정책이나 사회여론, 또는 사회의 도덕규범에 따라서 범죄도 될 수 있고 그렇지 않을 수도 있다는 말이 된다.

공공실서 범죄는 엄밀히 따지고 보면, 비도덕적 행위의 참여자들에게 사실상 피해를 주는 것은 없다. 음란물이나 성매매 같은 행위들은 비록 비도덕적 행위일지라도, 행위자들 모두가 자발적으로 기꺼이 참여한 것이므로 피해자들을 동정하기도 어렵고, 심지어 비도덕적 행위의 피해자들을 확인하기도 어렵다는 문제가 있다. 그러나 전체로서 사회는 이러한 범죄들의 피해자이다. 성매매나 동성애, 마약복용, 그리고 음란물 제작과 유통 등은 사회규범이나 사회 구성원들의 도덕성을 침해하는 현상을 야기한다.

2. 비도덕성과 사회적 해악

공공질서를 유지하기 위해 제정된 법규들은 도덕적으로 문제가 되는 재화와 서비스, 즉, 음란물, 성매매, 그리고 마약 같은 것들을 제조하고 거래하는 것을 금지한다. 또한 정치적 권력을 쥐고 있는 몇몇 사람들이 도덕적으로 문제가 있다고 제기하는 동성애 같은 행동도 금지의 대상이 될 수 있다. 이와 같은 법규들은 이 법규들이 없다면 범죄자가 되지 않을 수많은 사람들을 범죄자로 만들기 때문에 부분적으로 논쟁의 대상이 되고 있다. 또한 이러한 법규들은 바람직한 재화와 서비스, 그리고 행동들을 선별적으로 금지하기 때문에 논쟁의 대상이 될 수도 있다.

사회의 도덕성을 강조하는 사람들은 미켈란젤로의 작품인 다비드 상이 나신이라는 이유로 음란물로 간주하고 어린이들의 접근이 금지되어야 한다고 주장할 수 있다. 그러나 다비드 상은 세계적으로 공인된 예술작품이기 때문에 음란물의 대상이 아니라는 유권해석에 의해 계속 일반 시민들에게 공개되고 있다. 사회에는 예술이라는 이름으로 발표되는 많은 작품들이 외설이나 음란성을 이유로 일반에 대한 공개가 금지되고 있다. 다비드 상은 일반에 공개해도 좋은 예술작품이고 다른 작품들은 외설물이라고 판정하는 기준은 무엇이며, 그 기준의 타당성에 대한 의문이 제기되지 않을 수 없다. 우리 사회에 자신들을 개방주의자라고 자처하는 사람들은 성적으로 그려진 작품들에 대한 폭넓은 예술성의 인정을 강조한다.

그러나 음란물, 매춘, 그리고 마약 사용 같은 행동들은 사회의 도덕 정서를 훼손한다는 것이 학자들의 일반적인 견해이다. 법학자 델빈(Patric Delvin)은 법에서 도덕성의 기능을 다음과 같이 말한다.

> "정치, 도덕, 그리고 윤리에 관한 공감대가 없으면, 어떤 사회도 존재할 수 없다. 인간이 선악에 대한 근본적인 동의가 없는 사회를 창조하려고 한다면, 그들은 실패하고 말 것이다. 공통적인 동의에 의해 비도덕적인 사회를 창조하려 하고, 그러한 동의가 계속된다면, 그 사회는 붕괴될 것이다. 사회는 육체적으로 결합되어 유지되는 존재가 아니라 보이지 않는 공통적인 사상의 유대에 의해 유지된다. 만약 그러한 유대가 아주 느슨해진다면, 구성원들은 뿔뿔이 흩어질 것이다. 공통적인 도덕성은 결속의 부분이고 결속은 사회 가격의 부분이다. 사회를 필요로 하는 인간은 그 가격을 지불해야 한다".[232]

이러한 관점에 의하면, 소위 피해자 없는 범죄는 형사법의 기능과 밀접한 관련이 있다. 일반적으로 형사법은 사회를 보호하고 사회적으로 해악이 되는 행위를 억제하는 것이 주된 기능인 것으로 인식되고 있으나 또 하나의 중요한 기능은 형사법이 사회 일반적으로 공유하고 있는 도덕성에 대한 인식을 반영하고 있다는 사실이다. 따라서 피

---

232) Sir Patrick Delvin, The Enforcement of Morals, New York: Oxford University Press, 1959, p.20.

해자 없는 범죄는 바로 형사법에 반영된 보편적인 도덕성에 의해 그 존재 가치가 인정 된다고 말할 수 있다. 비도덕적 행위를 통제하는 목적은 그러한 행위를 하는 사람들보 다 그들의 행위를 비난하는 사람들의 도덕적 우월성을 보여주기 위한 것이다.[233]

비도덕적 행위는 그것에 의해 초래되는 사회적 해악을 기초로 하여 범죄와 구별될 수 있다. 일반 시민들에게 피해가 클수록 그것은 범죄에 해당하고, 피해가 경미할수록 비도덕적 행위에는 해당하지만 범죄는 아니다. 또한 일반적으로 행위자 자신에게만 피 해를 초래하는 행위는 사회에서 관용을 베푸는 경향이 있다. 그러나 반드시 그렇지 만 은 않은 것 같다. 어떤 행위들은 사회 전체에 엄청난 해악을 초래하는데도 법적으로 아 무런 문제가 되지 않는 경우도 있다. 흡연과 음주가 사회 전체에 해악이 된다는 명백한 증거가 있음에도 불구하고, 이들에 대한 생산과 판매는 법적으로 통제할 방법이 없다. 자동차의 주행속도는 보통 65마일 전후이지만, 자동차 회사들은 시속 100마일 이상으 로 달릴 수 있는 자동차를 계속 생산하여 판매하고 있다. 많은 사람들이 해마다 불법적 인 마약복용으로 보다는 음주, 흡연, 그리고 자동차 사고로 훨씬 많이 사망한다. 그러 나 음주, 흡연, 그리고 자동차 판매는 비도덕적인 행위에 해당하지는 않는다. 그러므로 공공질서 범죄는 사회적 해악만으로 규정될 수는 없고, 그 비도덕성과 함께 사회적 해 악의 초래라는 두 가지 요소를 필수로 한다.

제2절 동성애와 범죄

1. 개념적 정의

동성애(Homosexuality)에 관한 논의가 범죄학 교재에 포함되기 시작한 것은 놀라운 일이다. 비록 동성간의 성행위이지만 서로가 좋아서 자발적으로 하는 행위를 범죄라고 보는 것 자체가 이해하기 어려운 부분이기도 하다. 그러나 미국에서는 동성애자들 사 이에 서로 폭력을 행사하거나 그들을 표적으로 삼아 공격을 하는 집단도 활동하고 있 다. 또한 동성애자들은 남녀를 불문하고 그들의 행동을 범죄화 하려는 법적인 제약에

---

233) Joseph Gusfield, "On Legislating Morals: The Synbolic Process of Designating Deviancy," *California Law Rebview 50,* 1968, pp. 58-59.

직면하고 있다. 이러한 변화는 동성애자들을 폭력대상으로 삼는 게이 공격단(gay bashing)이라는 신조어의 출현을 초래했다.

동성애는 호모스(homos)라는 그리스어에서 유래한 용어로서 같은 성의 사람에게 성적인 관심을 가지는 것을 의미한다.[234] 그러나 동성애 행동을 한다고 해서 그 행동에 관여한 모든 사람들이 동성애자라는 것을 의미하는 것은 아니다. 어떤 사람들은 사실은 이성애자인데 군대에서와 같이 이성의 상대자가 없기 때문에 동성애 행동에 참여하는가 하면, 교도소의 수형자들처럼 자신은 싫지만 상대방의 강요에 의해서 어쩔 수 없이 동성애 행동에 가담하는 사람들도 있다. 또한 어떤 청소년들은 사실은 이성에게 관심이 있으면서도 실험 삼아 동성애 행동을 해보는 경우도 있다.[235] 또는 동성애적이기는 하지만 상대방과 성적인 접촉을 가지지 않는 사람들도 있다.

이처럼 동성애 행동은 조금은 복잡하고 혼란스럽다. 그러므로 개념적 혼란을 피하기 위하여 동성애에 대한 개념적 정의를 정립할 필요가 있다. 즉, 동성애자란 동성의 사람들에게 명백하고 우선적인 성적인 매력에 의해 성인생활의 동기를 부여하고, 반드시는 아닐지라도 보통 그들과 명백한 성관계를 가지는 사람을 의미한다.[236]

2. 동성애의 원인

동성애의 원인에 대해서는 극단적인 두 견해가 맞서 있다. 한쪽에서는 동성애 경향이 생물학적으로 결정된다고 보는 반면에 다른 쪽에서는 동성애를 성장 과정의 결과로 본다. 한마디로 전자는 동성애를 선천적인 운명으로, 후자는 후천적인 선택으로 간주한다.

동성애를 종교적 차원의 죄악, 극형으로 다스려야 되는 범죄 또는 치료 가능한 질병으로 여기는 입장은 물론 후자에 속한다. 후자의 견해를 가진 쪽에서는 동성애를 성적으로 문란하고 무책임한 사람들의 이기적이고 쾌락주의적인 선택으로 보기 때문에 경멸하고 박해하는 것이다. 그러나 동성애를 개인의 후천적인 선택으로 보는 견해는 설득력을 잃어가고 있다. 1990년대부터 동성애의 생물학적 근거를 밝히려는 연구가 괄목

---

234) Siegel, *op.cit.*, p.420.

235) Albert Reiss, "The Social Integration of Queers and Peers," *Social Problems 9,* 1961, pp.102-120.

236) Judd Marmor, "The Multiple Roots of Homosexual Behavior," in *Homosexual Behavior,* ed. J. Marmor(New York: Basic Books, 1980), p.5.

할 만한 결과를 내놓았기 때문이다.

이러한 연구는 두 갈래로 진행된다. 하나는 뇌에서 발견되는 구조적인 차이를 관찰하는 연구다. 1991년 게이와 이성애 남자의 뇌 구조에 차이가 있음이 밝혀졌다. 시상하부의 간핵(INAH) 네 개 중에서 세 번 째 것의 크기에 차이가 현저함이 밝혀진 것이다. 제3 간핵은 이성애자의 것이 게이보다 두 배 가량 컸으며 게이와 여자는 그 크기가 같았다. 호두 크기만한 시상하부는 성욕을 관장하는 영역이다.

다른 하나의 연구는 유전적 요인이 동성애에 영향을 미치는 증거를 찾아내는 것이다. 1993년 성 염색체에서 게이 형제들이 공유한 유전자의 위치가 발견되어 학계는 물론이고 저널리즘의 화젯거리가 되었다. 게이 유전자의 존재는 진화론에서 볼 때 패러독스가 아닐 수 없다. 자연선택은 종의 번식에 이익이 되는 형질을 선호하기 때문이다. 요컨대, 번식과 무관한 동성애 유전자가 자연선택되어 존재하는 이유는 하나의 수수께끼이다. 어쨌거나 동성애가 환경적 요인보다는 선천적 요인의 영향을 받고 있다는 주장이 갈수록 많은 지지를 얻고 있다.

3. 동성애에 대한 태도

(1) 범죄화

우리나라의 경우에도 고대부터 동성애가 존재했으며, 또한 동성애는 사회저으로 급기시 되고 반사회적 행위로 인식되어 왔다. 그러나 동성애를 법적으로 범죄화하거나 처벌하는 기록은 보이지 않는다.

서구 국가들은 동성애에 대한 관용과 억압의 역사를 통하여 끊임없이 동성애에 대한 범죄화나 형사법적인 제재의 역사로 점철되고 있다. 역사적으로 유럽은 고대 희랍과 중세 초기의 로마 시대에는 동성애에 대해 관용적이었으나 13세기에 들어서면서 점점 혐오의 분위기로 바뀌고 14세기부터 서유럽은 동성애를 가장 끔찍한 범죄로 간주했다. 고대 히브리인들은 게이들을 동물로 취급하고 살해한 것으로 알려져 있다.[237] 14세기에 서유럽 대부분의 국가들은 소도미 범죄(sodomy crime)의 공식형벌을 화형으로 규정하였으며, 소도미는 동성애, 수간, 이성간의 항문성교와 같은 자연에 반한 성행위, 그

---

237) Siegel, *op.cit.*, p.420.

리고 이단, 주술적 행위, 반역 등과 같은 범죄행위로 비난받았다. 이러한 분위기는 소도미가 거의 전 유럽에 걸쳐 세속 법률적인 관점에서 중죄로 간주되는 16세기에 그 절정을 이루었다.[238]

유럽국가의 형사법에 의한 범죄화를 보면, 프랑스에서는 1791년, 영국은 1861년, 그리고 스코틀랜드는 1889년까지 동성애자들을 사형시키는 법이 제정되어 시행되는 것과 같이 종교적 차원을 뛰어넘어 사회적 범죄화가 이루어졌다.[239] 사실 19세기 말에는 동성애자는 '젊은이들을 타락시키는 자', '끊임없이 새로운 희생양을 찾아다니는 색마'라는 이미지를 가진 범죄자로 인식되었다.[240]

미국은 영국으로부터 독립하기 전까지 영국의 영향을 받아서 동성애를 중죄로 처벌했으며, 독립 후에도 마찬가지였다. 독립전쟁이 있기까지 영국의 식민지였던 미국 동부의 13개주는 동성애자를 사형으로 처벌했으며, 사우스 캐롤라이나주는 1873년까지 동성애에 대한 사형제를 유지했다. 사실 미국은 청교도적 전통이 있는 나라로서 서구의 다른 나라들보다 보수적인 색채가 더욱 강하여 1961년까지 거의 모든 주마다 「동성애 금지법(Sodomy Act)」이라는 것이 있어서 구강과 항문에 의한 성적 행위를 범죄행위로 처벌하고 있었다.[241]

동성애 행위에 대한 형사법적 범죄화에 의한 강력한 제재는 유럽을 지배한 기독교의 역사와 깊은 연관이 있다. 구약성서 레위기 20장 13절에 "여자와 한 자리에 들듯이 남자와 한 자리에 든 남자가 있으면, 그 두 사람은 망측한 짓을 했으므로 반드시 사형에 처해져야 한다. 그들은 피를 흘리고 죽어야 마땅하다"고 기록되어 있으며, 이는 기독교 성서 속의 동성애 처벌을 명시한 유일한 기록이다. 또한 14세기 중반에 흑사병이 창궐하던 시기에 이탈리아의 베네치아(Venezia)에서는 성직자들이 흑사병(pest)과 동성애를 하느님이 인간에게 내린 재앙과 동일시하고 동성애를 가장 심각한 성범죄로 다스렸다. 출생률이 낮아지던 시기에 동성애는 곧 국가에 대한 범죄로 인정되었으며, 성직자들은 동성애와 재앙을 종종 동일시 했다.[242] 이러한 맥락에서 기독교 문화권에 속하는 대부분의 서구 국가는 동성애 금지법을 입법화하여 동성애자들을 처벌하고 억압해 왔

---

238) 이상빈, 역, 동성애의 역사, 이마고, 2007, pp.20-24.
239) Siegel, *op.cit.*, p.420.
240) 이상빈, 앞의 책., p.140.
241) 윤가현, 동성애의 심리학, 학지사,1999, p.89.
242) 이상빈, 앞의 책., pp.22-23.

다는 것을 알 수 있다.

동성애자들은 정치적인 이유로 억압의 역사를 경험하기도 했다. 나치 정권이 나타나기 바로 전에 독일 내무부에서 출간한 「독일 결혼 십계명」은 특히 출산의 중요성을 강조함으로써 동성애자들은 아무런 가치 없는 존재로 인식되었다. 1928년 나치정당은

> "너와 내가 반드시 살아야 할 필요는 없다. 하지만 독일 민족은 반드시 생존해야 한다.
> 전쟁터에서는 남자가 아니고서는 싸울 수가 없다. 호모 혹은 레즈비언 관계를 즐기는 자들
> 은 우리의 적이다".

나치의 동성애에 대한 이러한 인식태도는 동성애자들을 탄압하는 근거가 되었다. 따라서 1933년 히틀러가 집권하면서 동성애자들이 드나들던 업소들이 전면 폐쇄되었고, 일체의 활동과 간행물 출판이 금지되었다.[243] 나치는 게르만 민족의 우월성을 유지하고 독일의 군사적 힘을 약화시키는 것을 예방한다는 명분아래 5만 명의 동성애자들을 생매장했고, 점령국의 동성애자들을 4만 명 이상 처형했다.[244] 특히 나치는 동성애자들의 가슴에 분홍색 트라이앵글(pink triangle)을 붙이고 그들을 가스실에서 처참하게 학살했다.[245] 또한 2차 대전 후인 1950년에 미국 공화당의 매카시(Joseph R. McCarthy)의원이 주장한 성적으로 문제가 있다면, 정치적으로도 문제가 있다는 매카시즘에 의해 동성애자들은 미국뿐 아니라 영국에서도 공산주의자들과 함께 탄압의 대상이 되었다.[246]

(2) 정신질환으로서의 동성애

중세이후 18세기까지 서구사회에서 동성애 행위는 하늘을 거스르는 죄악으로서 극형을 받아 마땅한 추악한 범죄나 원죄로 취급되고 차별되었으나 19세기에 들어오면서 근대의학은 동성애 행위를 정신질환의 일종으로 분류하였다. 19세기 말에는 히스테리 연구차원에서, 그리고 신경증과 정신병 해부차원에서 동성애에 대한 연구가 활발히 이루어졌다. 다른 변태성행위와 마찬가지로 동성애는 육체적 타락의 한 징후로 간주되고 이에 따라 성도착 증세를 진단하려는 의학 서적이 쏟아졌다. 19세기 후반 퇴폐와 타락

---

243) 앞의 책,. pp.151-154.
244) Siegel, *op.cit.*, p.420.
245) 분홍색 트라이앵글은 원래 나치 독일이 수용소에서 동성애자를 식별해서 그 탄압을 유용하게 하기 위해 사용된 것인데 그 이후에 동성애 운동과 게이 프라이드의 상징 마크로 널리 사용되었다.
246) Richard Daveport-hines, Sex, death, and punishment, London, Fontans Press, 1991, p.131.

을 의미하던 '데카당스(decadence)'는 동성애를 나약한 변태성욕의 하나로 비난하는 것과도 관련이 있었다. 당시 동성애는 신경질환, 히스테리, 혹은 정서불안과 동일시되었고, 사회와 국가권력에 위협이 되는 자아도착자들, 데카당스파들, 미학가들로 비난받았다.[247] 그래서 1940년대까지 동성애는 편집증이나 성격장애 등의 영역에서만 논의되었다.

정신의학자들은 동성애를 치료될 수 있는 정신질환이라는 입장을 취하였다. 결국 1942년 '미국정신의학회(American Psychiatric Association)'는 동성애를 질병이라고 선언했으며, 1952년 「정신장애의 진단 및 통계편람 제1판(DSM-1: Diagnostic & Manual of Mental Disorders)」을 출간하면서 동성애를 사회병질적 성격장애의 범주 중에 성적 일탈의 일부로 분류하였다. 그러나 정신질환을 진단하는 기준도 시대에 따라 달라졌으며, 1965년 미국정신의학회는 DSM-Ⅰ을 개정하여 발간한 DSM 제2판에서는 성격장애 내지 성적 편차에 대한 설명이 DSM-Ⅰ보다 더 구체적이고, 성격장애 범주 내에 성적 일탈이라는 9개의 영역 중의 하나로 다시 동성애가 포함되었다. 따라서 게이들은 은폐되고 위축된 생활을 할 수밖에 없었다.

동성애 행위를 정신질환으로 진단한 DSM 제2판은 동성애 조항을 삭제하는 변화가 일어났다. 이는 1969년 6월 27일의 '스톤월 항쟁' 이후 출현한 다양한 동성애 인권단체의 적극적인 활동으로 1973년 12월 15일 미국 정신의학회 이사회에서 동성애 조항을 DSM-Ⅱ에서 공식적으로 삭제하기로 결정한 것에 따른 것이었다. 이제 동성애는 정신질병이나 질환이 아니라 성행동의 정상적 변형이라고 인정되었다. 즉, 동성애라는 말 대신에 성적 지향성 장애라는 범주로 대체되었다.

1974년 미국 정신의학회는 동성애자들이 성적 지향에 잘 적응하고 있으며, 그들로부터 정신병리학적 흔적을 찾을 수 없다는 수정된 내용을 발표했다. 1980년에 발간된 DSM-Ⅲ에서는 동성애를 진단기준에서 삭제하는 대신에 보다 제한적인 '자아 이상긴장성(ego-dystonic) 동성애'라는 새로운 조항으로 대체되었다. 자아 이상긴장성을 진단하는 기준은 ① 이성애적 관심이나 흥분이 지속적으로 결여되어 있거나 약하며, ② 이성애적 관계를 바라고 있지만, 그 관계가 손상되었으며, ③ 동성에 대한 관심과 흥분이 일관성 있게 나타나지만, 이를 원하지 않기 때문에 근심과 흥분이 일관성 있게 나타나지만, 이를 원하지 않기 때문에 근심과 걱정의 원인이 된다는 것 등이다.[248] 미국정신

---

247) 이상빈, 앞의 책., pp.86-91.
248) 윤가현, 앞의 책., pp.116-117.

의학회는 미국심리학회의 요청에 의해 1987년도의 제3판을 수정·보완한 DSM-Ⅲ-R에서 '자아 이상긴장성 동성애'라는 조항도 삭제되어 동성애를 정신병질로 진단하는 범주가 완전히 사라지게 되었다. 1994년에 발간된 DSM-Ⅳ에서도 동성애에 대한 단어는 아예 존재하지 않는다.[249]

(3) 에이즈와 동성애자 억압

에이즈는 1981년 애틀란타 연방질병통제센터(CDC)의 협회지인 「역학주보」에서 처음으로 언급되었고, 2년 뒤인 1983년 파리의 파스퇴르 연구소가 HIV(Human Immuno-deficiency Virus: 인체면역결핍 바이러스)라고 부르는 신종 바이러스를 발견함으로써 그 논란이 확산되기 시작했다.[250]

1982년 CDC는 에이즈 환자인 게이 남성 50명에 대한 조사내용을 발표했으며, 이후 1985년 8월까지 11,781명의 환자가 발생하여 49.8%가 사망했으며 환자들의 73%가 게이남성들과 양성애자 남성이라고 발표했다. CDC의 이러한 발표는 '게이 남성은 에이즈 환자'라는 사회적 인식의 확산을 불러일으켰고 게이해방운동과 함께 다소 수그러졌던 사회적인 편견, 오명, 차별 등이 부활되었다.[251]

사실상 게이 남성들의 성생활에서 HIV 감염의 가능성이 높은 행동이 나타났던 면을 부인할 수는 없다. 에이즈에 노출되는 가장 위험이 높은 행위는 항문성교인데 그들은 아무런 예방조치를 취하지 않은 상태에서 항문성교나 여러 명의 상대자들과 무분별한 성행위를 시도한 것이 문제였던 것으로 지적되었다.

에이즈의 문제로 동성애자들은 이성애자들로부터의 많은 편견과 억압을 경험했다. 캘리포니아의 한 상원의원은 동성애자들을 공립학교에서 가르치는 것을 금지시키려고 했으며, 일부 여론은 에이즈를 동성애자와 결부시키면서 에이즈가 단순 접촉만으로 감염될 수 있다는 식으로 비난했다. 영국의 언론들은 동성애자들을 에이즈 전염의 원인이자 행복한 가정의 적이라고 보도하는가 하면, 프랑스의 극우정당인 국민전선은 에이즈 쓰레기들을 퇴치한다는 명분을 내세워 공포심을 조장했다. 새로운 차별이 노동계와 병원, 그리고 교회에서도 생겨나고 기독교 계열의 우파인사들은 에이즈를 신이 내린

---

249) 강달천, 동성애자의 기본권에 관한 연구, 중앙대학교 박사학위논문, 2000, pp.60-65.
250) 이상빈, 앞의 책., pp.212-215.
251) 윤가현, 앞의 책., pp.219-220.

재앙과 동일시했다. 영국의 대처 정권은 동성애를 조장하는 활동에 대한 재정지원을 일절 금지하는 등 게이 예술을 표방하는 프로젝트에 대한 지원은 중단되고, 할리우드 영화에서 동성애를 주제로 하는 영화가 사라졌다.[252]

그러나 이제 에이즈는 게이 남성들만의 질병이 아니라는 사실을 주목해야 한다. CDC의 게이 50명에 대한 조사결과에서도 성적 평균 상대자 수가 1,100명이었고, 환자가 아닌 다른 게이들의 상대 평균치는 550명 정도라는 통계에서 볼 수 있듯이 많은 상대자들과의 무분별한 관계에 그 원인이 있다. 따라서 게이단체들은 "동성애자는 에이즈 환자"라는 주장을 거부하고, 게이 남성들이나 양성애자들에 대한 홍보와 교육을 통해 위험을 줄이는 노력을 기울이고 있다. 1980년대 후반부터 북미 및 중남미 지역에서 동성애로 인한 HIV 감염자들의 수는 감소하는 반면에, 이성애적 접촉에 의한 감염자들의 수는 계속 증가하고 있는 추세에 있다. WHO의 통계에 의하면, 세계적으로 이성애적 접촉에 의한 HIV 감염자의 비율은 이미 75%를 넘어섰다. 또 여성 감염자나 성적 접촉이 아닌 다른 수단에 의한 감염자들이 급증하고 있는 상황이다.[253]

4. 법과 동성애

서구 역사의 대부분을 통해서 도덕적으로는 물론이고 법적으로도 범죄로 인정되어온 동성애는 점차 비범죄화가 이루어지고 있다. 캘리포니아의 로빈슨 사건에 대해 미 대법원은 누구든 마약 중독자나 동성애자 같은 지위 때문에 기소될 수 없다고 결정했다. 이러한 결정에도 불구하고, 대부분의 주 정부와 연방정부는 동성애자들의 생활 스타일과 활동들을 범죄화하고 있다. 즉, 어떤 주나 지방 정부도 동성애자들의 결혼을 허용하지 않고 있으며, 동성애자들은 그들의 관계를 법적으로 인정해줄 결혼신고를 할 수가 없다.[254] 26개 주는 동성간의 결혼을 금지하고 있으며, 1996년에 의회는 다른 주에서 동성간에 이루어진 결혼을 어떤 주에서도 인정해서는 안 된다는 것을 선언하는 결혼방지법을 통과시켰다.[255]

---

252) 이상빈, 앞의 책., pp.212-215.
253) 윤가현, 앞의 책., pp.219-222.
254) Siegel, *op.cit.*, p.421.
255) Elsa Arnett, "Efforts grow to cap gay-rights gains," *Boston Globe*, 12, April 1998, p.A10.

오랜 역사적인 편견에도 불구하고, 게이와 레즈비언이 법의 적정과정을 통해서 보호받는 권리를 박탈하는 것은 불법이다. 1996년에 콜로라도의 로머와 에반스 사건(Romers v. Evans)에 대한 판결에서 대법원은 게이의 법적 보호를 박탈해서도 안되고, 법에서 그들을 이방인으로 취급해서도 안된다고 선언했다. 그럼에도 불구하고, 대법원은 게이들에 대한 법적 보호를 금지하는 신시내티 시헌장 개정안을 지지했다.[256] 이 개정안은 게이들로 하여금 차별금지 조치(affirmative action)같은 특별한 시민보호를 받을 수 없게 한 것이다.

동성간의 오랄과 항문 성교를 포함하는 모든 형태의 성행위는 미국의 거의 반에 해당하는 주에서 법으로 금지하고 있다. 동성애로 받는 처벌은 3년에서 최고 10년에 해당하는 교도소형에 처해진다.[257] 미국의 대법원은 1986년에 바우워즈와 하드윅 사건(Bowers v. Hardwick)을 재판하면서 합의에 의한 동성애 행위, 심지어 자신들의 집에서 이루어진 행위일 경우에도 그것을 범죄로 취급하는 조지아 주 법을 지지했다. 그 이후 미국의 유명한 법적 단체들은 폭력이나 강요에 의하지 않는 동성애를 금지하는 법의 폐지를 요구해 왔다.[258] 그럼에도 불구하고 텍사스, 오클라호마, 캔자스, 그리고 미조리 주 등 4개 주는 동성애 관계를 선별하는 법을 유지하고 있으며, 심지어 11개 주는 동성애와 이성애 모두에 해당하는 어떤 형태의 성 행위를 불법화하고 범죄로 다루는 법을 유지하고 있다. 마샤추세츠 주의 법 조문은 이성애와 동성애 모두 변태적인 성행위를 하는 경우에 처벌받는 다는 것을 명문화하고 있다. 이 주의 일반법 제272장 34절에 의하면, 누구든지 인간과의 관계든, 동물과의 관계든 자연에 반하는 변태적이고 혐오스러운 범죄를 범하는 사람은 최고 20년의 교도소형에 처해질 것이라고 규정하고 있다.[259]

군대는 게이의 입대를 금지하지만 '불문(don't ask, don't tell)정책'으로 타협하고 있다. 즉, 군대는 개인의 성적 지향에 대해 묻지 않고, 게이는 자신이 동성애자라고 말하지 않는 한 군 복무를 계속할 수 있다. 게이는 성정체성이 비밀로 유지되는 한 군 복무를 계속할 수 있다. 1996년 미국 대법원은 해군 대위 파울 토마슨(Paul Thomasson)자신이 동성애자라고 공개하여 1994년에 해임된 후 제기한 사건을 기각함으로써 불문정

---

256) Siegel, *op.cit.*, p.421.
257) F. Inbau, J. Thompson, and J. Zagel, Criminal law and its administration(Minesota, N.Y.: Foundation Press), 1974, p.287.
258) 강달천, 동성애자의 권리보호, 한국법제연구원, 법제연구 제23호, pp.83-104.
259) *Ibid.*, p.421.

책을 암묵적으로 승인했다.[260]

보수적인 사람들은 대부분 게이에 대해 여전히 적대적인 태도를 유지하고 있다. 그러나 동성애자들에 대한 사회적 관용도가 충분히 높아진지는 상당히 오래 되었다. 게이와 레즈비언에 대한 국가 연구팀(National Gay and Lesbian Task Force)의 실태조사에 의하면, 게이의 군복무, 고용평등, 주택, 상속권, 동성애 부부에 대한 사회보장 등의 지원이 이루어지고 있다. 또한 동성애 결혼에 대한 반대율은 1987년도에 75%에서 오늘날 56%로 약 19%가 감소하는 추세를 보이고 있다. 주 정부의 반 이상이 증오 범죄의 정의 안에 게이에 대한 공격행위를 포함시키고 있다. 1998년 11월에 조지아 주의 대법원은 바우워즈와 하드윅 판결의 기초가 되었던 182년 된 동성애 금지법을 폐지했다.[261]

5. 동성애 공포증과 증오범죄화

(1) 동성애 공포증의 확산

포스트모더니즘 사고의 확산으로 다양한 동성애자 인권운동단체의 출현과 정치적 활동 전개에 의해 동성애의 비범죄화와 권리보호를 위한 합법화가 이루어지고 있지만, 이성애주의자들은 그 만큼 동성애들을 혐오하거나 증오하는 현상이 벌어지고 있다.[262]

동성애 합법화에 대한 반발로 나타난 대표적인 현상은 동성애 공포증(Homophobia)이다. 동성애 혐오증은 과거에도 있었지만, 특히 동성애 비범죄화와 권리 합법화 움직임 이후 더욱 강화되고 있다. 동성애 공포증은 게이들에 대한 일종의 고정관념으로서 누가 게이라는 사실을 알게 되거나, 게이가 눈에 보이거나 회상되기만 해도 두려움이나 혐오를 느끼는 현상을 말한다.[263] 또는 동성애는 죄악이라는 종교적 신념이나 게이들의 생활양식 그리고 사고구조에 대한 불신, 정신적·육체적 건강에 대한 두려움 등으로 동성애자들에 대해 매우 부정적으로 반응하는 현상을 동성애 공포증 또는 혐오증

---

260) John Biskupic, "Justice let stand 'Dont't ask, Don't tell' policy", *Boston globe*, 22 October 1996, p.A6.
261) Siegel, *op.cit.*, p.421.
262) 조철옥, 포스트모더니즘 범죄이론에 의한 동성애 합법화 연구, 한국 공안행정학회보, 제16권 제2호, 2007, pp.203-239.
263) Siegel, *op.cit.*, p.421.
　　G. Weinberg, Society and the healthy homosexuals, Boston: Alyson Publications. 1972, p.85.

이라고 한다.

동성애 공포증은 심리치료가이며 작가였던 와인버거(George Weinberg)가 1967년 처음 사용한 용어로서 동성애 공포증도 다른 공포증처럼 강박적이고 비합리적인 특성을 보인다. 동성애 공포나 혐오증이 심한 사람들은 게이를 인간이 아니라 물체로 보는 경향이 강하다. 그들은 게이들을 적극적으로 찾아다니면서까지 모두 없애버리겠다는 증오심을 표출하고 증오범죄로 이어진다.[264]

(2) 동성애의 증오범죄화

경험적 조사에 의하면, 일부의 남성들은 그들이 증오하거나 혐오하는 동성애자들의 성적 이미지에 의한 자극 때문에 동성애 공포적인 태도를 취하고 있는 것으로 밝혀졌다.[265] 이러한 결과로 동성애자들이 증오범죄의 대상이 되고 있다. 증오범죄는 주로 저항능력이 없는 편리하고 힘없는 대상들을 공격의 표적으로 삼는 것이 그 특징인데, 최근에 사회적 약자인 동성애자들을 공격하는 범죄를 증오범죄(hate crime)의 대상으로 하고 있다. 또한 경찰관들도 게이에 대한 가해자였다는 사실도 게이에 대한 미국 사회의 편견과 증오의 심각성을 읽을 수 있게 한다.[266]

미국은 증오범죄를 폭력범죄와는 독립된 하나의 범죄로 분류하고 있는데, 증오범죄는 인종, 신체나 정신 등의 장애(disability), 종교, 민족 또는 국적, 성적 지향 등에 의해 전체 또는 부분적으로 동기부여된 사람이 다른 사람, 또는 재산에 가하는 범죄행위라고 정의되고 있다. 서구사회에서는 주로 게이 남성을 목표로 하는 범죄를 동성애자 학대라는 의미의 게이 배싱(gay-bashing), 또는 페그 배싱(fag-bashing), 퀴어 비팅(queer-beating) 등으로 표현할 정도로 남성 동성애자들을 범죄목표로 삼고 있다. 게이를 표적으로 하는 증오범죄는 살인·약탈과 같은 강력범죄에서부터 다양한 형태의 폭력이 가해진다.

또 다른 분석에 의하면, 미국의 대도시에서 동성애자를 표적으로 하는 증오범죄가 심각한 수준이라는 점을 보여준다. 미국의 5대 도시에서 발생한 게이들에 대한 폭력범

---

264) 윤가현, 앞의 책., pp.242-244.

265) Henry Adams, Lester Wright, and Bethany Lohr, "Is Homophobia Associated with Homosexual Arousal?," *Journal of Abnormal Psychology 105*, 1996, pp.440-445.

266) G. Comstock, Violence against lesbians and gay men, New York:Colombia University Press. 1991, p.135-140.

죄는 1988년 700여건에서 1992년 1,900여 건으로 증가하는 양상을 보였으며, 1993년도의 통계를 보면 다른 도시에서는 약간 감소했으나 덴버(Denver)에서는 12% 증가하는 것으로 나타났다.[267]

또한 남미 지역에서 게이를 목표로 한 증오범죄의 심각성을 지적하는 자료를 볼 수 있다. 자료에 의하면, 멕시코에서는 1992년 한 해 동안 게이 인권운동가를 표적으로 한 살인사건이 10건이나 발생했으며, 브라질의 바이하(Bahia)주에서 1990년대 초까지 320명의 게이가 살해되었다.[268]

(3) 게이 증오범죄 처벌과 개인적 법익보호

1976년 미국 아리조나 주의 한 술집 앞에서 게이 대학생이 십대들의 구타로 인하여 사망한 사건이 발생했는데 재판을 맡은 판사는 가해 청소년들에게 가벼운 형량을 선고했다. 또한 1988년 텍사스 주의 한 판사는 두 명의 게이를 살해한 남성에게도 매우 낮은 형량을 선고했다. 게이공격에 대한 법원의 가벼운 처벌로 인해 게이라고 드러낸 사람들의 절반 이상이 일종의 폭력을 당한 적이 있었다고 보고할 정도가 되었다[269]. 그러한 사건들은 술집이나 게이들의 생활공간에서도 공공연하게 발생했다.

게이에 대한 증오범죄가 가벼운 처벌로 인해 미국사회의 도처에서 다발하자 2000년을 기준으로 미국의 거의 모든 주는 증오범죄를 억제하기 위한 법안을 제정했다. 39개 주는 폭력적인 증오범죄 처리 법률을 통과시켰으며, 19개 주는 특별히 증오범죄 자료 수집을 강제하는 조항을 추가했다.[270] 이러한 증오범죄 속에 동성애자에 대한 폭력행위를 포함시켜 가해자들을 엄격하게 처벌하는 것은 미국 사회가 동성애자들의 권리보호를 위한 법적인 장치를 강화하고 있다는 것을 입증하고 있다.

미국은 증오범죄와 관련된 자료수집과 자료이용을 위한 증오범죄 통계법(the Hate Crime Statistics Act)을 제정하고 이 법을 준수하기 위해 FBI가 UCR(the Uniform Crime Reporting) 증오범죄 자료 수집 프로그램을 확립하여 주와 지방정부의 법 집행 기관들로부터 편견범죄의 자료수집을 통제하고 관리하고 있다.[271]

---

267) E. Singer & D, Descamps, Gay and lesbian stats, New York: The New Press. 1994, p. 175
268) 윤가현, 앞의 책., p.255.
269) Singer & Deschamp, *op.cit.*,
270) Siegel, *op.cit.*,
271) http://www.as.wvu.edu/%7Ejnolan/nibrshatecrime.html. Analysis of NIBRS Hate Crimes(1995-2000).

이는 동성애자들의 권리보호를 위한 합법화라고 보기 어려울 수도 있지만, 사회적 약자인 동성애자들에 대한 혐오감과 증오심으로 인한 그들의 개인적 법익 침해를 방지하기 위해 동성애자 공격을 증오범죄로 규정하고 법적인 보호를 하고 있다는 것은 동성애 인권보호단체의 정치적 활동과 포스트모더니즘 사고의 영향에 기인한 동성애자 보호를 위한 합법화라고 분석할 수 있다. 그러나 증오범죄자를 다른 폭력범죄보다 더 중하게 처벌한다는 점에 대해서는 비판적인 주장이 만만치 않다. 즉, 동성애 학대 같은 증오범죄를 복수나 탐욕, 또는 분노에 의한 범죄보다도 엄하게 처벌하는 것이 죄질과 처벌의 강도에 관련하여 타당성이 없다는 것이다.

제3절 성매매의 심리학

1. 성매매의 역사

(1) 고대 그리스와 로마

성매매의 역사는 지금으로부터 수천 년 전인 고대 메소포타미아 문명으로 거슬러 올라간다. 당시는 매춘이 특정한 종교적 위치를 차지하고 있었음을 알 수 있는데, 다산(多産)의 여신 '이나나'와 관련이 있다. 당시 성직자들이 공동체의 다산을 촉진하기 위해 성생활을 했다. 모든 여성들은 외관 남자들과 성행위 후에 사원에 헌금을 해야 하는 것으로 기대 받는 사원의무를 다 해야 했다.[272] 또 청동기시대의 고전 수메르의 길가메쉬(Gilgamesh)도 매춘부가 등장한다. 이 작품에서 영웅 길가메쉬는 숙적 엔키두(Enkidu)를 매춘부를 이용해 굴복시킨다. 엔키두는 창부와 어울려 지내느라 들판에 나가 사냥할 시간이 없었다. 결국 방탕의 늪에 빠진 엔키두는 길가메쉬에게 무릎을 꿇고 만다.[273]

---

272) V. Bullogh, *Sexual Variance in Society and History* (Chicago: University of Chicago Press, 1958), pp.143-144.

273) 길가메쉬란 수메르 에레크시의 전설적인 왕의 이름이다. 후일에 서사시와 전설상으로 탁월한 영웅이 된 실제 역사상의 위인이다. 그는 기원전 4천년기(4000-3001년) 말이나 기원전 3천년기(3000-2001년) 초에 남쪽 메소포타미아에서 살았음이 틀림없다. 엔키두는 하늘에서 길가메쉬를 치기 위해 보낸 영웅이었으나 서로 친구가 된다. 엔키두는 길가메쉬 대신으로 죽는다.

현대의 상업적 성 매매는 고대 그리스에 그 뿌리를 두고 있다. 기원전 5세기에 당시 아테네의 입법가 솔론(Solon)은 집창촌 면허제도를 입법화하였다. 많은 도시국가가 매춘종사자에게 세금을 부과하고 있을 정도였으며, 그리스의 매춘사업으로 들어오는 돈은 아프로디테(Aphrodite) 신전을 위한 예산 마련에 도움이 되었다. 고대 그리스의 최고급 매춘부인 헤타이라(hetaira)는 고등교육을 받은 지적이고 미적인 여성만이 가능했다. 헤타이라는 귀족, 부자, 그리고 지성인을 고객으로 하였고, 개중에는 권력자를 뒤에서 조종하는 가하면, 예술가에게 영감을 불러일으키기도 했다. 때로 상대를 선택하는 권리를 가질 정도로 남성중심의 고대사회에서 전문직업인으로서의 대우를 받았다.[274] 그리스 사람들은 매춘을 수치스럽게 생각하지 않았다. 그들은 매춘을 건강과 활력에 도움을 주는 긍정적인 요소로 받아들였고, 당시 그리스에서의 결혼은 열정이 결여된 것으로, 단순히 혈통을 지키기 위한 일종의 사업 같은 것으로 인식되었다.

아테네의 번영기에 사창가도 같이 번성했다. 크세나르쿠스는 희곡 '5종 경기'에서 아테네의 섹스시장을 다음과 같이 적나라하게 표현했다.[275]

> "사창가에는 아름다운 여자들이 햇빛 아래 가슴을 드러내고 전투대형으로 줄지어 있다.
> 그들은 모두 두려움 없이 저녁때까지 손님이 원하는 대로 무엇이든 한다".

기원전 8세기 무렵 지중해 일대에 제국을 건설한 로마도 그리스와 마찬가지로 여성은 중요한 존재였으며, 그리스에 비해 보다 강하고 상당한 자유를 누리고 있었다. 로마 남성들은 매춘여성에게 로맨틱한 동경을 품지 않았으며, 뿐만 아니라 매춘을 필요악으로, 매춘여성을 하층계급의 인간으로 멸시했다.

초기 로마 사회의 매춘부들은 여자늑대 또는 밤나방, 주사위, 다리의 여인, 구더기 단지, 고기썰기, 다리의 여인, 달리는 여자, 갇힌 여자 등으로 불리면서도 상당히 전성기를 누렸다. 그러나 기독교가 수용되면서 매매춘에 대한 사회적 인식은 바뀌게 되었다. 기독교는 성적으로 노골적인 감정을 드러내는 여성에게는 혐오의 눈길을 보내는 한편, 남성의 성적 방종에 대해서는 관대했다. 남자들이 기독교의 고매한 이상에 따라서 살 수 있을 때까지 매춘은 한 방편으로 받아들여졌다.

---

274) Spencer Rathus, *Human Sexuality*(New York: Holt, Reinehart and Winston, 1983), p.463.
  국회인권포럼, 여성의 성매매 방지를 위한 정책연구 보고서, 국회의정연구회, 2004, pp.14-15.
275) http://blog.naver.com/jdekim.

(2) 서구의 기독교 문화권

초기 기독교의 종교지도자였던 성 아우구스티누스(St. Augustine)와 토마스 아퀴나스(St. Thomas Aquinas)는 성매매를 필요악으로서 인정했을 지라도, 이러한 관용은 종교개혁과 함께 사라졌다.

중세의 종교개혁이 전개되기 까지 로마교회는 성직자들이 성매매의 단골손님이 될 정도로 성매매에 대한 교회의 관용이 이루어졌다. 11~12세기 유럽의 여러 도시에는 성매매 업소가 우후죽순처럼 생겨났고 교회는 여자들이 매춘부로 변하는 원인을 연구했다. 그리고 참회한 매춘부들은 막달라 마리아의 이름을 딴 '막달라 하우스'라는 갱생원으로 보내어지기도 했다. 하지만 타락한 여자들을 다른 방식으로 대했던 사제들도 많았다. 13세기 프랑스 디종(Dijon)에서는 매춘부들의 단골 중 20%가 성직자였던 것으로 추정된다.

영국도 마찬가지였다. 역시 매춘부의 성행위 상대는 주로 성직자나 수도자인 경우가 많았다. '성직자의 매춘부'라는 말도 이때 생긴 것으로 전해지고 있다. 프랑스·영국·이탈리아·독일 어디든 성매매업소는 손님들로 넘쳤다. 이를 본 신학자 토마스 아퀴나스는 저서에서 '매춘은 왕궁의 하수구'라고 표현했다. 그것을 없애면 왕궁 전체가 오물로 가득해질 것이기 때문에 필요악으로 인정했다. 계산이 빠른 성직자 중에는 성매매업으로 재정적 이득을 취하기도 했다. 영국의 사우스워크에 있던 사창가 중 몇몇 업소는 윈체스터 주교 관할이었다. 셰익스피어는 그 매춘부들을 '윈체스터의 거위'라고 불렀다.[276]

이처럼 성매매 여성과 성직자의 협력관계가 지속되면서 성매매에 대한 다양한 별명이 등장한다. 매춘굴은 '수녀원', 마담은 '수녀원장', 그리고 매춘부들은 '수녀'라고 부르는 조소적인 은어들이 생겨나기도 했다. 그러나 1517년 종교개혁 이후에 마틴 루터(Martin Ruther)는 성매매에 대한 성직자들의 관용에 도전장을 던졌다. 루터는 가톨릭 교회를 향해 '바빌론의 매춘부'라고 비난하면서 도덕적인 우월성을 기초로 하여 성매매 제도의 폐지를 주장했다. 루터의 교리는 성매매 여성을 신앙을 파괴하기 위하여 보내진 악마의 사자로 규정하기도 하였지만,[277] 그것으로 성매매를 잠재우기에는 역부족이었다.

---

276) 이선경, "거부하기 힘든 성욕이 부른 매춘, 그 끈질긴 역사," 월간중앙 347호, 2004. 10.1.

277) Annette Jolin, "On the Backs of Working Prostitutes: Feminist Theory and Prostitution Policy," *Crime and Delinquency 40,* 1994, pp .60-83.

성매매는 오히려 이를 비웃듯 유럽 전역으로 확산되어 16세기 들어 매독이 발병하면서 유럽의 많은 나라는 수많은 사창가를 폐쇄하는 조치를 내리게 되었다. 하지만 성매매의 역사는 끝나지 않고 계속되었으며, 그 어떤 것도 성매매의 발전 속도를 늦추게 할 수는 없었다. 19세기에 영국의 대형 양조장의 융성은 성매매업과 결합된 결과였다. 그들이 관리하는 술집들은 성매매 여성들을 고용하여 손님들에게 봉사하도록 했다. 그 당시 신대륙인 아메리카로 건너온 유럽인들은 성매매 업도 미국에 가지고 갔다. 양조장과 성매매 업의 결합관계는 시카고 같은 미국의 대도시에서 되풀이되었다.[278]

또한 대도시 뉴욕으로 넘어온 유럽의 여자들은 남자들과 달리 일자리를 구하기 힘들었다. 결국 여자들은 성매매로 생활을 유지했고, 당시 막일을 하는 노동자들은 주급으로 2달러를 받았지만 예쁘고 수완이 좋은 성매매 여성은 단 하룻밤에 무려 100달러를 벌었다고 한다.[279]

미국의 경우에 성매매는 네바다 주를 제외하고는 모든 주에서 불법으로 처벌된다. 그로나 네바다 주에서도 인구 20만을 초과하는 카운티에서는 성매매를 금지하고 있다.[280] 미국의 경우에도 성매매 여성들은 길거리 창녀와 콜걸(call girls)과 같은 계층 구조를 가지고 있으며, 2000년 들어 길거리 창녀(street-walkers)보다 더 하위에 주차장의 도마뱀(lot lizard)이라는 최하위의 계층으로서 주차장이나 고속도로 휴게소 주변에서 성매매를 하는 계층으로 분류하고 있다.[281]

(3) 동양 문화권

힌두교는 성을 긍정하는 종교의 범주에 들어가지만, 여성의 삶의 방법으로서 결혼 이외의 길을 인정하려고 하지 않았으며, 결혼 이외의 형태로 남자와 성관계를 가진 유부녀와 딸에 대해서는 엄격했다. 그러한 태도는 필연적으로 성매매 여성의 증가를 초래했다. 실제로 여성은 결혼 생활, 즉 남편에게만 철저히 몸을 바쳐야 한다는 생각이 일반적이었기 때문에 남편을 잃은 경우 장례식의 화장 장작더미 속으로 스스로 몸을 던지는 순사가 아내의 이상적인 행동이 되었고, 그것을 실천하는 여성도 적지 않았다.

---

278) Siegel, *op.cit.*, p.423.
279) 이선경, 거부하기 힘든 성욕이 부른 매춘, 그 끈질긴 역사. 월간중앙 제 347호, 2004년 10월 1일
280) Bartol & Bartol, *op.cit.*, p.479.
281) *Ibid.*, p.481.

순사를 감행하는 용기가 없었던 많은 여성들은 생계를 위해서 성매매 여성의 길로 뛰어 들었다.

중국의 성매매는 문화적으로 시인되고 있는 사실이었다. 중국에서 고급 성매매 여성은 고대 그리스의 헤타이라에 필적하는 지위를 차지하고 있었다. 중국인은 아내에게 순결을 강조했으나 남성은 그것에 구속되지 않았다. 오히려 성을 불로불사의 비술로 간주하는 사상이 널리 퍼져 성행위가 장려되었다. 뛰어난 재능을 지닌 성매매 여성은 값이 비쌌고, 따라서 그녀의 손님은 상류계급에 한정되었다. 그러나 하급 유곽의 성매매 여성들은 그렇게 화려하지 못했다. 형벌의 일부로서 공창으로 전락한 여자 범죄자들도 있었고, 범죄자의 친척도 있었다. 형벌에 근친 전부를 노예로 한다는 조항이 있었기 때문이다. 그런 경우에 여자 근친은 성매매 여성으로 전락하는 것이 보통이었다.

전쟁에서 포로가 된 여인은 단순한 노예가 되기도 했으나 성매매 여성이 되는 경우가 많았다. 이러한 하급 유곽의 여자는 낮은 계급에 속했고, 그 지위는 법률로 규제되어 있었다. 하급 성매매여성은 범죄자나 하층계급과 주로 상대했고, 고급, 하급을 불문하고 대다수의 성매매 여성은 양친이나 보호자에 의해서 팔려 왔다. 유괴되어 온 처녀도 적지 않았으며, 유곽의 포주에게 팔려 성매매 여성이 되었다.[282]

2. 성매매의 개념과 원인

(1) 개 념

성매매(prostitution)는 '노출하다', '면전에 멈추게 하다'를 의미하는 라틴어 '프로스티투에레(prostituere)'에서 유래한다. 성매매는 자신의 몸을 팔기 위해서 공공연히 자신의 몸을 제공하는 행위를 의미한다.[283]

최근에 페미니스트들의 여성해방운동 등의 영향으로 성매매에 대한 심각성이 높아지면서 성매매의 개념은 더욱 구체화되었다. 그 개념은 다양하지만, 일반적으로 성매매자, 고객, 그리고 고용주가 유형적인 보상(tangible rewards)이나 특별한 혜택(special favors)을 대가로 받거나 받기로 약속하고 혼외적인 성행위를 허용하는 것으로 정의할

---

282) 국회인권 포럼, 앞의 책, pp.16-17.
283) Siegel, *op.cit.*, p.423.

수 있다.[284]

이러한 정의는 성매매의 주체가 여성과 남성은 물론이고 게이도 포함될 수 있기 때문에 성적으로 중립적이다. 전통적으로 성매매의 주체는 여성만을 대상으로 다루었으나 그 주체를 남성과 게이까지도 포함시키고 있다는 점이 개념적 특징이며, 오늘날 대부분의 국가에서 이에 동의하고 있다. 성매매로 인한 처벌대상자는 성매매자와 성 매수자 모두를 포함한다. 미국의 경우에 성매매는 이성애는 물론이고 동성애까지도 포함하며, 남녀간의 성행위만을 대상으로 하는 것이 아니라 다양한 성적 활동을 포함한다.

성매매는 일반적으로 윤락 또는 매춘이라는 말로 사용되고 있으나 이러한 표현은 적합하지 않다는 견해가 대두되고 있다. 윤락은 도덕적으로 타락한 것이라는 의미를 담고 있으며, 매춘은 여성을 봄에 비유하여 성매매가 자연현상처럼 아무런 문제가 될 것이 없다는 의미를 내포하고 있기 때문이다.

사회학자들은 성매매자들을 다른 유사한 서비스 산업 활동과 마찬가지로 길거리 성 노동자로 정의한다. 따라서 그들의 정의는 성매매를 상업적인 성 거래로 본다. 즉, 성매매는 고객들을 위한 성적으로 유의미한 활동이며, 오랄 섹스에서 성교에 이르기까지 모든 성행위를 포함한다. 여기에서 경제적 거래는 반드시 돈이 아니라도 경제적 가치가 있는 무엇과 성행위가 교환되는 것을 의미하고 또한 성매매 행위의 상호간에는 애정과 같은 감정과는 무관하다. 말하자면, 단속 경찰관이 성매매를 묵인하는 대가로 성 상납을 받는 행위도 성매매에 포함되며, 서로 아는 사이일지라도, 그들의 성행위는 경제적 교환의 차원에서 이루어지고, 서로의 애정과는 아무런 관계가 없다면 성매매에 해당된다.[285]

한편, 성매매는 금전적 보상을 포함하는 물질적 보상뿐만 아니라 파티나 댄싱, 그리고 고급 레스토랑에서 식사를 즐기는 것과 같은 사회적 보상, 또는 특별한 호의 등을 원인에 포함시켜야 한다는 주장도 있다.[286] 또한 최근에는 인신매매 등에 의한 강요된 성매매(sex trafficking) 역시 성매매의 개념에 포함시키고 있다. 즉, 성매매자의 자발성 및 상대방과의 상호 동의 없이 외부의 강요에 의해 이루어진다는 점이 일반적인 성매매행위와는 구별된다. 따라서 성매매는 성매매자와 상대방이 유형적인 보상이나 특별한 호의(favors)를 제공하거나 제공하기로 약속하고 그들 사이의 감정과는 관계없이 상

---

284) Siegel, *op.cit.*, p.423.
285) Charles McCaghy, Deviant Behavior(New York: Mcmillan, 1976), pp.348-349.
286) Bartol & Bartol, *op.cit.*, p.482.

호동의 하에 이루어지는 모든 성행위는 물론이고 인신매매 등에 의한 강요된 성행위 등을 포함하는 것으로 정의된다.

(2) 원 인

1) 심리적 동기

성매매에 관한 초기 심리학적 연구는 성매매 여성을 자아도취적 불감증상태, 남성증오, 레즈비안에 대한 공포, 또는 엘렉트라 콤플렉스(electra complex)에 따른 아버지에 대한 해결되지 않은 과도한 성적 고착 등이 원인이라고 주장한다. 또한 프로이드 이론 추종자들은 성매매를 여성은 아버지, 그리고 남성은 어머니에 대한 어린 시절 성적인 사랑의 고착의 결과라고 보았다. 프로이드 이론적 관점은 성매매를 사회현상으로 보다는 개인적 정신병리현상으로 보는 것이 특징이다.[287] 그러나 이러한 견해는 경험적인 연구에 의해 검증을 받지 못했다.

2) 빈 곤

사회학자들은 성매매란 가난에서 비롯되는 돈의 필요가 원인이라고 주장한다. 미국의 경우에 남녀 성매매자들은 극한적인 갈등과 적의감으로 특징지어지는 문제성 가정, 그리고 가난한 도시지역이나 시골지역 출신들이 대부분이다. 그들은 대부분 이혼, 별거, 또는 사별가정, 아버지 없는 빈곤한 가정에서 성장한 사람들이다. 가난한 하위계층의 성매매 여성들은 학교당국과의 갈등, 성적불량, 과도하게 통제된 학교생활을 경험한다.[288]

여성의 성매매 동기는 한국의 경우에도 대체로 10대의 성장기에 경험한 가정빈곤에 기인한 열악한 성장환경이 가장 핵심적인 요인으로 작용한다. 2006년 성매매 집결지 여성들에 대한 실태조사에 의하면, 10대에 열악한 환경속에 성장한 여성들은 교육기회의 박탈, 취업능력부족, 성윤리의식이나 인생의 자존감 결여 또는 왜곡 등으로 성매매의 길을 선택하는 것으로 밝혀졌다. 집결지 여성들의 89.8%가 현재 또는 과거에 가족에게 다양한 형태의 금전지원을 한 일이 있다고 응답했다. 그 지원 형태를 보면, 생계비 46.1%, 치료비, 17.2%, 학비 8.6%, 주거비 지원 6.6% 등이었다.[289]

---

287) *Ibid.*, p.483.

288) D. Kelly Weisberg, Children of the night:A study of adolescent prostitution(Lexington, Mass.:Lexington Books), 1985, pp.44-55.

3) 아동 성폭력과 성매매

성매매자들 중의 상당수가 10세-12세 정도의 어린 나이에 가족들에 의해서 성 추행이나 성 폭행을 당한 경험을 가지고 있었다.[290] 성에 대한 조기경험은 그들의 몸이 가치 있고, 성적 접촉이 애정, 권력, 또는 돈을 얻는데 사용될 수 있다는 사실을 알 수 있게 한다. 에스테스(Richard J. Estes) 등은 아동 성폭력 문제가 과거에 알고 있거나 기록에 의한 것 보다 훨씬 광범하다는 것을 발견했다. 그들은 매년 25,000명의 미국 아린이들이 어떤 형태의 성폭력을 당하고 있다고 지적했다.[291]

4) 국제적인 인신매매

모든 여성들이 자발적으로 성매매를 하는 것은 아니다. 여성들은 납치, 해외유혹, 그리고 강요에 의한 성매매를 한다. 2000년대에 접어들면서 성매매를 자발적이 아닌 인신매매에 의한 강요된 성매매에 관심을 기울이기 시작했다. 미국에서 인신매매는 고도의 수익시장이 되고 있다. 미국은 독일 다음으로 성 산업을 위한 여성과 아동 인신매매 목표국가가 되고 있다.[292] 미국의 불법 소개업자들은 법적인 금지에도 불구하고 매년 5만 명의 여성과 아동들을 인신매매 형태로 수입한다.[293]

제3세계의 부모들은 그들의 아이들을 인신매매업자들에게 팔아넘기고 이 아이들은 성매매를 위해서 다른 나라로 고가로 팔려나간다. 주로 동남아시아와 동구로부터 수천 명의 여성과 아동들이 좋은 벌이의 희망으로 다른 나라로 팔려가지만, 집창촌에 끌려가는 것으로 끝나거나 노동자 집합소에서 일을 기다리는 여행자로 전락한다. 인신매매에 의한 성매매 여성들은 강간, 성적 약탈과 학대, 상해, 마약중독, 우울증, 만성적 신체장애, 그리고 에이즈 위험에 노출되는 등 심각한 건강문제에 직면한다.[294] 또한 그들은 사기, 착취, 공갈, 돈세탁, 공무원에 대한 뇌물, 마약오용, 문서위조, 그리고 도박 등과 같은 불법적인 활동에 시달린다.

---

289) 서울종암경찰서, 서울 성북구 하월곡동 성매매 집결지 실태조사 보고서, 2006, pp.9-11.

290) Siegel, *op.cit.*, p.426.

291) Richard Estes and Neil Alan Weiner, The commercial sexual exploitation of children in the U.S., Canada and Mexico(Philadelphia, Pa., University of Pennsylvania), 2001, pp.185-187.

292) E.J. Schauer & E.M. Wheaton, Sex trafficking into the United States: A literature review, Climinal Justice Review, 31, pp.146-169.

293) David Enrich, "Trafficking in people", *U.S. News & Work Report 131*, July 23, 2001, p.34.

294) S.E. Cook, Forced prostitution, In N.A. Rafter(Ed.), Encyclopedia of women and crime, Phoenix:Oryx Press, 2000, p.212.

3. 사회적 변화와 성매매에 대한 통제

(1) 2000년대의 변화

2000년대에 접어들면서 집창촌을 찾는 남자들의 수는 급감하는 현상을 보이고 있다. 이러한 현상은 어느 나라에서나 발견되는 사회적 특징이다. 미국은 지난 20년 동안 인구는 증가했으나 성매매 행위로 체포되는 사람들의 수는 급격하게 감소한 것으로 나타났다.[295] 한국은 정확한 공식적인 통계가 없어서 구체적으로 자료를 제시하지 못하지만 아마 미국의 현상과 비슷한 흐름을 보이고 있을 것으로 추정된다.

집창촌을 찾는 남성들의 수가 감소한 이유는 세 가지로 압축될 수 있다. 첫째, 남성들이 성 개방이라는 혁명적 성문화의 영향으로 적법하게 접촉 가능한 여성들의 수가 증가하고, 둘째, 에이즈 등 성 관련 질병의 전염에 대한 두려움이 크게 확산된 결과이며, 셋째, 성매매 행위를 범죄화하고 여성 피해자의 인권보호와 상대 남성에 대한 처벌, 그리고 성매매 업주에 대한 엄격한 처벌을 요구하는 남녀 평등주의적 사회운동의 확산과 처벌법규의 제도화 등이 성매매 감소화의 원인이라고 볼 수 있다.

그렇지만, 미국의 UCR보고는 매년 약 9만 명이 성매매로 체포된다고 지적하고 있고, 더욱 놀라운 일은 2000년에 성매매로 체포된 2,000명 중에서 약 천명이 18세 이하의 청소년들이었으며, 그 중에서 15세 이하의 미성년자들 120명이 포함되는 것과 같은 성매매 여성들의 연소화라는 사실이다.[296]

한국은 성매매에 대한 정확한 통계자료가 없다. 한 연구에 의하면, 1980년대에 한국 남성의 87%가 혼전 성경험이 있다고 대답했으며, 이중 50%가 성매매 여성들과의 경험이라고 대답했다. 1990년대에 군인들을 대상으로 조사한 결과 68%에 해당하는 젊은 군인들이 혼전 성 경험을 이야기했고, 그중 22%가 그들의 첫 성관계가 성 매매 여성들을 상대로 이루어졌다고 응답했다. 또한 약 백만 명의 여성들이 성매매 산업에 종사하는 것으로 추정되고 있으며, 이 숫자는 15세에서 29세 사이의 전체 여성 중 20%에 달하는 숫자이다.[297]

---

295) Siegel, *op.cit.*, p.423.

296) *Ibid.*, p.423.

297) 장필화, 조형, 한국의 성문화: 남성 성문화를 중심으로, 한국 여성연구원 엮음, 여성학 논집 제8집, 1991, pp.127-170.

성매매 여성들의 연소화는 1990년대 후반에 고조된 10대 소녀들을 대상으로 한 원조 교제에 비추어 볼 때, 상당히 심화되었을 것으로 추정된다. 실제로 성매매 행위로 검거된 여성들 중에 상당수의 미성년자들이 발견된다. 이처럼 성매매 행위에 미성년자들의 분포가 높아지는 변화는 성매매가 자발적으로 이루어진다면, 피해자 없는 범죄이기 때문에 허용되어야 한다고 주장하는 사람들에게 아주 불리하게 작용하고, 금지주의자들에게는 아주 강력한 공격의 무기가 되고 있다. 미성년자의 성매매는 도덕성의 타락이라는 아주 치명적인 증거로서 명백한 사회악이며 죄악으로 인정하기에 충분하기 때문이다.

(2) 성매매의 범죄화에 대한 쟁점

성매매에 관한 국내외의 관점은 크게 섹스 존중론(pro-sex), 성노동론, 폐지론 등 세 가지로 분류된다.

1) 섹스 존중론과 성노동론

섹스 존중론은 성매매 산업으로의 유입이 여성 스스로의 선택에 의한 것이라는 전제를 갖고 있으며, 여성이 성매매를 통해 세력화를 추구한다는 입장을 견지한다. 둘째, 성노동론은 성매매를 기본적으로 직업적 성격을 갖는 노동으로 파악하고, 성매매는 서비스를 제공하는 노동행위로 간주한다. 따라서 성매매 여성을 성 노동자로 간주하지 않으면 노동시장의 다른 계약조건에 적용되는 보호와 통제를 받을 수 없게 된다는 입장을 취한다. 셋째, 폐지론은 여성이 강제적으로 성매매 산업으로 유입된다는 관점이다.

섹스 존중론과 성노동론은 본질적으로 성매매에 대해 관용적인 입장을 취한다고 볼 수 있다. 다시 말해, 성매매를 여성들의 자발적인 하나의 산업으로 보고 또한 서비스 제공 노동자로 인정하며, 그 활동과정에서 불법적인 사건이 발생하면, 형사법으로 처벌하면 된다는 입장이다. 그러나 폐지론은 성매매 여성들이 자발적으로 참여하는 것이 아니라 강제적인 힘에 의하여 착취당하고 피해를 입고 있다는 견해를 취한다.

2) 성매매 폐지론

성매매 폐지론은 페미니즘 이론(feminism)의 갈등적인 관점에 기초하고 있다.[298] 페

---

298) Siegel, *op.cit.*, p.426.

미니즘은 두 가지 입장으로 나누어진다. 하나는 여성들이 남성의 억압으로부터 해방됨으로써 남녀평등을 달성해야 한다는 성 평등주의(sexual equality) 입장이다. 성 평등주의 관점은 성매매 여성을 남성지배의 피해자로 보는데 이는 가부장적 사회에서 남녀 사이의 지배−복종 관계와 연결된 관점이다. 가부장적 사회에서 여성은 남성에게 복종하고 착취 당하는 피해자이듯이 성매매 역시 이러한 착취와 복종의 산물이라고 보는 것이다.

또 하나의 관점은 남녀평등을 개인의 자유의지와 관련시킨 것으로서 여성이 어떤 다른 사람들의 강요된 의지에 의해서가 아니라 자신의 자유의지에 따라서 행동선택을 할 수 있는 제도적 승리에 의해 남녀평등을 성취해야 한다는 자유선택 관점(free choice view)이다. 그러므로 자유선택 관점은 성매매란 여성이 자유롭게 선택한 것이라면, 여성평등의 표출이며, 복종의 증후군은 아니라고 보는 것이다. 그렇다면, 폐지론자들은 가부장적 사회제도 하에서의 남성의 억압으로부터 여성을 해방하는 차원에서의 성 평등주의 입장을 추종하고, 자신의 의지에 의한 자유선택적 관점은 오히려 섹스 존중론이나 성노동론의 근거 논리가 될 수 있다.

(3) 스웨덴과 네델란드의 법적 대응

페미니즘 지지자들은 어느 입장을 취하든 모두 성매매 여성에 대한 처벌은 최소화되거나 비범죄화(decriminalization) 되어야 한다는 것이 그들의 공통된 주장이다. 그들은 이미 절망적인 여성들에게 추가적인 법적 처벌은 너무나 가혹하기 때문 성매매 여성들에 대한 처벌은 비범죄하되는 것이 마땅하다고 주장한다. 오늘날 대부분의 국가들은 성매매를 벌금이나 단기 징역형으로 처벌할 수 있는 범죄로 다루고 있다. 미국은 네바다 주를 제외한 모든 주에서 성매매를 불법적인 행위로 처리하고 있다.[299] 한국도 성매매를 범죄행위로 규정하고 여성을 피해자의 차원에서 보호하고 상대 남성과 업주를 엄하게 처벌하는 방향으로 가고 있다.

페미니즘의 두 가지 견해는 각국의 성매매 정책에 유의한 영향을 끼쳤다. 스웨덴의 페미니스트들은 성매매를 엄격하게 제한하고, 성을 사는 모든 활동을 범죄화하는 법률안 통과에 성공했다.[300] 이 법은 성매매를 여성에게 가하는 폭력으로 정의한 후, 세계

---

299) *Ibid.*, p.426.

300) Arthur Gould, "The Criminalisation of Buying Sex: The Politics of Prostitution in Sweden," *Journal of Social Policy 30,* 2001, pp. 437-438.

최초로 성매매 피해여성을 비범죄화하고 포주와 성매매 남성은 범죄자화하고 있다. 스웨덴에서 이 같은 법안이 통과될 수 있었던 것은 스웨덴 의회와 행정부 내의 여성비율이 50%에 육박했기 때문인 것으로 보인다. 성매매를 보는 시각에는 성매매 피해여성의 시각이 반영되어야 하며, 그것을 정책으로 반영시킬 수 있기 위해서는 여성정치세력이 결집되어 있어야 한다는 것을 스웨덴의 사례가 잘 보여주고 있다. 그러나 무엇보다 성매매 폐지론을 지지해야하는 이유는 성매매 피해여성들의 희망과 꿈을 우선적으로 고려해야 하기 때문이다.

스웨덴과는 대조적으로 네델란드는 2001년에 공창제를 합법화했다. 물론 업주들은 엄격한 지침에 따라서 사업을 하도록 규제되고 있다. 새 법은 네델란드에서 성매매에 종사하고 있는 3만 명 이상의 여성들을 보호하고 보험정책과 실업수당 그리고 일반시민들이 향유할 기본적 권리를 향유할 기회를 제공하기 위해 제정되었다.[301] 다시 말해, 성노동론을 전제로 하는 성매매 합법화는 성매매 피해여성의 복지를 위한 대안이라는 점을 강조한다.

그러나 공창제를 도입한 네델란드와 호주의 성매매 운영은 원래의 법적 취지와는 다른 방향으로 가고 있다는 것이 밝혀졌다. 연구자들의 보고에 의하면, 업주들은 정부의 엄격한 규제를 회피하고, 수입에 비해 적은 세금을 지불하고 그리고 지하조직들과의 거래에 의해 사업을 운영한다는 것이 밝혀졌다. 결과적으로 성매매 사업은 기업화되고 업주는 폭리를 남기며, 성매매가 합법화된 상태에서 성매매는 당사자 간의 계약관계라는 전제하에 당당한 소비행위로 사회인식이 변하게 되었다.

또한 성매매의 폭력적 성격에 대한 주장은 소수의견으로 내몰리고, 국제적 인신매매, 불법체류를 빙자하여 외국인 성매매 여성에 대한 착취와 같은 현상이 발생하고, 성매매의 합법화는 개인의 자유 선택에 의한 행위를 전제로 하므로 성매매 피해여성에 대한 사회적 혐오감을 촉발시켜 이 여성들은 사회로부터 더욱 배제되고 소외되었다. 또한 업소에서 당하는 폭력(구타, 강간)은 성매매의 한 상품항목이 되므로 이것을 막을 수 있는 방법이 없다는 것이다.

이처럼 네델란드의 경험은 성매매에 대한 정부 규제가 쉬운 일이 아니라는 것을 보여주는 하나의 교훈이다. 그렇다고 스웨덴의 성매매 정책은 선이고, 네델란드의 정책은 악이라고 규정할 수는 없다. 스웨덴의 정책은 그 나라의 사회적 여건이나 국민들의 도

---

301) Siegel, *op.cit.*, p.426.

덕감정, 그리고 정부의 정책에 대한 관련 당사자들의 호의적 반응 등이 정책시행에 긍정적으로 작용했을 가능성을 배제할 수 없다. 또한 네델란드의 성매매 정책은 성매매의 합법화를 선택할 수밖에 없는 사회적 여건이나 국민적 여론 등이 크게 작용했을 것이다. 그러므로 네델란드의 정책이 시행초기에 많은 부작용을 초래하고 있지만, 다른 보완책을 마련하거나 사회적 여건이 성숙되면 폐지정책 쪽으로 방향을 바꿀 수도 있을 것이다. 사회의 문제해결 정책은 혁명적 공학이 아니라 점진적 공학이다.

(4) 한국의 성매매 근절 정책

1) 성매매 근절 및 성매매 여성 인권보호 정책

우리나라는 성매매를 일체 허용하지 않는 금지주의를 취하고 있다. 성매매는 여성의 몸을 대상화하고 상품화하여 남성우위의 가부장제를 유지시키는 근간을 이루고 있으며, 성도덕의 문란을 초래하고 성매매 산업을 확산시키며, 성매매를 합법화 시킬 경우 여성의 성을 남성에게 예속시켜 남녀 불평등을 심화시킨다. 또한 성매매 여성들은 중간 알선업자에 의해 착취당하고 성을 사는 사람에 의해 인권유린을 당하게 된다.

따라서 한국은 성매매·성매매 알선 행위 및 성매매 목적의 인신매매를 근절시키고, 성매매 피해자 및 성을 파는 행위를 한 자의 인권보호와 자립을 지원하기 위해 2004년 3월 22일 「성매매알선 등 행위의 처벌에 관한 법률」과 「성매매방지 및 피해자보호등에 관한법률」을 제정하여 시행하고 있다.

우선 성매매 근절을 위하여 이 특별법은 금지행위를 폭넓게 규정하고 있다. ① 성매매, ② 성매매알선행위, ③ 성매매 목적 인신매매, ④ 성을 파는 행위를 하게 할 목적으로 타인을 고용, 모집하거나 성매매가 행하여진다는 사실을 알고 직업을 소개, 알선하는 행위, ⑤ 성매매, 성매매 알선행위, 그리고 성매매 직업 소개 및 알선 행위가 행하여지는 업소에 대한 광고행위 등이다.[302]

아울러 관련 특별법들의 특징은 성매매 근절과 여성인권보호 측면의 규정을 강화하고 있다. 첫째, 이 법률들은 '윤락'이란 용어 대신에 '성매매'란 용어를 사용하고 있다. 과거 「윤락행위등방지법」은 윤락행위를 성을 파는 여성에게만 적용함으로써 성을 파는 여성을 도덕적으로 타락한 여성으로 규정하여 성매매의 책임을 전가했으며, 성매매의

---

302) 성매매알선 등 행위의 처벌에 관한 법률 제4조, 법률 제7404호, 2005.3.24.

문제를 사회학적 관점에서 바라보지 못하고 개인적, 윤리적 잣대만으로 적용하는 비판을 받았다. 그러므로 성을 파는 사람뿐 아니라 성을 사는 사람까지 포함하는 '성매매'란 용어를 채택했다. 둘째, 성매매 행위자에 해당하지만 '성매매피해자'는 법적으로 처벌하지 않고「보호·지원」하는 내용을 법제화하고 있다. 셋째, 청소년, 외국인, 장애인은 동의여하를 불문하고 성매매 피해자로 규정하여 성매매 여성의 인권침해를 최소화하고자 한다.

2) 성매매 피해자 보호·지원정책

「성매매알선 등 행위의 처벌에 관한 법률」제2조 제1항 제4호에 의하면, 성매매 피해자는 ① 위계·위력 그 밖에 이에 준하는 방법으로 성매매를 강요당한 자, ② 업무, 고용 그 밖의 관계로 인하여 보호 또는 감독하는 자에 의하여 마약류에 관한 법률 제2조의 규정에 의한 마약, 향정신성의약품 또는 대마에 중독되어 성매매를 한 자, ③ 청소년, 사물을 변별하거나 의사를 결정할 능력이 없거나 미약한 자 또는 대통령령이 정하는 중대한 장애가 있는 자로서 성매매를 하도록 알선·유인된 자, ④ 성매매 목적의 인신매매를 당한 자, ⑤ 청소년, 외국인, 장애인은 동의여하에 불문하고 성매매피해자로 규정된다.

성매매 피해자 보호는 성매매 알선행위에 의한 피해자까지 포함시키고 있는데 법 제2조 1항 2호에 의하면, ① 성매매를 알선, 권유, 유인 또는 강요행위, ② 성매매 장소 제공행위, ③ 성매매에 제공되는 사실을 알면서 자금, 토지 또는 건물 제공행위 등으로 규정하고 있다. 그리고 성매매 목적의 인신매매행위 역시 성매매 피해자 보호에 포함시키고 있는데 ① 성을 파는 행위 또는 형법 제245조의 규정에 의한 음란행위를 하게 하거나 성교행위 등 음란한 내용을 표현하는 사진, 영상물 등의 촬영대상으로 삼을 목적으로 위계, 위력 그 밖의 이에 준하는 방법으로 대상자를 지배, 관리하면서 제3자에게 인계하는 행위, ② 성을 파는 행위 또는 음란물 제작 목적으로「청소년보호법」제2조 제1호의 청소년, 사물을 변별하거나 의사결정을 할 능력이 없거나 미약한 자 또는 대통령령이 정하는 중대한 장애가 있는 자나 그를 보호, 감독하는 자에게 선불 등 금품 그 밖의 재산상의 이익을 제공하기로 약속하고 대상자를 지배, 관리하면서 제3자에게 인계하는 행위, ③ 성을 파는 행위, 음란행위 또는 음란물 제작목적이나 전매를 위하여 대상자를 인계받는 행위, ④ 성을 파는 행위, 음란행위 또는 음란물 제작 행위를 위하여 대상자를 모집·이동·은닉하는 행위 등이 법 제2조 1항 3호에 명시되어 있다.

또한 성매매 피해자의 성매매 행위는 일체 처벌되지 않으며, 성매매와 관련된 불법 원인 채권은 무효로 한다(성매매알선행위 등의 처벌에 관한 법률 제10조). 이는 계약 형식이나 명목과 무관하며, 채무양도나 인수인계를 한 경우에도 무효이다. 수사기관은 피해자의 사생활과 신변보호를 위해 수사의 비공개, 친족 또는 지원시설, 성매매 피해 상담소에의 인계 등 그 보호에 필요한 조치를 다해야 한다(성매매알선 등 행위의 처벌에 관한 법률 제6조 및 8조). 법원 역시 신고자를 증인으로 신문 시에 사생활과 신변보호를 위해 필요시 비공개 심리를 할 수 있다. 피해자에게 상당한 이유가 있을 경우 법정대리인, 친족 또는 변호인에게 비공개 심리를 할 수 있다는 사실을 통지해야 하며, 피의자나 친족들의 사생활 보호를 위해 부득이한 사유가 있는 경우에는 통지하지 아니할 수 있다. 다른 법률에 규정이 있는 경우를 제외하고는 신고자 등의 인적 사항이나 사진 등 그 신원을 알 수 있는 정보나 자료를 인터넷 또는 출판물에 게재 또는 방송매체를 통하여 방송해서는 아니 된다.

수사기관은 신고자 등을 조사하는 때에 직권 또는 본인, 법정대리인의 신청에 의해 신뢰관계에 있는 자의 동석하게 할 수 있으며, 청소년, 또는 사물변별력이나 의사결정 능력이 없거나 미약한 자 또는 대통령령이 정하는 중대한 장애가 있는 자 등의 경우에는 법정대리인이나 친족 등의 신청이 있을 때에는 신뢰관계에 있는 자를 동석시켜야 한다. 수사기관은 외국여성이 성매매에 관련된 범죄신고를 하거나 피해자로 수사대상이 되었을 경우에는 당해 사건을 불기소 처분하거나 공소제기 때까지 출입국관리법 제4조에 의한 강제퇴거 명령과 제51조의 보호집행을 하여서는 아니 된다(성매매알선 등 행위의 처벌에 관한 법률 제11조). 또한 수사기관은 외국인 여성을 조사 시 「소송촉진 등에 관한 특례법」에 따른 배상신청을 할 수 있음을 고지해야 하며, 출입국관리사무소에 당해 외국인 여성의 인적 사항 및 주거를 통보해야 하며. 강제퇴거 명령 집행행위 또는 보호의 일시 해제 기간 중에는 지원시설을 이용하게 할 수 있다.

피해자 보호는 기존의 선도보호를 폐지하고 강제적인 시설입소가 아니라 본인의 의사에 따라 긴급보호시설과 자립시설을 이용할 수 있도록 하고 있다. 그리고 시설을 이용하는 동안 「국민기초생활보장법」상의 관련법령에 따른 수급권을 보장하고 이와 관련된 급부 및 각종 기술교육, 취업교육, 의료지원들을 받을 수 있도록 하였다. 이처럼 정부는 성을 파는 행위를 한 자의 보호와 자립 지원을 위한 법적·제도적 장치의 마련과 함께 필요한 행정적·재정적 지원 등 국가적 책임을 명시하고 있다. 이러한 맥락에서 본다면, 한국의 성매매 특별법은 스웨덴의 성매매 폐지정책을 모델로 삼고 있다.

3) 성매매 특별법과 관련된 쟁점

성매매 행위에 대해 보수적인 사람들은 관용적이고, 진보적인 사람들은 대체로 반대한다. 여기에서 진보적인 사람들이란 최소한도로 페미니즘적 관점에 심취했거나 종교적인 교리에 의해 성매매를 죄악시하는 관점을 가진 사람들을 의미한다. 페미니즘은 가부장적 사회제도 내에서 여성들이 성적으로도 학대 받고 있다거나 여성해방적 관점에서 여성이 남자의 억압으로부터 해방되어야 한다는 평등주의를 강조하는 이론이다.

여성단체나 종교단체들이 성매매를 금지하고, 성매매의 관련자들, 즉 성매매 여성과 상대 남자, 그리고 업주 모두를 처벌해야 한다는 점을 강조하면서, 특히 업주를 인신매매, 감금, 착취 등의 혐의로 엄하게 처벌해야 한다고 주장하는 것은 지금까지의 남녀차별에 의한 피해의식이 작용하고 있다고 봐야 할 것이다. 또한 성매매 행위는 관련자들의 자발성에 의한 것이므로 성매매 여성들이 피해자가 아니라는 주장에 대해 성매매 폐지론자들은 "성매매 현장에 오래 있을수록 사회와 주변 환경에 의해 강요된 성매매를 자발적인 행위로 오인하게 된다"고 주장하고, "성매매 종사자들은 시간이 지날수록 업주와 폭력조직의 보호를 안전하며 필요한 것으로 착각하게 되는 스톡홀름 신드롬(Stockholm syndrome)을 갖게 되어 부당한 현실을 바로 잡으려는 시도 자체를 기피하게 된다"고 주장한다.

한편, 여성단체들의 성매매 폐지 논리에 대해 성매매 종사 여성들은 성매매 특별법에 의해 그들의 생존권이 박탈되고, 고학력 엘리트 집단으로 구성된 여성단체 자신들의 이익을 위해 가진 것 없는 성매매 여성들을 희생양으로 삼고 있다고 비판했다. 아울러 그들은 성매매를 근절하기 위해 단속, 처벌 등 수많은 방법을 동원했던 유럽 선진국들도 결국은 성매매 근절을 포기하고 성매매 비범죄화에 이르렀다며 성매매 특별법 폐지와 성매매를 불법으로 규정한 모든 법률을 폐기할 것을 촉구했다.

제4절 약물남용

1. 약물과 약물 남용에 대한 정의

(1) 약물의 정의

약물이란 본래 질병을 예방하고 치료하기 위해 사용하는 물질을 지칭하며, 신체기능을 변화시키는 물질을 말한다. 오늘날 약물이란 단어는 함축성이 있는 용어로서 두 가지 의미가 있다. 그 하나는 긍정적인 면으로서 의학에서 약물 본래의 의미를 갖는 것이고, 다른 하나는 부정적인 측면으로서 약물남용으로 인한 자기파괴의 의미를 갖는 것이다.

WHO (세계보건기구)는 약물(마약)을 "사용하기 시작하면 사용하고 싶은 충동을 느끼게 되고(의존성), 사용할 때마다 양을 증가시키지 않으면 효과가 없으며(내성), 사용을 중지하면 온몸에 견디기 힘든 이상을 일으키며(금단증상), 개인에게 한정되지 않고 사회에도 해를 끼치는 물질"로 정의한다.

(2) 약물오 · 남용의 정의

1) 약물남용(drug abuse)

약물남용은 헤로인과 같은 불법약물이나 신경안정제 같은 합법약물을 의학적 지도 · 감독 없이 사용하는 행위를 말한다. 약물남용을 의학적으로 정의하면 특정 물질을 규칙적으로 그리고 과다하게 사용함으로써 개인의 건강이 손상되고, 대인관계가 위협을 받으며, 그 과정에서 사회 전체에 피해를 초래하는 상태를 의미한다. 결국 약물남용이란 일정기간 동안 의사의 처방 없이 자신의 정신적 쾌락을 추구하기 위해 약물을 사용하는 것을 의미한다.

2) 약물중독(drug addiction)

약물중독은 아편이나 향정신성의약품, 대마, 신경안정제 또는 알코올과 같은 약물에 대한 신체적인 반응을 지칭한다. 약물중독은 내성, 금단증상 및 의존성 이라는 세 가지 차원에 의해 결정된다. 약물중독은 이러한 세 가지 차원을 갖고 있는 상태를 지칭하는데, 때로는 약물의 사용으로 인한 통제력의 상실을 의미하기도 한다.

3) 약물의존(drug dependence)

약물의존이란 약물에 대한 신체적, 정신적 의존상태를 나타내는 용어로서 최근에는 약물남용이나 약물중독이란 용어 대신 많이 사용되고 있다. 계속적인 약물사용으로 인해서 사회적, 직업적, 정신적, 신체적 문제를 가지는 상태를 말한다.

4) 약물오용(drug misuse)

약물오용은 치료적으로 약물이 사용되었는가의 여부와는 관계없이 잠재적 위험성을 증가시킬 수 있는 용량이나 상황에서 복용될 때를 말한다. 이는 합법약물에 대한 지식이 없이 약물을 사용하는 경우를 의미한다.

2. 마약남용 실태

(1) 외 국

1) 거래규모

세계의 거의 모든 국가들은 약물 사용을 통제하고, 특히 약물 남용은 법 집행기관에 의해 강력한 통제를 받기 때문에 약물남용자에 대한 정확한 통계를 확보할 수 없다는 것이 공통된 현상이다. 국제적으로 약물남용에 대한 통제는 계속되고 있지만, 헤로인이나 해쉬쉬, 그리고 엑스터시와 같은 대용약물이나 필로폰 같은 향정신성 약물은 지속적으로 남용되고 있는 것으로 파악되고 있다.

"유엔 마약 및 범죄사무소(UNODC)"에서 발간한 세계마약보고서(World Drug Report)에 따르면, 2003년도 전세계 불법 마약의 시장규모가 생산가액으로 130억 불, 도매가액 940억불, 소매가액으로는 3,220억불로서 소매가액의 경우 세계 184개국 중 약 88%에 해당하는 163개국의 2003년도 GDP의 합계보다 높으며, 마약류 불법거래로 인한 돈 세탁규모는 연간 2,500억 달러에 달하는 것으로 추정된다. 이 중 대마초 거래 규모는 도매가로 1,130억불, 코카인 710억불, 아편류 650억불, 대마수지 290억불, 암페타민류가 440억불로 추정된다.[303]

---

303) 대검찰청, 마약류 범죄백서, 2007, p.26.

2) 남용규모

미국의 대도시는 약물 오·남용과 관련된 범죄발생으로 고통을 받고 있으며, 시골지역은 약물 생산과 지역간의 유통과 관련되어 문제가 되고 있다.[304] 호주의 소년원에 수용된 청소년들의 19%와 성인 수형자들의 40%가 적어도 한번 이상은 헤로인을 복용한 일이 있다고 보고했다. 캐나다는 코카인 사용으로, 남아프리카는 코카인과 헤로인 남용으로, 영국과 태국 역시 헤로인의 남용으로 심각한 사회문제화 되고 있다. 미국의 경우에 마약범죄로 검거된 피의자의 수는 1977년에 50만 이하였으나 2001년에는 150만 이상으로 늘어났다.[305] 마찬가지로 마약범죄로 구금된 수형자들의 비율이 1986년 이래 300% 까지 증가했다는 것을 보여준다. 따라서 형사사법 체계는 마약남용을 주요한 문제로 다루고 있다.

미시간 대학 사회조사 연구팀이 4만4천명의 고등학생을 대상으로 한 실태조사는 지난 20여 년 간의 약물남용 변화 추이를 보여준다. 이 조사는 1980년 전후에 약물사용이 가장 많았고, 1990년까지 계속 감소했다는 사실을 보여주었으며, 그 이후 1996년까지 다시 증가하는 추세를 보이다 2000까지는 별다른 증감의 변화가 없는 안정적인 상태라는 것을 밝혀냈다.[306] 그러나 마약남용 인구와 상습중독자의 수는 다음에서 볼 수 있듯이 심각한 수준에 달하고 있다. 즉, "유엔마약 및 범죄연구소"의 세계마약보고서 (World Drug Report) 2006에 의하며, 2004년 이후 최근까지 1년 이내에 최소 1회 이상 마약류를 경험한 전세계 마약류 남용자의 수는 약 2억 명으로 15세에서 64세의 연령에 속하는 세계인구의 약 5%에 해당하는 것으로 추정되고 있다. 이 가운데 월 최소 1회 이상 마약류를 남용하는 자의 수는 약 1억1,000만 명이며, 상습중독자의 수는 2,500만 명으로 추정되고 있다.

마약의 종류별로는 대마 남용자는 전년도 보다 약 200만명 늘어난 1억 6,200만명, 암페타민 남용자는 3,500만명으로 이중 엑스터시 남용자가 1,000만 명, 이 외에 아편류 남용자는 1,600만명으로서 이 중 헤로인 남용자가 1,100만 명이다. 또한 코카인 남용자는 1,300만 명으로 추정된다. 지난 10년간 대마 및 암페타민류 남용은 상당히 증가한

---

304) Ralph Weisheit, "Studying Drugs in Rural Areas: Notes from the Field," *Journal of Research in Crime and Delinquency 30*, 1993, pp. 213-232.
305) Siegel, *op.cit.*, p.432.
306) *Ibid.*, p.433.

반면, 아편과 코카인 남용은 상대적으로 안정적이거나 감소하는 추세를 보이고 있는 것이 특징이다[307].

또한 미국 청소년들 사이에 엑스터시(ecstasy) 사용이 증가하는 추세를 보이고 있으며, 성인들도 코카인보다는 엑스터시를 더 많이 사용한다는 증거가 발견되고 있다. 소녀들은 소년들보다 약물사용을 솔직하게 시인하고, 결손가정에서 성장한 청소년들보다 부모가 모두 생존하고 있는 가정의 청소년들이 약물사용 사실을 인정하기를 꺼려한다.[308]

(2) 한 국

1) 일반추세

한국은 최근 마약류 범죄의 지속적인 증가와 국제화·광역화 추세에 따른 외국산 마약류가 공·항만을 통하여 대량으로 밀반입되어 국내에 유통되고 있으며, 마약 소비자 계층도 종전의 유흥업 종사자 등 특수 신분계층에서 일반서민, 주부, 학생으로까지 급속히 확산되고 있다. 마약류 거래는 국제마약·폭력조직과 연계되어 또 다른 사회문제를 야기 시킬 우려가 높다. 또한 마약류 종류도 전통적인 아편, 코카인, 헤로인 외에 엑스터시, 야바(YABA), GHB(물뽕), 카리스 포로돌(근육이완제), 덱스트로 메트로판(기침진해제거제) 등 신종마약이 증가하고 있으며, 화학제조기술이 발전함에 따라 흔히 향정물질로 불리어지는 새로운 합성마약이 등장하는 등 점차 다양화의 길로 치닫고 있다.[309]

공식통계에 의하면, 한국의 전체 마약류 사범은 1994년부터 1999년까지 6년 동안 매년 약 15-30%의 지속적인 증가추세를 보였으며, 1994년에 4,555명이던 것이 1999년에는 처음으로 국내 마약류 사범이 1만 명을 돌파하여 10,589명이 검거되었다. 그러나 2000년 이후 감소 추세로 돌아가서 2002년까지는 소폭의 증감이 있었으나 계속 1만 명 이상을 유지하다 2003년에는 2002년 월드컵 축구시합과 관련된 강력한 범죄단속으로 마약류 공급선이 와해되어 마약사범 발생이 7,546명으로 급감하였다.[310]

---

307) 대검찰청, 마약류 범죄백서, 2007, pp.26-27.
308) Julia Yun Soo Kim, Michael Fendrich, and Joseph Wislar, "The Validity of Juvinile Arrestees' Drug Use Reporting: A gender Comparison," *Journal of Research in Crime and Delinquency* 37, 2000, pp.419-432.
309) 경찰청, 2004 경찰백서, 경찰청, 2004, pp.147-148. 경찰수사보안연수소, 2006 마약류 범죄수사, 2006, pp.17-18.

그러나 2006년도부터 전체 마약류사범이 7,709명으로 전년도 대비 7.8% 증가하였으며 밀조·밀수·밀매 등 공급사범 또한 1,691명으로 전년도 대비 18.2% 증가한 추세를 보이고 있다. 특히 국내 주종 마약류인 필로폰의 경우 외국산 밀반입량은 15,287g으로 전년도 대비 14.7%나 증가하였고 입수량 또한 13,540g으로 전년 대비 3.0% 증가한 것으로 나타났다. 또한 1995년 이후 국내 마약류의 주종을 이루고 있는 필로폰을 비롯한 향정신성 의약품 남용사범은 전체 마약류의 50.3%를 차지함으로써 마약류 남용과 관련된 문제의 심각성을 더 하고 있다. 마약류사범 재범율도 지속적으로 증가하여 2003년도에는 30.5%의 재범률을 보이고 있다. 2002년도의 마약류 사범에 대한 실형 선고율을 보면, 58.2%가 실형선고를 받았으며, 실형은 1년 미만이 989명, 1년 이상 3년 미만이 1,984명, 3년 이상 7년 미만이 120명, 그리고 7년 이상 10년 미만이 27명이었다.[311]

2) 경유 목적 마약사범 증가

2000년 이후 필로폰 관련 사범이 지속적으로 증가하고 있는 원인을 분석한 바, 필로폰이 우리나라의 주종 마약류로서 잠재적 수요층이 상존하는데도 그 원인을 찾을 수 있겠지만, 무엇보다 국제 거래조직이 우리나라를 마약경유지로 이용하거나 우리 국민을 마약운반책으로 고용하는 사례가 늘어나고 있는데도 그 중요한 원인이 있는 것으로 분석된다.

먼저 2006년도에 적발된 필로폰과 코카인의 거래유형을 분석해보면, 전체 거래량의 약 30kg 중 한국을 경유하여 국제마약시장으로 다시 밀수출 되었거나 밀수출하려다가 적발된 양이 22kg으로 국내 소비목적으로 거래된 8kg을 훨씬 초과하고 있다는 것을 알 수 있다. 이는 국제마약조직이 우리나라를 경유지점으로 활용하고 있음을 입증한다.

3) 마약류 공급경로 다양화와 규모의 대형화

주요 마약류 압수량도 1996년도 이후 연평균 82kg 수준을 유지하였으나 2001년도부터 신종 마약류 등의 압수량이 대폭 증가함에 따라 2001년도에 462.3kg, 2002년도에 273.9kg, 2003년도에 170.9kg이 압수되는 등 마약류 공급선의 다변화와 국제화 및 그 거래 규모의 대형화 현상이 나타나고 있다. 필로폰의 밀반입의 경우 2004년도의 통계

---

310) 마약관련 통계자료, 2003년 1~12월중, 출처: 대검찰청 마약 마약부.
311) 신의기, 김혜정, 김은영(2003), 마약중독자의 치료재활 효율화 방안 연구, 한국형사정책 연구원, pp.79-91 참조.

를 보면 중국, 필리핀, 미국, 대만 캐나다 태국 등으로 다변화되고 그중 중국이 90% 이상을 차지하고 있다. 대마초는 미국, 캐나다, 러시아, 남아공화국, 중국, 호주 등이 중요 밀반입 국가로서 이 중 남아공화국이 차지하는 비중이 가장 높다. 마약 밀반입 국가들을 보면, 미국, 호주, 중국, 나이지리아 등이 주된 밀반입국가이며, 중국은 다양한 신종 마약 밀반입 국가로, 나이지리아는 암페타민 계통의 마약을 대량 밀반입하는 국가로 등장하고 있다[312].

마약류 범죄계수로 보면, 2003년도 한국의 마약류 범죄계수는 16으로 주로 메스암페타민계 각성제가 유통되고 있는 극동아시아 지역 국가 중 중국 7(2002), 일본 16(2002)보다는 다소 높거나 비슷한 수준이지만, 마약류 남용국가인 미국 572(2000년), 영국 220(1998년), 호주 411(2001년), 태국 353(2001년) 등보다는 현저히 낮은 수준을 보이고 있다는 것을 알 수 있다.[313]

미국, 영국, 호주 등 선진국은 실무상 단순 투약자는 입건하지 아니함에도 마약류 남용상태가 매우 심각한 양상을 보여주고 있다. 중국의 경우 단순 투약자는 과태료 부과로 행정처분에 그치고, 중증투약자의 경우에도 마약류중독자 치료 및 재활센터에서 치료보호조치하는 등 형사입건을 지양하므로 이들을 포함시켜 마약류범죄계수를 산출할 경우에는 한국보다 훨씬 높을 것으로 예상된다.

4) 폭력조직과 연계

마약류사범으로 검거된 조직폭력배는 전체 마약류사범에서 차지하는 점유율면에서는 미미한 편이나, 최근의 상황은 지역적 군소 폭력조직이 상호 유기적으로 연계하여 마약류 밀수와 밀매행위에 적극적으로 가담하고 있는 것으로 밝혀지고 있다. 마약류사범으로 검거된 조직폭력배는 '99년 23개파 29명, 2000년 13개파 17명, 2001년 28개파 54명, 2002년 32개파 49명이다가 2003년도에 5개파 6명으로 급격히 감소하는 추세를 보였다. 그러나 2004년 10월 현재 17개파 18명, 2006년도에는 38개파 54명으로 다시 증가한 것으로 나타났다. 또한 파악되지 않은 조직폭력배 마약류사범이 상당수 있을 것으로 추정되고, 또한 조직폭력배가 국제 범죄조직과 연계하여 마약류를 밀수입, 밀매한 여러 사례가 발견되고 있다. 마약류 관련 조직폭력배의 국내사범의 경우 대부분 단순투약사범이거나 개

---

312) 대검찰청, 마약류범죄백서, 2007, pp.115-117.
313) 마약관련 통계자료, 2003년 1~12월중, 출처: 대검찰청 마약부. 2004 경찰백서.

인적으로 소규모 밀매에 연루된 것으로 나타나고 있다. 국내폭력조직은 마약류범죄에 개입하는 것을 금기사항으로 여기고 있고 아직까지 미국의 마피아, 일본의 야쿠자, 중국의 흑사회나 홍콩의 삼합회 등과 연계되어 마약범죄를 범하고 있다는 정황은 발견되지 않고 있다.[314] 그러나 서울이나 부산지역을 무대로 활동하고 있는 일부 폭력조직은 일본의 야쿠자, 중국의 삼합회 등 국제 범죄조직과 연계하여 대규모 마약류 밀수출 행위에 가담할 가능성을 배제할 수 없으므로 사정 정보수집과 철저한 대책이 요구된다.

5) 직업별·연령별 분포현황

2006년도 마약류 사범의 직업별 점유율을 보면, 무직 37.1%, 회사원 6.8%, 농업 5.7%, 도소매업 4.5%, 서비스업 4.3%, 노동 3.7%의 순으로 나타나고 있다. 그러나 마약류의 종류에 따라 다소 차이를 보인다. 마약사범의 경우는 농업, 무직, 가사, 의료, 회사원 순으로, 향정사범은 무직, 회사원, 도소매업, 서비스업, 노동, 유흥업 순으로, 대마사범은 무직, 회사원, 노동, 농업, 서비스업 순으로 나타나고 있다.

마약사범의 연령은 2006년도 전체 마약류 사범 중 생산·근로계층인 20-40대가 77.5%를 차지하여 청·장년층의 마약범죄가 가장 심각한 것으로 확인되고 있다. 마약사범의 경우에 2006년도에 868명으로 전년대비 13.0% 증가하였으며 마약사범 중 가장 큰 비중을 차지하는 연령층은 역시 50대 이상으로 주된 원인은 농어촌 지역에서의 양귀비 재배와 깊은 관련이 있는 것으로 분석된다. 향정사범은 2006년도의 경우에 전년대비 12.2% 증가한 가운데 20-40대의 점유율이 85.5%로서 최근에 젊은 층이 신종마약을 쉽게 구할 수 있는 현상과 밀접한 관련이 있는 것으로 보인다. 대마사범은 2006년도의 경우에 전년대비 19.1% 감소하였으나 역시 대마초에 쉽게 접근이 가능한 20-40대의 점유율이 76.5%의 대다수를 차지한다.[315]

우리나라의 미성년자 마약류 사범은 1999년 50명, 2000년 30명, 2001년 24명으로 계속 감소하는 추세를 보이다 2002년도에 81명으로 전년대비 339%로 급증하는 현상을 보였다. 그러나 2003년에 37명, 2004년에 18명이 단속되어 감소추세를 보이고 있으며, 전체 마약류사범 중 0.2%에 불과할 정도에 지나지 않는다.[316] 또한 외국과는 달리 15

---

314) 대검찰청, 마약류범죄백서, 2007, p.126.
315) 대검찰청, 마약류범죄백서, 2007, pp.143-151.
316) 대검찰청, 마약류범죄백서, 2004, pp.35-36.

세 미만자의 적발사례가 거의 없다는 것이 특징이지만, 최근 신종마약 등에 대한 청소년들의 마약접근을 통제하는 지속적인 노력이 요구된다.

6) 성별·학력별 분포현황

2002년도부터 2006년도까지의 여성 마약사범 점유율은 15%에서 20%사이를 차지하고 그 인원은 1,000명에서 1500명 정도로 나타나고 있다. 학력은 고졸이하 저학력층이 86.5%의 절대다수를 차지하며, 마약사범은 양귀비 밀경작이 이루어지는 농촌지역의 무학자와 국졸이 56%이상을 차지하고, 향정사범과 대마사범은 고졸과 중졸이 대부분을 차지한다. 마약류의 종류에 관계없이 대학원 이상의 고학력일수록 그 점유율이 하강하는 추세를 보여준다.[317]

7) 재범현황

2006년도 전체 마약류 사범의 재범률은 44.98%로서 2000년 이후 가장 큰 폭으로 증가하였다. 마약류 사범의 재범률은 2002년도 31.5%, 2003년도 30.5%, 2004년도 30.2%, 2005년도 42.8%, 2006년도 45%를 보이고 있다. 또한 사범별 재범률은 2002년도 마약, 3.2%, 향정 36.1%, 대마 24.7%, 2003년도 마약 2.4%, 향정 37.8%, 대마 30.4%, 2004년도 마약 2.2%, 향정 36.7%,대마 29.2%, 2005년도 마약 4.6%, 향정 49.8%, 대마 34.6%, 2006년도 마약 6.1%, 향정 51.1%, 대마 41.2%를 보여준다.

따라서 최근 5년간 마약류사범별 재범률은 향정·대마·마약사범 순으로 나타나고 있는데 특히 2006년도 들어 향정사범의 재범률이 50%대로 상회하고 있어 향정이 다른 마약류 사범보다 심각한 양상을 보여준다.[318]

3. 약물남용 원인

(1) 하위문화적 관점

약물남용을 사회환경적 요인에서 찾으려는 사람들은 하류층의 사용자들에게 관심을 집중한다. 다시 말해, 약물남용에 대한 이들의 관점은 사회 환경적 요인이 원인이라고

---

317) 대검찰청, 마약류범죄분석, 2007, pp.152-154.
318) 대검찰청, 마약류범죄백서, 2007, p.174.

본다. 이러한 관점은 미국의 경우에 인종적 편견, 평가 절하된 정체성, 자존심의 상실, 빈약한 사회경제적 지위 그리고 고도의 불신과 멸시 같은 요인들에 의해 영향 받은 결과라고 보는 것이다. 우리나라의 경우에도 무직이나 노동, 농업, 유흥업에 종사하는 계층의 사람들이 많다는 점에서 하위문화적 관점은 상당히 근거있는 주장인 것으로 보인다. 미국의 하류계층의 청소년들은 비행청소년들을 통해서 약물사용의 기법을 배우게 되고 그들은 어른이 되어도 약물 남용자가 되는 경우가 많다.[319]

(2) 정신분석적 관점

정신분석적 관점은 약물이 인간의 무의식적 욕구와 충동을 통제하고 표출하는 것과 관련이 있다고 본다. 즉, 청소년들의 약물사용은 그들의 무의식적 욕구와 충동을 통제하고 표출하는 데 도움을 주며, 청소년들의 음주도 그러한 관점에서 본다. 음주는 청소년들의 유아기에 형성된 어머니에 대한 의존과 억압에 관련된 구순기의 고착을 표출하려는 무의식적 욕구의 표출이라고 설명될 수 있다는 것이다. 청소년들은 유아기에 경험한 어머니의 과잉보호를 유지하기 위해 약물에 의존하거나 또는 사춘기의 정서적 혼란을 감소시키거나 참기 어려운 충동을 극복하기 위해 약물에 의존할 수 있다.[320]

심리학적 연구는 약물남용자들이 개인 병리적인 성격장애를 가지고 있는 것으로 본다. 많은 연구들은 약물남용자들이 자아의 결핍, 분노, 좌절감의 심화, 그리고 전지전능의 환상과 같은 특징의 성격장애에 시달리고 있다는 것을 발견했다. 또한 많은 약물남용자들은 약물 탐닉 시향 성격이라고 하는 정신병리적 또는 사회병리적 행동 특징을 보여준다는 증거도 있다. 미국의 5대 도시를 대상으로 한 어떤 연구는 마약남용과 정신질병 사이의 유의한 관계를 발견했다. 즉, 마약남용자의 53%와 알콜 중독자의 37%가 적어도 한 가지 이상의 심각한 정신질병을 가지고 있다는 사실이 확인되었다.[321]

(3) 유전적 요인

유전적 요인이 약물남용의 원인이라고 보는 사람들도 있다. 그들의 주장은 주로 쌍

---

19) Kellie Barr, Michael Farrell, Grace Barnes, and John Welte, "Race, Class, and Gender Differences in Substance Abuse: Evidence of Middle-Class/Underclass Polarization among Black Males," *Social Problems 40*, 1993, pp.314-326.
320) Spencer Rathus, Psychology, 4th ed. (New York: Holt, Rinehart, and Winston), 1990, p.158.
321) Siegel, *op.cit.*, pp.436-437.

둥이 연구의 결과에 근거를 두고 있다. 그들은 일란성 쌍둥이들 사이의 알코올 중독 일치행동이 이란성 쌍둥이 보다 두 배 이상 높게 나왔다는 연구결과를 증거로 제시했다. 실제로 음주를 좋아하고 음주량이 많은 혈통이 있는 것 같다. 또 다른 연구는 부모가 알코올이나 약물 의존적인 가계의 자손들이 그렇지 않은 사람들보다 약물 남용에 빠질 더 많은 기회를 가지고 있다고 주장한다. 그러나 음주와 약물남용을 같은 개념적 연장선상에서 비교·연구하여 음주를 좋아한다고 해서 약물남용 가능성이 높다고 주장하는 것은 설득력이 떨어지는 것 같다. 또한 약물남용이 유전적일지라도, 환경적·사회적 요인이 강력하게 작용하는 경우에 약물의존 초기에 유전적 요인의 영향은 약화되고 약물의존에서 벗어날 수 있다.[322]

(4) 사회학습

사회심리학자들은 자식들의 마약남용이 부모의 마약사용을 관찰함으로써 학습한 결과라고 주장한다. 부모의 약물 남용은 태어난 지 두 살밖에 되지 않는 유아에서부터 나쁜 영향을 미치기 시작한다는 것이다. 특히 부모들이 우울증이나 충동억제 불능 같은 마약관련 성격 장애를 나타날 때 아동들에게 미치는 영향은 크다. 부모가 약물 남용을 하는 가정의 어린이들은 그렇지 않은 어린이들 보다 계속해서 약물 사용 문제에 관련되는 것으로 밝혀졌다.[323]

약물의 기분향상 효과를 학습한 사람들은 불법적인 약물을 가지고 실험을 하기 쉽고, 약물 사용으로 분노와 두려움 그리고 긴장이 사라진다는 사실을 경험하면, 약물 사용은 습관성이 된다. 또한 헤로인 남용자들은 어린 시절에 부모들로부터 가혹한 체벌과 무관심을 포함하는 불행한 경험이 약물남용의 원인이 되었다고 응답하기도 한다.[324]

---

322) John Petraitis, Brian Flay, and Todd Miller. "Reviewing Theories of Adolescent Substance Use: Organizing Pieces in the Puzzle," *Psychological Bulletin 117*, 1995, pp.67-86.

323) Thomas Ashby Wills, Donato Vaccaro, Grace McNamara, and A. Elizabeth Hirky, "Escalated Substance Use: A Longitudinal Grouping Analysis from Early to Middle Adolescence," *Journal of Abnormal Psychology 105*, 1996, pp.166-180.

324) D. Baer and J. Corrado, "Heroin Addict Relationships with Parents During Childhood and Early Adolescent Years," *Journal of Genetic Psychology 124*, 1974, pp.99-103.

(5) 문제행동 증후군

인간 사회에는 많은 문제행동들이 존재한다. 인간의 다양한 위선적인 행위와 음모, 권력적인 암투, 살인·강도·강간·사기 등은 모두 문제행동들이다. 또한 계층적·지역적 갈등과 증오, 이념적 갈등과 권력투쟁 그리고 소득과 교육의 불평등 역시 심각한 사회문제들이다. 이처럼 많은 사회문제들 가운데 약물남용은 단지 하나의 문제에 지나지 않는다.

종단적 연구들에 의하면, 마약 사용자들이 사회에 대한 부적응, 소외, 그리고 정서적 침체 상태에 있으며, 이를 해소하거나 탈피하기 위해 마약을 사용한다는 사실을 발견했다.[325] 약물남용은 어릴 때의 불우한 가정환경, 약물남용의 가족 경력, 교육실패, 그리고 소외감 등과 관련되어 발생하는 사회문제이다. 농축 코카인 사용자들은 어릴 때의 성적 학대, 그리고 성인으로서 사회적 고립과 밀접한 관계가 있는 것으로 밝혀졌다. 약물남용은 하나의 독립적인 사회문제라기보다는 다른 사회적 문제들과 상호작용의 결과라는 주장이 유력하다.[326] 약물 남용은 어떤 단일의 원인으로 발생하는 사회문제가 아니라 다양한 원인에 의해 발생하고 지속되는 사회문제이다. 인샬디(James Inciardi)는 다음과 같이 마약남용 문제에 대해 지적한다.

> "마약을 남용하는 사람들의 수만큼이나 마약남용의 이유도 많다. 어떤 사람들은 가족해체나 문화적 학습이 마약남용의 원인이 될 수도 있으며, 또 다른 어떤 사람들은 성격적 부적응이나 약물지향 성격 등 모두 개별적일 수 있다. 또 다른 어떤 사람들에게 헤로인 사용은 그들의 삶의 세계에 대한 단지 정상적인 반응에 지나지 않을 수도 있다."[327]

(6) 합리적 선택

마약남용자라고 해서 모든 사람들이 병리적인 소인을 가지고 있는 것은 아니다. 아주 정상적인 어떤 사람들도 약물을 사용으로 발생하는 황홀감, 이완감, 현실도피, 그리고 성감의 증가 등과 같은 효과를 기대하면서 그것을 사용할 수 있다. 실태조사에 의하면, 청소년들은 음주로 인한 쾌감이 그들을 강력하게 하고, 성적 능력을 증가시키며,

---

325) John Wallace and Jerald Bachman, "Explaining Racial/Ethnic Differences in Adolescent Drug Use: The Impact of Background and Lifestyle," *Social Problems 38*, 1991, pp.333-357.
326) Siegel, *op.cit.*, p.437.
327) James Inciardi, The War on Drugs(Palo Alto, Calif.: Mayfield, 1986), p.60.

그들의 사회적 행동을 촉진시키는 것으로 믿고 있다는 사실을 지적한다. 그러한 상황에서 그들은 음주로 인한 반사회적 행동을 하는 것과 같은 부정적인 미래의 결과에 대해서는 거의 염려하지 않는다.

개인은 마약사용으로 발생 가능한 결과, 즉 중독, 질병, 그리고 법적 처벌과 같은 결과는 물론이고 동료의 인정, 기분전환과 도취감 등과 같은 마약 사용으로 기대되는 이득을 평가한 후 행동선택을 한다. 그러므로 약물남용은 개인이 자신의 이익을 위해 선택한 합리적인 행동이다.

4. 약물남용과 범죄

(1) 일반적인 논의

특별한 약물에 대한 범죄화의 주된 이유는 약물남용과 범죄 사이의 결합 가능성 때문이다. 경험적 연구는 범죄자들 대다수가 약물을 광범하게 사용한 경험이 있으며, 마약 사용자들이 많은 범죄를 범한다는 사실을 지적하고 있다. 또한 과잉 음주 역시 범죄와 밀접한 관련이 있다는 것으로 밝혀졌다. 폭력범죄의 약 40%와 치명적인 교통사고는 음주와 관련이 있다. 이러한 범죄유형은 미국에만 존재하는 특이한 현상이 아니다. 영국에서 수행된 실태 연구는 체포된 범죄자들 중의 약 61%가 적어도 한 가지 이상의 약물 양성반응을 보였는데 이는 미국의 통계와 거의 비슷한 수준이다.[328]

약물 사용과 범죄 사이의 강력한 상관성이 존재할지라도, 약물남용이 범죄행동의 원인이라는 의미에서의 상관성은 확신하기 어렵다. 왜냐하면, 많은 범죄자들이 약물 남용에 손을 대기 전에 범죄행동의 역사를 가지고 있기 때문이다. 다시 말해, 범죄행동으로 발생한 심적인 고통과 두려움을 극복하기 위해 약물을 남용하기 시작한 것이라면, 오히려 범죄가 약물남용의 원인이 된다는 측면에서 서로간의 상관관계의 의미는 다르다. 대체로 약물 남용자들이 범죄에 손을 대는 것이나 상습적인 범죄자들이 약물남용을 시작하는 사례는 거의 비슷한 것 같다.

약물과 범죄간의 관계는 행동의 선후 관계의 측면에서 구조화될 수 있다는 증거가 있다. 경험적 연구는 약물 중독 전에 심각한 범죄행위를 한 사람들은 약물을 사용하기

---

328) Siegel, *op.cit.*, p.440.

시작한 후에 계속해서 폭력과 절도 같은 범죄를 범하는 아주 위험한 하위집단을 구성한다는 사실을 발견했다.[329] 이와는 대조적으로 약물 중독 후에 범죄행위를 시작한 사람들은 다양한 유형의 범죄에 손을 대지만, 폭력범죄를 범하는 일은 별로 없고 대신에 주로 피해자 없는 범죄를 범하는 것으로 밝혀졌다.[330]

아울러 사용하는 약물의 종류에 따라서 범죄의 종류도 달라진다는 점이다. 코카인과 헤로인에 의존하는 사람들은 알코올 의존적인 사람들보다 폭력범죄를 적게 범한다는 주장도 있다.[331] 그러나 적법한 시민이 될 사람이 약물사용을 할 경우에 범죄자가 될 개연성이 높다는 증거는 여러 연구에서 발견되었다.

(2) 골드스타인의 개념모형

마약과 범죄의 관계는 골드스타인(Paul Goldstein)이 제시한 개념적 모델에 의해 설명될 수 있다. 골드스타인은 마약과 범죄의 관계에 대한 세 가지 개념적 유형에 의해 설명을 시도한다.[332]

1) 정신약리학적 개념 모형

특정 마약이나 화학 약물의 단기 또는 장기 투약의 결과 어떤 개인이 흥분하거나 비합리적으로 행동하고, 폭력적 행동을 표출한다. 바꾸어 말한다면, 이 모형은 어떤 마약이 보통 비폭력적인 사람을 폭력적으로 행동하게 만들고, 다양한 범죄행동에 빠지게 한나는 섬을 강조한다. 그러나 정신약리적 폭력에 대한 지배적인 관점은 이러한 현상이 드물고 마약 보다는 대개 알코올에 의해 발생되는 것이라고 본다.

2) 체계적 개념 모델

체계적 개념 모형은 마약관련 범죄가 마약 불법거래와 유통의 체제에서 발생한다고 가정한다. 말하자면, 마약관련 범죄는 마약 거래집단이나 조직들 사이의 영역 다툼이나

---

329) David Nurco, Thomas Hanlon, Michell Balter, et al., "A Classification of Narcotic Addicts Based on Type, Amount and Severity of Crime," *Journal of Drug Issues 21*, 1991, pp.429-448.

330) David Farabee, Vandanan Joshi, and M. Douglas Anglin, "Addiction Carrers and Criminal Specialization," *Crime and Delinquency 47*, 2001, pp.196-220.

331) *Ibid.*, pp.196-220.

332) P. J. Goldstein, The drugs-violence nexus: A tripartite conceptual framework, Journal of Drug Issues, 15, 1985, pp.493-596.

마약거래 조직에 의한 내·외부에서 발생하는 협박, 폭력, 살인 등을 말한다. 이러한 유형은 본질적으로 마약 불법거래와 유통과정에 내재한 폭력현상을 의미한다.

3) 경제적 강박 모델

경제적 강박모델은 마약 중독상태에 있는 사람이 고가의 마약을 구입하기 위하여 범죄행동을 자행하는 것을 말한다. 마약 중독자가 고가의 마약을 구입하기 위해 강도를 하는 것이 대표적인 사례이다. 강박적인 마약 추구와 사용은 건강과 사회에 부정적인 결과를 초래함에도 불가항력적인 추동에 굴복하는 형상이다.

(3) 약물과 범죄의 관계에 대한 접근

1) 약물사용자 실태조사

많은 연구는 마약 사용자들이 범죄에 광범하게 연루된다는 결과를 내 놓고 있다. 과잉음주 습관이 있는 청소년들 역시 다른 청소년들보다 폭력범죄를 범하는 경향이 아주 강하고, 오랜 음주습관이 있는 성인들 역시 폭력범죄를 아주 범하기 쉽다는 것이다.

이 분야에서 많이 인용되는 인샬디(James Inciardi)의 연구에 의하면, 마이애미의 약물중독자 356명을 대상으로 인터뷰한 결과, 그들이 12개월 동안 11만 8천여 건의 범죄를 범한 것으로 밝혀졌으며, 그 중에서 2만 7천여 건은 살인, 강도 같은 5대 범죄였다.[333] 그렇다면, 마이애미 주의 3십만에서 7십만으로 추정되는 헤로인 사용자들이 모든 범죄 발생 건수의 상당수에 대한 책임이 있다.

영국에서 최근에 100명의 약물사용자들을 대상으로 조사를 한 결과, 그들 중의 반 이상이 바로 지난 달에 범죄에 관여했다는 것으로 밝혀졌다. 대체로 그들은 절도나 장물범죄, 그리고 가게 물건 훔치기 등의 재산범죄였으며, 폭력범죄는 비교적 적었다.[334]

한국의 경우에 통계자료에 의하면, 마약을 복용한 범법자의 2차 강력범죄는 비교적 적은 것으로 분석된다. 1998년 이후 마약투약 등으로 인한 환각상태에서 발생한 살인, 강·절도, 인질극, 수사관 살해 등 보고된 강력사건은 총 56건으로 보고되고 있다.[335] 또한 2007년 대검찰청 범죄통계에 의하면, 형사범 855,066건 중에 마약류 복용 형사범

---

333) James Inciardi, "Heroin Use and Street Crime," *Crime and Delinquency 25*, 1979, pp.335-346.
334) Siegel, *op.cit.*, p.440.
335) 대검찰청, 마약류범죄백서, 2007, p.178.

은 247건, 음주 형사법은 40,081건으로 마약류 사용자의 형사법 위반이 예상외로 적었으며, 형사범 중에 재산범죄가 146건, 폭행과 상해를 포함한 강력범죄가 58건, 기타 33건으로 재산범죄가 많고 강력범죄는 상대적으로 적었다.[336]

그러나 범죄유형이나 범죄수법을 보면 그 심각성을 확인할 수 있다. 즉, 특별한 동기나 이유없이 우발적으로 불특정인을 살해하거나 때로는 보복차원의 살인행위를 하는 등 예측불허의 범죄행동을 표출한다. 또는 타인과 사소한 다툼과정에서 흉기로 상대방을 살해하기도 하고 수사관에 대한 보복으로 살해 · 상해하기도 하고, 마약구입자금을 마련하기 위해 강 · 절도행위를 일삼는다. 또한 주로 내연녀에 대한 복수차원의 범죄나 특수강간행위를 하는 것으로 밝혀졌다.[337]

2) 재소자에 대한 실태조사

교도소의 재소자들을 대상으로 범죄자들과 약물남용의 관계에 대한 실태연구에 의하면, 그들 중의 80%가 오랫 동안 약물남용을 했다는 것이 드러났다. 그들 중의 30% 이상이 그들의 바로 지난 범죄시에 약물의 영향아래 있었다는 사실을 인정했다.

미국연방 정부에서 지원하는 아담(ADAM: Arrestee Drug Abuse Monitoring Program), 즉 피고인 마약남용 추적 프로그램은 매년 수천 명의 범죄자들을 대상으로 면접에 의한 약물남용 실태를 조사하고 있다. 아담은 15개 장소에서 성인 범죄자의 약 3분의 2와 청소년 범죄자의 반 이상이 적어도 한 번은 약물을 사용한 경험이 있다는 사실을 발견했다. 또한 범죄자들은 한 가지 이상의 약물을 지속적으로 사용해왔다는 사실을 밝혀냈다.[338]

우리나라의 경우에 마약류를 사용하는 전과자에 대한 조사를 보면, 형사범은 총 403,753건 중에 강력범죄53건(폭력사범 포함), 재산범죄 130건, 기타 31건으로 총 214건이었다. 마약류 사용 전과자의 특별법 위반 범죄는 총 89,274건 중에 3,103건(마약 291, 대마 407, 향정2,432, 유해물질 20)으로 향정의약품 상용자의 범법행위가 대부분을 차지했으며, 이 경우에도 음주 범법행위가 9,055건으로 음주에 의한 특별법 위반사범이 가장 높은 것으로 나타났다.[339] 이러한 통계에 의하면, 마약류 범죄는 마약류의

---

336) 대검찰청, 범죄분석, 2007, pp.297-300.
337) 대검찰청, 마약류범죄백서, 2007, pp.179-183.
338) Siegel, *op.cit.*, pp. 440.
339) 대검찰청, 범죄분석, 2007, pp.298-299.

사용으로 인한 육체적·정신적 폐해를 유발하는 행위 그 자체가 핵심을 이루고 있고, 마약사용자가 살인, 강도나 강간, 절도같은 일반 형사범죄를 범하는 비율은 아주 낮은 것으로 분석된다.

(4) 범죄유발 요인에 의한 접근

1) 구조적 요인

브라운스타인(Henry Brownstein) 등은 실증적 연구를 통하여 마약의 판매, 마약유통이 폭력행동과 관계가 있다는 사실을 발견했다. 어떤 지역에서 마약제조자들은 아주 안정적인 기업조직처럼 마약거래를 한다. 마약제조, 유통, 그리고 거래기능은 조직화되고, 생산기능과 유통기능은 조직의 관리지침에 따라 엄격하게 통제된다. 이러한 지역에서 마약관련 조직은 폭력에 거의 손을 대지 않는다.[340]

그러나 안정된 조직을 구성하여 사업을 운영하지 못하는 지역의 마약제조, 유통, 그리고 거래를 하는 자들은 각자 독자적으로 행동하며, 그들을 통제하는 어떤 조직 계층구조는 없다. 그들은 고객에 접근하기 위해 서로 경쟁하므로 폭력을 사용할 가능성이 높다. 1980년대에 뉴욕시의 마약제조자들은 아주 불안정한 상태에 있었으며, 따라서 폭력 의존비율이 아주 높았다. 그러나 1990년대에 뉴욕시의 마약생산자들은 안정적인 기업조직형태를 갖춤으로써 폭력 의존비율 역시 감소했다.

2) 개별적 약물요인

콜롬비아 대학교의 폭력연구 및 예방센터의 페이건(Jeffery Fagan) 등은 청소년들의 폭력행동과 관련된 상황적 틀을 구성하기 위한 연구를 수행했다. 폭력행동에 연루된 일이 있는 16세-24세의 청소년들과 살인률이 가장 높은 뉴욕시 근처의 2개 지역에 살고 있는 청소년들을 표본으로 조사한 결과, 음주는 폭력행동에 강력한 영향을 미치지만, 마약의 폭력행동 영향은 그렇게 분명하지 않다는 사실을 발견했다.[341]

대마초는 어떤 사용자들의 폭력행동을 억제하는가 하면, 다른 사용자들은 학대나 지

---

340) Henry H. Brownstein, Susan M. Crimmins, and Barry J. Spunt, "A conceptual framework for operationalizing the relationship between violence and drug market stability," *Contemporary Drug Problems 27*, 2000, pp.867-893.

341) Jeffery Fagan, "Adolescent violence:A view from the street," NIJ Reaserch Preview(Washington D.C.:National Institute of Justice), pp.54-60.

배대상의 피해자들을 찾는 것과 같은 작용을 한다. 또 다른 유형의 사용자들은 망상에 빠지게 되고 인간과의 접촉을 회피하거나 적대적 행동을 보이고, 방어적인 회피행동을 하기도 한다. 그러나 환각상태에 빠진 마약사용자들도 싸움이 벌어지면 자신을 방어하기 위해서 즉시 환각상태에서 벗어난다. 결론적으로 어떤 마약은 폭력적인 충동에 직접적이고 상대방을 겁먹게 하는 효과가 있지만, 다른 마약들은 사용자로 하여금 자신을 유능한 인간이라는 감정을 갖게 하여 사내다움이나 자존심을 입증하기 위해 폭력적인 공격 사용 필요성을 감소시킨다.[342]

5. 약물사용에 대한 통제전략

마약류 사용에 대한 통제는 단일의 전략으로서는 성공하기 어렵다. 따라서 마약류 공급사범에 대한 강력하고 지속적인 법집행, 조직폭력배의 마약류 거래 개입차단, 형사처벌, 치료·재활정책, 범국민적 신고·협력체계확립 및 국제공조체계 구축 등 종합적인 전략 차원에서 이루어져야 한다.

(1) 공급원천 통제 전략

1) 내 용

마약통제를 위해 가징 많이 사용되는 전략은 대규모 미약 기레상들에 대한 체계적인 추적을 통하여 마약의 수입과 판매를 저지하는 것으로서, 이는 무거운 처벌을 가하는 강력한 법 집행과 결합됨으로써 가능하다. 이러한 전략은 주로 국제적으로 알려진 마약 밀거래자들을 체포하여 처벌하고, 마약거래를 하기 위해 입국을 시도하는 사람들을 저지하기 위하여 사용된다. 이를 위해서는 우선 많은 마약생산과 제조를 하는 해외 마약조직들의 와해, 중남미와 아시아, 그리고 중동의 마약 카르텔 구성원들의 체포 등에 의해 마약 공급원이 제거되어야 한다.[343] 이 전략은 국제적인 마약생산조직의 입국을 공항만이나 기타 국경에서 저지하는 전략(interdiction strategies)을 포함한다.

우리나라의 경우에 마약류 공급통제를 위해 마약류 사범에 대한 전문적 수사역량의

---

342) Howard Kaplan, Glen Tolle Jr., and Takuji Yoshida, "Substance use-induced longitudinal perspective," *Criminology 39*, 2001, pp.205-224.
343) Siegel, *op.cit.*, p.443.

강화, 그리고 첨단 수사장비 확보, 정보전산화 및 과학적인 감정·감식기법 개발 등을 통한 과학적 수사역량의 확충이 요구된다. 또한 마약류 밀반입 차단을 위해서는 국제 공항 및 항만에 설치된 검찰 마약수사분실과 검찰-세관 합동수사반의 단속활동을 강화하고, 정보수집과 추적수사 등 적극적인 수사활동을 전개해야 한다. 마약류 제조, 밀수 전과자 등에 대한 출입국을 포함한 철저한 활동파악을 통해 재범을 방지해야 한다.

또한 보건복지부와 식품의약품안전청은 합법적인 마약류에 대한 엄격한 관리를 통해 불법전용을 방지하는데 주력하며, 국가정보원은 국제적인 마약류범죄정보, 특히 한국관련 마약류 밀수출 관련정보 수집활동을 강화하여 이를 검찰이나 경찰 등 수사기관에 적극 지원해야 한다. 또한 마약류퇴치 유관기관 대책회의를 통해 유관기관간 긴밀한 정보교환, 수사공조. 마약범죄동향분석으로 마약사범 수사의 효율성을 강화해야 한다.[344]

2) 한 계

공급원천 통제전략은 그 실행이 대단히 어렵고 위험을 안고 있다. 마약조직의 관리자들은 협박, 폭력, 그리고 부패와 같은 수단을 동원하여 국가전략에 도전하기 일쑤다. 실제로 콜롬비아의 마약 카르텔은 그들의 이익을 지키기 위해서 폭력과 암살을 주저 없이 감행한다. 또한 마약거래 차단은 제3 세계 국가들의 중요한 국외수입원을 박탈하는 것이기 때문에 바로 해당 국가의 경제를 침해한다는 문제가 발생하기도 한다. 따라서 어떤 국가는 마약통제 전략에 적극적으로 협력할지라도, 다른 나라는 더욱 많은 량의 마약을 생산하여 외화를 벌려고 할 수 있다.

매년 양귀비 수확의 75%가 해체될지라도, 아직도 마약 생산량은 거대하여 미국 시장은 마약생산량의 10%만으로도 수요량을 충족시킬 수 있다. 이처럼 매년 불법적 마약 생산량의 급감은 미국의 마약 소비량에 별로 영향을 미치지 못한다. 미국의 마약 사용자들은 세계의 어떤 다른 나라보다 마약구입을 위해서 더 많은 돈을 지불할 능력과 준비가 되어 있다.[345] 또한 마약 공급원 통제 전략은 미국이 비에트남, 캄보디아, 파키스탄, 그리고 미얀마 같은 해외 마약생산 지역에 거의 영향력을 행사할 수 없다는 것이 문제이다.[346]

---

344) 김한균, 국가마약퇴치 전략과 소년형사 정책, 형사정책연구원, 2004, pp.55-56
345) Siegel, *op.cit.*, p.444.
346) George Rengert, The geography of illegal drugs(Boulder, Colo.:Westview Press), 1996, p.2

(2) 법 집행 전략

1) 내 용

법 집행 전략은 법 집행기관들이 마약단속을 적극적으로 전개하여 장기적으로는 마약 거래조직을 와해시키는 것을 목적으로 한다. 이를 위해 경찰은 노상의 마약 거래꾼과 사용자들을 표적으로 추적하여 체포함으로써 마약 소비량과 범죄감소를 시도한다. 경찰은 마약 거래상으로 가장하여 마약을 사기 위해서 그들에게 접근하는 사용자들을 체포하기도 한다. 때로는 대규모 마약 거래 조직을 직접 공격대상으로 삼기도 한다.

2) 한 계

마약 거래조직을 와해시키기 위한 법집행 전략은 마약류의 거래량과 남용 그리고 마약 관련 범죄를 감소하는데 성공적이지 못했다. 아시아, 남미, 자메이카 조직, 그리고 미국의 지역조직들은 모두 대규모 거래를 하고 있다. 콜롬비아의 마약조직 연합은 모든 대륙에 코카인 유통센터를 설립했으며, 멕시코의 조직들은 미국, 러시아, 터키, 이탈리아, 나이지리아, 중국, 레바논, 그리고 파키스탄에 대규모의 메스암페타민을 수출하고 있다.

법집행기관은 단속을 통해 마약거래자들의 이익을 감소시킬 방법이 없다. 경찰의 단속으로 대규모 마약조직이 와해되면, 공급이 감소하여 시장가격은 더 상승하고, 더 많은 사람들이 마약거래에 대한 유혹에 빠져드는 상황이 조성된다. 또한 대체효과가 일어날 수도 있다. 즉, 한 지역이나 도시에서의 마약거래 억제 전략은 거래자들로 하어금 마약거래하기 더 용이한 지역을 탐색하게 만드는 요인이 된다.

그러나 경찰의 마약범죄 소탕전략은 그 효과성에 대한 의문에도 불구하고, 법원과 교정시설의 운용의 장애를 가져왔다. 미국의 경우에 1984년부터 1999년까지 15년 사이에 마약 범죄로 기소된 피고인은 11,854명으로부터 29,306명으로 증가했다.[347] 마약과의 전쟁은 법원의 재판처리 과정에 엄청난 영향을 미친다. 우리나라도 1999년 이후 1만 명 이상이 마약사범으로 단속되고 있다.

---

347) Siegel, *op.cit.*, p.444.

(3) 처벌전략

1) 내 용

법집행 기관의 활동이 일반 억제 효과를 가져 오지 못할지라도, 법원은 체포된 마약 거래자와 악덕상인을 엄격히 처벌함으로써 목표한 결과를 성취할 수 있다.[348] 미국의 주민들은 마약범죄자들의 기소와 처벌을 요구하는 주민발안을 가장 많이 할 정도로 마약범죄를 심각한 범죄로 인식하고 있다. 따라서 미국의 주 검사들은 마약 수입과 유통에까지 수사를 확대하고, 마약거래를 집중적으로 수사할 특별검사를 임명했다.

뉴욕의 재판과정에 대한 한 연구에 의하면, 크랙을 포함한 마약 사건들이 다른 어떤 범죄 사건들 보다 재판 전 구금, 중죄 기소, 그리고 무능력화 선고의 확률이 더 높다는 것으로 밝혀졌다.[349] 이러한 영향으로 뉴저지와 펜실배니아 같은 주들은 마약관련 범죄 사건들에 대한 유죄판결이 급증했다. 연방정부의 조사에 의하면, 기소된 마약 거래자들은 약 6년 형의 선고를 받은 것으로 나타났다.

한국의 경우에 2002년 통계에 의하면, 마약사범들은 향정사범의 64.7%, 대마사범 6.7%, 그리고 마약사범 1.4%가 징역형을 선고를 받았다. 형기 분포를 보면, 1년 이하가 64%로 가장 많고, 4년 미만이 30.7%, 10년 미만이 3.3%, 10년 이상이 2.0%로 나타났다.[350]

2) 한 계

마약사건으로 기소된 범죄자들 중의 약 25%가 가석방이나 기타 형태의 사회처우를 받았지만, 그럼에도 불구하고 교도소들은 많은 마약관련 범죄자들을 포함하는 수형자들로 만원이 되었다[351]. 많은 마약 범죄자들은 교도소의 초만원 문제로 인해 그들의 전체 형기를 살지는 않는다. 교도소 평균 수형기간은 약 2년, 또는 최초 형기의 약 3분의 1을 사는 것으로 그친다.

일반 국민들은 많은 마약 사용자들을 구금하는 마약통제전략을 승인하기를 주저한

---

348) *Ibid.*, p.444.

349) Steven Belenko, Jefferey Fragen, and Kolin Chin, Criminal Justice Responses to Crack, Journal of Research in Crime and Delinquency 28, 1991, pp.55-74.

350) 신의기, 김혜정, 강은영, 마약중독자의 치료재활 효율화 방안 연구, 한국형사정책 연구원, 2003, pp.122-123.

351) Siegel, *op.cit.*, p.445.

다. 연구에 의하면, 국민들은 다른 범죄자들에 대한 처벌수준에 비해 마약 사용자들에 대한 처벌이 너무 과도하다고 생각한다.[352] 미국의 처벌위주 전략은 소수집단 구성원과 사회적 약자에게 부당한 영향을 미친다는 비판도 가해진다.

(4) 공동체 협력 전략

1) 내 용

미국은 약물 남용 통제를 위해 공동체 협력전략을 채택하고 있다. 공동체 협력 전략은 다양한 정부 기관, 교회, 시민단체, 그리고 유사한 단체들의 대표로 구성된 집단이 마약 예방과 자각 프로그램을 개발하고 공동으로 집행하는 전략이다. 시민 지원 프로그램은 약물남용자들의 공동체 의식회복, 두려움 감소, 그리고 전통적인 규범과 가치의 고양을 목적으로 한다.[353]

법집행기관과 시민은 협력적인 단속활동을 한다. 시민들이 순찰하면서 약물 거래자들을 발견하면 경찰들은 이를 확인하는 것으로 활동하기도 하고 때때로 약물 활동에 대한 익명의 비밀정보를 얻기 위해서 하트라인 전화를 설치하여 활용하기도 한다. 때로는 시민들이 마약사범을 체포하는 적극적인 전술을 사용하기도 한다. 또한 마약 유통 의심을 받는 주택의 건축법규 위반 여부를 철저하게 조사하고, 마약 남용자들의 자립 프로그램에 시민지원자들의 참여, 마약없는 스쿨존이나 거리에 나무심기 등과 같은 물리적 환경개선, 다양한 캠페인 개최 등의 전략을 구사한다.

한국에도 유사한 민간차원의 사회복귀프로그램이 운용되고 있다. 이 프로그램은 익명의 약물사용자들의 단약모임(Narcotics Anonymous), 즉, NA이다. 공식적인 NA는 서울 송천쉼터 NA로서 그 동안 비공식적으로 이루어지던 단약모임을 2004년 공식적인 NA로 출범하여 매주 화요일에 NA미팅을 하고 있으며, 약 50여명의 회원을 확보하고 있다. NA는 인천의 소망을 나누는 사람들의 모임과 부산 NA 등을 포함하면 100명을 조금 넘으며, 이들 중 일부가 치료자나 지도자로 나서서 다른 중독자들을 회복시키는 데 앞장서고 있다.[354]

---

352) Peter Rossi, richard Berk, and Alec Campbell, Just Punishments:Guideline Sentences and Normative Consensus, Journal of Quantitative Criminology13, 1997, pp.267-283.

353) Siegel, *op.cit.*, p.445.

354) 류민정, 마약중독자 치료시설에 관한 실태 고찰, 광운대학교 정보복지대학원 석사학위논문, 2006, p.32.

2) 한 계

공동체의 마약 범죄예방 전략은 호소력이 있는 것 같지만, 마약통제에 효과적이라는 결정적인 증거는 없다. 어떤 실태연구는 대부분의 주민들이 이 프로그램에 참여하지 않는다는 점을 지적했으며 이 프로그램이 빈민들 밀집지역보다는 중류층이 거주하는 지역에서 더 효과적이라고 주장하는 연구 결과가 나왔다.[355] 이러한 연구 결과들은 공동체 전략의 효과성에 의문을 제기했지만, 때때로 아주 낙후된 지역에서 마약통제 프로그램이 성공적이라는 증거도 발견됨으로써 공동체 전략이 전혀 무용한 것이라고 보기는 어렵다.

한국의 경우 마약퇴치본부의 송천쉼터를 비롯한 회복된 중독자 몇 사람을 중심으로 개인적으로 쉼터를 운영하고 있지만, 재정적인 어려움과 효과적인 재활 프로그램 부재, 관리상의 어려움으로 인하여 많은 실패를 경험하고 있다. 이러한 쉼터와 재활센터를 체계적으로 지원하고 효과적인 사회복귀 프로그램을 개발하고 보급시켜 줄 제도적인 장치가 요구된다.

(5) 약물 검사 프로그램

약물검사 프로그램은 범죄자는 물론이고 공직자와 사기업 피고용인에 이르기까지 약물검사를 하면 약물억제에 효과적으로 보는 전략이다. 이러한 주장은 피고용인들이 채용과정이나 정기 신체검사를 통해 약물검사를 하면, 작업장의 안전성과 생산성을 향상시킬 것이라는 전제를 기초로 하고 있다. 광산이나 운수산업체의 경우에 약물남용은 공공에 대한 위험을 초래하기 때문에 약물검사가 필수적이며, 경찰을 비롯한 공직자들도 채용과정과 정기 신체검사를 통해 약물검사를 하는 것이 직무 수행이나 사생활에서의 대형사고를 막을 수 있을 것으로 예측할 수 있다.

미국에서 정부와 기업체들은 전반적으로 약물검사 프로그램을 의무적으로 실시하고 있다.[356] IBM을 포함하는 미국의 대기업의 40%이상이 약물 검사 프로그램을 채택하고 있으며, 원자력 발전소와 방위산업체 같은 규제산업체에 대해 약물검사를 요구하고 있다. 그리고 약 4백만의 운송업체 노동자들은 약물검사를 받아야 한다.

---

355) Siegel, *op.cit.*, p. 446.
356) *Ibid.*, p.446.

약물검사는 정부와 형사사법 기관의 종사자들에게 적용되고 있다. 지방경찰관서의 약 30%는 채용자에 대한 약물검사를 하고 있으며, 16%는 외근 근무자들을 대상으로 약물 검사를 실시하고 있다. 25만 이상의 인구를 관할하는 경찰관서들은 84%가 채용자에 대한 약물검사를 하고, 외근 근무자들에 대해서는 75%가 약물검사를 실시하고 있다.[357] 약물검사는 대통령의 임명대상자들과 법집행 공직자들, 그리고 국가 안전보장 기관에 근무하는 사람들에 대해서도 실시되고 있다.

범죄피의자들은 체포에서 석방될 때까지 형사사법체계의 모든 단계에서 약물검사를 받아야 한다. 목적은 현재의 남용자들을 색출하여 약물남용을 억제함으로써 범죄를 감소시키려는 것이다. 그러나 범죄자들에 대한 약물검사가 범죄감소에 효과적이라는 증거는 거의 없다.

(6) 치료전략

1) 내 용

치료전략은 많은 약물 남용자들의 대부분이 자존심의 상실상태에 있으며, 그들의 자아의식을 형성하는 데 노력을 기울이는 것이 중요하다는 가정에 기초하고 있다. 그러므로 약물 사용자들은 자기신뢰감과 성취감을 창조할 수 있는 가치 있는 야외활동이나 훈련을 받도록 한다. 치료전략 중 더 강력한 접근은 집단요법을 통하여 약물남용자들의 자아의식을 회복시켜 주는 노력이다.

중증 환자들에 대해서는 주거 치료 프로그램도 있다. 어떤 약물 치료센터들은 헤로인을 끊게 하고 더 쉽게 규제할 수 있는 메사돈을 사용하게 하는 치료절차를 사용하기도 한다. 메사돈은 헤로인에 유사한 약물이지만, 중독자들은 진료소에서 통제된 상태에서 메사돈을 사용하여 치료받을 수 있다. 그러나 메사돈 프로그램은 어떤 사용자들이 메사돈을 암시장에서 팔고 불법적으로 구한 헤로인을 대신 사용함으로써 성공적이지 못했다. 약물사용의 생물학적 원인을 치유하기 위한 기법들도 사용된다. 즉, 체면술, 혐오요법, 상담, 생체 자기제어와 같은 기법들이 그러한 원인 치유기법이다.[358]

---

357) *Ibid.*, p.446.
358) *Ibid.*, p.446.

2) 한국의 마약중독자 치료재활 전략359)

❶ 치료보호프로그램

초범 등 가벼운 마약류 사용자를 강제 치료하기 위하여 식품의약품안전청장 또는 시·도지사가 의료기관인 치료보호기관으로 하여금 마약류 사용자의 중독여부를 판별 검사하거나 마약류 중독자를 치료보호하도록 하는 제도이다.

식약청은 국립부곡정신병원 부설 마약류 중독진료소를 비롯한 전국 23개 병원을 전문치료기관으로 지정·운영하고 있으며, 치료비 전액을 국고에서 부담하고 있다. 치료기관으로는 국립부곡정신병원 부설 마약류 중독진료소, 국립서울정신병원, 국립나주정신병원 등 3개 기관, 그리고 16개 시도에 20개 치료병원이 지정되어 있다. 2002년 현재 총 병상 수는 522병상으로 연간 2000명 정도 치료 보호가능한 시설이다. 입원기간은 최장 6개월까지이다.

❷ 치료감호프로그램

치료감호프로그램이란 범죄를 저지른 약물중독자에 대한 강제치료를 위해 금고이상의 형에 해당하는 죄를 범하고 재범의 위험성이 있는 약물중독자를 검사의 청구와 법원의 판결에 따라 치료감호소에 수용하여 치료하는 제도이다. 치료감호는「형법」제2조 및 제9조에 따른 보안처분의 일종이다.

치료감호소는 1987년 공주에 설립된 것이 최초이다. 치료감호 청구는 정신과 전문의의 진단 또는 감정이 있어야 하며, 치료감호 기간 동안 매 2개월마다 동태보고와 매 6개월마다 종료심사를 거친다. 가종료의 경우 보호관찰을 3년간 받도록 의무화하고 있다. 치료감호는 필로폰 중독자, 그리고 예상외로 본드와 부탄가스 중독자(2000년 까지 5년 동안 199명 입소자 중 157명)가 주된 대상이 되었다.

❸ 교정시설에서의 치료프로그램

교정치료는 교도소 내에서 마약중독자들이 질병을 가진 수용자에 준하여 처우를 받는 제도로서 별도로 수용되어 적당한 치료를 받을 수 있을 뿐만 아니라 자비치료도 가능하다. 우리나라에는 교도소 내 마약류사범 치료재활을 위한 제도적 장치가 전무하다.

2000년 11월부터 의정부교도소에서 시범적으로 사업에 착수했으나 단지 마약류 사

---

359) 한국마약퇴치운동본부, 한국의 마약퇴치 정책 연구, 한국마약퇴치운동본부, 2002, pp.24-28.

범을 대상으로 한 교육차원에서의 강의가 간헐적으로 이루어지는 상황이다. 또한 미결수는 마약류사범을 별도 수용중이지만, 기결수는 작업별로 수용함에 따라 단순 투약자(66.6%)가 수감기간 중 중증 투약자로부터 밀조, 밀매수법, 공급선 등을 전수받아 출소 후 재범을 할 우려가 높다.

❹ 보호관찰프로그램

보호관찰제도는 경미한 죄를 범한 사람에 대해 교도소나 소년원 등의 시설 내에 수용하여 처벌하는 대신 자유로운 사회생활을 하면서 일정한 지도와 감독을 받는 제도이다. 약물남용과 관련하여 보호관찰을 받게 되는 대상은 치료감호소에서 치료감호를 받고 가종료로 나온 경우와 초범의 약물남용자들이 해당된다. 그 구체적인 내용은 사회봉사명령과 수강명령이다.

약물사범의 경우 주요관리대상자로 분류되어 불시 현장 방문, 수시 소변검사를 받게 된다. 특히 재발 위험성이 높다고 판단되는 경우 집중 보호관찰대상자로 지정하여 월 2회 이상 인터뷰, 현장 방문회수 증가, 위험상황 점검 등을 실시하고 중요사항 위반시 구인 또는 긴급구인하여 구치소에 유치하고 집행유예 취소절차를 밟는다. 통계에 의하면, 마약류 관찰대상자는 전체 대상자의 5% 수준이다.

❺ 민간병원의 치료프로그램

민간정신병원에서 운영하는 전문화된 마약병동은 없고, 알코올 중독 클리닉 쪽에서 함께 일부 치료하고 있으나 매우 미미한 상태다. 민간병원의 마약류 중독자 치료실태는 정확히 파악하기 어려우나 국민건강보험에 의한 진료현황에 근거해 보면, 2000년도의 경우 2,872명이다. 건당 진료 일수도 15.76일에 불과하여 체계적인 치료가 이루어지지 않고 있음을 보여준다.

3) 한 계

약물남용에 대한 치료전략의 장기적인 효과는 여전히 불확실하다. 치료 프로그램에 참여하는 사람들은 실제로 강성 마약을 결코 사용한 일이 없을지라도, 마약 중독자라는 낙인이 찍힐 수 있다는 문제가 있다. 또한 그들은 강성 마약 남용자들을 그 프로그램에서 만날 수 있다는 점도 문제로 지적된다.

약물남용자들은 자발적으로 이러한 프로그램에 참여하는 일은 거의 없고, 프로그램은 그들의 태도변화에 동기부여 요인이 거의 되지 못한다.[360] 또한 치료요법을 필요로 하는 사람들보다 설비가 부족하고, 아울러 의료보험으로 단기 주거시설 치료비를 지불할 수 있는 사람들만 입소할 수 있으며, 의료보험의 범위를 벗어나면, 불완전한 치료상태에서 퇴소해야 한다. 따라서 치료가 꼭 필요한 사람들이 적절한 치료혜택을 받지 못한다는 것이 가장 큰 문제이다.

한국의 경우 법적, 제도적인 문제로 말미암아 일반병원에서 약물중독자들을 치료한다는 것은 현실적으로 매우 어렵고, 그 효과 또한 의심스럽다. 약물중독자를 체계적이고 효과적으로 치료하는 독립된 전문적인 재활치료병원이 한 군데도 없어 약물중독자들을 일반 알코올 병동과 함께 사용하고 있다. 더욱이 전국 23개 지정병원의 약물중독자에 대한 재활치료 역시 미미한 상태이다. 2001년의 경우 국·공립 23개 기관 중에서 18개 기관이 치료실적이 없으며, 대부분의 치료기관이 10명 내외의 마약중독자를 치료한 실적을 보이고 있다.[361]

그러나 2000년 7월 「마약류관리에 관한 법률」이 제정되면서 약물중독자에 대한 의사의 보고의무가 없어져 일반병원에서의 자발적인 치료가 가능하고, 치료보호제도의 활성화를 위해 그 동안 검찰을 통한 치료보호위원회에서만 처리하던 것을 식품안전청을 통해서도 비밀보장하에 치료보호를 받을 수 있게 되어 이로 인한 조사나 검거의 두려움 없이 치료 보호지정병원에 가서 입원치료를 요청하면 법적 제재없이 6개월 이내의 범위에서 치료를 받을 수 있게 되었다.[362]

(7) 고용 프로그램

연구에 의하면, 직장을 구하여 일하고 있는 약물 남용자들은 약물남용을 끝내거나 줄이는 것으로 밝혀졌다.[363] 사실 약물 남용자들을 위한 많은 직업적인 갱생활동 노력이 있었다. 이 프로그램은 직업훈련, 계속적인 평가 그리고 일자리 구해주기 지원활동을 포함한다. 지원 프로그램은 강의실에서 업무수행 기술을 가르치기 보다는 약물중독

---

360) Siegel, *op.cit.*, p. 448.

361) 이종세, 마약중독과 치료 및 재활실태에 관한 연구, 중앙대사회복지대학원 석사학위논문, 2002. p.80.

362) 류민정, 앞의 논문, pp.28-29.

363) Jerome Platt, "Vocational Rehabilitation of Drug Abusers," *Psychological Bulletin 117*, 1995, pp. 416-433.

자들이 현실적인 업무상황에 적응하는데 도움을 주는데 초점을 둔다. 기타 그들에 대한 동기부여, 교육, 경험, 구직시장, 구직기술, 그리고 인간적인 쟁점 해결에 도움을 주는 등과 같이 고용 장벽을 극복하기 위한 훈련을 제공한다.

6. 마약의 합법화

(1) 합법화의 논거

마약의 합법화 주장은 다음과 같은 내용을 근거로 하고 있다. 첫째, 인간은 행복을 추구할 권리를 헌법적으로 인정받고 있으며, 약물사용은 자신의 행복을 추구하는 개인의 자유에 속한다. 둘째, 약물사용 내지는 소지를 엄격하게 처벌하면 중독자들이 그 치료를 거부하고 은밀하게 약물을 사용함으로써 더욱 더 범죄의 길로 가게 된다. 셋째, 엄벌주의 정책이 실패하고 있다.

미국은 마약 통제를 위한 예방, 억제, 교육, 그리고 치료 전략과 같은 엄청난 노력에도 불구하고, 마약과의 전쟁은 성공적이지 못한 것으로 증명되었다. 사람들은 마약거래에서 얻을 수 있는 거대한 이윤 때문에 마약문화에서 벗어나기 어렵다. 지난 20년 동안 미국에서 전개된 마약과의 전쟁은 약 5천억 달러의 예산을 투자할 정도로 많은 비용이 들었으며, 오늘날 마약 단속은 매년 300억불 이상의 예산이 소요된다.[364]

나델민(Ethan Nathelman)은 기분전환 약물의 사용이 거의 모든 인간사회에서 상용화되고 있으므로 약물합법화는 정당화될 수 있다고 주장한다.[365] 사람들은 항상 정신활성적인 약물을 희구해 왔으며, 그것을 얻는 방법들을 발견해 왔다. 어떤 사람들은 약물사용이 비도덕적이라고 주장할지라도, 나델만은 그것이 제약없는 흡연과 음주보다 더 나쁜 것인지는 의심스럽다고 주장한다. 매년 사람들은 불법적인 약물 남용보다는 음주와 흡연같은 합법적인 물질의 남용으로 더 많이 죽어간다는 사실을 주목할 필요가 있다.[366]

나델만은 1920년대의 금주정책이 조직범죄의 증가만 초래하고, 알코올 유통 금지에

---

364) Siegel, *op.cit.*, p.448.
365) Ethan Nathelmann, "America's Drug Problem," *Bulletin of the American Academy of Arts and Sciences 65*, 1991, pp.24-40.
366) *Ibid.*, p.24.

는 실패한 것과 마찬가지로 약물금지 정책 역시 실패할 수밖에 없으며, 또한 20세기 초에 약물사용이 합법화되고, 자유롭게 이용가능 했더라면, 미국의 약물 사용자들의 수는 지금보다는 훨씬 줄어들었을 것이라고 주장한다.[367]

약물이 합법화된다면, 가격과 유통은 정부에 의해 통제될 수 있다. 이와 같은 통제는 사용자들의 현금수요를 감소시킬 것이며, 결과적으로 사용자들이 그들의 약물사용 습관을 유지하기 위한 많은 현금을 필요로 하지 않기 때문에 범죄율은 감소할 수밖에 없다. 정부 통제로 인해 주사바늘의 공동 사용과 에이즈의 확산을 감소시키기 때문에 약물관련 사망도 역시 줄어들 것이다. 합법화는 마약수입 관련 기업연합과 폭력조직의 해체를 초래할 것이다.

약물공급과 판매가 공개적으로 이루어지기 때문에 정부는 그 동안 포착하지 못했던 세원의 확보에 의하여 세수 증가에 도움이 될 것이다. 물론 약물 유통은 알코올과 마찬가지로 청소년들의 사용을 불허하고, 경찰과 항공기 조종사 그리고 범죄자들에게는 규제되어야 한다. 합법화를 지지하는 사람들은 약물 합법화를 하고 비교적 범죄도 없는 나라로서 네델란드의 사례를 지적한다.

(2) 합법화의 결과

약물 사용의 합법화는 단기적으로는 범죄를 감소시키는 효과가 있을지 모르지만, 장기적으로는 심각한 사회문제를 야기할 수 있다. 합법화는 비생산적인 대규모 집단의 출현을 초래하고, 사회의 보호를 받아야 할 약물 의존적인 사람들의 증가와 같은 현상을 초래할 가능성이 높다. 비범죄화는 약물남용의 정도가 심하여 자기의 존립을 위태롭게 하거나 개인의 정신·신체가 황폐화하는 경우에도 국가가 방치하여야 한다는 문제가 발생한다. 특히 각종 약물의 효과를 예측할 수 있을 만큼 과학이 발달되지 못하였고, 그 개념도 불분명하다. 일부 합법화를 시행하는 나라로는 네델란드 등 선진 유럽 국가에서 시행하고 있으나 대부분의 나라들은 합법화에 반대하고 있다. 특히 미국은 마약사용 비용의 증가와 위험의 지각력 감소, 유해마약의 공급증가, 중독자의 증가 등을 이유로 들어 강력히 반대한다.

네델란드는 자체 재배한 네더위트(Nederwiet)라 불리는 대마가 주된 마약류이다. 따

---

367) Ethan Nathelmann, "Should We Legalize Drugs?History Answers Yes," American Heritage (February/March 1993), pp.41-56.

라서 네델란드의 마약류 정책의 기조에 의하면, 마약류 남용자와 마약류 중독자는 범죄자가 아니라 정상적인 인간이며 그에게는 정상적인 기회가 부여되어야 하고 어떤 보호자에게도 맡길 필요가 없다는 것이다.

그러나 마약류 전체를 법적으로 합법화하고 있는 것은 아니다. 네델란드 마약법에서는 불법 마약류의 소지·배포·생산·수입 및 수출에 관한 처벌규정을 두고 있는데 강성마약(hard drugs)인 헤로인·코카인·엑스터시와 연성마약(soft drugs)인 대마초와는 분명한 차이를 두고 있다. 예컨대, 대마류의 경우 5g이하를 판매하면 기소도 하지 않고 오히려 몇 가지 조건, 즉 청소년에게 판매금지, 주류판매금지, 강성마약판매금지, 광고금지, 시민에게 불편끼치기 금지 등의 조건만 충족되면 커피숍에서의 판매도 허용된다.[368]

약물 합법화는 마약 사용자들의 일일 사용량의 유의한 증가를 초래할 것이다. 약물의 가격이 낮고 쉽게 구할 수 있는 이란과 태국 같은 국가들은 마약 사용률이 대단히 높다. 역사적으로 저가의 마약 이용가능성은 19세기 중국에서 영국과 미국의 상인들이 아편을 판매한 사례에서 볼 수 있듯이 마약 사용의 범람을 초래할 것이다.[369] 정부가 합법적인 약물에 세금을 부과함으로써 세수를 올리려고 한다면, 주류와 담배에서 볼 수 있듯이 세금지불을 피하기 위한 마약 밀수를 촉진하고, 밀수된 마약은 청소년들의 손에 들어갈 것이다. 따라서 약물의 생산, 유통, 공급 등의 행위는 형사처벌을 하고 약물 사용자는 상습범을 제외하고는 일회성, 기회성 사용자, 중독성이 약한 연성약물 사용자 등에게는 비범죄화 정책을 검토할 필요가 있다.

---

368) 한국형사정책연구원, 마약류 확산실태와 21세기 마약류 통제정책의 방향, 2001, pp.188-189.
369) Siegel, *op.cit.*, p. 448.

제12장 범죄 대책론

제1절 서 론

1. 형사정책과 범죄억제

범죄자를 구속하고 처벌하는 다양한 형벌제도의 목적은 궁극적으로 범죄를 억제하고 예방하기 위한 것이다. 처벌이 단순히 범죄에 대한 응보의 성질이라면, 모든 범죄자에 대해 가능한 한 엄격한 처벌을 하면 그만이다. 그러나 처벌이 반드시 범죄 없는 평화로운 사회를 보장하는 것도 아니고, 처벌이 오히려 범죄자를 양산하는 원인이 될 수 있다는 의견도 무시할 수 없다.

전과자라는 오명은 정상적인 사회생활의 복귀를 어렵게 하기 때문에, 형벌에 의한 처벌보다는 다른 비공식적인 제재를 가하는 방식을 찾아야 한다고 주장하는 사람들도 많다. 범죄자의 처벌에 대해 서로 가치를 달리하는 철학적 관점을 가진 사람들은 재판절차와 양형과정 등에 대해서도 서로 다른 정책대안을 제시한다. 그러므로 범죄자와 피해자, 법 집행기관과 범죄자, 그리고 검사와 변호사 사이의 갈등을 해결하기 위한 재판과정은 깨끗하고 공정해야한다.

그러나 형사사법체계의 선진국인 미국의 경우에도 형사사법체계는 선택적으로 작동할 수 있다. 재판과정 동안 모든 단계에서 법관의 자유재량이 행사된다. 여기에서 자유재량이란 유사한 범죄를 범한 범죄자들이 아주 다른 처벌을 받는 다는 것을 의미한다. 예컨대, 살인죄를 범한 대부분의 사람들은 징역형을 받지만, 약 4%는 보호관찰만을 받는다. 사형을 받는 살인범보다 보호관찰을 받는 살인범의 수가 더 많다.[370]

---

370) Siegel. *op.cit.*, p. 515.

미국의 형사사법체계가 범죄억제를 위해 엄격한 처벌위주로 설계되어 운영되고 있다고는 하나 살인범에 대한 처벌이 상당히 관대하다. 또한 교화·치료 프로그램을 선호하는 모델을 지지하는 학자 및 범죄자에 대한 국가형벌체계의 불간섭이나 형벌의 최소화를 주장하는 자유주의적이고 진보성향의 학자들도 형사사법체계의 운영에 상당히 영향을 미치고 있어 우리로서는 연구의 가치가 있을 것으로 판단된다.

제2절 재판 전(pre-trial) 갈등해결 제도

1. 보석제도

(1) 의 의

미국의 경우에 보석제도(bail)는 재판에 피고인을 출두시키는 것을 보장하기 위해 법원에 제공된 돈이나 어떤 다른 보증요인에 의해 피고인을 가석방하는 것을 말한다.[371] 보석은 그 사건의 사실을 검토하고 피고인의 범죄 역사를 조사하는 치안판사에 의해 결정된다. 보석이 허용되지 않은 피고인들은 재판 때까지 당연히 구금된다. 보석을 결정한 사람들은 재판 전에 피고인을 추적할 책임이 없다.

한국의 형사소송법상의 보석은 일정한 보증금의 납부를 조건으로 구속의 집행을 정지함으로써 구속된 피고인을 석방하는 제도이다. 형사사법의 운용과정에서 보석이 자리 잡을 수 있는 이론적 근거는 무죄추정의 원칙과 공정성의 요구를 들 수 있다.

(2) 구속 적부심사제와 보석제도의 차이

영장에 의하여 수사기관에 체포 또는 구속되었다고 하더라도 피의자는 적부심사절차에 따라 다시 법원으로부터 체포 또는 구속의 적부여부를 심사 받을 수 있다. 이 절차에서 체포 또는 구속이 부당하다는 결정에 의해 법원이 석방을 명하면 피의자는 즉시 석방되며, 이에 대하여 검사는 항고를 하지 못한다.

체포 또는 구속적부심사 청구는 피의자 본인이나 변호인은 물론 배우자, 직계 친족,

---

371) *Ibid.*, p.527.

형제자매, 호주, 가족, 나아가 동거인이나 고용주도 피의자를 위하여 청구할 수 있다. 체포 또는 구속적부심은 사건이 경찰에 있는가, 검찰에 있는가를 가리지 아니하고 검사가 법원에 기소를 하기 전이면 청구할 수 있다는 점에서 기소된 피고인에 대하여 인정되는 보석제도와는 다르다.

체포 또는 구속적부심을 청구받은 법원은 지체없이 구속된 피의자를 신문하고 증거를 조사하여 결정을 하여야 하는데, 청구권자 아닌 자가 청구하거나 동일한 영장에 대하여 재청구한 때, 수사방해의 목적이 분명한 때 등에는 청구를 기각할 수 있으며, 이에 대하여 피의자는 항고하지 못한다.

(3) 보석제도의 비교

영미법계에서는 보석권을 피의자 또는 피고인의 절대적인 권리로 인정하고 있다. 반면에 대륙법계에서는 가진 자의 특권을 인정하는 것이라는 이유로 영미에서와 같이 널리 활용되지 못하고 있다. 그러므로 여기에서는 미국과 우리나라의 보석제도를 비교·고찰해 보기로 한다.

1) 미 국

미국은 「수정헌법」 제8조 뿐만 아니라 대부분의 주에서는 주 헌법에 보석의 권리를 인정하고 있으며, 그 절차에 관하여 연방법과 각 주의 절차법이 있다. 여기에서는 현행 규정인 1984년의 「보석개혁법」에서 규정하고 있는 보석제도를 중심으로 살펴보고자 한다.

❶ 보증금 보석

법원은 재판전 석방으로 피고인의 출석을 합리적으로 보장하지 못하거나 시민이나 사회의 안전을 위협한다고 판단하지 않는 한, 일정한 금액의 납부를 조건으로 석방을 명할 수 있다. 그러나 법원은 보증금을 결정할 때에 '과다한 보석금을 요구해서는 안된다'는 수정 헌법 제8조의 제약을 받는다. 과다한 보석금과 관련하여 언제나 피고인의 자력으로서 제공할 수 있는 더 높은 보석금을 의미하는 것이 아니라 피고인의 자력범위를 초과하는 금액이더라도 피고인의 공판정에의 출석을 보장하는데 합리적인 금액이라면 과다한 금액으로 볼 수 없다.

또한 1984년의 보석개혁법은 개인의 재판전 구금을 초래하는 과다한 금전적 조건을 부과할 수 없다고 규정하고 있다.[372] 이 경우에 피고인에게 부과된 보증금이 단지 피고인이 납부할 수 없다는 이유만으로 수정헌법 제8조에서 말하는 과다한 보증금이라고 할 수는 없다. 이 규정은 법원이 위험한 중죄자와 누범자인 피고인을 계속 구금하기 위하여 피고인이 납부할 수 없는 과다한 보증금을 결정하여 보석을 허가하지 않는 관행을 배제하려는 취지에서 제정된 것이다.

❷ 서약에 의한 석방(Release on Recognizance: ROR)

법원은 피고인의 출석을 합리적으로 보장하지 못하거나 타인이나 사회의 안전을 위협한다고 결정하지 않는 한, 금전적 보증없이 피고인의 서약에 의해 석방을 명할 수 있다. 서약에 의한 석방은 피고인의 무자력으로 인하여 구금되는 결과를 회피하고 직업보증인제도의 폐해를 방지하기 위한 것이다.

1984년의 보석개혁법은 「서약에 의한 석방」 개념을 기초로 이루어졌다는 점이 하나의 특징이다. ROR은 어떤 금전적 요구조건을 부과하지 않고 피고인의 재판시에 출석약속에 근거하여 석방하는 것을 의미한다.[373] 이 경우의 석방은 감시나 특별한 조건을 부과하지 않는 완전히 무조건적이다. 단지 피고인은 재판 일정에 따라 법정에 출석만 하면 된다.

❸ 조건부 석방(Conditional release)

조건부 석방은 피고인이 법률에 규정된 일정한 조건을 준수할 것을 약속함으로써 석방되는 것을 말한다. 즉, 법원은 보석이 피고인의 출석을 합리적으로 보장하지 못하거나 타인이나 사회의 안전을 위협한다고 판단할 때에는 피고인의 출석과 타인 및 사회의 안전을 합리적으로 보장할 수 있다고 판단되는 최소한의 제한적인 조건을 부과하여 석방을 명할 수 있다. 즉, 피고인이 주택이나 고용현장에 머무는 것과 같은 현상유지조건(status quo conditions), 피고인의 관할이탈금지·고소인과의 접근금지·야간외출금지와 같은 제한조건(restrictive sonditions), 피고인의 전화보고나 석방프로그램 참여와 같은 접촉조건(contact conditions), 마약이나 알코올 치료프로그램 참여와 같은 문제지향적인 조건(problem-oriented conditions) 등이 부과되기도 한다. 물론 보석금 예탁과

---

372) Brain a. Reave and Jacob Perez, Pretial Release of felony defendants, 1992: National Pretrial Reporting Program(Washington, D.C.:Bureau of Justice Statics, 1994), 1992, pp.5-6.
373) Siegel, *op.cit.*, p.528.

같은 금전적 석방도 이루어진다.[374] 법원은 언제든지 조건을 변경하거나 다른 조건을 추가할 수 있으며 감시·감독이 없는 조건하에서의 석방보다는 지휘감독을 받는 조건을 부과한 석방일 때에는 보석의 효과가 한층 크다.

❹ 직업보증보석 대리인

미국은 보석보증금을 자력으로 확보하기 어려운 가난한 피고인들을 위하여 직업보증대리인 제도를 채택하고 있다. 일반적으로 보석금을 대신 지불하는 전문적인 직업보증인은 사실상 보석금의 90%를 분담하고, 나머지 10%를 피고인이 지불하는데 이를 보증보석(surety bond)이라 한다.[375] 보증보석의 경우에 피고인이 재판정에 출석하면, 보석금은 반환되는데 이 보석금 전부를 대행기관이 가져간다. 그러나 피고인이 법정에 출석하지 않는 경우에는 보석대리인이 전체 보석금을 지불해야 한다. 피고인이 지불한 10%가 보석금 대행에 대한 수수료가 되는 것이다. 대리인은 지불위험을 줄이기 위해 피고인, 친구 또는 친척들을 대상으로 담보를 받거나 보험에 가입하기도 한다.[376]

❺ 보석의 제한: 예방적 구속

1789년의 연방사법법은 사형에 처해질 범죄의 경우에는 보석이 제한될 수 있다고 규정하고 있다. 미국의 40개 주 이상의 헌법들은 보석이 증거가 명백하여 유죄를 선고받을 가능성이 있는 사형에 처해질 범죄를 제외하고는 모든 피고인에게 활용될 수 있다고 규정하고 있다.

그러나 보석기간 동안 피고인의 범법행위의 위험성 때문에, 약 30개주가 범행후 도주경력 범죄자, 상습범죄자, 또는 상습폭력 범죄자 등에 대한 보석을 제한하고 있다. 유사한 맥락에서 1984년 보석개혁법은 도주의 위험성이 크거나 타인과 사회의 안전에 위협이 되는 피고인의 보석을 제한하여 예방적 구속(preventative detention)을 할 수 있다는 근거를 마련했다. 이 법에 의하면, ① 폭력범죄, ② 형의 상한이 무기징역, 또는 사형인 범죄, ③ 약물규제법, 규제약물의 수출입에 관한 법, 또는 1980년 9월 15일 법률 제1조에 형의 상한이 10 년 이상으로 규정되어 있는 범죄, ④ 위에서 언급된 유형의

---

374) Andy Hall, Pretrial Release Program Options(Washington, D.C.: National Institute of Justice), 1984, pp.32-33.

375) Siegel, *op.cit.*, p. 527.

376) *Ibid.*, p.527.

범죄로 2회 이상 유죄판결을 받은 피고인의 중죄사건의 경우에 검사의 청구에 의해 예방적 구속° 심리를 한다. 또한 법원은 ① 피고인이 도주할 위험성이 아주 큰 경우, ② 피고인이 사법절차의 방해 내지 방해시도, 장래의 증인이나 배심원에 대한 협박이나 침해 또는 그러한 시도를 행할 위험성이 심각한 경우에는 직권으로 구속 심리를 할 수 있다. 법원은 심리의 결과, 피고인의 출석과 타인 및 사회의 안전을 합리적으로 보장할 수 있는 석방의 조건이 존재하지 않는다고 판단되면 피고인의 구속을 명해야 한다.[377]

예방적 구속은 어떤 범죄로 기소된 피고인이 자기 자신을 방어할 기회없이 상당한 기간 동안 구속되기 때문에 찬반 논란이 뜨거운 쟁점이 되고 있다. 물론 예방적 구속이 증거인멸을 방지하고 범죄자들의 추가범죄를 감소시킬 수 있다는 점에서 지지되기도 한다.

2) 한 국

현행 「형사소송법」은 보석청구의 유무에 따라 청구보석과 직권보석으로 나누어진다.

❶ 청구보석과 직권보석

청구보석은 피고인의 보석청구에 의해 법원이 보석결정을 하는 경우를 말하고, 법원이 직권으로 보석결정을 하는 것을 직권보석이라 한다. 또한 보석은 보석결정에 대한 재량의 유무에 따라 필요적 보석과 임의적 보석으로 구분된다. 전자는 보석청구가 있으면 법원이 반드시 보석을 허가해야 한다는 점에서 권리보석이라 하고, 후자는 보석의 허가여부가 법원의 재량에 의하므로 재량보석이라 한다.[378]

❷ 필요적 보석

필요적 보석은 보석의 청구가 있는 때에는 일정한 제외사유가 없는 한 반드시 보석을 허가해야 한다. 피고인 보석은 필요적 보석을 원칙으로 한다. 그러나 다음과 같은 사유에 해당하는 경우에는 보석이 허용되지 아니 한다. ⓐ 법정형이 사형, 무기 또는 장기 10년이 넘는 징역이나 금고에 해당하는 죄를 범한 경우, ⓑ 피고인이 누범에 해당하거나 상습범인 죄를 범한 때, ⓒ 피고인이 죄증을 인멸하거나 인멸할 염려가 있다고

---

377) Lloyyd L. Weinerb, Criminal Process cases, comment, questions, (Mineola, N.Y.:The Foundation Press), 1988, pp.683-684.
378) 김희옥, 보석제도 연구, 형사소송법 연구, 사법행정학회, 1986, p.110.

믿을만한 충분한 이유가 있는 때, ⓓ 피고인이 도망하거나 도망할 염려가 있다고 믿을 만한 충분한 이유가 있는 때, ⓔ 피고인의 주거가 분명하지 아니한 때 등에 해당되면 보석은 허용되지 아니한다.[379]

필요적 보석은 청구보석에 대해서만 인정되고 임의적 보석은 청구보석과 직권보석에 모두 인정된다. 「형사소송법」은 필요적 보석을 원칙으로 하고, 임의적 보석을 보충적으로 인정하고 있다.[380]

❷ 임의적 보석

임의적 보석은 보석의 허가여부가 법원의 재량에 맡겨져 있는 경우를 말한다. 현행 「형사소송법」은 필요적 보석의 제외사유에 해당하는 경우에도 상당한 이유가 있는 때에는 직권 또는 보석청구자의 청구에 의하여 결정으로 보석을 허가할 수 있다고 규정하고 있다.

「형사소송법」 제96조에 의하면 필요적 보석의 제외사유에 해당하는 때에도 절대로 보석이 허가되지 않는 것이 아니라 법원의 재량에 의해 허가될 수 있다. 법원이 그와 같은 재량을 행사함에 있어서는 직권으로도 할 수 있고, 보석청구권자의 청구에 의하여서도 할 수 있다. 따라서 제96조는 직권보석 이외에 청구보석을 포함하고 있고 양자는 모두 임의적 보석에 해당하므로 임의적 보석을 규정한 것이라고 보아야 한다. 임의적 보석의 상당한 이유로는 피고인의 건강을 이유로 보석을 허가하는 이른바 병보석이 여기에 해당한다.[381]

❸ 보증금액

법원이 보석을 허가하는 경우에는 보증금액을 정해야 하며, 보증금을 납입한 후가 아니면 보석허가결정을 집행하지 못한다.

보증금은 범죄의 성질·죄상, 증거의 증명력, 피고인의 전과·성격·환경과 자산 등을 고려하여 피고인의 출석을 보증할 만한 금액이어야 하지만, 피고인의 자산정도에 비추어 납입 가능한 금액이어야 한다. 보증금은 현금으로 납부함이 원칙이지만, 보증금의 대납제도와 유가증권 또는 보증서에 의한 대체제도를 인정하고 있다.

---

379) 형사정책연구원, 앞의 책., pp.73-77.
380) 진계호, 형사소송법, 형설출판사, 2004, pp.300-311.
381) 앞의 책., p.80.

1987년부터 보석보증보험증권을 첨부한 보증서의 이용을 제도화하고 있다. 또한 보석을 허가하는 경우에는 피고인의 주거를 제한하고 기타 적당한 조건을 부과할 수 있으며, 이를 위반한 경우에는 보석을 취소할 수 있다. 보석이 허가된 피고인이 형의 집행을 위한 소환에 불응한 경우나 도망한 때에는 보증금의 전부 또는 일부를 몰수한다.[382]

(4) 보석제도의 문제점

1) 가진 자의 특권 인정하는 제도

보석제도의 가장 큰 문제는 보석보증금이 있어야 보석신청이 가능하기 때문에 빈곤한 피고인들은 보석을 신청하기가 어렵다는 점이다. 따라서 보석제도는 가진 자의 특권을 인정하기 위한 제도라는 비판을 받는다.

미국은 피고인의 서약에 의한 석방과 조건부 석방제도와 같은 비금전적 석방제도를 채택함으로써 돈이 없어 보석을 신청하지 못하는 문제를 상당히 해소할 수 있다.

2) 필요적 보석 제외사유의 광범성과 추상성

현행 「형사소송법」 제95조는 보석의 청구가 있는 때에는 일정한 제외사유가 없는 한 원칙적으로 보석을 허가하도록 규정하고 있다. 필요적 보석 원칙의 제외사유가 너무나 광범하고 추상적이어서 오히려 필요적 보석이 예외적으로 이루어지고 있다는 문제가 제기된다. 따라서 제95조의 제외사유를 부분적으로 제한하거나 수정하여 필요적 보석 원칙이 지켜지도록 해야 한다.

3) 직권보석의 활용률 저조

「형사소송법」 제96조는 필요적 보석의 제외사유에 해당되어도 직권으로 보석을 허가할 길을 열어 두었으므로 직권보석이 충분히 활용된다면 필요적 보석의 문제점을 어느 정도 시정할 수 있다. 그런데 직권보석의 활용률은 지난 10년간 평균 0.3%에 불과하여 실무에서 거의 활용되고 있지 않음을 알 수 있다. 그리고 직권보석이 활용된다 하더라도 보석청구가 있을 경우에 당연히 허가를 받았을 경미한 사건이나 피고인을 석방할 수밖에 없는 부득이한 경우에만 활용되고 있다.[383]

---

382) 정신철·전용득, 앞의 책., pp.37-61.
383) 앞의 책., p.165.

4) 피의자 보석 불인정

현행 「형사소송법」상 보석은 피고인에게만 인정되고 피의자는 구속적부심사에 의해서만 구속의 해제를 청구할 수 있다. 사법경찰관이 피의자를 구속한 때에는 10일 이내에 피의자를 검사에게 인치하지 아니하면 석방해야 하고, 검사의 구속기간도 10일이지만 지방법원 판사의 허가를 얻어 10일을 초과하지 않는 한도에서 구속기간을 연장할 수 있다. 이와 같이 피의자에 대한 구속기간이 짧고, 구속적부심사청구권이 보장되어 있다는 점과 피의자를 석방하면 증거인멸의 우려로 인해 수사가 곤란하다는 점을 피의자에게 보석을 인정하지 않는 주된 이유이다.

5) 보석보증금의 문제

❶ 보증금의 상당성

보석보증금은 피고인의 출석을 담보할만한 금액임과 동시에 피고인의 자산정도에 비추어 납입가능한 금액이어야 한다. 그런데 현재 법원에서 보석허가시에 결정되고 있는 보증금액의 상한과 하한은 최고 5,000만원에서 최저 10만원으로 그 격차가 엄청나다.

극히 일부이기는 하나 현재 결정되고 있는 10만원 및 그 이하의 보증금액은 피고인의 도망을 방지하고 출석을 담보할 수 있을지가 의심스러울 정도로 과소하여 그 상당성을 결여한다고 볼 수 있다.[384] 그리고 과거에 보증금이 변호인에 대한 사례금으로 되는 경우가 많아 피고인의 경제적인 부담을 고려하여 거의 형식적으로 결정되었던 보증금액에 관한 관행도 역시 그 상당성을 결여한다고 볼 수 있다. 따라서 보증금의 결정을 위한 제반사항을 심사하는 보석심사위원회를 설치하여 구체적이고 합리적인 보증금액을 결정하는 자료를 제공하도록 하거나 또는 보증금의 산정에 관한 기준표를 작성하는 방안 등을 고려할 수 있다.[385] 미국의 보석심사 위원회는 1961년 뉴욕의 베라(Vera) 재단에 의해 창설된 것으로 1964년 이래로 베라 재단과 법무부의 후원으로 운영되고 있다.

❷ 빈곤한 피고인의 보증금 문제

보석보증금은 다액일수록 피고인의 출석을 확보하는데 효과적이다. 1992년 11월 서울 형사지법이 보증금을 1 천만 원 이상으로 인상 조정한 후 과다한 보증금은 빈곤한

---

384) 형사정책연구원, 앞의 책., p.169.
385) 김희옥, 앞의 책., p.128.

피고인에게 보석청구를 어렵게 한다는 문제가 제기되고 있다. 이 결정으로 일천 만 원 이상의 보증금이 1991년에 0.1%에서 1992년에는 9.8%로 크게 증가하였다. 결과적으로 빈곤한 피고인에게 보증금의 납부가 큰 부담으로 작용할 수도 있고, 피고인이 보석 청구를 주저할 수도 있다.[386]

우리나라는 피고인의 자산정도로 납입하기 불가능한 보증금액을 정할 수 없다고 규정하고 있기 때문에 피고인의 출석을 보장하는데 합리적인 금액이지만, 그것이 피고인의 자력을 초과한 때에는 과다한 보증금이라는 문제가 발생한다. 따라서 보석의 허용범위가 축소되고, 경우에 따라서 법원이 출석을 담보할만한 합리적인 수준이라고 결정하는 금액은 빈곤한 피고인의 자력범위를 초과하기 때문에 법원은 이 경우 보석 자체를 허가하지 않으려고 하게 된다. 그러므로 서약에 의한 석방 및 조건부 석방, 보석보증보험 증권 활용이나 직업보증인 제도 등의 방안이 적극적으로 활용되어야 한다.

보석보증보험증권 제도는 실무에서 피고인에게 가장 유리한 제도로 평가하고 있으며, 이를 적극적으로 활용하면 빈곤한 피고인의 보증금 문제를 해결할 수 있는 제도이다. 이 제도는 법원으로부터 보증서제출 허가결정을 받은 보석청구권자가 법원이 결정한 보증금의 1%를 납부하고 대한보증보험주식회사로부터 발급받은 보석보증보험증권을 첨부하여 보증서를 관할 검찰청에 제출함으로써 보증금의 납부에 갈음하는 제도이다.[387]

한편, 미국에서 발전한 직업보증인(bail bonding agent) 제도는 보석금을 납부할 자력이 없는 사람들에게 법원이 정한 보증금을 납부하고 그 대신 일정한 수수료를 받고 보석증권을 발행하는 제도이다. 직업 보증인 제도는 여러 가지 폐해가 많아 이를 방지하기 위한 개선방안으로 1966년의 연방보석개혁법은 피고인의 서약에 의하여 보석 제도를 채택했다.[388]

6) 보석의 절차상 문제점

❶ 보석권의 고지 의무화 규정 미비

우리나라는 구속기소된 피고인이 보석을 청구하는 비율이 지난 10년간 평균 20.9%

---

386) 형사정책연구원, 앞의 책., pp.170-171.
387) 형사정책연구원, 앞의 책., pp.171-172.
388) Timothy M. Ito, "Wild West Saga:Have gun, Wilson shoot," *U.S. News & World Report 123*, 15 Sep. 1997, p.7.

로서 저조하다. 이에 반해 일본의 보석청구율은 지난 9년간 평균 56.1%로 상당히 높은 편이다. 이처럼 한국에서 보석청구율이 저조한 이유 중의 하나로서 구속된 피고인이 보석제도를 충분히 알지 못하여 이를 청구하지 않고 있음을 지적할 수 있다. 특히 신체구속을 받고 있는 피고인에게 권리보석이 보장되어 있다는 것을 고지해 주는 것이 중요하다. 그러나 실무에서는 대부분의 법관들이 피고인에게 보석권리를 고지하지 않고 있다.[389] 현행 「형사소송법」은 피고인을 구속한 때에는 즉시 공소사실의 요지와 변호인을 선임할 수 있음을 고지하도록 의무화하고 있으나 보석권의 고지를 의무화하는 규정은 없다. 따라서 구속된 피고인에게 권리보석을 인정하고 있는 이상 보석을 받을 권리가 있음을 고지하는 입법을 고려할 필요가 있다. 미국은 예비심문의 서두에서 치안판사로 하여금 보석권을 고지하게 하고 있다.

❷ 검사의 즉시항고권

현행 「형사소송법」은 보석허가 결정에 대해 검사에게는 집행정지의 효과가 있는 즉시항고권을 인정하고, 보석기각결정에 대하여는 피고인에게는 보통항고권을 인정하고 있다. 이는 당사자주의 소송구조라는 측면에서 불균형 입법일 뿐 아니라 피고인의 보석권을 보장한다는 취지에 반한다고 볼 수 있다.[390] 따라서 필요적 보석에서 검사의 즉시항고권을 폐지하여 피고인과 같이 보통항고권을 인정하는 입법을 고려할 필요가 있다.

7) 피고인 도망의 문제

보석중인 피고인이 도망할 가능성을 배제할 수 없다. 피고인이 도망할 경우에 보증금의 전부 또는 일부를 몰수 할 수 있지만, 이것으로 피고인의 도망을 완전히 방지할 수 있는 것은 아니다. 따라서 보석중인 피고인의 도망이나 증거인멸을 방지하기 위한 보증금 몰수 이외의 다른 대책이 요구된다.

8) 보석 피고인에 대한 가벼운 처벌

일반적으로 보석을 받지 못하고 구금된 피고인들은 기소의 가능성이 훨씬 높고 기소후에 더 장기 구금형을 받는다는 것도 문제이다. 미국의 경우에 보석이 허용되지 않아

---

389) 앞의 책., p.174.
390) 이재상, 형사소송법, 박영사, 1991, p.282.

구금된 피고인들 중의 87% 중 50%는 징역형에, 38%는 구류형에 처해졌다. 이와는 반대로 보석으로 석방된 피고인들의 51%중 19%가 징역형(Prison term)에, 32%가 구류형 (Jail term)에 처해졌다.[391] 이는 보석으로 석방된 피고인들의 대다수가 징역형보다는 구치소의 구류형 같은 단기형으로 끝난다는 것을 의미한다.

(5) 보석제도의 개선 방향

1) 서약서에 의한 석방

현행 「형사소송법」에서의 보석은 법원에서 반드시 보증금을 결정하고 그 납부에 의해 이루어진다는 다는 점에서 보증금 보석을 말한다. 따라서 보증금을 보석허가의 유일한 수단으로 할 것인가에 대하여 근본적인 재검토가 필요하다. 이와 관련하여 개선방안으로 피고인의 서약에 의한 석방이나 조건부 석방 같은 비금전적 석방이 대안이 될 수 있다.

2) 조건부 석방

현행 「형사소송법」은 보석을 허가하는 경우에 임의적 조건으로서 피고인의 주거를 제한하고 기타 적당한 조건을 부과할 수 있다고 규정하고 있다. 기타 주거제한, 소환된 경우의 출석의무, 여행제한, 증거인멸행위 금지 등도 포함된다. 이러한 조건의 부과는 보증금 보석을 전제로 이루어진다.

그러나 앞에서 살펴 본 바와 같이, 미국의 경우에 보증금보석의 대체수단으로 조건부 보석이 채택되고 있으며, 독일과 프랑스도 채택하고 있다.[392] 즉, 피고인이 주택이나 고용현장에 머무는 것과 같은 현상유지조건(status quo conditions), 피고인의 관할이탈금지·고소인과의 접근금지·야간외출금지와 같은 제한조건(restrictive sonditions), 피고인의 전화보고나 석방프로그램 참여와 같은 접촉조건(contact conditions), 마약이나 알코올 치료프로그램 참여와 같은 문제지향적인 조건(problem-oriented conditions) 등이 부과되기도 한다. 우리나라도 이러한 조건부 석방을 검토할 필요가 있다고 여겨진다.

또한 미국의 위스콘신, 네브라스카, 오레곤, 일리노이, 켄터키 등 많은 주에서 채택하

---

391) Siegel, *op.cit.* p.527.
392) 형사정책연구원, 앞의 책., p.157.

고 있는 보석금 일부를 공탁(약 10%)하는 공탁금보석 제도(deposit bail system) 또한 검토의 대상이다.[393] 보석금의 일부를 공탁하고 석방된 뒤에 재판일에 복귀하지 않으면 전체 보석금을 징수하는 공탁제도는 돈이 없어서 보석신청을 하지 못하거나 보석금 대행기관의 폐단을 막을 수 있어서 효과적이다.

3) 필요적 보석과 직권보석의 적극화

현행 「형사소송법」은 필요적 보석을 인정하여 피고인에게 보석권을 인정하고 있지만, 지나치게 광범위하거나 추상적인 제외사유를 인정하여 필요적 보석이 오히려 예외가 되지 않을 수 없게 하고 있다. 따라서 제95조의 제외사유를 부분적으로 제한하거나 수정·삭제할 필요가 있다.

「형사소송법」 제96조는 필요적 보석의 제외사유에 해당되어도 상당한 이유가 있는 경우에는 직권으로 보석을 허가할 수 있지만, 실무에서는 직권보석이 거의 활용되고 있지 않다. 따라서 보석청구시에 법원이 「형사소송규칙」 제54조의2에 따라 구속된 피고인을 지체 없이 심문기일을 정하여 심문한다면, 해당 피고인에게 직권보석의 사유가 있는 지 여부를 정확하게 파악할 수 있으며, 이것이 법관으로 하여금 직권보석의 활용을 적극적으로 고려할 수 있게 하는 계기가 될 수 있다.

4) 피의자에 대한 보석

현행 「형사소송법」상 보석은 구속된 피고인에게만 허용되고 있지만, 구속된 피의자에게도 보석권을 확대 적용할 필요가 있다. 물론 피의자를 석방하기 위한 제도로서 구속적부심사제도가 있으나 보석제도와는 상호 그 취지를 달리한다고 볼 수 있으며, 당사자주의 이념에 따라 피의자에게도 보석을 허용하여 자기방어의 준비를 할 수 있도록 해야 한다.

5) 보석보증금의 합리적 산정

법원으로 하여금 합리적이고 적정한 보증금을 결정하도록 하기 위하여 이에 필요한 자료를 법원에게 제공할 수 있는 여러 방안들을 강구할 필요가 있다. 그 예로서 보증금의 결정을 위한 제반사항을 심사하는 보석심사위원회를 설치하여 구체적이고 합리적인

---

393) *Ibid.*, p.528.

보증금액을 결정하는 자료를 제공하도록 하거나 또는 보증금의 산정에 관한 기준표를 작성하는 방안 등을 고려할 수 있다.[394] 다시 말해, 범죄유형과 전과 또는 죄질의 심각성 등과 같은 요인들을 기초로 하여 보증금 가이드라인(Bail guidelines)을 만들어 활용하면 피고인의 신분이나 지위에 따른 불평등 문제가 해소될 수 있을 것이다.[395]

6) 도망 피고인 처벌규정의 신설

보석이 허가된 피고인이 도주하거나 증거인멸의 행위를 하는 경우에는 보증금을 몰수하는 이외에 피고인의 행위를 별개의 범죄로 하여 피고인을 처벌하는 입법을 고려할 필요가 있다. 현행 법제상으로는 보석 중에 도주한 피고인에게는 형법상의 도주죄가 적용되지 않기 때문에 「형법」 제145조의 도주죄를 개정하여 이를 도주죄에 포함하여 처벌하거나 다른 별개의 범죄로 처벌하는 규정을 신설할 수 있다. 미국의 경우 법정에 출석하지 아니한 경우에는 벌금형으로 처벌하는 규정을 두고 있으며, 영국의 경우도 1976년 보석으로 석방된 피고인이 상당한 이유없이 출석하지 않으면 새로운 범죄행위를 구성하고, 이러한 피고인의 도주행위를 처벌하는 규정을 두고 있다.

2. 유죄협상(plea bargaining)

(1) 의 의

유죄협상(plea bargaining)은 피고인에 대한 공소가 제기된 후에 일반적으로 검사와 피고인측 사이에 재판에 갈 필요 없이 사건을 해결하기 위하여 벌이는 협상을 말한다. 이 제도는 검찰의 사건 관련자 및 피의자와 협상을 통하여 피고측이 유죄를 인정하는 대신 형량을 감경하거나 조정하는 제도를 말한다. 미국의 경우에 전반적으로 중죄인 중 50%는 유죄협상을 하게 되며, 경범죄자의 15%가 유죄협상을 한다.[396]

재판에 관여하는 행위자들은 서로 다른 동기에 의해 유죄협상에 참여한다. 어떤 피고인들은 검사의 강경한 태도를 깨닫고 형량을 최소화하기 위해 유죄협상을 함으로써 유죄판결로 인한 해로운 결과를 피하려 하는가 하면, 또 다른 피고인들은 혼자 모든 죄

---

394) 김희옥, 앞의 책., p.128.
395) Siegel, *op.cit.*, p.528.
396) *Ibid.*, p.529.

를 뒤집어씀으로써 공범이나 공모자들을 보호하기 위해서 유죄협상을 하기도 한다.

변호사 역시 여러 가지 이유로 유죄협상에 적극적일 수 있다. 어떤 사람은 자신이 특정 사건에 관여하는 것을 제한하기 위해서 협상을 추진할 수 있으며, 또 다른 변호사들은 자기가 맡은 사건의 피고인이 분명히 유죄라는 것을 알고 자신의 변호노력을 최소화함으로써 활동 수입을 많이 올리려는 의도아래 유죄협상을 시도할 수도 있다.

검사 역시 유죄협상으로부터 이익을 얻을 수 있다. 검사는 재판이 승산이 없다고 생각될 정도로 맡은 사건이 취약하다는 점에 대해 불안해한다. 이를테면, 검사는 공판 전에 경찰관이 수집한 증거가 절차적으로 오류를 범했다는 사실을 발견했을 경우에 재판의 승산이 없다고 판단할 수 있다. 이러한 경우에 피고인이 유죄협상을 하면 그 사건에 존재하는 이전의 법적인 오류는 모두 사라지게 된다. 또한 검찰 측에서 아무리 확실한 물증 등을 확보하고 있다할지라도, 배심원들이 검찰에게 불리한 결정을 언제든지 할 수 있는 기회가 존재한다. 검사들은 또한 고발자들과 공동 피고인들의 협조를 얻기 위해 협상을 할 수도 있다.

(2) 유죄협상의 쟁점

유죄협상을 지지하는 사람들은 이 제도가 다음과 같은 측면에서 국가와 피고인 모두에게 실제로 이익이 된다고 주장한다.[397] ① 형사소송의 전반적인 비용이 감소되며, ② 법정의 행정능률이 크게 증가하며, ③ 검찰은 더 중요하고 심각한 사건에 더 많은 시간을 투자할 수 있게 되며, ④ 피고인은 가능한 구금과 장기적인 재판을 피할 수 있으며 형량이 약화된다.

따라서 유죄협상을 지지하는 사람들은 효과적인 사법행정이 작동되는 곳에서 유죄협상을 채택하는 것이 적합하다고 믿는다. 그러나 유죄협상은 피고인들이 헌법상 인정된 재판상의 권리를 포기하게 만든다는 비판을 받는다. 또한 실제 재판의 결과보다는 훨씬 낮은 형량을 받게 됨으로써, 이는 형량의 불균형을 초래하는 부작용이 있다는 비판도 받는다. 특히 일반대중의 눈에는 유죄협상이 피고인들로 하여금 형사사법 체계를 무력화하고, 더 나아가 사법처리 과정을 퇴색시키고 있는 것으로 비쳐진다. 또한 유죄협상은 선량한 사람들로 하여금 범죄를 범하게 하는 동기부여를 할 수 있다는 주장도

---

397) *Ibid.*, p.530.

제기된다. 즉, 그들이 공식적인 재판에 따른 엄한 형벌보다 유죄협상의 결과로 가벼운 형벌을 받는 것이 더 낫다고 믿게 되면, 범죄를 범한 후에 유죄협상을 시도하려는 동기 부여화될 수 있다. 유죄협상은 위험한 범죄자들이 처벌을 모면할 수 있게 함으로써 형사법의 범죄억제 효과를 약화시키며 또한 법에 대한 공공의 신뢰를 저해할 수 있다.

(3) 유죄협상에 대한 통제

유죄협상이 가까운 미래에 없어지거나 감소될 가능성은 거의 없는 것 같다.[398] 그것에 대한 완전한 폐지를 지지하는 사람들은 소수이다. 그러나 협상의 남용으로 인해 여러 가지 병폐가 지적되고 있기 때문에 유죄협상 활동을 개선하기 위한 노력이 이루어지고 있다. 이러한 개혁은 통일적인 유죄협상 실시기준의 개발, 협상동안 상담의 실시, 그리고 협상 기간의 한정 등을 핵심적인 과제로 한다. 사실 검사와 변호사 사이의 협상은 어떤 기준이나 제약도 없다. 재판 전에 양측의 협상이 성사되면, 그에 따라 재판 없이 사건의 처리는 종결되는 것이다.

따라서 최근에는 유죄협상을 더 가시적이고, 이해가능하며, 공정한 처리과정으로 전환하려는 노력이 이루어지고 있다. 적정과정을 위반하는 것을 예방하고, 순수한 피고인들이 강제력에 의해 유죄협상을 하지 않도록 보장하기 위해 많은 관할에서 보호수단과 가이드라인을 개발했다. 예컨대, 판사는 피고인에게 유죄협상을 허락하기 전에 유죄협상 사실여부에 대하여 피고인들에게 질문하고, 변호사는 피고인의 권리를 제시하고 충고할 수 있다. 검사와 변호사는 피고인 및 범죄에 대한 모든 정보를 제공받아 유죄협상에 관한 공개토론을 벌인다. 유죄협상의 공정성을 보장하기 위해서는 사법부의 감시가 효과적인 통제 매커니즘이다.

가장 극한적인 개혁은 유죄협상 제도를 완전히 폐지하는 것이다. 유죄협상에 대한 금지운동이 미국 전국을 통하여 많은 관할에서 전개되었다. 알라스카에서는 1975년에 유죄협상제도가 폐지되었으며, 호놀룰루와 하와이에서는 폐지를 위한 시도를 했다. 애리조나 등 몇몇 주에서는 유죄 협상의 사용을 제한하려 했다. 이러한 지역에서는 유죄협상의 대가로 피고인에게 어떤 배려나 이권도 주어지지 않았다.

---

398) *Ibid.*, p. 530.

제3절 양형 구조

1. 양형의 개념

범죄행위로 기소된 피고인이 법정에서 유죄가 인정되면, 판사는 피고인에게 형벌을 부과하게 되는데 이러한 형벌부과를 양형(sentencing)이라고 한다. 일반적으로 형사 피고인에 대한 형벌 부과는 법관이 형법총칙에 규정된 형벌의 종류를 기준으로 개별사건에 적용하여 양형을 부과하는 과정으로 이루어진다. 양형의 목적은 궁극적으로 범죄예방과 억제, 그리고 사회평화와 정의를 구현하는데 있다. 그러므로 개별범죄에 대한 양형은 공정하고 공평해야 한다.

그러나 형사사법체계의 선진국인 미국의 경우에도 재판과정 동안 모든 단계에서 법관의 자유재량이 행사됨으로써 유사한 범죄를 범한 범죄자들이 아주 다른 처벌을 받는 결과를 초래한다. 또한 피고인과 피해자, 검사와 변호사, 그리고 법관과 증인 등 다양한 사람들이 재판에 관여함으로써 개별범죄의 양형은 차이를 보이게 된다. 범죄자의 처벌에 대해 서로 가치를 달리하는 철학적 관점을 가진 사람들은 처벌위주의 양형, 교화·치료 프로그램의 선호, 국가형벌체계의 불간섭이나 형벌의 최소화 주장 등 양형에 대해서도 견해를 달리한다.

2. 부정기형 제도(indeterminate sentences)

(1) 내 용

미국은 초기에 범죄자를 일정 기간 강제적으로 교도소에 수감하는 정기형제도를 채택하고 있었다. 19세기 후반에 들어 개혁자들은 인간행동에 대해 진보적인 견해를 가지기 시작하면서 소위 형사법의 근대화라고 불리는 형벌체계의 변화를 시도했다. 아울러 이민 증가 등으로 신생 미국의 인구가 늘어나고 범죄자도 증가함에 따라 교도소가 포화상태를 이루는 문제도 발생했다. 따라서 교도소 포화문제를 해결하고 재사회화의 형벌목적을 달성하기 위하여 비교적 사회에 위험성이 적은 피고인들을 대상으로 집행유예와 보호관찰을 시행하게 되면서 부정기형 제도가 도입되게 되었다.[399] 그 이후 50

년 동안 발전된 것은 최 단기에서 최장기에 걸쳐 형을 선고하는 부정기형의 채택이었다. 부정기형은 수형자의 수감생활기록에 의해 사회복귀를 가능하게 할 정도로 교화되었다는 결론이 내려지면 곧 바로 피고인을 석방하는 장점이 있는 제도이다.

부정기형은 미국의 대다수의 주에서 채택하고 있다. 부정기형은 피고인이 공동체 감시형을 내리기 어려운 중죄인일 경우에 반드시 의무적으로 복역해야 할 단기형과 아울러 장기적으로 복역할 수 있는 한계기간으로서의 장기형을 선고한다.[400] 즉, 법관은 강도범에게 단기 1년에서 장기 10년의 형을 선고할 수 있는 것이다.

이러한 구조 속에서 수형자들의 실제 복역기간은 교정기관에 의해 통제된다. 수형자는 교정기관과 담당 직원이 작성한 수형 기록에 의해 사회에 복귀하여 생활할 준비가 되어 있다고 인정되면 최 단기 복역기간이 끝난 경우에 언제든지 석방될 수 있다. 또한 최소 또는 최고 몇 년이라는 복역 기간은 수형자가 모범적인 행동으로 휴식을 받는 시간의 수 또는 상담과 직업훈련 프로그램에 참여하는 시간 수에 의하여 단축될 수 있다. 실제로 형기단축 프로그램에 의해 수형자들은 최소 형기의 일부분만을 복역할 수 있게 되어 있으며, 오늘날 수형자들은 최초에 선고된 형량의 약 3분의 1만을 복역한다.

미국의 경우에 대부분의 부정기형을 채택하고 있는 지역은 형기의 하한과 상한 기간을 구체적으로 명시하고 있다. 그러나 판사들은 그러한 한계 내에서 실제적인 형량을 선고할 때 자유재량권을 행사할 수 있다. 예컨대, 강도범에게 최소 2년에서 최대 20년의 범위 내에서 선고할 수 있다면, 판사는 어떤 범죄자에게는 최소 5년에서 최대 10년으로, 다른 사람에게는 최소 2년에서 최대 5년으로 선고할 수 있는 자유재량권을 행사할 수 있다. 판사의 형량 선고는 형법에 규정된 최소 형량보다는 짧지 않게 그리고 최대 형량보다는 길지 않게 선고하면 된다.

(2) 목 적

부정기 형의 근본 목적은 수형자의 교화를 위해서 형량을 개별화하자는 것이다. 부정기형은 부과되는 형량의 유형뿐만 아니라 복역기간의 길이에 대한 신축성을 허용한다는 장점이 있다. 부정기형 제도는 형사절차로서의 양형, 양형의 목적으로서의 재사회

---

399) Sandra Shane-DuBow, Alice P Brown & Erick Olson, Sentencing Reform in the United States:History, Contents, Effect 1-4, 1985, pp.4-5.
400) *Ibid.*, p.536.

화와 사회방위, 수형자와 직접 대면하는 하부기관에 권한을 이양함으로써 정확하고 현실적합한 결정의 가능성, 판사와 교정기관의 역할분담에 의한 전문화, 감정적 사회여론으로부터 단절 등을 어느 정도 기대할 수 있다는 긍정적인 면이 있다.[401]

그러나 지나친 재량은 자의적이고 예측하기 어려운 양형과 형벌의 불균형 등을 초래하였으며, 양형기관의 편견과 세계관에 양형이 좌우된다는 비판이 제기되었다. 또한 이론과는 달리 현실은 예산과 전문인력의 부족으로 교육의 질과 내용이 뒤떨어져 재사회화의 성과가 별로 없고, 양형이 비공개로 이루어져 범죄에 대한 사회적 평가를 양형에 반영할 길이 없다는 문제점이 발생했다. 궁극적으로 형벌이 범죄인 교화에 효과적인가에 대한 의문이 제기되었다. 또한 판사가 선고하는 양형과 수형자가 실제로 복역하는 형기 사이에 격차가 너무 크다는 비판이 제기되었다. 이러한 과정속에서 1970년대 캘리포니아 주 등은 부정기형의 핵심 중 하나인 가석방을 폐지하고, 모든 사안에 대하여 특별한 사정이 없는 한 보호관찰을 허용하던 종래의 제도를 수정하기에 이른다.[402]

한국은 부정기형을 인정하는 제도가 없다. 죄형 법정주의에 철저한 한국은 본래 부정기형에 부정적인 입법태도를 견지해 왔다. 따라서 절대적 부정기형은 물론 상대적 부정기형도 금지되고 있다.

상대적 부정기형은 수형자들의 복역 성적과 태도에 의해 조기 석방으로 사회복귀를 가능하게 한다는 객관성을 검토해볼 필요가 있다. 물론 교정기관이 수형자들을 심사하여 석방하는 것에 대하여 그 능력이나 공정성에 대해 불신하기 때문에 부정기형 제도는 불가능하다고 주장할 수도 있다. 그렇다면, 전문가들도 포함된 심사위원회를 구성하여 엄격하게 심사하는 절차 등을 마련하면 그렇게 어렵지 않을 수도 있을 것이다.

3. 정기형 제도(determinate sentences)

정기형은 미국의 경우에 초기에 채택된 형량 선고제도이다. 정기형이란 법관이 형법에 규정된 한계 내에서 개인적·전문적 판단에 의해 형량을 부과할 수 있는 형벌선고제도이다.[403] 형법에서 강도는 20년까지 징역에 처할 수 있다고 규정하고 있으면, 법관

---

401) 이상원, 외국의 양형제도연구:미국의 주 양형제도의 변천과 현황, 법원행정처, 2003, p.10.
402) 앞의 책, p.10.
403) *Ibid.*, p.537.

은 초범에 대해서는 5년의 실형을, 재범자에 대해서는 10년을, 그리고 3회 이상의 재범자와 무기를 휴대한 범죄자에 대해서는 20년을 선고할 수 있다. 부정기형에서는 석방이 교정기관의 권한에 의해 결정되지만, 정기형에서는 형량을 선고하는 법관에 의해 결정되는 선고형량 그 자체가 복역기간의 전부이므로 법관의 권한이 거의 전적으로 작용한다.

초기의 정기형 형법 규정이 20세기 초에 부정기형에 의해 대체되었을 때, 법관의 재량권은 아주 광범하게 인정되었다. 정기형과 부정기형 모두 법관이 피고인에게 집행유예를 선고할 수 있고, 또 다른 피고인에게는 장기 실형을 선고할 수 있다는 점에서는 본질적으로 동일하다. 이러한 법관의 무제한적인 자유재량권은 재판과정에서 차별과 불공정성을 초래할 수 있다. 또한 부정기형은 교정기관에게 준 사법권력을 부여함으로써 수형자들이 사회에 복귀하는 시기를 결정하는 권한을 행사할 수 있게 한다. 부정기형은 교정기관이 재량권을 행사할 수 있다는 점에서 정기형과는 중요한 차이가 있다.

이러한 평가의 결과로서 1970년대 후반 캘리포니아, 일리노이, 그리고 메인 주 등 많은 주 정부는 재량적 가석방 권한을 가진 부정기형 제도를 재량적 가석방 권한이 없는 단일 형기의 특징을 가진 정기형 제도로 대체했다. 다시 말해, 부정기형은 단일형기의 정기형으로 대체되었다. 그러나 정기형의 경우에도, 어떤 경우에 모범적인 행동으로 시간 점수를 획득한 수형자들은 형기의 반까지 감형 받을 수 있다. 이러한 정기형의 현대적인 개념은 치료와 교화보다는 응보, 억제, 그리고 평등 지향적이다. 대부분의 관할 사법부는 특별한 범죄에 대해 적절한 형량을 제시함으로써 재판부의 의사결정을 구조화하려는 노력을 시도해 왔다.[404]

4. 구조화된 양형체계

(1) 의 의

1971년 '정의를 향한 투쟁'이라는 공식 보고서는 양형불평등에 대한 비판을 제기하면서 미국사회는 정기형제도, 양형기준제, 양형위원회, 상급심에 의한 양형통제 등이 그

---

404) Thomas Marvell and Carlisle Moody, "Determinate Sentencing and Abolishing Parole: The Long Term Impacts on Prisons and Crime," *Criminology 34*, 1996, pp.105-128.

해결책으로 제시되기 시작했다. 당시 미국은 범죄인 교화에 의한 범죄감소를 추구하는 부정기형 제도를 채택했으나 범죄율 증가로 실패에 직면했으며, 이로 인해 보다 엄한 양형제도의 출현은 수형자의 증가와 수감시설의 부족을 초래하여 기존 수감자들을 조기에 석방시킬 수밖에 없는 문제를 발생케 했다. 법원이 선고하는 형과 피고인이 실제로 복역하는 형 사이의 불일치는 오히려 심화되었다.

결과적으로 1975년을 시발점으로 하여 미국의 많은 주는 다양한 양형개혁을 시도하게 되었고, 정기형제도나 형기의 하한제도, 양형의 정직성 규정 등을 채택하여 양형의 공정성 제고와 양형 불균등의 완화 등을 실현하고자 했다. 미국의 대부분의 주는 새로운 형태의 정기형 제도를 발전시키기 위하여 재판과정을 통제하고 구조화하며, 더 합리적으로 운영하기 위해서 양형지침(sentencing guidelines)을 개발하려고 노력하기 시작했다.

구조화된 양형의 핵심은 양형지침의 개발과 깊은 관련이 있다. 구조화된 양형은 양형지침을 개발하여 양형기관의 양형과정을 체계화하여 그 재량을 통제하기 위한 것이다. 양형지침은 다양하지만, 일반적으로 범죄의 심각성 수준(severity level of offence)과 범죄자의 범죄경력 점수(criminal history score)를 기초로 하고 있다.[405] 즉, 범죄가 심각하고 범죄자의 범죄경력이 광범할수록 지침은 더 장기의 형량을 선고해야 한다고 권고한다. 즉, 초범으로 과도한 폭력이나 흉기를 사용하지 않은 강도범에 대해서는 5년형이 주어져야 한다고 규정하지만, 흉기를 사용하고 전과가 있는 사람은 3년이 더 추가되어야 한다고 규정하고 있다.

양형지침은 교정기관의 재량적 석방권한을 인정하지 않지만, 모범적인 행동으로 시간점수를 획득한 범죄자들로 하여금 감형이 될 수 있게 하고 있다. 법관의 재량권을 제거함으로써 이 지침은 인종적·성적 불평등을 감소하는 방향으로 설계되었다.[406]

(2) 서술적 지침과 처방적 지침

1) 서술적 지침

오늘날 미국 연방정부와 17개 주는 구조화된 양형형태를 채택하고 있다. 이는 자발

---

405) Siegel, *op.cit*, pp.538-539.

406) Jo Dixon, "The Organizational Context of Criminal Sentencing," *American Journal of Sociology 100,* 1995, pp.1157-1198.

적이고 권고적인 양형지침의 개발과 관련이 있다. 권고적 양형지침(advisory sentencing guidelines)은 판사들이 재판과정에 이 지침을 참고로 할 수 있으나 반드시 이에 따라야 할 의무가 없다.

권고적 양형지침은 버지니아 주의 서술적 양형지침이 대표적이다. 이 서술적 양형지침은 기존의 양형 실례를 통계적으로 분석하여 작성된 것으로서 판사에 대한 법적 구속력이 없다. 최근 5년간의 양형실례를 바탕으로 양형기준을 작성한 후 매 1년마다 개정을 하되 가장 오래된 1년 치의 양형례는 그 자료에서 제외하는 방식으로 양형기준을 작성한다. 버지니아 주는 과거 양형실례를 분석하여 이에 기초한 기준을 제시하여 판사들이 양형을 함에 있어 편의를 얻기 위한 것이 주된 목적이었다.

서술적인 양형지침(descriptive guidelines)은 의무적인 성격의 형벌선고 지침이 아니라 단순히 지침의 사용을 권고하는 수준의 성격을 가지고 있다.

2) 처방적 지침

1980년대 초반에 이르러 미국의 각 주는 양형위원회가 작성하는 양형기준을 적용하기 시작했다. 종전과 달리 입법부가 아니라 양형위원회가 양형기준을 작성하였고, 그 기준이 계량화되고 보다 체계화되어 단순한 권고적 효력 이상의 효력을 갖게 되었다. 양형의 공정, 즉 양형의 균등과 확실성, 비례성과 교도소의 포화문제를 해결하기 위해 도입된 처방적 지침(prescriptive guidelines)은 법관들로 하여금 형벌의 선고시에 의무적으로 지침에 따르도록 요구한다.[407] 처방적 지침은 법관이 형벌 선고시에 이 지침에서 벗어난다면, 항소 사유가 된다. 연방 정부, 미네소타, 펜실베니아, 미시간, 워싱턴, 플로리다 주 등은 법관들이 의무적으로 이 지침에 따르도록 하고 있다. 이러한 처방적 양형기준 하에서도 판사들이 그 기준을 벗어나는 양형을 전혀 선고할 수 없는 것은 아니다. 다만, 기준으로부터 벗어날 때에는 그 이유를 판결문에 적시해야 한다.

처방적 지침은 임명된 양형위원회에 의해서 만들어진다. 위원회는 특정범죄와 범죄자에 대해서 어떤 양형이 이상적인 것인지를 결정한다. 그러나 처방적인 지침 내에는 상당한 편차가 있다. 어떤 지침은 가석방 내용을 포함시키지만, 다른 지침은 그렇지 않다. 어떤 지침은 모든 범죄를 포함시키고 있지만, 다른 지침은 중범죄만 포함시키고 있으며, 형벌의 범위를 좁게, 또는 범위를 아주 넓게 잡고 있는 등 다양하다. 어떤 지침은

---

407) Siegel, *op.cit.*, pp.537-538.

모든 유형의 형벌을 명시하고 있지만, 다른 지침은 단지 교정시설에 구금형만을 명시하고 있기도 하다.

(3) 유죄인정에 의한 양형협상(plea bargaining)

양형지침서는 연방형사절차에 관한 규정을 근거로 유죄인정에 의한 양형동의를 계속해서 허용하고 있다. 유죄협상은 법률상의 유죄협상을 증진하며, 부당한 양형의 불균형을 영속시키는 것이 아니라는 정책적인 이유로 승인된다. 지침서는 유죄협상을 승인하거나 거부하기 위한 특별한 절차를 마련하고 있지 않다.

유죄협상이 법원을 구속하는 것은 아니지만, 이에 의해 지침서의 적용이 영향을 받게 된다. 지침서에 의해 피고인이 받게 될 형이 예측가능하며 특히 지침서가 종래에 일반적으로 선고되어 오던 형벌보다 다소 무거운 형벌을 규정하고 있기 때문에 기소범위의 축소와 감형을 미끼로 유죄자백이 쉽게 이루어지는 경우가 많다. 이러한 점에서 양형과 관련하여 검사의 영향력이 지나치게 커졌다는 지적도 있다.[408]

(4) 판결전 조사제도

판결전 조사제도는 법관이 특정사건의 판결을 하기 전에 유죄가 인정된 피고인에 대하여 소질, 환경 등 모든 양형인자(요인)를 조사하게 하여 이를 적정한 양형의 기초자료로 삼을 수 있게 하는 제도이다.[409] 미국의 경우에 판결전조사와 이에 대한 보고절차를 양형준비 절차라 한다.

일단 피고인의 유죄자백(plea bargaining)이 있거나 배심원의 유죄평결이 내려지면 보호관찰관은 형을 선고하기 전에 판결전조사보고서를 법원에 제출해야 한다. 판결전조사 보고서는 ① 피고인의 전과기록, ② 범죄실행 상황과 피고인의 행위에 영향을 미치는 상황에 관한 진술, ③ 범죄피해자의 원상회복 요구를 포함하여 법관의 양형선고에 도움이 될 정보들이 기재된다. 법원은 필요한 경우 더 자세한 조사를 요구할 수 있으며, 피고인으로 하여금 정신감정을 받도록 할 수도 있다. 판결전조사보고서는 피고인의 유죄자백이나 유죄평결이 내려지기 전에 공개되지 않는다. 이는 유·무죄 확정절차

---

408) 오병수, 양형실태 및 합리화 방안 연구, 한양대 박사학위 논문, 2001, pp.86-87
409) 하태훈, 양형기준과 양형과정의 합리화 방안, 형사법연구 제9호, 한국형사법학회, 1997, p.248.

와 양형절차를 분리하고 있는 미국의 소송절차에서 판결전조사 보고서가 미리 공개되면 양형자료가 유·무죄의 확정에 영향을 미칠 우려가 있기 때문이다.[410]

피고인의 연기신청이 없는 한 법원은 최소한 형의 선고 10일 전까지 판결전조사보고서를 피고인, 변호인, 그리고 검사에게 공개해야 한다. 다만, 법관은 피고인의 서면동의가 있으면, 언제든지 열람가능하다. 법원은 판결전조사보고서에 대한 검토후 피고인과 변호인 역시 판결전조사보고서를 검토하고 논의하였다는 사실을 확인해야 한다. 법관은 피고인에게 형벌부과의 근거가 된 사실을 알려주어야 하며, 형을 선고하기 전에 피고인에게 이의제기의 기회를 주어야 한다. 이러한 절차를 거친 후 법원은 지체없이 양형절차를 수행해야 한다.[411]

(5) 양형지침에 대한 비판

① 미국의 경우에 많은 지역에서 양형지침을 채택하고 있지만, 몇 가지 어려운 문제가 있다. 경험적 연구에 의하면, 법관들은 때때로 양형지침에서 벗어나서 재판을 하고, 입법자들은 행정명령에 의해서 조기석방을 허용하는 것과 같이 양형지침에 역행하는 입법을 한다는 문제가 지적되었다. 연방 지침은 역시 인종차별적 내용을 포함하고 있다는 비난을 받고 있으며, 과거에는 집행유예 형에 처해졌던 경범죄들에 대해서 교도소형을 요구한다는 비판을 받고 있다.

② 범죄자의 형량을 계량화, 수식화 하는 양형지침은 포스트모더니즘이 지배하는 현대사회에서 시대착오적이며, 정의를 수학방정식에 대입한 것으로 무모한 객관주의와 계량화의 맹신이라는 지적을 받는다.[412] 처방적 양형지침에 따른 양형은 개개의 사건에 특수한 구체적인 사정을 고려하기 어려워 비인간적인 양형이 되기 쉽다는 문제점이 제기된다. 특히 형기의 의무적 하한이 정해져 있거나 양형기준이 기속적인 경우에는 이러한 문제점이 더욱 심화된다. 또한 각 주들은 일정한 범죄에 대해 피고인을 사회내 처분으로서 사회복귀 프로그램을 시행하려고 하고 있으며, 그 대상은 확대 추세에 있다. 폭력, 성범죄, 가벼운 강도, 비조직적인 마약거래 등이 그 대상으로 고려되지만, 양형기준 아래에서 이러한 범죄들은 자유

---

410) 이재홍, 미국의 양형제도와 그 한국적 조명, 사법연구자료 제17집, 법원행정처, 1990, p.450.
411) 오병수, 앞의 책., pp.80-81.
412) 대검찰청 미래기획단, 양형기준에 관한 연구, 2007, p.95.

형에 처하도록 되어 있어 사회복귀프로그램의 적용이 불가능해진다는 점이 문제로 지적된다.

③ 양형기준이 검사의 플리바게닝 권한과 결합하여 양형재량을 단지 검사에게 이동한 것에 불과한 결과를 초래하였다는 비판이 제기된다. 미국 양형위원회의 양형기준 15년 시행보고서에서도 이에 대한 언급이 있는데, 즉, 입증가능하고 양형범주의 결정에 영향을 미치는 사건에 대해 검사가 유죄협상을 통해 불기소하거나 다른 양형약정을 하게 되는 경우 통일적인 양형을 구할 수 없는 결과를 초래할 수 있다.413)

④ 양형기준 그 자체의 타당성도 문제가 된다. 구체적인 범죄에 대한 양형기준으로서 어느 기준이 타당한가는 일의적으로 정하기 어렵고, 시간이 지날수록 양형기준의 타당성 검토에 대한 열정도 사라지고 자의적인 양형기준이 나타날 우려가 있다. 더구나 계량적인 숫자 형식의 양형기준은 정의롭지 못한 양형이 선고될 우려가 높다. 아울러 양형기준은 범죄의 경중과 범죄경력만을 평가요소로 삼고 있으며, 특히 의무적인 양형기준은 범죄의 경중만을 고려한다. 그러나 인간의 행위는 한 두 가지 요소로만 평가될 수 있는 단순한 것이 아니라 중요한 양형요소로 고려되어야 할 요소는 얼마든지 있다. 또한 교도소나 보호관찰소 등과 같은 교정기관의 권한이 대폭 감소되어 이들이 실질적으로 수형자의 교화에 기여하지 못하는 문제도 있다.

⑤ 어떤 변호사들은 양형지침이 판사들의 감형결정을 방해하고 집행유예를 어렵게 함으로써 장기 실형을 초래한다는 점에서 그 사용에 반대한다. 그러나 정기형 양형지침을 사용하는 주에서 교도소 수형자 수가 비정상적으로 증가했다는 증거는 없으며, 어떤 주에서는 오히려 감소했다고 한다. 미국이 양형개혁을 통해 달성하려고 했던 주된 부분이 가석방제도의 폐지 및 집행유예 처분의 축소를 통한 형집행의 구체화였는데, 양형기준의 확립으로 이러한 목적이 어느 정도 달성되었다는 점은 분명하다.414) 그러나 양형지침과 정기형의 궁극적인 검증은 범죄 감소 여부에 의해 결정된다. 지금까지 이러한 제도만으로 범죄가 감소했다는 증거는 없다.

---

413) 앞의 책., p.95.
414) 앞의 책., p.96.

5. 의무적인 양형제도(Mandatory sentences)

(1) 의 의

의무적인 양형제도는 법관의 재량권을 제한하기 위해 특정범죄로 유죄가 입증된 모든 피고인들에 대하여 무능력화, 즉, 구금형을 요구하는 의무적인 선고(최소형)제도를 말한다. 즉, 마약거래나 총기범죄를 범한 범죄자들은 적어도 보호관찰(probation)의 가능성에서조차 배제되도록 하는 의무적인 양형체계를 만들자는 것이다. 또한 어떤 범죄자들은 가석방(parole)의 고려대상이 되지 못하도록 의무적인 양형제도를 만들려고 하는 것이 의무적인 양형제도이다. 의무적 양형체계는 입법부에 의해서 권한이 부여된 경우를 제외하고는 법관으로 하여금 어떤 형벌을 의무적으로 부과하도록 함으로써 법관의 재량권을 제한한다.

의무적인 양형체계는 부정기형의 형벌 구조를 보완하거나 구조화된 형벌의 특징이 될 수 있다.[415] 예컨대, 부정기형을 채택하고 있는 곳에서 미등록 총기를 휴대한 범죄자에게 최소 1년의 징역형을 의무적으로 선고하게 하는 것과 같은 것이다. 의무적 형벌선고는 법관의 권한을 과도하게 제약하고 형벌이 너무 가혹하기 때문에 검사와 변호사는 강제적 형벌체계에 따르기를 싫어한다. 경험적인 연구에 의하면, 총기를 휴대한 마약거래상은 총기휴대 부분에 대해서는 처벌을 받지 않는다는 것이 확인되었다. 그 이유는 법관과 검사들이 이미 마약거래에 대한 처벌이 주어졌기 때문에 총기휴대 부분에 대해 추가적인 형벌을 부과하는 것은 과잉처벌의 문제가 될 수 있다고 믿기 때문이다.

(2) 양형 진실법

1984년에 제정된 양형 진실법(Truth in Sentencing Laws)은 의무적인 양형을 요구하는 법적인 장치이다. 양형의 정직성과 관련된 의무적인 양형체계는 의무적인 양형지침을 확립하면 재판과정에서 법관이 그 지침에 따라서 양형선고를 할 수 밖에 없고, 따라서 양형의 공정성과 투명성을 확보할 수 있다는 측면에서 양형의 정직성에 대한 요구를 충족시키고 양형불균등의 위험성을 감소시킨다. 양형 진실법은 범죄자들이 형기의 상당 부분을 교도소에서 복역해야 하고, 가석방 자격과 형기감면 선행점수제는 제한되

---

415) *Ibid.*, p. 538.

거나 제거되어야 한다는 점을 강조한다.

양형 진실법 운동은 과밀상태의 국가 구금시설로부터 재소자들을 조기 석방할 수밖에 없는 교도소 과밀현상에 대비하기 위해 출현했다. 1994년 형법에 규정된 폭력범죄자 무능력화와 양형 진실운동 지원 프로그램은 주 정부가 장기 징역형을 선고할 경우에 발생하는 비용을 지원하기 위한 기금을 마련했다. 주 정부는 이 기금을 확보하기 위해 징역형을 선고받은 중범죄 폭력범죄자들이 형기의 85% 이상 복역했을 경우에만 가석방 자격을 부여했다. 많은 서구 국가들이 벌금과 공동체 봉사명령과 같은 적당한 처벌정책을 채택하고 있는 것과는 달리 미국이 과도하게 처벌위주의 형사정책을 채택하고 있다는 사실은 이상한 일이다.[416]

(3) 삼진아웃법

삼진아웃법은 범죄의 유형이나 심각성에 관계없이 세 번째 유죄가 인정되면 장기실형을 받도록 강제적으로 규정한 법이다. 예컨대, 캘리포니아에서 리그스(Michael Riggs)라는 전과 8범은 20불짜리 비타민 한 병을 가게에서 훔친 것으로 체포되어 가석방 자격을 얻기 전에 최소한 20.8년 동안 교도소 생활을 해야만 하는 25년의 징역형을 선고받았다. 삼진법이 없었다면 그는 기껏해야 6개월 형에 처해지고, 살인죄를 범했을지라도 17년형을 받았을 것이다. 그는 1999년에 대법원에 상고했으나 재판부는 상고를 기각하고 원심을 확정했다.[417]

이처럼 삼진법은 전과자에게 무거운 형벌을 가하는 것을 목적으로 한다. 특히 세 번에 걸쳐 중범죄로 유죄판결을 받은 범죄자의 경우에 사법부는 세 번째 범죄가 심각하거나 폭력범죄가 아닐지라도 최하 25년 징역형을 선고하거나 심지어 종신형을 선고하는 경우도 있다.[418] 1994년에 연방형법은 삼진법을 도입하여 3회에 걸친 중범죄로 유죄판결을 받은 피고인에 대해 의무적인 종신형을 요구하는 입법을 했으며, 22개 주정부도 연방형법의 뒤를 따랐다.

삼진법은 폭력범죄의 대책을 찾는 보수주의자들의 환영을 받았을지라도, 가벼운 범

---

416) Michael Tonry, "Parochialism in U.S. Sentencing Policy," *Crime and Delinquency 45*, 1999, pp.48-65.

417) Siegel, *op.cit.*, p.540.

418) Michael Vitiello, "Three Strikes: Can We Return to Rationality?" *Journal of Criminal Law and Criminology 87*, 1997, pp.395-481.

죄를 범한 사람도 장기 징역형을 받을 수 있기 때문에 논쟁의 대상이 되고 있다. 어떤 법관은 삼진법에 의한 처벌이 너무 가혹하기 때문에 그 법의 조항들을 무시하고 있다는 보고가 있다. 랜드 연구소의 경우에 삼진법은 중범죄율을 22-34%까지 실제로 감소시킨다는 경험적 증거를 제시했다. 그러나 그 감소비용이 캘리포니아 한 개 주에서만 매년 45억에서 65억불 정도로 증가하고 있다는 것이 문제이다.[419] 삼진법은 지금 법적으로 위헌이라는 도전을 받고 있기 때문에 그 미래는 불확실하다. 그러나 미국의 중범죄 억제를 위한 형벌대책은 단호하고 엄격하다.

6. 우리나라의 양형제도 도입과 관련된 논의

우리나라의 양형개혁 역시 양형실태를 분석하여 양형원칙의 부존재, 법정형의 불균형, 양형의 불공정, 형사특별법의 남용, 그리고 법관의 양형심리의 불충분, 상소심에서 양형통제의 불충분, 법관별 양형격차 등의 문제점을 도출하는 과정이 요구된다.

(1) 양형결정을 위한 근거규정의 추상성

일반적으로 우리나라 양형의 가장 큰 문제점은 법관의 양형 결정을 위한 근거 규정이 추상적이라는 점이다. 「형법」 제53조의 작량감경과 제62조의 집행유예와 선고유예가 양형에 관한 규정에 해당하지만, 내용이 지나치게 단순하고 추상적이어서 법관의 완전한 자유재량에 속하는 상항으로 양형에 대한 원리나 지침이 되지 못한다.[420] 또한 양형의 온정주의라고 할 수 있는 관대한 양형의 경향, 특히 집행유예 판결의 비율이 지나치게 높다는 것도 문제로 지적될 수 있다.

2004년도에 자유형이 선고된 사건 중 1심 집행유예 판결 비율은 63.2%이고, 2심은 44.8%로서 미국에 대비하여 볼 때 매우 높은 편이다.[421] 미국의 양형개혁이 시작된 것도 부정기형이 많이 선고되고, 그에 따라 가석방이 너무 잦아 형벌의 확실성이 침해되었다는 사실 때문이라는 점을 음미해볼 필요가 있다. 우리의 경우에도 집행유예 판결이 남용된다면, 형벌의 확실성이 침해되고 있는 것으로 평가할 수 있다.

---

419) Siegel, *op.cit.*, p.540.
420) 최준, 양형구조에 관한 연구, 경상대 대학원 박사학위 논문, 2006, pp.129-133.
421) 대검찰청 미래기획단, 앞의 책., p.100.

(2) 구속여부 기준의 불명확성

우리나라는 구속여부에 대한 기준이 명확하지 않아 일반인은 물론이고 검사, 변호사의 입장에서도 구속여부에 대한 예측이 어려우며, 재판부간의 큰 양형편차 등도 문제점으로 지적된다. 2004년 창원지검에서 구속 공판한 사건 중 146건을 분석한 결과 선고 형량이 대부분 검찰 구형량의 1/2 이하로 선고되었다는 사실을 발견할 수 있었는데, 이는 검찰의 구형관행이 적정하지 않든가 아니면 법원이 너무 관대한 선고를 하고 있다는 증거이다.[422]

(3) 법정형의 광범성

형법과 특별법의 법정형 범위가 지나치게 넓다는 것도 양형의 불균형을 초래하는 요인이 되고 있다. 특히 특별법의 불균형적인 법정형과 중형주의는 실제 선고형과 괴리현상이 나타나 양형의 불균형을 초래한다.

(4) 자료와 심리과정의 불충분

우리나라의 형사재판은 양형결정을 위한 자료와 심리과정이 불충분하다는 점도 문제이다. 공판과정에서 법관은 적극적인 양형심리를 진행하기 보다는 피고인 및 변호인에게 양형에 관한 의견진술, 양형자료의 제출, 양형증거의 조사를 위한 기회 제공 등의 소극적인 방법에 의존한다. 특히 양형요소에 대한심리는 대부분 사법경찰관이 작성한 제1회 피의자신문조서에 기재된 형식적인 사항(직업, 연령, 가족관계, 재산정도 등)과 범죄경력조회서 및 수사자료조회서에 나타난 피고인의 전과 및 전력, 범행동기에 관한 피해자의 진술, 합의서 제출여부 등에 의존한다. 사실 사법경찰관과 검찰은 피고인에게 유리한 정상참작자료 조사와 수집에 소극적이다. 따라서 양형요소에 대한 정보부족상태에서 양형이 결정된다. 자백사건의 경우 통상 공판절차는 1회의 심리로 종결되는데 피고인이나 변호인이 양형자료를 제출하지 않는 한 법관은 불충분한 양형자료만으로 형의 종류와 양을 결정하는 문제가 발생한다.[423]

---

422) 앞의 책., p.101.
423) 최준, 앞의 책., pp.130-133.

(5) 양형통제 장치의 미비

양형통제 장치가 미비하다는 것도 법제적 미비점이다. 현행 「형사소송법」은 사실오인 또는 법령 위반에 기한 양형부당과 그 이외의 양형부당을 항소이유의 하나로 규정하고 있음으로써 항소심은 구체적인 사건의 양형에 대한 시정기능을 한다. 그런데 현행법상 판결문에는 범죄의 정상이나 양형의 이유를 명시할 필요가 없다. 실제 선고된 형에 이르게 된 이유를 기재하도록 의무화하고 있지 않아 사후 심사를 어렵게 한다. 또한 현행 「형사소송법」은 양형부당에 대한 상고를 사형, 무기 또는 10년 이상의 징역이나 금고가 선고된 사건으로 제한하고 있다.

(6) 양형개혁 목표의 명확화

양형개혁은 그 목표가 명확해야 한다. 미국 양향개혁법안의 목표는 ① 양형의 확실성과 투명성 보장과 부당한 편차제거, ② 양형목표를 달성할 수 있는 효과적인 정책 수립 등이다. 양형정책이 양형기준을 채택하여 형사정의를 실현하는 것이 양형개혁의 목표라면, 양형기준으로 고려되어야 할 요소의 선택문제가 심도있게 다루어져야 한다.

(7) 새로운 양형제도 도입에 관한 비용문제

새로운 양형기준제 도입은 그에 따른 비용문제에 대한 검토가 필요하다. 미국식 양형제도를 도입하고자 하는 경우 실제로 유죄협상세도의 도입여부, 배심제와의 연관성 여부, 또한 양형자료를 조사하여야 하는 양형조사관의 수는 어느 정도 필요한 것인지의 여부, 판결전조사보고서 작성 대상 범죄의 범위 등에 대한 신중한 검토가 요구된다.

제13장 교정심리학

제1절 개념적 접근

1. 교정체계와 교정심리학

(1) 교정체계의 개념

범죄억제는 범죄자에 대한 처벌이나 경찰의 다양한 범죄예방 활동에 의해서만 이루어지는 것이 아니다. 지역사회의 자기 방어적인 주민경찰 활동 그리고 주민들의 개별적인 다양한 방범시설이나 장치의 설치도 범죄억제를 위해 기여하며, 특히 교정기관의 유죄판결을 받은 피고인들에 대한 다양한 제도와 집행활동 역시 범죄억제를 위한 대책의 차원에서 운영되고 개선이 논의되어 왔다.

교정(corrections)은 피고인을 법관이 판결한 대로 엄격하게 형벌을 가하는 개념보다는 범죄자들을 교화 개선하여 사회에 복귀시킴으로써 재범을 막겠다는 개념적 의미가 강하다. 실제로 교정기관에 넘겨진 범죄자들은 다양한 교화개선 프로그램을 거치거나 어느 시기에 대부분 가석방 또는 석방된다. 이처럼 교정기관들은 범죄자들의 수형 생활에 많은 권한을 행사한다. 일상적인 수형 생활은 물론이고 가석방이나 석방의 결정에도 교정기관의 관리 성적이 모범수라는 이름으로 크게 영향을 미친다.

그러나 현대의 교정체계는 범죄자에 대한 교화개선이 범죄억제에 더 효과적인지 아니면 엄격한 처벌이 효과적인지에 대한 복잡한 문제에 직면하고 있다. 교화개선이 범죄자의 재범을 막고 범죄를 억제하는 효과가 있다면, 교정기관은 가능한 범위에서 교화개선 프로그램을 운영하여 일정 수준에 도달한 사람들에 대해서는 가석방이나 석방 조치를 교정정책으로 선택해야 한다. 반대로 교화개선이 범죄억제에 비효과적이라면,

수형자들은 될 수 있는 대로 교도소에 장기간 수감됨으로써 사회와 격리되어야 한다.

수세기 동안 형사사법체계는 범죄자들에 대한 교화개선과 치료감호, 또는 엄격한 형벌 집행을 놓고 정책적 개선을 위한 노력을 기울여 왔다. 그러나 어느 정책이 범죄억제에 더 효과적인지 결정적인 증거를 제시해주지 못했다.

조기 석방된 범죄자들의 재범은 엄격한 형벌의 집행만이 가장 효과적인 범죄억제대책이라고 주장하는 보수주의 범죄학자들의 공격대상이 된다. 다시 범죄자들을 엄격하게 처벌하고 수감하는 범죄통제 모델로의 정책적 전환이 쟁점으로 부상한다. 그러나 교화개선 정책을 선호하는 진보주의 범죄학자들은 장기적으로는 교화개선 프로그램이 범죄억제에 효과적이라고 주장한다. 또한 엄격한 형벌정책은 국가예산의 낭비와 정상적인 사회인으로 복귀 가능한 수형자들을 장기 구금하는 문제로 인해 바람직한 방향은 아니라는 비판을 받는다.

(2) 교정심리학의 개념

심리학의 하위영역으로서의 교정심리학은 범죄행동이 다양한 원인과 이유로 발생하고 심지어 지속적인 범죄자나 상습범죄자들도 그 범행 원인이나 이유가 다양하다는 측면에서 이론을 전개하는 분야이다. 따라서 교정심리학자들은 교정 시스템에 대해 연구하고, 범죄로 기소된 사람들에게 직접적인 서비스를 제공하기도 하며, 교도소, 구치소, 공동체 교정시설에 관련된 심리적 쟁점에 대한 연구를 수행한다.

2. 형사사법 체계의 구조

(1) 개 념

형사사법체제는 법집행의 책임을 지고 있는 정부기관, 범죄재판기관, 그리고 범죄자들의 행위를 교정하는 기관들을 말한다. 형사사법체제는 본질적으로 사회통제의 도구이다. 즉, 사회는 어떤 행동이 위험하고 파괴적이라고 판단되면, 그러한 행동의 발생을 엄격하게 통제하거나 금지하는 것을 고려할 수밖에 없다. 형사사법기관들은 그러한 범죄행위자를 체포하고 처벌하고, 미래의 발생을 억제함으로써 범죄를 예방하는 책무를 지고 있다. 사회에는 가정, 학교, 교회, 기타 종교단체나 시민단체 같은 다양한 형태의 사회통제 요소가 존재하지만, 이러한 요소들은 도덕적인 비행을 처리하는 기능을 하는 것에 지나지 않으며, 법적인 통제기능을 수행할 수는 없다. 형사사법기관만이 범죄를 통제하고 범죄자를 처벌할 수 있는 권력을 부여받고 있는 것이다.

형사사법기관의 규모는 점점 증가하는 추세를 보이고 있다. 그들이 수사하고 재판하고 교정해야할 사람이 점점 늘어나고 있기 때문이다. 미국의 경우에 과거 10년 동안 범죄율은 상당히 감소하였으나 검거된 범죄자는 2천만을 넘어섰고 또한 범죄자에 대한 처벌이 엄격해짐에 따라 재판대상의 증가와 아울러 교도소 수용자도 늘어나게 되었다. 한국의 경우도 1999년도 대검찰청 통계에 의하면, 검거된 범죄자의 수가 2백만을 넘어섰다. 2백만이 넘어서는 인원을 수사하고 조사하기 위해서는 많은 법집행기관의 인력이 필요하고 또한 검거된 범죄자들을 재판하고 이 중에서 징역형을 받은 사람들에 대해서는 교정기관에서 관리해야 하는 과정에서 많은 인력이 소요될 수밖에 없다.

(2) 범죄억제와 사법처리

형사사법 체제를 형사사법 기관들의 집합체로 보기도 하지만, 한편으로는 범죄자를 처리하는 흐름에 따라서 일련의 결정과정으로서 볼 수도 있다. 즉, 사법처리 과정은 범죄자에 대한 경찰의 최초 인지와 수사에서 시작하여 검찰의 기소와 법원 재판, 그리고 교정기관에서의 수형과 석방이라는 일련의 과정으로 이루어진다. 각 과정마다 당해 기관은 범죄자를 다음 단계로 넘길 것인가 아니면 더 이상의 관여 없이 풀어줄 것인가를 결정하게 된다.

(3) 웨딩케이크 모델(Wedding Cake Model)

1) 모델의 구조

사법처리 과정의 전통적인 모델은 경찰이 최초로 범죄를 인지하여 교정기관에서 수형자를 관리하고 교화하는 과정까지 각 단계마다 해당 형사사법 기관들의 일련의 절차와 권한의 흐름을 내용으로 한다. 그러나 많은 전문가들은 이러한 전통적인 모델의 작동 절차와 결정이 하나의 환상에 지나지 않는다고 주장한다. 형사사법 체제는 범죄행위를 수사하고 처리하면서 법적 절차를 객관적으로 준수하는 것이 아니라 실제로는 훨씬 주관적으로 작동하는 정치적인 실체라는 것이다. 완전히 법적인 절차에 의해 처리

되는 사건은 소수이고 오히려 대부분의 사건들은 법적인 적정절차에 의해 처리되기보
다는 정치적이거나 경제적인 요인에 의해 처리된다.

형사법 사학자인 사무엘 워크(Samuel Walker)가 형사사법처리 과정을 네 개의 계층
으로 된 케이크에 비유한 웨딩이크 모델은 사법처리 과정의 실상을 잘 설명해준다.[424]

❶ 최상위 계층

이 모델의 맨 위에 있는 비교적 크기가 작은 계층은 유명인, 재력가, 또는 권력자를
포함하는 저명한 사람들의 사건들로 구성된다. 또는 별로 권력은 없을지라도 범죄사건
으로 인해 매스컴의 관심을 촉발시킨 사람들도 이 사건들의 범주에 들어간다. 웨딩케
이크 모델의 제일 위에 있는 계층에 속하는 사람들은 상당히 공공의 관심을 받고, 보통
그들에 관련된 사건들은 최고의 변호사들이 변론을 맡는 등 형사사법 절차에서 허용된
모든 자원이 동원된다. 일반 시민들은 이러한 사건들에 대해 언론을 통하여 보고 듣는
것이 아주 많아 법적인 절차에 의해 제대로 처리될 것이라고 믿는다. 그러나 그러한 사
건의 처리 결과는 형사사법체계가 실제로 어떻게 작동하는가에 대해서는 말해주는 게
별로 없다.

❷ 두 번째 계층

이 모델의 두 번째 계층은 절도, 강도, 강간, 그리고 살인 같이 매일 도시지역에서
발생하는 심각한 중범죄들로 구성된다. 이러한 사건들은 범죄의 심각성, 피고인의 과거
범죄기록, 그리고 피고인과 피해자의 관계 등에 의하여 동일한 계층에 속하게 되는 것
이다. 사람에게 신체적으로 심각한 피해를 입히거나 많은 돈을 강취하거나 절취한 범
죄자들은 대부분 이 계층에 속한다. 이들은 법적인 절차에 의해 대부분 기소되고, 장기
간의 수형선고를 받는다.

❸ 세 번째 계층

세 번째 계층은 훔친 돈이나 피해자에게 입힌 상해가 경미한 범죄자들이 해당된다.
이들은 보통 곧바로 석방되거나 유죄답변교섭(plea bargaining), 벌금형, 집행유예 등에
처해진다.

---

424) Samuel Walker, Sense and Nonsense about Crime(Pacific Grove, Calif.:Brooks/Cole), 1985,
pp.14-16.

❹ 최하위 계층

제일 밑에 있는 네 번째 계층은 사회 곳곳에서 매일 발생하는 경범죄들이 해당된다. 대부분의 음주소란, 가게물건 훔치기, 노상방뇨, 가벼운 싸움, 고성방가 등이 해당되는데 대부분 즉심으로 처리되고 벌금형 또는 구류형에 처해진다. 물론 결과에 불복하고 정식재판을 신청할 수 있지만, 재판을 기다리는 시간과 경비는 더 큰 부담이 되기 때문에 정식재판을 신청하는 사람은 거의 없다.

2) 웨딩케이크 모델의 의미

웨딩케이크 모델은 전통적인 형사사법처리 흐름도에 대한 하나의 흥미로운 대안이다. 워커는 형사사법체계에 의해 처리되는 사건들의 결과는 그 사건들이 각 기관의 의사결정자에 의해 어떻게 평가받는가에 따라 달라진다고 보았다. 대체로 웨딩케이크 모델에 제시된 각 계층에 속하는 사건들은 그 나름대로 내부적인 일관성을 가지고 있으며, 아울러 사건의 심각성에 따라서 처벌도 크게 받는다는 사실을 기초로 하여 계층이 구분되었다는 것이 분명하므로 사법처리 현실을 잘 반영하는 모델이다.

그러나 이 모델이 전통적인 형사사법체계와는 다르게 주장하는 부분이 있는데 그것은 저명한 사람들의 사건들로 구성된 계층에 관한 주장이다. 이 계층에 속하는 사건들은 권력과 부를 소유한 사람들과 관련된 것이므로 모든 방어수단을 동원하여 범죄의 심각성에 비해 처벌은 약한 것이 특징이다. 그러나 권력도 부도 없는 사람들의 범죄행위가 매스컴의 집중적인 조명을 받아 시민들의 관심이 클 경우에 그들은 어떤 형사처벌을 받게 되는지는 분명하지 않다. 이러한 상황에 있는 범죄자들은 오히려 중벌을 받을 가능성이 클 것으로 보인다.

이 모델이 강조하고자 하는 내용은 일반 대중의 여론이 사회에서 극소수로 발생하는 유명사건들을 기초로 하여 형성된다는 것을 깨달아야 한다는 것이다. 만일 사회의 이목을 집중시킨 사건에 대한 결과가 권력자와 부유층은 가볍게 처벌되고, 권력도 부도 없는 사람에 대해서는 중벌을 내린다면, 형사사법체계에 대한 여론은 유권무죄, 유전무죄라는 부정적인 내용으로 형성될 것이다. 사실 형사사법 전문가들은 모든 형사사건들이 판사, 검사 그리고 변호사간의 화합의 결과라고 보고 있으며, 이러한 협동 정신을 법정 작업집단(courtroom work group)이라고 부른다.[425]

---

425) Siegel, *op.cit.*, p.472.

　　그러므로 권력도 돈도 없는 하류계층의 사람들은 쓸만한 변호사의 지원도 기대할 수 없고 판사도 호의적이지 못하다. 사건 자체는 성격상 모델의 상위계층에 속하지만 처벌은 유명인들과는 달리 중벌을 받을 수밖에 없다. 웨딩케이크 모델은 형사사법체계의 작동에 관한 여론이 모델의 상위계층에 속하는 사건들의 사법처리 결과에 의해 형성된다는 관점을 강조하는 것이므로 이 계층에 속하는 유사한 성격의 사건들이 개인적인 여건에 따라 다르게 처리된다면, 형사사법체계의 범죄 억제 대책은 효과를 거둘 수 없다는 점을 함축하고 있는 것이다.

제2절　형사사법체계의 작동 모델

1. 형사사법체계의 작동 기초

　　형사사법체계는 근본적으로 법규에 의해 통제된다고 하지만, 실무자와 정책결정자들은 역시 다양한 철학이나 관점에 의해 영향을 받는다. 범죄이론이나 조사 역시 유사한 맥락에 따라 영향을 받는다. 범죄에 대한 지식, 범죄원인, 그리고 범죄통제는 형사사법체계가 어떻게 작동하는가에 대한 인식에 상당히 영향을 미쳐 왔다.

　　우리 사회에 형사법에 관한 많은 경쟁적인 관점이 있다는 사실은 별로 놀라운 일이 아니나. 서로 다른 견해를 가진 사람들은 입법, 사법, 또는 행정부의 의사결정에 영향을 미치려는 의도아래 여론을 자기네들 편으로 만들려고 노력한다. 수년동안 다양한 철학적 관점들이 제도에 지배적으로 영향을 미쳤지만, 그들의 원칙에 기초한 프로그램들이 실패함으로써 실망에 빠져 있기도 하다. 그러면 형사사법 체계의 작동에 관한 모델들을 살펴 보기로 한다.

2. 형사사법체계 작동모델의 종류

(1) 범죄통제 모델(Crime Control Model)

　　범죄통제 모델을 신봉하는 사람들은 범죄자들이 체포와 처벌의 두려움을 별로 느끼지 못하기 때문에 범죄율은 증가한다고 믿는다. 그들은 형사사법 체계의 능률성이 향상되고, 형사법이 강화된다면, 범죄율은 궁극적으로 감소할 것이라고 본다. 범죄통제 모형 지지자들은 범죄율의 감소를 범죄자에 대한 강력한 처벌과 교도소 수형자들을 증가시키는 것과 같은 범죄에 대한 엄격한 태도에 있다는 점을 강조한다. 범죄통제는 비용이 많이 들지만, 많은 사람들을 범죄로부터 고통을 감소시킨다는 점에서 돈을 쓸만한 가치가 있다.[426]

이러한 관점에 의하면, 형사사법 체계의 주된 목적은 공공을 보호하고, 범죄를 억제하고, 전과자들을 무력화시키는 것이다. 범죄통제 모델의 원칙을 아는 사람들은 형사사법체계를 파괴적인 범죄 요소들로부터 전통적인 사회를 보호하기 위한 방벽으로 간주한다. 신속하고 능률적인 사법처리는 범죄통제모델 옹호자들의 목표이다. 따라서 경찰인력의 증가, 자유재량 행위의 최대화, 교도소의 증축, 사형제의 유지, 그리고 형사사법체계에 대한 법적 통제의 최소화와 같은 정책을 추구한다. 또한 범죄 피고인들의 절차적 권리의 폐지를 주장하고, 대법원이 경찰력의 증가를 요구하는 판정에 대해 박수를 보낸다.

갈랜드(David Garland)는 범죄자 처벌이 전통적인 문화가치를 강화하고 범죄는 관용되어서는 안된다는 신념을 표명하는 것이라고 주장함으로써 범죄통제 모델의 철학을 압축적으로 표현한다. 처벌은 적법한 사회적 질서의 상징이며, 강력한 사회는 사회적 질서를 파괴하는 사람을 처벌하고 또한 질서 파괴행동을 규제해야 한다. 범죄통제 모델의 철학은 미국 형사법 공동체에서 지배적인 위치를 차지하고 있다. 1960년대와 70년대 사이의 범죄에 대한 공포는 교정노력의 효과성에 대한 줄기찬 회의주의의 증가를 초래했다. 많은 연구에 의하면, 미국의 전과자 지향적인 치료와 교화노력은 성공적이지 못하였다. 범죄자들이 성공적으로 치료되지 못한다는 확실한 증거는 범죄문제에 대한 보수적인 강경노선의 해결책이 힘을 얻는 분위기를 조성했다.

(2) 정의 모델(Justice Model)

정의 모델의 옹호자들은 형사사법체계가 불평등하게 작동하고 있다는 점에 주목한다. 정의모델은 형사사법체계가 동일한 유형의 범죄를 범한 사람들에게는 동일하게 처

---

426) *Ibid*., pp.473-474.

벌을 해야 한다는 점을 강조한다. 그러므로 동일한 범죄유형에 대해서는 합리적인 이유가 존재하지 않는 한 죄질에 따라서 동일한 처벌이 가해지는 형사 정의의 실현이 중요하다.

정의 모델의 지지자들은 미국사회에서는 인종주의나 소수민족에 대한 차별로 인한 형벌의 불평등, 그리고 법 앞에서의 불평등한 대우 등을 들어 형사사법체계의 불공정성을 지적한다. 본질적으로 동일한 범죄를 범한 사람들이 어떤 사람은 집행유예나 관대한 처벌을 받고 다른 많은 사람들은 징역형을 받는 일이 발생한다. 정의 모델 지지자들은 동일한 유형의 범죄를 범한 사람들에게는 동일한 형벌을 부과하는 형사정책을 채택하고 시행해야 한다고 주장한다.[427]

정의 모델의 관점은 국가의 형벌정책에 상당한 영향을 미쳤다. 정의모델 지지자들은 형사정의를 실현하기 위한 많은 정책적 대안을 제시하는 실천적인 노력을 아끼지 않았다. 즉, 재판부의 자유재량을 통제하는 형벌 지침의 채택, 동일한 범죄에 대해서는 동일한 형이 선고된다는 사실을 모든 국민이 신뢰하게 하는 강제적인 판결, 범죄자들이 재판에서 선고된 형벌을 실제로 복역하게 하고 조기 가석방을 위한 자격을 제한하는 재판법의 진실 등 형사정의를 실현하기 위한 실질적인 정책대안을 제시했다.

정의모델은 통제모델의 관점과 충돌하는 관계는 아니다. 범죄에 대한 처벌의 엄격성에 관계없이 동일한 범죄유형에 대해서는 동일한 처벌을 해야 한다는 것이 형사정의에 합당하다는 것이다. 다시 말해, 개인의 지위나 신분, 또는 권력이나 부와는 관계없이 죄질에 따라서 처벌이 결정되어야 한다는 것이다.

(3) 적정과정 모델(Due Process Model)

적정과정 모델에 의하면, 피고인들의 법적인 절차에 의해 보장되는 권리는 어떤 희생을 치르더라도 보호되어야 한다는 점을 강조한다. 적정과정 모델은 형사사법 체계의 작동을 범죄자의 입장에서 논의한다. 따라서 경찰의 수사와 심문절차는 엄격하게 감시되어야 하고, 형사절차의 모든 단계에서 법적인 상담이 주어져야 한다는 주장으로 피의자를 옹호한다. 또한 재판정책은 사후 심사의 대상이며, 수형자들의 권리의 개선이 이루어져야 한다는 점을 강조한다.

---

427) Travis Platt, Race and Sentencing:A Meta-Analysis of Conflicting ?Emperical Research Results, Journal of Criminal Justice 26(1998), pp.513-525.

적정과정 모델의 지지자들은 능력있는 변호인, 배심원, 그리고 기타 절차적 보호수단들이 모든 형사 피고인들에게 제공되어야 한다고 주장한다. 또한 그들은 형사사법 체계의 작동을 개방하고, 자유재량권 행사에 대한 통제를 요구한다. 그들은 범죄 혐의자의 시민권을 위협하거나 비헌법적이라고 생각되는 정부정책에 대한 감시자로서의 역할을 수행한다. 또한 경찰의 인종차별적 수사행위나 형사사법 체계의 빈곤층과 소수집단 구성원에 대한 차별적 대우를 주로 감시한다.[428]

적정과정 지지자들은 범죄가 아무리 가증스러울지라도 법앞에 만인은 공정한 대우를 받을 가치가 있다고 주장한다. 예컨대, 부시대통령이 알카에다 테러리스트들을 군사법정에서 재판을 하라고 명령을 하자 미국의 시민 자유 연맹은 부시의 결정을 비난했다. 그들은 2002년 1월 16일 군사법정이 알카에다 테러리스들을 재판한다면, 피고인들에게 기본적인 적정과정 권리가 주어져야 한다는 성명을 발표했다. 즉, 피고인들은 자신들에게 불리한 증거에 맞설 수 있는 권리가 주어져야 하고, 고문이나 강제신문에 의해 얻은 증거의 사용은 금지되어야 한다는 것이다. 또한 군사법정은 어떤 부적절한 명령이나 정치적 영향력과는 독립하여 공정한 재판을 할 수 있도록 보장되어야 하고, 비밀증거의 사용은 엄격하게 제한되어야 하며, 군사법정의 평결에 대한 법정 심사를 할 수 있는 기회가 주어져야 한다고 주장했다.

살인죄로 7년간 복역하다 무죄로 풀려난 블레이크(Jeffery Blake) 사건은 재판과정의 불공정성을 입증하는 사례이다. 많은 강간범과 살인범은 재판후에 복역하다 후에 DNA 지문검사 결과 그들이 범행을 하지 않았다는 사실이 밝혀져 무죄임이 판명되었다. 그 중 어떤 사람들은 무죄석방되기 전에 수년간을 감옥살이를 했다. 이러한 형사사법기관의 오류가 발생할 수 있기 때문에 심지어 외관상으로 가장 유죄자로 의심받는 범죄자도 형사사법 기관이 제공할 수 있는 모든 보호를 받을 가치가 있다.[429]

(4) 교화 모델(Rehabilitation Model)

교화모델은 범죄자에게 처벌보다는 적절한 보호와 치료가 주어지면, 생산적이고 법준수적인 일반 시민으로 변화될 수 있다는 관점에 입각하고 있다. 이 모델에 의하면,

---

428) Eric Lortke, Hobbling a Generation:Young African Men in Washington, D.C.'s Criminal Justice /system-Five Years Laterm Crime and Delinquency 44, 1998, pp.355-366.
429) Siegel, *op.cit.*, pp.474-475.

사람들은 사회정의, 빈곤, 인종차별의 피해자이기 때문에 범죄를 범한다는 것이다. 어지럽고 빈약하고 애정결핍적인 양육으로 인해, 그들의 범죄성을 자극하는 심리적 문제와 성격장애로부터 고통을 당하고 있다.

선량한 일반 시민들은 범죄로부터 보호받기를 원할 지라도, 또 한편에서는 정서적 또는 사회적 문제들로 인해 범죄를 범하는 불행한 사람들을 돕기 위해 설계된 프로그램을 지지하는 사람들도 있다. 심지어 범죄에 대한 강경대응을 지지하는 사람들도 청소년 범죄자들이 사회로 복귀하는 것을 돕기 위한 장치를 제도화하여야 한다고 주장한다.

교화모델에 의하면, 범죄를 효과적으로 처리하기 위해서는 그 근본적인 원인이 해결되어야 한다는 것이다. 다시 말해, 범죄의 뿌리가 뽑혀지는 대책을 설계해야 된다는 주장이다. 따라서 공적 지원, 교육기회, 그리고 직업훈련과 같은 프로그램을 개발하여 범죄자들을 지원하는 것이 효과적인 해결책이 될 수 있다. 범죄자를 감옥에 보내 처벌하는 것은 범죄억제를 위한 근본적인 대책이 아니다. 오히려 직업훈련으로 취업기회를 높이고, 가족 상담과 교육서비스의 제공, 그리고 범죄 위기 차단은 더 효과적인 범죄감소 대책이다. 적법한 기회가 증가하면, 폭력범죄률은 감소한다.[430]

개인이 법을 위반한다면, 그에 대한 처벌보다는 상담과 심리적 치료를 제공하는 공동체 수준의 치료프로그램을 설계하여 그들을 치료하는 노력이 이루어져야 한다. 이러한 관점은 형사사법체계가 치료를 필요로 하는 환자에게 치료의 시혜를 제공하는 방식으로 운영되어야 한다는 것이다.

의료모델(medical model)로 알려진 이 모델은 범죄자들을 자기통제에 실패한 사람들로 보기 때문에, 그들에게는 국가의 도움이 필요하다고 주장한다. 메디칼 모형은 범죄통제 철학을 거절한다. 범죄통제 철학은 사회의 지원을 필요로 하는 범죄자들의 욕구를 무시하고 처벌위주의 형사사법체계의 운영을 강조하기 때문이다. 결과적으로 가능하다면 언제든지, 범죄자들은 집행유예에 처해지고, 사회복귀 시설(half house)이나 기타 교화 지향적인 프로그램에 보내어져 치료를 받도록 해야 한다.

(5) 불간섭 모델(Nonintervention Model)

불간섭주의자들은 형사사법기관들이 가능하다면 언제든지 범죄 피고인들에 대한 그

---

430) Karen Parker and Patricia McCall, Strructural Conditions and Racial Homicide Patterns: A Look at Multiple Disadvantages in Urvan Areas, Criminolory 37, 1999, pp.447-449.

들의 관여를 제한해야 한다고 주장한다. 그들은 형사사법체계가 처벌위주 또는 치료 위주 어느 쪽을 지향하는 것과는 관계없이, 범죄자에 대한 어떤 형태의 개입은 궁극적으로 해악이 된다고 주장한다. 불간섭 모델의 철학은 형사사법기관이 범죄자를 양산한다는 낙인이론의 관점을 반영하고 있다. 사람이 한번 형사사법기관의 조사를 받게 되면 위험하고 신뢰하기 어려운 사람이라는 오명이 따라다니게 된다. 한번 낙인찍힌 사람들은 모든 형사절차가 끝난 후에도 사회에 복귀하기는 대단히 어렵다.

불간섭주의자들은 오명과 부정적인 호칭의 해로운 효과를 우려한다. 그들은 범죄의 감소 또는 처벌에서 제외하거나 또는 심각하지 않고 피해자없는 소량의 마리화나 소유, 부랑자, 길거리 주취자 같은 범죄는 합법화를 요구한다. 그들은 비폭력적인 범죄자들은 국가의 교정체계로부터 제외하자고 주장한다. 즉, 비제도화(deinstitutionalization)정책을 요구한다. 그들은 사소한 범죄를 범한 초범자들에 대해서는 재판전 전환(pretrial diversion)으로 통하는 비공식적·공동체에 기초한 치료프로그램을 적용해야 한다고 주장한다.

불간섭 모델에서 제안한 아이디어들이 실제로 적용된 사례는 많다. 예컨대, 청소년 형사사법체계의 경우에, 청소년들을 성인 교도소로부터 분리하여 재판전 구금을 할 수 없게 한 것은 불간섭 모델의 아이디어의 작용의 결과이다. 성인의 경우에는 재판전 석방 프로그램이 보석의 대안으로 정착되어 하나의 규범이 되고 있다. 또한 집행유예와 공동체 치료 프로그램은 가장 공통적인 범죄적 제재의 형태가 되었다. 불간섭 모델은 마약의 합법화를 요구한다. 통제되고 있는 약물들이 합법화된다면, 중독자들은 금지된 마약의 비용을 지불하기 위해 범죄를 범하지 않을 것이며, 또한 갱들이 마약거래를 통제하기 위해 폭력을 행사하지 않을 것이므로 범죄율은 감소할 것이라고 주장한다. 미래에 불간섭주의 철학은 형사사법체계의 비용의 증가하기 때문에 크게 부각될 수 있다.[431]

(6) 회복적 정의 관점(Restorative Perspective)모형

많은 자유주의적·좌익지향적인 학자들은 회복적 정의라는 개념을 창출했다. 그들은 형사사법체계의 참된 목적이 평화롭고 정의로운 사회를 조성하는데 있다고 주장한다.

---

431) Siegel, *op.cit.*, p.476.

따라서 그들은 처벌이 없는 평화적인 사회를 지지한다.[432]

처벌하고 통제하기 위한 국가의 노력은 실제로는 범죄를 증가시키는 현상을 초래한다. 국가의 폭력적인 처벌행위는 개인의 폭력적인 행위와 조금도 다를 바가 없다. 범죄통제 모델 지지자들은 처벌의 강화에 의해 범죄율의 감소를 가져올 수 있다고 믿는 반면에 회복적 정의 모델지지자들은 그러한 관점에 반대한다. 즉, 감옥에 보내는 것과 같은 처벌적 통제는 집행유예와 치료를 병행하는 인도주의적 방법보다 효과적이지 못하다는 것이다. 다시 말해, 강제적인 처벌보다는 호혜적인 도움이 조화로운 사회를 이루기 위한 첩경이라는 것이다. 손상된 사회관계를 회복할 능력이 없으면, 범죄에 대한 사회반응은 거의 배타적으로 응보적이다.

많은 회복적 정의에 기초한 프로그램들이 현재 채택되어 운용되고 있다. 경찰과 시민들의 중재 프로그램들은 지역경찰 활동의 필수적인 요소가 되고 있다.[433] 또한 중재와 갈등해소 프로그램들이 아주 보편적으로 작동하고 있다. 구금에 대한 대안으로서 공동체 단위의 손해배상 프로그램들이 지난 20년 이상 운용되어 왔다.

회복적 정의 프로그램들은 점점 인기를 얻고 있지만, 범죄 통제를 위한 청사진을 제공하지 못하고 또한 실행에는 효과적일 수 없는 인도주의적이긴 하지만 검증되지 않은 원칙과 신념에 의존하고 있다는 비판을 받는다. 지금까지 회복적 정의 프로그램들이 범죄를 감소시키고, 범죄피해자화를 예방하며, 공동체를 재구성한다는 경험적인 증거는 없다.

제3절 교정체계의 심리적 영향

1. 수형생활의 심리적 영향

수형생활의 영향에 대한 많은 사례연구는 수형생활은 많은 죄수들의 경우에 잔인하

---

432) L. Hulsman, Critical Crimino;ogy and the Concept of Crime, Contemporary Crices 10, 1986, pp.63-80.

433) Christopher Cooper, Patrol Police Officer Conflict Resollution Processes, Journal of Criminal Justice 25, 1997, pp.87-101.

고, 불명예스럽게 하고, 일반적으로 마음을 황폐화시키는 결과를 초래한다고 주장한다. 이러한 연구들은 수형생활의 직접적인 영향이라고 믿어지는 심리학적 증상, 즉 정신병질, 우울증, 억압긴장, 사회적 도피 등과 같은 다양한 수형생활 결과를 보고한다. 물론 이러한 주장에 대해 의문을 제기하는 학자들도 있다.

그럼에도 불구하고, 그러한 이상증상이 수형생활 후에 나타난 것인지, 또는 수형자들이 그러한 증상을 가지고 수형생활을 하게 되었는지에 관계없이, 상당한 수의 수형생활자들이 정신건강 주의를 필요로 하는 것 같다. 예를 들어, 미국 교정인구의 19%가 여러 가지 심각한 정신장애로 고통을 당하고 있다. 이러한 통계는 교도소와 구치소 모두에 관련된 것이지만, 대부분의 연구는 교도소에 집중되고 있다. 아마 교도소 수형기간이 구치소보다 더 길기 때문인 것 같다. 그러나 구치소 수감자들이 교도소 수형자들보다 더 심리적 위기감에 빠진다.[434)

징역형을 받은 대부분의 수형자들은 그 초기에 심각한 우울증 증상을 호소한다. 수형생활은 개인의 행동에 대한 자유의 제한과 박탈이라는 일상적인 행동의 극적인 붕괴를 가져오기 때문이다. 그러나 이러한 초기반응은 대부분의 수형자의 경우에 곧 사라지고, 수형자들이 교도소 환경과 일상생활에 적응함으로써 지속적인 정서적 혼란은 발견하기 어렵다. 심각한 정서적 문제를 가진 수형자들은 교도소에서 파괴적인 행동을 하는 경우가 많다.

수형생활에 대한 수형자들의 반응은 초기에는 스트레스의 증가, 그 다음의 중간기간에는 스트레스의 하강, 수형기간 말미에는 다시 스트레스의 상승이라는 곡선 형태이다. 단기 증후군으로서, 많은 수형자들은 우울증, 불면증, 불안과 걱정의 증상을 표출한다. 이러한 증상을 보이는 수형자들은 외부에서 이러한 증상에 대한 새로운 대응전략을 기대한다.

그러나 교도소는 수형자들의 심리적 안정에 영원한 해를 끼치지는 않는다. 또한, 교도소는 역시 긍정적인 효과를 가져 오지도 않는다. 교도소는 긍정적인 행동변화를 가져오지 못하고, 일반화된 부정적인 효과를 야기한다는 증거도 거의 없다.[435) 25세 이하의 젊은 수형자들의 경우에, 흥미롭게도 교도소에서 인내를 경험하고 심지어 수형자

---

434) Bartol & Bartol, *op.cit.*, pp.613-614.

435) M.W. Zamble & F.GT Porpiano, Coping, behavior, and Adaptation in prison inmates, New York:Springer-Verlag, 1988, pp.149-151.

비행을 개선한다는 연구 결과도 있다. 성인들보다 더 난폭하고 미성숙된 젊은 수형자들은 교도소의 강제된 환경에서 어떤 이익을 얻는 것 같다. 젊은 수형자들은 개인적 자유에 대한 제약에 처음에는 저항하지만, 시간이 흐르면서 점점 순응하는 태도를 보인다. 이러한 현상은 신비롭지만, 인간적인 수형환경에 의해 촉진되는 성숙과정이 핵심적인 역할을 한다. 수형자 행동은 시설내에서 행동의 긍정적 또는 부정적인 결과사이의 결합을 학습함으로써 개선된다. 또한 행동 개선은 심리적 지원, 전통적 활동에 참여 기회, 유대형성과 관계형성 기회를 가질 때 이루어진다.[436]

2. 교도소 과밀의 심리적 영향

교도소 과밀(crowding)은 수형자들의 수가 위험 수준에 도달할 정도로 점점 중요한 문제가 되고 있다. 교도소 과밀은 아마 항상 관심의 대상이었으나 현재 교정체계를 통해서 처리되고 있는 범죄자의 수는 전례가 없는 수준이다. 미국의 경우에 전국적으로 수형자 인구는 2백만을 넘어섰고, 1980년 이래 구금률의 3배에 해당하는 숫자이다. 사실 미국의 모든 주는 그 교정시설의 하나 이상이 과밀 문제에 직면하고 있다.

교도소와 구치소의 과밀은 질병, 사회적으로 파괴적인 행동, 정서적 고통을 초래한다.[437] 교정시설에서 파괴적인 행동은 이용가능한 공간이 감소하는 만큼 증가한다. 교도소 과밀에 관한 15년간의 연구에서 밝혀진 바에 의하면, 교도소 수형자의 증가는 긴장, 근심, 우울증과 같은 부정적인 심리적 증상, 두통, 고혈압, 심장혈관 문제같은 신체적 반응이 주의를 요할 정도로 심화된다. 문제는 수형자들의 이용가능한 공간이 아니라 공간을 공유하는 수형자들의 숫자이다.

파울루스(P.B. Paulus)에 의하면, 수형자의 사회경제적 수준, 교육수준, 과거의 교도소나 구치소 구금경력 등이 과밀된 환경에 대한 수형자의 반응에 영향을 미친다는 것이다. 특히 사회경적 수준과 교육수준이 높을수록, 교도소에 대한 적응이 더 어렵고, 과밀된 환경에 대한 인내력이 낮아진다. 아마 낮은 사회경제적 계층의 많은 사람들이 과밀된 환경속에서 생활하고, 사생활에 대한 침해와 과밀된 환경에 포함된 여타 요인

---

436) Bartol & Bartol, *op.cit.*, pp.614.

437) L.H. Bukstel & P.R. Kilmann, Psychological effects of imprisonment on confined individuals, Psychological Bulletin, 88, 1980, pp.469-493.

들의 침해를 더 잘 참고 견딘다. 과거의 교도소나 구치소 구금경험이 과밀된 환경에 대한 적응을 방해한다. 교도소 구금전과를 가진 수형자들은 그러한 경험이 없는 죄수들보다 과밀된 환경에 대한 적응에 더 많은 문제를 표출한다. 광범한 교도소 전과가 있는 죄수들은 독방이나 저 과밀된 조건속에서 그들 시간의 대부분을 보내기를 좋아한다.[438]

파울루스에 의하면, 과밀수용은 수형자들에게 다음과 같은 세 가지 측면에서 영향을 미친다.

① 과밀수용은 사회적 환경에 대한 통제감을 감소시킨다. 많은 사람들과 함께 있으면 사물에 대한 예측이 불가능해지고 불확실해진다.

② 과밀상황은 개인이 바라는 활동을 할 수 없게 된다. 자유와 사생활은 제한되고, 다양한 바라지 않는 침해에 노출된다.

③ 과밀은 소음, 상호작용, 냄새, 개인공간의 침해, 그리고 일반적으로 지나친 자극 등을 야기한다.[439]

결론적으로 과밀은 구금의 상황에서 심리적·육체적으로 부정적인 영향을 미친다. 그러나 과밀에 대한 개인의 반응은 서로 다르다. 어떤 사람은 다른 사람보다 훨씬 잘 적응하는가 하면 다른 사람들은 그렇지 못하다. 또한 과밀조건 외에 시설의 유형, 시설의 배치, 폭력의 정도, 이동하고 작업 프로그램에 참여할 기회, 사회적 환경 유형, 과밀의 정도, 개인의 양형 단계 등이 수형자에게 명향을 미칠 수 있는 고려되어야 할 변수들이다.[440]

3. 격리수용의 심리적 영향

(1) 처벌형태의 격리수용

처벌형태의 격리수용이란 독방수용이라고 하며, 어떤 법적인 제약을 받아야 하는 일시적인 조건을 의미한다. 격리수용은 교도소 규칙을 위반한 수용자들에 내려지는 처벌로서 어떤 경우에는 아주 그 기간이 길 수도 있다. 그러나 격리수용이 수형자에게 미치

---

438) Bartol & Bartol, *op.cit.*, p.615.
439) *Ibid.*, p.616.
440) *Ibid.*, p.616.

는 심리적 영향에 대한 연구는 별로 없다.

과거에 특히 처벌형태의 격리수용의 조건은 비참했다. 범죄자들은 장기간 동안 적당한 통풍, 난방, 의복, 조명, 위생, 침대 설비 없이 독방 안에 감금되었다. 이처럼 열악한 격리조건하에서 수형자에 대한 심리적 영향을 확인하는 것은 아주 어려운 일이다. 법원은 교정 시설의 최소한 인간적 조건으로의 충족을 요구하지만, 열악한 격리수용 조건이 개선되기를 기대하는 것은 어리석은 일이다.[441]

(2) 수형자 보호차원의 격리수용

수형자 보호차원의 격리수용은 보호감호라고도 하며, 수형자를 다른 수형자들로부터 보호하기 위한 것이다. 미국의 경우에 매년 전국의 교도소와 구치소에서 일반폭력 2만 5천 건, 성폭력 3만 건 정도가 발생하는 것으로 추산된다. 어떤 수형자들은 자발적으로 타인의 폭력으로부터 보호를 요구하고, 다른 수형자들은 원치 않는 경우에도 보호구금 조치를 받게 된다. 그럼에도 불구하고, 보호나 엄격한 감시가 수형자들의 안전을 보장하지는 못한다. 2003년 언론에 대대적으로 보도된 바 있는 아동성폭행과 수년 동안 다른 학대행위로 유죄판결을 받은 전직 성직자가 교도소의 감방에서 다른 사람에 의해 교살되었다.

수형자들은 자살이 우려될 경우에도 교도관에 의해 보호감호에 처해진다. 수형자의 자살은 교도소보다는 구치소에서 더 많이 발생하므로 자살 방지를 위한 보호감호는 구치소에서 문제가 된다. 자살은 구치소 사망사건의 주된 원인이다. 한편, 교도소에서 자살은 자연사와 에이즈에 뒤를 잇는 세 번째 사망원인이다. 자살은 보통 구금의 초기 단계에 있는 미혼의 젊은 사람에게서 발생한다. 가장 공통적인 자살방법은 목맴 자살이다. 정신장애와 과거에 자살시도 경험자는 구치소와 교도소 모두에서 유의할 정도의 자살을 시도한다. 자살방지 격리의 상황의 경우에 수형자가 자살할 수 있는 물건을 사용할 수 없도록 많은 물질과 품목이 방에서 제거되기 때문에, 사회적, 인지ㆍ감각적 격리의 정도는 다른 형태의 격리보다 보다 극한적인 격리감을 야기할 수 있다. 격리된 수용이나 독방 수용은 특히 교도소의 자살사건과 관련이 있다.

자살위험 여부와는 관계없이 정신장애 수형자들은 단기간 동안 감시독방(observation

---

441) *Ibid.*, p.616.

cells)에 놓여진다. 감시독방의 정신장애 수형자들은 최소한의 필수품을 제외하고는 모두 제거된다. 대상자는 안정되거나 더 적절한 장소에 옮겨질 때 까지 일시적인 기초로 감시독방에 수용된다.

격리수용의 심리적 영향에 대한 체계적 지식은 다양한 기간 동안 지원자들을 대상으로 한 심리 실험실에서 얻는 것이다. 지금까지 연구 결과는 대상자들에 따라서 아주 다양하다. 어떤 사람들은 격리상태를 아주 잘 참고 견디고, 조용한 장소를 좋아한다. 다른 사람들은 비교적 짧은 격리기간 동안에도 스트레스와 불안상태에 빠진다. 그러나 전반적으로 사람들은 며칠 또는 좀 더 긴 기간일지라도 격리시간이 적당한 한계 내에 있다는 사실을 안다면, 격리수용을 잘 참고 적응할 수 있다는 것이다.[442]

(3) 관리적 격리수용

관리적 격리수용은 관리목적을 위한, 즉 교도소 내에서의 폭행과같은 사건 조사를 위한 격리수용을 의미한다. 관리적 수용은 초 감시(supermax) 또는 울트라맥스라고도 하며 심리학 문헌에서 가장 많은 비판을 받는 격리수용 형태이다. 관리적 격리수용은 교도소 자체가 이러한 종류이거나 교도소 내부에 하나의 단위로 존재한다. 슈퍼맥스 교도소는 사회와 격리를 요하는 흉악범이나 테러범, 또는 정규 교도소 시설로서는 관리하기 어려운 범죄자들을 대상으로 하는 최고의 보안설비를 갖춘 교도소 형태이다.

절차는 다양하지만, 전형적인 슈퍼맥스 시설에서 범죄자들은 하루 23시간 까지 독방에 구금된다. 하루에 단지 한 시간 운동을 위해서 방 밖으로 나오는 것이 허용된다. 수형자들은 서로 대화를 나눌 수 없고, 교도관과의 대화는 음식, 의약품, 법적 또는 여타 서비스를 얻기 위한 최소한에 한정된다. 이와 같은 엄격한 격리수용은 수형자들의 정신건강을 유지할 수 없게 한다는 비판을 받는다. 정신장애를 가진 수형자들에게 슈퍼맥스 격리수용은 잔인하고 비정상적인 처벌이라는 이유로 법원에서 규제하는 곳도 있다.[443]

---

442) *Ibid.*, pp.616-617.

443) C. Haney & P. Zimbardo. The past the future of U.S. prison policy: Twenty-five years after the Stanford prison experiment, American Psychologist, 53, 1998, pp.709-727.

4. 치료전략

1970년대에 교정목표로서 사회복귀는 신뢰의 위기에 직면했다. 심리적 치료에 의한 사회복귀는 오늘날 시대에 뒤떨어진 것이다. 당시 보고된 사회복귀 프로그램은 재범률 감소에 별다른 효과를 가져 오지 못했다. 결과적으로 교정모델은 사회복귀 프로그램 보다는 엄격한 처벌을 강조하는 모델로 전환되기 시작했다. 1980년대에도 사회복귀 프로그램에 대한 회의는 계속 되었다.

1990년대에 이르러 수형자의 사회복귀 프로그램이 재 강조되기 시작한다. 사회복귀 프로그램에 대한 회의는 잘못된 연구결과이며, 성인 교도소에서 어떤 인지적 기술, 약물치료, 직업훈련, 교육과 여타 프로그램의 긍정적인 효과에 대한 조심스런 낙관론이 자리잡기 시작한다.[444]

그러나 구치소와 교도소의 치료전략은 부적합한 시설과 인력, 프로그램과 재정지원의 부족이라는 불리한 조건에 직면한다. 특히 구금기간이 보다 장기간인 교도소의 경우에 교도당국의 공식적인 시스템과 수형자들의 비공식적인 시스템이 모두 작동한다.

수형자의 경우에 범죄인화(criminalization)와 교도소화(prisonization)의 두 가지 과정을 학습한다. 범죄인화의 경우에 수형자들은 서로의 개념, 신념, 태도, 느낌을 교환하고, 공유하고, 지원한다. 이 시스템은 수형자들이 하위그룹을 형성하고 우정, 충성, 헌신을 발전시키는 일탈문화를 창출한다.[445]

교도소화는 수형자들이 교도소 공동체의 특별한 규칙, 일반적인 문화, 기대를 학습하는 것을 의미한다. 사회와 갈등상태에 있는 이러한 두 가지 학습과정이 작동함으로써 수형기간이 길수록 수형자의 사고는 범죄자로 고착되고 더욱 범죄자화된다. 수형자들의 이러한 두 가지 과정은 교도소에서의 의미있는 치료 프로그램을 제공하기 어렵게 만든다.

5. 정신심리 요법

정신심리요법, 요법, 상담, 치료 등의 용어는 호환적으로 사용되는 말이다. 정신심리

---

444) M. Tonry & J. Petersilla, Prisons, Crime and justice, A review of the reseach(Vol.26), Chicago:University of Chicago Press, 1999, p.8.
445) Bartol & Bartol, *op.cit.*, p.619.

요법은 개인이나 집단이 그들의 부적응적 행동을 고치는데 도움을 주기 위해 사용되는 절차나 기법의 집합을 말한다. 이런 경우에 중요한 것은 개인이 자신의 행동을 부적응 행동이라고 인정해야 한다는 점이다. 다른 말로 표현한다면, 개인이 자신의 행동을 변화시키려고 해야 한다. 행동변화는 강제되어서는 안 된다는 것이 오랜 원칙이지만, 오늘날 이 원칙은 의문시 되고 있다. 최근의 연구에 의하면, 어떤 개인은 강제적으로 치료를 받아야 한다는 점에서 행동변화는 강제될 수 있다는 주장이 늘어나고 있다.[446]

정신심리요법은 정신분석·행동·인도적·대인적·집단적·인지적 요법 등 여섯 가지의 중복된 영역으로 나누어질 수 있다. 각 요법은 어느 정도에서 세계에 대한 사람의 생각방법을 변화시키기 위해 설계된다. 대부분의 정신심리요법은 우리자신, 타인, 또는 모두에 대한 인지적 구조를 변화시키려고 한다.

6. 행동요법

행동요법(behavior therapy)은 실험실을 통하여 도출된 학습이론과 조건반사원칙으로부터 개발된 치료법이다. 어떤 행동요법 프로그램에 있어서 중요한 고려사항은 사회적·물리적 환경이다. 행동요법의 효과성은 목표행동과 환경적 조건을 특정 개인에게 시간, 장소, 방법과 관련시켜 정확하게 파악하고 평가하는데 달려있다. 이러한 정보는 전형적으로 목표행동을 표출하는 상황에 있는 개인의 관찰을 통하여, 그리고 개인과 지인과의 면접을 통하여 수집된다.

계획단계에서 이러한 목표행동에 대한 초기자료는 후에 치료계획이 얼마나 효과적인가를 결정하는데 유용한 기초정보를 제공한다. 계획의 다음 단계는 두 가지 계획, 즉 ① 목표행동과 환경적 조건 사이의 연관관계나 강화관계는 약화되어야 하며, ② 보다 바람직한 행동이 강화를 통하여 확립되어야 한다. 프로그램이 실행에 옮겨졌을 때, 기초자료와 치료자료를 비교함으로써 프로그램의 효과성을 결정할 수 있다. 최초의 치료계획이 비효과적이라면, 환경조건들은 재평가되고, 계획은 수정되어야 한다.

행동요법은 많은 이점을 가지고 있다.

① 통제된 실험실 상황에서 특정행동을 변화시키고 발전시키는데 아주 효과적이다.

---

446) D. Farabee, Making people change: The effectiveness of coerced psycho0logical treatment, Special Issue, Criminal Justice and Behavior, 29, 2002, pp.3-109.

② 보조전문가 수준에서도 적용할 수 있는 프로그램의 단순성과 용이함 또한 매력적이다.

③ 고도의 기술을 가진 전문가들을 요구하지 않고, 시설 내의 관리불가능한 행동을 통제하는데 유리하기 때문에 경제적이다.

④ 행동 프로그램은 관찰가능한 행동으로 계량화가 가능하기 때문에, 평가와 연구에 용이하다.[447]

행동요법은 수형자가 지원하고 자발적인 참여를 할 경우에 시설내의 행동을 통제하는데 유용하고, 특별한 사회적·학문적 기술의 습득을 증진시킬 수 있다. 아울러 사회인지적 기술과 결합될 때, 성범죄들과 함께 자연적 환경에서 범죄행동을 억제하거나 감소시키는데 효과적일 수 있다.

7. 인지적 요법

범죄행동은 사회적 환경 속에서 다른 사람의 행동에 대한 모방이나 외부적 행동 강화요인의 단순한 결과가 아니다. 인지심리학은 인간의 행동이란 환경의 변화에 대한 의미부여의 결과라고 본다. 말하자면, 인간행동은 자극/반응의 결과가 아니라는 것이다. 인간의 행동이 단순히 외부의 보상과 처벌의 결과라면, 사람은 바람 부는 대로 움직이는 풍향계와 다를 바가 없다.

과거 30년 동안 인지이론가들은 학습, 기억, 성격, 동기부여, 그리고 사회심리학에 대한 연구를 지배해 왔다. 인지 개념의 성장은 상담과 심리요법에 강력하게 작용했다. 인간행동은 보상과 강화 같은 외부적 요인과 외부세계에 대한 인간의 생각과 인지와 같은 내부적 요인의 결과이다.

인지적 요법은 다른 요법에 비해 형식과 내용에 있어서 전략적인 차이가 있다. 그러나 중요한 것은 인간행동과 정서를 조정하고 영향을 미치는 인지적 과정에 초점을 둔다는 점이다. 인지적 행동요법은 개인의 사고, 신념, 태도를 변화시킴으로써 개인의 행동유형을 변화시키는 것이 목적이다. 인지적 요법은 엄격한 행동요법을 비판하고 출현한 요법으로서 성범죄자, 폭력범죄자, 다양한 상습적인 재산범죄자들에게 효과적인 치료요법이다.

---

447) Bartol & Bartol, *op.cit.*, pp.620-621.

(1) 현실요법

현실요법은 개인의 자기 통제 요법의 형태로서 오늘날 교정시설에서 공통적으로 사용되는 요법이다. 이 요법은 단순하고 적용하기 쉽다는 것이 특징이며 따라서 보조전문가와 교도관들도 수형자들을 쉽게 훈련시킬 수 있는 요법이다. 이 요법의 기본적인 원리는 과거에 어떤 일이 있었다는 것과는 관계없이 범죄자들이 현실을 받아들여야 한다는 점이다. 범죄자들은 지금 그들의 행동에 대해 전적인 책임을 져야 한다는 점을 가르쳐져야 한다. 현실요법의 공헌은 범죄자들을 어떤 심리적 질병이나 장애의 결과로서 보는 것이 아니라 범죄와 비행에 대한 무책임한 성질에 관심을 기울이게 한다는 점이다.

(2) 구성주의 요법

켈리(George Kelly)에 따르면, 사람들은 단순히 수동적으로 환경에 반응하기 보다는 능동적으로 자신의 환경을 표상하는 역량을 갖고 있다. 마치 심리학자가 현상에 관한 이론적 개념을 합리적으로 구성하고 수정하는 것과 마찬가지로 일반사람들도 자신의 환경을 해석하고 수정하고 재해석할 수 있다.[448]

구성주의 요법은 개인이 세계에 대한 자기 자신의 표상 모델을 창조한다는 개념에 기초하고 있다. 개인은 자신이 경험하는 새로운 세계에 대해 질서와 의미를 부여한다.[449] 세계는 객관적 진실이나 절대적인 진리의 상태로 존재하는 것이 아니라 개인이 구성하는 방식으로 존재한다. 인지란 어떤 사안에 대하여 개인의 마음속에서 구성되는 현실을 의미한다. 개인은 세계를 정적인 상태로 받아들이는 것이 아니라 새로운 경험의 결과로서 변화되어야 하는 보다 동적인 구성물로 발전한다. 따라서 구성주의자는 개인의 인지구조를 정적으로 보는 것이 아니라 변화의 체계로서 본다.[450]

그린버거(Greenberg)에 의하면, 인간은 환경을 탐색하고 적응하며 계속 세계에 대한 정보를 조직화하고 점점 자신을 복잡한 관점속으로 빠지게 하는 능동적인 정보처리자이다.[451] 한편, 반복적인 폭력행동과 반사회적 행동을 하는 범법자들은 생존에 대한 단

---

448) 민경환, 성격심리학, 법문사, 2005, pp.124-125.

449) M.J. Mahoney & W. J. Lydon, Recent developments in cognitive approaches to counselling and psychothrapy, Counseling Psychologist, 16, 1988, pp.190-234.

450) *Ibid.*, p.203.

451) L.S. Greenberg, Constructive cognition: Cognitive therapy coming of age, Counselling Psychologist, 16, 1988, pp.235-238.

순하고 공격적인 해결책에 의존하는 혼자만의 사회적으로 단절된 자기구성적인 인지시스템의 함정에 필연적으로 매몰된다. 더욱이 그들은 주류 사회에서 멀어지고, 이미 격리된 인지시스템은 더욱 좁아지고, 제한적이고 일탈적이 된다. 상습적인 범죄자들의 인지 시스템은 복합적이고 통합적이기 보다는 정체되거나 악화된다.

경험적인 대부분의 연구에 의하면, 인지적 요법은 폭력범죄자, 청소년 성범죄자, 성인 성범죄자, 범죄적 정신이상자, 그리고 심각한 재범범죄자들의 재범률을 감소시키는데 상당히 성공적이거나 희망을 보여준다. 그러나 이러한 연구들은 인지요법의 결과 측정에 있어서 수형자들의 자기보고에 과잉 의존했다는 결점이 있다. 자기보고식 정보는 범죄자들의 자기인지를 반영할 수 있다는 점에서 중요하지만, 교정시설내에서의 결과는 많은 심각한 문제를 야기한다. 간단히 말해, 교정시설 내에서의 자기보고식 대답은 거짓말이거나 왜곡될 수 있다. 범죄자들은 교정당국이 원하는 대답을 하거나 교정시설로부터 석방된 후에 범죄자들이 어떻게 행동할 것인지는 자기보고식으로는 알아내기 힘들다. 따라서 석방후 범죄자의 사회적응에 관한 보호관찰관으로부터 정보를 수집하는 것이 더 의미있을 수 있다. 또는 석방후 체포와 기소기록에 엄격하게 의존하기 보다는 더 복합적인 적응척도에 관한 정보를 수집하는 것이 가치가 있을 수 있다.[452]

범죄예방이나 범죄자 치료에 효과적인 프로그램은 복잡한 시스템의 상호관계에 대한 이해가 중요하다.[453] 어떤 단일의 사회 시스템이나 치료요법으로는 범죄자의 재범방지에 효과적일 수 없다. 인간행동은 다양한 수준의 통제시스템에 의해 규제된다. 사회시스템은 사회계층, 이웃, 공동체, 문화, 가족, 형제 또는 개인에 관계없이 다양한 분야와 관점의 통합을 촉진한다. 사회시스템 이론은 성격변수, 가족, 이웃, 문화적 고립의 설명에 도움이 되지만, 이러한 변수들의 상호관계를 연구하는 것이 보다 효과적이다. 장기간의 범죄행동을 변화시키기 위하여 범죄자들뿐만 아니라 가족, 친구, 학교, 이웃, 공동체, 문화, 그리고 모든 이러한 변수들의 상호관계를 연구할 필요가 있다.

---

452) Bartol & Bartol, *op.cit.*, p.623.

453) A. Bandura, Human agency in social cognitive theory, American Psychologist, 44, 1989, pp.1175-1184.

8. 사이코패스에 대한 치료

범죄적 사이코패스에 대한 치료와 사회복귀는 회의와 실망으로 점철된다. 해어(Hare)에 의하면, 사이코패스에 대한 어떤 치료방법도 없다.[454] 성인 사이코패스는 교도소, 정신의학 센터나 공동체를 불문하고 치료를 받아들이지 않는다. 사이코패스를 치료하기 위한 심리요법은 기본적으로 시간낭비에 지나지 않으며, 사이코패스를 치료할 수 있다는 어떤 경험적 증거도 없다. 가코노 등(Gacono et al.)은 간단히 말해 이 시대에 사이코패스가 치료가능하다고 제안할 어떤 경험적 증거도 없다고 결론짓는다.[455]

패링턴(Farrington)은 사이코패스를 치료하기 어려운 이유를 다음과 같이 지적한다. ① 사이코패스는 어떤 극단적이고 질적으로 특이한 범주에 해당하며, ② 사이코패스는 일생을 통하여 지속적이며, ③ 사이코패스는 심리사회적 요법에 의해 변화시킬 수 없는 생물적 원인을 가지고 있으며, ④ 사이코패스의 거짓말하기, 속이기, 교활함, 조작성 등이 치료에 저항하게 만든다.[456]

그러나 해어(Hare)에 의하면, 사이코패스의 이기주의적이고 냉담한 태도와 행동이 필연적으로 바뀔 수 없다는 것을 의미하는 것은 아니다. 단지 사이코패스에게 적용될 수 있는 방법론적으로 완전한 치료법이나 재사회화 프로그램이 없을 뿐이다.[457] 사이코패스에 대한 치료불가능성 주장은 정당성이 없다고 말하는 연구자들도 있다.[458] 보다 광범한 치료를 받은 사이코패스는 별다른 치료를 받지 않은 사이코패스보다 후속적인 폭력행동을 표출하지 않는다는 증거가 있다.[459]

사이코패스를 치료하기 위해 설계된 프로그램의 효과성은 사이코패스의 치료 시스템 조작능력 때문에 적절하게 평가되기 어렵다. 많은 사이코패스들은 다양한 교도소 치료

---

454) R. D. Hare, Psychopathy:Aclinical construct whose time has come, Criminal Justice and Behavior, 23, 1996, pp.25-54.

455) C.B. Gacono et al., treating conduct disorder, antisocial, and psychopathic personalities, Washington DC: American Psychological Association, 2001, p.111.

456) D. P. Farrington, The importance of child and adolescent psychopathy, Journal of /abnormal Child Psychology, 33, 2005, pp.487-497.

457) Hare, *op.cit.*, p.41.

458) R.T. Salekin, Psychopathy and Therpeutic pessimism: Clinical lore or clinical reality? Clinical Psychlogy Review, 22, 2002, pp.79-112.

459) J. L. Skeem et al., Psychopathy, treatment involvement, and subsequent violence among civil psychiatric patients, Law and Human Behavior, 26, 2002, pp.577-603.

프로그램에 지원하고, 놀라운 개선과 모범수라는 사실을 보여주려 한다. 그들은 치료전문가, 상담가, 가석방위원회에게 정상적인 인간으로 변화할 수 있다는 사실을 확신시키는 기술을 가지고 있다. 그러나 석방하자마자 그들은 재범할 확률이 아주 높다. 사실 치료프로그램에 참여한 사이코패스들이 참여하지 않은 사이코패스들보다 폭력범죄를 더 많이 범한다는 증거가 있다. 좋은 시설을 갖춘 치료공동체 프로그램의 실시후 10년 동안 기록과 서류들을 조사한 결과, 치료공동체 프로그램에 참여한 사이코패스들이 참여하지 않은 사이코패스들보다 폭력범죄의 재범률이 더 높다는 사실이 밝혀졌다. 그와는 반대로 치료 프로그램에 참여한 비사이코패스들은 치료 프로그램에 참여하지 않은 비사이코패스들보다 재범률이 낮았다.

대부분의 치료 프로그램은 교정시설에서 사용되는 변칙적인 치료 프로그램이어서 일반화에는 한계가 있다. 더욱이 연구에 참여한 사이코패스들은 85%가 폭력범죄의 전과를 가지고 있을 정도로 특히 심각한 범죄자들의 집단이다. 따라서 덜 심각한 사이코패스 범죄자들이 유사한 결과를 보여줄지는 알 수 없다. 결론적으로 치료공동체는 광범한 범죄전과를 가지고 있는 사이코패스에 맞는 치료프로그램이 아니다. 집단요법과 통찰지향적인 치료프로그램은 사이코패스로 하여금 현실을 조작하고 다른 사람을 속이는 더 나은 방법을 개발하는데 도움을 줄 수 있다.[460]

9. 성범죄자에 대한 치료

(1) 성범죄자 치료방법

프렝키와 나이트, 그리고 리(Prentky, Knight, Lee)는 성폭력자 치료요법을 정서환기적 요법, 심리교육적 상담요법, 마약치료법, 인지적 행동요법 등으로 분류한다.[461]

1) 정서 환기적 기법(evocative therapy)

정서 환기적 기법은 ① 성범죄자로 하여금 성범죄의 원인과 동기를 이해하는 데 도움을 주고, ② 성폭력 피해자에 대한 감정이입을 증가시키는 것을 핵심으로 하는 치료

---

460) Bartol & Bartol, *op.cit.*, p.625.
461) R. A. Prentky, R. A. Knight, & A. F. S. Lee, Child Sexual Molestation:: Research Issues, NIJ Research Report, Rockville, MD: National Criminal Justice Reference Service, 1997, pp.13-14.

기법이다. 이 기법은 상담요법을 주로 사용하는데 그 대상은 개인, 집단, 부부, 가족 등
이다.

2) 심리교육적 상담요법

심리교육적 상담요법은 사회적, 대인적 기술을 개선하기 위하여 집단이나 계층을 대
상으로 한다. 이 전략은 분노관리, 재발방지 원칙, 인간의 성욕, 남녀의 만남, 성욕과
성관계에 대한 신화 등과 같은 주제를 다룬다.

3) 약물치료요법

약물치료요법은 남성 성호르몬인 안드로전을 약화시키는 약물이나 여성 호르몬인 에
스트로전과 항우울제를 주사함으로써 성욕의 감소와 일탈적인 성적 환상의 빈도를 감
소키려는 전략이다. 이른 바 화학적 거세라고도 한다.

4) 인지적 행동 요법

인지적 행동 요법은 성적인 폭력행동을 정당화하고 연속화 하는 신념, 환상, 태도,
합리화를 변화시키는데 초점을 두는 전략이다. 인지적 치료기법은 성범죄자의 일시적
인 성범죄행동의 중단에 가장 효과적이다.

프렝키(Prentky et al) 등은 여러 가지 기법을 결합한 복합적인 치료기법이 가장 효
과적이라고 주장한다. 그러나 그들은 때때로 약간의 약물요법으로 보완된 인지적 행동
요법이 개인의 일탈적인 성행동의 일시적인 중단에 가장 효과적이라는 사실을 인정한
다. 일탈적 성행동은 고전적 조건반사와 도구적 조건반사, 모델링, 강화, 일반화, 처벌
등과 같은 정상적인 행동 규칙에 따라 학습되므로 수정 또한 가능하다. 인지적 행동요
법은 다른 전통적인 치료법에 비교하여 노출증과 관음증, 어떤 형태의 소아성애자, 성
폭력 행동과 자극의 제거에 단기적인 효과가 있다.

(2) 성범죄 재발방지 방법

성범죄자 치료요법과 관련하여 중요한 것은 성범죄자의 일탈적인 성행동 유형을 그
만두게 하는 것이 아니라, 시간과 상황에 따른 재범을 예방하지 못하게 한다는 데 문제
가 있다. 치료요법은 일시적으로 성범죄를 그만두게 하지만, 어느 날 상황에 따라 재범

에 빠지게 한다. 이러한 현상은 다이어트와 비슷하다. 다이어트는 개인이 과거의 식습관으로 돌아가는 것을 예방하는데 아무런 효과가 없다. 따라서 어느 날 본래 몸무게로 회귀한다.

성범죄자의 치료에 있어서 유망한 접근법은 이른바 재발방지법(Relapse Prevention)이다. RP는 성범죄재발을 예상하고 극복하기 위해 자신의 행동을 변화시키려고 하는 개인들을 교육시키기 위해 설계된 자기통제 프로그램이다.[462] RP는 자기관리를 강조하고, 범죄자는 범죄의 원인이 아니라 문제의 해결책에 대해 책임이 있는 것으로 고려된다. 따라서 RP는 치료와 상태 유지를 구분한다. 앞에서 언급한 바와 같이 행동치료법은 범죄행동의 중단에 효과적이지만, RP는 특히 개인의 치유상태를 유지하는데 있어서 도움을 주도록 설계된다.

(3) 재발방지의 구성요소

1) 고도의 위기상황

고도의 위기상황이란 자신의 행동에 대한 개인의 통제감을 위험하게 하고 결과적으로 범죄재발의 확률을 증가시키는 어떤 상황을 말한다. 개인이 재발의 위험에 빠지게 하는 상황은 분노, 기분침체, 대인갈등, 다양한 사회적 압력 등과 같은 부정적인 정서상태를 의미한다. 강간범들은 성폭행을 하기 전에 분노의 상태에 있거나 알코올이나 기타 약물을 사용한다. 한편 소아성애자들은 아동들을 찾기 전에 분노나 기분침체상태에 있으며, 자존심의 결여상태에 빠져 있다.

범죄재발은 일련의 사건에 따라 발생한다. 그 순서는 ① 충동, 덧없는 생각, 또는 범행에 대한 꿈 등이 발생한다. ② 범행에 대한 환상의 정교화가 뒤따른다. ③ 흥분된 개인은 상상된 성행위에 결합된 환상이나 음란물과 관련된 자위행위를 한다. ④ 개인은 범행방법을 계획하고 행동을 실천에 옮긴다. RP는 다양한 행동적, 인지적, 교육적, 기술훈련 기법에 의해 성범죄자들이 이러한 일련의 사건을 인식하고 중지하도록 훈련하기 위해 사용된다.

재발방지의 두 번째 구성요소는 명백히 부적절한 결정에 관한 것이다. 한 눈에 고도

---

462) W.H. George & G.,A. Marlet, Introduction, In D.R. Laws(Ed.), Relapse prevention With sex offenders, New York:Guilford Press, 1989, p.2.

의 위험상황과는 무관하고 무해한 결정인 것 같은 것이 재발을 향한 첫 단계일 수 있다. 소아성애자가 아동들이 붐비는 것으로 예측되는 때에 공원과 학교운동장주변을 걸어다니는 결정은 초기 경고 신호일 수 있다. 따라서 개인이 이러한 명백하게 부적절한 결정을 인식하고 중단하는 것을 배우는 것이 중요하다.[463]

2) 재발방지와 범인의 동기부여

재발방지 치료법에 중요한 것은 범인의 동기부여이다. 동기부여가 없으면, 치료프로그램은 작동하지 않는다. 재발방지는 일탈행동의 중단상태를 유지하는 것이 목적이지 중단 그 자체가 목적은 아니다. 그러므로 행동을 중단시키는 행동 치료 프로그램이나 기타 전통적인 치료법은 재발방지 프로그램에 우선하지 못한다. 치료단계는 보통 단기간 소요된다. 치료없는 구금은 재범을 방지할 수 없다. 그 이유는 ① 외부적인 강제력은 범인으로 하여금 자신의 행동을 변화시키기 위한 도움을 찾지 않는다. ② 범인은 자신의 환상속에서 범행유형에 대한 애착을 유지할 수 있다. ③ 범인은 심지어 구금동안에도 실제로 자신의 범행유형에 유사한 행동을 계속할 수 있다.[464]

마샬과 바바리(W.L.Marshall & H.E.Barbaree)에 의해 기술된 아동 성폭력범죄자를 위한 자발적인 외래진료 프로그램은 아동성폭력범죄를 중지시키기 위하여 사용된 어떤 절차를 잘 설명하고 있다. ① 의사들은 범죄자의 시각적인 일탈 이미지와 구두적인 일탈 이미지를 전기충격을 연결시킴으로써 혐오스런 조건반사를 활용한다. ② 의사들은 포만요법에 의해서 자위행위 동안 일탈적인 환상의 매력을 감소시킨다. 포만요법(satiation therapy)은 흥분과 욕구를 실체적으로 감소시킬 수 있는 빈도로 자위행위를 하는 사람을 보게 함으로써 성욕을 감소키려고 시도한다. ③ 의사들은 환자들에게 정신 들게 하는 약(smelling salts)을 사용함으로써 아동이나 백일몽에 의해서 일상생활 동안에 야기되는 일탈적인 성행동에 대한 생각을 제거한다. 즉, 개별 환자는 정신 들게 하는 약을 휴대하고 일탈적인 성행동 생각이 날 때마다 그 약을 코 옆에 대고 깊이 들여 마시도록 지시받는다. 혐오스런 조건반사를 통하여, 일탈적인 성행동 생각은 불쾌한 냄새나는 약과 강력하게 결합한다.[465]

---

463) Bartol & Bartol, *op.cit.*, p.627.
464) *Ibid.*, p.628.
465) *Ibid.*, p.628.

마샬과 바바리의 프로그램은 아동 성폭력범들에게 성인 상대자에 대한 두려움을 감소시키고 성인 상대자들과의 대화기술을 훈련함으로써 사회적 능력을 향상시키는 내용을 포함하고 있다. 이 요법은 성폭력범들이 당당하게 자기 주장을 하는 훈련과 함께 돈관리 훈련, 여가시간의 활용과 알코올이나 마약사용에 관해서도 상담한다. 마샬과 바바리는 3년 6개월 동안 이 프로그램의 치료를 받은 환자와 받지 않는 환자들을 포함한 117명을 대상으로 조사한 결과, 치료를 받은 사람들의 재범률은 14%였고, 받지 않은 환자들의 재범률은 32%에 달하였다.

제4절 현대 형벌체계의 대안적 수단

현대의 대안적인 형벌체계는 피고인을 시설내에 구금하는 형벌제도보다는 범죄자를 응보적인 형벌개념과 치료·교화 개념을 종합하여 사회복귀와 재범방지를 추구하는 사회내처우 제도를 말한다. 가장 대표적인 사회내처우는 보호관찰이다. 따라서 보호관찰제도와 아울러 보호관찰과 결합된 다양한 치료·교육프로그램 및 중간형태의 제재제도를 살펴보기로 한다.

1. 보호관찰(probation)

(1) 보호관찰의 기원과 실태

1) 미 국

미국의 보호관찰제도는 1841년 '보호관찰의 아버지'로 일컬어지는 오거스트스(John Augustus)에 의해 시작된 민간보호관찰에 그 기원을 둔다. 오거스트스는 최초로 보호관찰이라는 용어를 사용하였을 뿐 아니라 법원에 범죄인 보호관찰처분을 건의하기 전에 당해 범죄인에 대한 사회적 조사를 실시함으로써 오늘날 판결전 조사제도의 선례를 남겼다.[466] 그 후 1860년대에는 박애주의자인 쿡과 크락(Rufus R. Cook & Benjamin

---

466) 이무웅, *보호관찰제도론*, 풍남, 1992, p.19.

C. Clark) 등의 노력으로 보호관찰제도는 많은 관심을 불러일으켰다. 보호관찰을 받은 범죄자들의 재범률은 감소했고, 미국의 형사사법기관은 교도소의 과밀화 해소 및 교정 예산 감소를 위해 보호관찰의 가치를 높이 평가하기 시작했다. 시민들 사이에 범죄인의 보호관찰에 대한 반대가 있었지만, 1878년 메사추세츠 주는 최초로 보호관찰 제도를 입법화함으로써 공식적으로 채택했다.[467]

미국의 보호관찰제도는 처음부터 범죄자 중에 개선가능한 자를 보호관찰 대상자로 하여 건전한 시민으로 복귀시키는데 목적이 있었다. 따라서 대상자들의 선정에 신중을 기하기 위해 각주는 판결전조사제도(presentence investigation)를 채택하고 보호관찰 대상이 될 수 있는 범죄를 법적으로 규정하고 있다.

미국의 경우에 연방정부와 50개 주에서 보호관찰 제도를 실시하고 있으며, 보호관찰은 법원과 실형의 유죄판결을 받은 범죄자 사이의 일종의 계약형태이다. 즉, 법원은 형벌의 집행을 유보하는 조건으로 범죄자로 하여금 법원이 요구하는 규칙과 조건들을 준수하도록 요구하고, 범죄자는 법원의 요구를 이행하겠다는 서약을 함으로써 보호관찰은 성립하게 된다. 만일 범죄자가 보호관찰기간 동안에 다른 범죄를 범하는 것과 같이 규칙을 위반한다면, 보호관찰은 취소된다. 만일 보호관찰 대상자가 그 기간 중에 처음보다 더 중한 죄를 범한다면, 별도의 죄로 기소되어 재판을 받고 형벌이 선고된다. 물론 대상자가 별도의 범죄를 범하지 않을지라도, 단순히 요구된 규칙과 조건을 충족시키지 못할 경우에도 보호관찰은 취소된다.

2) 영 국

영국의 보호관찰제도는 1820년 워윅샤이어(Warwikshire)지방법원에서 소년범을 취업시키기 위해 적당한 고용주와 연결하는 실무관행이 그 기원이 되어 1887년 「초범자 보호관찰법」에 의해 처음으로 보호관찰이란 용어가 사용된 후 1907년 「범죄자 보호관찰법」은 공식적으로 법원이 유급 보호관찰관을 지명할 권한을 부여하였다.[468] 1925년에는 모든 법원에 보호관찰관이 상주할 것을 의무화 하였고, 1948년 「형사사법법령」은 보호관찰의 대상을 가석방까지 확대하였으며, 보호관찰 명령 이외에 소년을 상대로 수

---

467) 남정희, "보호관찰제도의 개선방향." 서울대 석사학위논문, 1996, p.18.

468) D. Whitfield, Introduction to the probation service, 2nd edition, Winchester:Waterside Press, 1998, p.13.

강명령 제도가 도입되었다.

1950년대 중반부터 교도소 과밀수용의 문제가 제기되어 이후 30년간은 보호관찰이 '시설내 처우의 대안'으로서 역할이 강조되기 시작했다. 1967년에는 보호관찰부 가석방 제도가 도입되고, 1972년에는 사회봉사명령 제도를 채택했다.[469] 그러나 1970년대에서 1980년대 초반에 이르기 까지 영국의 보호관찰제도는 범죄자 개선과 교도소 과밀수용 문제를 해결하는데 실패했다. 그 결과 1984년부터 보호관찰행정의 책임성을 확보하고 관리적 측면을 강조하기 시작했으며, 1991년 형사사법법령은 교도소의 개혁과 보호관찰을 형사정책의 핵심적인 과제로 규정하였으며, 보호관찰의 처벌적 기능을 강조했다. 보호관찰을 하나의 독자적인 판결의 한 형태로 규정하고, 구금형의 대안으로서의 성격을 전면 부정했다. 하지만 1995년 이후 보호관찰의 범죄자에 대한 치료·교화의 이념이 부활하여 보호관찰대상자 지도 기법으로 실무에 적용되는 변화를 보이고 있다.[470]

영국은 보호관찰의 대상을 살인, 반역 등 중죄를 제외한 모든 범죄자로 확대했으며, 특이한 것은 보호관찰의 효율성을 높이기 위해 보호관찰 지역을 형성한 후 1974년에는 지역을 재조정하고 1985년에는 지역정부법에 의해 수도 카운티 지역을 독립 운영하는 등 보호관찰제도의 발전을 거듭하고 있다.[471]

3) 한 국

우리나라는 보호관찰법이 1988년 12월 국회를 통과·공포되고 1989년 7월 전국에 보호관찰기관이 설치됨으로서 보호관찰제도기 시행되있다. 그 이선에는 소년에 한정하여 보호관찰제도를 실시했으나 1994년 1월 20일부터 성인 가석방자에 대한 보호관찰을 시험실시 하다 1995년 12월 29일 개정된 형법은 성인범에 대해서도 선고유예, 집행유예, 가석방시 보호관찰을 명할 수 있도록 규정함으로써 1997년 1월1일부터 실시하게 되었다.[472] 따라서 우리나라의 보호관찰제도는 그 대상을 소년에서 성인으로 그 범위를 확대시켜 왔다. 소년범 대상으로 시작된 보호관찰제가 1997년 성인범으로 확대되면서 갈수록 성인범 비중이 커져 2003년에는 성인범과 소년범 실시사건 비중이 62.8% 대

---

469) 손외철, 영국과 비교한 한국 보호관찰제도 발전방향, 형사정책연구, 제14권 제4호, 통권 제56호 (2003 겨울), pp.315-354.

470) 앞의 책., p.318.

471) 외국의 보호관찰 운영실태, 법무부자료, 1994, pp.7-8.

472) 이무웅, 앞의 책., p.145.

37.2%이었다.[473)]

　　보호관찰 대상자에게 부과되는 법정 준수사항은 ① 주거지에 상주하고 생업에 종사할 것, ② 범죄로 이어지기 쉬운 나쁜 습관을 버리고 선행을 하며 범죄를 저지를 염려가 있는 사람들과 교제하거나 어울리지 말 것, ③ 보호관찰관의 지도·감독에 따르고 방문하면 응대할 것, ④ 주거이전 또는 1개월 이상 국내외 여행을 떠날 때는 미리 보호관찰관에게 신고할 것 등이다(보호관찰 등에 관한 법률 제32조).

　　우리나라의 보호관찰제도는 유형적으로 영·미와 비슷한 구조라고 할 수 있다. 보호관찰부 집행유예, 선고유예, 보호처분, 가석방, 임시퇴원의 처분에 의해 보호관찰대상자가 되며, 재비행 방지를 위한 지도·감독을 중심으로 하는 보호관찰과 사회봉사·수강명령도 적극 활용되고 있다. 100여 년 이상의 역사를 가진 영·미에 비해서는 우리나라가 갖추어야 할 것이 많지만, 사회봉사명령·수강명령, 판결전조사제도의 도입으로 일본에 비해서는 발전된 제도라고 볼 수 있다.

　　보호관찰의 가장 큰 효과는 범죄자를 사회와 단절시키는 대신 가정과 직장 등 기존 관계를 그대로 유지토록 함으로써 본인이나 가족이 겪는 심적·물적 고통을 줄인다는 데 있다. 또한 교도소나 소년원이 범죄 교습소로 불리는 만큼 재범을 줄이는 효과도 있다. 2003년 법무부 통계에 따르면, 전체 범죄자의 재범률은 64.3%에 달했으나 보호관찰 대상자 재범률은 7.1%에 그쳤다. 이 같은 수치에 대해서는 관찰소 내부에서도 이견이 나오지만, 구금시설 출소자에 비해 상대적으로 낮은 건 사실이다.

(2) 보호관찰(Probation)제도의 특징

　　보호관찰제도는 일반적으로 피고인에 대한 형의 선고 내지 집행을 유예할 때 그 조건으로 부과되는 보호관찰(probation)과 수형자를 가석방할 경우에 그 조건으로 부과되는 보호관찰(parole)의 두 종류로 나눌 수 있으나 양자가 통합되어 사용되는 것이 보편적이다. 우리나라의 경우에 치료감호자의 가출소와 국공립병원에서의 가퇴원자 등도 보안관찰의 대상이 된다.

　　또한 보호관찰제도는 협의와 광의로 나누어볼 수도 있다. 협의의 보호관찰은 범죄인이나 비행소년에 대하여 실시되는 지도·감독 및 원호를 내용으로 하는 보호처분을 말

---

473) 이성칠, 한국보호관찰의 형황과 과제, 한국형사정책연구원, 2003, pp.141-175.

하고, 광의의 보호관찰은 협의의 개념에 추가하여 이에 부수하거나 결합된 처분 즉, 사회봉사명령이나 수강명령 등과 같은 모든 사회내처우를 포함한다.

보호관찰은 범죄자가 보호관찰 기관의 감독아래 공동체에서 행동개선을 하겠다는 서약을 하고 형벌 집행을 유보하는 제도이다.[474] 이 기간 동안에 범죄자는 보호관찰 기관의 감시를 받는다. 다시 말해, 보호관찰제도는 유죄가 인정된 범죄자에 대하여 일정기간 동안 형의 집행을 유보하고, 범죄자가 보호관찰기관의 지도감독을 받으며, 자유롭게 사회에서 활동할 수 있는 기회를 주는 동안 법의 통제에 복종하며 사회복귀를 할 수 있도록 범죄인을 개선·교육하는 형사사법제도이다.[475] 이처럼 사회내처우의 대표적인 방법으로 시행중인 보호관찰제도는 시설내처우의 여러 가지 폐단을 감소시킬 수 있으며, 국가의 재정비용을 절감하고 범죄예방과 범죄자 처우에 관련 지역사회의 관심과 협력을 이끌어낼 수 있는 제도이다.

(3) 보호관찰의 대상

보호관찰의 대상은 국가별로 차이를 보이지만, 대체로 선고유예, 집행유예, 가석방, 사회봉사명령과 수강명령 등으로 압축된다. 사회봉사명령과 수강명령은 독자적인 사회내처우로 활용되지만, 소년법에서는 보호관찰과 병과되고, 형법에서는 보호관찰과 병과 또는 독립처분형태로 운영되고 있다.

우리나라는 「보호관찰등에 관한 법률」에 의해 소년의료보호시설이나 병원·요양소 등에 위탁된 소년사범의 임시퇴원과 「치료감호법」에 의해 치료감호시설에 수용된 자의 가종료, 「가정폭력범죄의처벌등에관한특례법」에 의한 보호관찰처분, 법무부훈령에의한 보호관찰관 선도 조건부 기소유예자에 대한 보호관찰처분 등도 보호관찰의 대상에 포함시키고 있다. 여기에서는 대체로 대부분의 국가에서 채택하고 있는 가석방, 선고유예, 집행유예, 그리고 사회봉사명령과 수강명령에 대해 살펴보기로 한다.

1) 가석방(parole)

가석방제도는 자유형의 집행 중에 있는 자가 개전의 정이 현저할 때에 형기가 만료되기 전에 임시로 석방하여 가석방 기간 동안 별다른 문제가 없으면 나머지 형기가 집

---

474) *Ibid.*, p.558.
475) 김혜정, 성인범 보호관찰의 운영에 관한 조사연구, 한국형사정책연구원 연구보고서, 2001, p.31.

행된 것과 같은 효과를 발생하는 행정처분이다. 가석방은 보호관찰의 대상으로서 형기만료전 적절한 시기에 보호관찰 기관의 감독을 조건으로 석방하는 제도이다. 이는 범법자에 대한 사후관리 및 감독을 통하여 출소자의 사회복귀를 용이하게 하고 나아가 형사사법제도 운영상의 경제성 확보 및 범죄로부터 사회방위라는 목적을 지닌 제도이다. 즉, 가석방의 목적은 두 가지 측면에서 논의된다. ① 대내적 효과로서 수형기간 중에 행동이 양호하고 개전의 정이 현저한 자에 대해 포상을 함으로써 타 수형자의 수형기간을 바르게 유도하여 교정교화의 효과를 극대화하기 위함이며, ② 대외적인 측면에서는 조건부로 잔형 기간 동안 사회 내에서 사회적응훈련을 쌓게 하여 재범을 방지하여 재사회화하기 위한 것이다.

선진 각국에서는 주로 재사회화(resocialization)에 의한 재범 감소의 목적을 위해 가석방을 행하고 있다. 이것은 물론 완전한 석방이 아니고 가석방(parole)기간 중에는 개념상으로 법률상의 구속 상태에 있는 것이다. 가석방제도는 19세기 최대의 형사정책적 제도로서 1800년 영국의 유형지 호주에서 「선행의 경우에 주는 가석방 허가서」에서 유래한 조건부 가석방제도로서, 뒤에 경찰감시가 보충되어졌다. 미국의 경우에 가석방은 구금시설과 지역사회를 연결시켜주는 교량의 역할을 하고 있는 중요한 사회내처우 방법으로 평가받고 있다. 모든 가석방자는 가석방 중에 일정한 행동규칙을 지켜야 하며, 만약 그 규칙을 위반한다면, 가석방은 취소되고 잔여형기를 교도소에서 마쳐야 한다.[476] 가석방은 법원의 형량 선고시에 결정된 최소수용기간을 경과한 재소자들을 대상으로 가석방위원회에서 심사하여 결정하게 된다. 가석방위원회는 판결전조사보고서, 교정기관의 수용성적에 관한 보고서를 참고하여 가석방 심사를 한다.

한국의 경우에 가석방은 성인 수형자와 소년수형자를 대상으로 하여 이루어지며, 보호관찰의 대상이 되는 경우도 있고 그렇지 않은 경우도 있다. 먼저 징역 또는 금고의 선고를 받은 성인 수형자는 교정성적이 양호하고 개전의 정이 현저한 때에는 무기의 경우 10년, 유기의 경우는 형기의 3분의1을 경과한 후에 가석방될 수 있다. 가석방은 교도소장의 요청에 의해 가석방 심사위원회의 심사를 거쳐 이루어지며, 그 기간은 무기형의 경우에 10년으로 하고, 유기형의 경우에는 남은 형기로 하되 그 기간은 무기형과의 형평성을 고려하여 10년을 초과할 수 없다. 가석방된 자는 가석방 기간 동안 보호관찰을 받도록 되어 있으나 보호관찰의 필요성이 없다고 인정되는 때에는 보호관찰심

---

476) Siegel, *op.cit.*,, p.463.

사위원회의 결정에 의하여 보호관찰을 받지 않을 수 있다. 소년수형자의 경우에 무기형은 5년, 15년의 유기형은 3년, 부정기형은 단기의 3분의 1을 경과하면 가석방이 허가될 수 있다. 소년범의 가석방 여부는 보호관찰심사위원회에서 하며 보호관찰 필요성 여부도 함께 심사하여 결정한다.

우리나라는 가석방과는 개념적으로 차이가 있지만, 아동복지시설이나 소년보호시설, 병원·요양소나 소년의료보호시설에 위탁된 소년범의 임시퇴원의 경우 퇴원일로부터 6개월~2년의 범위 내에서 보호관찰심사위원회에서 정한 기간 동안 보호관찰 처분을 받는다(보호관찰등에관한법률 제30조). 또한「치료감호법」에 의해 치료감호시설에서 보호(치료)감호 처분을 받다 가종료한 때, 치료감호시설 외에서 치료를 위하여 법정대리인 등에게 위탁한 때에는 3년의 기간 동안 보호관찰을 받게 된다(치료감호법 제32조).

2) 선고유예

선고유예란 범죄인의 정상을 참작하여 판결의 선고를 일정한 기간 동안 미루어 공소제기가 소멸되도록 하는 것으로 주로 1년 이하의 징역이나 벌금형과 같은 가벼운 범죄에 적용된다. 「형법」 제59조의 2는 형의 선고를 유예하는 경우에 재범방지를 위하여 지도 및 원호가 필요한 때에는 보호관찰을 명할 수 있으며, 그 기간은 1년으로 정하고 있다(보호관찰 등에 관한 법률 제30조). 법원은 선고유예를 받은 보호관찰대상자가 보호관찰기간 중에 준수사항을 위반하고 그 정도가 무거운 때에는 유예한 형을 다시 선고할 수 있다.[477] 형의 선고유예세노는 19세기 중반 영국의 재판관행에서 시작되었다. 이러한 영국에서의 재판관행이 미국에도 파급되어 보호관찰제도와 결합되었다.

3) 집행유예

집행유예(suspended sentence)란 법원이 유죄판결 선고를 했지만, 일정한 기간 동안 형의 집행을 유보하며, 그 기간을 무사히 넘기면 선고의 효력이 없어지게 하는 제도이다. 형의 집행유예제도는 주로 초범자에 대하여 일정한 기간을 정하여 형의 집행을 유예하는 제도인데 그 기간 중에 취소의 사유가 없으면 형을 집행하지 않는 재판상의 처분을 말한다. 유예의 기간이 경과되면 자동적으로 형의 선고가 실효 되는 조건부 유죄

---

477) 한영수, 보호관찰, 사회봉사명령, 수강명령의 독립적 형벌화에 관한 연구, 한국보호관찰학회, 2003년 법무부 연구보고서, 2003, pp.21-22.

판결제도이다.

대륙법계에서의 집행유예제도는 처음에는 보호관찰제도와 별도로 시행되었으나 최근에는 두 제도가 결합되어 가는 경향이 있다. 우리나라는 3년 이하의 징역 또는 금고의 형을 선고할 경우에 그 정상에 참작할만한 사유가 있는 때에는 1년 이상 5년 이하의 기간 동안 형의 집행을 유예할 수 있다고 규정하고 있다. 형의 집행을 유예하는 경우에는 보호관찰을 받을 것을 명하거나 사회봉사 또는 수강을 명할 수 있다(형법 제62조의2). 보호관찰기간은 원칙적으로 형의 집행유예기간과 일치하며, 보호관찰은 집행유예의 조건에 해당하므로 보호관찰을 받은 자가 준수사항이나 명령을 위반하고 그 정도가 무거운 때에는 집행유예의 선고를 취소할 수 있다.[478]

4) 사회봉사명령과 수강명령

❶ 사회봉사명령

ⓐ 발전 배경

사회봉사명령은 1970년 영국의 우튼 위원회(Wootton Committee)의 '비구금 및 반구금형벌이라는 보고서'에서 처음 제안된 후 1973년의 「형사재판법」에서 채택되어 1979년 3월 이후 전 영국에서 확대 실시되었다. 영국에서의 성공에 고무되어 캐나다의 각 주들, 미국의 일부 주, 호주, 뉴질랜드 등 각국도 이 제도를 도입하여 보호관찰에 적극적으로 활용하고 있다.[479]

영국의 경우에 사회봉사명령은 보호관찰의 조건으로서가 아니라 독립적인 형사제재의 한 수단으로서 사회봉사명령을 부과하고 있다. 보호관찰은 사회봉사명령을 부과하는 과정에서 제한적으로만 관여하며 구체적인 시행은 사회봉사담당관이 맡는다. 사회봉사명령은 1973년 형사법에서 16세 이상의 범죄자에게 40시간에서 240시간의 범위 내에서 선고할 수 있고, 1년 이내에 집행을 종료할 것을 규정함으로써 1975년 전국적으로 확대실시 되었다. 사회봉사명령은 배상, 교화, 응보 등 여러 다른 판결의 기본이념을 모두 실현할 수 있는 포괄적인 형벌이라는 점에서 보호관찰의 중요한 수단으로 인식되었다.[480]

---

478) 앞의 책., p.22.

479) 최인섭, 진수명, 보호관찰제도의 성인범 확대실시를 위한 연구, 형사정책연구원, 1997, p.129.

480) M. Cavadino & J. Dignan, The Penal System: An Introduction, second edition, London: Sage,

1991년 개혁입법 이전에는 영국에 있어 보호관찰명령과 사회봉사명령은 하나의 범죄에 동시에 선고될 수 없었다. 1991년 형사법의 개혁으로 경미하지만 반복적인 범죄로 구금형이 불가피한 재산범죄자에 대해서 법원은 12개월에서 36개월까지의 보호관찰과 40시간에서 100시간까지의 사회봉사명령을 병과할 수 있게 되었다.[481] 1994년 형사법이 사회봉사명령을 명할시 실시되는 판결전조사서를 의무적 사항에서 선택적 사항으로 하였지만, 여전히 법원에서는 대부분의 사회봉사 명령 선고시 판결전조사서를 요구하고 있다.[482]

ⓑ 사회봉사명령의 의의

사회봉사명령은 보편적인 개념이 정립되어 있다기보다는 채택한 국가의 형편에 따라 그 실정에 맞는 개념들을 개발하여 활용하고 있다. 우리나라에서도 1989년 7월 1일 보호관찰제도의 도입과 함께 사회봉사명령과 수강명령을 활용하고 있다.

우리나라의 경우에 사회봉사명령(community sirvice order)이란 법원이 유죄가 인정되어 자유형이 선고되어야 할 범죄자에 대하여 자유형에 대신하여 일정 시간동안 무보수로 근로봉사를 하도록 명하는 제도를 말한다.

❷ 수강명령

ⓐ 의 의

수강명령은 일반적으로 법원이 유죄가 인정된 자를 교화·개선하기 위하여 일정한 강의나 교육을 받도록 명하는 것을 말한나. 사회봉사명령은 의무적인 노동을 부과하는 반면, 수강명령은 교육·훈련 등을 수단으로 하는 점에서 차이가 있다.

ⓑ 기 능

수강명령(attendance centre order) 역시 사회봉사명령과 마찬가지로 자유시간의 박탈이라는 점에서 볼 때 처벌적 측면이 있지만, 그 근본목표는 범죄자의 심성교정이라는 치료적·교육적·개선적인 측면에 그 본질을 두고 있다. 수강명령은 일정기간 동안 정신교육 및 준법교육 등 강의를 수강토록 하여 올바른 시민으로 육성시키고자 하는 것이다.[483]

1997, p.224.
481) I. Brownlee, Community Punishmrnt:A critical introduction, London: Longman, 1998, p.117.
482) 손외철, 앞의 책., p.334.

ⓒ 수강대상자 및 시간

「형법」의 경우에 법원으로부터 수강명령을 조건으로 집행유예를 받은 자에 대해서 200시간의 범위 내에서 수강명령이 부과된다. 「소년법」에 의해 소년부로부터 단기보호관찰 또는 보호관찰을 결정 받은 소년 중 16세 이상인 자의 경우에 단기보호관찰은 50시간의 범위 내, 보호관찰은 200시간의 범위 내에서 수강명령에 처해질 수 있다.

또한 「가정폭력범죄의 처벌 및 피해자보호등에 관한 법률」에 의한 가정법원으로부터 가정보호 4호처분을 받은 자의 경우에 최고 200시간의 범위 내(단, 보호처분 변경에 의해 400시간까지 부과가능), 「성폭력범죄의 처벌등에 관한 특례법」에 의해 성폭력범죄자로서 법원으로부터 수강명령을 조건으로 집행유예를 받은 자는 200시간의 범위 내에서 수강명령이 부과될 수 있다. 「성매매알선등 행위의 처벌에 관한 법률」에 의해 보호처분 사건으로 처리되는 경우에는 100시간 이내(단, 200시간까지 연장 가능)에서 수강명령이 부과될 수 있다.

ⓓ 수강명령의 내용

수강명령은 약물중독, 가정폭력, 성폭력 등 유죄가 인정된 습관 중독성 범죄자를 교도소 등에 구금하는 대신 자유로운 생활을 허용하면서 보호관찰소 또는 지정기관에서 일정시간의 강의, 심리치료 등 교육을 받게 하는 제도이며, 따라서 약물 오·남용방지교육, 준법운전교육, 성폭력 방지교육, 가정폭력방지 교육 등의 교육프로그램이 진행된다. 교육방법은 시청각교육, 강의, 견학, 참여식 토론, 정신 심리치료 등이 이용된다.

(4) 보호관찰 기관

1) 목 적

「보호관찰 등에 관한 법률」은 죄를 지은 사람으로서 재범 방지를 위하여 보호관찰, 사회봉사, 수강 및 갱생보호 등 체계적인 사회내 처우가 필요하다고 인정되는 사람을 보살피며 도움으로써 건전한 사회복귀를 촉진하고, 효율적인 범죄예방 활동을 전개함으로써 개인 및 공공의 복지를 증진함과 아울러 사회를 보호함을 목적으로 한다(법 제1조).

---

483) 최인섭, 진수명, 앞의 책., p.131-132.

2) 대상자

①「형법」제59조의2에 따라 보호관찰을 조건으로 형의 선고유예를 받은 사람,②「형법」제62조의2에 따라 보호관찰을 조건으로 형의 집행유예를 선고 받은 사람, ③「형법」제73조의2 또는 이 법 제25조에 따라 보호관찰을 조건으로 가석방되거나 임시퇴원된 사람, ④「소년법」제32조제1항제4호 및 제 5호의 보호처분을 받은 사람, ⑤ 다른 법률에서 이 법에 따른 보호관찰을 받도록 규정된 사람, ⑥「형법」제62조의2에 따라 사호봉사 또는 수강을 조건으로 형의 집행유예를 선고받은 사람, ⑦「소년법」제32조에 따라 사회봉사명령 또는 수강명령을 받은 사람, ⑧ 다른 법률에서 이 법에 따른 사회봉사 또는 수강을 받도록 규정된 사람, ⑨ 갱생보호를 받을 사람은 형사처분 또는 보호처분을 받은 사람으로서 사립갱생을 위한 숙식제공, 여비지급, 생업도구와 생업조성 금품의 지급 및 대여, 직업훈련 및 취업알선 등 보호의 필요성이 인정된 사람(보호관찰 등에 관한 법률 제3조).[484]

3) 보호관찰기관

한국의 보호관찰기관은 보호관찰심사위원회, 보호관찰소 및 지소, 보호관찰관, 범죄예방 자원봉사위원회 등으로 구성되어 있다. 먼저 보호관찰 심사위원회는 법무부장관 소속으로 고등검찰청의 소재지를 비롯하여 대통령령이 정하는 지역에 설치되며, 보호관찰에 관한 일체의 사항을 심의·결정하는 기구이다.

보호관찰소는 법무부장관 소속의 조직으로 보호관잘 및 갱생보호의 실시에 관한 사무를 관장하며, 그 관할 구역 안에 보호관찰지소를 둘 수 있다.

4) 보호관찰소의 관장사무

보호관찰소의 관장 사무는 다음과 같다. ① 보호관찰 및 사회봉사명령, 수강명령의 집행, ② 갱생보호의 실시, ③ 검사가 보호관찰소의 선도를 조건으로 공소제기를 유예하고 위탁한 선도업무, ④ 범죄예방 자원봉사위원에 대한 교육훈련 및 업무지도, ⑤ 범죄예방활동, ⑥ 기타 법령에 규정된 보호관찰소의 업무를 수행한다(동 법 제15조).

보호관찰관은 보호관찰소 및 지소에 근무하는 보호직 공무원으로서 보호관찰소의 업무를 실제로 수행하는 위치에 있다. 한편, 범죄예방 지원봉사 위원회는 보호관찰소장의

---

484) 보호관찰 등에 관한 법률 제3조, 법률 제9748호, 2009.5.28.

추천으로 법무부장관이 위촉하는 지역의 신망 있는 민간인으로서 보호관찰관의 과다한 업무를 돕기 위해 보호관찰대상자에 대하여 지도 및 원호하는 역할을 수행한다.

(5) 판결 전 조사 및 결정 전 조사

법원은 피고인에 대하여 「형법」 제59조의2 및 제62조의2에 따른 보호관찰, 사회봉사 또는 수강명령을 하기 위하여 필요하다고 인정하면, 그 법원의 소재지 또는 피고인의 주거지를 관할하는 보호관찰소의 장에게 범행동기, 직업, 생활환경, 교우관계, 가족상황, 피해회복 여부 등 피고인에 관한 사항의 조사를 요구할 수 있다. 이 경우 필요하다고 인정하면 피고인이나 그 밖의 관계인을 소환하여 심문하거나 소속 보호관찰관에게 필요한 사항을 조사하게 할 수 있다(동 법 제19조).

또한 법원은 「소년법」 제12조에 따라 소년 보호사건에 대한 조사 또는 심리를 위하여 필요하다고 인정하면 그 법원의 소재지 또는 소년의 주거지를 관할하는 보호관찰소의 장에게 소년의 품행, 경력, 가정상황, 그 밖의 환경 등 필요한 사항에 관한 조사를 의뢰할 수 있다. 또한 법원은 조사를 위해 필요한 경우에는 소년 또는 관계인을 소환하여 심문하거나 소속 보호관찰관으로 하여금 필요한 사항을 조사하게 할 수 있다(동법 제19조의2).

(6) 민간봉사자 활용

1) 미 국

미국의 보호관찰제도는 시민의 참여를 전제로 출범한 제도라는 점이 그 특징이다. 민간자원 봉사자인 아우구스투스(John Augustus)가 재판과정에서 범죄자에게 복지적인 접근을 시도하여 재범을 예방한데서 비롯된 보호관찰은 그 후의 발전과정을 보더라도 지역사회 민간차원의 인적·물적 자원의 동원활용이 필요적 조건임을 입증해주고 있다. 미국법원 민간봉사자 센터의 보고에 의하면, 보호관찰분야에서는 판결전조사, 레크레이션 활동, 직업훈련 보조, 행정사무 보조, 보호관찰관 보조활동, 자원상담, 기금모금 등 다양한 분야에서 활동하고 있다.[485] 이들의 활동에 소요되는 비용은 주정부 예산, 연방교부금, 기부금으로 충당되고 있다.

---

485) 이성칠, 앞의 책., p.128.

미국의 자원봉사자 활용은 지역에 따라서 차이가 있지만, 크게 두 가지 집단으로 나누어지며, 그 중 하나는 민간자원 봉사자 집단이고, 다른 하나는 전문보조원과 전과자 집단이다. 전자는 대체로 일정 수준 이상의 교육을 받은 중류층 또는 은퇴한 사람들로서 무보수로 업무를 수행하고 있으며, 후자의 경우는 보호관찰관보다는 낮은 보수를 받으면서 보호관찰관과 보호관찰대상자와의 거리를 좁혀주는 역할을 주로 담당한다.[486]

민간자원봉사자나 전문보조원은 일대일 상담, 판결전조사 혹은 환경조사, 일반사무보조, 법정보조(법원 관련 문서작성 원조 및 법정 출석 해당사건 기록), 특수지원(금전적 지원, 물질적 지원, 의료지원), 기타 보호관찰관의 업무보조 등의 역할을 수행한다. 그리고 전과자를 활용하고 있는 지역에서는 일반적으로 현장방문과 감독업무를 맡기고 있으며, 대신 보호관찰관은 치료에 전념하고 있다.[487]

2) 한 국

우리나라의 경우에 민간자원 봉사집단이라고 할 수 있는 범죄예방자원봉사 위원들이 조직되어 보호관찰활동 및 갱생보호사업을 지원하고 있다. 범죄예방자원봉사 위원은 법무부장관이 위촉하며 명예직이지만 직무수행에 필요한 경비의 전부 또는 일부를 지급받을 수 있다.

범죄예방위원의 직무는 ① 지역사회에서의 범죄예방 활동 전개, ② 보호관찰 대상자 지도, 사회봉사명령 집행감독 등 보호관찰 활동 지원, ③ 범법자에 대한 상담지도, ④ 범법자에 대한 취업알선, 재정지원, ⑤ 기타 법무부징관이 지정하는 사항 등이다.[488]

2. 중간 형태의 제재

국가는 교정시설의 과밀현상을 해소하기 위해 구금과 보호관찰 사이의 중간 형태의 제재를 고려한다. 이러한 성격의 제재를 중간형태의 제재(intermediate sanction)라 한다. 따라서 중간형태의 제재는 엄격한 의미에서의 보호관찰 형태는 아니다.

중간형태의 제재는 벌금, 몰수, 가택구금, 전자추적, 밀착 보호관찰 감시. 배상, 공동

---

486) 최인섭 · 진수명, 앞의 책., p.82.
487) 앞의 책., pp.89-93.
488) 보호관찰 등에 관한 법률 시행규칙 제10조, 법무부령 제681호, 2009.11.27.

체 교정, 그리고 병영훈련 프로그램 등이다.[489] 그런데 벌금이나 몰수, 그리고 배상은 보호관찰에 가까운 형태의 제재가 아니라 일종의 재산형 제재에 해당되는 것으로 판단된다. 따라서 여기에서는 충격보호관찰과 분리양형, 밀착감시 보호관찰, 가택구금, 전자장치감시, 지역사회 감독프로그램, 병영훈련 등에 관하여 살펴 보기로 한다.

(1) 충격 보호관찰과 분리 양형

충격 보호관찰(shock probation), 또는 분리 양형(split sentencing)은 범죄자들이 수감생활을 경험한 후에만 판사들이 다른 보호관찰프로그램으로 석방을 허용하는 대안적인 제재이다.[490] 이 제재들은 범죄자들이 다른 범죄를 범하거나 보호관찰 규칙을 위반할 생각을 가지지 않게 하고 적법한 행동을 할 충격을 줄만큼 구금이 충분하다는 전제하에서 부과된다. 즉, 충격 보호관찰의 기본전제는 구금의 충격이 범죄자로 하여금 미래의 범죄행위 가담을 회피하게 만든다는 것이다. 이 프로그램은 대상자가 자발적으로 참여하도록 하고 구금의 기간이 비교적 짧은 범죄자들을 대상으로 한다. 따라서 충격구금은 범죄자가 실제로 구금되기 때문에 완전한 보호관찰이 아니고 구금과 보호관찰의 중간형태의 제재에 해당한다.

충격보호관찰의 목적은 범죄자에게 구치소나 교도소의 수형경험을 통해 구금생활의 육체적·정서적 고통을 가르쳐 주고 재범을 범하지 못하도록 충격을 주기 위한 것이다.[491] 충격 보호관찰은 수감기간을 제한하고 사회와 가족에게 조기에 돌아갈 수 있으며, 수감자 수를 감소시키고 교정 비용을 절약한다는 측면에서 긍정적인 평가를 받는다. 또한 충격구금은 범죄자들이 장기적인 교도소 생활의 폐해에 물들지 않게 하고, 자신들의 범죄의 심각성을 일깨워주며, 구금을 통해 사회에 대한 안전을 제공할 수 있다. 따라서 충격보호관찰은 억제와 재통합이라는 두 가지 가치를 추구한다.

미 연방과 많은 주의 형사법전에서 구치소 구금기간은 실제로 보호관찰의 조건으로 규정하고 있다. 다시 말해, 구치소 구금기간이 있어야 교도소에 수감하지 않고 석방하여 보호관찰의 대상이 될 수 있다. 이것이 바로 분리양형이다. 미국의 연방교정 체계에

---

489) Siegel, *op.cit.*, p.561.

490) *Ibid.*, p.563.

491) Dean L. Champion, *Probation, Parole, and Community Corrections,* 2nd ed. NJ: Prentice Hall, 1996, pp.139-141.

서 범죄자들의 25%가 구치소와 교도소 구금 기간 모두를 보호관찰의 조건으로 하는 분리형벌의 대상이 되고 있다.[492]

또 하나의 충격 보호관찰의 형태는 장기형을 받은 죄수가 단기간 수형 생활 후에 재형벌 선고를 하는 제도이다.[493] 충격보호관찰은 범죄자가 짧은 기간 동안 구치소나 교도소에 구금된 후에 다른 보호관찰 프로그램으로 석방되는 형태의 보호관찰 프로그램이다. 즉, 장기형을 선고받은 죄수가 법관의 재량으로 약 90일간의 구금 후에 석방의 자격이 주어지기 때문에 충격적이라는 의미에서 충격 보호관찰이라 한다. 한 연구에 의하면, 1일에서 30일 동안 복역한 보호관찰 대상자가 구금기간이 길었던 다른 대상자들에 비해 가장 낮은 재범률을 보인다는 사실을 발견했다.[494] 따라서 짧은 구금 후 보호관찰을 하는 충격구금이 효과적이라는 사실이 검증되었다.

(2) **밀착감시 보호관찰**(intensive program supervision)

밀착감시 보호관찰 프로그램(IPS)은 중간형태 제재의 범주에 해당한다. 밀착감시는 일반보호관찰보다는 감독의 강도가 높고 구금에 비해서는 낮다는 것을 의미한다. 즉, 보호관찰대상자의 활동에 대해 보다 세밀한 감독을 통해 강도를 높이는 것으로 정의될 수 있다. 보호관찰관들이 대상자와의 접촉을 늘리고, 대상자에 대한 통행금지 시간을 지정하는 등 강도 높은 감독을 실시함으로써 대상자의 욕구와 문제점을 보다 정확하게 파악하고, 이에 알맞는 지도·감독 및 원호를 실시하여 재범을 방지하고자 하는 보호관찰 활농이다.

밀착감시는 15~40명의 범죄자들을 보호관찰관들의 감시 대상으로 한다. IPS의 목적은 다음과 같다.[495]

① 주된 목적은 범죄자들의 분산관리에 있다. 따라서 밀착 감시가 없으면, 이미 수형자들로 만원이 된 교도소나 구치소에 보내졌을 범죄자들을 대상으로 한다.

② 두 번째 목적은 통제이다. 고도의 범죄 위험성이 있는 범죄자들이 재범이나 보호관찰 규칙을 위반하지 못하도록 밀착감시에 의해 엄격하게 통제하는 데 그 목적

---

492) *Ibid.*, p.563.
493) *Ibid.*, p.563.
494) 최인섭·진수명, 앞의 책., p.53.
495) Siegel, *op.cit.*, p.563.

이 있다.

③ 세 번째 목적은 재통합이다. 범죄자들은 구금의 고통을 피하는 대신에 공동체 유대를 유지하고 더 생산적인 생활을 지향할 수 있게 해야 한다.

IPS 프로그램의 자격은 범죄의 성격과 범죄자의 배경에 의해 결정된다. 즉, 개인관련 배경정보와 판결전조사보고서를 활용하여 대상자들이 선발된다. 어떤 프로그램은 폭력 범죄자들을 배제하고, 다른 프로그램은 약물 남용자들을 배제한다. 1984년 밀착감시 보호관찰을 최초로 실시한 미국의 일리노이 주의 프로그램은 폭력범죄, 약물범죄, 그리고 누범을 제외한 모든 범죄자들을 대상으로 했다. 사회에 심각한 위험을 주지 않으면서 일반보호관찰에 적합하지 않는 범죄자들이 밀착감시 프로그램에 적합한 것으로 나타났다.[496] 미국에서 IPS 프로그램의 약 60%는 보호관찰 규칙을 위반하였거나 보호관찰에 실패한 범죄자들을 배제한다.

미국의 경우에 밀착감시에도 불구하고 IPS의 실패율은 50%에 근접할 정도로 높다.[497] 경미한 범죄를 범한 청소년들은 가장 많이 IPS 프로그램의 허용대상이 되지만, 역설적으로 가장 실패율이 높다.[498] 미국에서는 실패율이 높음에도 불구하고, IPS 프로그램은 전통적인 보호관찰보다 마약 남용 경력과 더 심각한 범죄경력을 가진 범죄자들을 위해 설계된다. 그러나 밀착감시의 대상자들은 주마다 상당한 차이를 보인다. 캘리포니아의 3개 군에서 조사한 결과, IPS 대상자들은 교도소에 보내지는 사람들보다 더 위험하지 않고, 다른 보호관찰 대상자들과 재범율이 비슷하다는 것으로 밝혀졌다.[499]

(3) 가택구금

미국의 몇몇 주에서는 중간 제재로서 가택구금 프로그램(home confinement program)을 개발했다. HC의 개념은 유죄판결을 받은 피고인으로 하여금 교정시설 구금 대신에 일정기간을 자신의 집안에서만 보내도록 요구하는 것을 의미한다[500]. 가택연금의 대상

---

496) Gad J. Bensinger and Magnus Seng, Probation Illinois: Some new directions, Federal Probation, 50, pp.66-73.

497) *Ibid.*, p.563.

498) James Ryan, "Who Gets Revoked? A Comparison of Intensive Supervision Success and Failures in Vermont," *Crime and Delinquency 43,* 1997, pp.104-118.

499) Joan Petersillia, "an Evaluation of Intensive Probation in California," *Journal of Criminal Law and Criminology 82,* 1992, pp 610-658.

500) Siegel, *op.cit.*, p.563.

은 음주 운전자에서부터 중 범죄자에 이르기까지 다양하다. 통계자료에 의하면, 미국에서는 매년 약 1만 명이 HC의 프로그램의 적용을 받는다.

전문가들은 구금에 대한 대안으로서 가택구금이 급격하게 확산되고 있는 요인을 정치적 환경 변화와 기술의 발전이라는 두 가지로 압축했다. 정치적 변화는 교정정책이 재활로부터 범죄통제로 변화하는 것을 말하고, 기술적 요인은 전자발신기와 같은 장비들의 개발로 보호관찰관이 범죄자를 보다 쉽게 감독할 수 있고, 특정 시점에서의 범죄자들의 위치를 파악할 수 있게 한 것에서 비롯된다.[501]

IPS와 마찬가지로 HC의 주관기관도 다양하고, 운영내용도 많은 편차를 보여준다. 어떤 지역에서는 보호관찰 기관이 담당하고, 다른 지역에서는 제판부의 판결에 의해 감독관이 관리한다. 지역에 따라서 어떤 지역은 한 달에 10회 이상 외출금지 점검을 하고 다른 곳에서는 한 달에 2~3번 정도 확인할 뿐이다. 어떤 지역에서는 24시간 연금을 하고, 다른 곳에서는 직장이나 학교에 나가는 것을 허용한다. 대상자들은 자신들의 거주지나 허용된 이동거리 내에서만 이동할 수 있도록 제한받는가 하면, 특정한 통행금지 시간을 지켜야 하고, 통금시간 동안에 보호관찰관과의 대면접촉이나 전화통화를 허용해야 한다.[502]

사용된 모델에 관계없이 HC 프로그램은 IPS보다 더 엄격한 처벌을 위해서 설계되고, 교도소에 가기 전의 마지막 기회로 배려된다. 가택구금 대상자들은 보통 재범의 위험성은 적지만, 교도소에 구금될 범죄를 저지른 사람들이다. 가택연금 규칙 위반으로 체포된 범죄자들은 바로 교도소에 구금된다.[503] 가택구금은 처벌지향적인 지역사회 통제 프로그램으로서 범죄자의 책임감을 고양시키고 일부 재활을 위한 장점도 있다. 가택연금 기간 동안 감독기관은 연금대상들이 실제로 집에 머물고 있는 가를 확인해야 한다. 대상에 대한 확인 방법은 주로 무작위 전화나 방문이 사용된다. 그러나 가장 발전된 통제장치는 전자추적 장치(EM)이다.

아직은 HC가 범죄억제에 효과적이거나 재범률을 감소시킨다는 결정적인 증거는 없다. 일부 전문가들은 가택구금이 에이즈와 같은 심각한 질병을 가진 범죄자나 임신한 여성들에게 적합한 처벌이라고 주장한다. 다른 사람들은 가택구금이 처벌이 아니라고

---

501) 최인섭 · 진수명, 앞의 책., p.49.
502) 앞의 책., p.50.
503) Siegel, *op.cit.*, p.564.

주장하는가 하면, 일부 범죄자들에게 가택구금은 비합리적으로 제한을 가하는 것이라는 주장도 제기된다. 범죄자의 사생활권 침해라는 주장도 있다.[504] 그럼에도 불구하고 비용의 이점과 구치소와 교도소의 수용능력을 감안할 때, 21세기에 가택연금 프로그램은 계속 확대될 것으로 보인다.

(4) 전자감시 장치

1) 개 념

전자감시 장치(electronic monitoring)는 통제기관이 범죄자의 위치를 확인할 수 있도록 범죄자들의 팔목, 발목 또는 목에 부착된 장치를 말한다.[505] 이 장치는 본래 일정한 조건으로 (가)석방된 범죄자가 지정된 시간에 지정된 장소에 있는지 여부를 확인하기 위하여 범죄자의 손목 또는 발목 등에 전자팔찌나 발찌를 부착시켜 원격 감시하는 새로운 제재수단이다. 그러나 최근에 미국을 비롯하여 우리나라도 특정범죄 전과자들을 감시하기 위한 수단으로 사용하고 있다.

2) 전자감시 시스템의 방식

❶ 수동적인 시스템(Passive system)

수동적 시스템은 다양한 방법으로 실행될 수 있으나 대체로 정해진 주거지에서 지속적으로 감시를 하는 것이 아니고 정해진 주거지에서 정해진 시간에 소재여부를 확인하는 방식으로 이루어진다. 수동적 시스템은 중앙감시 컴퓨터가 무작위로 또는 선정된 시간에 범죄자를 전화로 호출하여 그 응답여부를 통해 소재여부를 확인한다. 전화호출에 대해 감시대상자는 반드시 반응을 보여야 하며, 전화호출에 반응하는 방식은 수동적 시스템에 따라 차이를 보여준다.

대부분의 전자감시 장치는 전화를 이용하지만, 어떤 시스템은 범죄자에 부착된 장치로부터 신호를 받아 그것을 컴퓨터 추적 시스템에 중계하는 무선 통신장치를 사용한다.[506] 전화호출 방식은 보통 컴퓨터에서 발송되는 무작위 전화호출에 대해 범죄자가 정해진 시간(30초 이내)내에 응답하도록 하는 장치를 활용한다. 이 경우에 대상자가 전화응답을

---

504) 최인섭 · 진수명, 앞의 책., pp.50-51.
505) Siegel. *op.cit.*, p.564.
506) *Ibid.*, p.564.

하면 미리 중앙감시컴퓨터가 기억하고 있는 음성으로 본인 여부를 확인한다. 또는 전자감시 대상자의 주거지에 화상전화를 설치하여 대상자 스스로가 중앙감시컴퓨터에 전화하여 자신의 정면 혹은 측면의 모습을 보여줌으로써 소재유무를 확인하기도 한다. 그리고 팔찌나 발찌 모양의 전자감응장치를 범죄자의 팔목이나 발목에 부착시켜 컴퓨터가 전화호출을 하면 전자팔찌를 탐지기 가운데에 넣어서 본인 여부를 확인시키는 방법도 활용된다.[507]

수동적 감시 시스템은 기술적으로 복잡하지 않고 비교적 가격도 저렴하며 오류도 그다지 크지 않다는 장점이 있지만, 대상자를 빈틈없이 감시하는 것이 불가능하고, 따라서 경미한 범죄자에게만 적용이 가능하다는 단점이 있다.

❷ 능동적인 시스템(Active system)

능동적인 시스템은 감시대상자가 통제기관에 계속 신호를 송신하게 함으로써 범죄자의 위치를 추적하는 프로그램이다.[508] 범죄자의 발목 혹은 손목 등에 소형발신기를 착용하게 하여 그 발신기가 일정한 시간간격으로 무선신호를 자동 발신하면 지정된 주거지 전화기에 부착된 수신장치가 그 신호를 탐지하여 이를 중앙감시컴퓨터에 전송하고 중앙감시컴퓨터는 전송된 사항과 해당 전자감시 대상자에게 주어진 지시사항을 대조하여 위반사항여부를 감시하는 방식이다. 만일 가택구금된 범죄자가 외출이 금지된 시간에 집을 나선다면, 신호는 끊어지고 신호실패가 기록된다. 어떤 프로그램에서는 통제기관의 담당자가 수신장치를 통해 자동적으로 위치를 확인한다.[509]

능동적 시스템은 빈틈없는 감시를 할 수 있다는 장점이 있지만, TV나 라디오 또는 각종 전자장치 등의 전파방해를 받아 신호가 끊긴다는 단점이 있다. 따라서 그러한 오류를 방지하기 위해 감시실무 담당자들은 현장에 가서 실제적으로 지시사항 위반 여부를 확인해야 한다는 문제가 있다.

❸ 탐지시스템 혹은 무선 송·수신 시스템

탐지시스템은 범죄자가 착용하고 있는 소형발신기가 계속적으로 무선신호를 발하면 범죄자의 주택부근을 순회하는 감시자의 차량에 부착된 수신기나 혹은 감시자가 소지

---

507) 김혜정, 성인범 보호관찰의 운영에 관한 연구, 형사정책 연구, 2000, pp.37-38.
508) Siegel, *op.cit.*, p.564.
509) 김혜정, 앞의 책, 2000, pp.38-39.

하고 있는 휴대용 수신기로 범죄자의 재택여부를 확인하는 방식이다. 무선 송·수신 기록감시시스템은 대상자가 착용하고 있는 발신기의 무선신호를 대상자의 주거지 또는 승인된 장소에 설치된 탐지장치가 수신하여 기록하고 다시 이를 무선신호로 중앙컴퓨터에 중계함으로써 대상자의 정보를 수신하고 네트워크의 구성원 간 커뮤니케이션의 조정기능도 수행한다. 탐지시스템은 대상자의 소재유무와 위치파악이 가능하며 지정된 장소를 벗어나는 경우 경보음을 발하여 적절한 제재조치를 가능하게 하고, 나아가 착용하고 있는 발신기를 통해 전자쇼크를 주는 등 즉각적인 제재가 가능하도록 발전되어 가고 있다.[510]

수동적·능동적 감시시스템이 1세대 방식이라면, 2세대 방식이라고 하는 탐지시스템은 1세대 방식이 대상자가 지정된 장소에 있는지 여부를 확인하는 통제기능만 가능하고 대상자가 외부에 있는 경우에는 감독이 불가능하다는 단점을 보완하기 위하여 발전된 형태로 GPS방식을 도입하고 있다.[511]

3) 외국의 전자감시제도

❶ 미 국

전자감시는 1964년 정신질환자와 일부 가석방자들을 감독하기 위해 처음으로 사용된 이래 1983년 미국 뉴 멕시코주에서 음주운전으로 기소된 범죄자를 감독하기 위해 실험적인 프로그램을 실시한 이후부터 상당수의 보호관찰 대상자에게 활용되기 시작했다. 전자감시는 1983년 미국의 뉴멕시코 주 지방법원의 러브(J. Love)판사가 보호관찰 대상자의 발목에 전자 발찌를 착용시켜 준수사항의 이행을 감독함으로써 최초로 구금형의 대체수단으로 활용되기 시작했다.[512]

따라서 과거 미국의 운영실태를 보면, 전자감시의 대상자로는 재범위험성이 낮고, 폭력적이지 않은 자로서 본인이 희망하는 경우가 일반적이고, 폭력전과나 미성년자를 성폭행한 전과가 있는 자 또는 마약판매 및 제조로 인한 전과자는 전자감시 대상에서 제외하였다.[513] 미국은 시설 내 구금을 통해 형벌효과를 기대할 수 없거나 오히려 범죄의

---

510) 앞의 책., pp.40-42.
511) 김혜정, 우리 형사사법시스템에서 전자감독의 적용방안에 관한 검토, 형사정책 연구, 제17권 제4호, 통권 제168호, 2006, pp.511-512.
512) 앞의 책.,, p.53.
513) 유석원, 미국의 보호관찰제도 운영실태 연구, 보호 통권 제6호, 1997, p.125.

악습을 답습할 수 있는 문제점을 해결하기 위해 전자감시 장치를 적극 활용했다. 따라서 미국에서 시행초기에는 교도소 수감자를 가석방하면서 가택구금의 수단으로 사용하다 점차 자유형을 선고하는 대신 보호관찰을 선고하면서 전자감시를 준수사항으로 부과하는 것으로 발전했으며, 거의 모든 주에서 전자감시제도를 활용하게 되었다.[514]

미국의 경우에 전자감시 장치를 부착한 범죄자들의 수는 폭증하여 1백만 이상에 달하고 있다.[515] EM은 교정정책의 가장 중요한 발전 중의 하나로서 갈채를 받고 있다.[516] 그것은 낮은 비용으로 운영되고, 보안성도 높으면서 범죄자들로 하여금 위험하고 범죄자들로 초만원이 된 구치소나 교도소의 구금을 피할 수 있게 한다는 이점이 있다. 또한 컴퓨터 장치의 활용으로 적은 감독자에 의해 많은 대상자들을 추적할 수 있다는 측면에서 자본집약적이다. 그것은 재판 전 석방의 초기단계와 가석방의 마지막 단계에 사용하는 것과 같이 많은 사법처리의 단계에 적용될 수 있다.

그러나 최근에 미국에서는 「평생감시법」을 제정하여 아동에 대한 성폭력범죄자를 대상으로 평생 동안 전자감시를 시행하겠다고 하는 초기의 요건과는 많은 차이점을 갖는 전자감시 장치 사용을 시도하고 있다.

❷ 영 국

영국은 1989년에 3개 지역에서 50명에게 미결구금에 대신하는 것으로 사기업을 통해 내무성에서 6개월간의 시범실시를 한 결과, 대상자 중의 대다수(46명 중 24명)가 지시사항을 위반하고 재범을 하는 등 전자감시는 실패로 끝났다. 그러나 1991년 형사법에서 법원은 독립명령으로 혹은 다른 보호관찰명령이나 벌금형을 부과하면서 이에 병과하여 16세 이상의 범죄자에게 하루 2시간에서 12시간 까지 특정한 장소에 머물게 하는 주거제한 명령을 내리면서 이를 감시하기 위한 장치로서 전자감시장치가 사용되었다.[517]

이는 원래 소년 범죄자를 위한 지도감독의 일환으로 부과된 '야간통행금지'를 1982년

---

514) 김혜정, 성폭력범죄자에 대한 전자팔찌 적용가능성에 관한 검토, 형사정책연구 제16권 제3호, 통권 제63호, 2005 가을호, pp.239-262.

515) Joan Petersilia, *Expending Options for Criminal Sentencing*(Santa Monica, Calif.: Rand Corporation, 1987), p.13.

516) Kenneth Moran and Charles Lindner, "Probation and Hi-Technology Revolution: Is Reconceptualization of the Traditional Probation Office Role Model Inevitable?" *Criminal Justice Review 3*, 1987, pp. 25-32.

517) 손외철, 앞의 책., pp.335-336.

법령에 의해 성인범에 확대한데 기원하고 있으며, 야간 차량 절도범이나 야간에 식당에서 소란을 일으키는 자 등 특정분야의 사범에 대해 특정장소에 출입을 금지시킴으로써 재범을 막는데 효과가 있는 것으로 평가되고 있다. 영국 정부는 인권침해나 기술적인 문제로 실무자들이나 학계의 지속적인 반대에 부딪혔으나 재범방지의 효과성을 이유로 확대실시를 견지하고 있다.[518]

영국은 1995년에 전자감시 장치 제도 실시에 성공을 거두면서 전자감시제도의 인권침해 논란을 불식하고자 5년에 걸친 시범실시와 철저한 결과 분석, 효과적인 홍보, 충분한 여론수렴 등을 거친 후 전국적으로 확대 실시했다.[519]

4) 효 과

❶ 과밀수용완화 및 비용절감

전자감시장치 사용은 자유형의 대체를 통한 교도소 과밀수용을 완화하고 자연스럽게 교정비용의 절감이라는 경제적인 효과에도 연결된다. 즉, 시설내 구금에 필요한 교도소 설립비용이 절감될 수 있고, 1인당 소요되는 비용의 측면에서도 교도소 수용의 경우보다는 전자감시의 경우가 저렴하다.

또한 전자감시는 그 대상자를 구금하지 않기 때문에 당사자는 직장에 다닐 수 있다. 따라서 당사자는 전자감시에 대한 수수료를 일정부분 지불할 수 있고 간접적으로 자신의 가족을 부양할 수 있기 때문에 국가가 지불해야 할 복지비용을 절감하는 등의 비용절감 효과가 있다. 그러나 우리나라의 경우 특정범죄로 징역형의 형기를 종료한 범죄자들을 주된 대상으로 하므로 과밀수용 및 비용절감 효과는 그렇게 크지 않을 것으로 보인다.

❷ 재범방지효과

EM의 대상자들은 보호관찰자들이나 가석방자들에 비해서 재범률이 낮다는 것이 밝혀졌다.[520] EM은 피의자들보다는 피고인에게, 그리고 성인보다는 청소년들에게 더 효과적이다. 특히 음주운전자들 같은 비폭력범죄자들의 재범률을 감소시키기 위해 효과적일 수 있다.[521] 그러나 중범죄자와 약물오용자, 그리고 재범자들은 EM이 실패하기 쉽다.[522]

---

518) I. Brownlee, Community punishment: A critical introduction, London: Longman pp.119-122.
519) 김혜정, 앞의 책., 2005, p.246.
520) Siegel, *op.cit.*, p.564.

❸ 원활한 재사회화 및 낙인효과의 감소

전자감시 대상자는 시설 내에 구금되는 것이 아니고 일반적으로 자신의 주거지에서 형을 집행 받게 되어 기존의 시설내 구금을 통해서 발생했던 사회와의 단절을 피할 수 있고, 비록 제한된 범위이기는 하지만, 자신의 일상생활을 그대로 유지할 수 있음으로써 사회복귀가 원활화될 수 있다. 특히 시설내 구금으로 인해 나타나는 낙인효과를 피하고 시설 내에서 범죄인들과의 접촉에 의한 범죄하위문화와의 접촉을 예방할 수 있어 구금에 따른 폐해를 줄일 수 있다.

❹ 사회내 처우의 보완과 일반인 처벌욕구 충족

전자감시 재택구금은 범죄자의 재사회화에 기여하고 기존의 사회내 처우가 사회안전의 보호에 미흡하다는 단점을 보완한다. 비록 자신의 주거지나 일정지역에서 형사제재를 받기는 하지만, 전자감시 재택구금을 통해 그 대상자는 지정된 시간에 지정된 장소에만 활동할 수 있는 것과 같이 그 자유를 제한 받는 처벌이다. 이러한 자유제한적 제재는 다른 사회내처우와는 달리 일반시민의 안전감과 아울러 범법자에 대한 처벌욕구를 충족시켜준다.[523]

(5) 외국의 전자감시제도 관련 특별법

1) 미 국

미국의 성폭력범죄자에 대한 전자감시는 아농성폭력 살해범으로부터 아동과 여성들을 보호하기 위해 제정된 「메건법(Megan's Law)」과 깊은 관련이 있다. 메건법은 1994년 뉴저지 주의 7세 소녀 메건(Megan Nicole Kanka)이 납치되어 성폭행을 당한 후 살해된 사건의 발생으로 제정된 법으로, 기소된 적이 있는 상습강간범, 성폭행범, 성도착자 등에 대해 10년간 주소지를 당국에 등록하게 하여 누구나 그 명단을 확인할 수 있게 하는 제도이다.

1996년 이후 미국의 50개 주에서 「메건법」을 채택하고 있으나 성폭력범죄자에 대한 대응에서 큰 효과를 거두지 못하고 있다. 따라서 2002년부터 캘리포니아주 오렌지카운

---

521) *Ibid.*, p.564.
522) *Ibid.,*, p.564.
523) 김혜정, 앞의 책, 2000, p.49.

티에서 가석방된 성폭력범죄자에게 위성위치확인시스템(GPS)이 장착된 전자팔찌를 착용하게 하여 감시하는 제도를 도입했다. 또한 2005년에는 플로리다주에서 9세인 제시카 런스퍼드가 성범죄 전과자에 의해 납치되어 성폭력후 살해되는 사건이 발생한 것을 계기로 "12세 미만 아동에 대한 성폭력범죄자에게 25년형 또는 일정 기간 복역 뒤 가석방 된 자에 대해서는 GPS칩이 부착된 전자팔찌나 발찌를 평생동안 착용하여 24시간 내내 위치확인이 가능하게 하는 「제시카 런스퍼드 법안」을 2005년 5월 2일 주 의회에서 만장일치로 통과시켰다".[524] 콜로라도주는 「평생감시법」을 제정하여 어린이를 성폭행 대상으로 하고 상습성과 폭력성이 인정되는 자로서 정신과의사 진단에 의해 재범위험성이 인정되는 경우 배심원의 결정에 의해 전자감시를 통한 평생감시가 가능하도록 했다.[525]

2) 영 국

영국은 2004년 9월 일명 '창살없는 감옥제도'를 도입하여 성폭행 범죄자와 절도 상습범 등을 대상으로 이들의 희망에 따라 대상자의 행위에 대하여 1~2m 단위로 24시간 감시하는 인공위성 추적장치가 부착된 전자발찌를 채워 가석방했다. 프랑스는 2004년 말 성폭력범죄자들이 교도소 출소 시 그들에게 전자팔찌를 착용하도록 의무화하는 법안을 하원에서 통과시켰다. 그 대상자는 성범죄로 5년 이상 복역한 자들로서 전자팔찌 착용기간은 최고 20년 동안이었다. 호주는 빅토리아주에서 아동 성폭력범죄자들을 대상으로 평생감시체제를 도입하는 법안을 의회에 제출하여 하원에서 통과시켰으며, 또한 이들에게는 야간통행금지와 직업선택의 자유를 제한했다.[526]

(6) 한국의 전자감시 관련 특별법

1) 전자감시 시스템

전자감시 시스템은 전자팔찌(발찌), 휴대용추적장치와 가택감독장치, 그리고 중앙관제센터와 보호관찰관으로 구성된다. 전자발찌는 휴대용 추적장치와 가택감독장치에서 전자파를 발신하여 피부착자의 위치를 확인가능하게 한다. 휴대용 추적장치는 위성항

---

524) 한국일보, 2005.5.3. 연합뉴스, 2005,5,.3. 중앙일보 사설:실종된 아동성폭력 범죄대책, 2007.3.1.
525) 김혜정, 앞의 책, 2005, p.250.
526) 앞의 책., pp.250-251.

법장치(GPS)와 이동통신망을 통해 피부착자의 위치정보를 서울 보호관찰소 중앙관제센터에 송신하는 기능을 한다.

피부착자는 전자발찌를 계속 착용해야 하며, 가택 내에서는 일정 거치장소에 놓아둘 수 있다. 피부착자가 위치추적을 피하기 위해 장치를 고의로 신체에서 분리·손상하거나 전파방해 및 수신자료 변조 등의 범행을 저지르면 관제센터에 곧 바로 경고음이 울리고 관제센터는 담당 보호관찰관에게 사실을 확인한 후 적법 조치를 하도록 한다.

2) 전자감시의 법적 성격

「특정범죄자에 대한 위치추적 전자장치 부착 등에 관 법률」은 특정 범죄자의 재범방지와 성행교정을 통한 재사회화를 위하여 그의 행적을 추적하여 위치를 확인할 수 있는 전자장치를 신체에 부착하게 하는 부가적인 조치를 취함으로써 특정범죄로부터 국민을 보호함을 목적으로 한다(법 제1조).[527] 특정범죄란 성폭력범죄, 미성년자 대상 유괴범죄와 살인범죄를 말한다. 이 법은 2010년 전자발찌 착용 대상 범죄를 특정 성폭력범죄로부터 미성년자 대상 유괴범죄와 살인범죄에 까지 확대되는 법 개정작업이 있었다.

3) 대상범죄(동법 제2조)

❶ 성폭력범죄

ⓐ「형법」제2편제32장 강간과 추행의 죄 중 ㉠ 강간, ㉡ 강제추행, ㉢ 준강간, 준강제추행, ㉣ 미수범, ㉤ 강간등 상해·치상, ㉥ 강간등 살인·치사, ㉦ 미성년자에 대한 간음, ㉧ 업무상 위력등에 의한 간음, ㉨ 미성년자에 대한 간음·추행, 제2편제38장 절도와 강도의 죄 중 ㉠ 강도강간, ㉡ 해상강도·강간의 죄, ⓑ「성폭력범죄의 처벌 등에 관한 특례법」제3조 특수강도강간등에서 제10조 업무상 위력 등에 의한 추행까지 및 제3조부터 제9조까지의 미수범, ⓒ「아동·청소년의 성보호에 관한 법률」제7조 아동·청소년에 강간·강제추행 등의 죄

❷ 미성년자에 대한 유괴범죄

ⓐ 미성년자에 대한「형법」상의 ㉠ 미성년자의 약취, 유인, ㉡ 영리 등을 위한 약취, 유인, 매매 등, ㉢ 국외이송을 위한 약취, 유인, 매매, ㉣ 예비, 음모, ㉤ 약취, 유인, 매매된 자의 수수 또는 은닉, ㉥ 결혼을 위한 약취, 유인, ㉦ 상습범 및 미수범, ㉧ 인질강

Criminal Psychology

요 및 인질강도의 죄, ⓑ 미성년자에 대한 「특정범죄 가중처벌 등에 관한 법률」 제5조의2 약취, 유인죄의 가중처벌의 죄

❸ 살인범죄

ⓐ 「형법」상의 ㉠ 내란목적의 살인, ㉡ 살인, 존속살해, ㉢ 영아살해, ㉣ 촉탁·승낙에 의한 살인등, ㉤ 위계등에 의한 촉탁살인등, ㉥ 미수범, ㉦ 예비·음모, ㉧ 강간등 살인·치사, ㉨ 인질살해·치사, ㉩ 강도살인·치사, ㉪ 해상강도살인, ⓑ 「성폭력범죄의 처벌 등에 관한 특례법」상 강간 등 살인·치사, 그 미수범, ⓒ 「특정범죄 가중처벌 등에 관한 법률」상의 약취·유인죄의 가중처벌. 그 미수범

4) 전자장치 부착명령 청구대상자(동 법 제5조)

❶ 성폭력범죄

ⓐ 성폭력범죄로 징역형의 실형을 선고받은 사람이 그 집행을 종료한 후 또는 집행이 면제된 후 10년 이내에 성폭력범죄를 저지른 때, ⓑ 성폭력범죄로 이 법에 따른 전자장치를 부착받은 전력이 있는 사람이 다시 성폭력범죄를 저지른 때, ⓒ 성폭력범죄를 2회 이상 범하여(유죄확정 판결 포함) 그 습벽이 인정된 때, ⓓ 16세 미만의 사람에 대하여 성폭력범죄를 저지른 때

❷ 미성년 대상 유괴범죄

검사는 미성년자 대상 유괴범죄를 저지른 사람으로서 미성년자 대상 유괴범죄를 다시 범할 위험성이 있다고 인정되는 사람에 대하여 부착명령을 법원에 청구할 수 있다. 다만, 유괴범죄로 징역형의 실형 이상의 형을 선고받아 그 집행이 종료 또는 면제된 후 다시 유괴범죄를 저지른 경우에는 부착명령을 하여야 한다.

❸ 살인범죄

검사는 살인범죄를 저지른 사람으로서 살인범죄를 다시 범할 위험성이 있다고 인정되는 사람에 대하여 부착명령을 법원에 청구할 수 있다. 다만, 살인범죄로 징역형의 실형 이상의 형을 선고받아 그 집행이 종료 또는 면제된 후 다시 살인범죄를 저지른 경우에는 부착명령을 청구하여야 한다.

❹ 청구의 시기

부착명령의 청구는 공소가 제기된 특정범죄사건의 항소심 변론 종결 시까지 하여야 한다. 법원은 공소가 제기된 특정범죄사건을 심리한 결과 부착명령을 성고할 필요가 있다고 인정하는 때에는 검사에게 부착명령의 청구를 요구할 수 있다. 특정범죄사건에 대하여 판결의 확정 없이 공소가 제기된 때부터 15년이 경과한 경우에는 부착명령을 청구할 수 없다(동법 제5조 제5항 및 제6항).

❺ 부착기간(동 법 제9조)

법원은 다음 각 호에 따른 기간의 범위 내에서 부착기간을 정하여 판결로 부착명령을 선고하여야 한다. 다만, 13세 미만의 사람에 대하여 특정범죄를 저지른 경우에는 부착기간 하한을 다음 각 호에 따른 부착기간 하한의 2배로 한다.

ⓐ 법정형의 상한이 사형 또는 무기징역인 특정범죄:10년 이상 30년 이하, ⓑ 법정형 중 징역형의 하한이 3년 이상의 유기징역인 특정범죄(제1호에 해당하는 특정범죄는 제외): 3년 이상 20년 이하, ⓒ 법정형 중 징역형의 하한이 3년 미만의 유기징역인 특정범죄(1,21호에 해당하는 특정범죄제외): 1년 이상 10년 이하, ⓓ 여러 개의 특정범죄에 대하여 동시에 부착명령을 선고할 때에는 법정형이 가장 중한 죄의 부착기간 상한의 2분의 1까지 가중하되, 각 죄의 부착기간의 상한을 합산한 기간을 초과할 수 없다. 다만, 하나의 행위가 여러 특정범죄에 해당하는 경우에는 가장 중한 죄의 부착기간을 부착기간으로 한다.

❻ 대상자의 준수사항(동 법 제9조의2)

법원은 전자발찌 부착명령을 선고하는 경우 부착기간의 범위 내에서 준수기간을 정하여 다음 각 호의 준수사항 중 하나 이상을 부과할 수 있다. ⓐ 야간 등 특정 시간대의 외출제한, ⓑ 특정지역·장소에의 출입금지, ⓒ 주거지역의 제한, ⓓ 피해자 등 특정인에의 접근금지, ⓔ 성폭력 치료프로그램의 이수(500시간의 범위), ⓕ 그 밖에 피부착명령자의 재범방지와 성행교정을 위하여 필요한 사항

❼ 가석방 및 가종료 등과 전자장치 부착(동 법 제22조 및 23조)

전자장치 부착명령 판결을 선고받지 아니한 특정범죄자로서 형의 집행 중 가석방되어 보호관찰을 받게 되는 자는 준수사항 이행여부 확인 등을 위하여 가석방기간 동안

전자장치를 부착해야 한다(동 법 제22조).

「치료감호법」 제37조에 따른 치료감호심의위원회는 부착명령 판결을 선고받지 아니한 특정범죄자로서 치료감호의 집행 중 가종료 또는 치료위탁되는 피치료감호자나, 보호감호의 집행 중 가출소되는 피보호감호자에 대하여 「치료감호법」 또는 「사회보호법」에 따른 준수사항 이행 여부 확인 등을 위하여 보호관찰기간의 범위 내에서 기간을 정하여 전자장치를 부착하게 할 수 있다(동 법 제23조).

또한 법원은 특정범죄를 범한 자에 대하여 형의 집행을 유예하면서 보호관찰을 받을 것을 명할 때에는 보호관찰기간의 범위 내에서 기간을 정하여 준수사항의 이행여부 확인 등을 위하여 전자장치를 부착할 것을 명할 수 있다(동 법 제28조).

(7) 지역사회 감독 프로그램

지역공동체 교정 (Residential Community Corrections: RCC) 프로그램은 보다 안정적인 중간제재 교정 형태이다. RCC는 교도소나 구치소 형태가 아닌 보안성없는 독립건물에 재판 전 그리고 유죄판결을 받은 성인범죄자들을 수용하는 국가 교정제도이다. 대상들은 일상적으로 직장 또는 학교에 나가고 지역적 교정활동과 프로그램에 참여한다.[528] 지역공동체 교정 프로그램은 공공기관에 의해 운영될 뿐만 아니라 사적으로 운영될 수도 있다.

전통적인 지역적 교정 역할은 교도소에서 가석방되기 바로 전의 수형자들을 공동체에 재통합시키기 위해 설계된 비 보안 지역교정시설(Halfway house)을 제공한다. 대상자들은 마지막 남은 몇 개월의 형기를 적절한 취업, 생활자금 마련, 아파트 구입, 직업 관련 의상 준비 등을 할 수 있도록 지역 교정시설에서 보낼 수 있도록 허용된다. 이 시설들은 일반주택과 구조적으로 아무런 차이가 없다. 도심지의 작은 아파트들이 주로 이 시설로 활용된다. 보통 이 시설에서 대상자들은 교화개선과 재통합을 위한 집단 치료요법 같은 중앙 치료 프로그램의 적용을 받는다. 지역사회 감독 프로그램(community-based supervision programs)은 기분전환(diversion), 재판전 석방, 중간처우시설, 배상, 그리고 지역봉사활동 등을 포함하여 대상자에 대한 다양한 치료, 원호, 감독프로그램을 포함하는 아주 포괄적인 활동이다.[529]

---

528) *Ibid.*, p.564.
529) 최인섭 · 진수명, 앞의 책., p.46.

RCC는 최근에 확대되고 있는 추세를 보이고 있다.[530] 오늘날 RCC는 가석방될 수형자들의 석방 전 수용시설로서 사용될 뿐만 아니라 징역형과 보호관찰 사이의 중간 제재로서 법관이 선택할 수 있는 대안적인 형벌의 종류가 되고 있다. 또한 전통적 보호관찰보다 더 구조화된 치료환경의 특징을 가지고 있는 RCC를 필요로 하는 보호관찰자들에 대한 보호관찰 조건으로 사용될 수 있다. 지역사회 감독 프로그램은 일반적으로 기존의 일반 보호관찰의 요소 외에 전문인력과 자원봉사자들이 제공하는 직업알선 및 배치활동과 함께 필요시 심리치료사, 의료인, 사회사업가 등의 전문인력의 서비스를 제공한다. 범죄자들이 개인적인 문제로 도움을 받으려 할 경우에 언제든지 활용가능 하도록 24시간 활용 가능한 전문 상담원을 활용하는 곳도 있다.

RCC는 단일 형벌로도 가능하고 지역교정 시설로도 사용된다. 또한 재판 전에 직접적인 사회서비스를 필요로 하는 범죄자들을 위한 재판 전 석방 시설로도 사용되고, 가석방과 보호관찰 규칙을 위반한 범죄자들을 구금하는 대안으로 사용된다. RCC 프로그램의 적용을 받는 범죄자들은 정신병 치료시설, 약물과 알콜치료 프로그램, 직업훈련 등을 받는다.[531] 미국 오하이오주의 신시내티에 있는 탈버트 하우스는 가석방자와 보호관찰 대상자 모두를 대상으로 하는 민간 중심의 지역사회 프로그램으로서 범죄자의 지역사회 적응환경 제공, 약물남용자 상담과 원호 제공, 성인 약물남용자 치료, 구금의 대안 제공, 범죄피해자 원호, 24시간 전화나 방문가능한 위기대처시설 제공, 범죄자 상담과 안정된 직업제공 등의 기능을 수행한다.[532]

(8) 병형 훈련(boot camps)

1) 프로그램의 내용

병영훈련은 충격 구금(shock incarceration)의 일종으로서 미국에서 최근에 인기를 끌고 있는 프로그램이다. 충격보호관찰의 한 형태로서의 병영훈련은 구치소나 교도소 수용 대신에 군대와 같은 특정 장소에 구금시켜 특수프로그램아래 훈련을 부과하여 범죄자에게 육체적·정신적 충격을 주는 보호관찰 프로그램이다. 충격보호관찰과 병영훈

---

530) *Ibid.*, p.565.

531) *Ibid.*, p.565.

532) Belinda Rodgers McCarthy & Bernard J. McCarthy, Community based corrections, 2nd edition, Pacific Glove, California:Brooks/Cole Publishing Company, 1991, p.417.

련과의 차이는 충격보호관찰이 범죄자에 대하여 군대와 같은 특수훈련에의 참여를 선고하지 않고 구치소나 교도소 구금만을 선고하는 반면에 병영훈련 프로그램은 재소자의 행동을 통제하기 위해 군대와 같은 특수훈련 프로그램을 명령한다는 점이다.[533]

병영훈련 프로그램은 이전에 구금의 경험이 없는 초범으로 덜 심각한 비폭력범죄로 기소되어 구치소나 교도소에 구금될만한 범죄를 저지른 청소년들을 주로 대상으로 한다. 훈련대상자의 선발과정은 주에 따라 다르다. 20개의 주에서는 법관의 선고시에 병영훈련 입소를 명할 수 있고 교정당국에서 재소자가 교정당국으로 넘어 올 때 병영훈련 입소명령을 내릴 수도 있다. 4개의 주에서는 보호관찰이나 가석방 담당기관에서 결정을 내리도록 되어 있다.[534] 모든 대상자들은 병영훈련 프로그램에 자발적으로 지원하는 형태를 취하고 자발적으로 병영훈련 프로그램에서 탈퇴할 수도 있다. 탈퇴의 경우 남은 형기를 교도소에서 보내야 한다. 대체로 병영훈련 프로그램으로 3개월에서 6개월 간의 기간으로 진행된다.

병영훈련은 1983년 조지아 주의 교정국에서 특별 대안적 구금프로그램을 운영하면서 처음으로 시작되었다. 보다 현대적인 충격구금 프로그램은 1987년에 시작된 루이지애나 주의 병영훈련 프로그램이다. 이 프로그램은 90-180일간의 엄격한 군대병영훈련을 마친 후에 지역사회 내에서 밀착지역사회 감독을 하는 두 단계의 프로그램으로 구성되어 있다.[535]

병영훈련 프로그램이 군대의 훈련소와 비슷한 특징은 여러 측면에서 발견되는 데, 훈련기간 동안에 군대의 막사(幕舍) 형태의 주거시설에 거주하고 장교나 하사와 같은 군대의 계급용어를 그대로 사용하고 교사들이나 훈련대상자들이 모두 군대와 같은 제복을 입고 프로그램을 수행한다는 점이다. 이외에도 훈련대상자들은 소대나 중대와 같은 집단으로 함께 훈련에 입소하여 생활하고 집단으로 보상과 처벌이 행해지고, 훈련을 이수하는 경우에도 공개적인 졸업행사를 군대와 같은 사열과 분열을 하는 것 등이다.[536]

병영훈련은 군대에 입소한 훈련병과 같은 형식으로 진행되고 실제로는 더 엄격하다. 병영훈련 프로그램에 참여하기 위해 병영에 입소한 범죄자들은 새벽 05시 30분부터 저

---

533) 진수명, "보호관찰 프로그램으로서의 병영훈련," *형사정책연구소식*, 1997. 5.6월호, pp.21-24.

534) John K. Zachariah, *An Overview of Bootcamp Goals, Componaents, and Results*, in Mackenzie & Herbert(eds.), 1996, p.25.

535) 진수명, 앞의 책., pp.21-24.

536) Voncile B. Gowdy, *Historical Perspective*, in Mackenie & Hebert(ed.), 1996, p.2.

녁 21시 30분까지 훈련과 교육, 그리고 다양한 상담과 토론 참여 등을 수행한다. 강력한 육체적 훈련을 핵심으로 하는 충격 구금 프로그램은 책임의식을 고양하고, 의사결정 기술을 개선하며, 자신감 형성과 사회화 기술을 가르친다. 입소자들은 훈련 조교들이 이름을 부르고 한 사람의 과업 실패에 대해 단체기합을 주는 것과 같이 거칠게 다루어진다. 미국 같은 나라에서 범죄자들에 대해 거친 병영훈련을 프로그램으로 채택하고 있다는 것은 흥미 있는 현상이다.

미국에서는 오늘날 다양한 병영 프로그램들이 운용되고 있다.[537] 어떤 프로그램은 훈련과 교육, 그리고 상담과 치료요법까지의 내용을 포함하고, 다른 프로그램은 치료요법은 별로 중요시하지 않는다. 프로그램 적용 대상자 선정에도 차이가 난다. 어떤 프로그램들은 법원 판결에 의해 바로 대상자들을 넘겨받고, 다른 프로그램들은 운용기관에서 전체 범죄자중에서 선발한다. 어떤 프로그램은 지원 입소를 허용하고, 또한 다른 프로그램은 자의에 의한 퇴소를 허용한다.[538] 청소년 일탈자를 대상으로 하는 특수 치료와 교화 프로그램(Specialized treatment and rehabilitation: STAR)은 공립학교 시설을 이용하여 운용되고, 학교 당국, 소년법원, 그리고 청소년 보호관찰 기관에 의해서 관리되는 특수 프로그램이다. 병영훈련의 재범률 감소효과는 미미하지만, 일반적으로 참여자들은 훈련경험을 인정했다.[539]

2) 평 가

아직까지 병영훈련의 효과에 대해서는 의견이 엇갈린다. 병영 프로그램의 비용이 전통적인 구금보다 적게 드는 것도 아니다. 그러나 훈련기간이 아주 짧기 때문에 기간을 고려하면, 비용이 절감된다는 계산이 나온다. 어떤 프로그램은 훈련 탈락자율이 높아 훈련효과를 평가하기 어렵게 하는 경우도 있다. 훈련 효과에 대한 평가가 가능했던 프로그램들은 병영훈련 참가 범죄자들의 재범률이 전통적인 구금형을 받고 나온 범죄자들보다 낮지 않다는 것을 보여주었다. 멕켄지(Doris Layton Mackenzie)와 그의 동료들은 병영훈련의 효과에 대한 경험적 연구를 한 결과, 병영 훈련 입소자들이 보호관찰자

---

537) Doris Layton Mackenzie, Robert Brame, David McDowall, and Claire Souryal, "Bootcamp Prisons and Recidivism in Eights States," *Criminology 33,* 1995, pp.327-357.

538) *Ibid.,* pp.328-329.

539) Clad Trulson, ruth Triplet, and Clete Snell, "Social Control in a School Setting: Evaluating a School-Based Boot Camp," *Crime and Delinquency 47,* 2001, pp.573-609.

들과 가석방자들보다 재범률이 낮았을 지라도, 그들이 높은 기술적 위반과 취소행위를 했다는 증거를 발견했다.[540]

이러한 결과는 실망스럽다. 하지만 맥켄지는 훈련 직원과 입소자들이 병영훈련에 대한 흥미를 표시했으며, 심지어 훈련 중도 탈락자들도 가치있는 경험이었다는 인식을 하고 있었다고 보고했다. 또한 세밀하게 관리되는 병영캠프는 국가 수감시설의 과밀화를 해소하기 위한 주요한 대안이 될 수 있을 것이라고 주장되었다. 그럼에도 불구하고 맥켄지의 연구는 병영훈련의 재범률 감소 효과에 대한 경험적 증거를 제시하지는 못했다. 뉴욕의 경우에서 볼 수 있는 것처럼 군사훈련이 아닌 스트레스 치료와 정신 병리적 치료 요법을 핵심으로 하는 프로그램들은 지원자들도 많고 장기간 운영되고 있다.[541]

---

540) Doris Laton Mackenzie and James Shaw, "The Impact of Shock Incarceration on Technical Violations and New Criminal Activities", *Justice Quarterly 10* (1993), pp. 463-487.
541) Siegel, *op.cit.*, p. 566.

참고문헌

〈국내문헌〉

김상균, "스토킹범죄에 대한 형사사법적 대응," 법학연구, 한국법학회, 제5권, 2000. 6, pp.257-276.

김영옥, "사형제도에 관한 고찰", 호남대 사회교육(제3집), 1990, pp.61-62.

김정우, "사형과 인간의 존엄성 I", 대구카톨릭대 카톨릭사상(제 9권), 1993. 11, pp.56-64.

김형만, 이동원 공역, 범죄학개론, 서울: 청록출판사, 2001.146) 김형만, 이동원 공역, 범죄학
개 론, 청목출판사, 2001.

남정희, "보호관찰제도의 개선방향." 서울대 석사학위논문, 1996, p.18.

민경환, 성격심리학, 법문사, 2005, p.77.

민수홍 등 공역, 범죄학이론, 경기: 나남출판, 2005.

박상기/손동권/이순래, 형사정책, 2003, p.286.

정규만, "사형제도에 관한 고찰", 입법조사월보 (제182호), 1989. 9, pp.53-54.

박정근, "사형의 사적 경향과 그 장래", 중앙대 법정논총(제8집), 1959. 6, p.50.

백광훈, 사이버스토킹과 그 처벌법규 및 문제점, 동국대 대학원 신문 게재 글, 2001, pp.1-4.

신진규, 형사정책, 서울: 법문사, 1990, p.30-35.

신창언, "미국의 보호관찰제도," *해외판견검사연구논문집*, 법무부, 1979, p.106.

유지영, "사형존폐론의 계보", 죽헌박양빈교수 화갑기념논문집, 법문사, 1996, pp.164-177.

이건호, "스토킹 행위에 대한 형사법적 대응과 그 한계," 형사정책 16권 제2호, 한국정책학
회, 2004, pp.121-163.

이만송, 범죄학개론, 학현사, 2002, pp.31-32.

이무웅, *보호관찰제도론*, 풍남, 1992, p.19.

이성칠, 한국보호관찰의 형황과 과제, 한국형사정책연구원, 2003, pp.141-175.

이상현, 범죄심리학, 박영사, 2004.

이선경, "거부하기 힘든 성욕이 부른 매춘, 그 끈질긴 역사," 월간중앙 347호, 2004. 10.1.

이형국, "베까리아의 형벌사상에 관한 소고", 권문택교수 화갑기념논문집, 1983, pp.175-176.

장필화, 조형, 한국의 성문화: 남성 성문화를 중심으로, 한국 여성연구원 엮음, 여성학 논집
제8집, 1991, pp.127-170.

정 완, "스토킹범죄의 형사입법동향," 형사정책연구, 2000년 가을호, p.270 하.

조철옥, 상벌체계와 원인귕인에 관한 연구, 고려대학교 석사논문, 1985.

______, 경찰행정학, 서울: 대영문화사, 2000.

______, 경찰윤리학, 서울: 대영문화사, 2005.

______, 포스트모더니즘 범죄론에 의한 동성애 합법화 연구, 한국공안행정학회보, 제27호,

2007, pp.204-239.

______, 패러다임 전환의 관점에서 본 경찰의 범죄피해자 보호에 관한 연구, 경찰연구논집, 한국경찰이론과 실무학회, 창간호, 2007, pp.19-68.

지광준, 범죄학, 서울: 경인문화사, 2003.

진계호, 형사정책, 대왕사, 2002, pp.359-360.

진수명, "보호관찰 프로그램으로서의 병영훈련," *형사정책연구소식*, 1997. 5.6월호, pp.21-24.

허일태, "사형의 대체형벌로서 절대적 종신형의 검토", 형사정책(제12권 제2호), 2000, pp.223-236.

국제앰네스티 한국지부, 사형 없는 세상을 향하여 II, 1996. 10. 25, pp.30-31.

대한상공회의소, 최근 우리사회의 경제범죄 실태와 정책과제, 2005.4.

〈외국문헌〉

Adams. Henry A, Lester Wright, and Bethany Lohr, "Is Homophobia Associated with Homosexual Arousal?" *Journal of Abnormal Psychology 105*, 1996, pp.440-445.

Agnew Robert, Social Control Theory and Delinquency: A Longitudinal Test, Criminology 23, 1985, pp.47-61.

Baer D and J. Corrado, "Heroin Addict Relationships with Parents During Childhood and Early Adolescent Years," *Journal of Genetic Psychology 124*, 1974, pp.99-103.

Baron R. A. The reduction of human aggression: A field study of the influence of incompatible reactions, Journal of Applied Social Psychology 6, 1976, pp.260-274.

Barr Kellie, Michael Farrell, Grace Barnes, and John Welte, "Race, Class, and Gender Differences in Substance Abuse: Evidence of Middle-Class/Underclass Polarization among Black Males," *Social Problems 40*, 1993, pp.314-326.

Bartol Curt R, & Anne M. Bartol, Crimial Behavior, Pearson Education, Inc., Upper Saddle River, New Jersey, 2008.

Becker, Howard, Outsiders: Studies in the Sociology of Deviance(New York: Free Press, 1963),

Berkowitz Leonard, Some determinants of impulsive aggression: The role of mediated associations with reinforcements for aggression, Psychological Bulletin81, 1974, pp.165-176.

Berkowitz Leonard, The concept of aggressive drives: Some Additional Considerations, Advances in Experimental Social Psychology, 2, 1965, p.303.

Bishop Donna M and Charles E. Frazier, Gender Bias in Juvinile Justice Processing:

Implications of the JJDP Act, *Journal of Criminal Law and Criminology 82*, 1992, pp.1162-1186.

Blitstein, J. I et.al, Predictors of violent behavior in an early adolescent cohort: Similarities and differences across genders, Health Education and Behavior, 32, 2005, pp.175-194.

Bohm R.M, Radical Criminology: An Examination, Criminology 19, 1982, pp.565-589.

Booth Alan and D. Wayne Osgood, "The influence of Testosterone on Deviance in Adulthood: Assessing and Explaining the Relationship," Criminology 31, 1993, pp.93-118.

Bowers William and Glenn Pierce, "Deterrence or Brutalization?" *Crime and Delinquency 26*, 1980, pp.453-484.

Brent David, Joshua Preper, Christopher Allman, Grace Moritz, Mary Wartella, and Janice Zelenak, "The Presence and Accesbility of Firearms in the Home and Adolescent Suicides," *Journal of the American Medical Association 266*, 1991, pp.2989-2995.

Brewster Mary, "Stalking by Former Intimates: Verbal Threats and Other Predictors of Physical Violence," *Violence and Victims 15*, 2000, pp.41-51.

Browne Angela and Kirk williams, "Gender, Intimacy, and Lethal Violence: Trends from 1976 through 1987," *Gender and Society 7*, (1991), pp.78-98.

Brownlie, E.B, et al., Early language impairment and young adult delinquent and aggressive behavior, Journal of Abnormal Child Psychology, 32, 2004, pp.453-467.

Bukstel Land P. Kilmann, "Psychological effects of imprisonment on confined individuals," *Psychological Bulletin, vol. 88*, p.469.

Burkett Steven and David Ward, A Note Perceptual Deterrence, Religiously Based Moral Condemnation, and Social Control, *Criminology 31*, 1993, pp.119-134.

Burgess Robert and Ronald L. Akers, A differential association reinforcement theory of criminal behavior, Social Problems 14, 1966, pp.128-147.

Bursik Robert, Harold Grasmick, and Mitchell Chamlin, The Effect of Longitudinal Arrest Patterns on the Development of robbery Trends at the Neighborhood Level, *Criminology 28*, 1990, pp.431-450.

Button Velmer and Francis Cullen, T. David Evans, R. Gregory Dunaway, Seha Kethineni, and Gary Payne, The Impact of Parental Controls on Delinquency, Journal of Criminal Justice 23, 1995, pp.111-126.

Cadoret, R. G., C. Caine, and R .R. Crowe, "Evidence for a Gene-Environment Interaction in the Development of Adolescent Antisocial Behavior," *Behavior Genetics 13*, 1983, pp.301-310.

Canela-Cacho Jose, Alfred Blumstein, and Jacqueline Cohen, Relationship between the Offending Frequency of Imprisoned and Free Offenders, *Criminology 35*, 1997, pp.133-171.

Campbell Anne, Steven Muncer, and Daniel Bibel, "Female-Female Criminal Assault: An Evolutinary Perspective," *Jornal of Reaserch in Crime and Delinquency 35*, 1998, pp.413-429.

Capsi Avshalom, Donald Lynam, Terrie Moffit, and Phil Silva, "Unraveling Girl's Delinquency: Biological Dispositional, and Contextual Contributions to Adolescent Misbehavior," Developmental Psychology 29, 1993, pp.283-289.

Carey Gregory, "Twin Imitation for Antisocial Behavior: Implications for Genetic and Family Environment Research," *Journal of Abnormal Psychology vol.101*, 1992, pp.18-25.

Casey M, "Sex chromosomal abnormalities in two state hospitals for patients requiring special security," *Nature 5*, February, 1966, pp.152-153.

Cernkovich Stephen and Peggy Giordano, "Stability and Change in Antisocial Behavior: The Transition from Adolescence to Early Adulthood," *Criminology 39*, 2001, pp.371-410.

Champion Dean L., *Probation, Parole, and Community Corrections*, 2nd ed. NJ: Prentice Hall, 1996, pp.139-141.

Chilicos Theodore and Gordon Waldo, Socioeconomic Ststus and Criminal Sentencing: an Emperical Assessment of a Conflict Proposition, American Sociological Review 40, 1975, pp.753-772.

Cochran John, Mitchell Chamlin, and Mark Seth, "Deterrence or Brutalization? an Impact Assesment of Oklahoma's Return to Capital Punishment," *Crimlnology 32*, 1994, pp.107-134.

Corley Charles, Stephen Cernkovich, and Peggy Giordano, Sex and the Liklihood of Sanction, *Journal of Criminal Law and Criminology 80*, 1989, pp.540-553.

Crocker, A. G & S. Hodgins, The criminality of non institutionalized mentally retarded person: Evidence from a birth cohort followed to age 30, Criminal Justice and Behavior, 24, 1997, pp.432-454.

Cullen Francis, John Paul Wright, and Mitchell Chamlin, "Social Support and Social

Reform: A Progressive Crime Control Agenda," *Crime and Delinquency 45*, 1999, pp.188-207.

Cullen Francis, John Paul Wright, Shayna Brown, Melissa Moon, Michael Blankenship, and Brandon Applegate, "Public Support for Early Intervention Programs: Implications for a Progressive Policy Agenda," *Crime and Delinquency 44*, 1998, pp.87-204.

Dalgard S. O. and E. Kinglen, "A Norwegian twin study of criminality," *Britush Journal of Criminology 16*, 1976, pp.213-232.

Dalton Khatarina, The Premenstrual Syndrome(Springfield, Ill.: Chares C. Thomas, 1971, pp.12-150.

Daly Martin and Margo Wilson, Homicide (New York: Aldine de Gruyter, 1988), p.194.

Denno Deborah, "Considering Lead Poisoning as a Criminal Defense," *Fondham Urban Law Journal 20*, 1993, pp.377-400.

Dixon Jo, "The Organizational Context of Criminal Sentencing," *American Journal of Sociology 100*, 1995, pp.1157-1198.

Dodge, K .A, & G. S. Pettit, A biopsychological model of the development of chronic conduct problems in adolescence, Developmental Psychology, 39, 2003, pp.349-371.

Durkheim Emile, Rules of Social Methods, reprint ed., trans, W.D.Halls(New York: Free Press, 1982).

Ebensen Finn-Aage and David Huizinga, Gangs, Drugs and Delinquency in a Survey of Urban Youth, *Criminology 31*, 1993, pp.565-587.

Ellis Lee, "The Evolution of Violent Criminal Behavior and Its Nonlegal Equivalent," Personal Differences 23, 1997, pp.105-115.

________, "Monoamine Oxidise and Criminality: Identifying an apparent Biological Marker for Antisocial Behavior," *Journal of Research in Crime and Delinquency 28*, 1991, pp.227-251.

Ellis Lee and Anthony Walsh, "Gene based evolutionary theories in criminology," *Criminology 35*, 1997, pp.229-275.

Evans, G. E, The environment of childhood poverty, American Psychologist, 59, 2004, pp.77-92.

Farrington D. P, Gwen Gundry, and D. J. West, The Family Transmission of Criminality, in the family eds. Alan Lincoln and Murray Straus(Springfield, Ill.: Charles C, Thomas, 1985, p.195.

Farwell Lawrence and E. Donchin, "The Truth will out: Interrogative Polygraphy(Lie Detection) with Event-Related Brain Potentials," *Psychophysiology 28*, pp.531-547.

Feingold Alan, "Gender Differences in Personality: A Meta Analysis," *Psychological Bulletin 116*, 1994, pp.429-456.

Felson Richard and Steven Messner, "To kill or Not to Kill? Lethal Outcomes in Injurious Attacks," *Criminology 34*, 1996, pp.519-545.

Felson Richard, "Anger, Aggression, and Violence in Love Triangles," *Violence and Victimization 12*, 1997, pp.345-363.

Figert Anne E. "The three faces of PMS: The Professional, Gendered, and Scientific Structuring of a Psychiatric Disorder," *Social Problems 42*, 1995, pp.56-72.

Fishbein Diana, "Selected Studies on the Biology of Antisocial Behavior," in *New Perspectives in Criminology*, ed. John Conklin(Needham Heights, Mass.: Allyn and Bacon, 1996), pp.26-38.

Flynn, F .F, Crime as a major social issue, American Behavior Scientist, 27, 1983, pp.7-42.

Forgila Wanda, Perceptual Deterrence and the Mediating Effect of Internalized Norms among Inner-City Teen-agers, *Journal of Research in Crime and Delinquency 34*, 1997, pp.414-442.

Giordano Peggy, Stephen Cernkovich, and M. D. Puch, Friendships and Delinquency, *American Journal of Sociology 91*, 1986, pp.1170-1202.

Goldstein Paul , Henry Brownstein, and Patrick Ryan, "Drug related Homicide in New York: 1984-1988," *Crime and Delinquency 39*, 1993, pp.106-124.

Gottfredson Michael and Travis Hirschi, A General Theory of Crime, Palo Alto, CA: Stanford University Press, 1990, pp.47-63.

Gould Arthur, "The Criminalisation of Buying Sex: The Politics of Prostitution in Sweden," *Journal of Social Policy 30*, 2001, pp.437-438.

Gove Walter and Charles Wilmoth, Risk, "Crime, and Neurophisiologic Highs: A Consideration of Brain Processes That May Reinforce Delinquent and Criminal Behavior," in *Crime in Biological Contexts*, pp.261-293.

Green Russel Grand Michael B. Quanty, The Catharsis of Aggression: An Evaluative of a Hypothesis, *Advances in Experimental Socialpsychology, 10*, 1977, pp.1-37.

Greenberg David, The Incapacitative Effects of Imprisonment: Some Estimates, *Law and Society Review 9*, 1975, pp.541-580.

Greenberg David and Nancy Larkin, The Incapaciation of Criminal Opirate Users, *Crime and Delinquency 44*, 1998, pp.205-228.

Grove Walter, "The Effect of Age and Gender on Deviant Behavior: A Bipopsycosocial Perspectives," in *Gender and Life Course*, ed., A.S. Rossi(New York: Aldine, 1985), pp.115-144.

Hagan John, Hans Merkens, and Klaus Boehnke, Delinquency and Disdain: Social Capital and Control of Right Wing Extremism among East and West Berlin Youth, *American Journal of sociology 100*, 1995, pp.1028-1052.

Haller Mark, "Illegal Enterprise: A Theoretical and Historical Interpretation," *Criminology 28*, 1990, pp.207-235.

Harden Phillip and Robert Pihl, "Cognitive Function, Cardiovascular Reactivity, and Behavior in Boys at High Risk for Alcholism," *Journal of Abnormal Psychology 104*, 1995, pp.94-103.

Harris Judith Rich, The Outcome of Parenting: What Do We Really Know? *Journal of Personality Vol. 68*, 2000, pp.625-637.

Harris Patricia, Rebecca Peterson, and Samanta Rapoza, "Between Probation and Revocation: A Study of Intermediate Sanctions Decision-Making," *Journal of Criminal Justice 29*, (2001), pp.307-318.

Hawley C and R. E. Buckley, "Food Dyes and Hyperkinetic Children," *Academy Therapy 10*, 1974, pp.27-32.

Hay Carter H, "Parenting, Self-control, and Delinquency: A test of Self-control theory," *Criminology 39*, 2001, pp.707-736.

Hemmens Craig and Katherine Bennctt, "Juvinilc Curfews and the Courts: Judicial Response to a Not-so-New Crime Control Strategy," *Crime and Delinquency 45*, 1999, pp. 99-121.

Hirschi Travis and Michael Gottfredson, "Age and the Explanation of Crime," *American Jounal of Sociology 89*, 1983, pp.552-584.

Hirschi Travis and Michael J. Hindelang, "Intelligence and delinquency: A revisionist review," *American Sociological Review42*, 1977, pp.571-587.

Hooten Earnest A, Crime and the Man, Cambridge: Harvard University Press, p.392.

Holmes R. M., "Stalking in America: Types and Methodes of Criminal Stalkers," *Journal of Contemporary Criminal Justice, 9*, 1993, pp.317-334.

Hutchings Barry and Saranoff A. Mednick, Criminology in adoptees and their adoptive and biological parents: A pilot study, in Saranoff A. Mednick and Karl O. Christensen, (ed.), Biosocial Bases of Criminal Behavior, New York: Gardner,

1977, pp.127-142.

Hutchison Ira and J. David Hirschel, "The Effects of Children's Presence on Woman Abuse," *Violence and Victims16*, 2001, pp.3-17.

Jackson Charles Tittle, and Mary Jean Burke, Offense-Specific Models of the Differential Association Process, *Social Problems 33*, 1986, pp.335-356.

Jang Kerry, W. John Liversley, and Phillip Vernon, "Heritability of the Big Five Personality Demensions and Their Facets: A Twin Study," *Journal of Personality 64*, 1996, pp.577-589.

Jacobs P. A, M. Brunton, and M. M. Melvile, "Aggressive behavior, Mental subnormality and the XYY male," *Nature 208*: 1965, pp.1351-1352.

Jeffery C. Ray, *Crime Prevention Through Environmental Design*(Beverly Hills, and London: Sage Publications Inc. 1977), pp.51-234.

Jhonson R, Aggression in Man and Animals(Philadelphia:Saunders, 1972), p.79.

Jolin Annette, "On the Backs of Working Prostitutes: Feminist Theory and Prostitution Policy," *Crime and Delinquency 40*, 1994, pp.60-83.

Jones Marshall and Donald R. Jones, "The contagious nature of antisocial behavior," *Criminology 38*, 2000, pp.25-46.

Kennedy Leslie W and David R. Forde, "Routine Activities and Crime: an Analysis of Victimization in Canada," *Criminology 28*, pp.137-152.

Kleck Gary and Marc Gertz, "Armed Resistence to Crime: The prevalence and Nature of Self-Defence with a Gun," *Journal of Criminal Law and Criminology 86*, 1995, pp.350-386.

Kosslyn Stephen, "Image and Brain:The Resolution of the Imagery Debate," *Contemporary Psychology 41*, no.3, 1996, pp.213-214.

Krohn Marvin and James Messy, Social Control and Delinquency Behavior: An Examination of the Elinents of the Social Bond, *Sociological Quarterly 21*, 1980, pp.529-543.

LaGrange Landy and Helen Raskin White, Age Differences in Delinquency: A Test of theory, *Criminology 23*, 1985, pp.19-45.

Laub John and Robert Sampson, "Unravelling Famillies and Delinquency: A Reanalysis of the Glueck' Data," *Criminology 26*, 1988, p.370.

Leonardo Kimberly Kempf and Scott Decker, The Theory of Social Control: Does It Apply to the Very Young, *Journal of Criminal Justice 22*, 1994, pp.89-105.

Levrant Sharon, Francis Cullen, Betsy Fulton, and John wonzniak, "Reconsidering

Restorative Justice: The corruption of Benevolence Revisited," *Crime and Delinquency 45*, 1999, pp.3-27.

Loeber Rolf and Magda Stouthamer Loeber, "Development of Juvinile Aggression and Violence," *American Psychlogist 53*, 1998, pp.242-259.

Loeber Rolf and Dale Hay, "Key Issues in the Development of Aggression and Violence from Childhood to Early Adulthood," *Annual Review of Psychology 48*, 1997, pp.371-410.

Longshore Douglas, "Prevalence and Circumstances of Drug Injection at Los angeles Shooting Galleries," *Crime and Delinquency 42*, 1996, pp.21-35.

Lorenz Konrad, On Aggression(New York: Harcourt Brace Jovanovich, 1966), pp.52-60.

Lykken David, "For Distinguished Contributions to Psychophysiology," *Psychophysiology*, vol.36, no 5, 1999, pp.537-542.

_______________, "Psycopathy, Sociopathy, and Crime," *Society 34*, 1996, pp.29-38.

Lynch Michael, Raymond Michalowski, and W. Byron Gloves, *The new primer in radical criminology: Critical perspectives on crime, power and identity*, 3rd ed.(Monsey, N.Y.: Criminal Justice Press, 2000)

Mackenzie Doris Laton and James Shaw, "The Impact of Shock Incarceration on Technical Violations and New Criminal Activities," *Justice Quarterly 10*(1993), pp.463-487.

Mackenzie Doris Layton, Robert Brame, David McDowall, and Claire Souryal, "Bootcamp Prisons and Recidivism in Eights States," *Criminology 33*, 1995, pp.327-357.

Marenin Otwin and Michael Resig, "A General theory of Crime and Patterns of Crime in Nigeria: An Exploration of Methodological Assumptions," *Journal of Criminal Justice 23*, 1995, pp.501-518.

Marshall Paul, "Alergy and Depression: A Neurochemical Threshold Model of the Relation between the illness," *Psychological Bulletin 113*, 1993, pp.23-39.

Martinson Robert, "Whart Works? − Questions and Answers about Prison Reform," *Public Interest 35*, 1974, pp.22-54.

Marvell Thomas and Carlisle Moody, The Impact of Prison Growth on Homicide, *Homicide Studies 1*, 1997, pp.205-233.

Marvell Thomas and Carlisle Moody, "Determinate Sentencing and Abolishing Parole : The Long Term Impacts on Prisons and Crime," *Criminology 34*, 1996, pp.105-128.

Mazerolle Lorraine Green, Colleen Kadleck, and Jan Roehl "Controlling Drug and Disorder Problems: The Role of Place Managers," *Criminology 36*, 1998, pp.371-404.

Mazerolle Paul and Alex Piquero, Linking exposure to strain with anger: An investigation of deviant adaptations, *Journal of Criminal Justice 26*, 1998, pp.195-211.

Mazulis, A.H, et al., Father involvement moderates the effect of maternal depression durimg a child's infancy on child behavior problems in kindergarten, Journal of Family Psychology, 18, 2004, pp.575-588.

Mednick Sarnoff and Jan Volavka, Biology and Crime, in Crime and Justice, eds. Norval Morris and Michael Tonry(Chicago:University of Chicago Press, 1980), p.93.

Moffitt Terri and Phil Silva, "Self-Reported Delinquency, Neuropsychological Deficit, and History of Attention Deficit Disorder," *Journal of Abnormal Child Psychology 16*, 1988, pp.553-569.

Moffit, Terri, Donald Lyman, and Phil Silva, "Neuropsychological Tests Predicting Persistent Male Delinquency," *Criminology 32*, 1994, pp.227-300.

Moffitt, Terri, Juvinile delinquency and attention deficit disorder: Boy's developmental trajectories from age 13 to age 15, Chgild Development, 61, 1990b, pp.674-701.

Mooney J, "Influence of Hormones on Psychosexual Differentiation," Medical Aspects of Nutrition 30, 1976, p.165.

Moran Kenneth and Charles Lindner, "Probation and Hi-Technology Revolution: Is Reconceptualization of the Traditional Probation Office Role Model Inevitable?" *Criminal Justice Review 3*, 1987, pp.25-32.

Mounts, N.S, Parental management of adolescent peer relationships in context: The role of parenting style, Journal of Family Psychology, 16, 2002, pp.58-69.

Moy Ernest, Lori Jackson, Robert Aaronson, Nicholas Restifo, Susan Serra, and Alexander Simos, "Biopsychosocial Characteristics of Children who Later Murder," *American Journal of Psychiatry 142*, 1985, pp.1161-1167.

Moyer Kenneth, "What is the potential for biological violence control?," in C.R. Jeffery, (ed.), Biology and Crime, CA: Sage, pp.19-46.

Mullen P, M Pathe, R. Purcell, *Stalkers and Their Victims*, Cambridge University Press, 2000, p.44.

Nathelmann Ethan, "America's Drug Problem," *Bulletin of the American Academy of Arts and Sciences 65*, 1991, pp.24-40.

Neisser Uric et al., "Intelligence: Knows and Unknowns," *American Psychologist 51*, 1996, pp.77-101.

Pallone Nathaniel and James Hennessy, "Brain Dysfunction and Criminal Violence," *Society 35*, 1998, p.25.

Parker Karen and Patricia McCall, "Structural Conditions and Racial Homicide Patterns: A Look at the Multiple Disadvantages in Urban Areas," *Criminology 37*, 1999, pp.447-448.

Patt Travis, "Race and Sentencing: A Meta-Analysis of Conflicting Emperical Research Results," *Journal of Criminal Justice 26*, 1998, pp.513-525.

Patterson G. R., Barbara DeBaryshe, and Elizabeth Ramsey, "A Developmental Perspective on Antisocial Behavior," *American Psychologist 44*, 1989, pp. 329-335.

Petraitis John, Brian Flay, and Todd Miller. "Reviewing Theories of Adolescent Substance Use: Organizing Pieces in the Puzzle," *Psychological Bulletin 117*, 1995, pp.67-86.

Piquero Alex, Frequency, Specialization, and Violence in Offending Careers, *Journal of Research in Crime and Delinquency 37*, 2000, pp.392-418.

Piquero Alex and Timothy Brezina, "Testing Moffit's Account of Adolescent-Limited Deliquency," *Criminology 39*, 2001, pp.353-370.

Platt Jerome, "Vocational Rehabilitation of Drug Abusers," *Psychological Bulletin 117*, 1995, pp.416-433.

Ploeger Matew, Youth Employment and Delinquency: Reconsidering A Ploblematic Relationship, *Criminology 35*, 1997, pp.659-675.

Price W. H and P. B. Whatmore, "Behaviour disorders and pattern of crime among XYY males identified at a maximum security hospital," *British Medical Journal 1*, 1967, p.500.

Quinny Richard, "Occupational Structure and Criminal Behavior: Prescription Violation of Retail Pharmacists," *Social Problems 11*, 1963, pp.179-185.

Rafter Nichole Hahn, "Criminal Anthropology in the United States," *Cmiminology 30*, 1992, pp.525-547.

Raine Andrian, Monte Buchsbaum, and Lori LaCasse, "Brain Abnomalities in Murders Indicated by Positron Emission Tomography," *Biological Psychiatry 42*, 1997, pp.495-508.

______________, The psychology of crime: Criminal behavior as a clinical disorder, Sandiago, CA: Academic Press, 1993.

Reckless Walter, Use of the Death Penalty, Crime and Delinquency 15, 1969, pp.43-51.

Reiss Albert and Jefferey Roth, Understanding and Preventing Violence, (Washington D.C.:National Academy Press, ed., 1993), p.118.

Reiss Albert, "The Social Integration of Queers and Peers," *Social Problems 9*, 1961, pp.102-120

Rowe David and David Farrington, "The Familial Transmission of Criminal Convictions," *Criminology 35*, 1997, pp.177-201.

Rowe David and D. Wayne Osgood, "Heredity and Sociological Theories of Delinquency: A Reconsideration," *American Sociological Review 49*, 1984, pp.526-540.

Rowe David, The Limits of Family Influence: Genes, Experiences and Behavior(New York: Guilford Press, 1995), p.64.

Rowe David, "Sibling interaction and self-reported delinquent behavior: A study of 265 twin pairs," *Criminology 23*, 1985, pp.223-240.

__________, "Genetic and environmental components of antisocial behavior: A study of 265 twin pairs," *Criminology 24*, 1986, pp.513-532.

Rowe David and D Wayne Osgood, "Heredity and Sociological theories of delinquency: A reconsideration," *American Sociological Review 49*, 1984, p.526.

Rowe David , D. Wayne Osgood, and W. Alan Nicewander, "A Latent Trait Approach to Unifying Criminal Careers," *Criminology 28*, 1990, pp.237-270.

Rubin Robert, The Neuroendocrinology and Neuro-Chemistry of Antisocial Behavior, in The Causes of Crime, New Biological Approaches, ed., Sarnoff Mednick, Terri Moffitt, and Susan Stack(Cambridge: Cambridge University Press, 1987), pp.239-262.

Rule B.G and A.R. Nasdale, Emotional arousal and aggressive behavior, *Psychological Bulletin, 83*, 1976, pp.851-863.

Sarbin T. R. and I. E. Miller, "Demonism Revised: The Revised: The XYY Chromosome Anomaly," *Issues in Criminology 5*, 1970, pp.195-207.

Schauss Alexander, Diet, Crime and Delinquency(Berkeley, Calif.: Parker House, 1980, pp.150-170.

Schenthaler Stephen, Intelligence, Academic Performance, and Brain Function(California State University, Stanislaus, 2000), pp.170-188.

Shaushnessy Rita, "Psychopharmacotherapy of Neuropsychiatric Disorders," *Psychiatric Annals 25*, 1995, pp.634-640.

Siegel Larryy J. "Criminology," Wadsworth, a division of Thompson Learning, Inc., 2003, p.139.

Snortum John S, Drinking-Driving Compliance in Great Britain: The Role of Law as a Threat and as a Moral Eye-Opener, *Journal of Criminal Justice 18*, 1990, pp.479-499.

Snyder, J & G. Patterson, Family interaction and delinquent behavior, In H. C. Quay(Ed.), Handbook of Juvinile Delinquency, New York: Wiley, 1987.

Sprott Jane, "Are Members of the Public tough on Crime? The Dimensions of Public Punitiveness," *Journal of Criminal Justice 27*, 1999, pp.467-474.

Staller, J.A, Diagnostic profiles in outprint child psychiatry, American Journal of Orthopsychiatry, 76, 2006, pp.98-102.

Stark Steven, Publicized Executions and Homicide, 1950-1980, *American Sociological Review 52*, 1987, pp.532-540.

Straus Murray, "Discipline and Deviance: Physical Punishment of Children and Violence and Other Crime in Adulthood," *Social Problems 38*, 1991, pp.101-123.

Sutherland Edwin and Donald Cressy, Principles of Criminology, 6th ed.(Philadelphia: J.B. Lippincott, 1960).

Sutherland Edward and Donald Cressy, Criminology, 8th ed.(Philadelphia: J.B. Lippincott, 1970),

Taylor Lawrencer, Born to Crime: The Genetic of Criminal Behavior, Westport: Greenwood Press, 1984, pp.250-275.

Thistlewaite Amy T, John Wooldredge, and David Gibbs, "Severity of Dispositions and Domestic Violence Recidivism," *Crime and Delinquency 44*, 1998, pp.388-398.

Thornberry Terence, "Toward an Interaction Theory of Delinquency," *Criminology 36*, 1998, pp.863-891.

Tonry Michael, "Parochialism in U.S. Sentencing Policy," *Crime and Delinquency 45*, 1999, pp.48-65.

Trulson Clad, Ruth Triplet, and Clete Snell, "Social Control in a School Setting: Evaluating a School-Based Boot Camp," *Crime and Delinquency 47*, 2001, pp.573-609.

Udry Richard J. "Biological predisposition and social control in adolescent sexual behavior," *American Sociological Review 53*, 1988, pp.709-722.

Walsh Anthony, Bisocial Criminology: Introduction and Integration, Cincinatti, OH: Anderson, Publishing, 2002, p.192.

_______________, "Behavior Genetics and Anomie/Strain Theory," *Criminology 38*, 2000, pp.1075-1108.

Walters Glenn, "A Meta-Analysis of the Gene-Crime Relationship," *Criminology 30*, 1992, pp.595-613.

Walters Glenn and Thomas White, "Heredity and Crime: Bad Genes or Bad Research," *Criminology 27*, 1989, p.478.

Warr Mark, "Life-Course Transitions and Desistance from Crime," *Criminology 36*, 1998, pp.502-535.

Weber Eugene, A modern History of Europe(New York: W. W. Norton), p.398.

West Donald J. Delinquency, Its Roots, Careers, and Prospects(Cambridge: Harvard University Press, 1982, p.114.

Walsh Anthony, "Behavior Genetics and Anomie/Strain Theory," *Criminology 38*, 2000, pp.1075-1108.

White Helene Raskin, "Early Problem Behavior and Later Drug Problems," *Journal of Research in Crime and Delinquency 29*, 1992, pp.412-429.

White Helene Raskin and Erich Labouvie, "Genarality and Specificity of Problem Behavior: Psychological and Functional Differences," *Journal of Drug Issues 24*, 1994, pp.55-74.

Williams, Katherine S, Textbook on Criminology, Oxfiord University Press, New York, 2004.

New York:Free Press, 1993, pp.25-35.

Wilson James Q and Richard Herrnstein, Crime, and Human Nature(New York: Simon and Shuster), 1985, p.494,

Wiatrowski Michael, David Griswold, and Mark K. Roberts, Social Control Theory and Delinquency, *American Sociological Review 46*, 1981, pp.525-541.

Wormer Katherine Van and Chuk Odiha, "The Psychology of Suicide Murder and the Death Penalty." *Journal of Criminal Justice 27*, 1999, pp.361-370.

Wright Badley Entner, Avashalom Capsi, Terri Moffitt, and Phil Silva, "Low self-Control, social Bonds, and Crime: Social Causation, social Selection, or Both?" *Criminology 37*, 1999, pp.479-514.

Zillmann D, Exicitation transfer in communication-mediated aggressive behavior, Journal of Experimental Social Psychology 7, 1971, pp.419-434.

Zimring Franklin and Gordon Hawkins, *Deterrence*, Chicago: University of Chicago Press, 1973, p.54.

찾아보기

새범죄심리학

초판 1쇄 발행 2010년 08월 20일
초판 2쇄 발행 2011년 02월 20일
저   자 조철옥
발 행 인 이범만
발 행 처 **21세기사** (제406-00015호)
　　　　　경기도 파주시 교하읍 산남리 283-10 (413-834)
　　　　　Tel. 031-942-7861　　　Fax. 031-942-7864
　　　　　E-mail : 21cbook@naver.com
　　　　　Home-page : www.21cbook.co.kr
　　　　　ISBN 978-89-8468-361-7

정가 30,000원